정치와 비전

Politics and Vision : Continuity and Innovation in Western Political Thought
by Sheldon S. Wolin

정치와 비전 3
서구 정치사상사에서의 지속과 혁신

1판 1쇄 | 2013년 8월 19일
1판 2쇄 | 2020년 4월 19일

지은이 | 셸던 월린
옮긴이 | 강정인·김용찬·박동천·이지윤·장동진·홍태영

펴낸이 | 정민용
편집장 | 안중철
편 집 | 강소영, 윤상훈, 이진실, 최미정

펴낸 곳 | 후마니타스(주)
등록 | 2002년 2월 19일 제2002-000481호
주소 | 서울 마포구 신촌로14안길 17(노고산동) 2층
전화 | 편집_02.739.9929/9930 영업_02.722.9960 팩스_0505.333.9960
블로그 | humabook.blog.me

인쇄 | 천일_031.955.8083 제본 | 일진_031.908.1407

값 23,000원

ISBN 978-89-6437-188-6 04100
      978-89-90106-90-2 (세트)

이 도서의 국립중앙도서관 출판시도서목록(CIP)은 e-CIP 홈페이지(http://www.nl.go.kr/ecip)에서
이용하실 수 있습니다(CIP제어번호: CIP2013014707).

이 책의 번역은 2011년도 정부재원(교육과학기술부 사회과학연구지원사업비)에 의한 한국연구재단(NRF-2011-330-B00010)과
2012년도 서강대학교 교내연구비(201210033.01)의 지원을 받아 연구되었습니다.

정치와 비전 3

서구 정치사상사에서의 지속과 혁신

셸던 월린 지음   강정인·김용찬·박동천·이지윤·장동진·홍태영 옮김

Politics and Vision
Continuity and Innovation in Western Political Thought

후마니타스

일러두기

1. 인명이나 지명 등 외래어 표기는 외래어 표기법을 따랐으나, 관례화되었거나 널리 사용되어 굳어진 표기는 그대로 사용했다.
2. 본문에서 사용하고 있는 [ ]는 옮긴이의 첨언이며, 긴 첨언이나 옮긴이의 설명은 각주로 표기했으며, [옮긴이]라 표시했다. 나머지는 월린의 첨언이나 설명주다.

증보판 서문

백 개의 결정에 대한 망설임의 시간이 아직 남아 있고,

하여 백 개의 비전visions과 시정revisions을 위한 시간도 남아 있다.

_엘리엇T. S. Eliot1

『정치와 비전』*Politics and Vision*(1960)이 처음 출간된 지 거의 반세기가 흘렀다. 이 때문에 현재의 증보판을 초판이 중단했던 곳에서 아무런 이음매를 남기지 않고 다시 시작하기란 어려운, 어쩌면 불가능한 일이 되고 말았다. 놀라운 일은 아니지만, 그동안 일어난 공적인 사건과 나 자신이 겪은 경험이 정치와 정치 이론에 대한 나의 사고에 상당한 영향을 미쳤다. 따라서 원래의 장들을 손대지 않은 채 놔두고, 새로운 장들만 제2부*로 추가했다. 이런 사실이 초판에서 내가 다룬 주제에 대한 우리의 지식을 상당히 넓혀 준 많은 훌륭한

---

* [옮긴이] 원래『정치와 비전』의 초판은 제10장 "조직화의 시대 그리고 정치의 승화"로 끝을 맺으며, 증보판은 제11장 "근대 권력에서 탈근대 권력으로"에서 제17장 "탈근대적 민주주의: 가상적인가 아니면 탈주적인가?"로 끝을 맺는 일곱 개 장을 제2부로 추가하고 있다. 하지만 이 역서는 원서의 방대한 분량을 고려해서 제1장~제6장까지를 제1권으로, 제7장~제10장까지를 제2권으로, 증보된 제11장~제17장까지를 제3권으로 옮긴다.

역사적 연구가 있었다는 점을 무시하려는 것으로 받아들여서는 결코 안 될 것이다.

초판에 대한 수정은 인쇄상의 오류를 바로잡는 것으로 국한했다. 나는 이제는 시대착오적인 것으로 보이는 일정한 용어들을 그대로 남겨 두었다. 인간을 일반적으로 지칭하는 데 포괄적으로 사용되는 '남자'man라는 단어를 예로 들 수 있겠다. 이 때문에 느끼는 난처함은 우리의 통상적인 이해가 어떻게 변화했는지를 상기시켜 주는 일반적인 예가 될 것이고, 또한 이를 통해 독자는 저자 자신의 이해와 정치적 신념의 진화에 주목할 수 있을 것이다. 그런 이해와 신념은 자유주의에서 민주주의로의 여정旅程으로 요약될 수 있을 법하다. 초판의 부제는 40년 전의 세계관을 매우 잘 요약하고 있는데, 그 부제에서 정치와 이론의 매개변수는 '지속'과 '혁신'으로 설정되었다. 근대의 기업에 초점을 맞춘 제10장을 제외하고, 이전의 장들은 현재를 분석하기보다는 과거를 해석하는 데 일차적인 관심을 두고 있었다. 이제 새롭게 추가된 장들은 그런 해석을 부정하기보다는 그런 해석들을 현대의 정치 세계에 직접 적용하려는 시도의 일환이다. 증보판과 초판을 일관하는 기본적인 신념은 만약 우리가 우리 시대의 정치에 제대로 대처하고자 한다면 과거 이론에 대한 비판적인 지식이 우리의 사유를 예리하게 하고 우리의 감수성을 키우는 데 비할 바 없이 도움이 될 수 있다는 것이다.

그렇게 볼 때, 증보판은 수정이 아니라 초판에서 논의된 것들과는 현저히 다른 형태로 정치와 [정치의] 이론화 작업을 그려 내는 것이다. 하지만 그것은 또한 내가 정치사상사를 주제로 연구하고 가르치며 배운 바를 현대 정치에 적용하려는 시도이기도 하다. 우리가 정치 이론이 역사적으로 취해 온 다양한 형태를 충분히 숙달한다면, 그것은 정치적인 것과 정치에 대한 근본적으로 상이한 개념들이 근대와 현대에 출현할 때 그것들을 식별하는 데 장애가 되기는커녕 오히려 도움이 될 것이다.

돌이켜 보건대, 『정치와 비전』은 하나의 전체주의 체제에 대한 연합국의 승리와 다른 전체주의 체제의 붕괴 중간쯤에 처음으로 출간되었다. 소련 공산주의의 패배는 막판 게임이 유행하는 시대에 일어난 몇 가지 막판 게임 중의 하나였다. 좀 덜 명백한 것은 자원의 방대한 동원 체계를 갖추고, '전쟁 수행 노력'에 필수적이라고 옹호되어 온 꽉 짜인 체계적인 국내의 통제 체계를 발전시켜 온 승자들의 결말이다. 새로운 장들을 관통하는 주제를 형성하는 한 가지 질문은 이렇다. 자유민주주의가, 인간사에서 가장 고도로 권력이 집중된 것으로 널리 인지된 체제에 맞서, 거의 반세기 동안 준동원 상태에서 '총체적 전쟁'을 수행하면서도, 그 자체가 심대한 변화, 심지어 체제 변화를 겪지 않는다는 것이 대체 가능한 일인가?

내가 믿는 바는 전체주의 체제와의 투쟁 경험이 기존의 논자들이 시인한 것보다 훨씬 더 깊숙이 미국 정치 엘리트의 실천과 가치에 내면화되었고, 오늘날 그 영향력은 훨씬 더 강화되었다는 것이다. 비슷하게 데모스demos 역시 시민에서 간헐적인 투표자로 변모했다. 미국의 정치체제를 '전체주의 체제'라고 주장하지 않으면서도, 나는 이 체제에 대해 전체주의라는 용어를 극단적인 이념형으로 사용할 것이다. 이는 전체화하는 권력 ─ 나는 이를 '전도된 전체주의'라는 관념 안에 포섭하고자 한다 ─ 을 지향하는 일정한 경향을 지칭하려는 것인데, 그런 경향은 새로운 그러나 아직은 잠정적인 체제인 '초강대국'superpower에서 절정에 이르렀다.[2]

나는 초강대국이 뻔뻔스러운 아메리카 제국의 등장에 의해 온전히 실현되었다고 주장하지는 않는다. 나치 독일이 완벽히 실현된 전체주의가 아니었던 것처럼 말이다. 두 경우 모두 '전체주의'와 '초강대국'이라는 용어는 그것들이 대체한 체제들 ─ 독일의 바이마르 의원 내각 체제와 미국의 자유민주주의 ─ 의 이상을 부정하려는 열망을 지칭한다. 하지만 베버Max Weber가 강조한 것처럼, 이념형은 "현실에서 그리고 역사적으로 매우 중요한 방식으로 출현할 수 있으며, 출현해 왔다."3

내가 '전도된 전체주의'라는 용어를 만들어 낸 것은 상호 대조적인, 그러나 반드시 대립적이지 않은 두 가지 경향의 특이한 조합을 강조하기 위함이다. 제2차 세계대전 이후 많은 서유럽 국가들에서는 물론 미국에서도 시민들을 단속하고, 처벌하고, 측정하고, 지시하고, 그들에게 영향을 미치는 정부의 능력이 증대해 왔다. 그러나 동시에 그와 같은 통제를 약화시키는 것으로 보이는 자유민주적 변화들, 예를 들어 인종, 젠더, 종족 또는 성적 취향에 근거한 차별적인 관행을 폐지하고자 하는 조치들이 있었다. 하지만 만약 이들 및 다른 개혁들이 시민들의 권력 강화를 가져오는 데 이바지했다면, 그것들은 또한 [민주적인−옮긴이] 반대 진영을 분열시키고 파편화시키는 데도 일조했고, 이로 말미암아 효과적인 다수를 형성하는 것을 어렵게 만들었으며, 그 결과 분할을 통해 통치하기 쉽게 만들었다.

이념형으로서 초강대국은 팽창적 권력 체계로서 스스로 자신에게 부과하기로 선택한 한계 이외에는 어떤 한계도 받아들이지 않는 체계로 규정될 수 있다. 그 체계는 '민주적' 국가의 정치적 권위, 곧 합법적 권력을 근대과학과 기술 및 기업자본의 복합체로 대표되는 권력들과 결합시킨다. 이런 사실상의 권력이 초강대국에 이바지하는 독특한 요소는 동력dynamic(이 말은 그리스어 dynameis 또는 '권력'에서 유래한다), 곧 추진력이다. 그 권력은 누적적이고, 지속적으로 새로운 형태로 진화하며, 자기 갱신적이다. 그 효과는 '본국'에 있는 사람들뿐만 아니라 근접한 또는 멀리 떨어진 사회에 있는 사람들의 삶까지도 의미심장하게 변화시킨다.

이와 같은 특성을 인식한 역사가들은 대체로 이런 권력들의 역사를 과학적, 기술적 또는 경제적 '혁명'의 연속으로 서술한다. 또한 이런 권력들은 전쟁을 수행하고, 자국의 인구를 통제하고, 그 시민들의 복지를 개선하는 데에서 전대미문의 수단을 정부에 제공해 왔다. 이런 권력들은 문명의 역사만큼이나 오래된 것이지만, 이런 권력들을 조직화하고 체계적으로 결속시키는 방법이 완벽한 경지에 도달한 것은 오직 우리 시대에 들어와서다. 그 결과로 나타난 것은 사실상 마음 내키는 대로 권력들을 산출하고 그것들을 세계의 어느 곳이든 또는 세계를 넘어서까지도 신속하게 투사할 수 있는 독특한 능력이다. 이 점에서 이런 권력은 정치혁명과 매우 시사적인 대조를 제공한다. 근대의 정치혁명은 권력의 누적이 아니라 불만의 누적, 부정적인 것의 누적을 표상하는 경향을 취해 왔던 것이다.

초강대국을 구성하는 모든 요소 가운데, 오직 국가만이 정치적 정당성, 곧 권위 또는 합법적인 권력을 주장할 수 있다. 그리고 오직 국가만이 순순히 복종하는 시민에 의지할 수 있다. 근대 시기에 대중 선거는 국가가 법률과 규칙을 제정하고, 처벌·징집·과세할 수 있는 권위를 획득함과 동시에, 시민들의 고분고분한 순응을 보장하는 정치적 수단이다. 시민들의 정치 공동체와 국가 사이에 공식적인 연계를 유지하고, 이를 통해 민주주의의 현존을 다소간 신빙성 있게 만드는 것은 초강대국을 형성하는 합법적인 정치적 권위와 비정치적인 사실상의 권력들의 공생을 정당화하는 데 핵심이었다. 초강대국 아래에서 권력들 사이의 협력은 한편으로는 그런 권력들을 추동하는 전체성에 대한 열망과 다른 한편으로는 헌정적 한계와 민주적 책임 및 참여로 표상되는 제한된 권위라는 이상 사이에 긴장을 조성한다.

초강대국의 중요성에 대한 강조와 함께, 나는 서로 다른 대규모 권력 구성체들에 대해 새로운 장들을 추가했다. 그런 권력 구성체들은 마르크스Karl Marx, 니체Friedrich Nietzsche, 베버에 의해 포착되었으며 20세기와 21세기에 전체화하는 체계 속에 실현되었다. 나는 과거 천 년의 말기와 새 천 년의 벽두에 즈음해 권력의 진화에 '단절'이 일어났다는 점을 지적할 것이다. 그 진화는 근대 권력에서 탈근대 권력으로의 이행을 의미한다.

20세기는 근대 권력의 전성기로 특징지어질 법하다. 세계에서 지배적인 국가 체계들이 거대 권력에 대한 홉스Thomas Hobbes적인 비전을 완성하고, 또 소진한 시대였기 때문이다. 그 구체화는 행정적 또는 관료적 국가이며, 그 도구는 정부 규제였다. 온정적 복지국가(미국의 뉴딜, 영국의 전후 노동당 정부), 권위주의적 국가(프랑코의 스페인, 비시의 프랑스, 페론의 아르헨티나) 또는 자칭 전체주의 체제(무솔리니, 스탈린, 히틀러) 중 어떤 것에 의해 대표되었든지 간에 국가는 일차적으로 정부나 정당의 관료제 규모와 범위를 확대함으로써 정치권력을 행사했다. 19세기 후반부터 시작해서 경제적 권력은 주로 고도로 관료화된 기업(트러스트, 독점체, 카르텔)에 의해 행사되었다. 국가 제도와의 밀접한 — 그리고 부패한 — 관계 덕분에 기업들은 그들의 활동과 구조에 정부의 규제를 부과하려는 간헐적인 시도를 쉽게 피하거나 견뎌 낼 수 있었다. 뉴딜의 시대(1933~41년)에는 정부가 기업과 금융시장을 규제하고자 진지하게 노력했다. "거대한 사업은⋯⋯ 거대한 정부를" 정당화한다고 주장되었다. 이 기간에 정부와 경제는 권력을 집중하고자 했다. 정부와 관료제가 수도에 '자리'를 차지하고 있었다면, 기업은 그 '본부'를 두고 있었다. 두 가지 경우 모두 권력은 '중심'으로부터 하급 단위로 흘러가는 것으로 이해되었다.

탈근대 권력은 거추장스러운 관료제를 '더욱 날렵한' 구조로 대체하려는 협력적 시도를 의미하며, 초강대국은 그 권력을 구현하고자 출현한 표상물 가운데 하나다. 그런 구조의 장점은 변화하는 조건에 신속히 적응하도록 고안되었다는 점이다. 그 조건이 시장에 관한 것이건, 정당정치에 관한 것이건 또는 군사작전에 관한 것이건 말이다. 클린턴 백악관의 이른바 전쟁 상황실과 '신속 대응팀'이라는 군사 교리 사이에는 간명하면서도 다소 우스꽝스러운 유추가 있다. 군대가 지구 위의 어느 곳이건 '분쟁 지역'에 엘리트 부대를 신속하게 배치할 준비가 되어 있는 것처럼, 클린턴 행정부의 최고 전략가들은 언론이나 야당이 제기한 어떤 비난에 대해서든 즉각적으로 반격할 태세가 되어 있다. 지난 세기에는 스탈린이나 히틀러 정권에 거대한 '야수'behemoth나 '괴수'leviathan

라는 형용사를 붙이는 것이 보통이었지만, 이제 그런 명칭들은 부적절해 보인다. 이는 단순히 그런 독재 정권들이 사라졌기 때문만이 아니라 그들의 권력 양식이 시대착오적인 것으로 되었기 때문이다. 정부의 관료제는 '군살을 빼고', 더욱 많은 권위를 하급 단위에 이양하며, 그들의 서비스와 기능을 민영화하고, 예전부터 으레 존중받아 왔지만 시간 소모적이고 예측 불가능한 입법 과정보다는 될 수 있으면 행정명령을 통해 통치하도록 권장된다.

이와 동시에 거대한 기업들은 오늘날의 신속한 통신수단을 활용해 왔는데, 하급 부서들을 폐기하거나 재조직하고, 노동력을 감축하며, 공급자와의 계약을 재조정하고, 이른바 가족들과 더 많은 시간을 보내기를 원하는 비효율적인 경영진을 갑자기 해임하는 등 요동치는 금융시장이나 유동적인 경제 상황에 대해 사실상 즉각적으로 반응한다. 이처럼 새로운 사태 전개의 결과, 사실상의 권력체들은 초강대국으로 하여금 그 핵심적 권력을 유지하면서 동시에 그 권한을 이전하거나 군살을 제거함으로써 그 행동반경을 확대할 수 있게 했다. 그리하여 초강대국은 더욱 많은 유연성을 확보하는 한편 효율성을 증대시키게 되었다.

탈근대 권력, 초강대국은 '제국'과 '정복'이라는 전통적인 경로를 기피한다. 이런 것들은 다른 사회를 흡수하여 영구적으로 차지하고 정복된 영토의 일상사에 대한 책임을 떠맡기 위해 침략하는 전략을 함축하기 때문이다. 지배domination (이 말은 라틴어 dominatio, 또는 주인됨, 무책임한 권력, 전제에서 유래한다)를 위한 '명령 체제'a command regime와 달리, 초강대국은 우세predominance, 압도, 권력의 우위 등의 용어로 이해되는 것이 좀 더 적절하다. 이 용어들은 역동적이고 변화하는 성격과 무엇보다도 권력의 경제, 즉 자원 배분의 합리적 구조를 시사하기 때문이다. 초강대국은 [침입한 지역에서 - 옮긴이] 기존의 체계를 활용하고 단지 필요할 때만 새로운 체계를 도입하거나 부과하고, 적절한 시기에 포기하거나 '계속 이동'할 수 있는 능력에 의존한다.

초강대국의 출현과 유럽 국가들의 쇠퇴하는 권력은 미국 정치의 변천을 좀 더 자세히 고찰할 것을 요구하는 듯하다. 미합중국은 단지 '세계사에서 가장 강력한 권력'으로 선언되는 데 그치지 않고, 역설적으로 가장 성공적인 민주주의의 최선의 본보기로 선언된다. 따라서 나는 초강대국 및 제국이 민주주의와 어떤 실질적인 의미에서 양립 가능하다는 가정을 비판적으로 검토해 왔다.

나는 근래에 점증하고 있는 새로운 양식의 이론화에 포괄적인 설명을 제시하려 하지 않았다. 대신 새로운 장들은 지난 150년을 규정하는 정치적 사실로서의 권력, 그리고 일부 주요 이론가들이 그것에 반응하고, 그것에 이바지하며, 심지어 그에 대한 논의를 회피하는 방식에 초점을 맞추고 있다.

따라서 마르크스와 니체에 관한 장들은 각각 경제적 권력과 문화적 권력을 다루고 있다. 나는 실체화된, 전체화하는 체계로서 '경제'에 대한 이론적 관심을 예시하고자 마르크스를 선택했다. 자본주의의 붕괴와 공산주의의 출현을 예견하면서, 마르크스는 강력한 자본주의의 형태를 예상했는데, 그 자본주의는 너무나 강력한 나머지 그의 비전과 달리 그만 공산주의에 승리를 거두고 말았다. 그렇다 하더라도 마르크스 역시 프롤레타리아트를 이론적으로 구성하면서 정치적으로 적극적인 데모스라는 휴면 중이던 이상을 일깨우려고 시도한 근대 이론가로서 기억되어야 한다. 정치로서의 문화에 대한 이론을 발명했다고 일컬어질 수 있는 니체는 양극적인 대립물인 전체주의와 탈근대주의라는 전망을 조합했다. 공산주의적 전체주의는, 그것이 소련식 유형이든 중국식 유형이든, 지배적인 '통치 계급'에 저항하는 약하고 착취당하는 계급과 스스로를 동일시한 운동으로서 혁명이라는 근대적 이해를 본래 따르고 있었다. 나치 전체주의는 혁명에 대한 근대적 개념의 명확한 전도順倒를 표상했다. 니체와 마찬가지로 그것은 강한 자와 스스로를 동일시했고, 약자 — 유대인, 집시, 슬라브족, 동성애자, 사회민주주의자, 공산주의자, 노동조합주의자, 병자, 장애인, 정신질환자 — 를 겨냥했다.

본래, 전체주의와 투쟁하는 역사적 과업은 자유주의의 어깨에 떨어졌다. 또한 1930년대부터 1960년대에 이르기까지 자유주의는 자본주의의 과잉을 규제하고 그 피해자들을 구제하는 등 자본주의의 정치적 양심 역할을 했다. 냉전과 공산주의에 대한 십자군 기간(1945~1988) 동안, 자유주의의 사회민주주의적 측면은 점차 약화되었다.[4] 21세기의 시작과 함께 자유주의적 정치는 중도주의의 바다에서 표류하고 있는데, 자유주의적 정치인들은 스스로 '재정적으로는 보수주의자, 사회적으로는 자유주의자'라고 자처하고, 그 이론가들은 갈수록 정교한 권리의 개념을 고안하는 한편 어떻게 '민주적 심의'가 대학원 철학 세미나를 흉내 낼 수 있느냐는 문제에 몰두하고 있다. 민주주의의 현재적 지위는 자유주의의 정치적 운명의 현저한 쇠락 그리고 민주적 이상과 자유주의 간의 결속이 희석된 것에 의해 준비되었다.

자유주의의 이론적 궤적은 지난 세기에 고전으로 공인된 두 개의 저작, 포퍼Karl Popper의 『열린사회와 그 적들』*The Open Society and Its Enemies*(1943)과 롤스John Rawls의 『정의론』*A Theory of Justice*(1971)을 통해 추적할 수 있다. 나의 분석은 이 이론들에서 정치적 실질實質이 축소된 것에 초점을 맞추고 있다. 그것은 포퍼와 롤스 두 사람이 권력의 공유와 적극적인 시민이라는 민주적 이상을 상대적으로 무시함으로써 자유주의와 민주주의 사이의 분열이 조성되고 있음을 보여 줄 따름이라는 것이다. 또 두 사람 모두 단순한 권력의 체계로서뿐만 아니라 전체화하는 경향이 있는 체계로서 자본주의의 정치적 중요성을 제대로 포착하는 데 실패했다는 것이다. 포퍼와 롤스에 대한 논의 중간에 나는 듀이John Dewey에 대한 설명을 첨가했다. 이는 포퍼가 과학과 기술의 비정치적 성격을 강조한 것 그리고 롤스가 정치를 협소하게 다룬 것과 대조하기 위해서다.

함께 고려할 때, 이 세 명의 사상가들은 근대 권력의 가능성을 개관한다. 포퍼는 근대과학과 기술의 잠재적인 사회적·경제적 이득을 인식했지만, 나치 정권이 그것을 활용한 것에 깊이 상심한 나머지 그 이득을 현실화하기를 망설였다. 롤스는 권력에 대한 자유주의적 개념화를 완성했다고, 아마도 소진했다고 일컬어질 수 있다. 그의 이론에서 정밀하게 검토되는 유일한 권력 형태는 중앙정부의 제도에 맡긴 것으로서 일차적으로 입법과 행정을 통해 행사되는 정당한 권위로서의 권력이다. 현대자본주의의 정치적·사회적 결과에 대해 당혹감을, 때로는 실망을 느끼면서 그는 사회적 불공정과 불평등을 개선할 수 있는 일정한 도덕적 원리로 대응했다. 동시에 그는 권력의 행사를 통제하고자 입헌적 구조 그리고 법원에 의한 헌법 구조 그리고 권위적 해석에 기댔다. 그러나 그는 근대 권력의 동학을 제대로 분석하지는 못했다. 이와 대조적으로 듀이에게 과학과 기술 및 자본의 점증하는 체계화는 자본이 아니라 민주주의를 통합의 동인으로 만들어야 한다는 거대한 도전을 제기했다.

탈근대사회에서 권력의 강제성 — 곧 폭력이라는 전통적 위협 — 은 추상적인, 비물질적인 권력에 의해 무색해지고 있다. 탈근대 권력은 정보의 산출·통제·수집·저장과 그 정보의 사실상의 즉각적인 전송을 포함한다. 통신은 현존함이 없이도 가능한 집중화된 통제에 대한 유례없는 잠재력과 함께 비인격화된 관계, 상호 연계된 네트워크의 광대하지만 빈틈없이 통합된 팽창을 의미한다.[5] '전 세계를 전산망으로 연결하는 것'은 탈근대적 '지구화'의 표현에 불과하며, 다른 영역인 '외교 문제' — 이론적으로 국가가 담당하는[6] — 가 이제 기업과 공공연하게 제휴하고 있다는 점을 시사할 따름이다.[7] 그러나 탈근대적 조건은 권력의 역설을 품고 있다. 중앙 집중화된 권력의 잠재력이 커짐에 따라, 중앙 집중화의 가장 악명 높은 실천자인 국가는 그 자신의 가장 독특한 요소를 더 이상 가지고 있지 않게 된 것이다. "일성한 영토 내에서 **물리적 힘의** 정당한 사용"과 "폭력을 사용할 수 있는 '권리'의 유일한 원천"(베버)에 대한 국가의 전통적 독점은 그 대립물인 분산화된 '테러리즘'에 의해 반복적으로 시험받고 있다.

탈근대국가들 가운데서 부와 권력은 급속하게 상층에 있는 소수의 계급과 상대적으로 적은 수의 '선진사회'에 집중되고 부자와 빈자의 격차가, 사회 내에서건 국가들 사이에서건, 점차 확대되는 한편, 그로 말미암아 초래되는 권력의 집중은 경제적·정치적·사회적·문화적 분산이라는 대조적인 현상을 수반하고 있다. 거대한 다국적 기업 하나하나는 무수한 중소기업가 및 새로 시작한 벤처기업가들과 연계되어 있다. 국민국가는 '다원성으로부터 통일성으로'의 이행을 자랑하지만, 현실의 많은 집단 — 페미니스트, 다문화주의자, 종족성 옹호자, 환경주의자 — 은 '통일성으로부터 다원성으로'의 이행을 주장하고 있다. 탈근대 권력은 집중과 해체의 양상을 동시에 보여 주고 있다.

명백히 이런 사태 전개는 이 책의 초판에 채용된 정치적 개념에 도전하고 있다. 재개념화가 필요한 것은 단순히 국가나 정치만이 아니라 자본의 지구화와 기업의 지배적 역할에 의해 문제시되고 있는 다수의 전래된 관념들이다. 시민의 역할과 민주주의의 전망 역시 이 목록에서 뺄 수 없다.

내 희망은 현재의 작업이 어느 정도 새로운 세대의 정치 이론가들에게 정치적인 것의 재정의와 민주정치의 재활성화라는 끝없는 작업에 매진하도록 고무하는 것이다.

새로운 이 증보판은 나의 친구 메이어Arno J. Mayer의 비판적인 논평과 나의 편집자 말콤Ian Malcolm에게 많은 것을 빚지고 있다.

제11장

근대적 힘에서 탈근대적 힘으로

과거는 말을 하지 않는다. 과거는 다만 온갖 종류의 습관, 제도, 인공물 및 문헌으로 존재한다. 이 가운데 어떤 것이라도 자신을 명료한 형태로 드러내기 위해서는 현재를 살아가는 해석자의 목소리가 필요하다. 그때 해석자가 자신에게도 목소리가 있음을 부인하고, 자기가 살고 있는 시대와 장소에 관한 인지적 관심을 비롯한 다양한 관심들을 무시하면서, 과거에 대한 자신의 해석을 마치 과거의 '객관적' 실상인 것처럼 가장한다면, 그런 사람은 시간의 무덤 안에 과거를 묻어 버리고, 그 과거가 살아 있는 현재와 맺고 있는 실체적 연관의 고리 일체를 절단해 버리는 셈이다.

_워소Richard Waswo[1]

1. 과거의 사망을 경축하다

얼마 전 서구 사회는 세 번째 천 년의 시작을 경축한 바 있다. 서구 사회가 경축한 것은 달력상의 단순한 변화가 아닌 '새로운 시대'로의 전환이었다. 그 새로운 시대는 과거의 성취를 능가할 것이라는 약속을 담고 있었다. 서구의 '선진사회'에서, 세 번째 천 년의 시작은 일정한 집단적 정체성을 추가할 기회 ― 우리가 누구인지를 말하고 '우리' 안에 누가 포함되는지를 선언하는 ― 를 제공했다.

집단적 정체성은 적극적인positive 주장을 통해서만 확립되는 것이 아니고, 선별적인 기억상실, 즉 기억할 일과 망각할 일 사이의 경계를 새롭게 설정함으로써 확립될 수도 있는데, 그런 새로운 경계 설정이 집단적 기억을 형성한다. 새로운 정체성이 자리를 잡기 위해서는 기존의 인식이 억제되거나 재규정되거나 또는 극복되어야 한다. 군사적 패배, 잔학한 억압 행위, 수치스러운 수탈 정책 등이 고통스러운 연상을 자극한다는 이유로 한 사회는 과거 가운데 일정한 부분을 잊고자 할 수도 있다. 반대로 '명예로운 혁명'이라든지, 공동선을 위한 영웅적인 희생, 결정적인 승리와 같은 어떤 고귀한 행동을 기억하고 싶어 할 수도 있다. 기억이 항상 경축으로 연결되는 것은 아니다. 그것은 마틴 루터 킹Martin Luther King 기념일처럼 뒤섞인 감정을 자아낼 수도 있다. 그 기념일은 민권운동과 아프리카계 미국인의 정치의식에 그가 공헌한 바를 경축한다는 의미도 있지만, 그가 암살당했다는 사실 그리고 인종주의가 여전히 기승을 부리고 있다는 점에서 수치심을 불러일으킬 수도 있다.

세 번째 천 년에 보내는 경축은 선명한 의미를 지니고 있었는데, 그 정신은 어쩌면 초기 기독교인들 사이에서 나타났던 종말론적 희망에 좀 더 가까웠다. 언론 매체는 한결같이 획기적인 분리 또는 단절이 일어났다는 식으로 점술가 같은 예언들을 내보냈다. 과거는 '지나갔고', 완결되었으며, 처분 가능하고, 잊히지는 않았더라도 낡아 빠진 것으로 간주되었다. 개중에는 '뒤에 처진' 사회들도 있지만, 서구의 혜택받은 사회들 그리고 (행간에 함축된 의미로 보면) 그 사회 중에서도 시대에 적응하는 데 성공한 집단과 계급에 속한 사람들에게 현재의 미래는 과거에 실현되었던 미래보다 우월하리라고 약속되었다. 현재 안에서 미래가 계속해서 실현될 것이라는 점에서 이 약속은 독특했다.

과거가 사망했다는 말은 재담으로 치더라도 실패작일 것이다. 새로운 시대는 두 차례의 세계대전, 유대인 학살, 히로시마 원폭 투하, 고문과 대규모 투옥을 즐겨 사용한 수많은 잔인한 독재자들, 그리고 동남아시아와 식민 상태에서 독립한 아프리카 지역의 대량학살 등 유혈이 낭자했던 지난 세기의 사건들을 뒷전에 남겨두고 싶어 했을 것이 틀림없다. 수백만 명에 이르는 사람들의 죽음을 애도할 방법은 아마 없을 것이다. 하지만 20세기에 벌어진 처참한 살육을 부른 엄청난 파괴와 가치 전도를 자행하게 한 힘power의 양식*에 관해서는 성찰해 볼 수 있다. 이를 다음과 같이 말할 수도 있겠다. 여러 저술가들은 유대인 학살에 관한 저작을 쓰면서 가까운 과거에 벌어진 그처럼 끔찍한 일들을 이해하고 형언할 수 있는 용어들을 찾는 데 속수무책으로 무력감을 느꼈지만, 그럼에도 불구하고 유대인 학살이나 히로시마 원폭 투하를 결행할 능력을 가진 힘들을 재구성하기 위해 필요한 용어를 찾는 일에는 그다지 어려움을 느끼지 않았던 것이다.

테크놀로지를 지향하는 문화적 풍조에 따라 새로운 것들을 받아들이고 손실은 '그냥 넘어가는 것'이 중요하다고 가르치는 사회는 망각의 기술을 배양해야 한다. 그렇다면, 잊을 것은 잊어버림으로써 영원한 후일만을 바라보는 사회를 빚어내기 위한 근대판 아르스 오블리비움,** 즉 망각의 기술은 무엇일까?

힘과 관련해서 수많은 교훈을 남긴 홉스Thomas Hobbes가 여기서도 근대성의 스승이다.² 홉스는 역사란 단지 "사실의 기록"일 뿐이라고 선포했다. 역사란 신중한 결정을 내리는 데는 유용하지만, 특정한 맥락에 너무나 속박되어 있어서 "일반적이고 영원하고 변하지 않는 진리"³를 찾으려는 데는 아무런 도움을 줄 수 없다는 것이다. [경험적 지식으로 구성되며 오류 가능성을 피할 수 없는 —옮긴이] 신중함이라는 정치적 덕목과 더불어, 과거 역시 추상적인 이론화의 필

---

* [옮긴이] 이 책에서는 power를 대개의 경우 가장 일반적인 어휘인 "힘"으로 옮겼다. 다만 맥락이 분명한 경우에는 "권력"이나 "-력" 등으로 옮겼다. 그리고 force는 "강제력"으로 옮겼는데, 불가피하게 "힘"으로 옮겨지는 경우에는 영어를 병기했다.
** [옮긴이] 아르스 오블리비움(ars oblivium): 망각의 기술이라는 뜻의 라틴어 표현이다.

요에 종속된다. 그런데 이론화 작업은 인간 세상으로부터 추상화하는 과정에서 세상의 일부를 소거하고, 또 수학적 순수성도 상실한다.* 이 경우 소멸 혹은 상실은, 귀족이나 쿨라크**나 이교도들이 제거될 때와 마찬가지로, 힘의 공백을 초래하지 않는다. 오히려 선별적 소거는 힘의 전제 조건 가운데 하나가 된다.

이와는 대조적으로 홉스 이전 시대에 힘의 존재론은 실재와 외양 사이의 대조, 지속되는 것과 사라지는 것 간의 대조, 영구적인 힘과 일시적인 힘 간의 대조라는 방식으로 정식화되었다. 힘은 실재, 즉 사물의 구조를 보장하거나 보호하는 것 또는 영속성을 담보함으로써 비영속성을 막아 내는 궁극적인 것의 핵심적인 속성이라고 믿어졌다. 홉스 이전의 인간은 일시적인 것이 영구적인 것과 교감하는 적절한 방법들을 찾아냄으로써 힘에 접근하고자 했다. "내가 아니라 로고스에 귀 기울인다면, 현명한 이는 만사가 하나라는 데 동의할 것이다"고 헤라클레이토스Heraclitus는 충고했다.[4] 그래서 의전儀典이나 의식儀式이 힘과 관련해서 중요했던 것이다. 신민들은 왕에게 간청하고, 왕들은 사제에게 고백하고, 사제들은 신에게 읍소했다. 초기의 철학자들은 사제의 자리에 자기들을 끼워 넣고 신의 자리에 이성의 로고스를 집어넣음으로써 탐구 행위를 의식儀式으로 만들었다.

* [옮긴이] 『정치와 비전』 제2권의 94-108쪽에서 논한 것처럼, 홉스는 사물에 대한 감각과 기억으로부터 얻은 지식과 공리로부터의 이성적인 추론으로부터 도출된 '과학'을 구분한다. 그리고 『인간론』(On Man)에서 '과학'에 속하는 수학과 기하학은 효용과 경험으로부터 학습되는 것이 아니기 때문에 '순수하다'고 언급한다. 그런데 홉스는 인정하지 않겠지만, 월린이 보기에 불가피하게 선별적인 소거를 수반하는 이론화 작업은 이런 수학적 순수성을 상실할 수밖에 없다는 것이다.
** [옮긴이] 쿨라크(Kulak): 꽉 쥔 주먹을 뜻하는 러시아어 단어로서, 제정러시아 말기 넓은 땅 ― 남자 식구 일인당 평균 3만2천㎡(약 1만 평) 이상 ― 을 소유하고 노동력을 고용할 수 있었던 부유한 농민을 가리킨다. 마르크스-레닌주의에서는 프롤레타리아트 계급의 적으로 간주되었다.

실재와 소통하는 목적은 그 힘을 감소시키지 않고 온전히 받아들이기 위함이다. 그러나 탈근대 시대의 이론가들에게는 외양과 실재의 대조가 더 이상 유효하지 않다. 외양이 존재하는 것의 전부다. 어쩌면 이 점이 실재의 죽음을 의미하는 것처럼 보일 수 있다. 후기 근대성에서 외양appearance의 주권성은 끈질기고 끊임없는 집요한 변화들에 의존하는데, 이런 변화들은 실재의 원리가 존재한다는 믿음을 전복시킨다. 탈근대적 힘의 의식儀式에서 진정한 주권자는 사라짐disappearance이다. 사라짐이 실재의 역할, 곧 외양(과 사라짐)(dis)appearance의 세계를 지탱하고 주재하는 힘의 역할을 떠맡았기 때문이다.

사라짐을 만들어 내는 힘의 본성은 무엇인가? 이 질문에 대답하기 위한 한 가닥의 실마리는 새로운 천 년을 경축하는 분위기에 찬물을 끼얹겠다고 위협했던 불협화음에서 찾을 수 있다. 기업계, 금융시장, 운송 시스템, 정부 기관, 그리고 특히 군대 등이 의지하고 있는 정밀하고 복잡한 전자 네트워크가 (달력의 연도가 2000 단위로 바뀌는 것 때문에 생기는) '작은 문제'로 인해 교란되는 일이 없도록 만전을 기하려는 야단법석을 떨고 나서야 새 천 년은 개막될 수 있었다. 오늘날 컴퓨터는 세계 어느 곳과도 즉각적인 소통이 가능하게 된 탈근대적 위업의 상징이며, '가상현실'이라는 새로운 로고스의 운반체이자 실재를 '자연의 법칙'과 같은 규칙성으로 표상했던 과거식의 로고스에는 결여된 확실성의 운반체다. 그런데 이제 이런 컴퓨터가 자신에게 점점 더 신세를 많이 지고 때로는 전적으로 의존하기까지 하는 세상을 원상태로 돌려놓겠다고 협박하는 형국이 된 것이다. 현대에 특유한 이 협박이 새로운 시대의 힘의 구조에 대해서 가지는 의미는 무엇인가? 그로부터 채 2년도 되기 전에 새로운 천 년의 신세계이자 가장 위대한 대표자인 슈퍼파워Superpower* 미국이, 다른 어떤 나

---

* [옮긴이] 이 책에서 Superpower는 세계적으로 헤게모니적인 힘을 행사하는 제국일 뿐만 아니라

라도 그 힘에 전혀 필적할 수 없음에도 불구하고, 느닷없이 엄청난 취약성을 겪어야만 했다는 사실을 볼 때, 이런 미래에는 어떤 기초가 놓여 있는 것일까?

2. 힘에 대한 베이컨의 비전

그래, 내 기억의 목록에서
하찮고 어리석은 기록들을 모조리 지워 버릴 거야.
_셰익스피어William Shakespeare, 『햄릿』(제1막 5장 100행)

…… 그렇게 해서 인간의 지식과 인간의 힘이라는 쌍둥이 항목들이 실제 하나로 만나게 된다.
_베이컨Francis Bacon5

예전에는 현재와 그 과거에 대해 일정한 정체성으로 이름을 붙이고 선언하는 일에서 철학자들과 정치 이론가들이 두드러진 역할을 — 물론 사심이 없었던 것은 아니지만 — 했다. 수세기 동안 이론가들은 과거에 비해서 자신이 사는 시대가 전체적으로 우월하다고 주장함으로써, 그리하여 과거의 사상가들에 비해서 자신들의 업적이 우월하다고 넌지시 암시함으로써, 스스로를 추켜세웠다. 아리스토텔레스Aristotle는 선배 철학자들의 계보를 정립하는 와중에, 공교롭게도 자신이 그들을 얼마나 능가했는지를 내비쳤던 최초의 철학자라 할 수 있지만, 그랬던 그도 과거의 업적을 시인했고, 그리하여 혁신의 한편에

기존의 힘과 형식의 관계를 깨뜨린 완전히 새로운 힘이며, 탈근대적 총체성이 실현된 형태라는 복합적인 의미를 갖는다. 이런 의미의 복합성을 훼손시키지 않기 위해 '슈퍼파워'로 옮긴다.

연속성도 있음을 인정했다. 그뿐만 아니라 아리스토텔레스는 자신의 업적이 우월하다고 해도 이로 인해 자신의 시대가 전반적으로 이전의 시대들보다 우월하다고 생각하지 않았다.[6] 그러나 16세기의 저술가들은 이 분야의 장르를, [과거를-옮긴이] 송두리째 무시해 버리는 방식으로 활용했다. 그들은 당대에 '르네상스'라는 정체성을 부여하는 과정에서 과거를 '암흑시대'라는 특정한 모습으로 창조하기까지 했다. 그들은 자기 시대의 문학·예술·철학의 독창적이고 넓은 안목 및 개체성에 대한 찬양을 중세 스콜라철학의 방법과 대비했다. 그들이 보기에 스콜라철학은 반복적이고, 권위에 의해 지배되었으며, 답답하게도 기존의 수많은 주석에 또다시 주석을 덧붙이는 일을 이상으로 삼고 있었다. 그런데 르네상스 저술가들은 하나의 과거에 관해서는 부정적인 용어로 규정했지만, 무작정 미래로 뛰어들 정도로 자신들의 탈기독교에 대해서 확신을 갖지는 못했으며, 급기야 영감을 주는 또 다른 과거에 매달림으로써[투자함으로써 -옮긴이] 투자 위험을 분산시키고자 했다. 그리하여 그들은 과거를 구성하고 거기에 호소했는바, 고전고대古典古代[서구의 고전 문화를 꽃피운 그리스 로마 시대를 동방이나 이집트와 구별하여 부르는 말-옮긴이]를 숭배한 것이다. 예컨대 에라스무스Desiderius Erasmus는 "성 소크라테스여, 우리를 위해 기도하소서"라고 읊조렸다.[7]

베이컨은 자신을 추켜세우는 솜씨에서는 필적할 만한 상대가 없는 전문가였고, 새로운 집단적 정체성을 유행시키고 한 시대와 이전 시대 사이의 단절을 정당화하기 위해 지적인 고안물들을 사용하는 데 탁월한 전술가였다. 그 모든 일이 힘에 관한 새로운 비전이라는 대의를 내세우면서 이루어졌다. 베이컨은 사회를 위해서 완전히 새로운 '기초'를 쌓고자 한다면 과거의 철학과 과학적 방법을 거부하는 일이 선결 요건이라고 주장하면서 일부 사용 가능한 과거를 보유하는 것이 줄 수 있는 효용마저 부인했다.[8] 아리스토텔레스는 선배들을 선구자로 다루면서 순수한 지식에 기여한 정도에 따라 평가한 반면, 베이컨은 그와는 다른 기준을 도입해서 일반적으로는 고대 철학 전체, 그리고 특히 아리스토텔레스를 그릇되었기 때문이 아니라 무능하다는 이유로 단죄했다. 베이컨이 보기에 고대의 철학자들은 아무런 실천적인 결과도 산출할 수 없는 공식들을 생산했을 뿐이었다. 새로운 시대에는 "새로운 발견과 힘들이 인간의 삶에 부여되어야 한다. 학문의 진정하고 합법적인 목표는 이것 말고는 없다."[9]

이 선언은 서구 사회에서 힘과 그 원천을 이해하는 방식이 근본적으로 전환되었음을 의미했다. 종전까지 보통 힘이란 일차적으로 육체노동을 통해서 생산되는 통상적인 물품들 — 음식, 주거지, 건축물, 무기 등 — 에 국한된 희소한 재화를 가리켰다. 반면에 정치적 힘이란 초월적이고 '강력하며' 또는 '경외스러운' 것으로 표상되었고, 그 권위는 거룩하게 신성화되었다. 제국의 통치, 군사력, 그리고 전쟁 등은 힘의 최상급 표현이고, 조직과 리더십은 그 수단이었다. 베이컨의 비전은 이보다도 한층 담대했다. 그는 힘이라는 것이 사실상 마음먹은 바에 따라서 어떻게 발명되고 생성될 수 있는지를 궁리했다. 그리하여 힘이 특히 세속적인 용도에서 부족해지는 일이 다시는 일어나지 않으리라고 약속했다. 그의 일차적인 관심은 국가의 정치적 힘을 직접적으로 확장하는 것이 아니라, 좀 더 근본적인 힘의 원천, 즉 인간의 정신을 체계적으로 고양하는 데에서 정치적 힘의 지도적 역할을 강조하는 것이었다.

3. 정신과 방법의 배양

창의성과 방법ars은 서로 별개의 것이다.
_홉스[10]

힘을 향한 추구에 정신이 공모자로 가담하도록 정신을 변모시키는 일은 신 앙의 개종과도 같은 철저한 변화를 수반했다. 정신은 새로운 '자연철학'의 과 목들을 교습 받아야 할 뿐만 아니라 무엇보다도 먼저 씻겨야 했다. "내[베이컨] 가 정신의 바닥을 청소하고 닦고 평평하게 고른 후에,"[11] 정신은 "진리를 향한 혹독하고 엄격한 탐구"[12]에 의해 기울되어야 했다.

힘의 조건을 정식화하고, 그 원천을 확인하며, 활용하고 통제할 것을 목표 로 삼는 국가 통치술을 고안하면서 베이컨은 놀라우리만치 마키아벨리Niccolò Machiavelli의 인식 틀을 차용했다. 다만 그에게는 그 대상이 군주나 공화국이 아 니라 자연이었고, 그 양식은 개별적 행위가 아니라 조직을 통한 방식이었으며, 그 수단은 무력이 아니라 탐구 방법이었다. 이런 기획은 과학적 조사 방법에 관한 상이한 개념화뿐만 아니라, 과학에 관한 정치 이론이라는 새로운 주제의 창출을 요구했다. 베이컨은 진기한 물건들을 모아 둔 '밀실'을 보유한 호사가 귀족들이나 자신의 발명에 대해 명쾌하게 설명할 능력이 없는 재간꾼 장인들 의 세계로부터 과학을 구출했다. 그 대신 국가의 힘과 '정책'의 맥락 속에 과학 의 자리를 마련했다.

이 와중에 또 다른 통치자와 또 다른 힘의 체계도 부지불식간에 추방되고 있었다. 피조물로서는 결코 도전할 수 없는 영역을 다스리던 '자연을 관장하는 신'이 오래지 않아 '자연에 속한 신'으로 바뀔 것이었다. 자연을 관찰의 대상 또 는 인간이 겸허해져야 하는 근본적인 명분으로 접근하는 대신에, 새로운 정치 는 이제 자연을 실험적 연구실과 성적인 공격 대상의 조합으로서 바라보게 될 것이었다.

…… 자연이라고 언제나 (제 갈 길을 가면서 그녀 자신의 방식대로 일하도록 내버려져 있을 때처럼) 아무런 구속도 없이 자유롭기만 한 것은 아니다. …… 자연이 제약과 간섭 을 받는 경우가 더 많다. 다시 말해서 기예와 인간의 손에 의해 원래 상태에서 끌려나와

뭉개지고 인공적으로 주조되는 경우가 더 많은 것이다.[13]

올바른 방법을 준수함으로써 인간은 자연의 '법칙', 즉 규칙성으로 표현되는 '질서'를 다스리는 '힘들'을 발견할 수 있었다. 개념상 자연은 (아우구스티누스Aurelius Augustinus, 아퀴나스Thomas Aquinas, 칼빈Jean Calvin의) 신학-정치적 질서ordo에서 정치-과학적 질서로 전환되었다.[14] 이제 과학은 그 지식을 이용해 각종 발명품을 내놓음으로써 인간의 힘을 생산할 수 있게 되었다. 발명품들은 다시 인간의 조건 자체의 물질적 향상("인간적 상태의 구제")을 지향하는 방향으로 이용될 수 있을 것이었다.

"주어진 물체에 새로운 본성 또는 새로운 본성들을 생성하고 첨가하는 것이 인간의 힘의 작업이자 목표"라고 베이컨은 선언했다.[15] 이런 표현과 이에 수반된 "지식이 곧 힘"이라는 표어를 염두에 두고 보면, 베이컨은 물질적 세계에 미치고 있는 힘을 물질적 세계로부터 추출해 내기 위해서 지식을 조직하고 다시 지식을 실천적인 발명품으로 전환시킨다는 발상을 통해 근대적 힘의 개념과 근대사회의 기초에 관한 얼개를 그렸다고 말할 수도 있을 것이다. 그의 비전은 이론적 지식을 체계적으로 추구하고 국가의 후원 아래 이론적 지식을 실천적으로 응용한다는 데서 그치지 않고, 사회적 태도를 개혁해서 힘의 작용 범위와 효용이 본질적으로 무한하다고 생각하는 발상을 지지하는 풍조와 문화를 마련하는 데까지 나아갔다.

그러나 문화는 순전히 실천의 문제이기만 한 것이 아니라 믿음과도 연관이 있다. 흔히 힘은 믿음에 "기초한다"거나 그것에 의해 "지탱된다"는 말을 한다. '힘은 믿음에 기생한다'는 말 역시 마찬가지로 적절한 은유라 할 것이다. 믿음이 가치, 곧 힘을 통해서 표상되고 실제로 실천되는 가치와 긴장 관계를 빚어내는 것처럼 보이는 경우도 종종 있다. 교황의 것이든 왕의 것이든 중세에 힘의 개념은 신성에 관한 초세속적 믿음에 의지하면서 연명했다. 후기 근대의 힘 개념은 전형적으로 엘리트의 통치 쪽으로 기우는 경향이 있었지만, 그럼에도 '주권자 인민'이라는 이념에 기생해서 번성했다. 종국적으로 기생적 힘은 '숙주'를 소진시키고는 새로운 착취 대상을 찾아 나서기 마련이다.

그런데 힘이라는 것이 새로운 세계를 구성하기도 하지만, 동시에 다시 만들어지고 있는 세계 안에서 사물과 존재 및 관계의 일부를 파괴하기도 한다고 보는 관점에 입각한 이론적 정신은 어떤가? 그리고 외양이 과거에 가졌던 일시성의 지위를 실재에 넘기고, 외양(과 사라짐)(dis)appearance에게 실재의 지위를 부여하는 것은 어떤가? 여기서 다시 우리는 두 가지 질문 모두에 대해 홉스의 가르침을 받게 된다. 그는 절대적인 정치권력, 곧 "인간의 힘들 가운데 가장 위대한 힘"이 자유로운 동의라는 정반대의 원리를 통해서 생성되는, 즉 "대부분의 인간이 가진 힘들로써 합성되는"16 사회를 상정하는 정치 이론을 개발하고, 그것을 과학 지향적인 힘의 이론으로 보완했다. "인지적 힘"power cognitive에 관한 의미심장한 대목에서 홉스는 권력을 탐구하기 위해 준비하는 정신 자세에 대한 베이컨의 구상을 확장한다.

> 인지적 힘이라는 말로 내가 의미하는 바를 이해하기 위해서는 우리 밖에 있는 사물들의 이미지나 관념이 지속적으로 우리 정신 속에 남아 있다는 사실을 기억하고 인정해야 한다. 설령 세상의 나머지 모든 것들이 소멸하고 한 사람만이 살아남게 되더라도, 사물들의 이미지는 그에게 남아 있을 것이다. …… 사람은 누구나 상상 속에서 사물이 파괴되든 그렇지 않든 간에 그 때문에 상상 자체가 없어지거나 파괴되지는 않음을 경험상 알고 있기 때문이다.17

인지적 힘과 세계의 소멸, 힘에 관한 이 두 이미지의 병존은 원시적 충동과 그것이 근대적으로 승화된 형태의 조합을 드러낸다. 그런 조합 안에서 과거의 요소와 미래의 요소가 올바른 촉매적 혼합의 비율을 찾아내기 위해 서로를 조사하고 검증한다. 이와 같은 담론의 이름은 '공상'reverie이다. 이 단어는 후일

꿈과 같은 연상 작용과 결부되면서 옛날에 가졌던 의미로부터 멀어지게 된다. 14세기에 공상은 '격렬한 기쁨, 과격하거나 소란스러운 행위'였다. 17세기, 즉 로크John Locke에 따르면 근대과학과 수학의 "거장들"이 활동했던 세기에 공상은 "추상화된 묵상"이었다. 그로부터 한 세기 뒤에 흄David Hume은 "내 손가락이 긁히기보다 차라리 세상 전체가 파괴되는 것을 선호한다고 해도 이성에 반하는 것은 아니다"라고 언급했다. 세계의 소멸에까지 이를 수 있는 잠재력을 가진 폭력적인 행동이 추상화된 묵상($E=mc^2$)에 의해서 가능해질 것이었다. 그 묵상은 도시들을 지워 버릴 수 있는 힘으로 변모한 반면, 사유는 변하지 않은 채로 남아서 결백함, 순수한 사색, 수학, 어린애와 같은 아인슈타인Albert Einstein 의 자질을 보유하고 있다.

제2권 제8장에서 나는 "세계가 파괴되었다고 상상하기"라는 홉스의 생각이 어떤 역할을 했는지에 주의를 환기시킨 바 있다. 그런 상상의 행위이자 방법론적인 첫 발자국을 통해서 홉스는 당시 내전이라는 실제의 혁명적 무질서로부터 추상화된 묵상에 의해 구성된 질서로 이동할 수 있었다. 처음에 홉스는, 세상은 일시적으로 사라지고 오직 사람만이 남아 있는 상태를 상정하고자 했다. "…… 다른 모든 것들이 파괴된 후에도 사람들이 여전히 남아 있는 상태를 나는 상상한다." 그러나 홉스가 남아 있는 것으로 상상한 것은 인간 자체가 아니라 인간의 증류된 정수, 곧 정신이었다. 그리고 그 정신의 정수는 바로 '인지적 힘', 즉 비록 세계가 실제로 파괴되었다고 하더라도 관념상의 세계를 보존할 능력을 가진 힘이었다.

4. 근대적 힘의 실현

베이컨은 …… 근대적 삶의 정신을 선도한 위대한 선구자다.
_듀이John Dewey18

베이컨의 비전은 날로 진보하는 지식과 기술혁신이 가능케 한 찬란한 발전을 통해 성취되었다. 17세기부터 서구 사회는 인간 실존의 물질적 조건들을 서서히 변혁시켜서, 서구 인구 전체의 경제적 형편을 새로운 수준으로 끌어올리고 문화와 교육 및 기대 수명을 향상시켰다. 동시에 이른바 '전근대적' 사회라는 개념을 발명하는 한편, 다시 조립라인과 대량생산을 통해서 그런 사회를 실제로 소멸시켜 버렸다. 커다란 괴물을 뜻하는 『리바이어던』Leviathan이나 『비히모스』Behemoth 같은 홉스의 책 제목들은 거대하고 덩치 큰 것을 좋아하는 근대적 힘의 성향에 전조가 되었다. 묵직하고, 이동할 수 없으며, 위치가 고정되어 있다는 점에서 산업 경제 사회의 공장들은 확대된 가시적 유형물, 즉 철강을 생산하는 거대한 공장을 힘의 이상으로 삼는 경제를 반영했다.

이 과정에서 산업화된 사회들은 과거의 어떤 시대도 필적할 수 없는 그들의 힘을 근대성을 확인해 주는 표지로 확립했다. 두 번째 천 년이 끝날 즈음에 인류는 이미 자신들의 세계 너머에 있는 세계들에 대한 탐험을 시작했다. 과학자들은 생명 자체를 생산하기 시작했고, 이대로 가기만 하면 식물이든 영아든 특정한 속성을 갖추도록 '주문에 맞춰 줄' 수 있는 시대가 도래할 것이라고 약속했다.

근대적 힘의 이론과 실제는 히로시마에서 절정에 도달했다고 말할 수 있을 것이다. 히로시마는 비유하자면, 흄 같은 사람이 가려운 손가락을 긁기보다는 세계의 파괴를 선호하고, 홉스 같은 사람이 세계가 소멸되어도 정신이 승자로 남아 있는 상태를 목격한 경우에 해당했다. 히로시마는 근대적 힘이 기존의 관행, 제도, 생활 방식 및 가치들을 파괴하면서 성과를 낸다는 점을 논쟁의 여지 없이 확인해 준 셈이었다.

　삶을 위해 필요한 것들을 생산하는 데 과학과 기술이 체계적으로 적용될 때 인간과 사회가 치러야 할 비용의 목록은 이미 히로시마보다 200년도 더 이전에 여러 저술가들이 작성해 놓은 바 있었다. 근대의 산업에 적합한 조건을 마련하기 위해 인구 집단들이 고향을 떠나야 했고, 이웃과 공동체들이 파괴되었으며, 지역 문화들이 붕괴되었다. 고향을 상실한다는 것은 위치의 이동뿐만 아니라 문화의 박탈도 의미했다. 슘페터Joseph Alois Schumpeter라면 "창조적 파괴"라고 불렀겠지만, 그보다는 파괴적 창조가 일어났던 것이다.

5. 근대적 힘과 그 구성 요소

[제퍼슨Thomas Jefferson의 경고에 따르면, 혁명 이후에 인민은 잊힐 것이고, …… 인민의 권리는 무시될 것이다. 유일한 재능인 돈 버는 일에 몰두하느라 인민은 스스로를 잊어버릴 것이다. 그리고 의당 받아야 하는 자신들의 권리에 대한 존중을 실제로 받을 수 있기 위해서 서로 단결해야 한다는 생각을 다시는 하지 않을 것이다.[19]

　사회의 정치적 성격을 변혁시킨 사회운동들은 근대적 힘과 근대성 자체의 전제 조건이었다. 한편으로 사회운동은 헌정주의적 형식,* 대의제도, 민주적

---

* [옮긴이] form은 일반적으로 "형식"이라고 옮겨지고, 정부 형태나 정치형태 또는 권력 형태 등의 경우나 생활 방식과 같은 경우에는 "형태"나 "방식"으로도 옮겨진다. 그런데 이 책에서 form은 power와 관계를 맺고 있는 매우 중요한 개념이어서 가능한 통일된 말로 옮길 필요가 있기 때문에, 가급적 가장 일반적인 "형식"으로 옮긴다.

유권자에 책임지는 통치자, 그리고 개인적 자유의 보장을 가져왔다. 다른 한편으로 사회운동은 독재, 정치적 자유의 억압, 이데올로기적·종교적 광신주의 혹은 사회의 선별된 일부 계층에 대한 적극적인 박해를 초래하거나, 기껏해야 인구 가운데 하급 계층의 경제적 조건을 단지 미미하게 향상시키는 데에 그치기도 했다.

정치권력이 민주적 충동에 따르게 된 정치혁명이란, 근대적 힘이라는 현상이 나타나는 데 기여한 여러 가지 혁명 가운데 하나일 뿐이었다.[20] 17세기로까지 거슬러 올라가는 과학 혁명과 18세기에 시작된 시장과 산업의 혁명도 그런 혁명들이다. 정치혁명이 참여자의 숫자를 늘린 것과 달리 다른 혁명들은 데모스*를 배제하고, 그들이 누리는 보상과 지위를 저하시키는 것으로 판명된 엘리트적 문화와 이데올로기, 엘리트적 담론 및 행동 양식을 산출했다. 스미스Adam Smith와 고전파 또는 신고전파 경제학자들은 새로운 경제의 영역을 이론화하면서 경제 내부에, 즉 사용주와 노동자 사이에도 권력관계가 성행하고 있다는 사실을 인지했다. 그러나 그와 같은 힘의 관계의 영역은 종교개혁기의 종교나 17~18세기의 정치와 달리 결코 심각하게 민주화의 압력에 노출되지 않았다. 비록 경제학이라는 과학에 종사하는 많은 사람들이 경제적 가치의 일차적 원천이 노동임을 시인하고 심지어 '노동력'을 일컫기도 했지만, 모든 신자가 곧 사제라는 루터Martin Luther의 신조, 루소Jean-Jacques Rousseau의 일반의지, 또는 페인Thomas Paine의 인민주권 등에 상응하는 것이 경제학에서는

---

* [옮긴이] 데모스(demos)는 원래 고대 아테네의 행정구역 가운데 최소 단위를 지칭하는 말이다. 아테네의 데모스는 자연적으로 구성된 촌락을 단위로 했으며, 각 데모스는 인구 비례로 대표자를 선출하여 전체 평의회에 보냈다. 그리고 아테네의 시민권은 데모스에 기초하고 있었다. 이런 역사적 어원에서 출발해서 데모스는 일반 인민이나 민중, 특히 정치체를 구성하는 인민이라는 의미를 갖는다.

나온 적이 없었다. '주권자 인민'이 열망했을 법한 여하한 집단적 연대라도 노동 분업에 의해서 아마도 돌이킬 수 없을 지경으로 여지없이 박살나고 말았다. 근대적 힘의 정치경제학은 시민이기보다는 권력에 복종하는 신민이 되라고 노동자들에게 가르쳤다.

베이컨이나 홉스처럼 과학 혁명 초기의 이론가들은 과학적 지식이란 '저속한 대중'의 이해력이 미칠 수 없는 경지에 있음을 분명히 했다. 프랑스혁명 기간 동안 "민주적 과학"이라는 기치 아래 "국가의 다른 부富와 마찬가지로 새로운 지식 역시 공유되어야 한다"는 원칙을 세우려는 요구가 있었지만, 그에 대한 대답은 선별적인 공교육의 이론이었을 뿐이다.[21] 콩도르세Marquis de Condorcet의 계획이 대표적이다. 그는 지적 성취의 전망에 따라서 지원자들을 분류하게 될 선별 체계를 제안했다. 그렇게 하면 지성의 서열이 만들어질 수 있고 새로운 유형의 귀족정이 제도화될 수 있을 것이었다.[22] 콩도르세의 계획은 장인匠人 집단들의 반대에 부딪혀서 원안대로 통과되지 못했지만, 그것은 데모스가 어떻게 — 이 경우에는 데모스의 잠재적 지도자들을 걸러내서 유용한 관리로 양성하는 능력주의 교육 체제에 의해서 — 한층 더 탈정치화될 수 있는지를 시사해 주는 사례였다.

과학적·경제적·정치적 혁명들은 근대적 힘의 구조에 독특하고 긴요한 요소를 제공했다. 혁명들은 결국 근대적 힘에 공모자로 포섭되었다. 그 혁명들이 통합되는 과정은 행정적 관료제가 제공해 준 지침과 조정이 없었더라면 일어날 수 없었을 것이다. 관료제는 근대성의 손길이 닿을 수 있는 범위를 규정하고 집행하는 데 일조했다. 관료제의 이론적 의미는 토크빌Alexis de Tocqueville의 『구체제와 프랑스혁명』The Old Regime and the French Revolution(1856)에서 명료하게 개진되었다. 토크빌의 명제에 따르면, 스스로 자신의 토대를 전복시키고 있음을 깨닫지 못한 군주정의 후원 아래 이루어진 행정의 혁명이 1789년의 "정치혁명"보다 먼저 있었다. 국가가 권위를 행사하는 방법을 관료제라는 형식으로 확립한 것은 통치 양식의 근본적인 혁신에 해당하는 것으로, 그것은 "한 위대한 국민의 역사에서 발생한 가장 큰 격변 가운데 하나를 이미 초래했다." 그리고 이것이 1789년의 정치혁명에 "무엇에도 비견할 수 없는 영향"을 미쳐서 그 혁명이 전례 없는 형식을 취하도록 만들었다는 것이다. 국가가 후원한 혁명은 먼저 각 지방에서 고대로부터 계승되어 내려온 통치 기구의 기본적 틀을 파괴하고, 그 대신에 중앙의 통제를 받는 상설 기구 체제를 설립했다. 그 혁명은 합리적인 정책이라는 과학을 도입함으로써 시나 군이나 도 등의 차원에서 생활의 일부로 작동하던 참여적 제도들을 파괴했는데, 결과적으로 보면 그것은 정치적 근대화를 추구한 선구적인 시도였던 셈이다. 중앙집권화의 흐름은 1790년대의 혁명가들의 손에 의해 해체되기는커녕 오히려 포섭되었다. 혁명의 와중에서 행정부의 수반은 "참수"당했지만 행정부의 "몸통"은 "온전히 살아남아서 활동을 계속했다."23

관료제의 출현은 근대 정치사회의 정치와 민주화 전망에 엄청난 충격을 주었다. 관료제는 정권이나 정당으로부터 독립해 기능하도록 고안된, 곧 정치의 '외부'에 전문 지식의 구현체가 존재하도록 고안된 영속적이고 사실상 자기 지속적인 힘의 구조를 도입했다. 행정이 '정책'을 맡아서 입안하고 시행하는 곳이라는 지위를 갖추었다는 것은 시민을 권력에서 분리하는 중대한 사태 전개를 촉진시키는 또 하나의 계기를 의미했다. 이런 사태 전개는 데모스의 행동을 묘사하기 위해서 동원된 형용사들과 현격하게 대조되는 [관료제를 묘사하기 위해 -옮긴이] 새롭게 출현한 정치적 어휘를 통해서 기록되었다. 인민은 "사납고", "떠들썩하고", 규율이 없다고 묘사된 데 반해, 근대 정부는 그 옹호자들에 의해 "규칙적"이고, "효율적"이며, "질서 정연"하다고 서술되었다. 그와 같은 맥락에서 『연방주의자 논고』 *The Federalist Papers*는 새로운 중앙정부가 "정책에 관한 통일된 원칙 위에서 작동"하면서, "정연한 국가정책 체계"24를 추구할 것이라고 약속했다.

과학, 기술, 정치, 관료제 및 경제에서 나타난 이처럼 다양한 사태 전개를 각각 모두 혁명이라고 부른다는 것은 견강부회인 것처럼 보일 수도 있다. 그러나 이들이 각각 초래한 효과들은 정치혁명과 연관되어 발생한 것으로 통상 간주되는 효과들과 맞먹는다. 정치 이외의 영역에서 일어난 혁명들이 얼마나 격렬했는지는 즉각적으로 눈에 띄지 않을 수 있지만, 그것들은 그 나름의 방식으로 종전의 습속, 관계 및 신념을 뒤집고, 무엇보다도 기존의 삶의 방식을 전복시킨다. 그 혁명들 역시 정치혁명과 같이 과거로부터 단절되는 전환점에 해당하는 것이다. 이 다양한 혁명들의 상대적 힘은 정치혁명이 가진 특징에 비추어 측정될 수 있다. 다른 혁명들은 자신을 영속화할 비결을 이미 찾아낸 것처럼 보이지만, 근대의 정치혁명들은 민주주의 혁명이든 공산주의 혁명이든 일단 성공하고 나면 동력을 상실해 버리는 것 같다.

6. 힘을 가두어 놓기

힘이라는 것이 어떤 일을 할 수 있는 능력이나 재능 말고 무엇이겠는가? 어떤 일을 할 수 있는 능력이
란 그 일을 시행하기 위한 수단을 사용할 수 있는 힘 말고 무엇이겠는가?
_해밀턴Alexander Hamilton[25]

힘을 가장 단순한 문구로 요약하면 어떤 목표를 실현할 능력, 어떤 목적을 달성할 능력이다. 이때 그 목적들의 본성은 무엇이고, 목적을 지향하는 주체는 누구며, 그것들을 실현하기 위해 사용될 수단이나 자원으로는 어떤 것들이 있고, 그 밖에 동원할 다른 힘들로는 무엇이 있으며, 어떤 결과 특히 어떤 손실이 초래될 것인지 등을 묻게 되면 논의가 복잡해진다. 사용할 수 있는 힘들 사

이에 통일성이 크면 클수록 거창한 목적을 위해 그것들을 동원하고 싶은 유혹도 커진다. 목적을 달성하기 위해 요구되는 자원이 더 많을수록, 더욱 정교한 조직적 수단이 필요하게 되고, 전제 조건들은 더 까다로워지며, 손실을 비롯한 결과도 더욱 복잡해진다. 따라서 힘들 간에 통일이나 동맹이 어떻게 달성되고, 힘의 용도들은 어떻게 누구에 의해서 어떤 목적을 위해 — 즉 누가 이익을 보고 누가 손해를 보도록 — 결정되느냐는 정치적 질문들이 당연히 따라 나온다.

거대한 힘의 집중을 통제하려는 노력은 서구에서 역사가 기록된 만큼 오래 되었다. 구약성서에는 이스라엘의 전능한 신 야훼에게 바치는 신전을 건립하려는 솔로몬 왕의 야심찬 사업에 관한 이야기가 나온다. 이 기획은 힘에게 일정한 '거처'를 마련해 주려는 시도, 다시 말해서 힘을 일정한 구조 안에 넣어 둠으로써 세상에서 가장 위대한 힘인 야훼와 이스라엘 및 그 왕 사이의 일체감을 공고하게 만들려는 시도였다고 볼 수 있다. 솔로몬의 처음 의도는 그랬던 것으로 보인다. "내가 참으로 주를 위하여 계실 전殿을 건축하였사오니, 주께서 영원히 거하실 처소로소이다"(『열왕기』 상 8장 13절). 그러나 솔로몬은 나중에 그 야심을 포기한 것으로 보이는바, 대신에 그는 이제 전능한 존재는 어디에도 넣어 둘 수 없음을 내비친다.

> 하나님이 참으로 땅에 거하시리이까? 하늘과 하늘들의 하늘이라도 주를 용납지 못하겠거든 하물며 내가 건축한 이 전이오리이까?(『열왕기』 상 8장 27절)

건축의 형태로 보면, 신전이란 특정한 모양과 구조를 가지고 그 안에서 일어나는 것을 신성하게 만드는 칸막이라 할 수 있다. 신전 안에서 행해지는 기도와 의식儀式은 숭배의 대상인 힘을 가두어 두기보다는 힘과 소통하고 동맹을 맺기 위한 관습적인 수단이다. 야훼의 힘은 너무나 크기 때문에 인간이 만든 구조물 안에 갇힐 수 없지만, 그렇다고 해서 거기서 벌어지는 힘의 의식들을 통해 특정 공동체가 자기 나름의 힘의 영역을 향해 방향을 잡는다는 신전의 정치적 성격이 말소되는 것은 아니다. 이스라엘의 경우 힘의 영역이란 왕의 힘과 신의 궁극적인 힘으로 구성되었다.

솔로몬의 신전 이야기는 서구 정치의 사상과 실천 대부분에 매우 적절하다. 힘을 가두는 일은 제2차 세계대전 후 소련 공산주의의 확산을 막아 내는 데에 목표를 둔 서방 국가들의 "철의 장막"이나 "봉쇄 정책"에 이르기까지 지속된 주제였다.

성경 이후 서구의 이론사에서 힘을 가두는 문제에 대한 전형적인 해결책은 헌정적인 '틀'을 확립하는 것이었다. 가장 유명하고 가장 영향력 있는 헌정 이론가는 어떻게 보더라도 아리스토텔레스였다. 아리스토텔레스의 시각에서 보면, 헌정에는 정치사회에 대해서 최고의 권위를 행사하는 개인 또는 집단이 표시되어 있었다. 헌정은 힘의 소재, 곧 헌법의 규정들이 한 명의 통치자 또는 여러 명의 통치자 혹은 (예컨대 법원과 같은) 다양한 기관들에게 부여한 힘의 소재를 확인해 주었던 것이다. 그렇지만 헌정이 부여한 힘의 원천은 무엇인가? 헌정적 통치가 안정되고 효과적이기 위해서는 헌정적 힘이 사회 안에 존재하는 헌법 외적 힘의 배분으로부터 선별되고 그것에 적응해야 한다고 아리스토텔레스는 역설했다. 이는 곧 누구는 후한 대접을 받고 누구는 배제된다는 의미다. 그리하여 귀족제적 헌정은 귀족 — 예컨대 상당한 부, 고귀한 혈통, 그리고 군사적 용맹을 가진 — 의 지배적 지위를 인정할 것이었다. "혼합정체"polity*

---

* [옮긴이] 아리스토텔레스가 실제로 사용한 단어를 로마자로 표기하면 politeia다. 폴리테이아라는 단어는 대략 "폴리스에서 살아가기" 정도의 매우 막연한 (당대 그리스인들에게는 생각할 필요조차 없이 당연한) 의미에서 시작해서 다양한 용례로 발전했다. 예컨대 한국어로 보통 『국가』, 영어로는 보통 *The Republic*이라고 번역되는 플라톤의 대화편도 그리스어 제목은 폴리테이아인 반면에, 아

처럼 중산층 위주의 헌정은 중간 규모 재산 소유자로 이루어진 커다란 계급의 현전을 의미한 반면, 민주제적 헌정은 평등 또는 숫자의 힘을 인정했다. 대부분의 혁명은 헌정상의 권위와 실제 사회적 힘 사이의 괴리에서 비롯되는 것으로 설명되었다. 무시 못 할 힘을 가지고 있지만 배제된 집단이 있다면, 그 집단은 그런 유형의 사회적 힘을 헌정적으로 인정받기 위해 선동할 것이다. 만약 그런 기도가 좌절된다면, 헌정을 타도하고 자신들의 지배를 공고히 하는 데 적합한 통치 형식을 만들고자 할 것이다. 아리스토텔레스의 헌정 이론은 정치적 안정과 절제를 장려하기 위한 시도로 정의 내릴 수도 있는데, 이는 계급 지배를 거부함으로써가 아니라, 법의 지배에 따라 계급의 힘을 개선하거나 억제함으로써, 그리고 포용성을 촉진하고, 적대감을 줄이며, 지나친 힘의 행사를 완화하기 위해 기본적인 요소들을* '혼합'함으로써 그렇게 하는 것이었다.

　일반적으로 말해서 중세의 헌정 사상도 동일한 노선을 따랐다. 그것은 종종 귀족, 승려, '평민' — 대략 다양한 성분의 중산계급과 젠트리를 가리킨다 — 등 계급 또는 신분을 대표하는 지배적인 관행을 반영했다. 아울러 특권뿐만 아니라 성문법과 관습의 역할을 강조한 것도 권력을 제한하기 위한 것이었다.26

　'헌정주의'는 근대의 산물이다. 헌정주의는 이론적으로 해링턴James Harrington 과 수평파, 로크, 몽테스키외Charles-Louis de Secondat Montesquieu, 그리고 미국의

리스토텔레스가 『정치학』에서 혼합정체를 가리키기 위해 이 단어를 사용한 대목들은 영어로 보통 polity 또는 constitutional government라고 번역된다. 아리스토텔레스의 의미는 과두정, 즉 부와 신분이라는 요소와 민주정, 즉 다수 민중이라는 의미 사이에서 균형을 잡아야 한다는 것으로, "균형 헌정" 정도의 한국어 번역도 가능하겠지만, 여기서는 좀 더 익숙한 용어로 "혼합정체"라고 번역한다.

* [옮긴이] 고대 그리스에서는 정치체제를 뛰어난 한 사람이 지배하는 군주정, 명문가 대표들이 연합해서 지배하는 귀족정, 일반 민중 다수가 원하는 대로 지배하는 민주정으로 분류했다. 기본 요소란 이 세 가지 요소를 가리킨다.

『연방주의자 논고』에 빚지고 있다. 그리고 실천적으로는 영국에서 발생한 1640년대의 혁명과 1688년의 반란, 1776년의 미국혁명, 그리고 1787년 [미국 헌법 제정을 통한-옮긴이] 연방주의자의 반격에 빚지고 있다.

　권력을 길들이려는 근대 헌정주의의 시도는 영문자 "R"로 시작하는 몇 개의 단어로 요약될 수 있다. 곧 권력에 대한 제어 장치들restraints, 효과적으로 통치하기에 충분할 정도의 권한 부여 혹은 권력의 인정recognition 그리고 실제 권력 행사가 규칙에 따르도록 하는 비자의성 또는 규칙성의 부여regularization를 지칭한다. 첫째, 권력에 대한 제어장치는 특정한 목적을 위해서만 권력을 사용할 수 있도록 제한한다든지, (예컨대 헌법에 권리장전을 포함시킨 경우처럼) 권력이 침범해서는 안 될 영역이나 다른 경우보다 엄격한 제약 조건 아래에서 행사되어야 할 특정 영역들을 명시한다든지 하는 헌법의 조항에 (또는 영국에서처럼 헌법과 같은 효력을 행사하는 관습들에) 의해서 구현되는 것이 보통이다. 둘째, 권력을 인정한다는 것은 어떤 개인이나 기관이 합법적으로 행사할 수 있는 권력을 (예컨대 행정부 수반은 법률안을 제안하거나 의회를 통과한 법안에 거부권을 행사할 수 있는 권한을 가지고 있다는 식으로) 열거하는 것이다. 셋째, 규칙성을 부여한다는 것은 권력이 구속력 있는 법규나 결정이나 조치로 전환되는 과정에서 준수되어야 할 (예를 들면, 입법 과정 또는 형사·민사·행정 소송의 적법절차와 같은) 소정의 절차들을 가리킨다. 세 개의 "R"은 네 번째 것, 즉 의식rituals을 추가함으로써 확장될 수도 있는데, 그것은 선거나 대관식처럼 권력을 권위로 변화시킨다.

　대체로 근대 헌법, 특히 제2차 세계대전 이후의 헌법들은 사회적 힘이나 계급의 힘에 대한 명시적인 언급을 피한다는 점에서 주목할 만했다. 그 대신에 이 헌법들은 사회의 모든 요소들을 사실상 포괄하면서 부나 신분에 어떤 특권도 허용하지 않는다는 점을 자랑으로 내세운다. 그러나 동시에 근대 헌정주의는 다섯 번째 "R", 즉 규제적 권위regulatory authority의 후예이기도 한데, 이는 16세기와 17세기 군주제가 무역, 제조업, 농업, 통화 및 발명을 통제하기 위해 처음으로 행사했던 것이다. 규제적 권위는 '정책' 그리고 관료에 의해 제시된 규칙을 시행하는 형식을 취한다. 이는 일찍이 국력의 핵심적인 요소로서 '경제'의 중요성을 인정하고(중상주의), 또 경제를 재화의 생산과 동일시한 것의 소산이었다. 이 경우 재화의 생산은 필요를 충족하고 인구가 원하는 것을 자극하면서, '공동 방위'를 위한 수단을 공급하는 것으로 인식되었다.

초기 근대성의 정치 이론들이 시민의 권리와 의무를 탐구하고 있던 와중에, 보완적이지만 상이한 형태의 담론이 출현했다. 그것은 전체 '인구'와 그 힘의 잠재력에 초점을 맞추고 있었다. 18세기 중반의 한 저술가는 다음과 같이 새로운 초점을 정식화하고 어떻게 근대적 힘이 시민됨*보다 경제에 적합한 데모스를 만들어 낼 것인가에 대하여 지적했다.

> 한 국가의 힘에 기여하는 또 다른 요소는 국가를 구성하는 상이한 구성원들의 근면과 재능이다. 따라서 공공의 행복을 유지하고 증진시키며 또 그것에 봉사하기 위해서는 신민들로 하여금 각자 타고난 대로 여러 가지 직업에 종사하기 위해 필요한 지식과 재능을 획득하고, 사회의 일반 선에 기여하는 질서와 기율을 유지하게 만들어야 한다.[27]

이런 과정에서 근대적 힘의 정치경제가 창조되어 공공 정책의 대상이 되었다. 이 경우 공공 정책은 경제성장을 촉진하고, 예측 가능성 — 예를 들어, 계약의 이행 — 을 높이기 위해 법의 틀을 확립하며, 지나침을 억제하고, 국민

---

* [옮긴이] 이 책에서 citizenship은 맥락에 따라 '시민됨' 혹은 '시민권'으로 옮겼다. 대체로 시민됨은 시민으로서의 본질적인 존재 양식이라는 광의의 의미를 지니며, 시민권은 권리의 행사와 보호와 관련된다. 이 책 356-7쪽에서 논하듯이, 월린은 시민됨을 민주적 구성원됨(membership)의 핵심으로 간주하며, 이런 시민됨의 의미가 '권리와 보호'라는 측면에서만 유용한 잔여 범주로 축소되고 있다고 비판한다.

에게 필요한 기술을 교육시키며, 산발적으로 발생하는 사고를 처리하는 것 등을 목적으로 삼았다.[28] 20세기의 마지막 사반세기에 이르러 정치경제학을 통해서 표상된 힘의 체계가 헌정주의의 작동에 핵심적일 뿐만 아니라, 헌정주의의 경쟁자이면서 동시에 지지자 — 주인이라고까지 말할 수는 없겠지만 — 라는 점이 분명해졌다.

제12장

마르크스

프롤레타리아트 정치경제학의 이론가인가,
붕괴되지 않는 자본주의의 이론가인가?

1. 마르크스와 니체: 경제인가, 문화인가?

20세기의 마지막 사반세기에 해석학, 해체 이론, 탈구조주의, 신실용주의,
젠더 연구, 급진 페미니즘 그리고 문화 이론과 같은 몇 가지 혁신적인 이론들
이 등장했다. 그 이론들은 놀라울 정도로 다양한 정치적 경향과 정치에 대한
관념들을 표방했다.[1] 우리는 정치 이론에 대한 다양한 관심들과 관념들에서
발생했던 이런 극적이고 심지어 깜짝 놀랄 만한 변화들을 식별해 내기 위한
유용한 준거점으로 19세기에 활약한 두 명의 지적 거인을 선택해서 다루고자
한다. 그들은 바로 거의 동시대인이었고, 극과 극으로 대립하지만, 기이하게
도 서로 합류하는 마르크스Karl Marx와 니체Friedrich Nietzsche다.

마르크스와 니체를 대조해 보면 양자 사이에 격렬한 지각변동과 같은 변
천이 있었음을 알 수 있다. 그것은 삶의 물질적 기초를 강조하는 포괄적이고

체계적인 그리고 전복적이기보다는 공공연하게 혁명적인 이론에서 반反이론적이고, 반反체계적이며, 반反유물론적인 내용을 경구로 표현하는 이론, 혁명적이기보다는 전복적인 이론으로의 변천이다. 마르크스가 집단적인 힘과 모든 것을 포섭하는 공동생활에 대한 이론적 비전을 추구했던 반면, 니체는 가장 강력하게 반정치적이고 가장 개인주의적인 언어로 이론을 공격했다. 둘은 모두 각각 나름의 방식으로 경지에 도달한 이론가들, 아니 오히려 근대적 힘을 대립된 또는 상반된 형태로 완성시킨 이론가들이었다고 할 수 있다. 한 사람은 경제를 강조하고, 유물론에 열광하며, 문화를 부수적인 현상으로 축소시켜 그 지위를 격하시켰다면, 다른 한 사람은 문화를 근본적인 것으로 받아들여 그것에 몰입했고, 경제를 경멸했다.

마르크스는 정치를 단지 도구적인 차원에서만 중시했다. 그것은 '프롤레타리아트 독재'라는 반反정치 속에서 공고화되어야 할 혁명을 준비하기 위한 것에 불과했다. 혁명과 그에 수반되는 자기희생적인 영웅적 행위들은 종국적으로 정치적인 것을 실현하는 수단이었지만, 그 실현은 전혀 의외의 영역, 곧 이전에는 자기 이익과 동일시되던 영역인 경제에서 일어날 것이었다. 니체의 경우, 그는 근본적으로 반정치적인 반항의 정치를 수행했다. 이런 언급은 니체가 정치에 관해서는 어떤 중요한 말도 하지 않았다는 것을 의미하지 않는다. 이는 마르크스가 문화에 대해 기여한 바가 없지 않았던 것과 마찬가지다. 니체는 불굴의 그리고 지고한 심성을 지닌 탐미주의자인 엘리트, 즉 초인*Übermenschen*을 찾고자 했다. 그 과정에서 니체는 인류를 구원할 수 있는 일련의 여러 후보들을 잇달아 제거해 버렸다. 다른 한편 마르크스는 전적으로 새로운 유형의 영웅적 행위자를 조형해 내는 과정에서 정반대의 극단으로 치달았다. 즉 그는 집단적이고, 혁명적이며, 범상한 인물을 영웅적 행위자로 그려 냈다. 마르크스와 니체는 모두 소외된 자들 사이에서 영웅적 행위자를 찾으려고 했지만, 마르크스가 그려 낸 기형적인 영웅은 니체의 영웅과는 판이하게 달랐다. 마르크스의 영웅은 근대의 공장에서 짐승처럼 취급받고 있었지만 언젠가 이 근대적 노예제의 번데기를 터뜨려 버리고 나와 니체의 예술가도 부러워할 정도의 새로운 감각적 자유와 고도의 개체성을 의기양양하게 실현할 것이었다.

20세기 정치의 극단적인 양상들을 암시한다는 점에서 이와 같은 정반대의 입장들은 수렴한다. 각각은 세계의 파괴라는 어두운 전망을 품고 있었던바, 그것은 근대적 힘을 완성하는 도정에서(마르크스) 혹은 근대적 힘이 열린 미래로 나아가기 위해(니체) 필수적인 계기였다. 각각은 진보를 기존의 한계를 파괴하는 것과 연결시켰고, 그 점에서 각각은 20세기에 그들을 찬양하는 자들에 의해 해방의 이론가로서 환영받을 것이었다. 아울러 양자 모두 반대와 차이들을 정당화하는 자유주의적이고 민주주의적인 정치관에 비판적이었다.

2. 마르크스와 이론적 소명

부르주아지는 백 년도 채 못 되는 그들의 계급 지배 속에서 과거의 모든 세대들이 이루어 놓은 것 전부보다 더 많고 더 거대한 생산력들을 창조했다. 자연력들의 정복, 기계와 공업 및 농업에 대한 화학의 적용, 증기선 항해, 철도, 전신, 농경을 위한 전 대륙의 개간, 하천의 운하화, 마술처럼 토지로부터 불려 나온 인구 등 이와 같은 생산력들이 사회적 노동의 태내에서 잠자고 있었다는 것을 과거의 어느 세기가 예감이나 했겠는가?
_마르크스와 엥겔스Friedrich Engels2

중요한 것은 경제야, 바보 같으니라고!
_클린턴Bill Clinton 대통령

마르크스가 그 어떤 정치 이론가보다 20세기 내내 커다란 사상적 영향력을 행사했고, 또 지난 2,500년 동안의 그 어떤 사상가도 마르크스가 행사했던 실천적 영향력에 비견될 수 없다고 주장할 수도 있겠지만, 오늘날에 와서는 이론적 차원과 정치적 차원 모두에서 마르크스의 '체계'가 지닌 중요성은 상당 부분 퇴색했다고 널리 인식되고 있다. 성공적인 노동자계급의 혁명에 의해 선진화된 자본주의가 필연적으로 붕괴되고 타도될 것이라는 그의 예언은 19세기 낭만주의의 유물인 것처럼 보인다. 혁명적 열정은 고사하고 프롤레타리아트가 지닌 힘조차 꾸준히 성장하기는커녕, 20세기 후반기 동안에 조직화된 노동은 극적이고 일견 돌이킬 수 없을 정도로 쇠퇴했다. 이는 패배한 자들이 [자본가들이 아니라–옮긴이] 오히려 노동자들이며, 그것도 [노동자계급의 혁명이 아니라–옮긴이] 다른 혁명에 의해 패배했음을 시사한다. 자본가들이 추진한 생산기술에서의 지속적인 혁신과 이를 통해 창출된 새로운 기술들은 숙련노동자들에 대한 필요를 꾸준히 감소시켰고, 이런 사태 전개는 노동세급에게 막대한 타격을 가하기에 이르렀다.[3] 자본주의는 마르크스가 예견했던 불가피한 위기에 굴복하기는커녕 그 어느 때보다 더욱 강력하고 역동적으로 보였다. 20세기에 영국과 서유럽에서 사회주의정당이 몇 차례 정권을 장악했지만, 그나마 그들이 한때 자랑스럽게 여겼던 급진적인 요소들을 누그러뜨리는 대가를 치러야 했다. 그들이 노동계급의 생활수준을 개선하는 데 기여한 공로는 인정해야겠지만, 그들은 그 성과를 이루기 위해 국제 자본주의 정치경제 내에서의 정치적·사회적 안정화의 요구와 타협하지 않을 수 없었다. 감량 경영downsizing, 부채 감축 등 긴축 조치가 긴급하게 요구되는 시대에 통치의 책임을 떠맡게 되면서 그들은 애국주의적 정당이자 중도의 방어자가 되었다.

　여기에 더해 소비에트 독재 체제, 중동부 유럽에 출현한 그 모조품들 및 아시아의 유사품들이 저지른 잔인한 통치 행태는 마르크스주의에 대한 평판을 치명적으로 허물어뜨렸다. 마르크스의 사상에 고무되어 세워졌다가 사라져 버린 정치체제들이 보여 주는바, 이제 마르크스에 대한 신뢰는 반박의 여지 없이 추락한 듯하다.

그 체제들이 과연 마르크스주의적이었는가 또는 어느 정도로 마르크스주의적이었는가라는 문제를 제쳐 둔다면, 체제 이데올로기이자 미래를 예측한 과학으로서 '마르크스주의의 죽음'을 슬퍼하지 않을 수 있다. 그러나 만약 우리가 양극 체제인 냉전이 반대편[사회주의권]의 철학에 대한 자본주의의 승리로 귀결되었다는 단순한 관념을 받아들인다면, 우리는 마르크스뿐만 아니라 자본주의 역시 잘못 이해할 위험에 처한다. 냉전의 양극성에 갇혀서 우리는 마르크스가 "문명화를 가져오는 자본의 위대한 영향력"을 얼마나 찬미했는지를 종종 잊곤 했다. 그리고 "이전 모든 단계의 사회들을 단지 인류의 지역적 발전과 자연 ‒ 숭배로 취급하도록 만들어 버린[자본의] 생산"[4]이라는 언급에서 보듯이 그가 자본가들이 가져온 힘의 혁명을 특별히 강조했다는 점 또한 덮어버렸다.

마르크스는 자본주의의 성과를 기리는 데 그치지 않았다. 그는 프롤레타리아트를 자본주의를 불태워 없애 버리는 소각자가 아니라 자본주의의 계승자로 지명했다. 자본주의는 사회주의와 동일한 경로를 지나가고 있었다. 두 사회 모두 힘을 개발하고 베이컨과 홉스가 최초로 전개한 바 있는 사회에 대한 비전을 추구했다. 곧 양자는 모두 자연의 힘forces을 길들이고 이전에 도달한 상태를 넘어서 인간의 조건을 향상시킬 수 있는 사실상 무제한의 잠재력을 갖춘 사회, "자유롭고, 방해받지 않으며, 진보적이고, 보편적인 생산력의 발전"을 이룬 사회를 지향했다.[5] 아마 어떤 이론가도, 심지어 자본주의의 가장 열렬한 옹호자들조차도 자본주의의 가장 유명한 적[마르크스 ‒ 옮긴이]만큼 근대적 힘의 규모와 동학, 약속과 위협을 충실히 포착하고 생생하게 그려 내지는 못했을 것이다. 마르크스가 자본주의의 이와 같은 성과들을 누구보다도 강조했다는 사실은 쉽게 해결되지 않는 흥미로운 질문을 부지불식간에 자극한다. 즉 마르크스는 과연 자본주의의 쇠퇴를 진단했는가 아니면 그 지속을 규명했는가, 달리 말하면, 마르크스의 분석은 그 자신의 비전을 좌절시켜 버린 것이 아닌가?

마르크스는 세계 체제를 개념화한 최초의 탈중세적인 이론가였다. 즉 그는 근대성에 내재된 정치적 공간에 대한 일국 중심적인 이데올로기들, 곧 국민주의nationalism, 국민주권에 도전하면서 지구화를 최초로 이론화했고, 기회와 이윤을 찾아 전 지구에 침투하고 자연을 체계적으로 개발하는 꿈을 좇는 행위자로서 자본주의를 묘사한 최초의 사상가였다. 마르크스의 힘에 대한 비전은 세계 그 자체의 구조를 결정하는 힘들을 다루고 자신의 이론 구조 속에 '세계사적 힘'을 재생산함으로써 이론과 실천 양 측면에서 지역적 힘을 넘어섰다. 마르크스 이전의 사상가들이 '총체성'이라는 개념을 운위한 적은 있었지만, 마르크스야말로 정치·사회·이데올로기·경제가 하나의 통합적인 총체성을 이룬 체계, 즉 자본주의가 예고했던 제국의 체계를 기획한 최초의 사상가였다.[6]

마르크스는 자본주의 체계가 이룩한 성과를 수용함과 동시에 그 체계를 타도하는 데 자신의 생을 바쳤다. 그가 제안했던 이론에 대한 혁명적인 발상은 다음과 같은 목표를 위한 것이었다.

> 대상적 진리가 인간의 사유로 귀착될 수 있는가의 문제는 이론의 문제가 아니라 실천적 문제다. 실천 속에서 인간은 진리를, 즉 자기 사유의 현실성과 힘, 그리고 차안성을 증명해야 한다.
> 철학자들은 단지 세계를 다양한 방식으로 해석하기만 해왔다. 그러나 중요한 것은 세계를 변화시키는 것이다.[7]

마르크스에게 사상의 소명을 짊어진다는 것은 경제적·정치적·사회적·문화적인 근대적 힘이 낳은 결과인 착취와 부정의 및 비인간화를 이론화해야 할 뿐만 아니라 그것을 변화시킬 실천적 수단들을 구체화해야 한다는 의무까지 지고 있음을 의미했다. 혁명적 삶을 이론적 삶에 결합시키려는 그의 정식화는 일종의 근본적인 결별을 표상했다. 플라톤Plato과 아리스토텔레스 이래 이론적 삶은 대부분의 경우8 행위의 삶보다는 사유의 삶으로 정의되었다. 설령 마르크스에 비견될 정도로 신랄하게 사회를 고발한 이론가가 있었다 하더라도 말이다. 이와 대조적으로 마르크스는 단순히 부업이나 유희 정도가 아니라 필생의 헌신을 바쳐 실천과 이론적 소명을 결합시키려고 노력했다.

마르크스가 한편으로 역사 '법칙'의 결정론을 강조하면서 다른 한편으로 행위자로서의 사회 계급 개념을 제시한 것 사이에는 해결되지 않는 긴장이 존재했다. 그는 인간이야말로 변화의 과정을 이끄는 결정적인 행위자라고, 인간은 자신의 역사를 만든다고, 그러나 그것이 언제나 인간 자신이 선택하는 조건 아래에서 이루어지는 것은 아니라고 가르쳤다. 그가 적극적으로 추구했던 이론가와 프롤레타리아트 사이의 동맹은, 가장 억압받는 인간들이 강력한 사회질서의 혁명적 타도라는 가장 위험한 행위에 스스로를 투신하도록 교육될 수 있다는 그의 신념을 반영했다. 그는 "노동자는 조국을 갖지 않는다"9라고 가르쳤고, 노동자들에게 종래 가톨릭의 종교적 사명을 앞세운 제국주의자들 또는 정치적 제국주의자들에게 국한되었던 요구 사항을 부과했다. 즉 노동자들은 "보편적 전유", 곧 새로운 전 세계적 질서의 창출을 선동해야 했다.10

'혁명', '억압', '지배' 및 '해방'은 진지한 관념들이었고, 진지하게 받아들인다면 또한 불온한 것들이었다. 그런 관념들을 사용하는 사람들은 마르크스가 그랬듯이 개인적인 대가를 치를 것이 분명했다. 마르크스는 자신의 생애 대부분을 빈곤 속에서 여러 나라의 경찰에 쫓기며 보내야 했다. 그에게는 조국이 없었다. 그는 영원한 망명 속에서 삶을 보낸 이론가였다. 그는 평생 지질 줄 모르고 노동자들의 정치적·사회적 대의를 위해 저술하고, 연설하며, 조직했다. 그가 이룬 최고의 성과물은 유럽의 노동자계급 운동을 단결시키고자 했던 제1차 인터내셔널(1864~76)이었다. 그러나 집단적 힘에 대한 마르크스의 꿈은 바로 그 혁명적 형식[제1차 인터내셔널 - 옮긴이] 속에서 무너져 버릴 것이었다. 즉 그의 꿈은 민족주의와 애국주의, 곧 마르크스 자신은 경멸해 마지않았지만 자본주의가 활용했던 집단적 힘에 대한 신화 앞에 굴복하고 말았던 것이다.

3. 마르크스와 정치경제학에 대한 관념

······ 나의 결론은 정치경제학에 대한 주의 깊고 비판적인 연구에 기반을 둔 전적으로 경험적인 분석의 열매다.
_마르크스[11]

[포이에르바흐는] 자연에 대해서는 너무 많은 것을, 정치에 대해서는 너무 적은 것을 언급했습니다. 그러나 현재의 철학이 진리가 되게 할 수 있는 유일한 동맹은 [자연이 아니라 - 옮긴이] 정치입니다.
_마르크스[12]

마르크스를 논하면서, 논평자들은 관례적으로 헤겔Georg Wilhelm Friedrich Hegel과 포이에르바흐Ludwig Feuerbach에 대한 지적인 빚을 강조하면서 시작한다.[13] 이 점은 부정할 수 없다. 진보적인 변증법, 역사 속에서 스스로를 전개해 가는 초역사적인 이성, 의식의 성숙 및 주인과 노예의 패러다임과 관련한 마르크스의 개념들은 모두 헤겔로부터 유래한 것들이며, 변증법적 유물론과 계급투쟁이라는 마르크스 자신의 용어로 전환되었다.[14] 이와 비슷하게, 어떻게 인간이 자신의 고유한 힘들을 그들이 숭배하면서 굴복하는 신적 존재에 투사하는가를 묘사했던 포이에르바흐의 인간학에 대한 사고는 마르크스의 소외된 노동이라는 개념 속에 체현되었다. 나아가 포이에르바흐의 인간의 감각에 대한 찬양과 '유적 존재'에 대한 탐구는 인간의 잠재력에 대한 마르크스의 정식화에 강력한 영향을 미쳤다. 그러나 대부분의 해석자들이 동의하는 바에 따르면, 1845년 이전에는 헤겔과 포이에르바흐가 마르크스에게 가장 큰 영향을 미쳤지만, 그 이후 마르크스는 산업주의를 다룬 영국의 경제학자들과 역사가들의 작업에 집중했다.[15]

심지어 비평가들은 마르크스가 『자본』 *Capital*에서 헤겔에게 경의를 표했다는 것을 인정할 때조차 마르크스가 헤겔에게서 물려받은 것은 변증법적 방법이었지 경제와 사회가 맺고 있는 엄밀한 관계에 관한 문제 틀은 아니었다는 유보 조항을 달곤 한다. 하지만 사실 헤겔은 경제문제에 활발한 관심을 보여주었고, 정치경제학 문헌, 특히 스미스와 스튜어트 *James Steuart*를 탐독했다. 가장 중요한 사실은, 헤겔이 경제적 사안과 관련된 국가의 역할에 대한 이론적 해답을 제시하려 시도한 바 있으며, 그것은 후일 마르크스가 제안한 해결책 속에서 재부상할 것이라는 점이었다.[16] 근대 정치경제학의 창시자들처럼 헤겔은 국가에 독자적인 역할을 부여하고자 했지만, 그것은 피히테 *Johann Gottlieb Fichte*와 같은 신중상주의자들이 주장했던 것보다는 약한 역할이었다. 그는 사적인 이익의 우선성이 일반 이익과 그 수호자로서의 국가라는 관념에 대해 도전하고 있던 시기에, 정치적인 것에 대해 다시금 강조하는 것을 목표로 삼았다. 스미스는 경제적 동기로부터 초연한 "현명한 입법자"의 역할을 승인했는데, 그 입법자는 이기심과 단기적인 시야에 주된 기반을 두고 수립된 체제가 저지르기 쉬운 지나친 정책의 오류를 교정하기 위해 개입할 것이었다.[17] 스튜어트는 특히 '정치가가 갑작스런 기술혁신이 불러올 수 있는 교란적 효과를 진정시키기 위해 개입할 준비가 되어 있어야 한다고 강조했다.

> 정치경제학의 모든 문제를 다루면서 나는 항상 정부의 수반으로서 체계적으로 정부의 모든 부분을 지휘하는 정치가를 상정해 왔다. 그 정치가는 사회적 행위 양식의 변천이나 기술혁신이 그 자연적이고 즉각적인 효과나 결과를 통해 공영체의 여하한 이익이든 그

것을 손상시키는 것을 방지할 것이다.[18]

나아가 스튜어트는 경제에 정치적 성격을 부여했다. 자유로운 경제는 "모든 구성원들 사이에 일반적인 의존 상태를 창출했다"는 것이다. 헤겔은 그의 이런 발언에 다음과 같이 공명共鳴했다. 곧 "정치경제는 …… 보편적인 상호 의존 체계"와 "모두에게 공통된" 협력적 노력의 체계를 창조했다. 한편 비판적인 어조로 헤겔은 중세 이후의 경제가 "개체성의 고정"을 특징으로 하는 "소유와 법의 체계" 역시 가져왔으며, 그 체계는 개인의 소유권을 "본연적, 절대적 그리고 무조건적인" 것으로 취급하는 경향을 갖는다고 강조했다. 법률 속에 구체화될 때, 소유의 관념은 "개인의 분리된 존재를 절대적으로 고정시키고 정립한다." 그 결과는 역설적으로 "이익"에 기초한 "보편적인 사적인 삶"으로 귀결된다. 이제 이익이 공동의 참여를 위한 소재지를 제공하게 되는 것이다.[19]

헤겔이 개인적인 재산 소유권에 기초한 경제의 출현이 표상하는 '특수성'의 발현에 대해 우려하면서 그 해결책을 국가-관료제der allgemeine Stand가 표상하는 '보편성' 속에서 찾아야 한다고 주장한 것은 놀라운 일이 아니다. 혹자는 그런 결론이 스미스의 '현명한 입법자'와 스튜어트의 '정치가' 속에 이미 예시豫示되었던 것이라고 말할 수도 있을 것이다. 그것은 각자 자신의 이익을 좇는 무수히 많은 개인들의 예측할 수 없는 행동을 제어하기 위해서는 일정한 힘이 요구된다는 것과 같았다. 그 힘은 사적인 이해관계들에 흔들리지 않고 일반적인 규칙을 공표하는 제도화된 이성에 의해 특수성을 억제할 수 있을 것이었다. "행정적 기능의 본성은 그것들이 객관적이라는 것이다."[20]

자본주의를 위한 정치경제학은, 비록 마지못해서이기는 하지만, 관료제의 수용으로 기울어지는 것처럼 보였다. 즉 만약 그 경제가 정치적인 것의 개념을 통해서 공동의 이익이 존재한다는 것을 받아들임과 **동시에** 자유라는 개념을 통해서 정치가 경제적 이익들을 진전시키고 방어할 임무를 갖는다는 관념을 수긍한다면, 관료제는 불가피한 듯이 보였다. 만약 경제적 이익에 대한 매디슨James Madison적 정치를 원한다면, 해밀턴적 행정 엘리트 역시 얻게 될 것이다. 자기 이익 추구라는 비정치적인 정치는 그것의 반정립으로서 중립적인 관료제, 곧 정치로부터 격리되었기 때문에 정치적인 것을 추진할 수 있는 지배를 수반하는 것처럼 보인다.

우리가 볼 것처럼, 마르크스 역시 행정, 더 정확히 말해서 행정적 이성이 정치적인 것을 보장하는 책무를 떠맡는다는 정치경제학의 관념에 이끌렸다. 그러나 헤겔의 관료와 달리, 마르크스의 행정은 더 이상 국가에 의해서 구속받지 않을 것이었다. 사적 소유와 계급 이익의 형태로 구현된 특수성은 제거될 것이며, 그와 더불어 국가의 합리적 존재 이유 역시 사라질 것이었다.

마르크스는 넓은 의미의 민주적인 관점에서 정치적인 것의 본성을 강조하는 데 몰두하는 급진적인 정치 이론가로서 출발했다. 처음에 그는 주로 헤겔과 그의 급진적 후계자들로부터 물려받은 철학적 개념들과 방법들이라는 "무기들"을 이용해서 독일의 후진적인 정치적 조건을 비판했다.[21] 머지않아 그는 정치적인 것에 관한 당대의 지배적인 관념이 지닌 한계에 대해 갈수록 비판적이게 되었고, 이에 따라 헤겔의 『법철학』Philosophy of Right에 나타난 정치적인 것의 고전적 개념들에 대한 공격을 감행했다. 이후 1844년 그는 정치적 접근에 대한 자신의 불만족을 선언하면서 이전까지 자신의 이론을 통일시켰던 주요한 개념인 정치적인 것을 내던질 준비를 하는 것처럼 보였다. "정치적 사고가 정치적인 까닭은 바로 그것이 정치라는 한계 내에서 사유되기 때문이다. 그것은 더 예리하고, 더 활기찰수록 그만큼 더 사회적 병리를 이해하는 데에는 무능력해진다."[22] 요컨대 정치적 사고가 더 정치적일수록, 그것은 더욱 부적절하게 된다. 이상적으로 보면, "일반적인 정치적 관심사가 곧 국가의 관심사"이며, 이론적으로 구성원이 된다는 것은 "일반적인 정치적 관심사에 대한 참여와 국가에 대한 참여가 …… 동일하다"는 것을 의미해야 한다.[23] 진정한 정치 이론은 사회를 그 일반성 속에서 이해할 수 있어야 하며, 그 "사회적 병리"를 다룰 수 있어야 한다. 그러나 정치적인 것은 사회 전반을 괴롭히는 해악들을 다루는 데 실패하면서, 사실상 공동선을 보호하지 못하는 무능력, '특수성'의 발현에 맞서지 못하는 연약함, 그리고 시민들을 "일반적인 정치적 관심사"에 결부시키지 못하는 우유부단함을 보여 왔다.

마르크스의 견해에 따르면, 근대에 들어 역사적 변화가 일어났는데, 그 변화는 정치의 영역을 협소화하고, 시민됨의 본질을 희석시키며, 국가를 사회로부터 고립시킴으로써 정치에 실질적인 제약을 가했다. 그가 보기에 근대 정치를 출범시키고 또 근대 정치가 정치적인 것에 대해 갖는 개념을 정착시킨 사건은 바로 프랑스혁명과 그에 따른 부르주아지의 승리였다. 마르크스가 스스로에게 제기한 문제는 19세기 전반에 걸쳐 자유주의적 사상이 씨름했던 문제와 정반대되는 것이었다. 즉 마르크스는 국가의 힘을 어떻게 통제하고 제한할 것인가가 아니라, 19세기 자유주의 개혁가들이 '사회적 문제'라고 불렀던 것을 해결하는 데에서 국가가 보여 준 무력함과 무능력을 어떻게 설명할 것인가라는 문제를 제기했다. 헤겔의 『법철학』은 국가권력의 무력함과 동시에 역설적으로 그에 수반된 이상화를 예시例示하는 것처럼 보였다.

이에 따라 마르크스는 왜 국가가 구성원들을 위한 이익과 부담의 공유라는 일반성을 증진하는 데 실패했는가라는 질문을 던지기 시작했다. 물론 헤겔에 따르면 이런 일반성이야말로 정치적인 것의 진정한 표지였다. 마르크스는 그 문제를 이렇게 정식화했다. 도대체 어떻게 해서 국가의 "힘은 정작 시민의 삶과 그들의 노동이 시작하는 곳에서 멈추게 되었는가?"[24] 근대의 국가 지향적 형식 속에서 프랑스혁명에 결부된 정치적 이상들이 오히려 정치적인 것의 확장에 저항하게 된 것은 도대체 어떤 이유 때문이었는가?

4. 민주주의 이념을 통하여 작업하기

마르크스의 설명에 따르면, 일련의 혁명들은 최초로 민주주의를 정치적으로 의미심장한 존재로 현존케 했으며, 또한 더 자유로운 사회, 곧 '시민사회' 역시 가져왔다. 그러나 그 시민사회는 역설적으로 민주주의에 대항하여 작동했다. 프랑스혁명의 "인간과 시민의 권리선언"은 인간과 시민을 구별하면서 '정치적 혁명'을 선포했는데, 그 정치적 혁명은 "시민사회의 정치적 성격을 철폐하고", 시민사회에서 "일반적 내용이라는 가상마저" 제거했으며, 대신 정치적인 것을 "이기적인 정신"으로 대체해 버렸다.[25] 정치적인 것이라고 간주된 것 — 국가의 제도들과 시민 — 과 그 '외부'에서 시민사회를 구성하고 경제적 제도들을 포함하고 있는 광범위한 삶의 형식들 사이에 일종의 반정립이 성립되었다. "정치적 국가"의 무사 공평한 또는 "관념적인 성격"과 경쟁과 이기심이 지배적인 시민사회라는 "그 현실적인 전제" 사이에서 하나의 기본적인 모순이 출현했다.[26] "시민사회가 곧 정치사회이고 …… [그리고] 중세의 계급 전체가 정치적으로 존재했기 때문에 시민사회의 계급들과 정치적 계급들이 일치했던" 중세와 대조적으로 "근대적 상황"은 "시민사회와 정치적 국가의 분리"를 전제로 했다.[27]

이런 분리는 인간의 '보편적' 권리의 정치적 보장, '평등한' 시민이라는 고귀한 지위 등 공허하고 위선적인 이상화를 만들어 냈다. 이런 공동선에 관한 공허한 수사학의 산출과 동시에 이제 사회적 위계질서와 계급적 특권으로 점철된 구체제로부터 해방된 시민사회는 새로운 "구별들 즉, 자의성의 원칙이 지배하는 가변적이고 유동적인 영역에서 형성되는 구별들"을 드러내고 있었다. "현재의 시민사회는 개인주의의 완성된 원칙이다. 개인적 존재가 종국적인 목적이며, 활동·노동·내용 등은 단지 수단일 뿐이다."[28]

마치 기독교인들이 지상에서는 불평등하지만 천상에서 평등하듯이, 인민의 구성원인 개인은 정치 세계라는 천상에서는 평등하지만 지상의 사회적 존재에서는 불평등하다. 이처럼 정치적 계급들을 사회적 계급들로 전환시킨 것은 역사적 사태의 전개다.[29]

마르크스는 그 문제를 특정한 구별들 혹은 근대의 혁명들로부터 출현한 '모순들' — 긴장된 대립들 — 이라는 헤겔적 용어로 정식화했다. 그 하나는 "공적인 삶과 사적인 삶 사이의 모순, 곧 일반 이익과 **특수 이익** 사이의 모순"이었다.[30] '시민의 권리'가 평등에 기초한 것인 반면, 재산권과 같은 '인간의 권리'는 "시민사회의 구성원, 즉 다른 인간들 및 공동체로부터 분리된 이기적인 인간의 권리"다. 시민의 권리가 다른 사람과 함께 하는 공동체를 함의한다면, 시민사회에서의 자유는 "단자"單子, monad의 자유, 곧 이기적으로 "자기 안으로 침잠된" 자유다.[31] 이와 밀접하게 연관된 것이 "정치 공동체"와 "인간존재" 사이의 모순이었다. 여기서 "인간존재"는 "인간의 **진정한 공동체**"를 의미한다. 근대의 노동자는 공동체, 곧 "삶 자체, 신체적이고 정신적인 삶, 인간적 도덕성, 인간적 활동, 인간적 향유, 인간적 존재"로부터 인간이 분리되었음을 가장 예리한 형태로 표상한다. 마르크스는 "인간"은 "시민 이상이며, 인간적 삶은 정치적 삶 이상"이라고 선언한다.[32] 인간과 시민, 국가와 사회 사이의 모순들은 '인류성'humanity이라는 더 포괄적인 개념에 의해서만 화해될 수 있는 대립적인 세력들의 동학을 의미한다.

그러나 그런 정식화는 '인류성'이라는 더 넓지만 모호한 이념을 위해 '시민'이라는 이념에 제시된 하나의 행위자라는 더 일관된 관념을 희생시킬 위험성을 수반했다. 이런 어려움은 민주주의에 대한 마르크스의 논의 속에서 표면화되었다. 헤겔에 대한 『비판』[『헤겔 법철학 비판』 - 옮긴이]에서 마르크스는 민주주의에 대해 우호적인 입장을 강하게 지지했는데, 그것은 바로 민주주의가 더 커다란 포괄성을 가졌다는 이유에서였다. 마르크스는 민주주의가 "포괄적인 헌정"이라고 선언했다. 다른 정치적 형식들은 단지 "계기들"일 뿐이며, 인민을 포섭하지도 않으면서 인민을 상정하는 추상물일 뿐이었다.

> 민주주의에서 모든 헌정들의 신비는 해결된다. 여기서 헌정은 즉자적으로 본질에 따라서뿐만 아니라 실존 그리고 현실성에 따라서도 그 실재적 근거, 곧 현실적 인간, 현실적 인민으로 회귀하며, 그 자체의 작업으로 정립된다.[33]

그러나 마르크스의 이런 논의는 단순히 민주주의에 인민주권이라는 형식적 지위("근거")를 부여하는 것을 넘어서지 않았다. 그는 민주주의의 이념을 다루면서도 '인민'이 실제로 무엇을 행하는지 혹은 그들이 구체적으로 어떤 의미에서 힘을 소유하거나 행사하는지를 실질적으로 묘사하지 않았다. 그가 "다른 정치적 형식들 속에서 인간은 단지 **법적인** 존재로 남아 있을 뿐인 데 반해 민주주의의 근본적인 차이는 …… **인간존재다**"라고 강조했다는 것은 이런 점을 드러내 준다.[34]

마르크스는 계속해서 민주주의에 대해 정치적 헌정의 최고 형식이라는 찬사를 보내기는 했지만, 그 후 얼마 지나지 않아 민주주의가 "인간 해방"의 정치를 이룰 잠재력을 결여하고 있다는 것을 발견하기 시작했다. 비록 "정치적 해방"이 인간에게 평등한 시민권, 평등한 권리를 약속할 수 있었으며, "분명 하나의 거대한 진보를 표상할지라도",

> 그것은 실로 인간 해방의 최종적 형태는 아니다. …… 그것은 종래의 사회질서라는 틀 내에서 가능한 인간 해방의 최종 형태일 뿐이다. …… 그러나 여기서 우리가 말하려는 것은 현실적 해방이요, 실천적 해방이다.[35]

1848년 말에 이르자 민주주의에 대한 마르크스의 열정은 식어 버렸고, 그는 민주주의를 가장 미덥지 못하고 변칙적인 계급인 소시민계급petty bourgeoisie과 연관시켰다.36 마르크스는 민주주의와 그에 수반하는 인민주권의 한계들을 행위 범주로서 민주주의가 지닌 공허함 탓으로 돌렸다. 민주적 시민은 자신을 보호할 수 있는 형식적인 정치적 권리를 갖추었지만, 그 권리는 시민을 의식적인 변화의 주체로 만들지 못했다. 이런 약점은 좀 더 포괄적으로 힘과 정치적인 것을 인식하는 한편 정치는 덜 민주적인 방식으로 재개념화할 필요성을 제기했다. 이는 역설적으로 지금까지 민주주의와 동의어였던 데모스를 기존 질서를 타도할 주요 행위자로 재정의하는 것이었다. 이런 시도는 데모스에 의해 정의되고 지배되는 민주주의를 세우려는 의도와는 거리가 멀었다.

5. 이론의 힘

독일의 혁명적인 과거는 정확히 말해서 이론적인 것으로서 바로 종교개혁이다. 당시의 사제와 같은 것이 오늘날의 철학자로서, 이 철학자의 머릿속에서 혁명이 시작된⋯⋯.
독일에서는 태동하는 산업 발전의 결과로서 이제 겨우 프롤레타리아트가 나타나기 시작하고 있다.
_마르크스37

처음에 마르크스는 이런 문제들에 접근함에 있어서 독일에 초점을 맞추어 혁명을 정치로, 사회주의를 '사적 소유의 부정'이라는 목표로, 프롤레타리아트를 혁명적 행위자로 파악하는 정치적 관점을 취했다. 마르크스는 독일의 정치적·경제적 후진성으로 인해 혁명에 대한 일반 이론을 정립하기 힘들고 혁명의 주체 또한 포착하기 어렵다는 난처한 문제가 발생한다는 점을 인식했다. 그 점을 보완하는 과정에서 마르크스는 받아들이기 어려운 주장들을 제기했는데, 그중에서도 가장 두드러진 것은 이론에 프로메테우스적 역할을 부여한 것이었다. 프롤레타리아트도, 독일 자체도 혁명적 잠재력으로 충만해 보이지 않았다. 단지 이론만이 그러했다. "[독일은] 자신이 이론적으로 이미 뛰어넘어 버린 단계를, 실천적으로는 아직 도달하지도 못했다."[38] 그럼에도 불구하고 "독일의 법철학과 국가철학"은 "공식적인 근대의 시간대"에 대등하게 도달해 있었다. 독일의 정치철학은 정확히 유럽의 "이론적 의식"이었다. 왜냐하면 그것은 추상적 형태에서 독일이 아니라 정치적으로 더 선진화된 프랑스의 근대적 정치 현실을 반영하고 있었기 때문이다. 이론의 추상성과 보편성에 대한 주장이 미덕으로 간주되었다. 그것들을 통해서 어떻게 "근대국가 자체가 현실적인 인간으로부터 추상화되는가"가 포착되기 때문이었다.

그렇다면 어떻게 독일의 이론을, 그것이 처해 있는 전근대적인 조건 속에서, 근대국가에 대항하는 혁명적 힘으로 전환시킬 것인가? 해답은 "대중을 사로잡음"으로써 가능하다는 것이다.

> 분명 비판의 무기는 무기의 비판을 대신할 수 없다. 물질적 힘은 물질적 힘에 의해 타도되어야 한다. 그러나 이론 역시 대중을 사로잡는 순간 물질적 힘이 된다. 이론은 일단 그것이 사람들 사이에서 입증되는 순간, 대중을 사로잡을 수 있다. 그리고 그것이 근본적인 것이 되는 순간 사람들 사이에서 입증된다. 근본적이라는 것은 문제를 그 근원에서 파악한다는 것을 의미한다. 그런데 인간에게 있어 근원이란 바로 인간 그 자체다.[39]

왜 유독 독일의 이론이 보편적일 수 있었는가, 즉 독일을 넘어선 호소력을 가질 수 있었는가? 마르크스는 "인간에게 있어 최고의 존재는 인간이라는 교의"와 "인간을 가치 절하하고, 노예화하며, 무시하고, 경멸적 존재로 보는 모든 조건을 전복하라는 정언명령으로 끝을 맺은"[40] 종교에 대한 비판 속에 독일의 이론이 지닌 근본적 성격이 놓여 있다고 선언했다. 계속해서 마르크스는 바로 독일의 정치적·사회적 조건의 후진성 때문에, 점진적이거나 부분적인 해방마저 오직 보편적 해방의 토대 위에서만 가능하다고 주장했다. 이는 해방의 수단이 포착되어야 할 뿐만 아니라 나아가 이론에 의해서 그것이 모순적인 힘^{force}으로 주조되어야 한다는 것을 의미했다.

> 그렇다면 독일 해방의 실질적인 가능성은 어디에 있는가?
> 우리의 답변은 이러하다. 근본적으로 사슬에 얽매인 한 계급의 형성 속에, 시민사회의 계급이면서도 시민사회의 계급이 아닌 한 계급의 형성 속에, 모든 계급의 해체가 자신의 존립 근거가 되는 한 계급의 형성 속에 그 가능성이 있다. 그리고 그 자신이 보편적 고통을 겪고 있기 때문에 보편적 성격을 갖고 있으며, 부당함 그 자체가 그들에게 저질러지기 때문에 아무런 특별한 권리도 요구하지 못하는 한 영역의 형성 속에, 어떤 전통적인 명분이 아니라 오직 인간적인 명분만을 내세울 수 있는 한 영역의 형성 속에, 독일의 정치 체계의 전제들과 전면적으로 대립하고 있는 …… 한 영역의 형성 속에, 마지막으로 사회의 다른 모든 영역들로부터 자신을 해방시키지 않고는, 그리하여 사회의 다른 모든 영역들까지도 해방시키지 않고서는 결코 해방될 수 없는 한 영역, 간단히 말해 인간성의 완전한 상실이고 따라서 인간성의 총체적인 재획득을 통해서만 자신을 구원할 수 있는 한 영역의 형성 속에 그 가능성이 있다. 특수한 계급으로 존재하는 사회의 이런 해체가 바로 프롤레타리아트다.⁴¹

이론이 "프롤레타리아트에서 자신의 물질적 무기를 발견"하게 되는 이유들은 매우 의미심장했다. 왜냐하면 그 이유들은 노동조건이나 경제적 체계라는 관념 — 두 가지 모두 마르크스의 이후 저술에서 중요하게 취급될 것이었다 — 과 연결된 것이 아니었기 때문이다.⁴² 대신에 마르크스는 노동자들이 문명화된 사회가 주는 이익을 완전히 박탈당하고 고통과 공허함만이 남은 존재라는 점을 강조했다.⁴³ 노동자들이 비인간화되었다는 것은 이런 의미였다. 설령 그 논문의[헤겔 법철학 비판 서문―옮긴이] 루터와 종교개혁을 언급하는 대목에 종교적 어조가 깃들어 있었다 하더라도, 프롤레타리아트를 선택한 것은 그 기준이 온유한 자들의 결백함이 아니라 "근본적인 필요의 혁명"이라는 것을 의미했다. 곧 프롤레타리아트는 아무것도 가지지 않고 아무것도 아닌 존재이기 때문에, 쉽사리 이론에 의해 "형성"될 수 있다는 것이다. 그런 공허함을 채우는 것이야말로 보편적인 해방의 척도이자 이론이 지닌 힘을 시험하는 것이었다.[44]

6. 경제의 정치학: 『1844년 수고』

헤겔에 대해 비판을 가하는 와중에 마르크스는 프롤레타리아트를 해방의 담당자로 인지했고, 그들과 혁명적 이론의 동맹을 선언했다. 그러나 또한 그는 독일의 정치적·경제적 조건의 후진성으로 인해 프롤레타리아트가 "사회의 모든 결함을 자신들 속에 집중시키고 있는 …… 사회의 부정적인 대표자이자 …… 보편적인 압제를 받는 계급이며 보편적인 제약의 화신"에는 채 이르지 못했다는 점에 주목했다.[45]

> 인간 해방은 오직 현실적이고 개별적인 인간이 추상적 시민을 자신 속에 환수했을 때에만 완전해질 것이다. 요컨대 인간이 개별적 인간으로서, 자신의 일상생활 속에서, 자신의 일과 그가 맺고 있는 관계들 속에서, 유적 존재가 될 때, 그리고 그가 자신의 힘(고유한 힘forces propres)을 사회적 힘으로 인지하고 조직하여 더는 이 사회적 힘이 정치적 힘의 형식으로 자기 자신으로부터 분리되지 않을 때, 비로소 인간 해방은 완성될 것이다.[46]

이런 언급은 "사회적 힘"이 포괄성의 차원에서 정치적 힘을 능가하며 그 개념이 '인민주권'보다 더 보편적이라는 점을 함축했다. 어떤 의미에서 "유적 존재"는 힘의 형태인가? 만약 그것이 원래부터 가지고 있던 것이라면, 어떻게 그것을 상실하게 되었는가? 어떻게 하면 되찾게 되는가? 그리고 인간 해방은 무엇을 의미하는가? 그것은 무엇으로부터의 해방이며, 무엇을 위한 해방인가? 이런 문제들을 다룬 핵심적인 텍스트가 이른바『경제학 철학 수고』*Economic and Philosophical Manuscripts*(1844)다.[47]

　『수고』에서 마르크스는 처음으로 경제학자들에 대해 개입했으며 헤겔과의 관계를 정리했다. 양측은 모두 그들의 근본적인 추상성 때문에 결함을 안고 있었다. 헤겔은 인간을 주로 추상적인 정신으로 다루었고, 경제학자들은 인간을 전적으로 추상적인 노동으로 취급했던 것이다. 마르크스는 영국의 경제학자들이 제시한 자본주의에 대한 설명에 이의를 제기했을 뿐만 아니라, 정치적인 것과 경제적인 것을 분석적인 차원에서든 실천적인 차원에서든 날카롭게 구분해야 한다는 그들의 기본적인 가정에 도전했다. 그러나『수고』는 마르크스가 선언한 '사회주의적 인간주의'보다 더 풍부하고, 몇몇 20세기 저술가들이 찬양한 바 있는 억압에 대한 심리학적 탐구보다 더 정치적이다. 그 저작은 보편적으로 힘을 확장할 수 있는 가능성, 곧 새로운 종種으로서의 개인, 확장된 개인, 근대 산업의 확장적 잠재력의 수혜자이자 그에 상응하는 존재를 창조함으로써 모든 개인들에게 힘을 부여할 수 있는 사실상 무한한 가능성을 드러내는 것을 목표로 했다. 경제학자들의 추상성이 억누르고 있는 현실적인 힘의 관계를 폭로하는 과정에서 마르크스는 자유주의 경제 이론의 추상성 아래에 있는 자유주의의 독특한 정치적 우화의 층위들을 드러내는 필생의 작업을 시작할 것이었다.

　『수고』는 서구의 이론이 힘을 논하면서도 그에 수반하는 금지나 우려, 또는 그 한계를 강조하지 않은 최초의 저작에 해당한다. 미완의『수고』가 지닌 단편적인 성격에도 불구하고 힘이라는 주제는 일관되게 추구된다. 여기서 마르크스는 하나의 힘의 원천에서 다른 힘의 원천으로 진전해 가는데, 각 단계는 힘의 비약적인 증가를 표상한다.『1844년 수고』*1844 Manuscripts*의 놀라운 점은 마르크스가 자본주의의 현실적인 경제에 대해 서술할 수 있기 이전에 이미 힘에 대한 총체적인 전망에 도달했다는 것이다. 그럼에도 불구하고 그는 정치적인 것에 대한 전통적 이해에 의존하여 경제 이론이 지닌 정치적 성격을 밝혀 낸 최초의 이론가라 할 수 있다.

정치의 현존은 처음부터 나타나지만, 그러나 그것은 비정치적인 맥락 속에서 인지된다. "임금은 자본가와 노동자 사이의 치열한 투쟁에 의해 결정된다." "자본은 ⋯⋯ 노동과 그 생산물을 지배하는 힘이다." 경제를 구성하는 힘의 관계에서 자본가들은 모든 이점을 누리고 있다. 즉 그들은 서로 동맹을 맺지만, "노동자들의 단결은 금지되어 있으며, 혹 단결하는 노동자들은 가혹한 결말을 맞게 된다."[48] 마르크스는 노동자가 서구의 이론과 실천이 고안한 것 가운데 가장 극심하게 비정치적인 지위인 '노예'로 귀착되었다고 주장했다. 힘의 체계 속에서 노동자-노예는 자율성, 보호 수단 및 시민으로서의 구제 수단을 결여했다. 반면에 자본가는 적나라하게 반反정치적인 형상으로 묘사된다. 자본가의 힘은 그로 하여금 그가 원하는 대로 노동자들을 통제하여, 그들의 노동을 사고, 그들의 생산물을 처분하며, 그들의 움직임을 제어할 수 있게 한다. 이것은 로크의 '전쟁 상태'에 대한 묘사, 즉 누군가가 자신이 원하는 대로 나를 처분할 수 있도록 "나를 자신의 힘 아래에 두려고" 시도하는 상태를 상기시킨다. 로크에 따르면, 폭정은 "누군가가 자신의 수중에 지닌 힘을 아래에 있는 자들을 위해서가 아니라 그 자신의 사적이고 분리된 이익을 위해 사용하는 것"이다.[49]

경제학자들이 구축한 이론적 추상물의 실천적 결과들을 폭로하면서 마르크스는 또한 자본의 이데올로그라는 그들의 정치적 역할을 드러내고자 했다. 힘의 체계의 이론적 합리화로서 경제학은 힘의 작동을 무시하거나 혹은 '가치'나 '지대'와 같은 기술적 용어로 표현함으로써 힘의 작용에 대한 이해를 가로막는다는 의미에서 이데올로기적이다. 경제학은 "근대 산업의 산물이며 동시에 이런 산업의 동학과 발전을 촉진하고, 찬미하며, 산업을 의식의 영역에서까지 작동하는 하나의 힘으로 만드는 원동력으로 간주될 수 있다."[50] 정치경제학은 먼저 경제적 배치의 바탕에 있는 힘의 관계를 은폐하는 외양의 세계를 건설한다. 다음에는 그런 힘의 관계가 인간에게 미치는 결과들을 외면해 버린다.[51] 노동자만큼 추상물의 지배에 "그토록 잔혹하게 고통을 당하는 이는 아무도 없다." 노동자는 "하나의 추상적인 활동이자 밥통[胃]에 불과한 존재"가 된다. 정치경제학은 그를 "한 마리 말과 같이, 일할 수 있는 꼭 그만큼만을 보상받는 단지 하나의 **노동자**"로만 일면적으로 다룰 뿐이다. 정치경제학은 그를 "인간으로" 보지 않으며, 오히려 "이런 인간적 고찰은 형법, 의사, 종교, 통계표, 정치 그리고 구빈원의 교구 직원에게 떠넘긴다."[52]

그렇다 하더라도, 경제학자들은 정치적 힘이란 인민에게서 기원한다고 정치 이론가들이 주장했던 만큼이나 노동자들이 가치의 원천이라는 것을 인정했다. 그러나 경제학자들은 노동이 원료를 종국적으로는 교환할 수 있고 이윤을 가져올 수 있는 생산물로 변환시킴에 따라 일어나는 가치의 변화를 서술하는 데 만족한 반면, 바로 그 지점에서 마르크스는 이와 같은 외관상 '자연적인' 과정이 노동자들의 시각에서는 어떻게 나타나는지를 묘사한다.

그리하여 경제학은 소외된 힘, 곧 상실되고 설명되지 않으며, 또 애초에 그 힘을 투입한 자에게 적대적인 힘을 묘사한 것으로 읽혀야 한다. 경제학자들이 생산물에서 노동의 '실현'을 보는 데 반해, 노동하는 자는 자신의 힘의 결과가 대상물로 변형된 것을 본다. 그 대상물은 자본가의 힘을 증가시키고 생활을 풍요롭게 하지만, 노동자 자신의 육체를 갉아먹고 심지어 '크레틴병'[갑상선호르몬 분비의 저하에 의해 일어나는 성장의 정지 증상, 백치병 - 옮긴이]으로 몰아가기도 하는 것이다. 노동자가 자신의 힘을 더 많이 투입하면 할수록, 그는 더욱더 [그 생산물에 대한 - 옮긴이] 통제를 상실한다. 그의 "생산물은 …… 소외된 **사물로서**" 그리고 "생산자에 대해 **독립된 힘**으로서 대립한다." 그는 자기 자신으로부터 소외된다. 그의 노동은 더 이상 자발적이지 않고, 그가 생산한 것은 "다른 사람"이 취하기 때문이다. 또한 그가 더 많은 가치를 생산할수록, "그는 더욱더 가치 없고, 더욱 기형적으로 변하기" 때문이다. 소외는 모든 곳에 퍼져 있다. 인간은 다른 개인들로부터, 자신의 유적 존재로부터, "인간적 본질로부터" 소외된다.[53]

소외된 힘을 회복하기 위해, 그것에 대한 정당한 요구를 밝혀내기 위해 마르크스는 유적 존재라는 개념을 발전시킨다. 유적 존재는 본성상 사회적이고 그 성격상 협력적인 힘의 개념으로서, 인간의 행위라는 점에서 인류가 공통으로 가지고 있는 것이며, 일국적 경계에 한정되지 않고, 세계에 존재하는 실질적인 힘의 총합을 의미한다. 유적 존재는 또한 인간을 힘의 소우주이자 대우주로 파악하는 발상을 표상한다. "비록 인간이 독특한 개인으로 존재한다고 하더라도 …… 그와 동일하게 인간은 총체성, 관념적 총체성이자 …… 삶의 인간적 표현의 총합이다."[54]

힘은 자연스럽게, 인간의 힘으로 모습을 드러낸다. 인간은 살기 위해서뿐만 아니라 자신을 표현하기 위해서 대상들을 필요로 한다. "인간이 진정으로 자신을 유적 존재로서 증명하는 것은 바로 객관적 세계에 대한 자신의 노동을 통해서다." 생산을 통해서 "자연은 [그 자체가 아니라-옮긴이] 인간의 작품으로서 그리고 인간의 현실로서 나타난다. …… [인간]은 자신이 건설한 세계 속에서 자신의 반영을 본다."[55] "유적 존재"로서 인간은 "다른 사물의 유類를 자신의 대상으로 삼는 것과 마찬가지로, 실천적으로든 이론적으로든 자신의 유類를 자신의 대상으로 삼는다." 인간은 "자연 전체를 자신의 비유기적 신체로 만드는데 …… 죽지 않기 위해서는 영원히 그 과정 속에 남아 있어야 한다."[56] 생산은 인간의 "활동적인 유적 삶"이다. 소외된 노동은 인간과 인간을 분리시킴으로써 그리고 각자를 타인과 경쟁하게 만듦으로써 "인간의 유적인 삶으로부터 그의 현실적인 유적 대상성을 박탈한다."[57]

마르크스는 "공산주의"를 "인간 발전이 도달해야 할 목표가 아니라" 그 해결의 시작으로 간주한다.[58] 공산주의는 사유재산 및 그와 함께 소외된 힘이 의존하는 노동관계와 소유관계를 '부정'할 것이다. "진정한 존재는 사회적 활동과 사회적 만족이라는 것"을 인간이 인식하게 됨에 따라, 인간과 인간 사이, 인간과 자연 사이의 분열은 해소될 것이고, 일상적인 존재 속에서 개인적인 것을 표현하는 진정한 정치적 의지가 출현할 것이다.

> 인간의 진정한 공통된 삶(Gemeinwesen)이야말로 인간적 본성이기 때문에, 인간들은 자신들이 지닌 본성의 활성화를 통해 인간적인 공통의 삶, 곧 사회적 본질을 창조하고 만들어 낸다. 여기서 사회적 본질이란 단일한 개별자에 대립하는 추상적인 보편적 힘이 아니라 모든 개개인들의 본질 혹은 본성으로서 그 자신의 활동, 그 자신의 삶, 그 자신의 정신, 그 자신의 부富를 의미한다. 진정한 공통된 삶은 성찰을 통해서 발생하지 않는다. 오히려 그것은 개인들의 필요와 이기심 즉, 바로 그들 존재의 활성화로부터 즉각적으로 나온다.[59]

공산주의의 선행 단계들보다는 더 높은 단계인 사회주의 아래에서 인간 해방은 모든 부분에서 실현될 것이다. 인간은 자신이 가진 고유한 힘들을 총체적으로 실현하기 시작하면서 변형될 것이다. 확장된 인간에게 각각의 감각들은, 세계를 인간적 대상으로 인식하고 그에 반응하면서, "인간화"될 것이다.[60]

> 시각은 그 대상이 인간에 의해 창조되고 인간을 위한 것으로 규정된 인간적이고 사회적인 대상이 될 때 인간적인 시각이 된다. …… 오직 대상적인 현실이 모든 곳에서 사회 속의 인간을 위해 인간적 능력의 현실, 인간적 현실, 즉 인간에게 고유한 능력의 현실이 될 때에라야 비로소 모든 대상들은 인간을 위한 인간 자신의 대상화가 된다. …… 완전하게 구성된 사회는 인간존재의 모든 풍부함을 갖춘 인간, 전면적이고 심오한 감각을 지닌 풍요로운 인간을 하나의 지속적인 현실로서 만들어 낸다.[61]

인간존재의 사회적이고 보편적인 성격은 그 진정한 형태 속에서 드러날 것이다. "사회가 그 자체로 인간다운 인간을 만들어 내듯이, 사회는 그 인간에 의해 만들어진다." 인간은 '활동'과 '정신'을 사회적인 것으로 인식할 것이다. 또한 "자연 자체는 인간을 위해 인간적인 것이 되었다."

> 따라서 사회는 인간과 자연의 완전한 결합으로서, 자연의 진정한 부활이며, 인간에 대해 실현된 자연주의이자 자연에 대해 실현된 인간주의다.[62]

소외를 극복한 세계에 대한 마르크스의 묘사는 모든 지식이 포괄적인 하나의 학문 속에 통합된다는 전망 속에서 절정에 달한다. '자연과학'은 이미 인간의 삶에 침투하여 그것을 변화시켰다. "감각 경험"이 "모든 과학의 기초"라고 인식된 순간, "자연과학"과 "인간에 대한 학문"은 "단 하나의 학문"으로 통합될 것이다.[63]

7. 힘의 역사적 기원들

> 그리하여 오늘날의 사태는, 개인들이 자기 활동성을 성취하기 위해서뿐만 아니라 단지 그들의 생존을 안전하게 지키기 위해서라도 생산력의 현존하는 총체를 전유하지 않으면 안 되는 지경에 이르렀다.
> _마르크스와 엥겔스[64]

『1844년 수고』를 마친 지 20년 후 마르크스는 국제노동자협회International Workingmen's Association의 창립 개막 연설을 했다. 여기서 그는 "한편으로 중간계급의 정치경제학을 형성하는 수요와 공급의 법칙이라는 맹목적인 지배와, 다른 한편으로 노동자계급의 정치경제학을 이루는 사회적 예견에 의한 사회적 생산의 통제 사이에서 벌어지는 거대한 대결"에 대해 언급했다.[65] 바야흐로 마르크스가 자신의 '노동계급의 정치경제학'을 정식화하는 데 성공했을 때, 그 주된 주제는 아이로니컬하게도 자본주의가 인류 역사에서 가장 강한, 가장 온전하게 실현된 그리고 가장 보편적인 힘의 체계를 표상한다는 것이었다.[66] 개막 연설에서 마르크스는 "정치권력을 장악하는 것이 …… 노동계급의 위대한 임무가 되었다"고 선언했다.[67] 그런 정치적 과제는 노동자들에게 자본의 힘에 필적하고 나아가 그것을 능가할 힘을 조직할 것을 요구했다. 그들의 힘은 혁명적 세력의 "보편적 성격과 에너지"를 획득해야 했다.[68] 자본의 힘을 모방함으로써, 노동자의 힘은 체계화되어야 했고, 조직을 통해 집중되어야 했으며, 개인들의 속성이라기보다는 집단적이고 추상적이어야 했다.

마르크스 이전에도 힘의 기원들은 동의의 산물이라거나, 신성한 권리라거나, 물질적 자원과 마키아벨리적인 교활함의 결합이라거나, 혹은 일반의지에 체현된 집단적인 믿음의 표출이라는 식으로 다양하게 논의되었다. 마르크스는 역사에서 힘이 다양한 형식을 취한다고 설파했다. 역사는 필시筆寫된 현실이자 다양한 힘의 형식에 대한 증거이며, 추상적 이론화에 대한 해독제이다.[69] 힘이 역사적 성격을 지녔다는 것, 곧 자본주의를 포함한 모든 체계들이 "특수하고, 역사적이며, 일시적인 성격"을 지녔다는 것은 "진정한 실증적 과학"을 발전시켰다는 마르크스의 주장에 핵심적인 부분이었다.[70] 자연과학이 발명과 그에 따른 힘의 창시자였듯이, "진정한 실증적 과학"은 "근대사회의 경제적 운동 법칙을 해명할" 것이었다.[71]

힘은 생산기술들 속에 구현되었다. 그리고 역사적 연속성의 요소를 제공하는 것은, 일차적으로, 바로 이 계승된 유산인 생산기술들이었다.

> 인간들은 자기 스스로 자유롭게 이런저런 사회형태를 선택할 수 있습니까? 결코 그렇지 않습니다. …… 인간이 자신의 **생산력** ― 이것이 모든 인간 역사의 토대입니다 ― 을 자유로이 선택할 수 없다는 사실은 덧붙일 필요조차 없습니다. 왜냐하면 모든 생산력은 이미 획득된 힘이며 이전 활동의 산물이기 때문입니다.[72]

생산력은 자연권이나 신권에 근거하지 않고, 필연성으로부터 나오는 것이었다. 그것은 사회계약론자들이 주장하듯이 다수의 개인들의 선택적 행동들을 모두 합한 것도 아니었다. 그것은 구체적인 사회구성체들 속에 존재하는바, 미리 계획된 것이 아니라 역사적으로 변화하는 구성 요소들의 배치에 의해 식별될 수 있는 것이다.

> …… 자연이 한편으로 화폐 소유자 또는 상품 소유자를 만들어 내고, 다른 한편으로 자신의 노동력만을 소유한 자를 만들어 내는 것은 아니다. 이런 관계는 결코 자연사에 토대를 두는 것이 아니며, 역사적으로 모든 시대에 공통된 사회적 토대도 아니다. 그것은 명백히 선행한 역사적 발전의 결과로서, 수많은 경제적 변혁의 산물이자 일련의 낡은 사회적 생산의 구성체들이 모두 몰락하면서 만들어 낸 산물이다.[73]

역사적으로 보았을 때, 힘은 "실제 활동하는 인간들과 …… 그들의 실제적인 삶의 과정" 속에서 소박한 형태들로 출발했다. 따라서 이론의 출발점은 추상적인 시민이 아니라

> 현실적인 개인들, 그들의 활동과 그들의 물질적인 삶의 조건들 — 이미 존재하는 삶의 조건들인 동시에 그들 자신의 활동에 의해 생산된 삶의 조건들 — 이다. …… 인간은 자신의 생계 수단을 생산하기 시작하자마자, 동물들로부터 스스로를 구별하게 되는 바, 이 단계는 인간의 신체적 조직에 의해 조건 지어진다. …… 첫 번째 필요의 충족은 …… 새로운 필요들을 이끌어 내며, 이런 새로운 필요의 생산이야말로 최초의 역사적인 행위다.[74]

그러므로 힘과 그 힘의 정치는 필요를 충족시키고자 하는 **집단적인 투쟁**에 뿌리를 두고 있으며, 물질적 생산"력", 곧 생산수단 및 자원 속에서 구현된다. 인간은 서로 간에 사회적 관계, 특히 계급 관계를 발전시키고, 종국적으로는 노동 분업을 확립함으로써 생산수단 및 자원을 조직하는 것이다. 기본적으로 이와 같이 출발하여 인간의 힘은 사회를 만들어 내고, 인간들에게 다양한 사회

적 정체성과 대조적인 삶의 전망들을 부여하면서 인간들을 조형한다.

> 이런 생산관계들의 총체가 사회의 경제적 구조, 곧 실재적 토대를 구성하며, 그 토대 위
> 에 법적·정치적 상부구조가 선다. …… 물질적 삶의 생산방식이 사회적, 정치적 그리고
> 지적인 삶의 과정 일반을 조건 짓는다.[75]

따라서 생산은 유용한 대상물들을 창출하는 것보다 더 많은 것을 포함한
다. 그것은 군대, 정부 기관 혹은 교회의 권위와는 다른 힘의 형식으로서 집합
적인 힘의 출현을 의미한다. 그것은 인간의 노동을 자연이 제공하는 원료에
적용시키는 데서 기원한다. "노동력"은 "인간의 육체적인 형태, 살아 있는 인
격에 존재하는 정신적이고 육체적 능력들, 곧 인간이 여하한 종류의 사용가치
를 생산할 때마다 작동시키는 능력들의 총체"다. 오직 개인이 자신의 힘을 하
나의 상품으로 "자유롭게" 팔 때에만, 비로소 노동은 그 잠재력을 전개하기 시
작한다.[76] 그의 힘은 사회적 삶에 일정한 신비화를 부여하는 복잡한 '과정'에
흡수된다. 처음에 사물들이 지니고 있던 날것 그대로의 외양은 '사라지고', 한
두 차례가 아니라 거듭해서 계속 다른 것으로 전환된다. 요컨대 노동은 자연
의 물질을 생산물로 전환시키며, 생산물은 화폐로 전환되고, 화폐는 임금과
자본으로 전환된다. "자본의 유통은 끊임없이 새롭게 스스로를 점화시키고,
상이한 계기들로 분할되면서, 영원한 운동perpetuum mobile이 된다."[77] 마르크스
의 이론적 기획은 '신비의 장막'을 들어 올려 그 외양 뒤에 숨어 있는 관계의
실체를 드러내 보이는 것을 목표로 했다. 그 기획은 "일반적으로 삶의 실제적
인 관계가 인간들 상호간 그리고 인간과 자연 간의 합리적인 관계를 일상적으
로 투명하게 나타내게 될" 미래 사회를 약속하고 있다.[78]

생산 속에 구현된 집합적 힘은 사회에 구조 ─ 법적 관계, 정부 형태들, 부
의 분배, 귀속적 지위 등 ─ 를 부여한다. 사회적 구조는 질서가 잡힌 관계들
─ 예를 들어 영주와 농노, 자본가와 노동자, 노동 분업 등 ─ 을 제공하는바,

이를 통해 생산력이 활용된다. 이 관계들은 종교적·철학적·정치적·도덕적 '이데올로기들'과 같은 지배적인 믿음의 체계들에 의해 정의되고, 설명되며, 정당화된다. "지배적인 물질적 관계들의 관념적인 표현"으로서 그런 체계들은 비물질적인 것에 속하고, 또 자율적인 지위를 갖지 않는다.[79] 그것들은 체계에 의해 성립된 힘의 관계와 생산관계를 구성한다기보다는 '반영하고' 보강한다.[80]

따라서 마르크스는 힘의 상이한 두 가지 형식을 상정하는데, 그 하나는 마르크스가 일관되게 동적인 용어로 묘사한 '물질적 생산력' 또는 '사회의 경제적 구조'이며, 다른 하나는 법적·정치적 관계들, 특히 소유와 관련된 관계들 그리고 다양한 '이데올로기적' 표상들로 구성된 안정된 '상부구조'다. 마르크스의 이론의 중심에는, 비록 일방적이기는 하지만, 이 두 가지 형식의 힘이 맺고 있는 관계의 변화가 있다.

> 사회 전체의 구조, 그리고 그에 따른 주권 관계와 예속 관계라는 정치적 형식, 곧 각각의 경우에 개별 국가가 취하는 특수한 형식의 가장 내밀한 비밀이자 숨겨진 토대는, …… 각각의 경우마다 언제나 생산 조건의 소유주와 직접적 생산자 간의 직접적인 관계에 있다.[81]

물질적 힘의 발전이 노정하는 각 '단계'의 초기에서 사회적 관계들과 믿음, 법적·정치적 체계라는 상부구조는 (소비를 억제하고 저축을 장려하려는 청교도의 가르침처럼) 생산력과 물질적 세계의 성장과 개발을 지지하고 권장하는 긍정적인 영향력을 발휘한다. 그러나 "그 발전의 일정한 단계에 이르면, 사회의 물질적 생산력은 기존의 생산관계와 갈등을 빚게 된다." 왜냐하면 생산관계가 가능성이 소진된 생산 형식에 얽매이기 때문이다. 그리하여 그것은 새로운 생산의 잠재력이 실현되는 것을 방해하는 "족쇄"fetters가 된다.[82] 생산관계의 비물질적 본성과 "물질적 삶의 과정"의 이데올로기적 "승화물"들은 새로운 생산력을 당해 낼 수 없다.[83] 새로운 생산력이 "너무나 강력하다"는 것이 입증되고, 속박들은 "폭발하여 산산이 부서진다." 혁명의 조건은 새로운 생산력의 잠재된 힘과 더 조화를 이루는 사회적·계급적 관계의 재조직화를 위한 서막을 형성하면서 출현한다.[84]

마르크스 이전의 많은 이론가들은 의식·행동 양식·역량이라는 측면에서 일어난 인간의 변화를 종교, 철학 혹은 영감을 받은 현인들에게서 비롯된 것으로 선언했다. 하지만 마르크스에게 그런 변화의 궁극적인 원천은 인간들이 생존하기 위해 생산을 체계화하는 협동적인 실천이었다. 인간들이 새로운 생산양식을 제도화하면서 스스로를 변화시킬 것을 의도하지는 않는다. 오히려 "외부로부터" 출현하며 "인간의 통제나 개인의 의식적인 행위에서 벗어나 물질적 형태를 띠는" 발명이나 새로운 과정의 도입 또는 부과로 인해 빚어지는 뜻하지 않은 결과로서 그런 변화가 나타난다.[85] 사회적 행동과 의식에서 일어나는 가장 심대한 변화는 어떤 교의들이 아니라 인간 스스로 창조하고 조직한 물질화된 힘에서 비롯하는데, 인간은 그 물질적 힘이 마치 무슨 불변의 이상적 질서나 신이라도 되는 것처럼 그것에 맹목적으로 복종한다. 인류의 역사적 임무는 인류의 정신적·육체적 노동이 창조해 낸 것을 되찾는 것이고 또한 "그 어떤 것도 개인들로부터 독립하여 존재하는 것이 불가능하도록" 만드는 것이다.[86]

8. 힘, 강제력 그리고 폭력

본원적 축적의 역사에서, 모든 변혁은 자본가계급의 형성을 획기적으로 촉진하는 지렛대 구실을 한다. 그러나 모든 변혁 가운데에서도 특히 획기적인 사건은 거대한 대중들이 갑작스럽게 그리고 강제적으로 자신의 생존 수단으로부터 분리되어, 자유롭지만, 보호받지도 못하고 아무런 권리도 갖지 못한 프롤레타리아트로서 노동시장에 내던져진 바로 그 사건이다.

_마르크스[87]

'힘'power, '강제력'force, '폭력'violence이라는 유사한 단어들은 마르크스가 서술과 분석을 위해 사용한 용어 가운데에서도 기본적인 항목들이었다. 경제라는 맥락 속에서 그 단어들이 사용되었을 때, 그것들은 경제의 정치적 성격을 환기시켰다. 마키아벨리는 폭력을 필요한 한도로 제한하고 그것을 기술적인 기예로 통제하며, 힘을 좋은 법률과 제도적 구조 속에 근거 지우려 했으며, 홉스는 사적인 힘을 주권적 통치자라는 공적인 권위를 통해 규제하려고 했다. 그러나 이들과 달리 마르크스는 힘, 강제력, 폭력을 체계들의 출현, 보호 및 변형에 내재한 것으로 다루었다. 강제력은 종종 주체의 의향에 반하여 부과되는, 에너지와 기술들의 효과적인 조직화로 정의될 수 있다. 시간이 지나면서 강제력은 일상화되고, 선택의 결여가 자연스러운 것으로 받아들여진다. "생산력"forces of production이라는 문구를 마르크스가 자주 사용한 것은 생산능력뿐만 아니라 노동자에 대한 강제와 경쟁자 및 세계에 대한 공격을 강조하기 위해서였다. 마르크스는 또한 거대한 사회적·경제적 변화에 관련된 강제를 묘사하기 위해 "강제력"이라는 개념을 규칙적으로 사용했다. 역사적으로 볼 때, 힘, 강제력 및 폭력은 사회적 존재의 구조 및 변화의 동학과 긴밀하게 엮이게 된다.[88] 마르크스는 다음과 같이 언급했다. "강제력은 새로운 사회를 잉태하고 있는 모든 낡은 사회의 산파다. 강제력은 그 자체로 하나의 경제적 힘이다."[89]

납치, 노예제, 노예무역 그리고 강제 노동과 함께, 이런 노동하는 기계들[노동력 - 옮긴이], 곧 잉여생산물을 생산하는 기계들의 증가는 직접적으로 강제력에 의해 정립된다. 자본의 등장과 더불어, 그것은 교환을 통해 매개된다.[90]

최종적으로 강제력은 '기율'로 승화되고, '혁신'에 따라 완화되며, 체계로서 재형성된다. 새로운 습관, 법률 및 제재 조치들은 부과된 질서가 정상적인 것으로 나타나도록 한다. 그에 따라 생명의 상실, 심각한 상해 그리고 심리적 상처를 유발하는 강제력의 불규칙적이고, 극단적이며, 집중화된 사용인 폭력은 보류되고 억제된다. 이는 강제력이 힘과 결합하고 나아가 권위, 법률, 권리로서 엄숙하게 거행되거나 "교환을 통해 매개되는 것"을 허용한다. 힘은 정상화되거나 규칙화된, 그리하여 명시적이든 묵시적이든 수용된 강제력이다.

인간이 협동적 실천에 의해 발생시킨 힘인 "사회적 힘"에 대한 마르크스의 강조는, 사회적 힘이 강제력이나 폭력보다는 압력과 설득에 더 의존한다는 것을 암시하는 듯하다. 하지만 그렇게 이해하는 것은 "사물의 폭력", 폭력의 편재성遍在性을 과소평가하는 것이다.[91] 마르크스는 자본축적의 초기 역사를 다음과 같이 요약했다.

> 거대한 인민 대중으로부터 토지, 생계 수단 및 노동 용구의 수탈 …… 그것은 모든 일련의 강제적인 방법들과 …… 가장 무자비한 야만성을 포함하고 있었고, 극히 파렴치하고, 더러우며, 비열하고, 가증스러운 욕망의 충동에 따라 이루어졌다.[92]

마르크스에게 이런 자본축적의 초기 역사는 대다수의 협력이 그들의 선택이 아니라 필연성에 따라 부득이하게 이루어졌음을 보여 주는 데 그치지 않았다. 오히려 경제사는 인간이 거듭해서 자신의 관습적인 삶의 방식으로부터 억지로 뒤틀려 떨어지고, 자연으로부터 생계를 도모함에 있어 이전과는 근본적으로 상이한 수단의 출현에 의해 뿌리가 뽑히고, 새로운 환경·관행·리듬을 받아들이도록 강요받았다는 것을 보여 주었다.[93]

9. 근대적 힘이 드러나다

…… 모든 계급투쟁은 일종의 정치적 투쟁이다.
_마르크스와 엥겔스[94]

…… 인간이 아리스토텔레스가 생각한 것처럼 정치적 동물은 아니더라도, 적어도 사회적 동물이라는
것은 사실이다.
_마르크스[95]

만약 인간이 본성상 사회적이라면, 그는 오직 사회 속에서만 자신의 진정한 본성을 전개시킬 것이다.
따라서 인간 본성의 힘은 분리된 개인들의 힘이 아니라 사회적 힘이라는 견지에서 가늠해야 한다.
_마르크스와 엥겔스[96]

마르크스의 이론에서 힘이 가진 핵심적인 중요성은 자연스럽게 다음과 같
은 문제를 제기한다. 즉 어떤 의미에서 힘의 체계가 정치적인 것으로 개념화
되는가? 마르크스에 대한 비판자들은 마치 정착된 관행인 양 마르크스의 이론
적 정식들이 강한 반反정치적 편향을 보여 준다는 비판을 제기한다. 비판의 요
지는 마르크스가 경제적 과정과 그 변천에 대한 강박관념으로 인해 정치를 사
회적 변화의 자율적인 동인動因으로 인식하지 못했거나 정치를 단순한 반영으
로 취급했다는 것, 곧 "정치 그 자체를 경제로 환원"해 버렸다는 것이다.[97] 아
렌트Hannah Arendt는 이런 견해를 지지하면서 마르크스가 정치 이론에 대한 서
구적 전통에 종말을 가져왔다고 덧붙였는데,[98] 그 과정에서 마르크스가 "폭력
을 찬양"하고[99] "행위하는 존재라는 측면에서 볼 때 자유주의 경제학의 '경제
적 인간'보다도 훨씬 떨어지는 '사회화된 인간'"*을[100] 구축했다고 비난했다.
　이런 비판들은, 어떤 측면에서는 사실이지만, 마르크스가 근본적으로 상이
한 방식으로 경제학을 독해했다는 점과 그런 독해 방식이 정치적인 것에 대한

매우 전통적인 개념과의 유사성을 의도치 않게 드러낸다는 점을 간과하고 있다. 만약 우리가 어떤 비전을 구성하는 요소들로서 평화, 정의, 안전, 문화, 교육과 같은 가치 있는 공통된 것들이 구성원들에 의해 공유되고, 장려되며, 배려되고, 옹호되어야 한다는 것을 의미하기 위해 정치적인 것이란 개념을 사용한다면, 마르크스는 정치적인 것에 대한 가장 열렬한 옹호자로 부각된다.

마르크스가 '경제'에서 '정치적인 것'을 찾아내는 데 진지한 관심을 가졌다는 것은, 그가 정치 공동체 및 정치적 동물politikon zoon로서의 인간에 대한 고전적인 개념들과 자본주의로 인해 가능해진 인간 발전에 대한 확장된 전망을 비판적으로 대조했다는 점에서 입증된다. 고대 그리스와 로마에서 "문제는 항상 어떤 소유 형태가 최상의 시민을 만드느냐는 것이다." 그런 문제의식은 "어떤 특정한 영역 내에서 이루어지는 …… 위대한 발전"을 조장했을 법하고, 그 영역에서 "개인들은 위대하게 보일 수도 있었다. 그러나 여기에 개인 또는 사회의 온전하고 자유로운 발전에 대한 관념은 있을 수 없다." 고대의 이상은 "생산이 인류의 목적이며 부富가 생산의 목적으로 나타나는 근대 세계와 대비될 때, 매우 고상한 것처럼 보인다"고 마르크스는 언급한다. 하지만 "유치한 고대의 세계"가 보여 주는 "좀 더 고상한" 외양은 기실 "부르주아 경제학"의 소외된 세계관이 만들어 낸 환상이다. 고대 세계가 "실제로 모든 면에서 더 고상한 것

---

* [옮긴이] 『인간의 조건』에서 아렌트는 근대 경제학이 '인간은 자기 이익과 획득의 욕망에 의해서만 행동한다'는 가정하에 모든 구성원들을 표준화시킴으로써 행위의 가능성을 배제한다고 지적한다. 그런데 아렌트에 따르면, 마르크스는 개인적·인격적 이해를 집단적·계급적 이해로 대체하고 계급 이해를 자본가계급과 노동자계급의 이해로 환원함으로써, 고전 경제학이 다수의 모순적 갈등을 보았던 곳에서 하나의 갈등만을 본다. 여기에서 사회화된 인간이란, 아렌트에 따르면, 오직 한 가지의 이해관계만이 존재하는 사회의 상태에서 이해관계의 주체로 등장한 계급 또는 인류다. 아렌트는 사회화된 인간에 이르러서 "행위의 마지막 흔적, 즉 자기 이해관계 속에 함축되어 있던 동기마저도 사라졌다"고 비판한다.

은, 고정된 형태와 형식 및 주어진 한계들이 추구되는 곳에서일 뿐이다."[101] 그러나 근대적 힘은 고정된 한계를 전제하는 이전의 모든 이해 방식들에 대해 효과적으로 도전해 왔고, 휴브리스*hubris*[오만, 자신을 신만큼이나 높이고자 하는 행위나 태도를 의미하는 그리스어 - 옮긴이]를 기이한 자만심에 불과한 것으로 만들었다. 자본주의가 지향하는 미래에서 '형태[또는 형식 - 옮긴이]'라는 관념이 암시하는 족쇄들은 '파열될' 것이다.

…… 편협한 부르주아적 형식이 탈피된다면, 부富란 보편적인 교환을 통해 창조된 개인의 필요, 역량, 향유, 생산력 등의 보편성이 아니고 무엇인가? 이른바 자연의 힘은 물론 인류가 만들어 낸 자연의 힘을 포괄하는 자연의 힘에 대한 인간 지배의 완전한 발전이 아니라면 그것은 무엇인가? 그것은 인간의 창조적인 잠재력의 완벽한 작동 …… 목적 그 자체로서 모든 인간적 힘의 발전 …… 생성의 절대적인 운동이다.[102]

마르크스는 이전에는 정치적인 것에 귀속되었던 가치들을 '사회적인 것'에 부여하면서 기존의 용례로부터 벗어났지만, 그렇다고 아렌트 — 다분히 고전적인 관념에 사로잡혀 있던 — 가 지적하는 것처럼 사회적인 것을 선호하여 정치적인 것을 거부한 것은 아니었다. 사회적인 것은 인간이 공유하는 것, 곧 인간의 노동 및 그것에 수반하여 각자의 삶을 유지하고 잠재적으로 개선하는 사회적 실천들을 의미한다. 그것은 계급적 한계를 지닌 체제들의 불충분한 일반성이 아니라 진정한 일반성을 지칭한다. 또한 그것은 정치적인 것이 자유주의적 시민권과 결부되어 협소해지는 것에 대한 항의를 표상한다. 마르크스에게 문제는 정치적인 것을 거부하는 것이 아니라 그것을 회복하는 것이었고, 나아가 정치적인 것과 사회적인 것의 분리 및 그것이 가져온 불평등들을 종식시킴으로써 정치적인 것을 확장하는 것이었다.

인간 해방은 오직 현실적이고 개별적인 인간이 추상적 시민을 자신 속에 환수했을 때에
만 완전해질 것이다. 요컨대 인간이 개별적 인간으로서, 자신의 일상생활 속에서, 자신의
일과 그가 맺고 있는 관계들 속에서, 유적 존재가 될 때, 그리고 그가 자신의 힘(고유한
힘forces propres)을 사회적 힘으로 인지하고 조직하여 더는 이 사회적 힘이 정치적 힘의 형
식으로 자기 자신으로부터 분리되지 않을 때, 비로소 인간 해방은 완성될 것이다.[103]

아렌트가 '행위하는' 인간과 '사회화된' 인간을 대비시킨 반면, 마르크스는 '사
회적인 것'을 '협동적인 것'으로 이해했다. 그것은 먼저 인간들로 하여금 생존
할 수 있게 하고 그 후에는 그들의 변화하는 필요를 충족시킬 수 있는 힘들을
발생시키기 위해 작업들을 함께 협력적으로 수행한다는 의미에서였다.[104] 마
르크스는 "혁명적 운동 전반의 경험적·이론적 토대를 사적 소유의 운동 또는
더 정확히 말해서 경제의 운동 속에서 찾는 것이 얼마나 필요한 일인지는 쉽
게 알 수 있다"고 기술했다.[105] 마르크스의 목표는 경제가 정치적인 것이 확장
된 영역, 좀 더 정확하게 말해서, 잠재적으로 착취 없는 협동이 가능한 영역이
라는 점을 드러내는 것이었다. 그런 경제에서 기존에 상상되었던 공통된 것들
은 모든 것을 포괄할 정도로 확장된다. 그러나 그것은 오직 불평등과 계급 지
배를 철폐할 수 있는 경제의 정치적 잠재력이 자본주의 체제하에서 알려지고,
자본주의 체제의 정치에서 정치적인 것은 이데올로기적으로 꾸며진 것이라는
점이 폭로된 후에야 가능하다. 마르크스는 부르주아사회를 포함하여 지금까
지의 모든 사회가 계급투쟁에 의해 분열되어 있었다고 단언하면서, 그 사실은
정치적인 것에 대한 이전의 모든 개념이 가진 계급적 편향을 드러낸다고 주장
했다. 곧 평등의 부재 속에서는 그 어떤 진정한 일반성도 유지될 수 없었다. 그
는 모든 지배계급이 자신의 지배 및 이익들을 '일반적인 것'으로 선전해 왔지
만, 그런 주장은 계급투쟁 및 적나라한 불평등이 존재한다는 사실에 의해 반
증된다고 단언했다. 이런 사실들은 지배계급이 실상 다수 대중의 삶을 불구화

시켰을 뿐만 아니라, 발전된 사회가 제시하는 풍부한 가능성에 대한 대중의 요구를 부정해 왔다는 점을 입증한다는 것이었다.

> …… 지배권을 두고 투쟁하는 모든 계급은, 프롤레타리아트의 경우처럼, 그 지배가 모든 낡은 사회 형식 전체 및 지배 자체의 철폐를 목표로 할 때조차, 자신들의 이익을 일반적인 이익 — 정치적 지배를 추구하는 모든 계급은 최초의 순간에는 이것을 지향하도록 강제된다 — 으로 표상하기 위해 먼저 정치권력을 장악해야 한다.[106]

이론이 정치를 포착하기 위해서는 먼저 정치를 경제 속에 재배치해야 하며, 그러고 나서 경제적 구성체가 가진 힘의 속성을 적절하게 주제화해야 한다고 마르크스는 주장했다. 그 주제들은 지배에 초점을 맞춘 정치 이론이 보여 준 어떤 영속적인 테마를 반복하고 있었다. 즉 노동자는 신민이며, 고용주는 지배하고, 가치는 값어치의 표시이자 힘의 척도였다(홉스는 "인간의 가치 혹은 값어치는 다른 모든 것들과 마찬가지로 그의 가격이다"라고 말한바 있다).[107] 가장 적나라한 용어로 표현하면, '정치'경제학은 누군가는 지배하고 다른 누군가는 복종하는데, 지배하는 자가 가진 힘은 복종하는 자의 기여와 종속으로부터 비롯되는 조건을 뜻했다. 그런 정식화는 당대의 경제적 관계들이 자연적이고, 무시간적이며, 예정되어 있는 것이라는 환상을 깨뜨리고, 대신에 어떻게 그런 특정한 관계들이 성립되었으며, '노동', '상품', '교환', '가치' 등에 내재된 인간을 예속시키는 성격을 어떻게 은폐하고 있는지 묻는 것을 의미했다.

하지만 공산주의적 인간이 자본의 정치경제에 도전하기 전에, 먼저 그 정치경제에 의해 준비되어야 한다. 또한 그는 자본의 정치로부터 자유로워지기 전에, 먼저 시민이 아니라 혁명가로서 자본의 정치에 개입해야 한다.

10. 마르크스와 로크: 평행하는 서사들

…… 여하한 과학에 대해서든 그 최초의 비판은 반박하고 있는 바로 그 과학의 전제들이 미치는 영향 아래 붙박여 있을 수밖에 없다.

_마르크스[108]

재산과 시민 정부는 상호간에 매우 의존적인 관계를 맺는다. 먼저 재산의 보존과 소유의 불평등이 정부를 형성했으며, 재산의 상태는 항상 정부 형태와 호응해야 했다.

_스미스[109]

마르크스의 서사에서 경제적 인간이 겪는 비참한 역사적 경험은, 그가 자유주의적인 정치적 인간의 환상적 분신Doppelganger에 지나지 않는다는 것을 시사한다. 마르크스의 정치경제학이 상정한 인간은 경제학 이론이 전제하는 경제적 인간homo economicus이 아니다. 오히려 경제적 인간이 벌이는 경제적 활동에는 억압된 정치적 의미가 가득 차 있다. 내가 지적하고자 하는 바는, 경제적 인간이 근대 초기에 자유주의가 상정했던 이원화된 정치적 인간, 즉 그 정치적 행위에는 억압된 경제적 의미가 가득한 인간의 전도된 버전이라는 것이다.[110] 경제적 인간에서 일어나는 변형[정치적 의미의 억압 – 옮긴이]은 정치적 인간에서 일어나는 변형[경제적 의미의 억압 – 옮긴이]과 유사하다. 두 경우 모두 '계약'이 함축하는 이데올로기에 의해 예속의 상황을 감추고 있다. 그 이데올로기에 따르면, 인간이 자유로운지 예속되어 있는지는 계약에서 상징화되어 나타나기 마련인데, 이론적으로 볼 때 계약은 자발적 선택의 전형적인 행위이므로 인간은 자유롭다는 것이다. 또한 '자유주의적 자유'라는 이 유명한 표현은 자유로운 개인들이 계약에 따라 자신의 힘을 다른 사람이 사용하도록 스스로를 복종시키는 역할을 한다. 정치적·경제적 맥락에서 계약은 힘의 근대적 구현체들인 자유주의적 국가 및 시장경제를 위한 필수적인 조건으로 나타난다. 각각의 계약은 잉여의 발생을 가능케 한다. 즉 경제적 계약은 자본의 힘을 증대시키는 잉여가치를 발생시키고, 정치적 계약은 국가권력을 확대시키는 잉여권위를 만들어 낸다. 두 가지 경우 모두 잉여는 착취를 통해 강요되고, 자유로운 동의의 이름으로 합리화되며, 경제적·시민적 형식을 피폐하게 만든다.

이것은 근대적 노동자 및 그를 구성원으로 하는 경제의 출현이 어떻게 그 노동자의 종속을 가져왔는지에 대한 마르크스의 설명과 개인이 자신의 최종적인 목적인 시민이라는 지위를 성취할 때, 일정 정도 무의식적으로, 무엇을 얻고 무엇을 양도하는지에 대한 로크의 설명이 놀라울 정도로 유사하다는 점을 시사한다.[111] 자연과 일종의 '자연적' 조건은 두 이론가 모두에게 출발점을 이룬다. 로크의 인간은 시민이 되기 전에 먼저 스스로를 다스리는 자신의 자연적 힘을 양도한다. 한편 마르크스의 노동자가 처한 종속의 전제 조건도 그것과 비슷하다. 그는 자신의 도구, 곧 생산수단을 포기하고 그의 '지배자'가 자신을 '소유'하는 것을 받아들인다. 로크에 따르면, 사람들이 사회를 형성하기 이전에 존재했던 "이 거대하고 자연적인 공동체"에서 "지구와 모든 열등한 피조물들은 모든 인간들에게 공통된 것이었다."[112] 초기 공동체라는 전前 자본주의적 구성체 및 그것과 자연의 밀접한 관계에 대한 마르크스의 기술은 로크의 자연 상태와 매우 유사하다. 마르크스는 다음과 같이 언급했다.

> 지구는 거대한 작업장, 곧 공동체의 토대인 주거지일 뿐만 아니라 노동의 수단과 재료를 제공해 주는 창고다. 공동체의 성원들은 지구를 공동체의 재산으로, 다시 말해서 노동을 통해 스스로를 생산 및 재생산하는 공동체의 소유로 받아들이고 소박하게 관계를 맺는다. 각 개인은 오직 공동체의 일원으로서, 곧 소유자나 점유자로서의 공동체 구성원으로서 처신할 뿐이다.[113]

로크의 자연 상태가 가진 특징은 공동체에 대한 좀 더 약한 관념과 좀 더 강한 개인적 정체성이었다. 그것을 기반으로 로크는 개인의 사적인 전유를 정부와 시민사회에 선행하는 권리로 정립했다. 설령 시민사회 이전의 조건에서 지구가 전 인류 공동의 것이었을지라도, 각 개인은 "자기 자신의 **인신**"에서, 좀 더 구체적으로 "자신의 신체가 행하는 **노동**과 자신의 손이 행하는 **작업**"을 통해 "재산"을 소유했다. 그러므로 그가 공유물 가운데 일부에 자신의 노동을 섞은 경우 그 부분을 자신의 것으로 전유하는 것이 정당화되었다.[114] 로크의 개인은 자연적 조건에 수반되는 불안전으로부터 탈출하기 위해 "자연이라는 단일한 공동체"를 포기하는 것을 선택했다.[115] 그는 자유로운 존재로서 자연에서 사회로 들어간다. 그는 자유로운 개인이라는 자신의 자연적 지위를 보존해주는 외부적 권위에 의해서만 지배받을 것을 동의한다. 그는 그런 지위의 보존과 맞바꾸어 자연적 조건에서 자신이 향유했던 자치self-government를 포기하는 것에 동의한다. 계약과 그것이 보장하는 자유는 한데 엮이며, 이는 권리의 개인화individuation를 얻기 위해 자연적 민주주의를 포기하는 것을 의미한다. 동시에 계약과 자유는 그것들이 힘으로 전이되는 과정 속으로 끌려 들어간다.

로크에 따르면, 동의에 따른 원초적 민주주의는 그 전까지는 존재하지 않았던 힘force을 발생시킨다. 즉 자유로운 개인들은 "하나의 몸, 오직 다수의 의지와 결정에 의해서만 하나의 몸으로서 활동할 수 있는 힘을 가진 하나의 몸"으로 결집되었다.[116] 그러나 거기에는 숨겨진 비용이 있다. 그 계약은 기본적인 제도를 수립하고 법의 지배를 보장하는 것을 넘어선 무언가를 함축한다. 자연 상태에서 로크의 개인들은 스스로 정부의 기능을 수행했다. 그들은 자치의 방식으로 자연법을 해석하고 집행했는데, 이는 나중에 국가로 이전된다. 동의라는 원초적 행위에 의한 이런 자발적인 탈정치화는 잉여의 힘 — 정부 당국이 미래에 끌어 쓸 수 있는 — 이 투사되는 것을 수반했다. 왜냐하면 계약에 서명한 사람들은 물론 그들의 상속자까지도 합법적 권위에 협력하고 복종할 것을 약속했기 때문이다. 그것은 무엇보다도 세금 — 즉, 자신의 노동의 성과물 — 을 내고, 정부를 지지하며, 심지어 사회를 방어하기 위해서라면 생명의 위협도 감수한다는 것을 의미한다.

설령 종속이 지배를 받겠다는 자발적 합의의 형식으로 제안되었다 하더라도, 그것은 또한 권력이 양도되는 형식을 표상한다. 통치자가 계약의 조건을 위반하면 권위가 '회수'될 수 있다는 로크의 유명한 단서 조항은 [정치권력에 대한-옮긴이] 불신, 곧 정치권력이 [시민의-옮긴이] 직접적인 통제에서 벗어날 것이라는 의심을 암시한다. 행정의 도입 및 권력의 중앙 집중화와 더불어, 시민이 이런 힘들을 자신의 것으로 인식하는 것은 사실상 불가능해질 것이다. 그는 그 힘을 포기했고, 그에 따른 손실에 대해서도 단념했다.

로크 이론의 일반적인 논지는 이런 해석을 지지한다. 시민들이 자치에 대한 실질적인 힘을 보유하는 것에 대해 로크가 진정으로 관심을 가졌더라면, 그래서 그가 정치적 참여에 정말로 가치를 부여했더라면, 그는 자신이 상정했던 개인들이 가진 소유욕이란 본능을 영속시키기 위해 많은 주의를 기울였던 것만큼이나 그 개인들이 계약 이전의 상태에서 가지고 있었던 정치적 역량을 보유할 수 있도록 신경을 썼을 것이다. 로크의 시민들은 오직 "오랫동안 지속된 남용"만이 그들로 하여금 반란을 일으키게 자극할 수 있을 정도로 정치적으로 무감각해진 존재였다.

로크의 설명은 힘을 부여받은 개인이라는 조건에서 출발했지만, 그 조건은 다수의 힘, 대의 정부 및 유권자 등 그것을 약화시키는 몇 가지 요인으로 인해 변형된다. 이 최종 단계가 되면 정치권력은 기껏해야 시민의 이름을 빌어 그리고 시민의 묵인 아래에 행사된다. 이런 변형 과정에서 발생한 잉여의 힘은 다음과 같은 역설을 낳았다. 즉 개인이 약화되고 덜 정치적인 존재가 될수록, 국가는 더 강력해진다는 것이다. 이런 현상은 특히 후일 기술적인 것의 정치적 등가물인 관료제와 전문 지식의 발전으로 말미암아 더욱 두드러진다. 관료제와 전문 지식은 시민을 없어도 되는 존재로 만들고 — 갈수록 적은 시민들이 투표한다는 사실이 관료제의 힘을 약화시키지는 않는다 — , 기술적인 것은 노동자를 없어도 되는 존재로 만든다.[117] 그리고 자본이 노동자들에 대한 필요를 감소시키고 경제적 불황은 취업하지 못한 자들을 '산업예비군' — 이들의 고용 가능성은 고용자들의 임금을 더욱 저하시킨다 — 으로 만들어 버리는 것과 마찬가지로, 무관심한 룸펜*Lumpen*[떠돌이, 부랑아 – 옮긴이] 시민은 '주권자 인민'이라는 관념을 평가절하시키고, 통치자들의 임무를 선거와 여론을 더욱 '합리적으로' 관리하는 것으로 단순화시킨다. 그러므로 계약론은 다음과 같은 정치체제를 이데올로기적으로 예상하고 있는 것으로 판명된다. 시민과 노동자는 점차 피폐해지고, 자치와 시민적 역량을 더욱 잃게 되는 반면, 국가와 자본은 소외된 힘의 관리자로서 훨씬 더 강력해진 정치체제를 말이다.

11. 힘의 소외

마르크스에게 협동은 참여의 경제적 변종이었으며, 노동은 정치적 동의에 대한 등가물이었다. 집합적 힘은 일견 자발적인 것처럼 보이는 개별 노동자들의 활동에 의해 발생했지만, 그것의 현실적인 전유와 배치는 생산을 '다스리는' 사람들에 의해 독점되었다.[118] 노동 역시 공동체주의communalism라는 '원시적' 단계를 거쳤는데, 그 단계에서는 경제적 활동이 공동체의 통제 아래에 있었고 그 결과 소외된 노동은 존재하지 않았다. 거기에서 노동자의 생산물은 타인에 의해 전유되지 않고 공동체에 의해 구성원들에게 분배되었다.[119] 아이로니컬하게도, 자유로운 노동자가 등장할 때에야 비로소 동의가 노동력의 전환에서 결정적인 요소가 된다. 노동이 상품으로 환원되면서 노동자는 자신의 힘을 팔거나, 마르크스가 지적했듯이, 자신의 힘 — "자신이 가진 전체적인 노동 능력" — 을 처분할 권리를 팔게 된다. 그 대가로 노동자는 홉스와 로크의 계약론에서 보장된 생명의 보존에 상응하는 것, 즉 "생계 수단, 삶을 보존하기 위한 대상물들, 육체적·사회적 필요 및 기타 일반적인 필요의 충족"을 받는다.120 사회계약론자들과 나중에 일인일표의 선거권을 주장한 이론가들에 따르면, 각자가 행한 동의와 투표 행위는 다른 모든 사람들의 동의나 투표 행위와 동등하다. 마르크스에 따르면, 가치가 상품에 의해 표상되는 경제가 존재할 때, 게다가 그 이전에 평등의 관념이 확립되어 있었을 때, "모든 노동은 평등한 인간의 노동, 따라서 동등한 질의 노동으로 표현된다."

> 가치 표현의 비밀, 다시 말해서 모든 노동이 인간 노동 일반이기 때문에 그리고 그런 한에서 동등하고 등가를 이룬다는 바로 그 비밀은, 인간이 평등하다는 관념이 이미 확고한 대중적 의견으로서 영구성을 얻었을 때라야 비로소 풀릴 수 있었다. 그런데 그런 인식이 확립되는 것은, 오직 노동 생산물의 보편적인 형태가 상품 형태를 띠며, 그 결과 지배적인 사회적 관계가 상품 소유자로서 인간들이 맺는 관계가 될 때에야 비로소 가능해진다.121

설령 자유주의 이론에 따라 노동자와 자본가가 "자유와 평등의 체계"라는 추정적인 기초에 근거하여 계약을 맺었다 하더라도, "동등한 인간 노동력"의 가치라는 기준이 출현했고, 그것이 공통의 척도가 되었다. 그러나 그것은 동등한 자들의 경제는 아니었다. 이는 일인일표의 선거권이 현실적으로 각자가 다른 모든 사람들에 대해 동등한 정치적 영향력을 갖는 정치사회를 입증하는 것이 아닌 것과 마찬가지였다.122

마르크스의 설명에 따르면, 자신의 노동력을 양도하기로 계약하거나 그 계약을 철회할 자유를 갖는 "자유로운" 노동자는 또 다른 더욱 불길한 의미에서도 자유로웠다. 그는 자신의 노동력 이외에는 "팔 수 있는 다른 어떤 상품도 갖고 있지 않다"는 것이다.[123] 고용주와의 계약에 동의하면서 노동자는 "자신이 가진 생산하는 힘을 자본에게 양도하는바 …… 이제 그 힘은 그를 지배한다."[124] 고용주는 그가 적합하다고 판단하는 바에 따라 그 힘을 사용할 권리를 갖게 되는데, 이는 사회계약론에서 정치적 주권자가 향유하는 재량권과 매우 유사했다.[125] "양측은 상대방과 개인으로서 대면한다. 형식적으로, 그들의 관계는 교환 자체가 상징하듯이 평등하고 자유롭다." 그러나 사실상, "이 형식은 단지 외양, 그것도 기만적인 외양일 뿐이다."[126] 개인들을 갈수록 파편화시키는 노동 분업을 통해 노동자는 단순 작업의 기계적인 반복에 매몰되고, 그 결과 노동자에게 "생산의 물질적 과정에 필요한 정신적 능력은 그저 타인의 소유물이자 자신들을 지배하는 힘으로 나타난다."[127] '자발적인' 노동이라는 형식에 대한 참여는 따라서 자유에 대한 일종의 '풍자'가 되어 버렸다.

주권자의 정치적 힘과 마찬가지로 자본가의 경제적 힘은 착취에서 비롯하는 가치와 힘의 초과분에 의해 가능해진다. 동의에 상응하는 힘의 창출과 이전에서 핵심적인 요소는 마르크스가 "잉여가치"라고 명명한 것이다. 그것은 곧 "자본에 의한 노동력의 착취 정도 또는 자본가에 의한 노동자의 착취 정도를 나타내는 정확한 표현"이다.[128] 잉여가치는 노동자가 자신의 생계 및 장래의 노동자의 공급을 보장하는 데 필요한 것 이상을 생산한 가치를 나타낸다.[129] 무한한 힘을 추구했던 홉스의 정치경제학적 계승자로서 자본가는 노동일의 연장을 통해 노동자로부터 좀 더 많은 잉여의 가치와 힘을 추출하도록 내몰린다. 이에 따라 노동일의 길이를 둘러싸고 자본과 노동 사이에 벌어지는 투쟁은 "양측 모두 똑같이 교환법칙을 승인한 상태에서" 힘에 대한 권리를 두고 벌이는 싸움이 된다.

> 대등한 권리 사이에서는, 힘force이 …… 집합적 자본, 즉 자본가계급과 집합적 노동, 즉 노동자계급 사이의 투쟁을 결정한다."[130]

마르크스는 거꾸로 서있던 정치경제학을 다시 바로 세우기 위해 노동자계급은 자유주의 정치를 포기하고 혁명적 정치로 전환해야 한다고 주장했다.

> 일반적으로 혁명은 현존하는 지배 권력의 타도와 낡은 조건의 해체를 요구하는 정치적 행위다. 그런데 혁명 없이 사회주의를 이룰 수는 없다. 사회주의가 타도와 해체를 필요로 하는 한, 그것은 이런 정치적 행위를 요구한다. 그러나 사회주의를 조직하는 활동이 시작되는 곳, 사회주의에 고유한 목표와 정신이 출현하는 곳에서 사회주의는 정치적 외피를 벗어던진다.[131]

혁명 이후의 사회에서 정치적인 것과 경제적인 것 사이의 긴장은 해소될 것이다. "엄격히 말해서 이른바 정치권력은 단지 여타 계급을 억압하기 위한 한 계급의 조직화된 힘일 뿐"이기 때문에, 일단 계급들이 폐지되고 나면 "이 공적인 힘에서 정치적 성격은 사라지게 될 것이다."[132] 혁명은 공통성의 의미를 다시 기술할 것이었다. 즉 "협업과 토지 및 생산수단 — 노동 자체에 의해 생산된 — 에 대한 공동 점유"가 그것이다.[133] 계급투쟁 및 계급의 폐지와 더불어, 경제적인 것은 진정으로 정치적인 것이 되며, 정치는 경제에 대한 관리로 대체된다.

젊은 시절 마르크스는 인민의 정치적 주권에 대한 관념을 근본적으로 다시 사고해서 그것을 경제에 대한 집합적 힘으로 인식했다. "프롤레타리아트에 의한 전유에서, 일단의 생산수단은 각 개인들에게, 동시에 소유는 모든 개인들에게 포섭되어야 한다. 그러므로 현대의 보편적 교류는 모두에 의해 통제될 때에만, 개인들에 의해 통제될 수 있다."[134] 그러나 후일 그가 자신이 새로 창안한 과학적 경제학에 기초하여 미래를 기획하고자 시도했을 때, 그 미래에서 정치적인 것은 정치로부터 분리되고, 실질적인 주권은 행정에게 맡겨진다.

12. 정치적 행위자로서의 노동자

…… 사회의 어떤 이익도 향유하지 못하면서 사회의 모든 짐을 져야 하는 하나의 계급이 불러내어진
다. 그들은 사회로부터 쫓겨났으며, 다른 모든 계급에 대해 가장 단호한 적대 관계를 맺도록 강요된다.
_마르크스와 엥겔스[135]

토크빌을 제외한 대륙과 영국의 주요 자유주의 이론가들은 사적인 삶이야
말로 근대 시민의 주된 관심사라고 선언한 콩스탕Benjamin Constant의 공식에 동
의했다. 고대 아테네나 로마의 지배계급과 달리 부르주아적 인간은 정치적인
것의 부담을 떠맡으려 하지 않았다. 그는 정치적 참여를 열망하지 않았으며,
오히려 그의 일차적인 욕망은 "정치적 근심으로부터 해방"되는 것이었다.[136]
그는 자신의 삶의 안전을 보장받고, 자신의 소유물이 보호받으며, 정치적으로
는 그저 대표되기를 원했다. 부르주아적 인간은 밀John Stuart Mill의 고전적인 두
저작인 『자유론』On Liberty과 『대의정부론』Considerations on Representative Government
의 제목에서 간명하게 정리되었다.

여기에서 마르크스는 가능한 가장 극명한 대조를 보여 주었다. 그는 가장
비정치적인 계급인 프롤레타리아트에게 정치적인 것을 실현하는 책임을 맡겼
을 뿐만 아니라, 먼저 스스로 혁명에 투신하고 다음에는 새로운 사회질서를
건설하는 데 자신을 헌신함으로써 진정한 정치적 계급이 되는 것을 배워야 한
다는 엄청난 도전을 부과했던 것이다. 그러나 그것은 마르크스가 노동자에게
제기한 임무의 시작에 불과했다. 혁명은 대중적인 봉기 이상의 것을 표상했다.
혁명은 노동자가 자본의 힘의 체계에 새로운 방향을 설정하고 그 과학적·기
술적 성과를 계승할 가치가 있기 위해서 얼마나 많은 또는 얼마나 적은 것이
요구되는지를 지시하는 규범을 의미했다.[137]

종교적 반란자들은 단지 타락한 교회 제도를 일소하기를 원했으며, 1688

년 명예혁명의 혁명가들은 하나의 왕을 다른 왕으로 교체함으로써 영국의 '고대적 자유'를 복원시키기만을 바랐고, 미국의 반란자들은 주로 멀리 떨어진 모국으로부터 독립하기를 원했다. 이와 달리 마르크스는 프롤레타리아트에게 역사적으로 유례없이 집중된 힘과 대결하고, 또 자신의 설명에 따르면 아마도 역사상 이전의 어떤 계급보다도 가장 혁명적인 계급인 부르주아계급에 맞설 것을 요구했다.

프롤레타리아트에게 부여된 역사적 책임을 고려할 때, 그들은 자신들이 지닌 역량을 훨씬 뛰어넘는 자본주의와 투쟁을 벌이게 된 것처럼 보였다. 노동자가 타도해야 할 대상은 전 지구적 지배를 달성하려고 노력하는 역동적인 체계였다. 자본주의는 "이전의 모든 생산단계들과 구분되는 보편화의 경향"을 가지고 있었다. 그것은 또한 과잉생산과 과잉 공급된 시장을 유발시키는 잉여의 힘을 생산하는 역사상 유일한 체계였다. 완벽하게 통합된 정치경제 — 일종의 "총체적인 혁명" — 속에 축적된 힘의 거대한 크기는 프롤레타리아트와 자본가 지배계급 사이의 힘의 불균형을 더욱 확대했다.[138]

> 이 유기적 체계 자체는, 일종의 총체성으로서, 자신의 전제 조건들을 보유한다. 그리고 그것은, 엄밀히 말해서, 사회의 모든 요소들을 그 자체에 종속시키거나 그것이 여전히 결여하고 있는 기관들을 그 체계 내에서 창출함으로써 자신의 총체성을 발전시킨다.[139]

총체화하는 자본의 동학은 급속하게 증가하는 기계화를 수반했으며, 그것은 자본이 종래의 '인간 노동력'에 덜 의존하게 될 미래를 예고했다. 기계가 꾸준히 노동자를 대체하면서, 노동자의 정체성을 이루었던 활동은 "기계의 활동이 된다." 그리하여 "자본에 의한 노동의 전유는 조야하고 감각적인 형태로 노동자에게 맞선다. 즉 자본은 '마치 자신의 육신이 사랑에 사로잡힌 것처럼' 노동을 그 자체 속으로 흡수한다."[140] 그러나 노동자들은 이 가공할 만한, 보편화하는 체계의 "현존하는 총체적 생산력"이라는 관점에서 가늠되었으며, 또 그들 자신의 "보편적인 성격과 에너지"를 개발하도록 권고 받았다.[141] 그것도 노동조합이 가까스로 세워졌던 시점에 말이다.

마르크스 자신의 설명에 따르면, 노동자는 그런 도전을 감당하기에는 역부족일 뿐만 아니라 무력하고 부적합한 것처럼 보인다. "기계"의 도입과 "자동화" 시스템은 노동자의 파괴를 "완벽하게" 마무리 지었다. 이 새로운 시스템은 "신경 계통을 극도로 소진시키고, 근육의 다양한 움직임을 억압하며, 신체적·정신적 활동에서 자유의 모든 조각들을 하나하나 앗아가 버린다."[142] 노동자들은 "노예"로 전락해 무자비하게 착취당하고, "생명 없는" 기계의 "단지 살아있는 부속물"이 되며, 그 신체는 황폐해진다. 마르크스는 공장을 "전제정"에 비유했는데, 노동자들은 "기계 체계에 구현된 과학, 거대한 자연력 및 사회적 집단 노동" 앞에서 보잘것없는 존재로 위축되며, "이 세 가지 힘forces과 함께 기계 체계는 '주인'의 힘power을 구성한다."[143] 무자비할 정도로 정교해지는 노동 분업은 노동자를 "무기력한 흉물"로 만들었다. 자본가가 세련되게 성장할수록 노동자는 피폐해진다. "생산에서 지능은 한 방향으로 발달하는데, 그것은 다른 나머지 방향에서 급격히 쇠퇴하기 때문이다." "몸과 마음에서 발생하는 일정한 불구화는 전체 사회의 노동 분업과 분리될 수 없으며", 근대의 제조업은 "개인을 그 삶의 뿌리에서부터 공격하고, 산업 병리학에 재료와 동력을 제공하는 첫 번째 체계다."[144] 노동자는 "대공업"이 부과하는 프로그램에 의해 성장을 방해받고, 기형화되며, 심지어 "사지가 절단되기도 한다."[145] "단순한 노동과정에서 과학적 과정으로의 생산의 전환"은 "개별적인 노동을 자본에 의해 표상되고 자본 속에 집중된 공통성Gemeinsamkeit에 직면케 하여 무기력한 수준으로" 저하시킨다.[146]

자본의 힘에 의해 성장을 방해받고 기형화된 프롤레타리아트를 치유하려는 희망을 품고 마르크스는 경제에서 정치로, 짐승처럼 학대받고 무기력해진 노동자에서 노동자의 변화를 위한 수단으로 주의를 돌렸다. 혁명은 자본의 지배를 파괴할 뿐만 아니라, 그 경험은 노동자를 위대한 영웅적 행위자로 전환시킨다. 이 과정에서 정치의 의미 역시 비슷하게 변화된다. 즉 정치는 혁명으로 구체화된다. 생산수단의 장악은

> 프롤레타리아트 자체의 성격상 보편적일 수밖에 없는 연합체를 통해서만 유효해질 수 있다. 또한 그것은 한편으로 이전의 생산 및 교류 양식과 사회조직의 힘을 타도하고, 다른 한편으로 프롤레타리아트의 보편적 성격과 에너지가 발전하는 혁명을 통해서만 가능하다. 이런 보편적 성격과 에너지 없이 혁명은 성취될 수 없다. 또한 혁명을 통해서 프롤레타리아트는 이전의 사회적 위치로 말미암아 여전히 그에게 고착되어 있던 모든 것들을 벗어던지게 된다.[147]

"대대적인 인간들"의 변화는 "오직 혁명 속에서만 …… 발생할 수 있다." 혁명은 정화제의 효과를 가지는바, 이는 "필수적이다. …… 왜냐하면 사회를 타도하는 계급은 오직 혁명 속에서만 오래된 낡은 것들을 사회에서 모두 제거할 수 있으며, 또 사회를 새롭게 건설하는 데 적합해질 수 있기 때문이다."[148] 혁명은 프롤레타리아트가 단지 자신을 위해서가 아니라 모든 계급을 위해, 전체 사회를 위해 그리고 공동선을 위해 수행하는 행위다. 혁명에 의해서 프롤레타리아트는 진정한 정치적 행위자의 수준으로 올라선다.

왜 마르크스는 가장 교육을 못 받고, 가장 경험이 적은 정치적 계급인 프롤레타리아트가 자본의 체제를 타도하는 프로메테우스적 임무에 부응할 수 있다고 믿었는가? 비록 마르크스가 노동자들이 지닌 일정한 덕목을 주장했다 하더라도, 그것은 고통 및 박탈과 결부된 덕목이었다. 따라서 그들은 지도를 받지 않고는 의식적인 정치적 세력이 될 수 없었다. 마르크스는 노동자 정당, 노동조합, 협동조합이 혁명적 기량skill을 형성시키고 프롤레타리아트의 열정을 점화시키는 데 도움을 줄 수 있으리라고 보았다. 그러나 이것만으로는 충분하

지 않았다. 비록 노동자들이 이미 "순전히 숫자라는 면에서 성공의 한 요소"를 가지고 있을지라도, "[그 요소는] 오직 결합이 그들을 단결시키고 지식이 그들을 인도할 때에만 의미를 지닐 수 있다."[149] 그러므로 조직화와 지식이라는 요소들이 프롤레타리아트의 부족한 부분들을 보완하기 위해 동원된다. 플라톤이 내세웠던 철학자들, 마키아벨리가 동조했던 공화주의 음모가들, 칼빈이 주창했던 성도들과 마찬가지로 마르크스는 "전체 프롤레타리아트의 이익과 분리되거나 그와 무관한 이익을 결코 갖지 않는" 사심 없는 엘리트인 '공산주의' 정당이 혁명운동의 리더십을 떠맡는다는 비전을 제시한다. 공산주의자들은 "국적에 상관없이 프롤레타리아트의 공통된 이익을 전면에" 내세우고, "언제나 그리고 어디에서나 전체 운동의 이익을 대변"하면서 정치적인 것의 수호자로서 봉사할 것이었다. 지도에 대한 자격은 당이 이론적 지식과 정치적 덕목을 지녔다는 사실에 의해 정당화된다.

> 따라서 공산주의자들은 한편으로 실천적인 측면에서 모든 나라의 노동자계급 정당 가운데 가장 선진적이고 단호한 부분으로서 다른 모든 부분들을 추동하여 이끌어 나간다. 그리고 다른 한편으로 이론적인 측면에서 그들은 프롤레타리아트 대중에 비해 프롤레타리아 운동의 전진 노선, 조건 및 종국적인 결과 일반에 대한 명확한 이해를 가지고 있다.[150]

13. 자본주의 그리고 노동자계급의 정치적 형성

그렇지만 마르크스는 혁명적 조직이나 이론적 공식이 노동자의 승리를 확보하는 데 충분하지 않다고 판단했다. 역설적으로 그는 자본주의 체제와 그 지배계급에게서 도움을 기대했다. 마치 자본주의 체계와 그 작동 기제가 노동자들이 수행하는 파괴에 도움을 주지 않는 한, 노동자들 스스로는 그 과업을 성공적으로 달성할 수 없다는 점을 인정하는 것처럼 말이다. 마르크스와 엥겔스는 실천적인 정치적 노력을 펼치는 가운데 노동자들이 쿠데타에 의해 권력을 장악하고 독재를 수립하려고 시도해야 한다는 관념에 대해 일관되게 반대했다. 대신에 의회주의 정치와 정치적·시민적 자유를 수반하는 부르주아적 지배의 이행기가 있어야 했다.[151] 귀족제 및 외국 자본가들과 전투를 벌이면서 부르주아지는 "프롤레타리아트에게 호소하고 …… 그리하여 그들을 정치적 장으로 끌어들이도록 강요받고 있다는 점을 인식하고 있다."

> 따라서 부르주아지는 스스로 프롤레타리아트에게 부르주아지 자신의 정치교육과 일반교육을 제공한다. 달리 말하면, 부르주아지는 프롤레타리아트에게 부르주아지와 싸울 무기를 스스로 공급한다.[152]

비록 혁명이 정치적 행위라 하더라도, 성공적인 결과를 거두기 위해 필요한 응집력은 주로 자본가가 수행하는 경제의 조직화에 의해 준비된다. 전 세계를 누비는 팽창적인 자본의 힘은 "생산에서 노동자들의 집중을 정립한다. 이런 노동자의 결합은 처음에는 오직 공통된 장소에서만, 그리고 감독자, 군사적 편제, 더 강화된 규율, 규칙성 및 생산 그 자체에서 이미 정립되어 있는 자본에 대한 의존 아래에서만 발생한다." 따라서 자본은 "노동자들을 단결시키는 힘force일 뿐만 아니라 노동자들의 집합적 힘force이자 사회적 힘force이며, 나아가 이런 힘force을 창출하는 통일성"으로 나타난다. 자본은 노동과 노동자들에게서 기량과 개체성을 박탈하면서, 노동자들을 "대중"으로 만들어 버린다.

> 발전된 자본의 원리는 바로 특별한 기술을 불필요한 것으로 만드는 것이며, 그리고 수작업, 직접적인 육체노동도 일반적으로 불필요한 것으로 만드는 것이다. 이로써 기량과 근육의 힘은 모두 불필요한 것이 된다. 오히려 자본의 원리는 이런 기량을 자연의 죽은 힘[기계-옮긴이]으로 이전시킨다.[153]

14. 자본: 모순과 위기

…… 자본주의적 생산의 자연적 법칙들에서 발생하는 사회적 적대의 발전 정도가 얼마나 높거나 낮은 지는 그다지 중요한 문제가 아니다. 중요한 것은 이런 법칙들 자체, 곧 철칙처럼 필연적으로 작용하면 서 자신의 방식을 관철시켜 가는 경향, 바로 그것이 문제다.

_마르크스154

갑작스럽게 거대한 도약을 이룩한 공장 체계의 비약적인 확장력과 세계시장에 대한 그 의존성은 필연 적으로 다음과 같은 순환을 초래한다. 즉 열병처럼 과열된 생산, 그에 따른 시장에 대한 과잉 공급, 이 어서 생산을 마비시키는 시장의 수축이 그것이다.

_마르크스155

마르크스의 설명에 배어 있는 근본적인 양면성은 그의 형식적인 경제적 분석들과 그가 남긴 다양한 정치적 저작들 사이에서 발견된다. 전자는 어떻게 자본주의의 내적 '모순들'이 일견 의미 있는 혁명적 개입 없이도 자기 파괴의 경향으로 귀결되는가를 묘사한 반면, 후자는 노동자들의 혁명적 운동이 가진 조직화된 힘이 자본주의적 지배계급의 쇠퇴해 가는 권력을 타도할 것이라고 가르쳤다. 자본가는 "자연법"에 따르는 것처럼 "생산 방법의 끊임없는 혁명들"을 통한 지속적인 팽창을 추구하도록 내몰렸지만, 그것은 궁극적으로 "갈수록 통제 불가능하다"는 점이 입증될 것이었다.156 그 체계는 '모순들'로 가득 찰 것이었다.

마르크스는 "간교한 정신"이 모순들 속에서 작동하고 있다고 언명했다.157 때로 그는 모순들을 자본의 과정에 내재한 문제들, 곧 경쟁으로 인해 한계 이 윤이 떨어지고 자본가들이 탈락되는 문제와 동일시했다. 또 다른 경우 그는 모순을 과잉생산과 과소소비 사이에서 발생하는 것으로 기술했다. 즉 잉여가 치의 끊임없는 추구 속에서 자본가는 생산을 증가시키는 기술을 도입하도록 내몰렸다. 이 기술들은 생산을 증가시킴과 동시에 실업을 창출하는데, 그 결과 소비가 감소하고, 잉여 인구가 증가했다.[158] 이로 인해 임금을 더욱 떨어뜨리도록 압박하는 실업자들인 "산업예비군"이 증가했다. 모순은 또한 자본에 외재적인 규범의 형태를 취하기도 했는데, 이는 마르크스가 자본주의 아래에서 생산의 '사회화된' 성격과 생산수단의 소유를 통한 전유의 '사적인' 성격을 대조했을 때 나타났다. 아마도 자본주의의 폐단과 그 몰락의 원인 모두를 가장 잘 요약하고 있는 모순은, 희소성을 없앨 수 있는 자본주의의 비상한 잠재력과 만연한 비참, 결핍 및 무지라는 자본주의의 현 실태 사이의 모순이었다.

자본이 주기적으로 직면하는 '위기들'은 기실 자본이 만들어 낸 경제적 '장애물들'로부터 비롯되며, 정치적 반대로부터는 단지 지엽적인 영향을 받을 뿐이다. 과거에 자본은 스스로 만들어 낸 한계들을 어떻게든 극복해 왔지만, 그것은 새로운 한계들의 씨앗을 뿌리는 대가를 치러야 했다. 마르크스는 자본주의가 치열한 경쟁을 특징으로 하는 새로운 단계에 진입했으며 이는 소수의 손에 자본을 집중시키는 것으로 귀결될 것이라고 믿었다. 사회는 소수의 소유자 계급과 증가하는 비참한 다수로 양극화되고 있었다. 곧 한 극단에서는 "빈곤의 축적"이, 그리고 다른 한 극단에서는 "부의 축적"이 일어나고 있었다.[159] 이런 모순에 직면해서 자본은 위기를 경감시키기 위해 "폭력적인" 감축을 시도하지만, 그것은 오히려 "폭발들, 위기들"을 키울 것이었다. "하지만 규칙적으로 되풀이되는 이런 재앙들은 더욱더 큰 규모로 반복되며, 종국적으로 폭력적인 타도에 이른다."[160] 그러나 마르크스는 흩어져 있는 개인의 사적 소유가 "자본주의적인 사적 소유"로 전환되었던 과정이, "이미 실제로 사회화된 생산에 기초한 자본주의적인 사적 소유가 사회화된 소유로 전환하는 것보다 비교할 수 없을 정도로 오랜 시간이 걸리고, 폭력적이며, 어려운" 것이었다고 주장했다.[161] 혁명이 발생하는 시점에 이르러 자본주의는 사실상 자멸의 상태에 이를 것이다.

[승리한 노동자들에 의한] 이 몰수는 자본주의적 생산 자체에 내재적인 법칙의 작동을 통해, 곧 여러 자본의 집중을 통해 이루어진다. 한 자본가는 항상 다른 많은 자본가들을 파멸시킨다. …… 협업적 형태의 노동과정의 발전, 과학의 의식적·기술적 적용, 토지의 계획적인 개발, 노동수단의 공동 사용으로의 전환, 결합되고 사회화된 노동을 생산수단으로 사용함에 따른 모든 생산수단의 절약, 세계시장의 네트워크 안으로 세계 각국의 인민들의 포섭, 그리고 이에 따른 자본주의 체제가 지닌 국제적 성격의 성장과 같은 다른 발전들이 갈수록 대규모로 일어난다. [이와 함께] 대량의 빈곤, 억압, 예속, 타락, 착취도 증가한다. 그러나 이것과 함께 노동자계급의 저항 역시 증대해 가는바, 노동자계급은 그 숫자가 계속 늘어나며, 자본주의적 생산과정의 메커니즘 자체에 의해 훈련되고, 단결되며, 조직화된다.[162]

명백하게도, 혁명을 전후하여 주요한 행위자는 노동자들이 아니라 생산력이다. 기본적이고 가장 가치 있는 힘의 형식으로서 생산은 배치의 합리성을 명백히 보여 주었고, 따라서 일단 혁명가들이 그들의 권력을 공고히 하면 생산은 정치보다 행정에 의해 관리될 수 있었다. "부기簿記는 …… 그 어느 때보다 본질적인 것이 된다."[163] 군주와 의회를 대신하여 관리자가 집단적 정체성의 상징이 될 것이었다. 관리는 "자본에 대해 독립적"이며 감독이자 비전super/vision으로서 살아남을 것이라고 마르크스는 선언했다. 그것은 "다수의 결합과 협동이 공통의 결과를 낳도록" 감독할 것이다. "감독 일의 낡은 적대적 성격은 사라지는데", 왜냐하면 "관리자는 노동자에 대립하는 자본을 대표하는 대신에 노동자로부터 보수를 지급받기 때문이다."[164]

15. 자본의 힘의 체계 물려받기

자본주의의 무자비한 착취에도 불구하고, 자본주의에 의해 성취된 경제 발전의 수준은 결핍의 제거와 개인의 전면적인 발전을 위해 절대적으로 필수적인 전제 조건이었다.[165] "생산력의 발전 없이는 결핍이 일반화될 것이며, 궁핍과 함께 생필품을 얻기 위한 투쟁과 온갖 해묵은 추잡한 활동들이 필연적으로 재생산될 것이다……"[166] 따라서 마르크스는 프롤레타리아트 혁명가들이 자본주의의 힘의 체계, 즉 여러 세대에 걸쳐 그들의 삶을 망쳐 온 체계를 파괴시켜서는 안 되며, 그것을 물려받을 수 있도록 만반의 준비를 갖춰야 한다고 거듭 주장했다. 혁명의 개입에도 불구하고 새로운 사회와 자본주의 사이에 핵심적인 연속성은 보존되어야 했다. 자본주의적 힘의 체계는 그것의 "오용"으로부터 분리될 수 있었다.[167] 새로운 사회는 자본주의에 의해 성취된 가장 앞선 생산단계 위에서 건설될 것이며, 그것을 미래로 투사할 것이었다. 마르크스가 믿었던 바에 따르면, "이전의 모든 생산단계로부터 [자본을] 구분 짓는 생산력의 보편적인 발전이야말로 …… 새로운 생산양식의 전제 조건이 되며, …… 그 생산양식에서 일어나는 자유롭고, 방해받지 않으며, 진보적이고, 보편적인 생산력의 발전은 그 자체로 새로운 사회의 전제 조건이 된다." 새로운 개인주의, 확장된 능력을 갖춘 개인, 새로운 필요, 더 많은 여가 시간의 가능성 및 적절한 만족감을 얻고 느낄 수 있는 역량, 이 모든 것은 예견된 것으로서 "문명화를 가져오는 자본의 위대한 영향력"에 기인하는 것이다. 즉 새로운 사회의 "유일한 전제 조건"은 "출발점을 넘어서" 계속 "전진할 것"을 서약하는 것이다.[168] 노동은 "매력적인 것"이 될 터이지만, "단순한 재미"는 아닐 것이다. "진정으로 자유롭게 노동하는 것"이란 "엄밀히 말해서 가장 지독한 진지함이며 가장 격렬한 노력"이다. 이는 "그것이 그저 자발적인 자연적 형태로 이루어지는 것이 아니라 자연의 모든 힘을 조절하는 활동으로서 …… 과학적이고 ……

일반적인 성격을 지닐 때" 성취된다.[169]

> ······ 새로운 필요의 발견, 창조 및 충족 ······ 사회적 인간이 지녀야 할 모든 자질의 함양, 그런 자질과 동일한 것을 필요에 있어서 가능한 한 풍부한 형태로 생산하는 것이 이루어진다. 이는 자질에 있어서나 관계에 있어서나 풍부한 [사회적 인간 – 옮긴이]도 마찬가지로 자본에 기초하여 만들어진 생산의 조건이기 때문이다. 모든 방면에서 만족을 얻기 위해 사회적 인간은 많은 것을 향유할 수 있어야 하고 따라서 높은 수준의 교양을 갖추어야 하는데, 가장 총체적이고 가능한 한 보편적인 사회적 산물로서 이런 존재가 생산된다.[170]

자본에 의해 드러난 생산적 가능성들은 계급 없는 사회를 위한 토대가 이미 잠재적으로 존재하고, 그렇기 때문에 승리한 프롤레타리아트에 의해 처음부터 새롭게 건설되어야 할 필요가 없다는 점을 의미했다.

> ······ 만약 우리가 계급 없는 사회를 위한 전제 조건인 생산의 물질적 조건들과 그에 상응하는 교환의 관계들이 사회 그 자체 속에 숨겨져 있다는 것을 발견하지 못했다면, 그것을 폭파하려는 모든 시도들은 비현실적인 공상에 그칠 것이었다.[171]

16. 정치의 지위

정치 없는 정치경제는 총체성의 실현, 즉 "개인들 자신의 총체적인 역량의 발전"을 수반하는 "총체적인 생산수단"의 "보편적인" 전유로 향하는 길을 평탄하게 닦는다.[172] 그러므로 마르크스가 자신의 저작 전반에 걸쳐 어떻게 착취의 종결이 '보편적'이고, 전면적이며, 실험적인 새로운 개인주의의 발전을 가능하게 할 것인지를 지속적으로 강조한 것은, 기실 전도된 양상으로 나타난 정치의 실종인 것이다. 새로운 개인주의가 가져오는 탈정치화의 효과는, 새로운 사회에서 중대한 반대의 원동력이었던 두 가지 요소의 부재, 즉 프롤레타리아트와 철학의 부재가 두드러진다는 점을 상기할 때, 의미심장해진다. 마르크스의 설명에 따르면, 두 가지 모두 소기의 성과를 거둔 후 스스로 소멸되는 것으로 판명된다. 마르크스는 초기 저작에서 "프롤레타리아트가 승리할 때란 …… 오직 프롤레타리아트 자신과 그 대립자인" 사적 소유를 "폐지함으로써 승리를 거둘 때다"라고 서술했다.[173] 프롤레타리아트는 사라지는바, 그 이유는 단순히 무계급성이 계급사회를 승계하고 생산수단이 모두에 의해 소유되기 때문만이 아니라, 전통적인 형태의 노동이 더는 쓸모없어지기 때문이다. 자본주의에 의해 선구적으로 개척된 기계화 과정에 따라 노동자는 "주된 행위자가 되는 대신에 생산과정의 옆으로 물러선다."[174]

이와 유사하게, "철학은 프롤레타리아트의 철폐 없이 현실화될 수 없고, 프롤레타리아트는 철학의 현실화 없이 철폐될 수 없다."[175] 철학과 프롤레타리아트 모두 과학과 기술의 과정에 의해 재구성된다. 기계화로 인해 자유로워진 노동자는 자신의 잠재력을 발견하고 개발시킬 수 있는 "가처분 노동시간(즉, 자유 시간-옮긴이)"을 가질 것이다. 이제껏 비판적 사고의 상징이었던 이론가는 새로운 집합적 힘, 곧 "인간 두뇌의 일반적인 힘들"로 대체된다. 그것은 전통적으로 정치적인 것과 결부되었던 범위의 일반성을 띠게 될 것이다. 새로운 지성은 응용과학과 동일시된다. 이 "지성"은 "사회적인 것"이 되며 "자연의 정복"에 바쳐진다. 다시 한번 이런 도정은 자본주의 아래에서 이미 준비된 것인바, 그에 따라 "일반적인 사회적 지식은 직접적인 생산력"이 되고 "사회적 삶의 과정을 이루는 조건들은 일반적인 지성의 통제하에 있게 되며 또 그것과 일치하도록 전환된다."[176]

새로운 사회가 정착하면서 탈정치화의 경향은 더욱 강해진다. 즉 계급의식은 프롤레타리아트 및 비판 이론과 함께 나란히 사라지며, 개인주의에 대한 숭배가 이전에는 결코 볼 수 없었던 정도로 추구된다. 20세기 후반의 사태 전개가 보여 주듯이, 이 모든 것은 자본주의의 지속과 함께 일관되게 나타난다. 자본주의는 생산성을 끊임없는 기술혁신 및 조직화된 과학과 결부시키면서, 잠재적인 자기 쇄신의 체계라는 우연한 발상을 실현시키는데, 마르크스는 이 점을 거의 대부분 인정하기에 이르렀다.

> 단지 노동력의 강도를 높이는 단순한 조치만으로도 자연적인 부의 이용을 증진시키는 것과 마찬가지로, 과학과 기술은 현재 현실적으로 기능하고 있는 자본의 주어진 크기와는 무관한 팽창력을 자본에게 부여한다. 또한 과학과 기술은 초기 자본 가운데 이미 교체 시기를 맞이한 부분에도 영향을 준다. 이런 초기 자본은 새로운 형태로 전환되면서 그 낡은 형태가 모두 사용되고 마모되고 있던 동안 이룩된 사회적 진보를 무상으로 결합시킨다.[177]

"노동자계급의 정치경제"에서는 힘의 형식이 과학과 기술에 의해 구성되고 생산으로 관리되는데, 이것은 정치와 전통적인 행위자가 부재한 체계로 나타난다. 경제가 계급투쟁의 정치에 의해 교란되는 사태는 사라진다. 대신에 경제는 객관적인 것의 영역이 된다. 그것은 "협업과 토지 및 생산수단의 공동 점유"라는 공통성을 중시하는 사회가 될 것이다.[178] 그러나 그것은 이전에는 결코 경험되지 않았던 공통성인바, 왜냐하면 이런 사회에서는 그것이 비변증법적으로, 곧 투쟁하는 세력들의 상호 작용 없이 성취되기 때문이다.

17. 독재의 문제

일생 동안 일관되게 정치적인 관여를 시도하면서, 마르크스는 노동자계급이 정치적으로 얼마나 준비를 갖추었는지에 대해 신중한 견해를 취했다. 그는 노동자들이 권력의 책임을 떠맡을 수 있게 되기 이전에 오랜 수습 기간을 거쳐야만 한다고 거듭 강조했다. 자본주의의 성숙과 마찬가지로, 권력을 행사하기 이전에 정치적 성숙이 이루어져야 했다. 1850년에 그는 기회가 생기면 노동자들은 바로 권력을 장악해야 한다고 주장했던 자들을 비판했다. 마르크스는 그들이 "『선언』*Manifesto*(『공산당선언』 - 옮긴이)이 제기한 보편적 전망"을 "민족적 관점"으로 대체하고 혁명을 기회주의자의 관점에서 "현실적인 정세의 산물"이라기보다 "의지의 결실"로 본다고 비난했다.

> 우리는 노동자들에게 다음과 같이 말한다. 상황을 변화시키고 권력을 행사하기에 적합하도록 당신들 스스로를 훈련시키기 위해서 당신들은 15년, 20년, 혹은 50년에 걸친 내전을 겪어야 한다고 말한다. 반면 어떤 사람은 이렇게 말한다. 우리는 즉시 권력을 장악해야 한다고 말이다. …… 나는 언제나 프롤레타리아트의 그런 일시적인 의견에 반대해왔다. 만약 프롤레타리아트가 권력을 장악하게 된다면, 그들이 도입한 조치들은 직접적으로 프롤레타리아트적인 것이 아니라 소시민적인 것이 될 것이다.179

"현실적인 정세"라는 마르크스의 표현에는 노동자들이 '권력을 장악하기' 전에 자본주의가 그 성숙한 형태에 도달해야 하고 그에 조응하여 사회의 계급 구조 역시 두 개의 적대적인 계급으로 단순화되어야 한다는 의미가 담겨 있었다. 그런데 여기서 '권력을 장악하는 것'은 무엇을 의미하는가? 혁명적인 폭력에 의해 권력을 장악하는 것인가? 아니면 합법적이고 평화적으로 '권력을 장악한' 연후에, 최소한의 저항이 발생할 것이라고 믿으면서 '혁명적인' 조치들을 제도화하는 것인가?

『공산당선언』에서 마르크스와 엥겔스는 "혁명의 첫 단계"란 "프롤레타리아트를 지배계급의 지위로 끌어올리는 것, 곧 민주주의의 전투에서 승리하는 것"이라고 모호하게 언급했다. 이런 정식은 프롤레타리아트가 민주적 수단, 즉 선거와 의회의 다수를 통해 권력을 획득하는 것으로 읽힐 수도 있고, 아니면 민주주의란 단순히 노동자들, 곧 사회의 대다수가 혁명적 수단에 의해 권력을 장악하는 것을 의미한다고 읽힐 수도 있었다. "프롤레타리아트 독재"라는 문구를 언급하지는 않았지만, 『선언』은 다음과 같은 목적을 위해서 프롤레타리아트가 어떻게 "자신의 정치적 우위"를 활용하고 "전제적 수단"을 채용할 것인지를 서술할 때, 그것을 함축하고 있었다.

> 점차적으로 부르주아지로부터 모든 자본을 빼앗기 위해, 국가 곧 지배계급으로 조직화된 프롤레타리아트의 수중에 모든 생산수단을 집중하기 위해, 그리고 가능한 한 신속하게 총체적인 생산력을 증대시키기 위해.[180]

"발전"은 계급의 구별이 사라지는 것과 "모든 생산을 …… 전 국민이라는 거대한 연합체의 수중에" 집중시키는 것을 의미할 것이었다. "정치권력은 …… 단시 여타 세급을 억압하기 위한 한 계급의 조직화된 힘일 뿐"이기 때문에, 계급의 철폐는 "이 공적인 힘에서 정치적 성격이 사라지게 될 것"이라는 점을 의미했다.[181]

독재란 "정치적 성격"이 없는 "공적인 힘", 정치 없는 정치적인 것인가? 독재적 지배는 성격상 행정적인가? 경제 체계가 이전의 체계로부터 진화되어 나오며 또 그 기반 위에서 건설된다면, 혁명 이후의 정치적 형식 역시 그에 상응하는 발전의 단계를 거치는가? 독재는 이전의 체계를 중단시키는가 아니면 그로부터 진화되어 나오는가? 그리고 어떤 의미에서 독재는 진보적인 '발전'을 뜻할 수 있는가?

1848년 이전에 영국과 프랑스는 모두 입헌군주제였지만, 실상 노동자계급을 배제시킨 의회 제도와 제한적 선거권을 운영하고 있었다. 1848년 혁명으로 인해 프랑스에서는 이 구조가 변화되었지만, 그런 사태가 영국에서는 발생하지 않았다. 그 시점까지는 의회 제도가 정치적 발전의 이상적인 목표였고, 다른 논쟁적인 사안들과 마찬가지로 투표할 수 있는 자격 조건의 문제도 궁극적으로 정상적인 정치적 과정에서 해답을 구할 수 있을 것이라는 믿음이 널리 퍼져 있었다. 달리 말해서, 의회주의는 점진적인 자기 개선을 수용할 수 있는 체계를 표상했다.

그러나 프랑스에서 일어난 사태는 예상 밖의 전환을 가져왔다. 의회주의의 자기 개선이라는 가정은 도전받았고, 근대의 정치적 진화 과정에서 독재가 차지하는 위상이 갑작스럽게 당면한 문제가 되었다. 노동자가 무시 못 할 세력으로 부상하고 사회주의가 중요한 이데올로기적 운동으로 등장하는 동시에, 중하층의 소상인들과 농민 계층이 정치의 장에 진입했는데, 이 모든 사태 전개는 마르크스에게 복잡한 이론적 과제를 제기했다. 마르크스는 산업화가 진전되면서 사회가 두 계급으로 양극화될 것이라고 가정했다. 1848년 혁명은 7월 왕정을 끝장냈고, 선거권을 확대시켰으며, 인민의 선거에 기반을 둔 대통령제를 수립시켰다. 그 시점에서는 이 체제가 안정을 얻지 못했다. 초대 대통령인 루이 나폴레옹Charles Louis Napoléon Bonaparte은 1851년 쿠데타를 통해 대통령제를 독재 체제 — 이것은 인민에 의한 신임투표의 지지를 받았다 — 로 전환시키는 데 성공했고, 결국 스스로 황제의 자리에 올랐다. 인민투표는 권력을 정당화하는 동시에 선거의 정당성을 박탈한다.

명백히 이런 사태 전개는 혁명 이론에 심각한 문제를 제기했는데, 왜냐하면 그 이론은 의회주의 정치와 그에 조응하는 상대적으로 자유로운 정치적 삶이 사회의 혁명적 변화를 위한 도약대를 제공할 것이라는 가정에 기초하고 있었기 때문이다. 대중의 지지와 선거의 정당성에 기초한 인민 투표적 독재는 이런 가정을 위협하는 한편, 부르주아지가 의회주의적 정치를 포기하고 대신 독재라는 새로운 통치 방식을 선호하는 것은 아닌가라는 심각한 문제를 제기했다.

마르크스는 『프랑스에서의 계급투쟁』Class Struggle in France(1850)과 『루이 보나파르트의 브뤼메르 18일』*The Eighteenth Brumaire of Louis Bonaparte*(1852)이라는 제목하에 수록한 일련의 글들 속에서 이런 문제들과 씨름했다. 혁명적 상황과 그 직후의 여파를 분석하면서 마르크스는 전형적으로 혼란스럽고, 유동적이며, 다양한 의미를 함축한 현상에 맞닥뜨렸다. 표면적으로 패배했음에도 불구하고, 사회가 노동자계급과 그 동맹 세력 대 자본가라는 지배계급으로 선명하게 분할됨에 따라 혁명의 전망은 오히려 명료해졌다는 것을 마르크스가 다양한 의미에서 묘사하려고 했을 때, 그의 이런 반응에는 헤겔주의적 색채가 짙게 드리워져 있었다. 테제와 안티테제 사이의 고전적인 헤겔적 대립은 역동적인 모델을 제공했지만, 마르크스에게 난점은 테제와 안티테제가 뒤섞여 있다는 것이었다. 자본가계급은 퇴행적인 "금융 귀족"과 상승하는 "산업" 부르주아계급으로 나뉘어졌다. 노동자들 역시 정체성 문제를 안고 있었는데, 특히 소상인, 소자영업자, 농민과 같은 중하층 계급과 관련해서 자신들의 정체성을 정립하지 못하고 있었다. 이들 중하층 계급은 모두 정치적 충성도가 동요하고 있었고, 그들이 가진 소규모의 사유재산에 대해 강한 집착을 보이고 있었다. 그리고 그에 못지않게 중요한 문제는 룸펜프롤레타리아트 현상이었는데, 이들은 그 게을러빠진 품성("부랑자")과 범죄 성향 때문에 "산업 프롤레타리아트와는 엄격하게 구별되는" 위험한 "대중"으로서 이제는 기동 방위대로 충원되어 노동자들을 진압하는 데 활용되었다.[182] 『계급투쟁』에서 마르크스는 패배한 것은 혁명이 아니라고 주장하면서 노동자 운동의 패배에 대해 용감무쌍한 투쟁이었다는 외양을 덧씌워 주었다. 노동자 운동은 패배하기는커녕 운동 내에 존재하던 "전前 혁명적 부속물들" — 즉, 사회주의와 경쟁하던 다른 형식들 — 을 일소하는 성과를 거두었다는 것이다. 노동자들은 1848년 6월의 유혈이 낭자한 패배에도 불구하고 지배적인 혁명적 세력으로 떠올랐다.

혁명의 진행이 프롤레타리아트와 부르주아지 사이에 서있는 국민 대중, 농민 및 소시민

계급을 부르주아적 질서, 곧 자본의 지배에 대항하여 봉기하고, 자신의 전위대인 프롤레타리아트와 스스로 결합하도록 강제하기 전까지는, 프랑스 노동자들은 한 발자국도 앞으로 나갈 수 없고, 부르주아적 질서의 터럭 하나도 건드릴 수 없었다. 오직 6월의 거대한 패배를 대가로 해서만 노동자들은 이런 승리를 얻을 수 있었다.[183]

한편 "일반적으로 산업 프롤레타리아트의 발전은 산업 부르주아지의 발전에 의해 조건 지워지기"[184] 때문에, 노동자들은 사실상 패배했다고 하더라도 강해진 셈이라고 마르크스는 주장했다. 마치 그 승리가 이미 정립된 테제와 여기에 맞서 정립되어 가는 안티테제가 맺는 관계에 달려 있는 것처럼 말이다. 노동자들은 "반反혁명 연합"의 형성을 촉발했는바, "이런 적들과 싸움으로써 반란의 정파는 이제 진정한 혁명적 정파로 성숙했다." 노동자들의 적대자는 이제 "금융 귀족" ― "부르주아사회의 꼭대기에 있는 일종의 룸펜프롤레타리아트" ― 에 의해 더 이상 지배받지 않고 산업 부르주아지에 의해 지배받는 진정한 부르주아지였다.[185] 프롤레타리아트가 가한 압력은 공화국의 수립을 초래했는데, 그 공화국의 "첫 번째" 임무는 "모든 유산계급"을 "정치권력의 범위" 속으로 끌어들이면서 "부르주아지의 지배를 완성하는 것"이었다.[186]

계급 적대의 공고화는 두 가지 정치적 사태[1848년 6월 봉기와 루이 나폴레옹의 대통령 선출-옮긴이]의 전개를 수반했다. 두 사태는 한편으로 결전이 임박했다는 희망을 주었으며, 다른 한편으로 마르크스에게 정치적 지배에 대한 자신의 관념을 명료히 할 것을 요구했다. 혁명에 대한 부르주아지의 반응은 그 계급이 전제정을 위해 의회주의적 지배라는 이상을 포기할 수 있음을 폭로했다.[187] 노동자들의 6월 봉기는 부르주아지를 환상에서 깨어나게 하여 새로운 헌법과 확대된 유권자 조항을 통해 가능해진 "순수한 형태"의 독재를 지지하도록 만들었다. 루이 나폴레옹을 대통령으로 선출한 이후 행해진 선거에서 그와 그의 지지자들이 저지른 선거 과정의 조작은, 이전에 보통선거나 그와 유사한 선거 방식을 지지하던 사람들이 보기에는 보통선거의 위상을 실추시키는 효과를 가져왔다. 그리하여 마르크스는 루이 나폴레옹이 농민 계급으로부터 받은 광범한 지지는 "시대착오적인 것"이라고 주장하는 한편, 더 중요한 결론으로 이제 노동자들은 의회주의 정치를 복원하거나 "사회민주주의"에 가담할 것이 아니라 그들 자신의 독재 유형을 공개적으로 채택함으로써 "부르주아 독재"에 맞서야 한다고 주장했다.

마르크스에게 그런 사태 전개의 의미는 다음과 같은 『브뤼메르 18일』의 유명한 두 번째 문단에 비추어 해석될 수 있다. "인간은 자기 자신의 역사를 만든다. 그러나 자기 마음대로, 자신이 선택한 상황 속에서 만드는 것이 아니라 이미 존재하는, 주어진, 과거로부터 물려받은 상황 속에서 역사를 만든다."[188] 정치적 예언으로 읽을 때, 이 구절은 독재가 "과거로부터 물려받은 상황"에 기초하여 핵심적인 정치적 요소가 되었다는 점을 시사한다. 부르주아지가 1848년 6월 노동자들의 봉기를 무자비하게 진압했을 때, "부르주아 공화국"의 수립은 "여타 계급들에 대한 한 계급의 무제한적인 전제정을 의미했다." 부르주아지는 자신들이 내세웠던 자유주의적 가치에 등을 돌리고 억압적인 체제에 지지를 보냈다. 즉 그들은 정당정치를 "사회주의적"이라고 비난했으며, 프롤레타리아트를 사실상 제거한 것이나 다름없을 정도로 선거법을 급격히 축소시켰다. 또한 인민의 직접적인 정치적 행위의 형식들을 '평온'을 확보한다는 명목으로 억압했다.

> …… 부르주아지는 …… 바로 그들 자신의 이익을 위해 그들이 그들 자신의 이름으로 통치하는 위험으로부터 벗어나야 한다고 고백한다. 또한 평온을 회복하기 위해 …… 자신들의 부르주아적 의회가 …… 끝장나야 한다고 실토한다. 그리고 자신들의 사회적 힘을 온전히 보존하기 위해 자신들의 정치적 권력은 부서져야 한다고 토로한다.[189]

따라서 마르크스의 주장에 따르면, 이제 막 떠오르고 있는 "혁명적 사회주의"는 사실상 의회주의와 보통선거에 대한 어떤 공약으로부터도 면제되었으며, 그렇기 때문에 그가 구상한 전면적인 변화를 제도화할 수 있는 유리한 위치에 서게 되었다. "이런 사회주의는 영구적인 혁명에 대한 선언, 곧 계급적 차별 일반의 철폐에 이를 때까지" 그리고 [자본주의적 - 옮긴이] 생산관계와 그에 수반하는 사회적 관계의 폐지에 이를 때까지, 또한 그 결과로 "이런 사회적 연관 관계로부터 비롯하는 모든 이념의 변혁"을 달성할 때까지 거쳐야 할 "불가피한 이행기로서 프롤레타리아트 계급독재에 대한 선언을 의미한다."190 경제적 진화가 원시 공동체적 경제로 돌아갈 수 없듯이, 정치적 진화는 의회주의나 그것이 담고 있는 여하한 민주주의적 요소를 회복하려고 하는 잘못된 시도로 인해 역전될 수 없었다.

마르크스는 루이 나폴레옹의 제2제정을 군주제와 그 봉건적 적대자들 사이에서 벌어진 경쟁으로부터 출현한 근대국가의 정점에 해당한다고 해석했는데, 이는 그가 중앙 집중화된 권력을 승인했다는 점을 드러낸다. 마르크스는 이런 사태 전개에 대해 처음에는 "방대한 관료적·군사적 조직, 인공적인 국가기구, …… 50만 명에 이르는 공무원들과 그에 더하여 50만 명을 헤아리는 군대를 갖춘 이 행정 권력[이 보여 주는 - 옮긴이] 이런 무시무시한 기생적 성장"이라고 언급하면서, 그런 사태를 맹렬히 비난하는 듯했다.191 그러나 몇 쪽이 지나지 않아서 마르크스는 "현대사회가 요구하는 국가의 중앙집권화는 봉건제와의 대립 속에서 단련된 군사적·관료적 정부 기구의 폐허 위에서만 출현한다"고 논평했다. 그리고 그는 다음과 같이 덧붙였다. "국가기구의 파괴가 중앙집권화를 위험에 빠뜨리지는 않을 것이다. 관료제는 단지 중앙집권화의 낮은 단계이자 거친 형태일 뿐이며, 여전히 그 대립자인 봉건제에 시달리고 있다."192 이 마지막 두 문장에 주목하는 이유는 그가 『브뤼메르 18일』의 1869년 판에서는 이 구절들을 삭제했기 때문이다.193

이것은 마르크스가 "국가기구의 파괴" 이후에도 존속하는, 요컨대 "낮은 단계이자 거친 형태"의 중앙집권화인 "관료제"와 구별되는 국가의 중앙집권화에 대한 개념을 가지고 있었다는 점을 시사한다. 관료적 기구 없이 중앙집권화된 국가를 갖는다는 것은 어떻게 가능할 것인가? 프롤레타리아트가 실제로 권력을 장악한다면, 어떤 종류의 국가 및 정치를 구성할 것인가? 그것은 과연 계급 체계를 파괴하고자 결의한 독재 체제와 모종의 민주적 형식의 정치경제일 것인가?

이런 질문들은 근대국가 권력 속에서 출현하고 있는 위기를 지적하고 있었다. 마르크스는 중앙집권화된 국가와 그 통제 및 규제 장치들을 비난했다. 하지만 그는 일단 승리한 프롤레타리아트가 혁명을 공고화하는 작업을 시작하면, 강압적 권력이 요구될 것이라고 상정했다. 과연 무계급성에 복무하는 국가권력은 관료제가 제거된 행정일 것인가?

18. 파리코뮌

코뮌과 함께 노동자들의 파리는 새로운 사회의 영광스러운 선구자로서 영원히 기념될 것이다.
_마르크스194

코뮌이 나의 경고를 듣기만 했더라면!
_마르크스195

1871년 3월, 프랑스와 프로이센의 전쟁은 프랑스의 항복 선언으로 종결되었지만, 파리의 국민방위대는 프랑스 정부에 대해 그들의 무기를 반환하는 것을 거부했다. 강제로 무장을 해제하겠다는 정부의 위협에 맞서, 국민방위대 위원회는 시청을 접수하여 시의회를 선출하는 데 성공했다. 시의회는 '코뮌'이라는 명칭을 택했다.

코뮌의 참가자들은 파리의 노동자들 이외에도, 다양한 부류의 급진파들, 즉 프루동Pierre-Joseph Proudhon과 블랑키Louis Auguste Blanqui의 추종자들, 제1차 인터내셔널의 지지자들, 지식인 및 장인들은 물론 부르주아지와 소시민계급을 포함했다. 코뮌이 승인했던 조치들 가운데에는 집세에 대한 지불유예, 야간에 빵을 굽는 작업의 폐지, 교회의 영향력에서 벗어난 무상 의무교육의 추진, 여성을 포함한 생산자들의 연합에 기반을 둔 생산의 재조직화 등이 있었다.196 이 반란은 불과 몇 달간 지속된 후 무자비하게 진압되었고, 수천 명의 가담자들이 사형되거나 유배되었다. 마르크스는 이 사건을 면밀히 추적했고, 파리코뮌이 무너진 지 얼마 지나지 않아서 『프랑스 내전』The Civil War in France 이라는 저작으로 응답했다.

이 책이 마르크스의 가장 수수께끼 같은 저작들 가운데 하나로 판명된 것은 그리 놀라운 일이 아니다. 코뮌은 일차적으로 자본주의의 위기 속에서 발생한 것이 아니라 수치스러운 군사적 패배 직후 발생한 정치적 현상이었다. 그리고 가장 놀라운 점은 코뮌이 권력과 권위의 탈집중화를 지지했다는 사실이다. 프롤레타리아 혁명은 그 범위에서 국제적이어야 한다는 마르크스의 기준과 고향을 상실한 프롤레타리아트에 대한 그의 선호 — "만국의 노동자여 단결하라!" — 를 충족시키기는커녕, 코뮌이 내세운 목표는 단연코 애국주의적이고 지방적이었다. 더 나아가 민주적인 자치 정부라는 방안을 고안해 내면서 코뮌 참가자들이 보여 준 뛰어난 독창성은, 마르크스가 정치적으로 고무된 운동이 심지어 참가한 산업 노동자들이 소수에 그칠 때조차 급진적인 변화를 일으킬 수 있는 힘을 지녔다는 점을 과소평가했던 것은 아닌가라는 질문을 제기했다. 몇 가지 근본적인 측면에서 코뮌은 마르크스의 가장 기본적인 두 가지 확신에 도전했지만 그것을 변화시키지는 못했다. 그 두 가지 확신이란, 정치적 혁명의 운명은 경제적 위기의 현존에 좌우된다는 것과 노동자들에 의한 혁명적 행위는 자신들의 국제적인 조직을 건설하여 자본주의의 국제적인 힘의 구조에 맞서야 한다는 것이었다. 그러나 코뮌은 마르크스를 자극하는 데 성공하여 그로 하여금 국가, 중앙집권화, 및 행정으로 표상되는 독특하게 근대적인 권력의 형식을 더욱 명확히 해명하도록 했다. 무엇보다도 코뮌은 마르크스를 참여 민주주의의 문제 그리고 그것이 과학적으로 정향되고 기술적으로 선진화된 경제라는 미래의 필요조건들과 조화될 수 있는가라는 질문과 맞닥뜨리도록 했다.

당연하게도, 코뮌에 대한 마르크스의 응답은 전반적으로 그것을 지지하면서도, 다른 한편 복잡하고 양면적인 것이었다. 이런 양면성은 이 저작이 분할된 구조를 갖고 있다는 점에서 비롯되었다. 이 책의 제1부는 코뮌의 출현을 둘러싼 사건들에 대한 면밀한 분석을 담고 있었다. 그리고 제2부는 일견 코뮌 참가자들이 이룩한 실제적인 성과들을 기술하는 것처럼 보이지만, 기실 그들의 행위에 대한 이론적 이상화, 곧 그것이 지닌 의미를 마르크스가 탐구하고자 하는 방향으로 확장시키려는 시도를 함축하고 있었다.[197] 복잡성은 마르크스가 코뮌의 탈집중화 경향과 자신의 중앙집권화에 대한 선호를 화해시키려고 시도했을 때 발생했다. 코뮌은 근대적 힘의 정치적·경제적 형식 모두에 도전했으며, 이로 인해 마르크스가 주장했던 노동자계급의 정치경제에 반대되는 민주적 정치경제의 사례를 제공하고 있었다.

마르크스는 "근대국가 권력을 타파하는" 정치적 형식으로서 코뮌을 열렬히 환영했다.[198] 코뮌은 "사회 위에 우뚝 솟아 있는 국가권력" 그리고 거대한 관료적 구조를 가지고 계급 지배를 행하는 근대의 "중앙집권화된 국가권력"에 대한 "직접적인 안티테제"였다.[199] "인민 대중은 스스로" 국가권력을 회수하여 그것을 "자신들의 살아 있는 힘forces"으로 포섭했다.[200] 사회는 자신을 해방시키는 "정치적 형식"을 찾았다. 『프랑스 내전』의 초기 원고에서 마르크스는 코뮌의 근본적인 요체에 대해 다음과 같이 언급했다. 곧 코뮌은 "국가 그 자체에 대항하는 진정한 혁명이었다. …… 그것은 지배계급의 한 분파에서 다른 분파로 [국가권력을] 이전시키는 변혁 정도에 그치는 것이 아니라 계급 지배 자체라는 이 지긋지긋한 기제를 파괴시키는 진정한 혁명이었다."201 코뮌 참가자들이 채택한 조치들은 "인민에 의한 인민의 정부라는 경향의 전조를 드러내지 않을 수 없었다."202

마르크스가 끌어낸 교훈은 혁명적 노동자들이 단순히 현존하는 국가를 접수하는 데 그칠 수 없다는 것이었다. 그들은 국가의 계급적 토대와 관료적·의회제적·군사적 기능들로 구성된 국가의 위계적 구조를 분쇄하는 새로운 형식을 고안해 내야 했다.

> 파리코뮌은 …… 프랑스의 모든 거대한 산업 중심지들에 하나의 모델로 작용할 것이었다. 일단 파리와 다른 지역의 중심에 코뮌 체제가 세워지자, 지방에 있던 낡은 중앙정부의 기구들 역시 생산자들의 자치 정부에 길을 내주어야 할 것이었다. …… 코뮌은 심지어 가장 작은 촌락에서조차도 정치적 형식이 될 것이었다. …… 그리고 농촌 구역에서 상비군은 아주 짧은 복무 기간을 갖는 국민 민병대로 대체될 것이었다. 모든 구역의 농촌 코뮌들은 중심 도시에 대의원들을 파견하여 구역 의회를 구성하고, 또 이 의회를 통해 공동 업무를 관리할 것이었다. 그리고 이 구역 의회들은 다시 파리의 국민 대의회에 의원들을 보낼 것이었다. 이 의원들은 언제든지 소환이 가능하고 그 권한은 선거구민들의 위임명령mandat impératif — 공식적 지시 — 에 구속될 것이었다.203

마르크스는 칭송받을 만한 다른 민주적 교훈들도 발견했다. 오직 사회적 상위층만이 공적 책임을 맡을 자격이 있다는 원칙에 "평범한 노동자들"이 대담하게 도전했던 것이다. "…… 전례 없이 어려운 상황 속에서, [그들은] 자신들의 업무들을 겸허하고 성실하게 그리고 효율적으로 수행했다."204 코뮌의 탈집중적이고 민주적인 개혁들에 주목하면서 마르크스는 정치적 제도화의 진로가 거대화와 집중화를 지향하는 경제적 힘 및 독재로 나아가는 정치권력의 진화 경로에서 벗어날 수 있는 가능성을 음미하는 것처럼 보였다. 정치권력은 보통 사람들이 이해할 수 있고 그들에 의해 관리되도록 '분쇄'될 수 있었다. 나아가 정부 기능에 대한 코뮌의 민주화는, 관료제를 비난하면서도 행정은 보존하려는 데서 마르크스가 봉착한 난제로부터 벗어날 수 있는 길을 제시하는 듯했다.

그러나 마르크스는 중앙집권화된 권력의 가치와 관련된 자신의 확신을 포기하지는 않았다. 그는 프랑스에서 '코뮌'이라는 관념이 정치적 탈집중화, 자치 및 지역에 기반을 둔 정치 — 그 참여적 성격이 계급적 구별에 대한 존중으로 인해 일정한 제약을 받는 — 라는 오래된 역사적 기억을 불러일으킨다는 점을 잘 알고 있었다. 하지만 코뮌의 강한 탈집중화 경향은 마르크스가 구상한 것과는 다른 형식의 정치경제를 지향했다. 다음의 언급에서 보듯이, 초기에 마르크스는 자본의 집중화를 지지한 것과 마찬가지로 정치적 중앙집권화에 대해서도 확고한 지지를 보냈다.

> 노동자들은 …… 이 [미래의 독일] 공화국에서 국가 권위의 수중에 권력을 가장 단호하게 집중시키기 위해 …… 분투해야 한다. 노동자들은 공동체를 위한 자유 운운하는 민주적 담론에 의해 잘못 인도되지 않도록 스스로 경계해야 한다. …… 1789년의 프랑스에서와 마찬가지로 오늘날의 독일에서도 가장 엄격한 중앙집권화를 수행하는 것은 진정으로 혁명적인 당의 임무다.205

마르크스는 일견 코뮌의 탈집중화된 정치 구조를 환영하는 듯했지만, 그것이 지닌 함의 전부를 받아들이는 것은 거부했다.206 그는 "국가권력에 대항하는 코뮌의 적대가 과거의 과도한 중앙집권화에 대한 투쟁의 확대된 형태로 잘못 해석되어 왔다"고 주장했다. 마르크스는 이 "진정으로 민주적인 제도들"을 칭송하면서도, 탈집중화에 대한 지나친 강조는 피해야 한다고 경고했다. "근대적 국가권력을 분쇄"한 이 "새로운 코뮌"은 "중세적 코뮌들의 재생산" 혹은 "작은 국가들의 연방으로 오인되어서는" 안 되었다. 비록 마르크스가 명확히 구체화하지는 않았지만, "소수의 중요한 기능들"은 "중앙정부"에 남아 있어야 했다. 이런 주장의 핵심적인 논점은 "거대한 국민의 통일성"은 보존되어야 한다는 것이었다. 이런 통일성이 "원래는 정치적 강제력에 의해 발생되었다 하더라도, 이제 그것은 사회적 생산의 강력한 요인이 되었기 때문이다."207 마르크스가 헤겔을 비판하면서 한 차례 지적했던 중세적 삶의 매우 정치적인 요소들 — "비자유의 민주주의"라는 복합체를 형성하도록 정치적으로 결합될 수 있었던 사회적 차이들 — 은 모두 더 이상 중요하지 않은 과거일 따름이었다.208

마르크스는 경제적 목표들의 우선성이라는 관점을 놓치려 하지 않았으며, 이에 따라 그는 코뮌이 낡은 경제적 배치를 제거하고 경제적 계획을 제도화할 수 있는 강력한 통치governance 기제를 갖추고 있는 것으로 묘사했다. 그런 목표를 염두에 두고 그는 코뮌이 보여 준 정책 결정과 집행이라는 더 강력한 요소들을 강조하기 위해 그 심의적 성격을 약화시켰다. 코뮌이 "행정부와 입법부를 동시에" 결합시키기 위해 권력분립을 통한 권력의 제한이라는 구상을 거부했을 때, 이런 정책 관련 기능의 강화가 가능할 수 있었다는 것이다. "코뮌은 의회 기구가 아닌 일종의 작업기구로서 …… 계급들의 존재에 토대를 이루는 경제적 기초들을 뿌리 뽑기 위한 지렛대로 작동할 것이었다."209

비록 마르크스가 코뮌의 통치governance 형식을 묘사하기 위해 "프롤레타리아트 독재"라는 문구를 사용하지는 않았다 하더라도, 그가 코뮌을 변화의 적극적인 주체로 제시하려 했다는 점은 명백하다. 이런 이유로 그는 코뮌에서 코뮌의 실제 상황보다는 『공산당선언』의 이상과 부합하는 목표를 찾으려 했다. 그는 코뮌의 "의도"가 "생산수단, 토지 및 자본"을 몰수하고, 자본주의를 "협동조합들의 통일체"로 대체하며, "공동의 계획에 의거하여 국민적 생산을 조절"하는 것이었다고 주장했다(물론 이것은 잘못된 것이었다).210 마르크스는 코뮌의 "진정한 비밀"은 "노동의 경제적 해방을 이루어 낼 수 있는" 정치적 형식의 발견이었다고 굳게 믿었다. 그리고 "노동의 해방과 함께 모든 사람은 …… 노동자가 된다"는 것이다.[211]

코뮌의 의미를 흐리게 하고, 그 참여적 측면을 약화시키면서 강압적 성격을 코뮌에 부여하려는 이런 시도는, 코뮌이 정확히 그가 지칭했던 것처럼 경멸적인 의미에서의 '정치적 형식'이었으며 바로 그렇기 때문에 폐기해도 무방한 것이라는 의미를 담고 있었다. 코뮌은 탈자본주의적 경제를 작동시키고 관리하기 위해 요구되는 사회적 형식을 표상할 수 없었다. 왜냐하면 그런 경제란 민주적인 것이나 정치적인 것을 이미 초월한 상태이기 때문이다.

19. 정치의 종말을 예상하면서

파리코뮌에 대한 마르크스의 분석에서 가장 눈에 띄는 것은 코뮌이 하나의 단일 계급으로 구성된 것이 전혀 아니며 하물며 노동자들이 지배적인 구성 요소를 이루고 있던 것도 아니었다는 사실을 얼버무린다는 점이다. 코뮌이 다양한 구성 요소들로 이루어졌다는 사실은, 코뮌이 단순히 통치governance의 구조가 아니라 정치를 행하는 방식, 곧 차이가 정상적인 것으로 받아들여지고 누가 배제될지를 결정하는 노선이 명령에 의해서가 아니라 개인의 선택과 신념에 의해 이루어지는 가운데 결정들을 내리게 되는 방식이었다는 것을 의미했다. 마르크스가 코뮌의 정치를 무시한 것은, 일단 독재로 나아가는 경로가 명백해지고 나면 정치는 들어설 자리가 없다는 관점과 완전히 부합하는 것이었다. 그 순간에 이르기 전까지 마르크스는 정치에 중요한 역할을 부여했다. 그렇다 하더라도 그 정치는 반대 집단의 현존이 그 자체로 정당할 뿐만 아니라 정당화될 수 있다고 간주하는 것은 물론 자유를 보장하는 데도 근본적이라고 전제하는 자유주의적 정치관이나 의회주의적 정치관과는 현격히 달랐다.

정치에 대한 마르크스의 개념은, 정치를 화해할 수 없는 적들 사이에서 벌어지는 전쟁의 형태로 보는 정치관의 전조를 이룬다고 할 수 있다.[212] 그는 자본주의 아래에서 계급 적대가 "단순화되었기" 때문에 최종적인 결전은 불가피하다고 주장했다. 사회는 "갈수록 두 개의 커다란 적대 진영, 곧 서로 직접적으로 맞서는 두 개의 커다란 계급인 부르주아지와 프롤레타리아트로 분열되고 있다."[213]

> 부르주아사회의 바로 그 조건들로부터 비롯되는 충돌들은 끝까지 싸워서 결판을 내야지, 주문을 걸어 없앨 수는 없다. 사회적 모순들이 희미해지거나 자의적으로 — 즉, 단순히 인위적으로 그리하여 단지 외관상으로 — 억눌러지지 않는 형식이야말로 최선의 국가 형식이다. 이런 모순들이 공개적인 투쟁의 단계에 이르며, 그런 투쟁 과정에서 모순들이 해결되는 형식이야말로 최선의 국가 형식이다.[214]

마르크스의 관점에서 본다면, 명백하게도 '모순들'을 드러내기에 적합한 '최선의 형식'은 비판이 보호받을 수 있는 자유주의적 의회주의 체계일 것이었다. 이와 동일하게 중요한 것은, 대개의 경우 마르크스는 노동자 정당의 의회주의 정치에 대한 참여를 지지했지만, 그 자신은 이를 대안에 대한 이목을 끌기 위해 정부에 반대하는 방식으로서가 아니라 정치를 혁명화하는 수단으로서 이해했다는 점이다. 혁명화된 정치는 바리케이드의 정치 또는 대중적인 항의의 정치와 구별되어야 했다. 그것은 좀 더 긴장된 방식으로 수행되는 '정상적인' 정치였다. 그것은 "최종적인 목표로 …… [노동]계급을 위한 정치권력의 장악"을 염두에 두고, 모순들을 날카롭게 부각시키며, 타협을 어렵게 만들어서 체계를 파괴하는 수단이었다. 마르크스는 이런 정치의 형식을 다음의 언급에서 보듯이 "정치적 운동"으로 묘사했다. "…… 그 속에서 노동계급이 지배계급들에 대항하는 하나의 계급으로 출현하게 되며, 또 이 계급이 외부로부터의 압력을 통해 지배계급들을 강제하고자 하는 모든 운동은 바로 정치적 운동입니다."215 '경제적 운동'은 노동자들의 행동이 특정한 공장이나 직종에 제한된 운동이었다. 이와는 대조적으로 가령 전국적으로 노동일의 단축을 시행하는 법을 제정하기 위한 시도와 같은 정치적 운동은 "노동자들의 분리된 경제적 운동들"을 단결시킨다. 그것이 정치적인 이유는 바로 그 운동이 "일반적인 형식으로, 곧 일반적이고 사회적인 강제력을 지니고 있는 형식으로 노동계급의 이익을 관철한다는 목표를 가진 **노동계급의 운동**"을 표상하기 때문이다. 운동의 정치를 추진하는 데 필요한 조직을 발전시키기 위해 노동자들은 "지배계급의 정치적 권력"에 대항하는 "지속적인 선동에 의해" 그리고 "지배계급의 정책들에 대한 적대적인 태도를 통해 …… 훈련되어야" 한다.216

운동의 정치는 자연스럽게 프롤레타리아트 독재의 예비 단계를 형성했다. 그것이 고무하는 정치는 한 계급의 이익을 배타적으로 '강요'함으로써 적대자들을 무력하게 만들어 결국 점진적으로 다른 계급의 이익을 제거한다는 최종적인 목표를 달성하려는 정치였다. 일단 계급들이 폐지되고 나면, 구분되는 '이익들'이라는 관념은 그 근거를 잃고 평등에게 자리를 내준다.

20. 탈정치를 옹호하면서

…… 정치권력이란 정확히 말해 시민사회에 존재하는 적대 관계의 공식적 표현이기 때문에 엄격한 의미에서 이른바 정치권력은 더 이상 존재하지 않을 것이다. …… 프롤레타리아트와 부르주아지 사이의 적대 관계는 …… 하나의 투쟁으로서 그것이 최고도로 표출되는 단계에 이르면 총체적인 혁명이 된다.
_마르크스217

우리는 인민이 완전히 자유롭고 독립적인 결사체를 이루는 가운데, 정부의 온정주의 없이, 비록 다양한 부류의 자유로운 개인들과 정당들의 영향이 없지는 않을지라도, 아래로부터 위로 조직될 때 자유롭고 행복할 수 있다고 생각한다.

_바쿠닌Mikhail Bakunin218

마르크스가 만년에 남긴 두 개의 논평, 곧 바쿠닌에 대한 논평(1874)과 고타강령에 대한 논평(1875)에 따라 판단하면, 이 시기에 독재, 노동자들의 국제적인 조직의 중요성 및 중앙집권화에 대한 강조는 더욱 확고해지고 있었다.219 마르크스에 대한 바쿠닌의 공격은 철두철미한 무정부주의자의 비판이었는바, 마르크스는 이에 응답하면서 프롤레타리아 통치의 강압적인 성격을 옹호하지 않을 수 없었다. 바쿠닌에게 결정적인 질문 — 그리고 돌이켜 볼 때 훨씬 더 적절한 것으로 판명된 질문 — 은 '프롤레타리아트 독재가 실제로는 프롤레타리아트에 대한 독재로 판명되지 않을 것인가'였다. 바쿠닌은 그런 사태를 방지하려면 보통선거에 대한 강력한 대비책이 있어야 한다고 주장했다. 바쿠닌은 그 점을 이렇게 강조했다. 즉 프롤레타리아트가 어떻게 지배계급으로 구성될 것인지에 대해 명확히 할 수 없다면, 프롤레타리아트 독재는 [보통선거라는 외피를 두른다고 해도-옮긴이] 교육받은 "특권적인 소수"에 의한 지배를 의미할 수 있다는 것이었다.220 한편 마르크스는 프롤레타리아트가 사회의 계급구조를 제거하는 데 성공할 때까지 "강제적인 수단들을 사용"해야 할 것이라는 점을 인정했다. 일단 계급들이 제거되고 나면, "현재의 정치적인 의미에서의 국가는 존재하지 않을 [것이었다.]" 어떤 형식의 지배가 "현재의 정치적인 의미에서의" 국가를 대신할 것인지에 관한 문제에 대해 마르크스는 먼저 선거를 통한 책임성의 요구를 "민주주의를 가장한 헛소리"이자 "정치적인 의도를 감춘 허튼소리"로 일축하면서 선거는 "경제적 토대[와] 유권자들의 경제적 상황"에 근거해야 한다고 주장했다. 그리고 나서 그는 일단 계급들이 철폐되고 낡은 의미에서의 "어떤 정부 기능"도 존재하지 않게 된 상황이 도래하면 선거의 새로운 맥락은 다음과 같을 것이라고 의미심장하게 묘사했다. "일반적인 기능의 분배는 어느 누구에게도 지배권을 주지 않는 일종의 사업상의 문제가 되고, ⋯⋯ 선거는 현재의 선거가 지닌 정치적인 성격이라고는 전혀 갖지 않게 된다."[221] 마르크스는 계속해서 새로운 배치의 '사업적' 성격을 더욱 강조했다. 마르크스는 바쿠닌의 경고, 즉 일단 노동자가 행정적인 기능을 담당하게 되면, 권력과 권한을 갖춘 새로운 지위에 올라감에 따라 자신의 노동계급적 관점을 버리고 권한과 권력을 가진 자들이 자연스럽게 갖기 마련인 관점을 가질 수 있으며, 결국 "국가의 상층부에서 평범한 노동자들의 세계를 내려다보며 업신여길 것"이라는 경고를 단호히 부정했다.[222] 마르크스의 반박은 다음과 같이 자신의 '사업적' 접근을 강조하는 것이었다.

> 바쿠닌 씨가 노동자들의 협동 공장에서 관리자가 차지하는 지위에 대해서 조금이라도 알았더라면, 지배에 대한 그의 모든 환상은 완전히 무너졌을 것이다. 그는 행정 기능이 이런 노동자들의 국가라는 기초 위에서 어떤 형식을 취할 수 있는지 스스로에게 물었어야 했다. 만약 그가 이런 형식을 여전히 노동자들의 국가라고 부르기를 원한다면 말이다.[223]

마르크스의 『고타강령 비판』*Critique of the Gotha Program* 역시 프롤레타리아트가 권력을 장악한 이후에도 새로운 시대가 '부르주아적 권리', 즉 불평등의 공식적인 시행에 의해 주로 규정된다는 점을 역설함으로써 '사업적 접근'에 대한 강조를 강화했다. 평등한 '권리'에 대한 요구와 불평등한 분배에 대한 우려를 일축하면서 마르크스는 각자가 지닌 재능의 차이가 보상에서 발생하는 차이를 정당화한다고 다음과 같이 주장했다. "개별 생산자들은 정확히 그가 사회에 주었던 것을 [행정, 교육, 공공 의료 서비스 및 장애인들을 위한 보조와 관련한 비용을 차감한 휘 사회로부터 돌려받는다." 이런 평등으로부터의 일탈은 "공산주의의 첫 번째 단계"가 "좀 더 높은 단계"로 진화해 갈 때 복원될 것이다. 그러면 노동 분업에 필연적으로 수반되는 "종속"은 사라질 것이다. 정신노동과 육체노동 사이의 대립 ─ 바쿠닌이 경고했던 ─ 은 철폐될 것이고, 생산의 성장으로 말미암아 개인은 전면적인 발전을 이룩할 것이며, 그 사회의 깃발에는 "각자는 자신의 능력에 따라 [일하고-옮긴이], 각자는 자신의 필요에 따라 [분배받는다-옮긴이]"는 구호가 쓰이게 될 것이다.224

이미 우리는 사회주의 경제 및 사회의 요소들이 선진 자본주의 경제에 의해 준비되고 있다는 마르크스의 반복적인 주장에 주목한바 있다. 그리고 우리는 그의 프롤레타리아트 독재 개념이 루이 나폴레옹의 전제정에서 이미 예견되었던 정치적 형식에 상응하는 등가물이었다는 논점을 덧붙인 바 있다. 그러나 생산의 자본주의적 발전 또는 그것에 의한 과학과 기술의 결합 이상의 것이 추가적으로 이월되어야 할 것처럼 보인다. 불평등한 경제적 보상 정책은, 비록 일시적인 것으로 의도되었다 하더라도, 체계 내에서 교육받은 엘리트가 부상할 것이라는 바쿠닌의 예견을 상기시키는 좀 더 광범위한 문화적 함의를 분명히 가지고 있었다. 이와 비슷하게 관리와 행정의 중요성 ─ 및 그 권위 ─ 에 대한 견해는 마르크스의 사상과 자본주의의 이념 사이의 수렴을 보강했다. 또한 국가와 관료제에 대한 그의 적개심 ─ 자본가들은 관료제에 대해서는 비난을 퍼붓지만, 기업의 관료제적 구조에 대해서는 전형적으로 침묵한다 ─ 과 민주적 선거에 대한 그의 불만을 상기해 본다면, 유사성은 훨씬 더 두드러질 것이다. 그런데 이는 마르크스가 내심으로 자본가였기 때문이 아니라 다음 세기를 거치면서 자본주의가 자신의 고유한 경향 가운데 일부를 점검할 필요성을 인정하게 되었기 때문이다. 마르크스처럼 자본주의 역시 적으로부터 배울 수 있었던 것이다.

다른 많은 논점에서 그랬던 것처럼, 이 점에서도 마르크스가 그 자신에 대한 가장 날카로운 분석가였다. 1867년에 반쯤은 아이로니컬하게도, 그는 『자본』에 대한 미래의 비평가들이 하나의 모델로 사용할 수 있는 몇 가지 지침을 제시했다. 그가 지적한 바에 따르면, 자신의 작업은 두 개의 서로 다른 사고의 방향을 구현하고 있었다. 경제적 관계에 대한 그의 접근 방식은 다윈Charles Robert Darwin이 달성한 업적에 비견될 수 있을 만한 "과학의 근본적인 풍성함"을 표상했다. 그러나 역사의 "현재적 운동의 최종적인 결과가 자신이 제시한 경제적 관계의 [이론적인] 전개 자체와" 어떤 연관성을 갖는지 입증하지 못할 때, 그의 작업은 또한 "그런 결과를 상상하거나 제안하는" 저자의 "편향적인 결론"을 제공한 셈이었다. 마르크스에게 좀 더 우호적인 해석자가 결론지었듯이, "만약 누군가가 애써 시도해 본다면, 그는 아마도 마르크스의 '객관적' 분석이 기실 마르크스 자신이 품고 있던 '주관적' 환상들을 반박한다는 점을 보여 줄 수도 있을 것이다."[225]

21. 자본가에 대한 과소평가

자본주의적 생산은 끊임없이 이런 내재적 장애물들을 극복하려고 노력하지만, 그것들은 오직 더욱 강력한 크기의 새로운 장애물들을 세우는 방법을 통해서만 극복된다.

　자본주의적 생산의 진정한 장애물은 바로 자본 자체다.

_마르크스[226]

인간의 활동을 통해 나타나게 된 예속의 최종적 형태, 곧 임노동을 한편으로 하고, 자본을 다른 한편으로 하는 예속은, 그리하여 허물처럼 벗어던져질 것이고, 이런 허물벗기 자체는 자본에 조응하는 생산양식의 결과다……

_마르크스[227]

그 자신 역시 하나의 목표에 전념하는 사람이었기에, 마르크스는 자본가들이 보여 주는 전념을 "자본가 자신의 이익과 이를 도모하는 동기에 의해 전적으로 결정되는" 그런 것으로 과장하는 경향이 있었다.[228] 마르크스의 묘사에서 집단으로서 자본가들은 자기 이익에만 너무나 매달려 위기에 봉착했을 때조차도 노골적인 자기 이익이 '적절히 이해된 자기 이익'(토크빌)으로 조절되어야 한다는 점을 이해하지 못하는 것으로 나타났다. 그러나 마르크스 자신이 새로운 기술을 채택하고 생산방식을 변경하는 자본가들의 유연함을 찬양한 데서 잘 드러났듯이, 자본가들은 유연함과 풍부한 상상력을 발휘할 수 있었다. 붕괴되지 않는 자본주의는 잠재적으로 자기 파괴적인 행위들을 억제할 수단들을 고안해 냄으로써, 그 스스로 주도면밀하고, 자의식이 강하며, 과학 지향적이고, 정치적으로 기회주의적이며, 살인적인 경쟁에도 불구하고 때로 상호 결속을 도모하고 겸허하게 처신할 필요가 있다는 것을 잊지 않고 있다는 점을 증명했다. 이와 마찬가지로 중요한 점은, 마르크스가 자본의 힘이 이데올로기로까지 확대되었다는 것을 인식하기는 했지만, 그는 어떻게 자본이 그 스스로는 그런 환상들에 반드시 속지 않으면서 '환상들'을 만들어 내고 조작하는지를 제대로 파악하는 데 실패했다는 사실이다. 이데올로기는 힘을 무의식적으로 반영하는 데 그치기는커녕, 심지어 '비판적인 비평가들'을 관용하기조차 하면서 '객관적으로' 이용될 수 있었다. 일단 기업의 힘이 대중매체를 합리화하는 데 성공하자, 이데올로기는 계급투쟁을 완화시키고, 그것이 정치로 전환되는 것을 막을 수 있도록 조형될 수 있었다. 마르크스를 패러디한 것인 양, 자본가는 비판적인 철학으로 좀처럼 제거되지 않았던 반면, 자본주의는 프롤레타리아트를 사실상 제거함으로써 실현될 수 있었다.

| 제13장 |

니체

시대를 앞서 간 전체주의자, 탈근대인

1. 경제에서 문화로

저들에게는 저들 나름으로 자부심을 가질 만한 어떤 것이 있다. 저들이 자랑스럽게 여기는 그것은 뭐
라고 불릴까? 저들은 그것을 문화라 부른다……

_니체[1]

마르크스와 고전 경제학자들은 경제가 정치적인 것, 즉 시민의 공동선과
복지의 실질적인 내용을 구성한다는 점, 사회적·경제적·정치적 기본 원칙들
에 대해 광범위한 합의에 도달한 적절하게 구성된 사회에서는 권력투쟁으로
서의 정치는 그 역할이 축소될 것이라는 점, 그리고 국가의 주된 활동 또는 전
쟁과 법집행 이외에 국가의 활동에 남겨진 것은 행정적인 것이 될 것이라는
점과 같은 논점들에 대해 의견을 같이 했다. 이처럼 의견이 일치하게 되는 경
향은 마르크스가 이론화했던 자본주의적 생산의 혁명적 성격과 프랑스혁명에

공통의 기원을 두고 있었다. 공산주의자의 유토피아에서든 자유주의 정부의 점진적이고 누적적인 정책에서든, '혁명의 실현'은 이론이 제시하는 비전에 실천이 점차 부응해 가면서 이론과 실천 사이의 긴장이 완화되어 간다는 점을 시사했다.[2]

그런데 경제의 우월성에 대한 도전이 출현하게 되었을 때, 그 도전은 새로운 시각을 제공했을 뿐만 아니라 강력한 경제결정론과 구별되는 새로운 영역을 확보하고 근대적 힘에서 새로운 잠재성을 발견할 수 있는 또 다른 이론적 터전을 열었다. 이 새로운 터전을 우리는 넓은 의미에서 '문화'라고 할 수 있다. 여기에서는 주로 '상부구조의 정치'를 두고 경합이 일어났으며, 여기에서 볼 수 있는 행동 양식은 혁명적이라기보다는 비판적이었으며, 그 주역은 학계의 지식인들이었다.

경제, 자유주의 정치, 국가의 행정 등과 같은 영역과 경쟁하는 한편 혁명을 일종의 대중운동으로 간주하는 근대적 이념에 도전하는 문화 영역의 새로운 등장에는 놀라운 측면이 있다. 사실 몽테스키외, 흄, 버크Edmund Burke 이후로 문화는 보수적인 이론가들의 영역이었는데, 이들은 문화를 민족의 관행, 관습, 편견, 종교적 전통 등과 동일시했다. 이와 같은 보수적인 이론가들의 문화에 대한 관념은, 문자 해득 능력과 정치 참여가 극히 제한된 안정적인 농업 사회의 완만한 변화를 반영하고 또 전제했다. 하층계급에 깊이 스며든 전통문화는 반反혁명적인 힘force으로서 사회의 안정과 통제에 기여한다고 여겨졌다. 그것은 힘을 행사하는 수단인 만큼이나 힘을 억압하는 수단으로서, 대중의 열정을 제어하는 수단, 즉 사회적 규범의 맹목적이고 무비판적인 수용을 의미했다.

문화의 중요성을 부각시키는 변화가 임박했음을 알리는 강력한 징후는 토크빌의 『미국의 민주주의』Democracy in America(1835, 1840)에서 나타났다. 그는 역동적으로 변화하는 미국 사회에 대해 기술했는데, 거기서는 인민주권이 허구가 아니라 사실이었으며, 드물게도 일반 대중의 문자 해득률이 높고, 문화가 압도적으로 대중적이면서도 성격상 보수적이었다. 토크빌이 묘사한 바에 따르면, 민주적인 문화의 내용은 버크가 선호했던 선先반성적인 편견과는 질적으로 달랐다. 민주주의는 그 나름의 버전으로 문학, 철학, 심지어는 과학을 발전시킴으로써, '고급'문화와 '하위'문화의 구분에 도전했다. 민주적인 문화 현상은 신문과 팸플릿 및 도서의 급속한 보급에 의해 촉진되었는데, 이는 기술이 문화의 생산과 전파 과정에서 발휘하는 민주적 역할에 관한 증거였다.3

이와 같은 경제에서 문화로의 전환이 의미하는 바는 무엇인가? 이는 정치적인 것의 지속적인 해체인가, 아니면 [경제와 관련된-옮긴이] 정치적 환상을 수반하지 않는 비물질적 정치, 따라서 경제의 헤게모니에 도전할 태세가 되어 있는 새로운 정치의 희망에 찬 조짐인가? 과연 이 새로운 문화적인 정치 이론은 기존 질서의 옹호자가 아닌 다른 어떤 형태를 취하게 될 것인가?

19세기에는 문화라는 주제를 다룬 몇몇 걸출한 인물들 — 많은 인물들이 있지만, 특히 토크빌, 부르크하르트Jacob Burckhardt, 르낭Ernst Renan 등 — 이 배출되었지만, 그중에서도 니체는 저술의 폭과 탁월성에서뿐만 아니라 20세기와 그 이후에 그의 사상이 미친 강력한 영향력에 있어서도 타의 추종을 불허한다. 니체는 정치적·경제적 혁명에 대한 신념으로 충만한 근대 문화에 대해 비판적인 비문碑文을 썼을 뿐만 아니라 문화적 혁명에 대한 희망으로 무장한 탈근대성에 대해서도 이를 미리 예상한 듯한 비문을 썼다고 할 수 있다.

또한 니체는 마르크스와의 유용한 대비를 통해 우리의 관심의 대상이 될 수 있는데, 이런 대비는 20세기를 계몽시키고 또 혼란스럽게 한 사고 유형의 복잡한 성격을 보여 준다. 니체는 자본가에 대한 경멸 그리고 부수적으로 반유대적 경향을 마르크스와 공유했으며, 마르크스와 마찬가지로 20세기 최악의 폭정에 대한 원인 제공자로 비난을 받았다. 그럼에도 불구하고 중요한 것은 양자 간의 차이와 대조다.

마르크스는 이후의 이론가들이 공통된 것들에 대한 관심, 특히 대다수 인류의 물질적·문화적 박탈에 대한 관심으로부터 얼마나 멀리 이탈했는가를 판단할 수 있는 하나의 결정적인 기준을 제공한다. 이와 대조적으로 니체는 다양한 믿음을 자세히 열거하고 고귀한 감성과 저열한 감성을 모두 찬미함으로써 이론에 부여된 이런 부담을 해소시킨다. 그는 "가장 강력하고도 가장 사악한 정신의 소유자들이 지금까지 인류를 가장 많이 앞으로 나아가게 했다"고 선언했던 것이다.[4] 마르크스는 한편으로 근대적 힘이 지닌 파괴적 요소를 폭로했지만, 다른 한편으로 근대적 힘에 대한 희망과 기대를 회복하고자 노력했다. 이와 달리 니체는 생산력과 기술을 무시하고, 그 대신 지적인 각성이 발휘하는 파괴적 힘으로서 "허무주의"nihilism에 주목했다. 각성한 소수는 허무주의에 기대서 문화에 의해 만들어진 구조를 꿰뚫어 볼 수 있었다. 또 문화가 지닌 "종족 보존의 경이로운 경제성"과 그것이 소수에게 강요하는 "값비싼 대가"를 폭로할 수 있었다.[5] 마르크스와 니체는 모두 자기 시대의 지배적인 정통 이론의 전제를 폭로하고 그 결론을 공격하는 비판적인 이론화 작업의 대가였다. 하지만 마르크스에게 비판은 단지 이론의 재구성과 정의로운 사회의 건설을 위한 준비 작업에 지나지 않았던 반면, 니체는 심지어 반反이론적인 것을 옹호할 정도로 비판적 행위 그 자체를 중요시했다. 니체의 이론은 운명적인 종착지도, 안주하는 휴식처도, 정의로운 사회에 대한 개념도 전혀 갖고 있지 않다. 마르크스가 궁극적으로 비판적 이론이 존재할 이유가 없는 세계를 상상하고 그 실현을 위해 싸운 반면, 니체는 비판적 이론을 끝없이 키워 내는 조건들을 계속해서 재생산하는 세계를 제시했다. 니체는 지성을 지속적인 도발의 한 양식으로 이해했다. 서구 정치사상사에서 니체는, 파괴와 그 기예 또는 기량의 함양을 지적 행위에 대한 새로운 개념의 중심에 놓았다는 점에서 이례적인 인물이었다.

2. "어떤 인간들은 사후에 태어난다"

사상가를 "그가 살던 당시의 시대적 맥락"에 위치시켜야 한다고 주장하는 사상사가들과 대조적으로 니체를 이해하기 위한 맥락은, "어떤 인간들은 사후에 태어난다"고 하는 그의 인상적인 주장을 확증이라도 하듯, 그가 죽은 이후에 등장했다.[6] 제2차 세계대전 이전 니체의 명성은 그저 주변적인 것에 불과했으나, 제2차 세계대전 이후의 니체는 우상화될 정도의 지위를 누리고 있다. 그의 생전에(1844~1900) 그리고 제1차 세계대전 이전에 독일의 문필가들과 시인들이 니체를 찬미한 바 있으며, 제2차 세계대전 이전에는 프랑스 지식인들이 그를 다시 수용한 바 있다.[7] 하지만 미국의 지식인들 사이에서 니체는 중심적인 지적 흐름이라기보다는 일종의 소문에 가까웠으며, 20세기 중반에 이르기까지도 그가 누린 명성은 비주류의 차원에 그쳤다. 그 이후 탈근대주의자들사이에서 그의 저작이 지금껏 인정받지 못했던 정전으로 통용되면서 니체는 무관의 최고 이론가가 되었다. 탈근대주의, 해체주의, 신실용주의neo-pragmatism 등은 직접적으로 니체 본인의 저술을 통해서든 또는 하이데거Martin Heidegger, 아렌트, 푸코Michel Foucault와 같은 영향력이 있는 사상가들을 매개로 해서든 니체가 끼친 심대한 영향을 언급하지 않고서는 적절히 이해될 수 없다.[8] 니체는 탈근대적 사고의 전형이 되었을 뿐만 아니라, 마르크스와 달리 결코 어떤 특정한 이데올로기적 경향의 배타적인 소유물도 아니다. 니체는 푸코, 들뢰즈 Gilles Deleuze, 리오타르Jean-François Lyotard와 같은 급진적 사상가들에 의해 찬미되기도 했지만, 또한 "부르주아적 자유주의자"라 자임하는 로티Richard Rorty는 물론 이념적 성향을 규정하기 모호한 아렌트, 그리고 좀 더 우측으로 나아가 스트라우스Leo Strauss와 그 추종자들에게도 영향을 미쳤다.[9] 놀랍게도 그리고 마르크스와 극명한 대조를 이루면서 니체는 상이한 사상들을 통합시키는 인물이 되었다.

니체의 위상에 대한 사실상 일치된 이런 평가는 탈근대적 정조情調를 표현하는 것일 수도 있고, 아니면 해결되지 못한 정치적 상흔을 상징하는 것일 수도 있다.

3. 새로운 니체

파시즘이 결코 단순한 일탈, 사고, 집단적인 어리석음의 분출, 또는 단순히 경제적 위기로 설명될 수 있는 현상이 아니라는 점을 받아들이는 것, 거의 모든 유럽 국가에서 토착적인 파시스트 운동이 있었다는 점을 주시하는 것, …… 그 완장을 찬 무리들이 …… 민주적 또는 자유주의적 정당의 강령 못지않게 논리적으로 옹호할 만한 일련의 강령들에 의해 정당화되었다는 점을 시인하는 것, 그리고 마지막으로 이들이 제시한 이념들을 사회가 일방적으로 거부하지 않았다는 점을 인정하는 것은 …… 가치 체계 전반, 연쇄적 추론의 전 과정에 대한 수정을 [요청할] 것이었다.

_스테른헬Zeev Sternhell10

인종적 순수성에서부터 여성의 종속까지, 본능에 대한 찬미에서부터 민주주의에 대한 경멸까지, 잔인성과 절멸에의 요구에서부터 고난에 대한 찬미까지 20세기의 가장 암울한 측면들을 자신의 사상에서 분명하게 보여 주고 있는 니체에 대한 숭배가 20세기 말 미국에서 유행한다는 사실을 어떻게 설명할 수 있을 것인가?

간단한 답변은 니체의 옹호자들이 "새로운 니체" — 어느 책의 제목을 인용한다면 — 를 부각시키는 데 성공했기 때문이라는 것일 텐데, 이는 나치즘이라는 정치적 경험과 함께 예전의 부정적인 니체의 모습이 이제는 억압되어야 한다는 점을 인정하는 것으로 이해될 수도 있다.

그러나 어떻게 지적인 억압이 이루어질 수 있을까? 어떤 저자에게 나타나는 정치적으로 혐오스럽거나 역겨운 성향, 가령 바타유^{Georges Bataille}의 파시스트적 측면 또는 하이데거의 다음과 같은 언급들을 논평자가 묵과해 버린다면 어떻게 될 것인가?

> 증오는 우리의 존재의 원천에 훨씬 더 깊숙이 잠복해 있기 때문에 응집력을 지닌다. 사랑과 마찬가지로 증오는 우리의 원초적인 존재에 근원적인 응집력과 지속성을 가져다준다. …… 그러나 증오를 통해서 인간존재가 갖게 된 영구적인 응집력은 인간존재를 폐쇄시키거나 맹목적으로 만들기보다 오히려 인간존재에 비전과 선견지명을 제공한다. …… 증오의 대상은 모든 곳에서 가차 없이 추구되기 때문에 증오에서조차 확장이 이루어진다.[11]

침묵에 의한 억압이라는 행위는 여러 가지로 해석될 수 있다. 그것을 '이용하는 사람'은 정작 그런 경향이 혐오스럽다고 느끼지 않을 수 있다. 또는 이와 달리 이용자는 같은 저자의 다른 요소들이 너무 소중하다고 느낀 나머지 불쾌한 요소들 — 예를 들어 초기 만^{Thomas Mann}의 권위주의적 요소들이나 청년기 드 만^{Paul de Man}이 쓴 친파시스트적 논설들 — 을 황급히 지나치는 것을 정당화할 수도 있다. 마지막으로 이용자는 억압된 요소들을 전달하는 '매개체'를 자기 나름의 방식으로 이용할 수도 있다. 예컨대 위대한 행위는 위대한 언설을 수반하지 않으면 완전해질 수 없다는 아렌트의 엘리트주의적 행위 개념은 니체가 "대중의 시대"를 공격했던 구절에서 차용한 것이었다.[12]

여기서 중요한 것은 금단의 열매를 건드리지 않아야 한다는 문제가 아니라 거의 모든 사람들이 혐오스럽게 생각하는 사건들과 연결된 이념의 문제다. 그런 경우 억압은 혐오스러움을 없애 버리는 역할을 한다. 독자들은 니체를 읽다가 유대인이야말로 "도덕에서 일어난 노예 반란의 시작을 나타낸다"는 주장에 접할 수 있다.[13] 하지만 이때 독자는 마음속에서 [의도적으로 - 옮긴이] 유대인과 노예를 지워 버리고 "도덕에서 일어난 반란"에 집중할 수도 있다. 아니면 그는 일종의 기억상실의 순간을 뒤로 한 채 그냥 지나쳐 버릴 수도 있는데, 이처럼 혐오스런 구절들을 완전히 잊어버림으로써 그는 "도덕에서 일어난 반란"과 연관된 것으로 보이는 다른 어떤 구절에 '감동'받을 수 있게 된다. 후자의 경우처럼 지나칠 때, 그는 이런 주장을 혐오스런 구절로부터 분리시켜 안전하게 이용할 수 있다.[14]

4. 하나의 형식으로서 전체주의

어떤 생소하고, 유혹적이며, 위험한 또 다른 이상이 우리 앞으로 달려오고 있다. 우리는 그것을 지향하도록 다른 사람을 설득하기를 원해서는 안 된다. 이는 아무나 그 이상에 대한 권리를 지녔다고 선뜻 용인할 수 없기 때문이다. 그것은 이제까지 성스럽다고, 선하다고, 침범할 수 없다고, 신성하다고 불리어진 모든 것들을 상대로 천진난만하게 ― 즉, 의도적이고 신중한 것이 아니라 넘칠 정도로 강하고 풍요롭기에 ― 유희하는 정신의 이상이며, …… 종종 비인간적으로 보일 수도 있는 초인적인 행복과 자비를 염원하는 인간적 이상이다.

_니체[15]

그렇다면 예전의 니체는 어떤 인물로 받아들여졌는가? 1935년과 1945년 사이의 의견들을 대변하는 한 답변은 니체를 나치의 국가사회주의를 낳은 지적 조상 가운데 한 명이라고 선언한 바 있다.[16] 제2차 세계대전 이후 니체의 옹호자들은 정반대로 그를 민족주의 그리고 비스마르크Otto Eduard Leopold von Bismarck를 포함한 많은 독일적인 것들에 대한 비판자라고 묘사했다.[17] 그는 쾌활하면서도 전복적이며, 심리적 억압에 대한 통찰을 통해 프로이트Sigmund Freud에게 영향을 주고, 미학적 사고를 옹호한 본질적으로 자유로운 정신의 소유자로서 반지성적인 무뢰한과는 정반대의 인물이었다. 니체에 대한 옹호와 지지는 또 다른 지적 흐름의 전개에 의해 강화되었는데, 이것은 20세기의 마지막 사반세기 동안 급진적 지식인의 전형으로서 니체를 내세우게 되는 것을 미리 예고하고 있었다. 새로운 니체의 첫 번째 모습은 1950년대 철학과 문학에서 물의를 빚으며 유행했던 실존주의의 선구자로 나타났다.[18] 무엇보다도 이 새로운 니체는 반反유대주의의 혐의에서 벗어나게 되었다.

제2차 세계대전 이전에 니체와 나치즘을 연관시키려 했던 예전의 시도들은 양자 사이에 일정한 유사성이 발견된다는 사실에 주목했다.[19] 예를 들어, 나치는 노예 노동을 유럽에 들여왔고, 니체의 비전은 분명하게 노예제를 찬미한다. 그러나 나치가 니체를 이용하려는 단편적인 시도를 했다는 증거가 있다 하더라도, 양자의 관계가 인과적인 것은 아니다. 니체가 없었더라도 나치 정권은 정확하게 같은 경로를 밟았을 것이었다. 반대로 나치즘이 없었더라도 니체의 사고는 원형적인 차원에서의 전체주의적 요소를 갖고 있었을 수도 있다. 이른바 '영향력 중심의 접근 방법'은 니체와 전체주의를 불필요하게 역사상의 특정한 정권에로 국한시켜 파악한다. 이 같은 정권 차원의 접근이 엄밀하게 역사적인 연구에는 기여할 수 있을지 모르지만, 그것은 기본적으로 지나치게 협소한 이론적 출발점이다.

한 가지 대안은 전체주의를 아리스토텔레스와 고대인들이 '왜곡된' 형식이라고 불렀던 것의 '이념형'으로 다루는 것이다. 이는 곧 전체주의를 그 옹호자들이 주장하는 것에 더하여 스스로 전체주의라고 주장한 실제 정권의 몇 가지 특징으로 구성된, 논리적으로 일관되고 '이상화'된 체계로서 다루는 것을 의미한다.[20]

전체주의는 다음과 같은 변증법적 대립물들의 체제라고 규정할 수 있다. 즉 전체주의는 사회의 모든 측면을 통제하는 초거대 조직화가 "체계의 부재"와 결합된 체제이며,[21] '외래의' 요소들을 지배하려 할 뿐 흡수하려고 하지는 않는 팽창주의적 체제이고, 엘리트주의와 국민투표적 민주주의가 공존하는 체제이며, 계산된 억압으로 체계의 혼란을 통제하는 체제이고, 현재는 승리의 개가를 울리지만 희생과 투쟁의 암울한 미래를 약속할 뿐인 체제다. 이런 시각에서 볼 때 전체주의는 결코 독일에 국한된 현상이 아니라, 근대적 힘의 잠재력에 의해 촉진된 총체성에 대한 독특하게 근대적인 일련의 열망을 대변하는 현상이다. 이런 열망들은 완성된 정치적 삶의 형태를 이룰 수도 있고, 그렇지 못할 수도 있다. 헌정주의 개념의 적용 범위가 영국의 헌정적 관행 또는 심지어 전적으로 헌정주의적인 정권에만 국한되지 않고, 가령 로크의 이론과 같은 이론을 검토하는 데 사용될 수 있듯이, 전체주의도 심지어 헌정주의임을 공언하는 체제를 포함하여 독일과 다른 총체성을 지향하는 시도를 지칭하는 데 사용될 수 있으며 그렇게 개념화될 수도 있다. 그러나 나치의 경험을 무시하는 것은 20세기의 매우 결정적인 순간들 가운데 하나를 억압하는 것이다. 오히려 나치 독일은 **총체성**의 가능성을 모두 보여 준 것이 아니라 그것의 특정한 유형으로 이해되어야 할 것이다. 중요한 것은 총체성에 기반을 둔 파괴의 동학 — 히틀러Adolf Hitler는 "동정심을 버려라, …… 인정을 두지 말고 행동하라! 8천만 [독일] 민족은 자신의 권리를 차지해야 한다"고 장군들에게 외쳤다[22] — 이, 한편으로 고도로 효율적인 조직의 출현과 다른 한편으로 법과 일상적 도덕이라는 친숙한 제약을 의심하기 시작하는 동학이 불러일으키는 현실의 혼돈을 결합시킨다는 점이다. 니체의 말을 빌자면, "세계의 총체적인 성격은 …… 영원한 혼돈이다. 필연성이 결여되어 있다는 의미에서가 아니라 질서, 배치, 형식, 아름다움, 지혜, 그 밖에 우리가 미학적 의인화를 위해 붙인 모든 이름들이 결여되어 있다는 의미에서 그렇다는 것이다."[23]

　아리스토텔레스의 정치 유형론은 '좋은' 형식과 그것의 왜곡된 형식 — 예컨대 귀족정과 과두정 — 을 구분했다. 탈근대적 총체성은 '좋은 총체성', 곧 전체 인구를 경직되게 강제하지 않는 방향으로 고도로 집중된 힘을 발휘하는 '슈퍼파워'일 수 있다. 그러나 강제하지 않는 대신 슈퍼파워는 일정한 무질서와 만연한 범죄에 대한 광범위하게 공유된 두려움, 부패, 전복의 위협, 극단적인 개인주의, 도덕적 경직성에 대비되는 도덕적 해이 등에 의존해 번창할 수도 있다. 슈퍼파워는 반대 세력을 박해하기보다는 영향력을 약화시키거나 주변화시키든지, [나치처럼-옮긴이] 돌격대를 투입하기보다는 언론의 독점을 조장함으로써 공적인 영역을 평정할 수도 있다. 그 지도자들은 신화적인 임무를 완수하기 위해서가 아니라 단순히 돈을 벌고 권력을 휘두르기 위해 사회에 군림할 수도 있다. 또한 슈퍼파워는 외국의 영토를 점령하기 위해서가 아니라 새로운 시장과 자원을 확보하기 위해서 국경을 넘어 힘을 투사할 수도 있다. 이런 체제는 [구성원들을-옮긴이] 차별하거나 심지어 억압할 수도 있겠지만, 그렇다고 해서 [그들을-옮긴이] 핍박하지는 않을 것이다.

니체는 가차 없이 비판적인 이론적 실천, 곧 파괴적인 상징의 정치를 창안했다. 그 범위의 총체성과 그것이 주장하는 가치의 성격은 전체주의 체제의 이데올로기 및 실천과 일정한 유사성을 시사하고 있다.[24]

5. 니체 : 정치 이론가?

니체만큼 집요하게 힘의 문제를 물고 늘어진 이론가가 거의 없었다는 사실에도 불구하고 니체는 좀처럼 본격적인 정치 이론가로 간주되지 않는다.[25] 마키아벨리·홉스·마르크스와 같이 논란의 여지가 없는 힘의 이론가들과 니체의 차이는, 이들 세 사람은 모두 힘이 횡행하는 극단적인 상황 — 군주와 자유로운 도시의 격렬한 갈등, 폭력적인 자연 상태, 극단적인 사회적 양극화 — 을 묘사하는 데에서부터 시작해서 그 상황을 개선하거나 진정시키려는 시도로 나아갔다는 점에 있다. 이와 대조적으로 니체의 정치는 힘이 번창할 수 있는 극단적인 상황을 유발하고자 시도하고, 심지어 그런 상황을 염두에 두고 힘 자체를 구축하거나 조형하고자 하며, 나아가 그런 상황이 병리적이라기보다는 오히려 건강한 상태라고 주장한다.

정치사상가로서의 니체에 대한 과소평가와 최근의 그에 대한 우상화는 그가 독특할 정도로 힘에 집착했다는 동일한 사실에 의해 설명된다. 니체는 "나는 반反정치적인 마지막 독일인이다"라고 선언했다.[26] 사실 그는 과격할 정도로 반反정치적이었으며, 같은 이유로 반민주적이었다. 왜냐하면 정치적인 것과 민주적인 것은 평준화 그리고 널리 공유될 수 있는 가치들을 대변했기 때문이다.

> "선"이라는 것은 이웃 사람들의 입에 회자될 때 더 이상 선이 아니다. 하물며 어떻게 "공동선"이 있을 수 있겠는가? 이 말은 그 자체가 형용모순이다. 공유될 수 있는 것은 무엇이든 언제나 가치가 적은 것일 수밖에 없다.[27]

니체의 독특함은 정치적인 것에 대한 전통적인 이상을 거부했다는 데 있는 것이 아니라 그런 거부를 정치에 대한 그의 특유한 관념과 결합시켰다는 데 있었다. 사회, 이론적 지식 그리고 도덕 및 종교의 기원과 계보에 대한 니체의 개념들은 비록 전통적으로 이해되는 것과 다르다 하더라도 정치와 긴밀하게 연결되어 있다. 니체의 정치는 국가의 구조, 법의 지배, 권리 또는 정의와 같은 일반적인 정치적 주제, 즉 사회의 모든 구성원들에게 적용될 수 있는 정치적 이상들로 이루어져 있지 않다. 그보다는 오히려 독특함이나 영웅적 행위에 집착하며, 사회적 도덕과 미학은 물론 기존의 주류적 사고 양식 — 예를 들어 철학과 신학 — 을 공격하고, 폭로하며, 전복시키는 사고-행위의 형태를 취한다. 니체는 그가 설파했던 반反도덕을 "상위의 도덕"으로, 그것의 본질적인 성격을 "강건함"으로 규정한다. 한편 상위의 문화란 일차적으로 "잔인성을 정

신화한 것에 바탕을 둔다"고 그는 주장한다.[28]

니체에게 문화적 가치란 진실한 것 또는 올바른 것에 대한 사심 없는 추구를 담고 있는 사회적 표상이 아니다. 니체의 문화는 한 사회가 그 존재를 보전하기 위해 제도화하고 강요하는 도덕적·정치적 가치와 진리 개념을 지칭한다. 모든 종교, 철학 및 도덕의 규칙들은 "객관적이고, 이상적이며, 순수하게 정신적인 것을 빙자한" 생리학적 욕구의 투사일 뿐이다.[29]

> 우리는 우리 자신을 위해 우리가 살 수 있는 세계를 이리저리 배열해 왔다. 물체, 선, 면, 원인과 결과 …… 등과 같은 일련의 가정들에 대한 믿음이 없다면 이제 어느 누구도 삶을 견뎌 낼 수 없을 것이다. …… 그러나 이런 정황이 그 가정들을 증명하지는 못한다. …… 삶의 조건들에는 [그런 가정에 맞지 않는-옮긴이] 오류도 포함될 수 있기 때문이다.[30]

문화의 정치는 생물학적인 것으로 출현하지만, 여기서 다윈의 주장은 전도되어 나타난다. 즉 그것은 적자생존이 아니라 약자의 힘에의 의지가 거둔 승리, 종의 진화가 아니라 종의 퇴화 또는 퇴락이었기 때문이다. 문화적 가치의 정치적 요소는 그 일반성에 존재한다. 문화적 가치들은 지위, 성격, 지능의 차이나 불평등과 상관없이 모든 사람에게 적용되기 때문이다. "이런 가치 평가들은 …… 언제나 공동체와 무리herd가 지닌 욕구의 표현이다. …… 도덕이란 기실 개인에게 존재하는 무리의 본능이다."[31] 따라서 "선"善이란 관념은 '무리의 도덕'의 표현이며 "대중"이 지닌 힘의 징표다.[32] 법과 규칙은 모든 사람을 "동일한 것"으로 취급함으로써 공동선을 장려하는 것을 목적으로 한다. 그러나 이는 법과 규칙이 단지 행위의 "조악한 외면"만을 다룬다는 것, 기껏해야 행위에서 "모종의 동일성의 외양"만을 포착한다는 것을 의미한다. 현실적으로 "모든 행위는 알 수 없는 것"인데, 그 이유는 어떤 두 행위도 완전히 동일하지 않은데다 그 실제의 동기들도 "꿰뚫어 볼 수 없기" 때문이다.[33] 요컨대 문화는,

개인이 동일하다는 가정과 개인의 '독특함'에 대한 적대감을 갖고서, 일반화를 도모하는 문화의 규칙들을 따르지 않는 비순응적인 사람들을 억압하는 역할을 한다.

니체는 지식과 논리에까지 이런 분석을 확장한다. 논리는 "비논리적인 것"으로부터 진화해 나왔다. 곧 "우리와 다른 방식으로 추론했던 무수히 많은 사람들이 사멸했던" 반면 "유사한 사례들을 보자마자 그것들이 동일한 것임에 틀림없다고 짐작했던" 사람들은 살아남았다는 것이다.[34] [이런 방식으로 발전한—옮긴이] 인간의 지성에 최상의 힘 및 안정감을 주는 믿음 또는 가정이 진실이라고 선언된다. 진리는 오류의 반대가 아니라 "단지 다양한 오류들이 서로 간에 취하는 태도"일 뿐이다.[35] "우리에게 세계는 논리적인 것처럼 보인다. 하지만 그것은 우리가 미리 세계를 논리적인 것으로 만들어 놓기 때문이다. …… 합리적인 사고란, 우리가 벗어던질 수 없는 도식에 따른 해석일 뿐이다."[36]

무리의 도덕에 의해 규정된 "선"에 맞서 니체는 소수, 곧 "새롭고, 독특하며, 비교할 수 없는 인간들, 스스로 법을 부여하고, 스스로를 창조하는 인간들"로 대변되는 "악"을 제시했다.[37] 니체에게 악은 비난할 만한 행위의 객관적이고 항구적인 범주가 아니다. "선"과 마찬가지로 악은 사회가 비난하기 위해 선택해 왔던 행위들을 표상한다. 동시에 "오류" 또는 거짓과 마찬가지로 악은 "종을 보존"하는 데 있어 "선한 본능만큼이나 …… 필수 불가결하다." 결국 로마는 형제를 살해한 자에 의해 세워졌던 것이다. 니체적인 악의 실행자들은 이와 같이 건설적이다. 그들의 목적은 사회를 파괴하는 것이 아니라 구하는 것이고, "새롭고 대담한 그리고 지금까지 시도되지 않은 것들"의 기쁨을 가르침으로써 사회에 새롭게 활력을 부여하는 것이다.[38]

6. 부도덕주의자로서 이론가

니체는 악의 정치를 문화적 퇴락에 대한 절박한 대응이라고 정당화한다. 문화적 퇴락의 징후는 다양한데 그것들은 모두 만연한 유약함을 시사한다. 왜냐하면 힘에의 의지는 그 단호함을 상실했고, 대신 굴종과 비천한 덕을 선호하며 엄격한 신보다는 자비로운 신을 찬미하기 때문이다. 문화는 기독교화되고 또 민주화되었다. 종種이 살아남기 위해서는 힘에의 의지가 가혹하고, 단호하며, 몰인정한 가치를 통해 표현되어야 한다. 이는 "지배하는 것이 유일한 임무인 주인의 인종일 뿐만 아니라 자신만의 독특한 삶의 영역을 갖고 있는 인종이자 아름다움, 용맹, 문화, 예절을 위한 능력이 정신의 최고 절정에 이를 정도로 넘쳐 나는 인종 …… 그리하여 선악을 넘어선 인종"을 요구한다.[39] 또한 이는 "새로운 철학자"를 요구한다.

> …… 우리는 모든 의미에서 소원疏遠함을 가르친다. 우리는 전에는 결코 존재하지 않았던 심연을 열었다. 우리가 바라는 바는 인간이 그 어느 때보다 더 악해져야 한다는 것이다……[40]

니체가 정치를 통해 의미하는 것 그리고 정치를 어디에 위치시켰는가를 가장 잘 보여 주는 기술들 가운데 하나는 그의 『힘에의 의지』*The Will to Power*에서 발견된다. 거기에서 니체는 "숭고한 덕의 정치"와 그것이 이론가에게 부과하는 요구에 대해 서술했다.[41] 여기서 문제는 "어떻게 덕이 지배하게 되는가"였다. "덕에 의한 지배"를 갈구하는 이론가는 "절대로 [그 자신을 위해 [그것을] 갈망해서는 안 된다." 이와 같은 자기 부정의 이유는 금욕적인 것이 아니라 전술적인 것이다. 덕의 지배를 추구하는 정치가 "덕을 통해" 성공할 수는 없었다.[42] 이론가는 "실천적으로는 일종의 부도덕주의자"가 되어야 하며 "다른 모든 승리자와 마찬가지로 강제력, 거짓말, 비방, 부정의와 같은 '부도덕한' 수단'을 채택해야 한다.[43] 그는 도덕적인 것처럼 "보여야" 하고, 또한 반드시 "유덕한 언동"을 취해야 한다.[44] 기만의 정치, 곧 '마키아벨리즘'의 완성이 "최선을 다해야 근접할 수 있는" 이상으로 열광적으로 찬미된다. "심지어 플라톤도 그것[기만의 정치-옮긴이]을 철저하게 다루지는 못했다." 그러나 그것은 "초인적이고, 신성하며, 초월적인" 이상으로서 모든 "부도덕주의자들 가운데 가장 위대한" 존재인 신의 모방imitatio Dei이다.[45]

"어떻게 덕이 지배하게 되는가"라는 비판적인 질문에서 시작하여 "덕에 대한 지배"로 귀결되는 것이 바로 니체 정치학의 역동적인 특징이었다.[46] 곧 그것은 도덕·종교·정치에서의 모든 전통적인 진리가 강제로 부과된 것이라는 사실이 폭로된 세계, 전통적인 진리의 실상이 굵은 글씨체로 강조되어 적나라하게 드러난 세계에서 이론가의 힘에의 의지를 표현하는 것으로 귀결된다. 이와 동일한 역동성이 '진리'에 대한 철학자의 처신에서 다시 나타난다. 여기서도 니체는, 철학자는 그가 지배하고자 하는 것과 자신을 동일시해서는 안 된다고 주장했다. 만일 철학자가 진리를 지배하고자 한다면, 그는 "도덕으로부터, 또한 진리로부터 자유로워야" 한다.[47] 도덕과 진리에 대한 지배라는 목표는, 지배받는 것이 있을 것이라는 점을 필연적으로 함축했다.

니체의 도덕은 정치의 보편적인 맥락이라고 서술될 수도 있는 것, 즉 "하나의 권력이 다른 권력에 대항하는", 끝없는 권력투쟁으로서의 정치, 정치적인 것의 공통성이라고는 존재하지 않는 — 사실상 그것에 적대적인 — 정치에 자리 잡는다.[48] 니체는 도덕, 철학, 심리학, 종교, 생물학, 심지어는 순수한 물리학에 이르는 다양한 영역에서 벌어지는 이런 투쟁에 대해 서술했다. 그것은 단순히 생존을 위한 투쟁이 아니라 좀 더 많은 힘을 얻기 위해 최선자들the best과 차선자들the better 사이에서 벌어지는 투쟁이자 이들이 보통 사람들에 맞서서 싸우는 투쟁이다.[49] 니체의 설명에 따르면 선과 악이라는 관념은, 지배를 둘러싼 소수자들 사이의 경쟁, 소수와 다수 사이의 경쟁, 대조적인 삶의 양식들과 인간의 가치에 대한 대조적인 관념들 — 그 대변자들은 적을 무력화하고 자신들을 보전하기 위한 전략으로서 가치·믿음·법을 창안해 낸다 — 사이의 경쟁에서 출현한다. 종종 니체의 적대자들에 의해 잘못 이해되기도 했지만, 그것은 가치의 형태로 나타나는 행위의 문화적 지형, 곧 "문화 복합체"에 대한 통제권의 장악 여부를 그 핵심적인 이해관계로 삼는 정치다.[50] 이 문화 복합체가 종種, 좀 더 구체적으로 종의 최고 대표자들의 도덕적 기질 및 건강함을 궁극적으로 결정한다. 니체의 설명에서 투쟁은 공동의 운명 또는 협력적 행위와 같은 어떤 선의의 정치적 개념에 의해서도 완화되지 않고 격렬하게 전개되었다. 니체에게 그런 것들은 모두 단지 범용함을 옹호하기 위한 수사적 전략에 지나지 않았다.

니체가 정치가들의 행위, 정부 또는 국가의 역할과 같은 일상적인 의미의 정치에 대해 논할 때, 그의 견해는 상당히 전통적이었으며 많은 보수적인 정치 평론가, 특히 프랑스혁명의 망령을 퇴치하는 데 열중했던 자들의 입장과 매우 유사한 양상을 보였다. 그는 국가를 인민의 "발현"으로 간주하는 민주주의적 국가관이 "좀 더 위에 있는" 우월한 자와 "좀 더 아래에 있는" 열등한 자 사이의 (자연적인?) 관계를 전복할 것이며, 그로 인해 선생과 학생, 장군과 일반 병사, 장인과 도제 등 모든 사회적 관계들이 위협받을 것이라고 경고했다. "이 문제에 있어서는 조심스럽고 점진적인 진화보다 더 바람직한 것은 없다." 같은 맥락에서 "종속된 하층계급을 대변하는 사회주의자들이 …… 권리의 평등을 요구"할 때 그런 요구는 "결코 정의의 발현이 아니며 오히려 탐욕의 발산"이다.[51] 노예제를 폐지하려는 사람들에게 니체는 "모든 면에서 노예는 현대의 노동자보다 더 행복하고 훨씬 더 안전한 삶을 영위한다"고 언급하면서 칼훈 John Caldwell Calhoun의 주장을 되풀이했는데, 이런 비교가 노동자들의 입장을 옹호하려고 한 것이 아니었다는 점은 두말할 나위 없다.[52]

이런 니체의 실천적 경고들이 그닥지 않는 것처럼 보일 수 있지만, 그것은 사실 새로운 엘리트의 양성을 목적으로 하는 일종의 전략적인 요소였다. 니체는 전통적인 정치가 가장 뛰어난 사람들의 창조적 에너지를 문화적 작업에서 다른 곳으로 돌려놓으며, 이처럼 그릇된 방향 전환은 특히 전쟁 중에 매우 위험한 지경에 이른다고 보았다. 전쟁은 영웅주의와 자기희생을 요구하기 때문에 불가피하게 "문화적으로 가장 출중한 자들"을 불균형할 정도로 많이 죽게 만들었다.[53] 문화가 다시 활력을 찾기 위해서는 이런 소수에 대한 전통적인 정치의 영향이 축소되어야 했다.[54] 그렇다고 국가가 대중을 통제할 수 없을 정도로까지 약화되어서는 안 되는바, 이를 위해서는 종교의 지지, 곧 국가에 대한 대중의 충성을 확보하기 위한 전통적인 루터주의의 해결책을 감수해야 할 법도 했다.[55]

7. 비판적 전체주의의 정치

그리고 나는 그 지배자들이 지금 무엇을 두고 지배라고 부르는지를 보고는 저들에게서 등을 돌려 버렸다. 저들은 권력을 잡기 위해 어중이떠중이 서민들을 상대로 거래를 하고 옥신각신 흥정하면서 이를 지배라고 부르지 않는가!
_니체[56]

비록 니체의 저작에 국가, 사회, 법, 권리, 의회 제도 등에 대한 몇몇 언급들이 담겨 있기는 하지만, 외적 정치external politics라고 부를 수도 있는 그의 주된 관심사는 문화적인 것에 있었다. 아울러 철학, 과학 그리고 도덕을 지배하는 이론들의 위상에 대한 니체의 비판은 힘, 권위, 우월성과 같은 정치적 함의를 지닌 개념을 통해 이루어졌다. 따라서 이론이라는 내적 정치internal politics는 문화적인 외적 정치를 수반하며 니체의 내·외적인 정치적 기획 사이, 곧 이론적 실천의 우월성을 확립하는 것을 목적으로 하는 정치의 양식 및 성격 그리고 '현실' 세계에서 옹호했던 정치 사이의 연속성을 형성했다.

니체의 사유에서 나타나는 연속성을 설명하기 위한 적절한 출발점은 니체의 이론화 양식의 구조를 형성하고 있는 내적 정치의 경향이다. 어떤 이론은 그것이 관여하고 있는 담론에 전형적인 규칙이나 관행에 대한 일련의 태도를 담지하고 있다고 가정할 수 있다. 이론가는 이런 규칙을 따를 수도 있고, 거부할 수도 있으며, 또는 그 중간의 어떤 입장을 수용할 수도 있다. 어떤 선택을 하든지 간에 일종의 상징적 행위가 '법'과 '권위'를 향해 취해지고 있는 것이다. 또한 이론가는 그의 경쟁자, 반대자 또는 이전의 이론가들을 대할 때 정중할 수도 있고, 비판적일 수도 있으며, 공손할 수도 있고, 공격적일 수도 있다. 끝으로 이론은 공중에 대한 태도를 가정할 것이다. 즉 이론은 다른 가능한 공중을 거부하거나, 이용하거나, 무시하는 가운데 그 자신의 공중을 형성하고 그들에게서 지지를 얻고자 한다.

나는 니체의 상징적 행위를 "비판적 전체주의의 정치"라고 부를 것이다. 다음과 같은 구절은 이를 잘 보여 준다.

> 하나의 진리가 태어날 수 있기 위해서는 저 선하다는 자들이 악이라 부르는 모든 것들이 하나로 어우러져야 한다. 오, 나의 형제들이여, 당신들은 이런 진리에 걸맞을 만큼 충분히 악한가?
> 대담한 시도, 끈질긴 의혹, 매정한 거절, 싫증, 생명 속으로 파고들기. 어찌하여 이런 것들은 좀처럼 하나로 어우러지지 못하는가! 그러나 진리는 이와 같은 씨앗에서 솟아나기 마련이다.[57]

니체의 철학을 '비판적 전체주의의 이상'이라고 부름으로써 나는 그의 철학이 지닌 반동적 성격에 주의를 환기시키고자 한다. 그것은 가차 없는 파괴의 형식, 곧 가치, 종교, 도덕, 정치 그리고 대중문화의 안정된 형식들로 구성된 세계를 형해화시켜 버리는 형식을 취한다. 그런 반대의 주된 대상은 프랑스혁명, 의회정치의 등장, 대중문화, 그리고 과학과 합리성이라는 계몽주의적 가치 등으로 대변되는 근대성이었다. 니체는 엘리트, 위계질서, 불평등과 같이 반反혁명적인 논자들이 선호한 우월성의 전통적인 범주를 받아들인다. 동시에 그는 계몽주의가 자의적인 통치governance에 맞서 수립한, 법의 지배, 개인의 권리, 헌법에 의해 제한된 권력으로 구성된 체계를 공격한다. 비판적인 전체주의는 반反체계적이다. 니체가 선호하는 표현을 빌자면, 그것은 "강건함"과 "잔인함"에 의한 해방을 목표로 한다. 니체의 반反체계적 정치는 『즐거운 과학』*The Gay Science*에서 자주 인용되는 유명한 문장으로 가장 잘 대변되는데, 거기에서 그는 "좀 더 남자답고 호전적인 시대가 다가오는 것을 알려 주는 모든 조짐"을 환영한다. 이런 "고귀한" 시대는 "앎의 추구를 영웅주의로 이끌며, …… 그 이념과 결과를 위해 전쟁을 벌일 것이다." 진정한 영웅은 "위험하게 사는" 자일 것이다. 그리고 "마침내 그런 앎의 추구는 자신의 영예에 걸맞은 것을 향해 손을 뻗게 될 것이고, 지배하고 소유하기를 원하게 될 것이다. 이런 앎과 더불어 그대들 역시 그것을 원하게 될 것이다!"58

어떤 담론을 "비판적인 전체주의적 담론"이라고 명명하는 것은 그것을 특정한 정신적 구조물로 파악하는 것이고, 또한 그것을 상호 교류의 이념과 실천을 중심으로 하여 전통적으로 형성된 인위적 세계 — 계몽주의가 "편지 공화국"[문학계 – 옮긴이]이라고 부른 것 — 에 적대적인 존재로 위치시키는 것이다. 상호 교류는 정치적인 것의 담론적 등가물이라 할 수 있다. 그것이 함축하는 지배적인 이상은 차이를 활력의 근원으로 삼는 지적인 활동에 대한 참여다.

비판적인 전체주의적 담론은 정신mind을 비난하는 정신이라고 할 수도 있다. 그것은 정신으로 하여금 반反정신적인 이미지로 자신의 본성을 재구성하게 하고 또 상호 교류의 전통에 급진적으로 도전할 수 있게 해주는 은유적 어휘에 호소함으로써 시작한다. 정신은 역사적으로 영혼soul과 연관되었는데, 정신으로 하여금 힘에의 의지가 가지고 있는 물리주의적physicalist 성격 또는 선先정치적 성격을 띠게 하고, 그리하여 정신이 그 대립물과 융합될 수 있도록 하기 위해 정신과 영혼의 연관 관계는 포기된다. 비판적 전체주의의 가장 두드러진 특징 가운데 하나는 그런 대립물에 대한 찬미, 곧 비非지성 또는 반反지성에 대한 몰입이다. "모든 고귀한 문화"는 야만으로부터 시작된다고 니체는 주장했다.

> 단어가 갖는 온갖 섬뜩한 의미에서, 불굴의 의지와 힘에 대한 강한 욕망을 여전히 갖고 있는 약탈적 인간들, [그리고] 좀 더 유약하고, 예의바르며, 평화로운 종족들races에게 덤벼드는 약탈적 인간들. ······ 고귀한 계층은 언제나 야만적인 계층이었다. 즉 그들은 좀 더 완전한 인간들이었다. 이는 또한 모든 면에서 "좀 더 완전한 야수"를 의미한다.59

이런 식으로 전체주의적 담론은 위협적인 모습을 드러내기 시작한다. 그것은 "공포", "잔인함", "고통", "악", "사형 집행자"를 긍정적인 이미지로 전도시킨다. 그 담론은 이렇게 전도된 이미지들을 정치라는 관념을 공상적으로 만들고 확대시키기 위해 활용하며, 그렇게 해서 정치를 그 어떤 한계도 없고, 괴물과 같이 기이하며, 으레 폭력적인 것처럼 보이게 만들었다.

> 정치라는 개념은 정신들의 전쟁과 완전히 결합될 것이다. 낡은 사회의 모든 권력 구조들은 폭파되어 버릴 것이다. 그것들은 모두 거짓에 근거하고 있기 때문이다. 지금까지 지구상에 유례가 없었던 전대미문의 전쟁이 벌어질 것이다. 오직 나와 함께 이 지상에 비로소 위대한 정치가 펼쳐진다.60

이와 같은 담론은 그 은유, 이미지, 서사를 통해 연출된 공격이 적을 제거하는 것뿐만 아니라, 그 적이 만들었다고 믿어지는 전체 세계를 전복하는 데 목적이 있다는 의미에서 전체주의적이라고 말할 수 있다. 이런 입장은 간헐적인 예감의 순간을 제외한 지금까지 존재하는 모든 가치 체계를 평가해 보고 결국 가치 없는 것이라고 단언할 수 있는 특권적인 관점을 요구한다. "꿈에서, 오늘 아침 꿈에서, 나는 세계 너머에 있는 어떤 곳*에 서있었다. 거기에서 나는 저울을 들고 세계를 저울질하고 있었다."[61] 신과 같은 우월성을 통해 비판적인 전체주의적 담론은 그 적을 가령 '타락한', '쇠퇴한', '병약한'과 같은 용어로 묘사하여 비인간화시키며, 따라서 설령 인류의 대다수가 그 적에 해당한다고 하더라도 그들이 사라진다는 것은 크게 기뻐해야 할 충분한 이유가 된다는 식으로 무참하게 비난한다.[62] 이런 담론은 상호 교류나 대화를 유발하지 않으며, 그 대신 전형적으로 "고지"나 "심연"처럼 일정한 접근 불가능성을 정립하며, 그로부터 배제된 다수에게는 굴욕감을 주지만 소수에게는 자격을 부여하는 선언을 표명한다.[63]

> 우리가 제시하는 최고의 통찰은, 그것을 들을 만한 소질이 없거나 운명적으로 예정되어 있지 않은 자들이 아무런 허락 없이 들을 때, 어리석은 생각이나 때로는 범죄처럼 들리는 것이 분명하고 또 그래야 한다. 통속적인 것과 비교秘敎적인 것의 차이는 …… 위계질서를 믿고, 평등과 평등한 권리는 믿지 않았던 곳이면 어디든 [알려져 있었다.] 통속적인 것에 바탕을 둔 접근은 아래에서 위로 사물을 바라보며, 비교적인 것에 바탕을 둔 접근은 위에서 아래를 내려다본다.[64]

아마도 이와 같은 담론의 진정한 특징은 미래에 대한 암담한 전망 그리고 가난, 무지, 갈등, 전쟁이 사라지는 어떤 이상적인 상황에 대한 절대적인 부정일 것이다. 그 적은 전형적으로 "불결한" 또는 "악취를 풍기는" 등으로 묘사되는 만연한 퇴락이며, 따라서 새로운 활력의 부여라는 과제는 통상의 정치적·지적 처방을 넘어선다. 문제는 정부의 형식에 있는 것이 아니다. 정부는 문제의 징후일 뿐 원인이 아니기 때문이다. 오히려 퇴락을 가져오는 매개체는 모든 것을 포괄하는 에토스인 "문명"이다. 문명의 교활한 비물질성과 확산성은 문명이 근절하고자 하는 악과는 비교할 수조차 없는, 전혀 다른 차원의 힘에 대한 열망에 휩싸이도록 전체주의자를 자극한다. "훌륭하고 건강한 귀족정의 본질적인 특징은 …… 귀족정 그 자체를 위해, 수많은 인간을 불완전한 인간으로, 노예로, 도구로 축소하고 강등시키는 희생을 양심의 가책 없이 받아들인다는 것이다"라고 니체는 냉혹하게 주장했다.[65]

이런 니체의 주장은 비판적 전체주의가 스스로를 '관념'의 영역에 국한된 것으로 인식하지 않는다는 점을 분명하게 보여 준다. 비판적 전체주의의 분석은 그것이 '현실 세계'를 공격하고 언어적 폭력을 현실적인 폭력으로 전환하도록 몰아간다.

> 상호간에 상해, 폭력, 착취를 삼가고 자신의 의지를 다른 사람과 동등한 위치에 두는 것을 사회의 근본적인 원리로 받아들이는 것은 …… 사실상 삶을 부정하려는 의지이며, 해체와 쇠퇴의 원리다.

8. 비상한 것 대 정상적인 것

비판적 전체주의에 대한 최고의 간단한 묘사는 니체 자신의 "힘에의 의지"라는 표현이다. 삶의 원초적인 원리로서 힘에의 의지는 가장 정교한 과학적 이론 및 가장 까다로운 철학 체계에서부터 개인적 또는 정치적 지위 확대를 노리는 가장 적나라한 행동들 및 가장 느슨한 대중적인 도덕 체계에 이르기까지 다양한 형식을 취한다.

이와 같은 다양한 표현 방식을 통해 힘에의 의지는 경쟁하는 다른 의지들을 정복함으로써 그 우월성을 추구한다. 니체가 구사했던 힘에의 의지의 독특한 형식은 부단한 저돌성을 두드러지게 보여 주는바, 이를 통해 니체는 사실상 모든 주요한 제도, 모든 문화적 형식, 모든 종류의 믿음을 공격한다.[66] 비판적 전체주의의 심성이 보여 주는 특징 가운데 가장 두드러진 것은, 일견 끊임없이 운동하며 본질적으로 기존 질서에 대해 도전하고 공격하는 영원한 역동성으로부터 유래한다.[67] 그런 역동성을 획득하는 방법과 그것을 구성하는 요소들이 핵심적인 중요성을 갖는다. 역동성과 그 구성 요소들은, 총체적인 힘은 언제나 그런 역동성을 피해야 한다는 역설적인 요구에 의해 형성된다. 그렇다면 비판적 전체주의의 어떤 측면이 그에 상응하는 정치를 통한 이론적 실천이라고 규정될 수 있을 만큼 전체주의적인가?

비판적 전체주의의 결정적인 특징은 비상한 것이 정상적인 것을 주변화시키고, 나아가 정상적인 것이 수행하던 역할을 빼앗아 지배적인 관행의 자리를 차지하게 되는 계기라고 할 수 있다. 정상적인 것은 가령 사랑, 가족, 친구, 이웃, 직장 동료, 시민, 애국심 등의 예에서 볼 수 있듯이 문화적으로 육성된 인위적 세계 관계의 산물이라고 말할 수 있다. 정상적인 것을 통해 사회의 일상적인 운용을 보장하는 숙련된 행동이 유지된다. 비판적 전체주의는 이런 관계들이 안이한 요구만을 한다는 이유로 말 그대로 경멸하고자 한다. 이와는 대조적으로 비판적 전체주의의 고유한 전략은 한때는 스스로 중요하게 여겼던 도덕적·사회적·정치적·학문적·미학적 가치들을 포기하면서 스스로에게 무거운 요구를 부과한다. 니체가 올바름, 정의, 처벌과 같은 정상적인 개념의 '외부'에서, 심지어 '철학자'나 '이론가'라는 범주마저 넘어서서 수행했던 고통스런 투쟁은 바로 이런 포기를 함축한다.

약하고 불완전한 존재들은 몰락해야 한다. 이것이 우리들이 생각하는 인간애의 제일 원칙이다. 사람들은 그들의 몰락을 도와야 한다.

어떤 악덕보다도 더 해로운 것은 무엇인가? 그것은 불완전하고 유약한 기독교에 대해 적극적으로 동조하는 것이다.[68]

모든 관계의 외부에 선다는 것은 기존 질서에 대해 도전하는 것마저 넘어서는 것이며, "본능"에 따르는 것이고, 비상한 것 곧 특정한 형식에 제한되지 않는 것과 조화를 이루는 것이다. "나는 삶 자체가 성장, 지속, 힘force의 축적을 위한 본능, 곧 힘power에 대한 본능이라고 생각한다."[69]

적이 결코 완전히 근절되어서는 안 된다는 점은 비상한 것을 고양하는 데 있어 매우 중요하다. 전체주의적인 정신의 한 가지 역설은, 그것이 특정한 지침을 따르고 규율적이 되고자 한다면, 비록 적의 근절이 공언된 목적임에도 불구하고 그 적은 궁극적으로 근절 불가능해야 한다는 점이다. 결과적으로 적에게는 증명 또는 반증, 반박거리가 될 수 있는 어떤 형태의 '논변'도 결코 제공되지 않는다. 나치가 유대인과 논변을 교환하지 않은 것처럼, 니체 역시 "무리"들과 그렇게 하지 않았다. 대신에 그는 폭로할 뿐이다. 적은 모호한 윤곽, 가변적인 외양, 뛰어난 위장술을 갖춘 존재 양식을 구현하고 있기 때문이다. "선과 정의"는 "전 인류의 미래에 대한 가장 큰 위험"을 대변한다고 언급하면서 니체는 "모든 것이 선에 의해 철저하게 왜곡되고 뒤틀어졌다"고 경고했다. 그리고 그는 다음과 같이 요구했다. "부숴라, 선과 정의를 부숴라!"[70]

정상적인 것을 주변화하고 일상적인 도덕을 공격하는 것은 쓸데없는 제스처이거나 단순히 격정적인 과시가 아니다. 그것은 비판적 전체주의에 특유한 힘의 행사를 위한 필수적 조건이다. 마키아벨리에 대한 니체의 우호적인 언급에도 불구하고 전체주의적 권력은 마키아벨리의 근본적인 원칙을 거부한다. 권력을 성공적으로 행사하기 위해서, 진정한 마키아벨리주의자는 정치적 현실에 대한 날카로운 인식, 세상이 어떻게 돌아가는지, 무엇이 권력을 증진시키고 약화시키는지, 그리고 특정 상황에서 어떤 행동이 가능한지에 대한 깊은 이해를 가져야 한다. 진정한, 즉 '효과적인' 정치적 사고*verità effetuale*를 위한 필요조건 — 충분조건은 아니겠지만 — 은 한편으로 구체적인 현실과 밀접한 관계를 유지하면서도 다른 한편으로 거리를 유지하는 것이다. 비록 마키아벨리적 권력이 적극적이고 언제나 활동적이라 하더라도 그것을 '역동적'이라고 할 수는 없다. 그것은 모종의 사명 때문이 아니라 생존하기 위해 확장한다. 마키아벨리에게 진정으로 역동적인 힘은 운명*Fortuna*으로 표상된다.

이와는 대조적으로 비판적 전체주의자에게 힘은 마키아벨리의 현실에 대한 천착과 반대되는 것으로 나타난다. 그것은 위대한 정치*grosse Politik*이지만 현실 정치*Realpolitik*는 아니다. 즉 그것은 웅대하지만, 근본적으로 현실적이지 않다. 현실에 대한 이해가 느슨해질수록 그것의 추진력은 증대된다. 따라서 정상적인 것 — 일상적 현실에 기반을 둔 것, 안정된 것 — 에 대한 주변화가 그 권력의 필요조건이 된다.[71] 이런 권력의 특성은, 형식적 구조와 전통을 대수롭게 않게 여기고, 그것들을 [변화시킬 수 없는-옮긴이] 한계라기보다는 [상황에 따라 변경시킬 수 있는-옮긴이] 임시방편적인 것으로 보며, 경계에 대한 무관심 속에서 신화적인 힘에의 의지를 드러낸다는 점이다.[72]

9. 전체주의의 동학

어떤 종류의 이해理解가 반反역사적인 것을 가능하게 만드는 데 기여하는가? 사물의 깊이 — 이것은 사물을 쉽게 조작하기 어렵게 만든다 — 를 인정하지 않는 것이 바로 그것이다. "용감하게 표면, 주름, 표피에서 머무는 것, 겉모습을 찬미하는 것, 형식, 음조, 말, 곧 외양의 올림포스 전체를 믿는 것이 필요

하다"라고 니체는 서술했다.[73]

모든 것이 표면 또는 외양일 때, 외양이 당연히 실재가 된다. 이와 같이 세계가 외양으로 환원되는 것은 추론된 논증의 결과가 아니라, '깊이'를 제거하면 힘의 행사 가능성이 열리게 될 것이라는 점에 기초한 일종의 결단에서 비롯된 것이다. 일반적으로 유행과 소비의 경제학, 그리고 과학적·기술적 지식의 진전에 의해 입증된 바와 같이, 외양의 체제는 진리의 단순화를 장려하는 반면 '기득권' — '깊이'의 경멸적인 표현 — 은 진리의 단순화에 저항하는 경향을 보인다. 니체는 이런 긴장과 옛 학자의 양면적 성격을 다음과 같이 표현했다.

> 새로운 것은 오래된 경계의 표식들과 낡은 경건함을 정복하고 타도하고자 하기 때문에 언제나 악이다. …… [이와 대조적으로] 예나 지금이나 저 선하다는 인간들은 오래된 사고를 깊이 파내려가 그 열매를 수확하는 정신의 농부들이다.[74]

전체주의의 동학은 혁명적 동학과 정반대다. 역사적으로 혁명적 동학은 권력을 가진 자들과 특권을 누리는 자들을 공격해 왔다. 반면 전체주의적 이론은 혁명 이론을 전도시킨다. 즉 그 적은 불쌍하게도 유약하고 취약한 자들이다. 니체에게 이들은 노동자, 병약한 자, 사회주의자, 무정부주의자, 민주주의자, 여성, 기독교인 그리고 그 밖에 애통해 하는 자들이나 우는 소리하는 자들을 포함한다. 약자들을 '강하게' 만드는 것은 근대의 문화, 자유주의 정치("평등한 권리와 자격을 주장하는 왜소한 동물") 그리고 무엇보다도, 고통받는 자들에 대한 연민의 도덕 등으로 대변되는 권력이다. 그들의 유약함이 모여서, 포위하고, 질식시키며, 평준화하는 집단주의자와 탄원자의 권력이 된다. 유약함은 공격을 통해서가 아니라 강자를 감염시키고 동정을 불러일으킴으로써 강자를 제압하는 힘을 갖고 있다. 따라서 평등의 교리는 "유독"하며 사회주의자들은 "퇴락한 자들"이다.[75] 기독교인이 박해와 특권에 맞서 저항할 때, 곧 그가 "'세상'

을 비난하고, 저주하며, 중상할 때, 그는 사회주의자가 사회를 비난하고, 저주하며, 중상할 때와 같은 본능에서 그렇게 한다……"76

전체주의의 동학은, 그것이 똑같이 열정적으로 받아들이는 전적으로 모순된 두 경향들 사이의 긴장으로부터 유래한다. 첫 번째 경향은 반反근대적 경향 또는 [근대에 – 옮긴이] 활력을 다시 불어넣을 것이라고 믿어지는 이상화된 고대의 원천 및 기원*fons et origo*과의 교감에 대한 열망으로 묘사될 수 있다. 고대적인 것이 지닌 회복력은 퇴락의 해독제로 인식된다.77 고대적인 것이 영웅과 위대한 전사들이 지배했던 신화적인 시대의 상징, 그 '인종'의 '원초적인 건강함'의 상징이라면, 퇴락은 오랫동안 '문명화된' 사회에 고유한 풍토병에 해당한다. 여기에는, 오직 영감의 차원에서이기는 하지만, 현재는 되돌릴 수 있으며 선택된 몇몇 과거는 회복될 수 있다는 역사적·시간적 함의가 존재한다.

두 번째 경향은 근대화의 경향으로서, 이것은 고대적인 경향과 달리 '전진적'이며, 적어도 회귀적이라기보다는 옛것에 대한 향수에 빠지는 것에 반대하는 경향이다. 여기서 '근대화'*modernizing*라는 표현은 근대와 탈근대의 요소를 결합시키는, 근대에서 탈근대로의 영원한 이행, 그리고 그것이 언제나 진행 중임을 시사하는 양면성을 보여 준다. 근대적인 것은 계몽적 합리성과 그에 수반하는 과학, 기술혁신, 산업화, 공공 교육 그리고 제한된 정부 등을 의미한다. 또한 그것은 한편으로 회의주의 또는 비판적 회의와, 다른 한편으로 진리의 객관적 성격이 합리주의와 경험주의의 방법론에 의해 증명될 수 있다는 믿음 사이에 이루어진 일시적인 균형을 의미한다. 탈근대적인 것은 이 균형을 전복시킨다. 그것은 회의주의적인 요소는 유지하면서 객관성에 대한 믿음을 버림으로써 불가피하게 회의적이고 비판적인 부분들을 확장하여 그것들을 고도의 '기법'으로 승화시켰다. 나는 폭로한다, 고로 나는 생각한다*detego ergo cogito*.

이런 반反근대적 경향이 니체가 당대의 문명을 공격하는 토대를 형성한다. 『비극의 탄생』*The Birth of Tragedy*에서 니체는 디오니소스*Dionysus*적인 의식을 술

도락, 황홀경, 원초적인 것, 자연주의적인 것 그리고 신화적인 것에 대한 축제로서 찬미해 마지않는다. 기존 질서에 대한 도전 및 신화는 근대 유럽 문화의 병약하고, 지나치게 지성화되었으며, 공리 지향적인 합리성과 대조되는 건강하고 순진한 자연주의의 창조적이고 강력한 표현으로 찬미된다. 그러나 니체는 또한 세련된 사상가, 어쩌면 서구 철학사에서 가장 날카로운 비판자 가운데 한 명이며 폭로와 진단의 현란한 기법을 구사했던 인물이었다. 이런 기법의 중요한 특징은 그것이 조소, 풍자, 관점의 반전, 도덕적·정치적 설명의 심리학적인 설명으로의 대체, 환원주의 — 예컨대 철학을 사상가의 자전적인 내용이 무의식적으로 표현된 것으로 간주하는 — 등을 포함한 폭로의 **동학**을 형성한다는 사실이다.[78]

비판적 전체주의의 동학은 생성의 철학, 영원한 변화의 철학, 항상 공격을 가하는 철학, 공세적 형식으로 극복하도록 조형된 철학으로 스스로를 표현한다. 비판적 전체주의는 이른바 안전에 목마른 대중들이 발산하는 질식시킬 듯한 분위기에 항거한다. 그것은 정신적 삶의 공간*Lebensraum*에 대한 요구의 토대를 이룬다. 이런 기법은 제어할 수 없는 파괴적 성격을 갖는데, 이는 그것이 고정된 한계를 담고 있는 여하한 개념도 공격할 수 있기 때문이다. 따라서 근대화의 충동은 전체주의가 가지고 있는 고대화의 충동에 대한 지속적인 위협이 된다. 고대화의 충동은 발전과는 관계없는 고정된 이상을 주장하지만, 근대화의 충동은 그 어떤 것도 신성하거나 특권적이지 않다고 단언하기 때문이다.

파괴에 대한 니체의 예찬은 다양한 측면을 갖고 있다. 그것은 창조성을 위해 반드시 필요한 예비 단계인 동시에 그 부수물이다. 그것은 극복, 정복에의 의지의 표현이다. 그것은 계몽적 합리주의의 규범, 즉 진리가 일련의 '단계'의 맨 끝에 존재한다는 사고에 의해 억압받는 것에 대한 저항이다. 아마도 그것이 지닌 가장 심층적인 추동력이야말로 정화淨化의 동인이 될 것이다. 니체는 먼저 자신을 "어느 누구도 가져 보지 못했던 힘의 의지"를 지닌 존재로 묘사한다. 그리고 그는 자신이 차라투스트라Zarathustra를 창조한 것을 "인류에 대한 거대한 정화와 신성화의 행위"로 묘사한다.[79] 정화는 범주적인 낙인과 강제적인 억류에 이어 나타난다.

억류와 정화는 나치에 의한 유럽 유대인들의 파괴에 있어 근본적인 것이었다. 소각로, 그것은 더러운 유대인들을 태워 버림으로써 세계를 의례적으로 정화시키고 그들의 어떤 흔적도 남기지 않는 최종적인 정화 장치였다. 억류 역시 나치 권력의 핵심이었다. 대중 동원은 곧 통제이자 억류였던 것이다. 니체의 적들 역시 쇠퇴, 퇴락 및 타락으로의 경향을 억제하기 위해서 제거되어야 한다. 먼저 그는 적을 분리해 내기 위해서 그의 적들, 곧 범용하며, 일반적이고, 평범한 이들을 식별해 낸다.[80] 그는 "날카로운 이빨을 점점 더 분명하게 드러내며 유럽 문화의 뒷골목을 배회하는 개 같은 무정부주의자들의 갈수록 미쳐 날뛰는 울부짖음"을 본다. 그의 분노는 민주주의자와 사회주의자의 "연민의 종교", "방관자로 남지 못하는, 누군가 고통을 겪도록 방치하지 못하는 그들의 거의 여성적인 무능력"으로 향한다.[81] 주목해야 할 사실은 이런 범주에 속하는 공격받는 이들은 어떤 호소도, 심지어는 갱생조차 허용되지 않는다는 점이다.

바야흐로 비판적 전체주의와 현실의 전체주의 사이를 가르던 본래의 구분이 흐려지기 시작한다.

10. 퇴락의 근절

이곳이야말로 우리의 고지이자 집이기 때문이다. 모든 더러운 자들과 저들의 갈망이 접근할 수 없도록 너무나 높고 가파른 여기에서 우리는 살고 있다…….

그리고 나는 어느 날 바람과 같이 저들 사이를 휩쓸고 지나가려 한다. 내 정신으로 저들의 정신의 숨결을 빼앗고자 한다. 이렇게 나의 미래가 그것을 의지意志한다.

_니체[82]

총체적 파괴에 대한 전체주의의 동학은, 문화는 모든 곳에 잘 퍼지기 때문에 부패한 영향력이 문화를 공략하게 되면 잠재적으로 사회 전체를 감염시킨다는 믿음에 의존했다. 부패한 문화는 일종의 병든 총체성이자 '문명'이었으므로, 사회 전체에 걸쳐 계속 전이되는 전염에 맞서 싸우기 위한 영웅적인 대책이 요구되었으며 또 그렇게 정당화되었다.[83] 그러나 문화는 단지 문화적 대책만으로 건강을 회복할 수 없었다. 문화는 삶 자체로부터, 원시적인 힘force으로부터, 육체로부터 너무 멀리 떨어져 있어서 충분히 원초적이지 못했다. 문화의 치료는 초월에 의해서가 아니라 문화로부터 몸이라는 기본적으로 육체적인 차원으로의 하강을 통해서 이루어질 수 있었다. 몸으로의 하강은 코의 모습과 같은 가시적인 '외양' 또는 질병과 같은 '상태'를 전염의 외적인 표시로 가진 자들을 식별할 것을 요구했다. 가시적인 전염자를 식별하고 나면 이어서 비가시적인 전염의 매개자를 식별하는 작업으로 진행하는 것이 가능했다.

비가시적인 전염자로 식별 작업을 진행하는 데 있어 매우 중요한 것은 전염자의 근절을 방해하는 무고함이라는 범주를 없애는 것이다.[84] 근절의 대상은 악행이라는 여하한 '객관적' 행위를 저질렀어야 할 필요가 없다. 다만 특정한 인종, 종교, 또는 민족에 속했거나, 특정한 신념 — 예를 들어 마르크스주의, 노동조합주의, 기독교 복음주의 등 — 을 신봉했다는 사실만으로도 충분하다. 학살은 체계적으로 이루어지지만, 그럼에도 대량 살상으로 표상되는 것이 아니라 은밀한, 즉 비경험적인 전염에 비유되는 악에 대한 정화 의식으로 표상된다. '병'과 '건강', '병든 자'와 '기형인'이 식별의 주요 범주다. '전염'의 '매개자'로서 행동하는 것은 그 자체로 범죄가 된다. 전체주의자는 자신의 적을 전염의 매개자로 낙인찍음으로써 희생당할 피해자의 무한한 공급을 보장받는데, 이는 오염된 요소들이 전염되지 않았다면 순수했을 요소들과 (예를 들어 결혼을 통해) 불가피하게 섞이기 때문이다.

무제한적인 힘을 정당화하기 위해 전체주의는 적을 그 규모를 정확히 파악할 수 없는 숨겨진 힘으로 제시해야 한다. 결국 문화는 사회의 갈라진 간극속에 숨겨져 있다. 사악한 힘('유대인')이 좀 더 깊숙이 숨겨져 있을수록, 그에 대한 공격은 그만큼 더 무자비해야 한다. 폭력, 고문, 전쟁 — 힘의 가장 극단적인 형태들 — 이 정화라는 이름으로 신성화된다.[85] '피'의 이미지를 광범위하게 활용하는 것은 이중의 의미를 지녔다. 즉 한편으로 인종의 "순수한 피"를 보존하고, 다른 한편으로 불순한 피를 박멸한다는 것이 그것이다.[86] 니체는 "유월에 날린 나의 눈송이가 지닌 악의"*를 읊조린 바 있었다.[87]

니체는 "어떤 것도 퇴락의 문제만큼 나를 깊이 사로잡지는 못했다"고 선언했다.[88] 그에게 퇴락은 곧 부패였고, 악취였다. 니체의 이론에서 사유, 가치, 관행의 모든 체계를 파괴하라는 요구, 건강하지 못한 사회에서 병든 것들을 씻어 내라는 요구, 그리고 부패와 거짓이 잠복해 있는 가장 깊은 은신처의 냄새를 맡으라는 요구는 서구 이론사에서 유례가 없는 강박과 집요함에 이르렀다. "나의 천재성은 나의 콧구멍에 있다."[89]

지적·문화적 위생을 위한 니체의 운동은 '퇴락' 또는 '물질주의'에 대한 비난에 집중되었으며, '본능'의 이름으로 '문명'을 공격했다. 문명을 전염과 결부시킴으로써 니체는 삶의 고귀한 형태가 저급한 형태와 분리되도록 사회가 조직되어야 한다고 선언했다. 사회는 "이런저런 형태의 노예제를 필요로 한다."

---

* [옮긴이] 『차라투스트라는 이렇게 말했다』의 "잡것들에 대하여"에 나오는 구절이다. 여기서 월린은 눈송이가 순수함과 동시에 세상을 차갑게 덮어 버리는 냉혹한 정화를 상징하는 것으로 본다.

그는 이런 예속화를 "구별의 파토스"the pathos of distance로 찬미했는데, 이것에 의해서 "지배계급은 …… 피지배자들과 도구들을 보살피면서 동시에 경멸하게 된다"는 것이다. [지배자와 피지배자 사이의-옮긴이] 격차가 크면 클수록, "더 멀리 벌어지면 벌어질수록", 인간은 "지속적인 '인간의 자기 극복'"을 통해 더욱더 고양된다.[90] 이런 주장이 단지 착취에 대한 조야한 정당화에 불과하다는 비판이 제기되었지만, 니체는 착취의 근절은 "기본적인 유기적 기능"이 제거되는 사태로 귀결될 것이라고 경고하면서 그런 비판을 일축해 버렸다. 착취란 "힘에의 의지의 결과이며 이는 결국 삶에의 의지다."[91]

11. 문화 전쟁

무엇보다도 전쟁이 그러하다. 지나치게 내향적이고 너무나 심오해져 버린 모든 정신이 보여 준 위대한 총명함은 언제나 바로 전쟁이었다. 전쟁이 주는 상처 속에 치유력이 있는 법이다.
_니체[92]

1930년대 말에 전체주의는 자유, 관용, 법의 지배, 언명의 진실성과 같이 널리 받아들여진 것으로 가정된 가치들에 대한 충격적인 도전으로 인해 "허무주의nihilism의 혁명"이라고 묘사되었다.[93] 이와 같이 전체주의를 허무주의로 규정하는 것은 문화를 총체적인 힘을 둘러싼 경쟁이 결정되는 핵심적인 장場으로 인식하는 것이었다. 문화의 우선성, 통제의 대상으로서 문화가 지닌 매력은 그것이 모든 것에 잘 침투되는 것처럼 보이는 데 있었다. 즉 모든 것 — 권위, 복종, 사회적 규범과 관행, 산업, 교육, 군사력 등 — 이 궁극적으로 '가치들' 및 그에 수반하는 관행에 의존하고, 또 어떤 탈근대주의자가 "총체적인 문화적 구조"라고 지칭하는 것에 포함되는 것처럼 보였다.[94] 그렇다면 문화란 궁극적인 역설로서, 어떤 분명한 경계도 없는 '총체'다. 문화란 모든 것을 포괄하지만 비물질적인 것이며, 강력하지만 관념적인 것이다. 전체주의라는 사실 이전에나 이후에도 문화란 일종의 총체성으로 귀결된다.

니체가 평생 동안 추구했던 작업의 지배적인 주제를 형성했고, 많은 탈근대주의자들의 사유를 이끄는 이론적인 경향 가운데 가장 우선적이고 중요한 것은, '정치'와 '문화'의 위치가 바뀌는 것, 그러면서 경제는 이의 없이 받아들여지는 지속적인 상수로 남아 있는 것이라고 할 수 있다. 정치는 일단 다른 것과 구분되는 독특한 영역 ― '사적'인 것과 구분되는 '공적'인 것 ― 으로 통상 전제되었던 반면, 문화를 구성한다고 간주된 가치, 믿음, 관행 등은 체계적인 조정의 대상이라기보다는 '자연적인 것'으로서 사회 전체에 널리 분산되어 있다고 인식 ― 버크적인 방식으로 ― 되었다.

이런 새로운 이해에서 문화는 모든 것에 우선하는 지배적인 영역으로 전제되는 반면, 정치는 어디에나 존재하기는 하지만 가장 중요하게는 문화적 형식을 통해 표현되는 것으로 간주된다. 모든 영역에 퍼져 있고 정치로 충만한 문화라는 개념은 "사회, 국가, 교육의 형식으로 나타나는 문화의 여러 제도들"이라는 니체의 언급에 잘 드러나 있다.[95]

니체는 정치가와 이론가, 곧 실천적 삶*bios praktikos*과 이론적 삶*bios theoretikos* 사이의 2,500여 년이나 된 반복을 되살리려는 방식으로 정치적 경쟁의 일차적인 장場으로서의 문화에 대한 이해를 정식화했다. 실천적 인간은 사회에 흔적을 남길 수 있는 공적을 성취하기 위해 권력을 추구하는 행위의 인간을 의미했다. 이와 대조적으로 이론적 인간은 사회가 필요로 하는 것을 알지만, 행위의 인간과 모종의 협력적인 관계를 맺을 수 없다면, 단순한 관찰자로 남을 것이었다.

니체는 사상가의 역할이란 무엇인가를 찾는 작업에 도전했으며, 이는 정치

160

적으로도 중요한 문제였다. 니체가 "좀 더 고귀한 인간"이라고 부른 "사유의" 인간은 "미망"에 빠진다. 사유의 인간은 자신을 그저 수동적인 관찰자, 곧 "삶이라는 거대한 연극과 음악 공연을 관람하게 된 한 명의 관중이자 청중"이라고 생각한다. 그러나 사실 그는 행위의 인간이 결여하고 있는 "창조적 힘"*vis creativa*의 소유자다. "생각하고 느끼는" 자들은 "전에는 없었던 그 무엇, 즉 가치 평가, 색깔, 관점, 척도, 긍정과 부정으로 구성된 영원히 성장하는 세계 전체를 계속해서 만들어 낸다." 행위의 인간들은 단순히 이런 창조물들을 "구체적인 육신"으로 변환시키는 데 불과한 반면, 세계에 "가치를 제공하고 부여하는 자"는 다름 아닌 "우리"로서, 그렇지 않았다면 세계는 가치를 결여했을 것이다. "오로지 우리들만이 인간에게 의미를 지니는 세계를 창조해 왔다."[96] 사유하는 인간과 행위하는 인간의 역할은 이와 같이 반전되며, 이를 통해 사상가는 "위험하게 살아가는 강건한" 자, 곧 "앎의 추구를 영웅주의로 이끌며, 그 이념과 결과를 위해 **전쟁을 수행할**" 자로 묘사된다. 이와 달리 정치가는 다만 어중이떠중이 서민들의 비위를 맞추는 데 능숙할 뿐이다.[97]

12. 허무주의의 위기

요컨대 마르크스가 도구를 제작하는 인간*homo faber*에게 물질세계를 만들어 내고 또 갈수록 증대하는 생산의 경이로움을 통해 그것을 지속시키는 조물주의 능력을 부여한 것과 마찬가지로, 니체는 그와 경합할 만한 상대로서 창조적 인간*homo creativus*, 즉 가치·아름다움·의미 등 위대한 문화의 핵심 요소를 창조하는 '세계 창조자'를 제시한다. 또한 마르크스의 계급 및 생산관계 개념이 그 이전까지는 주로 경제적 관계로 이해되어 온 것들을 정치화하는 데 기여한 것과 같이, 니체는 계급·불평등·지배·전쟁·혁명과 같은 정치적 개념을 문화적 관계로 읽어 낸다. 양자 사이의 경합은, 한편으로 마르크스의 도구적 인간이 노동으로 인해 몸이 피폐해지고 정신이 마비된 거대한 다수로서 불가피하게 집단적인 정체성을 띤다는 점, 다른 한편으로 니체의 창조적 인간이 정신, 특히 세련된 정신을 기쁘게 하는 가치들을 창조하는 극소수라는 점에 의해 가장 뚜렷하게 나타난다. 도구적 인간의 적은 다수의 힘을 착취하는 소수다. 반대로 창조적 인간은 소수에 의해 창조된 가치를 이용하면서 그것을 저속하게 만드는 다수 ― "모든 영웅의 땀을 즐거이 빨아먹고 사는 저 우글거리는 '문화적' 기생충의 무리들 전부!" ― 로부터 위협을 느낀다.[98]

마르크스의 견해에 따르면 근대 세계의 위기는 '생산력' 그리고 '생산관계'가 부과한 제약 사이의 '적대'에 존재했다. 이런 위기의 해결은 권력을 장악하고 나아가 자신들을 의식적인 집단적 행위자로 전환시키는, 다수에 의한 혁명을 필요로 했다. 그들의 승리는 그들의 고통과 고생을 끝장내는 것일 뿐만 아니라 지금까지 오직 소수만이 향유했던 ― 니체라면 훨씬 더 적은 수의 소수로 제한하고 싶었을 것이다 ― 위대한 문화적 자산을 경험할 수 있는 기회를 의미했다.

니체에게 위기는 지적인 지배계급, 교양 있는 엘리트라는 소수와 관련되어 있으며 도덕적 가치와 진리가 맺고 있는 변화하는 관계에 존재했다. 과거 대부분의 시기에 걸쳐 진리는 도덕의 동맹자로서 도덕의 토대를 확고히 하고, 도덕의 귀중한 사회적 역할을 증명하며, 도덕의 타당성을 입증했다. 그러나 이제 "진리는 도덕에 등을 돌리고", 도덕이 "하나의 편파적인 관점"에 불과하다고 폭로했다. 진리의 반란으로 인해 "우리"는 "수세기에 걸친 도덕적 해석에 의해 이식된 욕구"를 이용하고 재조정할 수 있게 되었으며, 이를 통해 그것은 "비非진리에 대한 욕구"가 된다. 위기는 일종의 "적대"의 형태, 그것도 단지 의식적인 소수, 아니 더 정확히 말해서 일단 "도덕의 초라한 기원"이 "우리가 우리 자신에게 하고 싶은 거짓말"에 있다는 것을 인식하게 되자 더는 도덕을 "존중"할 수 없게 된 소수의 죄의식만을 괴롭히는 형태를 취한다. 소수는 "우주가 가치를 상실하고 '무의미'한 것처럼 보이는 …… 해체의 과정"을 경험하고 있다.[99]

도덕적이고 현상학적인 질서가 붕괴된 것으로 보이는 이런 상황을 니체는 "허무주의"nihilism라고 불렀다. 이는 노동자의 점증하는 비참함이라는 마르크스의 개념에 상응하는 지식인의 상황이다. 거기에서 "과정"과 "발전"에 대한 믿음은 상실되고, "생성을 가지고는 아무것도 겨눌 수가 없으며 아무것도 달성되지 않는다"는 것을 점점 더 분명히 깨닫게 된다.[100] 탄압받는 노동자의 경험과 마찬가지로 이런 경험은 각성을 가져오기 때문에 잠재적으로 급진적이다. 즉 이렇게 생각하는 인간은 자신이 가지고 있던 가치에 대한 믿음(=허위의식)이 기본적인 질서에 대한 어떤 가정, 만약 니체가 아니라 마르크스였다면 왕성한 자본주의의 이데올로기적 환상으로 여길 수도 있을 법한 가정에 기초해 있었다는 것을 깨닫게 된다.

> 어떤 총체성, 어떤 체계화, 실로 모든 사건 가운데에 그리고 모든 사건 아래에 있는 어떤 조직화, 찬미하고 외경하기를 갈망하는 영혼은 지배와 행정이 취할 수 있는 어떤 최고의 형식이라는 사고에 도취되어 왔다.[101]

목적론과 전래된 도덕적 가르침에 대한 니체의 반란은, 그가 "혜택받지 못한 자"들이라고 부른 사람들의 입장에서 볼 때 혁명이 아니라 오히려 [자기 파괴적이라는 의미에서 - 옮긴이] 반反혁명에 대한 요구의 토대가 되었다. 마르크스가 고통이 노동자들 사이의 연대를 증진할 것이라고 믿었던 반면, 니체는 혜택받지 못한 자들이 일단 다음과 같은 도덕의 위선을 간파하게 되면 "자기 파괴"로 치닫게 될 것이라 생각한다.

인간에 의해 침해받고 억압받는 인간과 계급들 사이에서, 그들의 삶이 절망에 빠지거나 허무로 비약하는 것을 막는 것은 바로 도덕이었다. 존재에 대해 가장 절망적인 원한을 품게 만드는 것은 자연에 대해서가 아니라 인간들에 대해서 무력함을 경험할 때이기 때문이다. 도덕은 폭력적인 독재자, 폭력을 휘두르는 자, 일반적으로 "주인"이라 불리는 자를 평범한 인간을 위협하는 적으로 다루었다. 평범한 인간은 그들로부터 보호되어야 했다. 이는 무엇보다도 평범한 인간이 고무되고 강화된다는 것을 의미한다. 결과적으로 도덕은 인간에게 지배하는 자들의 기본적 특징, 곧 그들이 가진 힘에의 의지를 가장 깊이 증오하고 경멸하도록 가르쳤다.[102]

일단 "고통받고 억압받는 자들"이 그런 힘에의 의지를 경멸할 수 있는 "권리"를 자신들이 가지고 있다는 믿음을 상실하게 되면, "그들은 아무런 희망도 없는 절망 속으로 빠져들 것이었다."[103] 니체는 특히 그가 도덕의 '해체'에서 발견한 반反혁명의 가능성 때문에 이런 사태 전개를 환영했을 것이다.

13. 미학자와 무리Herd

힘에 대한 니체의 지속적인 관심이 어떤 의미에서 이론을 구성하는가 그리고 그 이론은 어떤 종류의 것인가라는 문제에 대해서는, 니체가 찬미해 마지않은 정치 이론가인 마키아벨리와 니체를 대비시킴으로써 접근할 수 있다. 니체의 이론은, 마키아벨리와 마찬가지로, 공격·전복·정복과 같은 일련의 전략적 형태를 띠고 있다. 그러나 마키아벨리와 달리 니체가 공국을 획득하거나 공화국을 부흥시키는 것보다 관념의 문제에 관심을 가졌다는 사실은 그들이 이론적으로 제시한 행위 양식에 결정적인 차이가 있다는 것을 보여 준다. 마키아벨리의 행위자는 적을 이용하기를, 즉 적의 자원을 포섭하여 활용하기를 원했다. 따라서 경쟁자의 힘이나 자원을 추가로 병합할 때마다 그 행위자의 힘은 증가했다. 니체 역시 어떻게 '정신'이 자신에게 '낯선' 것들을 전유할 수 있었는지 그리고 어떻게 정신은 자신의 힘이 증가함을 느낄 수 있었는지에 대해 서술하면서 유사한 용어들을 사용했지만, 여기에는 매우 중요한 차이가 존재한다. 마키아벨리가 그의 군주에게 음모를 꾸밀 가능성이 있는 강력한 적대자들만을 제거할 것을 권한 반면, 니체는 적들의 유약함이 전염될 우려가 있다는 이유로 그 적들을 완전히 말살시켜 버리기를 원했다.

니체적인 권력투쟁에 일관성과 부조화가 엇갈리며 나타나게 된 이면에는 두 개의 매우 선명하게 대비되는 주제, 곧 한편으로 미학적인 주제와 다른 한편으로 생물학적·물리주의적 주제가 자리 잡고 있다. 다음의 언급에서 보듯이 니체의 비판은 저속함, 진부함, 통속적이고 평범한 그리고 악취를 풍기는 것들에 대한 미학적 혐오로 일관되게 채색되어 있다.

> 세상 모든 사람들이 [읽을 수 있던 책에서는 언제나 악취가 풍긴다. 거기에는 보잘것없는 사람들의 냄새가 배어 있다. 그런 사람들이 먹고 마시는 곳에서는, 심지어 그들이 경배하는 곳에서조차 늘 고약한 냄새가 난다.[104]

"…… 오직 **미학적 현상으로서만** 존재와 세계가 영원히 **정당화된다**."[105] 미학적 감수성이란 결코 힘에 무심하거나 단순히 외적인 멋을 추구하는 멋부림이 아니다. 니체는 예술적 창조성을 "도취"라고 했다.

> [그것의] 본질은 …… 충만함과 에너지의 증가에 대한 느낌이다. 인간이 사물에 부여하는 이런 느낌으로부터 인간은 이런 느낌에 부합하도록 사물을 강제하며, 사물을 폭압한다. …… 이런 상태에 있는 인간은 사물이 자신의 힘을 반영할 때까지, 사물이 자신의 완벽함을 반영할 때까지 사물을 변형시킨다. 이런 완벽함에 이를 때까지 변형을 강요하는 것, 그것이 바로 예술이다.[106]

니체에게 철학자는, 플라톤의 경우와 마찬가지로, 창조성을 정치적 힘force
으로 변형시키는 자다.

> 그러나 진정한 철학자는 명령하는 자이자 입법자다. 즉 그들은 "그렇게 되어야만 한다"라
> 고 말한다. 그들은 먼저 인간이 어디로 가야 하는지, 어떤 목적을 가져야 하는지를 결정
> 하며, 그렇게 함에 있어서 모든 철학적 노동자들, 곧 과거를 극복한 모든 이들을 자기 뜻
> 에 따라 처리한다. 그들이 미래를 향해 뻗는 창조적인 손과 더불어, 현재 존재하고 또 지
> 금까지 존재해 왔던 모든 것들이 그들을 위한 수단이 되고, 도구가 되며, 망치가 된다. 그
> 들의 "앎"은 곧 창조이고, 그들의 창조는 일종의 입법이며, 그들이 지닌 진리에의 의지는
> 곧 힘에의 의지다.107

그러나 니체가 플라톤과 마찬가지로 정치에 미학적 요구를 부과했다고 할 수
있지만, 그의 미학주의는 플라톤의 그것과 정반대였다. 바로 그 차이가 『비극
의 탄생』의 핵심 내용을 이루고 있는데, 여기서 니체는 한편으로 형상 및 이성
을 향한 아폴론적 충동 ─ 니체는 이것을 정치적인 것과 결부시킨다 ─ 과 다
른 한편으로 기존 질서에 대한 도전 및 황홀경을 향한 디오니소스적 충동을
선명하게 대비시켰다. 욕망을 가두어 놓는 경계들과 욕망에 대한 이성의 압도
적 우월성에 집착하는 플라톤이 명백히 아폴론Apollo의 화신이라면, 아폴론과
의 조화로운 결합을 갈망하면서도 이성의 가식에 대해 날카롭게 공격하고 "자
연적인 것"의 회복을 위해 꾸준히 노력하는 니체는 디오니소스였다.108 니체
는 허무주의nihilism와 비관주의를 결합시켰는데, 이것은 새로운 정치의 조건들
을 정립하려는 시도로 간주될 수 있다. 이런 결합을 통해 새로운 정치는 새로
운 엘리트를 유인하는 ─ 니체의 표현에 따르면 "부추기는" ─ 동시에 "민주주
의적 무리"가 가장 중요시하는 믿음을 공격함으로써 그들을 전복시킬 것이었
다.109
무리는, 민주주의라는 형식 내에서, 공공 교육, 대중적인 문학·예술·기예,

시민 종교와 같은 민주주의를 지탱하는 문화는 물론 무리 자신을 위한 정치, 곧 대중정당에 의한 정치, 선거, 대의제, 정치적·시민적 자유, 권력에 대한 헌정적 제한 등을 만들어 냈다. 니체는 이런 성과물들을 "국가의 쇠퇴를 보여 주는 역사적 형식"이라고 기술했다.110

> 만일 힘, 거대 정치, 경제적인 문제, 세계무역, 의회 제도, 군사적 이익 등에 지쳐 버릴 정도로 몰두한다면, 만일 이런 방향으로 자신을 이루고 있는 이성, 진지함, 의지, 자기 극복의 에너지를 쏟아붓는다면, 다른 방향문화에는 결핍이 나타나게 마련이다. 문화와 국가는······ 상호 대립적이다. 요컨대 "문화 국가"란 단지 근대적인 발상에 불과하다. 문화와 국가는, 하나가 다른 하나에 의존해 살아가며, 다른 것의 희생을 통해 번성하는 관계를 맺는다. 위대한 문화의 시대는 모두 정치적 쇠퇴기였다. 문화적 의미에서 위대한 것은 비정치적이고 심지어는 반反정치적이기도 했다······.111

14. 문화의 정치

정치적인 것과 문화적인 것은 결합되었고 또 민주화되었다. 바로 이 때문에 문화는 [무리의 수중에서−옮긴이] 회수되어서 그 결합을 해체하는 중요한 무기가 되어야 했다. 니체는, 문화가 정치적인 것을 대체했으며 또한 바로 그 문화는 정치적인 것이 이상적으로 의미했던 것처럼 화합의 장場이 되기보다 정치와 이론이 전투를 벌이는 중대한 전장戰場이 되었다고 주장한 최초의 주요한 정치 이론가다. 대중문화는 정치적 공통성을 유지하는 데 기여하는 습관, 믿음, 관행의 총체라기보다는 유약한 자들의 원한ressentiment이 집약된 힘에의 의지로 간주된다. 대중문화에 대한 비판은 '상위' 문화의 관점에서 시작되는데, 그 문화가 상위 문화인 이유는 바로 그것을 통해서만 '위대한' 문화적 업적의 역사와 '드문 소수'의 역사에 대해 알 수 있기 때문이다. 그리고 이에 따라 정치는 재배치되고 재구성된다. 정치의 재배치를 위해서는 정치를 문화 속에 새겨 넣어야 하며 또 문화를 우월한 자의 힘에의 의지를 구체적으로 표현한 것으로 만들어야 한다. 문제는 정의, 권리, 평등한 시민권과 같이 공동체와 관련된 역사적인 개념들을 전부 제거할 경우, 배제의 정치가 다시 등장한다는 점이다.

이와 같이 정치를 문화투쟁Kulturkampf으로 재구성하려는 니체의 시도는 새로운 지배 형식의 정립과 새로운 엘리트의 충원을 위한 기반을 필요로 한다.[112] '높은' 수준의 문화란 바로 경쟁을 위해 선택된 장場이다. 상위 문화는 이념, 미학, 문학, 음악, 소포클레스Sophocles의 비극, 그리고 철학의 세계다. 이런 영역은 엘리트에게 명백한 이점을 제공해서 평범한 사람들을 불리하게 만든다. 상위 문화는 우월성뿐만 아니라 무리와 그들의 퇴폐적인 영향으로부터 떨어져 있다는 "구별의 파토스"를 확립한다.[113] 마르크스주의자라면 상위 문화가 지적인 엘리트들에게 일종의 권력에 대한 환상, 곧 권력을 그들이 '소유한' 재산의 한 형태로 생각하는 착각 — 실상 그들은 문화적 생산의 도구일 뿐이다 — 을 심어 준다는 점에 주목할 것이다. [마르크스주의자에게 – 옮긴이] 문화는 또한 특정 엘리트가 다른 엘리트들에 대해 자신의 우월성을 재천명하는 방법이기도 하다. 예컨대 문화는 근대의 과학자, 발명가, 경제학자, 그리고 대중문화가 낳은 다른 전문가들에게 밀려난 미학자가 자신의 우월성을 주장하는 방법인 것이다.

반면 니체에게 상위 문화는 하위문화 또는 대중문화의 급소 및 19세기 전반에 걸쳐 "하위" 계급으로 계몽이 확산되는 경향을 수반했던 정치적인 것의 민주화를 공격하기 위한 무기의 역할을 한다.[114] "신은 죽었다!"는 니체의 공격적인 선언은 유신론에 대한 공격일 뿐만 아니라, 더 중요하게는 대중들에게 위안을 주는 서구 종교들의 가정 — 인류는 특별히 인간이 거주하기에 적합하도록 고안된 의미 있는 세계에서 산다 — 에 대한 공격이었다. 니체의 공격은 무리에게 고통을 가해서 그들을 절망과 자기 파괴로 몰아넣음으로써 위기를 재촉하려는 의도를 갖고 있었다. 허무주의nihilism는 "혜택받지 못한 자들이 더는 어떤 위안도 찾을 수 없다는 징후, 그들이 저지르는 파괴는, 힘 있는 자들을 그들의 사형집행인이 되도록 강제함으로써 …… 스스로 파괴되기 위한 것이라는 징후"를 의미한다.[115]

니체가 교란하고자 했던 것은 단지 다수에게 주어지는 형이상학적 위안뿐만 아니라 상식이 의존하고 있는 사실적 세계의 견고함이기도 했다. 사실성facticity에의 의존은, 니체가 무리와 근대과학 사이의 동맹 — 세계가 돌이킬 수 없을 정도로 사실적·신문적 성격을 갖는다는 공유된 믿음에 기초한 — 이라고 보았던 것을 창조한다. 과학과 상식은 독특한 것의 적으로 간주된다. 무리에게 '참된' 것은 모든 정상적인 사람에게 입증된 것이다. 과학자에게 그것은 사실로 입증될 수 있으며 반복될 수 있는 것이다. 그러나 니체는 '사실'이 어떤 특별한 지위를 갖고 있다는 사고를 거부했다. 사실이라는 관념은 단지 또 다른 구성물, 또 다른 해석에 불과하다. 그런 사고방식의 변화를 통해 힘이 이전된다. 이제 사실은 해석적 힘을 지닌 자들의 병기고에 배치된 무기가 되고, 지금까지 대중의 지지를 얻거나 동의를 증진하기 위해 그것을 이용했던 자들을 무장해제시킨다.

명백히 니체는 무리가 언론인들 — 니체가 플라톤의 수사학자의 근대적인 버전이라고 간주한 — 을 통해서 간접적으로 전복적인 가르침을 알게 될 것이라는 점을 고려했지만, 결코 무리에게 자신의 메시지[무리의 자기 파괴를 함축하는-옮긴이]를 직접 전하지는 않았다.[116] 왜냐하면 니체는 다수를 무기력하게 만들고 괴롭힘으로써 엘리트에게 더 큰 이로움 — 위험부담이 따르는 — 을 가져다주기를 원하지만, 다른 한편 그는 또한 존경할 만한 적대자로서가 아니라 가치는 없지만 막강한 힘을 지닌 적으로서 다수를 필요로 하기 때문이다. "광기를 즐기는" 자들의 "참을성 없는 정신"도 어느 정도의 둔감함을 길러야 하는데, 이는 이런 둔감함이 "바로 그 공유된 위대한 신념에 충실한 자들이 함께 모여 그들의 춤을 계속 출 수 있는 것을 보장"하기 때문이다. "우리"는 바로 "예외적이고 위험한"자로서 "일관된 규준이 되는 것"을 추구해서는 안 된다.117

무리가 계속해서 존재하지 않는다면 문화적 엘리트주의는 분명 일관성 없는 개념이 될 것이었다.118 따라서 니체는 납득시키기보다 당황하게 만들거나 혼동을 야기할 의도를 지닌 주장들을 설파한다. 다수는 이제 전적으로 우연적인 세계에 대해서 듣게 된다. 거기에서 자아는 아무런 안정성을 갖지 못하고, "다양성으로서의 주체"만이 존재하며,119 가치들도 더는 특별한 지위를 누리지 못한다. 거기에서 기독교는 "가장 저급한 것을 모든 가치의 표준적인 이상"으로 고양시켰고 "그것을 신이라고 명명했다."120 그리고 거기에서 객관적 사실이라는 관념은 주관적인 구성물에 불과하기 때문에, 일상적인 세계의 신뢰성은 불확실해져 버린다.

문화 비판이 특정한 정치를 위한 길을 연다는 말의 정확한 의미는 니체의 비판이 지닌 파괴적 성격과 그 대상에서 찾을 수 있다. 대중의 도덕적이고 정치적인 믿음을 의도적으로 전복시키는 것은, 그것들이 행사하는 통제력을 약화시키고 이를 통해 새로운 힘을 위한 텅 빈, 누구도 선점하지 않은 공간을 창조하게 된다. 요컨대 문화의 정치는 기존의 가치와 믿음에 기초한 힘의 구성체를 해체하는 전략을 표상한다. 엘리트는 선호되는 대상 정도가 아니라 그런 전략의 필수적인 동반자가 된다.

15. 새로운 엘리트

나의 관심은 [개인주의적 도덕 또는 집단주의적 도덕에 어느 정도의 자유를 부여할 수 있을 것인가, 곧 전자 또는 후자에, 또는 양쪽 모두에 어느 정도의 자유를 부여할 수 있을 것인가에 있지 않다. 나의 사상은 어떤 자 혹은 다른 자가 어떤 사람들에게 또는 만인에게 어느 정도의 힘을 행사해야 할 것인가, 또한 심지어 노예화를 포함하여 어느 정도까지 자유를 희생하는 것이 좀 더 우월한 유형의 존재를 등장시키기 위한 토대를 제공하는가에 관한 것이다. 가장 거칠게 말하자면, 나의 관심은 이러하다. 어떻게 하면 인간보다 더 우월한 종種이 출현하는 것을 돕기 위해 인류의 발전을 희생시킬 수 있을 것인가?
_니체[121]

니체의 정치는 완전히 독특한 유토피아, 즉 영원히 소외된 지적 엘리트의 이상 국가를 위한 기획이라고 규정할 수 있다. 그 엘리트는 사회로부터뿐만 아니라 스스로 만들어 낸 현재의 근거 없는 주지주의主知主義로부터도 멀어지면서 고통을 느낀다. 미몽에서 깨어난 프로메테우스인 이 엘리트는 스스로 만들어 낸 주지주의에 집착하고 그것에 의해 제약받는다. 그 이외에 달리 어떤 것도 할 수 없다. 자신의 삶을 지배와 사유로 구분했던 플라톤의 철학자와 달리, 니체의 초인은, 세계는 거짓에 불과하다는 끔찍한 진리를 자신이 가지고 있다고 선언하면서, 지속적으로, 심지어 은둔할 때조차 쉬지 않고, 사회에 대해 격렬하게 저주를 퍼부어야만 한다.

…… 나는 '아니오'라는 부정의 말을 해대는 정신과는 정반대다. …… 지금까지도 그것을 표현해 줄 만한 어떤 개념도 없었던 그런 숭고한 임무를 나는 알고 있다. 나와 더불어 비로소 희망이 다시 생겼다. 그럼에도 불구하고, 나는 필연적으로 재난을 가져오는 사람이다. 왜냐하면 진리가 수천 년의 거짓들과 싸움을 시작하면서, 우리는 지금껏 꿈조차 꾸어 본 적 없는 격변, 지진과 같은 격동, 산과 계곡의 변동을 겪게 될 것이기 때문이다. 정치라는 개념이 정신들의 전쟁과 완전히 결합될 것이다. 낡은 사회의 모든 권력 구조들은 폭파되어 버릴 것이다. 그것들은 모두 거짓에 근거하고 있기 때문이다. 지금까지 지구상에

유례가 없었던 전대미문의 전쟁이 벌어질 것이다. 오직 나와 함께 비로소 위대한 정치가 펼쳐진다.[122]

니체가 미래에 대해 어떤 희망을 가졌든지 간에 그것은 새로운 엘리트를 창조할 수 있느냐에 달려 있었다. 그는 그 엘리트에게 "새로운 철학자", 초인 superior men, *Übermenschen*, 자유로운 정신 등 다양한 이름을 붙였다. 그들에 대한 니체의 규정은 항상 반反자연주의와 자연주의, 초주지주의와 조야한 생물학주의의 역설적 결합이었다. 미래의 철학자가 지닌 "고귀한 사유 방식"에 대해 니체는 다음과 같이 서술하고 있다.

> …… [그것은 노예제 그리고 다양한 정도의 예속을 모든 상위 문화의 전제 조건으로 믿는다. 그것은 평온한 행복을 …… 세상의 목표로 상정하지 않으며, 심지어 평화로울 때조차 새로운 전쟁을 위한 수단을 중요하게 생각하는 …… 창조적인 사유 양식을 [실천한다].[123]

니체는 허무주의nihilism의 핵심 원리인 '세계의 무의미함'을 수용함으로써 자신의 가치를 입증할 철학적 엘리트를 상정했다. 그의 판단 기준은 그 엘리트가 얼마나 많은 두려움, 공포, 불안을 견뎌 낼 수 있는가 하는 것이다.[124] 철학자에 대한 최고의 시험은, 진리를 사랑하는 사람으로서 그가 지금까지 가장 소중하게 여겼던 것이 파괴되는 것을 받아들이는가, 심지어는 기뻐하는가를 보는 것이다. 허무주의는 "세계에 대한 도덕적 해석의 종언"의 선언 및 "세계에 대한 모든 해석은 거짓이라는 의심"과 함께 시작되며, 지배적인 규범에 대한 의도적인 도전이라는 독특한 형태의 행위를 장려함으로써 절정에 이른다.[125] 허무주의는 "최고의 가치가 스스로를 평가절하하는 것"을 의미한다.[126] 즉, 최고의 가치가 자기 전복적으로 되는 것이다.

파괴는 정화를 위한 핵심적인 의식儀式으로서 건강을 되찾기 위한 필수적인 단계다. 니체의 허무주의는 지금까지 이론적 삶을 유지시켜 온 가치들을 파괴하는 동시에 본능을 회복하고 지성이 입힌 상처를 치료할 것을 요구한다. "철학사는 삶의 전제 조건, 삶의 가치 감정[선, 악, 미, 추 등 가치 인식에 따라 일어나는 감정-옮긴이]을 상대로 벌인 은밀한 전쟁이다……"127 니체가 선언한 바에 따르면, 우리에게는 진리가 아닌 "비非진리"가 필요하다. 허무주의는 엘리트의 절망이며, 모종의 판단에 따라 모든 진리가 거짓이거나 의심스러운 것으로 증명될 수 있다는 점을 깨달은 자들의 기획이다. 진리는 일종의 구성물, 곧 "'참됨'이라고 교화시킨 결과"다. "근본적인 허무주의란, 그것이 이른바 최고의 가치라고 인정되는 것들에 적용될 때, 존재를 유지하는 것은 절대로 불가능하다는 확신이다. 거기에 더하여 우리는 초월적인 존재 또는 존재 그 자체를 상정할 수 있는 권리를 조금도 가지고 있지 않다는 깨달음이다."128

허무주의는 세상을 전복시키는 혁명적 행위의 주지주의적 버전을 표상한다. 즉 그것은 진리가 '비非진리'임을 신언하기 위해 사회가 진리라고 하는 것을 위반하는 상징적 제스처다. 행위는 가치의 재평가라는 형태 또는 전통적 가치 특히 선과 악에 대한 '정상적인' 이해를 초월하는 형태를 취한다. "삶 자체가 힘에의 의지라고 가정할 때, 삶에는 힘의 정도 차이만 있을 뿐 가치를 지닌 것은 아무것도 없다."129

"가장 가공할 형태"의 허무주의가 취하는 궁극적인 표현은 "영원한 회귀"라는 관념이다. 그것은 "아무런 의미나 목적이 없는, 그렇지만 결코 궁극적인 무로 종국을 맞지 않고 불가피하게 반복되고 있는, 있는 그대로의 존재"를 의미한다.130 일단 존재의 무의미성이 널리 알려지게 되면, 인간은 존재에 대해 반란을 일으킬 것이고 그것을 통해 세상의 종말을 촉발할 것이다.

"혜택받지 못한"이란 무엇을 의미하는가? 무엇보다도 그것은 더 이상 정치적인 의미에서가 아니라 생리학적으로 그렇다는 말이다. 유럽에서 가장 건강하지 못한 부류의 인간 ─

모든 계급에서 — 이 이런 허무주의를 위한 토양을 제공한다. …… 그들은 더 이상 행동하는 데 주저하지 않는다. 그들은 수동적으로 소멸되는 것이 아니라 의미도 없고 목표도 없는 모든 것을 소멸시킨다. 허무주의와 파괴의 욕망이 분출되는 이 순간에도 모든 것이 영원히 존재하고 있었다는 것을 통찰하는 시점에서 보면, 그 행동이 하나의 단순한 경련이나 맹목적인 광포에 지나지 않는다고 하더라도 말이다. 그런 위기가 지니는 가치는, 그 것이 정화시킨다는 것, 관련된 여러 요소들을 한데 모아 서로를 몰락시킨다는 것, …… 그리고 건강이라는 관점에서 힘의 위계질서가 서는 것을 촉진한다는 것, 바로 그것이다.[131]

16. 반反이론적인 이론가

오늘날 심층적으로 공격받고 있는 것은 전통의 본능과 의지다. 그 기원을 이 본능에 두고 있는 모든 제도들은 현대적 정신의 취향과 맞지 않는다. 전통에 대한 이런 감각을 제거한다는 목적 없이는 본질적으로 어떤 것도 생각되거나 행해지지 않는다.

_니체[132]

니체를 숭배하는 자들이 열렬하게 '이론'을 받아들이고 있다는 아이러니만이 탈근대주의 사상에서 니체가 갖는 위상의 아이러니 — 모든 우상 타파주의자 가운데 가장 위대한 니체가, 이제 우상화되고 비판받지 않으며 과도한 권위를 부여받는 것 — 에 필적한다.[133] 니체는 추종자라는 관념 자체를 경멸했을 뿐만 아니라 이론이라는 관념과 그것이 낳은 전통을 파괴하는 것을 주된 기획으로 삼았다. 플라톤이 철인왕이라는 개념을 고안해 낸 이후 지적 엘리트주의가 철학·신학·과학·수학 그리고 이후에 경제학과 사회과학 등 다양한 유형의 이론적 지식과 연결되어 왔다는 특수한 의미에서 이런 기획은 주목할 만한 것이었다. 다른 어느 영역보다도 정치학politike theoretike에서 그런 결합은 가장 오래된 것이고 또 긴밀했다.

니체가 단언한 바에 따르면, 이런 종래의 이론적 기획은 맨 처음 소크라테스Socrates와 플라톤이 억지로 세계에 부과한 환상에 기반을 두고 세워졌으며, 그 이후에 최고의 문화적 원칙의 위치로까지 고양되면서 인간 정신의 실현으로 찬미되었다. 최초의 고대 이론가들이 자신의 작업을 시작했을 때부터 이론가들은 이론화 작업을 모든 존재의 근원을 이루는 원칙을 "드러내는" 행위로 묘사했는데, 니체는 이를 다음과 같이 신랄하고 정확하게 묘사했다.

> 사유가 논리적 단서를 가지고서 존재의 가장 깊은 곳에 도달할 수 있으며, 존재를 인식할 수 있을 뿐만 아니라 심지어 그것을 변화시킬 수도 있다는 확고부동한 믿음에서 이런 환상이 생긴다.[134]

니체는 사유가 이미 만들어 놓은 것 외에 사유가 접촉할 수 있는 이면 궁극적인 실재도 존재하지 않기 때문에 이런 주장은 공허한 것이라고 선언했다. 세계와 사유란, 세계의 구조는 사유가 만든 구성물에 상응한다는 그런 관계가 아니었다. 그러나 니체의 주된 논점은, 이론가들이 마치 실제로 자신들이 더 많이 아는 것처럼 다른 모든 사람을 속이는 데 열중한다는 것이 아니었다. 그들이 영원한 진리라고 표상했던 것을 순수하게 인식론적인 주장으로 분류해서는 안 되었다. 그 대신에 니체는 인식론적 주장이 특별히 정치적인 맥락에서 철학자가 지닌 힘에의 의지를 표현한 것으로 이해되어야 한다고 주장했다. 이론은 지배하려는 충동에 근원을 두고 있었다. 이런 충동이 이론가에게만 특유한 것은 아니지만, 이론가들은 이론적 진리가 압도적인 정치적·문화적 중요성을 가지고 있음을 다른 사람들에게 납득시키는 탁월한 기량을 발휘해 왔다는 점에서 주목할 만한 존재였다. 진리에 대한 모든 주장은 특정인 또는 특정 집단의 지배 욕구를 반영한 편파적인 관점이라고 니체는 주장했다.

모든 힘force의 중심은 …… 세계의 여타 모든 것을 그 자신의 시각에서 해석한다. 즉 그 자신의 힘에 따라서 측정하고, 느끼며, 만들어 간다. …… [각각의] 특수한 물체는 자신의 힘을 확대하기 위해 애쓴다. 곧 그 자신의 힘에의 의지를 확대하고, 그 확대에 저항하는 모든 것을 무찌르고자 한다.135

모든 진리가 상대적일 뿐만 아니라, 모든 이론 역시 궁극적으로 자전적이며 특정 주체가 지닌 힘에의 욕구를 나타내고 있었다.136

그렇다면 어떻게 해서 관점주의perspectivism는 니체가 진리를 말하는 자라는 역사적 정체성을 박탈해 버린 관념의 인간, 곧 이론가를 특권화시키게 되는가? 각 개인은 "모순적인 가치판단과 그에 따른 모순된 욕망이라는 거대한 혼동을 담고 있다"고 니체는 단언한다. 모순은 "앎을 획득하는 위대한 방법이다." 왜냐하면 그것은 궁극적으로 선과 악, 또는 진리와 비非진리의 절대적인 구분과 같은 전통적인 개념들을 넘어서도록 자극하기 때문이다. "가장 현명한 자는 가장 풍부한 모순들을 지닌 사람", 새롭고 상이한 관점들을 획득하고 그 것을 음미할 수 있는 사람일 것이었다.137 이론적이고 자의식적인 사람보다 누가 여기에 더 뛰어난 기량을 가지고 있을 것이며, 비이론적이고 자의식적이지 않은 보통 사람보다 누가 더 서투르겠는가?138

니체의 비판이 반反이론에 의한 이론의 이론적 전복이라고 서술될 수도 있겠지만, 그 목적은 이론가들을 깨우쳐줌으로써 이론을 해방시키는 것이었다. 즉 일단 탈인격화된 자아 모델 곧 공동선에 사심 없이 봉사하는 자아 모델이 전복되었을 때, 이용할 수 있는 표현 양식들이 눈부실 정도의 범위에 이른다는 것을 드러내기 위해 이론과 진리의 통일을 해체시킴으로써 이론을 해방시키려는 것이었다. 니체는 진리라는 관념을 완전히 배척하지 않았다. 그는 이론이 비非진리라는 진리를 드러내고, 진정 그것이 무엇인지 보여 주고자 했다. 그리고 문화를 되살리기 위해서는 어떤 진정한 가치가 필요한가를 분명하게 언급하려 했다.

니체는, 그가 이론적 인간*homo theoreticus*의 대립물로서 자신을 보여 주었던 다양한 모습들 — 예언자, 선각자, 춤추는 자, 시인, 마술사, 구세주 등 — 을 통해 그의 사상을 증명하고자 했다. 우상 타파라는 목적에도 불구하고 그 모습들은 앞선 철학자들을 모방하는 것이었다. 즉 그 모습들은 신탁을 받는 소크라테스, 대중을 혐오하는 플라톤("자신이 조형할 재료를 찾고 있는 정복하고 지배하기를 좋아하는 본성을 타고난 種"은 "토대"로서 "저급한 種"을 필요로 한다),[139] 다른 인간들을 거듭나게 하기 위해 고난 받는 예수("이제 내가 이르노니 너희는 나를 잊고 너희 자신을 찾으라. 그리고 오직 너희가 나를 완전히 부인할 때에만 나는 너희에게 돌아오리라.")[140], 정치적 부도덕주의자("정치에서 완벽주의의 전형은 …… 바로 마키아벨리즘이다")[141], 그리고 파괴적인 바쿠닌("우리는 파괴자가 되어야 한다")[142] 등을 흉내 낸 것이었다. 심지어 니체가 자신을 "차라투스트라의 눈"으로 상상하는 시각적인 순간도 있는데, 이런 기발한 비유는 단지 구약성서에 나오는 모든 것을 볼 수 있는 신, 즉 "엄청난 거리를 두고도 인간의 운명을 볼 수 있는 눈"을 전용한 것이라 할 수 있다.[143] 이런 모든 모습들에서 일관된 것이 있다면, 그것은 니체가 자신의 모습을 극적으로 드러내고 있다는 점이다. 여기에는 독자들이 스스로를 니체의 목소리에 맞추어야 할 뿐만 아니라 니체를 카리스마적인 존재로서 그리고 위협으로서 경험해야 한다는 주장이 담겨 있다.

역설적이게도 니체는 이론적 전통에 대한 자신의 도전을 계시와 이성 사이의 오래된 대조에 기초해서 전개했다.[144] 통상적인 이해에 따르면 계시는 유일무이한 진리를 알린다는 의미를 담고 있다. 이에 반해 니체의 이해에 따르면, 그것은 독특한 인격체, 즉 반反진리의 진리를 구현한 인간을 알려 주는 것이다. 스스로를 반反그리스도라고 선언한 니체는 또 다른 신이 아니라 바로 자신을 드러낼 것이었다. "머지않아 나는 인류로 하여금 역사상 가장 어려운 요구에 직면하도록 해야 하기 때문에, 내가 누구인지 말하는 것이야말로 필수불가결한 일인 것 같다."[145] 그가 분명하게 인식했듯이, 니체의 계시는 그것이 맞서 싸운 전통, 곧 진리 추구자의 소명을 달성하기 위한 선결 조건으로 탈인격화를 전제했던 전통 없이는 이해될 수 없다.

아이로니컬하게도, 진리의 포괄적인 체계를 발견했다고 주장하는 '최고 이론가'의 과장된 자부심을 철저하게 파헤친 푸코와 같은 추종자들이 보기에 니체의 기획은 훨씬 더 포괄적이었다. 그의 기획은 도덕적·종교적·인식론적 체계 전반의 파괴였기 때문이다. 그러나 니체가 이론화의 전통을 파괴하려고 노력했음에도 불구하고, 니체만큼이나 이론화의 포괄적 형태들 가운데 하나인 이론, 곧 탐구가 **수행되는** 복합적인 양식으로서의 이론을 충실하게 따른 사상가는 거의 없었다. 니체 이전에도 자신을 '고통받는 종복'으로 자처하면서 기존의 경건함을 공격하고, 사고는 일종의 행위일 뿐만 아니라 행위의 가장 눈부신 양식이자 "최상의 행위"이며, 기존에 확립된 힘에 대한 영웅적 승리라고 주장하면서 사고와 행위의 경계에 도전했던 이론가들이 있었다.[146] 니체가 수행한 작업의 규모는 가장 자부심이 강했던 이론가들 — 홉스 또는 헤겔과 같은 이론가 — 의 그것을 능가하거나 최소한 그것에 필적하지만, 그보다 중요한 것은 니체가 다음과 같은 교훈을 제시한다는 점이다. 즉 이론을 해체하는 것, 서구 문화의 전체 기획을 해체하는 것은 니체의 탈근대주의적 상속자들이 조롱했던 여하한 정전正典 구축 작업들만큼이나 엄청나게 대담하고 총체적인 기획이라는 것이다.

이론은 반反이론에 의해 전복된다기보다는 그 껍질이 벗겨진다. 껍질이 벗겨지고 나면 무엇이 드러나겠는가? 니체는 신화의 미학적 특성 속에 자연의 좀 더 은밀한 표현이 드러나 있으며 또 자연과의 불화로 인해 초래된 고통을 치유할 수 있는 능력 — 철학이나 과학은 갖지 못한 — 이 있다고 보아, 이론을 대신하여 그 자리에 신화를 되살리려고 시도했다.[147] 플라톤은 『티마이오스』 *Timaeus*의 조물주 또는 『국가』 *Republic*에 나오는 금속의 신화에서처럼 신화와 철학을 통합했지만, 이 과정에서 그는 신화를 철학에 종속시키는 데 온 신경을 다 쏟았다. 이에 반해 니체는 사태를 반전시켜 그런 역사적 업적을 원래대로 되돌리는 작업에 착수했는데, 이를 위해 그는 먼저 [반反이론에 의해-옮긴이] 새로이 발생한 공백을 메우기 위해 사유의 양식을 창조하고 그러고 나서 그가 마치 과거의 업적을 흔적도 없이 침몰시키기라도 한 것처럼 그 사유 양식을 펼쳐 보였다. 플라톤이 신화의 철학화를 통해 신화-철학myth-*philosophicus*을 만들어 냈다면, 니체는 미학을 영웅적 양식으로 고양시키는 가운데 신화와 철학의 혼합을 더욱 신화화하여 철학을 축소시켰다.

17. 신화의 재발견

20세기 전체주의 운동의 두드러진 특성 가운데 하나는 이상적인 기원을 만들어 내고, 그를 통해 순수한 '그때'와 다시 정화시키는 '현재' 사이에 개입되어 있는 불순한 영향들을 제거하려는 의도를 표명해야 한다는 강박관념이었다. 나치에게 그것은 다름 아닌 순수한 아리안족 또는 원시적인 튜턴족의 과거였으며, 이탈리아 파시스트에게 그것은 고대 로마였다. 고전 문헌학자이자 헬레니즘이 그 결정적 요소였던 문화의 정수를 구현한 니체에게 그것은 "전차를 모는 전사로서 우리 문화와 다른 모든 문화의 고삐를 손에 쥔" 고대 그리스인이었다.[148]

순수한 기원에 대한 이런 선택은 고도로 자의식적인 주지주의와 그에 대한 반란의 독특한 결합이었다. 니체에게 그것은 선택 이상의 것이었다. 그것은, 지식인과 철학자가 구축한 소크라테스, 플라톤, 아리스토텔레스의 이상화된 그리스를 폐기하고, 그 대신에 신화, 초기 그리스의 희비극, 원초적인 해방의 주신제酒神祭로 구성된 소크라테스 이전의 세계 — 자연적인 생명력이 넘치고, 아무런 제약도 없으며, 열광적이고, 기존의 질서에 공공연히 도전하며, "자연의 진정한 진리와 거짓된 문화의 대조"가 표현된 신화의 세계 — 를 대안으로 제시하는 지속적이고 공격적인 관점의 전도에 의해 이루어졌다.[149] '문화'는 퇴락의 구현이자 반反자연적인 것 — 도덕화시키고 합리화시키는 형식 및 경계에 대한 의식 — 에 의한 자연적인 것의 파괴다.

니체는 그의 유명한 아폴론과 디오니소스 간의 대립에서 양자의 대치를 극적으로 보여 주었다. 그 드라마에서 대립하는 양자는 의미 있는 긴장을 이루며 짧은 시기 동안 공존했고, 아이스킬로스Aeschylus와 소포클레스의 고대 비극에서 디오니소스적 경향이 가장 세련된 표현에 도달하는 영광스러운 한 순간을 맞이했다. 그러나 이런 경향은 에우리피데스Euripides의 비극을 소크라테스적 합리주의의 대변자로 보는 측과 그 비극을 데모스의 정치적 출현에 대한 보완물이라고 보는 측의 동맹에게 패배하고 말았다.

디오니소스라는 인물은 사실상 니체의 모든 저작에 걸쳐 반복해서 등장한다. 비록 그 상징적인 의미에서 강조하는 바가 미묘하게 달라지기는 하지만, 디오니소스적 경향은 항상 합리주의·낙관주의·도덕주의 문화에 대한 날카로운 비판 또는 자연적인 것과 연결되어 있었다. 하지만 거기에는 깊은 역설이 자리 잡고 있었다. 한편으로 이런 디오니소스적 경향은 하나됨을 향한 강력한 욕망을 담고 있으며, 이는 "예술 작품"이나 춤과 노래에 대한 열광에 의해 "인간과 인간 사이에 놓인 모든 견고한 적대적인 장벽을 없애 버리며" 이를 통해 공동체와의 원초적 통일을 성취하려는 니체의 염원을 표현한다.[150] 그러나 다른 한편으로 그것은 "국가와 사회"라는 일상 세계로 표상되는, 공통되고 공유되는 모든 것들에 대한 훨씬 더 깊은 혐오와 공존했다.[151]

니체가 그의 모든 저작에 걸쳐 디오니소스의 신화를 언급했다는 사실은, 그의 정치학이 집요할 정도로 고대적 성격을 지녔음을 의미한다. 니체에게 프로메테우스 신화의 핵심은 "인간이 성취할 수 있는 최고이자 최상의 것은 죄를 지음으로써만 얻을 수 있다"는 것이다.[152] 이와 같이 신화에 호소하는 것은 체계적인 철학을 통해서는 불가능한 일련의 극적인 가능성을 연다. 신화적 언어는 인간으로 하여금 공포, 고난, 고통, 지적인 범죄, 신에 대항한 투쟁에 대해 말할 수 있게 해주고, 단속적인 에피소드들을 지속적인 무용담, 곧 영웅적 대결의 서사, 깊은 상처, 강력하고 교활한 적에 대한 패배와 승리 등 연속된 이야기로 바꿀 수 있게 해준다.

> …… 의심스럽고 두려운 것에 대한 선호는 강함의 징후다. 반면에 예쁘고 우아한 것을 기꺼워하는 취향은 유약하고 가냘픈 자들에게 속한다. 비극적인 잔인함 속에서도 스스로에게 '예'라고 긍정하는 것은 다름 아닌 영웅적 정신이다. 그것은 고난을 기쁨으로 경험할 수 있을 만큼 충분히 강건하다.[153]

니체는, 시, 비극, 음악에서 드러난 바와 같이 오직 미학자만이 존재를 구원할 수 있다고 믿었다.[154] 그러나 니체는 마치 나약하거나 여성적이라는 비난을 피하려는 것처럼 그의 비전이 남성적임을 선언해야 할 필요성을 느꼈다. 플라톤이 대화편이라는 드라마 속에서 미학적인 것을 평가절하했지만 나중에 미학의 실천으로 나아갔을 때, 스파르타인처럼 금욕적인 품성을 자신의 이상적인 정체政體에 포함시키기 위해 고심했던 것과 마찬가지로 말이다.[155] 그렇다면 니체는 그의 '스파르타'를 어디에 위치시켰는가?

18. 무리의 형성

니체가 이론을 비판하고 신화를 부활시키고자 할 때 그의 관심은 철학·정치·과학·윤리학의 이러저러한 체계에 있지 않았다. 그의 궁극적인 관심은, 사유적 삶이 최선의 삶의 방식으로 찬미되고 객관적·보편적 진리와 사심 없는 진리의 추구라는 가치가 인간의 잠재력을 최고로 실현한 것으로 자리 잡았을 때, 그것이 인류의 생물학적 건강에 초래한 해로운 결과에 있었다. 아리스토텔 레스는 부동不動의 이론적 사유가 그 자체를 넘어서는 목적이라고는 전혀 갖지 않기 때문에 정치적 행위나 전쟁보다 우월하다고 주장했는데,[156] 니체는 이런 식의 주장들이 가장 치명적인 결과를 초래했다고 역설했다. 그것은 바로, 한 때 영웅주의, 위험을 무릅쓰는 자발성 및 순전한 신체적 용맹으로 사회를 지 배했던 '자연적' 귀족주의의 쇠퇴였다. 니체의 설명에 따르면, 이런 쇠퇴는 일 종의 정치의 형태로서 진행될 것이며, 거기에서 미학적·종교적·도덕적 가치 들이 무기로 전환될 것이었다. 그런 정치형태는 처음에는 엘리트들 사이의 투 쟁 — 예를 들어 『고르기아스』*Gorgias*에서 플라톤이 극적으로 보여 주었던 — 으로 전개되지만, 그다음에 플라톤의 대화편 『프로타고라스』*Protagoras*에서 프 로타고라스가 묘사한 것처럼 엘리트에 의해서 또는 초기 기독교 — "온유한 자 들이 이 땅을 차지할 것이다" — 에 의해서 대중이 회유되었을 때 확대되었다.

진리의 발명은 신화에 맞서서 이루어졌으며, 그 결과 인류는 '세계의 무의 미함'에 대응하는 데 필요한 정신적 자원을 박탈당했다고 니체는 단언했다. 그 런 과제에는 철학자보다 비극 작가가 더 확실한 안내자이기 때문이라는 것이 었다. 니체가 제시한 서사에 따르면, 금욕적인 성향을 보이는 잔존 세력들은 귀족정은 물론 플라톤의 철학적 엘리트로부터도 떨어져 나와 대중의 믿음에 서 잠재된 힘을 발견하게 되었다. 그 힘은 대중적인 종교적 윤리의 문화적 발 명에 의해 동원되고 나중엔 활용되었다. 소수를 무기력하게 만들고 전사戰士의 문화를 훼손한 이론은 이제 다수와의 동맹을 모색했다. 그 잔존 세력은 스스 로를 사제 계급으로 변화시키고, 다수에게 '도덕'과 '선'이라는 자기 부정적 가 치, 곧 투쟁과 정복이라는 전사적 규범과 정면으로 대치되는 가치를 주입했다. 니체는 이런 사태 전개를 "금욕적 사제"와 "병약한 무리"의 동맹으로 규정했다. 윤리의 발명은 '양심'이라는 또 다른 발명을 통해 귀족적인 문화를 파괴했다. 양심은 죄책감이라는 관념을 통해 귀족들aristoi을 전염시키고 약화시키는 데 기여했고, 이를 통해 온유함, 고난, 겸손, 용서와 같이 우둔하기 짝이 없는 덕목들을 고양시키는 길을 열었다.

처음에는 기독교의 형태로, 다음에는 민주주의와 사회주의의 형태로 대중이 출현함에 따라, 전사의 경쟁적인 문화는 수동적이고 원한에 찬, 다수의 문화로 이어진다. 기독교와 같은 '무리의 도덕'은 다수를 약화시켰을 뿐만 아니라 원한의 문화를 조장했다. 그런 문화에 속한 구성원들은 범용성의 규범에 도전하거나 이탈하는 자들이 자신을 위협한다고 느꼈다. 원한ressentiment은 대중이 지닌 힘에의 의지, 즉 우월성과 뛰어남에 대한 그들의 방어기제였다.157

수세기에 걸친 도덕적 가르침의 결과는 지속적인 강제력을 사용하지 않고도 약속을 지키고, 계약을 실행하며, 규칙을 준수할 것이라고 믿을 수 있는 예측 가능한 인간을 형성한 것이었다. 인간의 '자연적'인 본능적 성격은 수치심과 금지의 원천이자 억압의 대상이 되었다. 이제 서구인은 평등주의 안에서 안락함을 느끼고 단지 모든 우월성에 대한 회의를 통해서만 자극을 받는 발육이 정지된 대중으로 진화했다.

19. 신화와 이론

우리가 역사에서 그 유례를 찾아볼 수 없는 호전적인 몇 세기를 잇달아 경험하게 된 것은 …… 나폴레옹Napoléon Bonaparte 덕분이다. …… 우리는 전쟁의 황금기, 곧 과학적이고 동시에 대중적인 전쟁의 시대이자 무기, 능력, 기율의 측면에서 가장 거대한 규모로 전쟁이 수행되는 시대에 진입했다. 다가올 모든 세기는 이 시대를 되돌아보면서 그 완벽함에 대해 부러움과 경외감을 갖게 될 것이다. …… [나폴레옹은 고대적 본질의 한 조각을 다시 가져왔다. …… 그리고 이 한 조각의 고대적 본질이 다시 한 번 민족주의 운동을 굴복시키는 지배자가 될 수 없다고 누가 장담하겠는가. …… 나폴레옹이 원했던 것은 …… 세계의 지배자로 군림할 …… 하나로 통합된 유럽이었다.

_니체[158]

니체의 누이가 일정 부분을 삭제하고 수정하여 니체를 나치의 선구자로 제시하려 했던 잘못된 노력이 없었더라면, 진정한 니체의 모습은 훨씬 더 빨리 발견되었을 것이라는 주장이 종종 제기되어 왔다.[159] 하지만 이런 변명은 니체가 "장사치, 기독교인, 암소, 여인네, 영국인 및 여타 민주주의자들"을 비난하면서 군국주의, "금발의 야수" 및 "초인"을 찬미한 구절들을 너무 쉽게 간과하고 있다.[160]

니체의 정치적 희망은 이른바 이론화된 신화라고 부를 수 있는 것에 기반하고 있었다. 신화를 되살리려면, 신화의 재현再現을 위한 조건이 신화를 사라지게 했거나 그것의 출현을 막았던 조건들과 정반대가 되어야 했다. 이런 조건들을 대변하는 하나의 이름은 철학일 것이고, 또 다른 이름은 근대과학일 것이었다. 초기에 철학과 과학은 신화에 맞서 그들의 기획을 규정했고, 그들 자신의 출현이 신화의 종언을 의미하는 것이라고 선언했다. 이런 흐름에 대처하기 위해 예컨대 마법에서처럼 신화를 은밀하게 존속시킬 수도 있겠지만, 반反신화가 신화를 가두어 놓거나 제거하기 위해 이용했던 경계를 단순히 무시해 버림으로써 신화적인 것을 부활시킬 수도 있을 것이다. 하지만 니체의 전략은 좀 더 대담했다. 그는 그런 경계를 규정했던 권위들을 약화시키려 했다. 그런 시도 가운데 하나의 전술은 최종적이고 객관적인 권위라는 사고방식을 부정하는 관점주의였다.[161] 그는 또한 설명을 시도하는 모든 노력들은 필연적으로 신화화되기 마련이라고 주장함으로써 이런 경계를 와해시켰다.[162]

니체의 신화 만들기가 지닌 근본적으로 이론적인 성격은 그가 시도한 철학의 전복이나 심지어 그가 사용한 본질적으로 이론적인 기법 — 예를 들어 자연주의와 반反자연주의, 합리주의와 비합리주의라는 범주들 — 에 있는 것이 아니었다. 니체의 이론화 작업은 신화로 되돌아가 특정한 형태의 신화로부터 의미를 추출하는 것이었지만, 그는 이론에 대한 투쟁을 지속하기 위해 이론을 보존해야만 했다. 이런 방식으로 신화를 이해하려는 기획은, 신화를 창조하는 것이 아니라 불가피하게 탈신화적인 작업이 된다. 이론이 신화로부터 추출해 낸 정치적 의미는, 비록 그런 노력이 일견 근대적인 것을 벗어나거나 탈각하려 한다는 인상을 주기는 하지만, 정치적인 것에 대한 근대적 경험에 선행하는 것이 아니라, 필연적으로 그것을 뒤따른다.

니체의 이론적이고 정치적인 신화myth-theoreticus et politicus가 지닌 전체주의적인 성격은 『비극의 탄생』에서 처음으로 그 모습을 드러냈다. 거기에서 니체는 비극의 기원과 발전을 추적하는 작업에 착수했다. 니체는 자신이 "하나됨의 신비한 느낌"에 대한 주신제酒神祭적이고 경계 파괴적인 표현이라고 해석한 디오니소스의 신화에서 그 기원을 발견했다. 원시적인 노래와 춤을 통해 "인간은 자신이 좀 더 상위의 공동체의 일원임을 표현했다."[163] 디오니소스적 비극은 "국가와 사회" 그리고 "인간과 인간 사이의 간극"을 해소해 버렸다. 고대 비극에서 핵심적인 요소는 인간으로 하여금 자연에 대한 두려움에도 불구하고 살아갈 수 있게 하는 치유력으로서 신화의 역할이었다. "숭고함"의 예술적 표현은 "역사의 파괴적인 과정과 자연의 잔인성"에 직면하여 느끼기 마련인 무력감으로부터 인간을 구제했다. 그리고 희극의 예술적 표현에 의해 예술은 "부조리에 대한 역겨움"으로부터 인간을 벗어나게 했다.[164] 그러나 니체는 자연의 두려움에 몰두하는 대신 자연의 대립물인 문명이 초래하는 두려움에 주목했다. 이런 변화는 반란의 신화에 의해 고무된 자기 창조를 향하고 있었다.

이 새로운 입장은 아이스킬로스가 각색한 프로메테우스 전설에서 디오니소스 신화의 새로운 변형을 발견했다는 니체의 주장에서 나타났다. 대담하게도 신에 대한 반역을 묘사할 때, "이 타이탄과 같은 예술가는 인간을 창조하는 것은 물론 올림포스의 신들을 파괴할 수도 있는 자신의 능력에 대한 오만한 자신감을 가지고 있었다."[165] 프로메테우스는 반역을 자기 창조의 중요한 수단으로 본 젊은 마르크스에게도 강렬한 인상을 주었다. 마르크스는 신화를 확장하여 프로메테우스의 반란을 포괄적인 계몽이라는 의미에서 모든 인류를 위한 것으로 해석했다. 이와 대조적으로 니체는 그 신화를 인종주의에 이를 정도로 협소하게 만들어 버렸다.

니체는 프로메테우스의 신화가, 신은 인간의 창조물이라는 계시와 함께, "본래 전체 아리아 인종의 것이며 심오하게 비극적인 것에 대한 그들의 역량을 보여 주는 기록상의 증거"라고 선언했다. 그는 이 아리아인의 신화와 그것이 제시하는 "인간과 신의 화해할 수 없는 반목"에 대한 가르침을 "셈족"의 "인간 원죄의 신화"와 대비시켰다. 셈족의 신화가 호기심, 유약함, 변덕스러움과 같은 "현저하게 여성적인 정념들"을 반영하고 있는데 반해, "프로메테우스 신화의 가장 깊은 핵심"은 "적극적인 죄", "타이탄처럼 분투하는 개인에게 부과되는 범죄의 필연성"이었다.[166]

니체가 아이스킬로스의 비극이 몰락하는 과정에 대해 서술하면서 에우리피데스를 비난했을 때, 정치적인 차원에서의 적이 뚜렷이 드러나게 된다. 그 적의 정체는 고대 그리스 극장의 건축 구조에서 잘 드러났다. [관객석이 하나의 중심으로 향해 내려가는 반원형 계단식 구조로 된 극장 구조에서 – 옮긴이] 일반 관객의 좌석은 관객이 [무대에만 집중하게 함으로써 – 옮긴이] "자기 주위의 전체 문화 세계를 …… 지나쳐 버리도록" 배치되어 있었으며, 이를 통해 관객은 "사유의 과잉"에 빠져 버렸다.[167] 요컨대 이런 좌석 배치는 데모스의 등장 그리고 철학자의 전형적인 상징이자 특권인 거리두기와 사유마저 데모스가 차지해 버렸다는 사실을 알려 주는 것이었다.

니체는 그리스의 민주정을 공격하기 위해 그리스 비극을 이용했지만, 플라톤과 같은 방식은 아니었다. 플라톤은 분별없고 제멋대로인 대중, 곧 반辰철학의 화신인 대중의 "극장을 통한 지배theatrocracy"를 묘사하면서, 민주제와 극장을 철학에 대한 공통된 적대감으로 연결시켰다. 반면, 니체가 보기에 극장화된 폴리스polis-theater의 민주화와 '소크라테스주의'라는 형태를 띤 철학의 비극에로의 침투 사이에는 이 세 가지 모두[극장화된 폴리스, 철학, 비극 - 옮긴이]를 연루시키는 일정한 수렴점이 있었다. 에우리피데스는 이런 두 가지 사태 전개[극장화된 폴리스의 민주화와 철학의 비극에로의 침투 - 옮긴이] 모두에서 중요한 역할을 했다. 그는 비극을 파괴했다. "그를 통해 일반인이 제멋대로 객석에서 무대로 뛰어들었다." 그리고 극장에서 벌어진 일이 정치로 전이되었다. "[에우리피데스]로부터 사람들은, 기예의 규칙에 따라 그리고 가장 교묘한 궤변을 활용하여, 관찰하고, 논쟁하며, 결론을 이끌어 내는 법을 배웠다." 그리고 나서 니체는 자신이 "노예들"의 승리라고 보았던 것을 다음과 같이 신랄하게 묘사한다.

이제까지는 비극에 등장했던 반신반인半神半人, 희극에 나왔던 술 취한 사티로스[satyr, 그리스신화에 나오는 반은 사람이고 반은 짐승인 괴물들. 디오니소스의 시종 - 옮긴이] 또는 반인반수半人半獸가 언어의 특징을 결정했지만, 이제 에우리피데스가 그의 모든 정치적 희망을 걸었던 시민의 범용함이 발언권을 갖게 되었다. …… 에우리피데스는 누구나 판단할 수 있는 일반적이고 친숙한 일상적인 삶과 활동을 자신이 묘사한 데 대해 자부심을 가진다. 이제 모든 대중이 철학을 하고, 땅과 재화를 관리하며, 전례 없는 신중함으로 법적 소송을 진행한다면, 이 모든 것은 자신의 영광이며 그가 이 어중이떠중이 서민들에게 심어 준 지혜의 빛나는 성과라는 것이다.[168]

20. 새로운 디오니시오스*를 찾아서

비판적 전체주의는 미래에 대한 일정한 비전을 갖고 있다. "대격변의 시기, 곧 강자는 물론이고 약자마저 결단으로 몰아세우는, 인간을 선별하는 원칙의 도래"와 같은 구절에서 나타나듯이, 그것은 도덕적으로 파탄난 문명이 파국을 맞는 대격변이자 절정의 순간이다.[169] 퇴락을 극복할 정화와 재활의 힘은 관념에 의해 제공되지 않는다. 관념은 단지 물리적인 강함에 환호하며 원초적인 생물학적 삶 자체를 자랑스럽게 여기는 야만의 요소를 고양하는 수단이다. 균질화된 세계와 "때때로 나타났다 사라지면서" 그것을 대변하는 어리석은 이들에게 맞서게 될 자는 바로 "최후의 인간", "좀 더 높은 최고의 인류"다.

> 그것은 지배하는 것이 유일한 임무인 주인의 인종일 뿐만 아니라, 자신만의 독특한 삶의 영역을 갖고 있는 인종이자 아름다움, 용맹, 문화, 예절을 위한 능력이 정신의 최고 절정에 이를 정도로 넘쳐 나는 인종이다.[170]

전체주의적 담론의 배후에 존재하는 추진력은, 기호, 정치적 권력, 도덕, 교육, 문화 등 다양한 형태의 평준화에 의해 점진적으로 지배되는 세계의 부적절함으로 말미암아 교양을 갖춘 정신이 위협받는 것을 두려워하는 지적 엘리트주의다. 니체에게서 반복적으로 나타나는 이런 적대감은, 근대사회의 "무거움", 질식시킬 것 같은 그 무게, 권태로운 세계에 대한 은유적 형태의 불만으로 표현되었다. 무거움은 "대중사회"의 억압성에 대한 은유로서, 자신을 "춤추는 사람" 또는 "줄타기 곡예사"로 생각하는 무게 없는 가벼운 정신이 선호하는 은유

---

* [옮긴이] 디오니시오스 2세(Dionisious II)는 플라톤이 교육시켜 철인왕의 사상을 펼치고자 했던 시라쿠사의 왕이다.

188

다. 니체에게서 발견되는 동일한 적대감의 또 다른 표현은, 이런 상황에 대한 비난의 상당 부분을 프랑스혁명에로 돌린 것이었다.171 하지만 니체가 프랑스혁명을 비난했다고 해서 [니체의-옮긴이] 전체주의적 담론을 18세기 말에 등장했던 드 메스트르Joseph de Maistre, 드 보날드Louis de Bonald, 헤겔과 같은 강력한 반反혁명적 전통과 연결시켜서는 안 된다. 비록 이런 저술가들이 다양한 정도로 권위주의적이었던 것은 사실이지만, 그들은 미국혁명과 프랑스혁명에 의해 활성화되었으며, [후일의-옮긴이] 전체주의자에게는 결정적으로 중요한, '대중' 통합을 위한 이론적·실천적 방안에 대해 제대로 사유하지 못했다. 그들에게 대중은 공포와 혐오의 대상이지 이용할 수 있는 대상은 아니었다. 비판적 전체주의 담론과 전체주의적 관행은 대중에 대한 혐오 — 니체는 대중을 벼룩에 비유했다172 — 를 유지했지만, 엘리트의 존재 이유가 대중의 현전을 필요로 한다는 점을 인정하면서 대중에 대한 두려움은 무시해 버렸다. 이에 대해 니체는 다음과 같이 언급했다.

> 특정한 유용성에 끼워 맞추는 인간의 이런 왜소화와 순응에 대항하려면, 정반대의 운동이 필요하다. 곧 종합적이고, 요약적이며, 정당화하는 인간을 양성해야 하거니와, 인류의 저 기계화는 이런 인간이 존재할 수 있는 전제 조건이며, 이 인간이 좀 더 높은 존재 형식을 고안해 낼 수 있는 토대다.
> 이런 인간은 대중과의 대립, "평준화된 자들"과의 대립, 그들과 거리를 두는 구별 의식을 한다! 그는 그들을 지반으로 삼아 그 위에 서 있으며, 그들에 의존해서 살아간다.173

전체주의적 관행과 달리, 비판적 전체주의는 대중을 직접 지배하는 엘리트에 대한 비전에서 끝나지 않았다. 니체의 초인은 철학자가 아니었고, 또 철학자가 될 수도 없다. 다양한 관점만이 있을 뿐 진리에 대한 아무런 보편적 기준이 없는 세계에서 진리를 추구하는 자란 심지어 힘을 좇아 몸을 "낮추면서도" 자신들의 순수성을 주장해야 하는 각성한 소수일 뿐이기 때문이었다.

힘에의 욕망. 그러나 높은 곳에 있는 자가 권력을 좇아 몸을 낮추는데 누가 그것을 두고 탐욕이라고 부르겠는가! 진실로 그런 열망과 낮춤에는 어떤 병도 탐욕도 존재하지 않는다.[174]

그들의 힘에의 의지가 이러하기 때문에 이 소수는 사회적으로 고립되어 있는 진정한 요소들이면서 사회를 지배하는 자들과 연결될 것이었다. 이렇게 니체는 공적 책임은 회피하면서도 참주를 조종하려고 했던 지식인의 가장 오래된 환상을 영속시켰다.

가장 높은 인간은 지배자를 넘어 모든 구속으로부터 벗어나 자유롭게 산다. 그리고 지배자들에게서 그들의 도구를 발견한다.[175]

21. 정치 분석가로서 니체

마르크스와 니체: 공산주의와 전체주의는 먼저 이론-정치 속에서 정신이 펼치는 유령 같은 정치였으며, 그다음에는 송장처럼 무시무시한 정치가 되었다. 그로 인해 풍자의 대상은 상상력의 유희라는 그 정상적인 장소로부터, 비실재와 실재의 경계를 영원히 불안정하게 만들 정도로 상상하기도 힘든 정상성의 유린으로 전환되었다. 만일 역설적으로 마르크스가 [자신의 의도와 달리-옮긴이] 붕괴되지 않는 자본주의를 예견한 실패한 예언가로 판명된다면, 니체는 어떤가? 여기서도 역시 예상치 못한 결과가 나타난다. 즉 자유민주주의 국가의 해체에 대한 니체의 예언은 마르크스보다 선견지명이 있는 것으로 판명되었던 것이다.

이런 기이한 결과에 대한 주된 증거는 니체의 『인간적인, 너무나 인간적인』 *Human, All Too Human*(472-481절)에서 찾을 수 있다. 이 대목은 니체가 전통적인 형식의 정치에 대해 언급한 얼마 안 되는 경우에 해당한다. 놀라운 것은 니체의 여러 주제들이 마르크스의 일부 주제들과 교차한다는 점이며, 그 가운데 가장 우리를 사로잡는 것은, 억압이라는 국가의 일차적인 기능이 불필요해짐에 따라 궁극적으로 국가가 사멸할 것이라는 마르크스의 직관보다 국가의 소멸에 대한 니체의 예언이 분석적인 차원에서 시사하는 바가 좀 더 크다는 점이다. 마르크스가 보기에, 현실적으로 생산수단의 사적 소유에 대한 국가의 보호에 의해 유지되는 계급 지배는 그런 형태의 소유를 혁명적으로 폐지하고 사회적 소유로 대체함으로써 종말을 고할 것이었다. 마르크스의 주장이 지니는 함의는 다음과 같이 표현될 수 있을 것이었다. 국가의 소멸은 경제의 관리 형태에서 사적 영역의 축소와 공적 영역의 확대로 귀결된다. 공적 영역의 관료화는 비합리성이 지배하는 영역의 축소와 합리성이 지배하는 영역의 확대를 촉진한다. 동시에 당혹스럽게도 마르크스는, 사적 영역의 축소 및 공적 영역이자 관료화된 영역의 확대가, 소수의 특권 계급이 아니라 모든 사람이 다양한 개성의 계발을 가능하게 만듦으로써, 개인주의를 민주화시킬 것이라고 믿었다.

사실상 니체는 사회주의에 대한 그의 첫 번째 선언에서 사회주의를 문자 그대로 "반동적"이라고 규정했다. 사회주의는 "오직 전제정치만이 가졌던 …… 그런 국가권력의 과잉"을 추구한다고 그는 주장했다. 사회주의는 개인을 "공동체를 위한 유용한 기관"으로 만듦으로써 "개인의 말살"을 목표로 한다는 것이었다. 사회주의는 "여기저기에서" 잠깐씩 출현할 것이지만, 그것도 오직 "극단적인 테러리즘을 통해서만" 나타날 것이라고 그는 예언했다.[176] 만일 사회주의가 국가의 종언을 알리는 작곡자의 역할을 수행하는 것이 아니라 국가의 역사에 잠깐 등장하는 유혈의 간주곡이 될 운명이라면, 주된 드라마는 여전히 국가에 초점을 맞춘 채로 남을 것이다.

마르크스가 국가의 소멸을 사회주의social-ism의 확대와 연결시켰던 반면, 니체는 민주화의 진행과 세속화의 확대로 말미암아 종교가 겪은 변화로 인해 국가의 범위가 축소될 것이라고 단언했다. 니체는 세속화의 원인을 과학적 가치의 보급이 아니라 정치적 주권자로서 데모스의 등장에서 찾았다. 인민주권은 좀 더 "높은" 권력에 대한 예외를 인정하지 않는 평준화 시대의 도래를 의미했다.

기괴하게도 니체는 이후의 시대에서 "기독교 우파의 등장"과 "종교적 근본주의의 성장"이라고 서술될 현상들을 예언했다. 그는 또한 복지국가가 종국적으로 많은 기능을 상실하게 될 것이고 사적 기관이 이를 떠맡게 될 것이라는 점을 시사했다. 그리고 이런 변화가 서로 연관되어 있다고 주장했다. 국가가 우월성의 신비, "위계성"을 상실하고 이제 종교만이 그것을 제공할 수 있게 되자, 주권국가의 힘은 온전히 보전될 수 없었다.[177] 니체가 추측한 바에 따르면, 종교는 유럽 곳곳에서 유리한 위치를 누리고 있었지만, 민주적 국가의 출현과 더불어 이제는 종교에 대한 "단일한 통일된 정책"은 배제되고 분열된 정책이 나타날 것이었다. 결과적으로 나타난 종교의 사사화私事化, privatization는 뚜렷하게 상이한 두 방향으로 나아갈 수 있었다. 한편으로 통치 집단은 종교가 공공 정책에 영향을 미쳐도 되는가 하는 문제에 대해 반대의 입장을 취할 것이었으며, 다른 한편으로 여전히 열성적인 신자들인 인민은 통치자의 이런 반反종교적인 견해에 반발하여 가능하면 언제나 국가를 방해하면서 "국가에 대해 적대적"이 될 것이었다. 이런 사태 전개는 "국가에 대한 거의 광적인 열정"을 주입함으로써 국가의 종교적 "공백"을 채우려는 시도를 하도록 정치 엘리트를 "추동한다."[178] 만약 엘리트들 사이에 이런 종교적 열정주의자들이 득세하게 되면 "계몽된 독재"가 수립될 수도 있었다. 그러나 반反종교적인 세력이 우위를 점하게 되면, 그들은 세속화를 촉진시킬 것이며 이로 인해 국가는 위광威光을 잃고 매력 없는 공허함을 드러낼 것이었다. 이는 엄격하게 공리주의적인 국가의 등장을 의미할 것이었다. 위광 없는 국가는 합리적인 정치를 도입하는 대신, 사적인 목적을 위해 국가를 이용하려는 각 세력들의 격렬한 경쟁에 시달리게 된다. 이제 정치는 다수를 모으기 위한 투쟁의 형식을 취하게 되지만, 각각의 다수는 일시적인 것으로 판명되며 어떤 정당도 경쟁하는 다른 정당과 몇 년마다 교대로 집권하는 것 이상의 일을 하지 못하게 된다.

> 정부에 의해 이루어진 어떤 조치도 지속성을 보장받지 못할 것이다. 모든 사람은 그 결과가 무르익으려면 수십 년 또는 수세기를 공들여야 하는 작업으로부터 손을 떼게 될 것이다.179

정치의 일시적 성격이 갖는 "확실한" 결말은 "모든 정부에 대한 불신", "국가라는 개념을 제거하려는 결의", "공적인 것과 사적인 것 사이의 구분"의 폐지일 것이다.

> 사적인 기업들이 국가의 업무를 하나하나씩 흡수할 것이다. 심지어 과거에 정부가 했던 업무 가운데 가장 끈질기게 남아 있는 활동 — 예를 들면 개인의 인신을 보호하기 위해 고안된 정부의 활동들 — 조차도 결국 사적인 계약 업체들에 의해 이루어질 것이다.180

•••••

니체의 불행한 천재성은 너무나 많은 경탄할 만한 통찰, 너무나 많은 건강한 자극과 지적인 허식의 타파, 그리고 빛나는 기지를 후세에 남겼다. 이제 이런 그의 천재성에, 그가 힘에의 의지를 넘어 추구했던 평화가 주어져야 할 것이다.

> 나는 여기 그 하얀 혀가 나의 발을 핥으며 너울거리는 거대한 파도 한가운데에 서있다. 나는 사방에서 내게로 달려드는 울부짖음, 위협, 절규, 포효를 듣는다. …… [갑자기 고요

함의 상징인 하얀 범선이 유령처럼 아름다운 [자태를 조용히 드러낸다]. 이 아름다움은 그 얼마나 커다란 마력으로 나를 사로잡는가! …… 죽은 것도 아니고, 그렇다고 더 이상 살아 있는 것도 아닌 [상태로 – 옮긴이]? 그것은 고요하게 지켜보며, 미끄러지듯 움직이고, 떠도는 정신과 같은 중간적인 존재. …… 그렇다! 존재를 넘어서는 것! 바로 그것이다! 바로 그것이 중요한 무언가일 것이다.[181]

22. 20세기에서 힘에의 의지

[나치의 외교정책은] 그 형식에서 외부로 투사된 국내 정책으로서, 증가하는 현실성의 상실을 오직 끊임없는 행동을 통해 정치적 동력을 유지함으로써만 은폐할 수 있었다. 그렇기 때문에 그것은 정치적 안정을 이룰 기회로부터 훨씬 더 멀어지게 되었다.

_몸젠|Hans Mommsen[182]

20세기는 전체주의화된 힘에의 의지가 취할 수 있는 다양한 형식을 풍부하게 보여 주었다. 본질적으로 끝이 없는 전쟁 — 마약 및 테러리스트와의 전쟁 — 과 이미 지구 전체를 몇 번이나 사람이 살 수 없도록 초토화시키기에 충분한 양의 무기가 비축되어 있음에도 불구하고 훨씬 더 강력한 무기를 발명하려는 충동을 그 예로 들 수 있다.

현대의 경쟁적인 경제를 '인수', 합병, 미디어 '제국', 잇따른 기술혁명, 및 빈번한 변환 등과 함께 생각해 보면, 각각은 그것이 대체한 이전의 것보다 더 역동적이고 팽창적이라는 것을 알 수 있을 것이다. 그것들의 공통된 성격은 법칙을 파괴하는 역동성, 오늘날의 용어로 말하면, 그 대상이 규범이든 문화든 또는 기술이든, 기존의 삶의 형태에 도전하고, 경계를 허물며, 타파하는 역동성이다. 그 역동성은 빈정대는 듯한 대안("공짜 점심은 없음")을 제외하고는

194

아무런 대안 없이 그 활동을 보편적인 것("지구화", "세계시장")으로 강제하려 한다는 의미에서 전체주의적이다. 지속적으로 기존의 질서에 대해 도전하는 것, 언제나 전통적인 경계를 넘어 정치적 권력을 투사하는 것, 이윤을 위한 새로운 기회를 가차 없이 추구하는 것, 새로운 기술을 낳는 새로운 지식을 체계적으로 추구하는 것, 이 모든 것은 충분한 창의력과 집요함만 있으면 기존의 힘이 지닌 한계를 넘어설 수 있음을 전제한다. 전체주의의 독특함은, 그것이 경계가 점점 확장하는 총체성이라는 점이다.

전체주의적인 힘의 계산법이 스스로 제기하는 문제는 어떻게 '저항'을 축소하거나 근절할 것인가, 어떻게 하면 사람들이 두려움에 마비되지 않을 정도로만 공포를 만연시키고, 그러고 나서 고분고분해진 '요소들'을 재조직할 것인가라는 것이다. 전체주의의 정치적 유형에서 제시된 답변은 우리에게 충분히 익숙한 것들이다. 곧 대중 선전과 검열, 폭력, 테러 및 고문 등이 바로 그것이다. 나치 치하에서 이런 것들은 정권을 유지하는 수단이었다. 총체성을 지향하면서 동시에 경제가 지배적인 사회에서 공포는 체계 조정의 부산물로 나타난다. 가령 노동의 '재구조화', 기술 노후화의 촉진, 고용과 '혜택'을 불안하게 만드는 조치와 같은 관행이 정상적인 것으로 간주된다. 또한 불법 이민자의 입국을 묵인함으로써 이민에 반대하는 정치와 이민자를 탄압하는 입법을 조장하는 한편 '토착' 노동력은 임금과 사회적 혜택의 축소를 경험하게 된다.

동시에 이런 체계는 거리에서 자행되는 우발적인 테러와 비조직화된 폭력을 제거하기 위한 충분한 자원을 결코 확보하지 못한다. 경찰, 사회복지 기관, 또는 대부분의 직장에서 일어나는 자의적인 권력 행사에 대한 일반 시민의 경험은, 대중매체가 제공하는 폭력에 대한 예찬과 결합하여 헌정적 민주주의 정권이 전례 없는 권력을 획득하는 것을 정당화하는 그럴듯한 근거를 제공한다. 그리하여 그 정권은 처벌하거나 투옥 — 감옥은 이중적으로 제도화된 테러의 형태로서, 서로 폭력을 행사하는 수감자들은 외부 세계에 위협을 가하고 동시에 안심시키는 데 기여한다 — 할 수 있는 강력한 권력을 행사한다. 또한 이런 근거를 바탕으로 헌정적 민주주의 정권은 독점적인 감독권을 획득하는데, 그것은 새로운 커뮤니케이션 기제들이 창출한 지구화된 네트워크에 대한 정부의 규제를 통해 이루어진다.

이런 사회적·문화적 보완물은, 대중 의식을 탈역사화시켜 그것을 순수한 현재의 헤게모니로 대체함으로써, 근대의 대중적 의식이 이용할 수 있는 권력 자원을 축소시키는 형태를 취한다. 이런 문화는 시간에 대한 실천의 의존성을 제거하거나 또는 급격하게 축소함으로써 '실천의 무력감'을 만들어 낸다. 이는 어렵게 획득한 숙련 기술과 이해理解의 노후화를 한 번에 그치는 것이 아니라 반복해서 조장함으로써, 또는 예전의 방식과 경험에 대한 기억을 감상적인 것으로 만들어 억제함으로써(뮤지컬 〈레미제라블〉Les Misérables과 '디즈니 만화로 각색된' 〈노트르담의 꼽추〉The Hunchback of Notre Dame를 생각해 보라), 또는 분열된 일상적 삶의 구조에 유동성을 부과 — 클린턴Bill Clinton 대통령은 미국인들에게 각자가 일생 동안 "11개의 다른 직업"을 가질 것으로 기대해야 한다고 충고했다 — 하여 가족이나 결혼과 같이 오랜 시간에 걸쳐 형성된 애착을 지닐 수 있는 관계를 해체시킴으로써 이루어진다.

196

| 제14장 |

자유주의 그리고 합리주의의 정치

1. 포퍼, 듀이, 롤스: 자유주의의 재조명

비판적 이성이야말로 폭력에 대해 지금까지 발견된 유일한 대안이다.

_포퍼[1]

포퍼Karl Popper 의 『열린사회와 그 적들』*The Open Society and Its Enemies*(1945)과 롤스John Rawls 의 『정의론』*A Theory of Justice*(1971)은 출간된 후 이내 현대 자유주의의 고전으로 공인받았는데, 두 이론적 저작에는 근대적 힘과 20세기 중반의 자유주의 사이에 내재하는 모호함과 긴장이 고스란히 담겨 있었다. 이 두 권을 함께 읽으면 자유주의가 파시즘적 국가주의에 승리한 데서 시작해 복지국가를 일시적으로 수용하게 되기까지 진화한 과정을 엿볼 수 있다.

비록 두 저작이 서로 다른 전쟁 기간 동안에 집필되었지만, 그중 어느 것도 전쟁의 국내적 함의, 외교정책, 군부, 동원된 국민에 관해 깊이 있게 다루지는 않는다. 그 결과 두 저자 모두, 전체주의에 맞선 경험으로 인해 자유주의 정치체가 뒤틀릴 수 있다는 가능성을 고려하지 못하고 있다. 제2차 세계대전이란 영국에서나 미국에서나 (남성은) 누구든 징집되고, 식량과 연료를 배급받으며, 임금과 물가가 통제되었다는 점에서 일종의 평준화에 대한 경험이었다. 계급의 차이를 불문하고 모든 이들이 사회를 위해 무언가를 해야 하고, 고통을 겪으며, 부족한 대로 지내야 했다. 전쟁 중에 강요된 이런 민주화의 유산으로 인해, 영국에서는 종전 이후 집권한 첫 번째 노동당 정부가 사회복지 정책들을 내놓았고, 미국에서는 전역군인원호법이나 트루먼Harry Shippe Truman의 '페어딜' Fair Deal, 그리고 남북전쟁 이래 처음으로 의미 있는 시민적 권리를 보호하는 입법이 이루어졌다. 포퍼와 듀이가 주도적으로 참여했던 계획경제를 둘러싼 논쟁은 국가권력에 관한 논쟁이었던 만큼이나 평등에 관한 논쟁이기도 했던 것이다.

이와는 대조적으로 롤스의 『정의론』을 둘러싼 정치적 맥락은 베트남전쟁에 의해 깊게 각인되었다. 베트남전쟁 역시 제2차 세계대전처럼 민주화의 경험을 발생시켰지만, 그 경험은 전쟁 그 자체에 대해 반대할 뿐만 아니라, 자유주의 정치가 전쟁을 야기한 것에 대해 비판하며, 자유주의 정치인들이 시민적 권리라는 쟁점을 다루는 데 늑장을 부리는 것을 항의하는 가운데 생성되었다. 그러므로 우리는 포퍼와 롤스를 민주적이라기보다는 자유주의적인 이론가, 곧 자유주의적 계기를 밝혀내고 자유주의를 이론적으로 정교화한 이론의 대가로 자리매김할 수 있을 것이다. 하지만 그들은 근대성이 낳은 역사적 난관을 해결하기 위해 고심하면서도 정작 자유주의와 씨름하지는 않았다.

그들이 '밝혀내고자 한' 것은 무엇보다도 이론적 저술의 일정한 전통에 담긴 정치적 가능성이다. 롤스의 경우 그것은 칸트Immanuel Kant와 밀의 고결한 도덕주의 그리고 개인적 자유에 대한 강조다. 포퍼의 경우 그것은 벤담Jeremy Bentham과 생시몽Saint-Simon에서 찾아볼 수 있는 기술 관료적 성향인바, 그것은 이성이 최고의 가치를 가지며, 그 가장 훌륭한 본보기는 과학적 이성이라는 계몽주의의 신념을 대변한다. 이 두 갈래의 자유주의는 모두 대의 정부, 헌정적 권리, 정치경제, 정책 전문성과 같은 틀 자체에 대해서는 의문을 제기하지 않은 채, 그 틀 내에서 [자유주의의 정치적 가능성을―옮긴이] 밝혀내려 한다.

자유주의와 민주주의 사이에서 나타나고 있는 차이점들 가운데 일부를 좀 더 분명하게 식별하기 위해 포퍼에게서 눈길을 돌려 그보다 약간 앞선 동시대 인물인 듀이를 살펴볼 것이다. 듀이는 자유주의자라기보다는 민주주의자였는데, 이런 구별은 그가 집필했던 시대의 정치적 상황으로 인해 명료하게 부각된다. 제2차 세계대전이 끝나 가던 무렵에 집필된 포퍼의 『열린사회와 그 적들』과 달리, 듀이의 저술들은 제2차 세계대전이 발발하기 전에 나치즘, 마르크스주의, 소련 공산주의, 미국의 군사적 개입 등에 맞서서 민주주의의 의미를 다시금 명확하게 되살리려는 시도였다. 듀이를 포퍼와 짝지어 놓고 바라보면, 우리는 정치적인 것의 이론적 개념과 과학의 문화적 역할에 관한 이론적 개념을 대비시켜 볼 수 있다. 또한 이런 과정을 통해 우리는 듀이를 롤스와 짝지을 경우 파악할 수 있는 또 다른 대조를 준비할 수 있다. 그것은 정치철학의 관점과 철학자들이 민주주의에 공적으로 헌신하는 방식을 중심으로 한 관점 사이의 대조다.

2. 닫힌사회

포퍼의 저서는 자유 사회와 전체주의적인 그 적들을 구분하는 이론적 가정에 대한 결정적인 분석으로서 널리 찬사를 받았다. 그 저작은 전체주의의 경험 그리고 전체주의에서 지속적으로 전쟁을 수행하고 영구적으로 인민을 동원하기 위해 이루어진 사회의 조직화 문제를 **부분적이나마** 해결하기 위해 고심했던 경우에 해당한다. 책 제목과 "전체주의적"이라는 단어의 빈번한 사용에도 불구하고 포퍼는 나치의 권력 체계나 그 잔혹 행위들을 직접적으로 다루지 않았고 스탈린주의는 언급조차 하지 않았다.[2] 대신 그는 전체주의에 일정한 특징을 부여했는데, 이는 전체주의 체제의 복잡한 현실에 대한 분석을 감정주의emotionalism, 신비주의, 종족주의tribalism와 같은 분석적으로 도움이 되지 않는 범주들로 대체하는 결과를 초래했다. 그리하여 전체주의는 합리주의의 정치와 완벽한 대척점에 위치하는 반反합리성으로 그려졌다.

전체주의에 귀속된 특성들은 분석의 대상이라기보다는 일종의 배경을 이루는 것이었다. 그는 "닫힌사회"라는 개념에 초점을 맞추었는데, 그것은 베버Max Weber가 말했던 '이념형'과 비슷한 관념적 구성물로서 나름대로 독특한 역사적 계보까지 지닌 것으로 기술되었다. 그는 닫힌사회의 기원을 고대 그리스, 곧 "개인주의, 평등주의, 이성에 대한 신봉 [그리고] 자유에 대한 사랑"을 위해서 귀족적이고, 부족적이며, 관습에 얽매인 질서를 벗어던지려고 했던 그리스인들의 노력을 가로막은 반동으로까지 거슬러 올라가서 찾았다. 자유와 개인주의의 출현으로부터 비롯된 "문명의 흐름"은, 그 투쟁의 과정에서 "문명에 대한 반란"과 비합리주의 및 부족주의로의 회귀를 유발했다.[3] 합리주의가 먼저 존재하다가 나중에 비합리주의로 되돌아간다는 관념은, 전체주의 이후에도 열린사회와 닫힌사회 사이에서 단호한 선택을 내려야 할 위기의 순간이 찾아올 것이라는 포퍼의 예언에서 다시 나타날 것이었다.

포퍼에 따르면, 닫힌사회라는 개념의 이론적 연원은 그 뿌리가 깊다. 그가 읽어 낸 바에 따르면, 닫힌사회의 기원은 플라톤까지 거슬러 올라가는데, 플라톤은 반민주적 반동에 지적인 근거를 제공했고, 이는 헤겔과 마르크스로 이어졌다.[4] 닫힌사회를 하나의 이론으로 취급함으로써, 그리고 그 과정에서 이른바 닫힌사회가 지식인에게 미친 호소력을 그것과 과학적 합리주의 사이의 유사성을 통해 설명함으로써, 포퍼는 닫힌사회라는 개념이 나치즘의 패배 이후에도 살아남았고, 나치의 전체주의가 유례없는 현상이라기보다는 광범위한 경향 속에 나타난 하나의 계기에 불과하다는 주장을 개진할 수 있었다.[5] 동시에, 닫힌사회를 하나의 이론으로 표상함으로써, 그는 이론적으로 공격할 수 있는 목표물을 창조했고, 과학적 설명의 범주에 속하는 일종의 논리적 비판을 그 목표물에 퍼부었다.

포퍼가 닫힌사회의 실례를 들어 분석한 것은 아니지만, 『열린사회와 그 적들』에서는 힘에 대한 두려움과 힘을 제한하려는 탐색이 주조를 이루고 있으며, 여기에는 전체주의의 경험이 깃들어 있다.[6] 또한 그가 합리주의와 비합리주의의 대치를 주된 대립으로 부각시키려 한 것에도 전체주의에 대한 경험이 표출되고 있다.

합리주의는 과학에 근거한 사회로서 대의 정부의 한계 내에서 "사회공학" — 또는 제한된 개혁의 기획 — 을 실천하는 사회를 대변했다. 반면에 비합리주의는 전면적인 변화라는 강제된 비전과 "급진주의에 내재한 비합리주의"에 사로잡힌 사회를 대변했다.[7] '열린사회'라는 관념은, 일부는 경험과학의 방법으로부터, 다른 일부는 과학적 '공동체'의 이상화된 버전으로부터 영감을 받은 것이었다. 과학적 공동체의 이상화된 버전은 '비판적 합리성 — 이를 통해 과학적 이론들은 과학자들의 전문화된 공동체가 제기하는 철저한 비판에 직면한다 — 의 실천을 포함했다. 우리가 살펴보게 될 것처럼, 과학적 공동체라는 이상은 듀이와 롤스의 논의에서 다시 나타나게 될 것이며, 이는 민주적 심의를 위한 표준으로 기능할 것이었다.

포퍼의 논변에서 이성과 과학이 중심적인 위상을 차지한다는 사실은, 그가 계몽주의에 크게 빚지고 있음을 가리킨다. 그러나 생시몽, 마르크스, 콩트 Auguste Comte와 같이 19세기에 활약한 계몽주의의 후예들은 각자 자신의 유토피아적 희망을 지지하기 위해서 과학을 끌어들였던 반면, 포퍼는 유토피아주의를 막을 방벽으로 과학을 설치했다. 이는 포퍼의 과학 개념이 계몽주의의 핵심적인 가치들이 계속해서 빚어내는 내적인 긴장에 대한 하나의 반응으로 제출된 것임을 시사한다.

계몽주의의 옹호자들은 전형적으로 과학을 합리주의와 동의어로 다루면서 모든 가치 가운데 가장 높은 위치로 올려놓았다. 후일의 많은 계몽주의의 주창자들과 생시몽 및 콩트에게 과학이란 합리적인 탐구 방법일 뿐만 아니라, 자연을 이용하고 물질적·문화적·도덕적 진보를 약속해 줄 수 있는 사실상 무한한 힘이라는 베이컨적 약속을 표상하는 것이었다. 베이컨에서 시작하여 19세기에 이르기까지 과학의 옹호자들은, 과학이 제시한 약속의 달성 여부가 궁극적으로 과학적 이성을 조직하고 촉진하며 지원하는 국가권력의 적극적인 역할에 달려 있다고 거듭 주장했다.

전체주의의 경험은 국가의 수중에 있는 조직화되고 집중된 힘에 대한 깊은 두려움을 포퍼에게 남겼다. 나중에 그는 "국가는 일종의 필요악이자 …… 상시적 위험 요소"라고 서술했다.[8] 그렇기 때문에 다음과 같은 어려운 문제가 제기된다. 한 사회와 그 정치는 과학의 정신과 실천에 의해 조절되어야 한다는 발상을 어떻게 옹호할 것인가? 그리고 과학적 지식에 담긴 잠재적 힘을 개발하되, 그것이 국가의 수중에 과도하게 집중되는 것을 어떻게 피할 수 있을 것인가? 과학은 [국가의 후원과 과학의 실천적 응용을 결부시킨 - 옮긴이] 베이컨적 연관성을 거부하고 국가권력의 기반을 구성하는 지배적인 요소가 되는 것에 저항해야 하는가?

앞에서 언급했듯이, 포퍼는 닫힌사회가 처음에는 비합리주의가 아니라 과잉-합리주의 또는 "포괄적 합리주의"에 의해 지배된다고 규정했다. 닫힌사회는 합리주의, 과학 및 사회적 공학의 중요한 요소들을 열린사회와 공유했다. 양자의 차이는 그 정도의 지나침에 있었다. 예를 들어 닫힌사회에서는 실험과학 혹은 "비판적 합리주의" 대신에 이데올로기적·교조적 "과학주의"가 신봉되며, 세밀하게 규정된 한도 내에서 이루어지는 국가의 개입 대신에 국가의 총체적인 통제가 이루어진다는 것이다. 지나침의 원인은 과잉-합리주의자들의 "유토피아적" 기질에 있었다. 포퍼가 주장한 바에 따르면, 그런 합리주의는 사회를 위한 총체적인 "청사진"을 고집하는 데서 시작하지만, 이런 목적들은 "과학적으로" 결정될 수 없는 것이기 때문에 종국적으로는 "자멸적"인 것으로 판명될 것이었다.[9]

유토피아의 옹호자들이 과학에 호소할 수도 있겠지만, 포퍼는 그런 호소가 '예언'을 진정한 과학으로 혼동한 전형적인 결과라고 주장했다. 포퍼의 설명에 따르면, 과잉 합리주의자들은 유덕하고 합리적인 질서를 위해 전체론적holistic* 설계 — 예컨대 플라톤의 『국가』와 같은 — 를 기획했는데, 그런 기획은 신비주의 — 예컨대 "고상한 거짓말"** 과 같은 — 또는 강압적 수단에 의지함으로써 종국적으로는 비합리적이 될 것이었다. 근대에 들어와 닫힌사회는 겸손한 형태의 과학적 이성을 채택하는 데서 시작할 것이지만, 오래지 않아 지나치게 야심적이고 극단적인 형태의 이성마저 포함할 것이었고, 이는 실천상의 실패로 귀결될 것이었다. 궁지에 몰린 통치자들은 사태의 진행을 이데올로기가 예측한 바와 부합하도록 억지로 꿰맞추려는 절박한 심정으로 폭력과 강제에 호소하게 될 것이었다. 이와 대조적으로 실험과학의 관점은 "행복"과 같은 막연한 목표를 고취시키기보다 특정한 사회적 병폐를 제거하는 데 집중함으로써

---

* [옮긴이] 전체론(holism): 사회현상 및 자연현상을 이해하고자 할 때 개별적인 부분들보다는 전체의 모습과 성격에 초점을 맞추는 관점을 가리키는 인식론의 용어로서, 정치적 이념 및 현상을 가리키는 전체주의(totalitarianism)와 어느 정도 연관은 있지만 혼동하지는 말아야 한다.
** [옮긴이] 고상한 거짓말(noble lie): 플라톤의 『국가』에서 통치자, 수호자, 생산자로 구성되는 계급 구분을 인민으로 하여금 받아들이도록 하기 위해 국가의 설계자가 고안하는 일종의 거짓 신화. 사람에 따라서 육체가 금, 은, 동으로 이루어지며 그에 따라 계급도 구분된다고 믿도록 만들어야 한다는 내용이다.

실용적이고 점진적인 행동을 고무하는 방향으로 나아갈 것이었다.[10]

포퍼는 중앙의 계획에 따라 사회를 운영한다는 과잉 합리주의자들의 비전을 닫힌사회의 당대적 구현으로 파악했다. 비록 그 당시에 소련을 벗어나면 총체적인 계획에 대한 확실한 옹호자를 거의 찾아볼 수 없었지만,[11] 영국 노동당 내에는 선별적이거나 제한적인 사회 계획 ― 예컨대 의료보장, 교육, 연료 소비 등 ― 이라는 발상을 옹호하는 자들이 있었다. 그들은 사회의 구체적인 우선순위를 세우기 위한 합리적인 계획을 발전시키는 것이 바람직하고 가능하다고 주장했다. 그런 계획에 따라 물질적·인간적 자원을 배분하며, 생산의 일정을 조정하는바, 이 모든 것은 전체 인구의 생활수준을 향상시키며 좀 더 커다란 사회적 평등을 촉진시키는 가운데 사회의 자원을 좀 더 효율적으로 사용하고, 전체 인구의 건강을 증진시키며, 경제적 안전을 보장하는 것을 목표로 한다는 것이었다. 그 옹호자들에 따르면, 이것은 시민적·정치적 자유들을 억압하거나 헌정적 정부를 전복시키지 않고도 성취될 수 있었다.[12]

포퍼는 일견 선별적인 계획의 가능성마저도 일축한 것처럼 보였다. 대신에 그는 생산·소비·정보를 엄격히 통제한 전시의 경험을 바탕으로 추론하면서, '유토피아적 사회공학'은 본원적으로 비합리적인 데다가 폭력으로 흐르기 쉽고, 이견에 재갈을 물리며, 국가 숭배를 조장한다고 주장했다. 포괄적이고 합리주의적인 경제계획은 먼저 혼란을 야기하지 않고서는 온전히 도입될 수 없을 것이었다.[13] 설령 격심한 교란을 피할 수 있다손 치더라도, 총체적인 계획은 미래를 예측하고 그에 따라 계획을 세우는 것이 가능하다는 잘못된 가정에 기초하고 있었다. 이런 가정은 또한 사회과학이 예측의 토대가 될 수 있는 확실한 과학적 지식을 제공할 수 있다는 근거 없는 믿음에 의존했다.

사회과학들 ― 그가 주로 염두에 둔 것은 사회학과 경제학이었다 ― 의 과학적 지위가 핵심적인 문제였는데, 그 이유는 포퍼가 '사회공학'이라는 자신의 구상에서 그것들에 중요한 역할을 부여할 것이었기 때문이다. 마찬가지로 힘에 관한 포퍼의 두려움이 사회과학과 그것의 잠재적인 정치적 역할에 관한 그의 견해에 강력한 영향을 미쳤다.

그가 주저했던 점은 사회과학자들이 과학자로서 자격이 있는가라는 문제가 아니었다. "모든 과학에서 …… 이론적인 방법들은 …… 근본적으로 동일하다"는 점을 그는 용인했다.[14] 오히려 그의 관심은, 사회과학이 많은 사회과학자들이 열망했던 목표, 즉 예측 능력을 정당하게 주장할 수 없다는 점을 보여 주는 것이었다. 그는 많은 사회과학자들이 진정한 과학이라면 필수적으로 갖춰야 한다고 간주한 예측 능력을 사회과학에 대해서는 인정할 수 없는 이유를 몇 가지 제시했다.

예측 능력이란 전형적으로 역사주의 이데올로기를 위장하기 위한 허울이라고 포퍼는 주장했다. 포퍼는 미래의 어떤 시기에 실현되도록 되어 있는 "플롯"의 형태로 "인류의 이야기"에 대한 지식을 주장하는 입장을 역사주의historicism*라 명명했다. 그것은 히브리 예언서처럼 오래되었고 마르크스의 변증법적 유물론만큼이나 근대적이기도 했다. 진정으로 예측적인 지식, 그 자신의 표현으로는 "과학적인 조건부 지식"이란 오직 과학자가 다루는 연구 대상이 천문학에서처럼 "정적인" 체계일 때에만 성립할 수 있다고 포퍼는 주장했다. 반면에 인류의 역사는 끝없는 변화의 역사이기 때문에 예측 가능성을 위한 전제 조건이 충족될 수 없을 뿐만 아니라, 사회과학의 적절한 연구 대상은 어떤 "선택된 인민"이나 사회주의 사회처럼 "사회적 총체" 따위의 집합체가 아니라 개인들이어야 한다는 것이었다.[15]

---

* [옮긴이] 포퍼는 두 가지의 역사주의를 구분한다. historism은 사회학적 학설이 특정한 시대의 지배적인 편애나 이해관계와 연관되어 있다고 믿는 것을 말한다. 그에 반해 historicism은 역사적 예측과 역사적 진행 방향의 예견이 사회과학의 주된 목적이며, 이는 역사 진보의 밑바닥에 깔려 있는 규칙적인 흐름, 패턴, 법칙, 경향을 발견함으로써 달성될 수 있다고 확신하는 것을 말한다.

포퍼는 사회과학의 예측 능력을 부인하는 한편, 사회공학과 관련해서는 사회과학에 중요한 역할을 부여했다. 그러나 그는 그 역할을 대체로 부정 어법의 형태로, 즉 "의도적인 인간의 행위가 유발하는 의도되지 않은 사회적 반향을 추적하는 것"으로 규정했다. 그 역할을 수행함으로써 사회과학은 "실험적인 자연과학에 매우 가까이 근접할" 수 있으리라고 포퍼는 기대했다. 그것은 "우리가 무엇을 할 수 없는지를 명확하게 제시하는 실천적 규칙의 형성"으로 우리를 차분하게 인도할 것이었다.16

3. 열린사회

…… 우리에게 필요한 것은 좋은 사람들이라기보다는 좋은 제도들이다.
_포퍼17

그러나 포퍼가 자유방임의 이념을 액면 그대로 옹호한 것은 아니었다. 그는 "경제적 약자"를 보호하기 위해 경제에 대한 국가의 개입을 옹호했고, 민주적 통제의 형식 내에서 운용되는 정치적 힘이 경제적 힘보다 "우월"하며 "우월"해야 한다고 열렬히 주장했다.18 정치판에서 작용하는 돈의 힘은 경제개혁을 위한 어떤 진지한 노력도 가로막을 수 있다는 주장에 대해서, 포퍼는 민주주의가 "돈으로 표를 사는 행위"를 통제하고 "선심성 예산 지출"에 "엄중한" 통제를 부과할 수 있는 법률적 수단을 활용할 기회를 제공한다고 역설했다.19 그러나 정치적인 것의 우위를 확립하고 사회악을 치유하기 위한 정치적인 것의 개입을 정당화하려는 이런 태도에도 불구하고, 포퍼는 국가의 수중에 들어있는 정치적 권력은 언제나 위험하다고 강조했다. 그러므로 경제에 대한 국가의 개입은 가능한 한 적어야 했다. 다시 말해서, 국가는 자유 시장을 통제하기보다는 보호해야 하고, 국가의 권력은 다른 제도들을 통해서 면밀하게 견제되어야 했다.[20]

그렇다면 국가의 간섭을 옹호하는 것 그리고 그와 동시에 국가의 힘을 통제하는 것 사이에서 외견상 드러나는 긴장은 어떻게 해소할 수 있는가? 포퍼의 열린사회는 과학주의의 한 갈래를 자유주의에 융합시킴으로써, 과학주의를 자유주의의 정치적 기반을 구성하는 핵심적인 부분으로 삼고자 한 시도였다.

이상적으로 말하면 열린사회는 제한 정부, 법의 지배, 개인적 자유의 보장, 그리고 "작은 문제부터 풀어 나가는 과학의 방법을 사회 개혁의 문제에 적용하는 것"이라는 정치적 합리성에 관한 포퍼의 독특한 개념을 의미했다. 권력이 총체화하는 것을 피하기 위해, 포퍼의 과학적 정치는 경험과 소규모의 실험들, 그리고 한 번에 하나의 제도를 변경하고 나서 원래의 구상에 비추어 결과를 검증하는 전략에 의존했다. 그러기 위해서는 무엇보다도 자유롭고 끊임없는 비판, 곧 "비판적 합리주의" 그리고 후일 하버마스Jürgen Habermas가 내놓은 개념들을 예상이나 한 것처럼 불편부당성, 공개적인 의사소통 및 "이성의 공통 언어"에 대한 헌신이라는 명문화된 가치가 요구되었다.[21]

사회공학의 정치는 '정책 국가'라 이름 붙일 수도 있는 과학적이고 기술 관료제적 발상의 전조가 되었다. 포퍼는 정책을 개별적인 '문제들'로 한정하는데, 그 문제들에 대한 해법은 실험적 기획 ― '사회공학' ― 의 정신에 따라 강구될 것이었다. 포퍼는 경쟁하는 정당들이 제안한 대안들을 둘러싼 정치적 경합의 결과로 정책이 출현할 수도 있다는 점에 대해서는 사실상 전혀 관심을 기울이지 않았다.

> …… 정치의 과학적 기반은 …… 사회의 제도들을 우리의 소망이나 목표에 따라 구성하거나 변경하는 데에 필요한 사실 관련 정보일 것이다. 그런 과학은 예컨대 경기 침체를

피하거나 아니면 경기의 하강 국면을 조성하고 싶을 때 어떤 조치를 취해야 하는지를 우리에게 알려 주어야 할 것이다.[22]

정치는 과학적 방법의 사회적 적용을 구체화한 제안들을 둘러싼 논쟁이 벌어지는 제한된 영역으로 인식되었고, 정치적인 것은 이런 정치와 동일한 것으로 가정되었다. 목적들에 관한 "질문"과 "사실들에 관한 질문들"[23]을 명확하게 구분한 것을 제외한다면, 포퍼는 한편으로 과학적 합리성의 원리들에 따라서 '사회공학자'가 제안하는 정치적 행위와, 다른 한편으로 민주적 규범에 따라서 구성되는 다수의 지배 사이에서 발생하기 마련인 문제들을 탐구하려고 시도하지 않았다. 그러나 이런 기술 관료적 성향이 국가권력을 확대하기 위한 은밀한 전략으로 포퍼가 의도한 것이 아니었다는 점은 분명했다. 비록 논리적으로만 보면 점진적인 개혁이 그런 결과로 귀결될 수도 있겠지만, 포퍼는 다음과 같은 이유로 열린사회란 "정치의 문제에 대한 새로운 접근"을 의미한다고 확고부동하게 주장했다.

왜냐하면 그것은 우리로 하여금 질문을 바꾸도록 강제하기 때문이다. 즉 '누가 지배해야 하는가?'라는 질문을 '우리가 어떻게 정치제도를 조직해야 나쁘거나 무능한 통치자들이 너무나 큰 손해를 끼치는 것을 방지할 수 있을까?'라는 새로운 질문으로 교체해야 하는 것이다.[24]

비록 포퍼가 빈번히 '민주주의'를 들먹이긴 했지만, 그는 열린사회에서 시민이 수행할 역할에 관해 과학적 실천과 기술 관료적 합리성에 의해 규정된 것을 제외하고는 달리 아무것도 서술하려 시도하지 않았다. 정치에 관해 그가 지닌 비전의 일관성은 각 목표가 선행하는 목표와 연결되면서 하나의 목표에서 다른 목표로 엄격한 방법을 준수하여 이동하는 전략에 의존했다.

이런 점진적인 정치라는 비전은 중요한 점에서 그 자체로 유토피아적이었다.[25] 개별적으로 분리되어 있고 일정한 초점을 집중적으로 다루는 '하나의 문제'라는 관념은, 주요한 문제들이 좀처럼 분리되어 있지 않고, 무엇보다도 그런 문제들에 대한 '해결책'이 상당한 기간에 걸쳐 꾸준한 압력을 행사할 수 있는 정치적 의지를 요구한다는 중요한 논점을 직시하지 않았다. 포퍼의 사회공학은 동요와 단절을 허용하지 않는 것처럼 보인다. 그러나 동요와 단절은 정치가 상이한 견해와 반대되는 이해관계 및 불평등한 영향력을 지닌 시민들의 활동과 관련되어 있기 때문에 불가피하게 나타날 수밖에 없다. 자유로운 정치의 한 가지 결과는 '문제'가 결정적으로 해결되는 경우가 드물다는 것이다. 그것은 문제들 가운데 일부가 (예컨대 인종주의처럼) 막상 알고 보니 예상했던 것보다 훨씬 더 완강한 것으로 판명되기 때문만이 아니라, 이른바 레이건Ronald Reagan의 혁명이라는 것이 극명하게 보여 주었듯이, 강력한 기득권이 대중매체를 장악해서 종전까지 사회적으로 합의되었으며 합리적이라고 여겨지던 정책을 뒤집을 수도 있기 때문이기도 하다.

포퍼가 제도적으로 통제되는 정치라는 자신의 구상을 정치적 실천이나 시민들의 경험에 결부시키려 한 적은 전혀 없었다. 심지어 그는 정치에 공중을 관여시키는 것에 관해서 강하게 의심하는 경향마저 보였다. 그는 "공론이란 무책임한 형태의 힘"이라고 선언하면서, 구체적인 기획에 초점을 맞춘 "비판적" 토론이 공론을 대체하게 될 날을 고대했다.[26] 이런 맥락에서 보면, "사회공학으로 결과를 검증할 수 있는 사회적 기술이 필요하다"는 포퍼의 주장은 일반 시민들의 정치 참여보다 훈련받은 과학자들 사이의 전문적 담론과 더욱 친화성을 가지고 있는 것처럼 보였다.[27] 포퍼가 반민주적인 사회관을 제시하지 않았는지는 몰라도, 민주주의에 대한 공약을 제한하는 과정에서 기술 관료적 자유주의의 비전을 제시했다고 할 수 있다.

4. 드러나는 모호성의 암시들

…… 조금씩 점진적으로 수행하는 개혁 그리고 기대한 결과와 성취한 결과 사이의 비판적 비교를 통해 조절되는 개혁을 선호하는 나의 사회 이론은 공교롭게도 과학적이고 지적인 혁명의 이론인 나의 방법론과 선명하게 대비된다.

_포퍼[28]

위의 인용문을 보면, 비록 포퍼가 일견 과학을 강하게 신봉하는 것처럼 보이고 일부 비평가들이 그에게 '과학주의'라는 혐의를 씌우기도 했지만, 과학에 관한 포퍼의 견해가 신중한 것이었음을 알 수 있다. 이런 신중함에는 중요한 의미가 담겨 있었는데, 좀 더 정확하게 말해서 이는 그가 비정치적이고, 엄숙하며, 거의 청교도적인 과학 개념을 구성해서 그것을 고도로 제한된 영역에 실천적으로 적용하는 경우를 제외하고는 모든 것으로부터 멀리 떨어뜨려 놓으려고 노력했다는 것이다.

포퍼에게 과학 이론의 검증은 확증될 수 있느냐의 여부가 아니라 반증falsification*이라는 엄격한 검사를 통과할 수 있느냐의 여부에 달려 있었다.[29] '반증 가능성'이란 [무비판적인-옮긴이] 과학과 거리를 두는 방식으로서, 이는 전면적인 개혁을 위해 과학이 멋대로 동원되는 것을 막기 위한 것이었다. 엄격한 '논리'가 과학적 방법의 독특한 요소이며, '비판적 합리주의'가 정치적 토론을 주도해야 하고, 어떤 광범위한 과학적인 사회 계획의 구상보다 '사회공학'이라

---

* [옮긴이] "모든 S는 P"라는 일반 명제를 "어떤 S는 P"라는 경험적 사실로써 확인(confirmation)할 수는 없다. 반면에 "어떤 S는 not-P"라는 증거만 있다면 "모든 S는 P"라는 일반 명제는 틀린 것으로 확정된다. 이것이 반증(falsification)이다. 경험과학의 이론은 모든 상황을 다 경험할 수 없기 때문에 결코 확증될 수 없지만, 반증될 수는 있다. 그러므로 반증을 견뎌 내는 한 이론은 유지된다는 것이 포퍼의 생각이다.

는 이념이 사회문제에 대한 접근을 결정해야 한다는 그의 주장은 모두 과학의 '순수성'을 보존하고 국가권력에 봉사하기 위해 과학이 아무렇게나 동원되는 것을 방지하려는 의도에서 비롯되었다.

이와 같은 단서 조항들로부터 너무 많은 의미를 끌어내면 왜곡이 발생하겠지만, 분명한 것은 그것들이 무비판적인 형태의 '과학주의'에 대한 반발을 암시하고 있다는 점이다. 후일의 저술에서 포퍼는 '역사'에 대한 감각을 결여한 '거대과학', '정상 과학자들' 및 '기술자들'에 대해 강한 적대감을 표출했다. 그리고 그런 적대감에 '전통'을 보존해야 한다는 열정적인 호소를 덧붙였다.[30] 합리주의의 권능에 대한 그의 강력한 자신감에도 단서가 추가되었다. 그는 합리주의를 선택하는 것이 과학적 입증이나 논리적 증명의 문제가 아니라 신념에 따른 행위임을 시인했던 것이다.[31]

히로시마와 나가사키의 참상과 [핵폭탄을 만들어 낸 – 옮긴이] 맨해튼 프로젝트에서 과학사들이 주도적인 역할을 수행했다는 사실을 모르는 사람이 거의 없게 되면서, 과학은 역사 바깥에 위치하며 사회학적인 의미를 전혀 가지지 않는 분야처럼 간주되던 '낭만적인' 위상을 상실하기 시작했다. 지식에 대한 과학의 주장은 점증하는 회의주의에 봉착하고, 명성이 자자했던 과학의 지적 독립성은 과학이 기업 경제에 통합되고 국가에 의존하게 되면서 현실과 타협하게 되었다. 사실 이와 같은 가능성들은 거의 비슷한 시대에 조금 일찍 활동했던 미국인 철학자[듀이 – 옮긴이]에 의해 이미 제기된 바 있었다. 그는 포퍼보다 훨씬 더 열광적으로 과학을 옹호했지만, 민주주의자로서도 훨씬 더 강한 신념을 가지고 있었다.

5. 듀이: 정치 이론을 본령으로 삼았던 철학자

민주주의의 위기는 현재 일반적으로 수용되고 있는 지성을 과학적 절차에서 예시되는 지성으로 대체할 것을 요구한다. …… 원대한 사회적 계획을 고안해 내고 기획하기 위해서 과학적 탐구 방법에 가까운 방법, 그리고 공학적 사고와 흡사한 사고방식이 요청된다.

_듀이[32]

21세기로 넘어가는 길목에서 철학자들과 정치 이론가들이 롤스의 업적에 경의를 표할 때, 그들은 빈번히 롤스가 밀 이래로 가장 중요한 정치철학자라고 칭송했다. 하지만 롤스를 예우했던 그런 판단은 듀이(1859~1952)를 무시한 것이었다. 듀이는 아마도 미국의 공적 지식인으로는 가장 뛰어난 모범이었으며, 이론의 여지 없이 제1, 2차 세계대전 사이의 시기 동안 정치 이론을 주도했던 인물이었다.[33]

듀이의 주요 저작들은 전문적인 철학적 주제들에 관한 것이었지만, 그의 글들은 당시의 가장 절박한 문제들을 정면으로 거론함으로써 주목을 받기도 했다. 그가 다루었던 당시의 쟁점들로는 경제 불황, 경제에 대한 정부의 개입, 공공 교육, 아동 발달, (텔레비전이 나오기 훨씬 전부터) 뉴스 매체에 의한 여론 조작, 미국 민주주의의 재건, 공산주의와 파시즘의 도전, 미국의 국제연맹 가입 문제, 그리고 유럽의 전쟁에 미국이 개입해야 하는지 여부 — 그는 제1차 세계대전 때에는 미국의 참전을 애매하게 지지했지만, 제2차 세계대전 때에는 참전에 반대했다 — 등을 들 수 있다. 듀이를 읽다 보면 그 자신이 그런 주제들을 선택했다기보다 그 주제들이 그를 선택했다는 느낌을 받게 된다.

듀이는 또한 공개 토론에도 참여했고 대중잡지에도 자주 기고했다. 그의 문체는 특별히 두드러지지는 않지만, 언제나 진지했고, 쉬운 말로 쓰였으며, 시민적 의사 표현의 모델이 될 만했다. 공개 토론에서 서구의 주요 정치 이론가들을 마치 살아 있는 사람처럼 불러들여 논의함으로써 공중을 교육시키려고 대단히 애를 썼다는 점은, 그가 청중에게 겸손한 척하며 영합하지 않았다는 사실을 보여 주는 하나의 척도였다. 듀이는 자신의 논변에 플라톤, 홉스, 로크, 루소, 칸트, 헤겔, 고전 정치경제학자들, 마르크스 등을 적극적으로 등장시켰던 것이다. 비록 그가 독특하게 "미국적인" 철학자 — 이것이 항상 찬사인 것은 아니다 — 로 종종 묘사되기는 하지만,[34] 그의 저술은 정치적 사유의 광범위한 전통이 지닌 생명력을 입증했으며, 그런 전통이 지닌 지속성을 통해 비판적인 혁신, 심지어는 급진적인 혁신을 키워 낼 수 있었다.

　　듀이는 철학 교육을 받았고 일생의 대부분을 철학과 관련해서 보냈지만, 역설적이게도, 정치철학보다 정치 이론을 실천했다고 할 수 있다. 정치 이론이란 철학자들의 관심보다는 정치의 관심사를 개진하고, 전문적인 형식보다는 시민적인 형식의 담론을 사용해서 정치적인 것을 이론화하려는 시도라고 할 수 있다. 정치 이론은 당대의 세계 또는 선별된 과거의 일부에서 어떤 일이 벌어지고 있는지를 분석하기 위해서 다양한 개념들과 추상들을 하나의 일관된 네트워크로 엮어 내려고 시도한다는 점에서 이론적이다. 듀이의 정치적 저술들은 시종일관 비전문적인 태도를 취하며, 정치적 문제들을 철학자답게 논의하려는 노력을 별로 기울이지 않는다. 다시 말해서 그가 다루는 문제들은 공적으로 중요하기 때문에 논의되는 것이지 철학자들의 사적인 세계에서 진행되고 있는 논쟁과 관련이 있기 때문에 논의된 것이 아니다. 심지어 듀이의 논의는 추상적일 때조차 변함없이 당대의 문제에 촉각을 곤두세우고 있었고 광범위한 청중을 향해 있었다. 이는 듀이가 근대의 전문가들이 했을 법한 방식으로 그런 문제들을 번개처럼 빠르고 가볍게 취급했다는 것이 아니다. 그의 정치적 이론화는 철학적 훈련의 흔적을 선명하게 간직하고 있었다. 그는 기나긴 일생 동안 현실 참여적인 삶을 살면서, 민주주의의 운명에 영향을 미치는 사건들, 특히 일반 시민들이 과학적·경제적 진보의 과실을 공유할 수 있는 가능성에 영향을 미치는 사건들의 함의와 결과를 끈질기게 추적했다.

6. 베이컨의 부활

…… 민주주의의 미래는 과학적 태도의 확산과 보조를 같이한다.

_듀이[35]

'실험주의'experimentalism에 헌신한 사람답게 듀이의 사고는 강조점과 방향에서 여러 차례 변화를 겪었다. 그는 신헤겔주의자로 시작해서, 거기에 자유주의적 프로테스탄티즘과 사회적 복음이라는 요소를 첨가했고, 퍼스Charles Sanders Peirce*와 제임스William James**의 각기 다른 실용주의, 미드George Herbert Mead***의 사회학, 그리고 행태주의 심리학 등으로부터 일부 측면들을 받아들였으며, '도구주의'instrumentalism의 아버지로 알려지게 되었다. 그러나 그는 일정한 핵심적 믿음들을 줄곧 견지했다. 곧 '방법의 우선성', '결과'의 중요성, 과학과 기술의 정치적 중요성, 민주주의와 '진보적' 교육 간의 불가분적인 연관성, 그리고 일련의 공식적인 정치적 제도라기보다는 삶의 형태와 문화로서 민

---

* [옮긴이] 퍼스(1839~1914): 미국의 철학자. 윌리엄 제임스와 더불어 실용주의(pragmatism)의 창시자로 일컬어진다. 철학, 물리학, 천문학, 심리학, 역사학, 경제학 등 광범위한 분야에 걸쳐 방대한 저술을 (현재까지 출판된 것만 12,000쪽, 출판되지 않는 육필 원고 800,000쪽) 남겼지만, 특히 논리학, 수학, 기호학 등에서 독창적인 착상들을 여럿 내놓았다.
** [옮긴이] 제임스(1842~1910): 미국의 철학자. 심리학, 인식론, 종교 등을 주제로 인간의 경험이 먼저고 정신과 물질, 주관과 객관 등의 범주가 나중이라는 주장을 펼쳤다.
*** [옮긴이] 미드(1859~1931): 미국의 사회심리학자, 철학자. 실용주의 철학을 사회심리학에 적용해서 정신과 자아가 기호를 통한 사회적 의사소통으로부터 출현하는 과정을 해명하고자 시도했다.

주주의가 지닌 가치가 그런 믿음들이었다. 듀이의 정치 이론을 관통하는 하나의 문제가 있었다면, 그것은 과학적 지식의 적절한 조직화와 그 기술적 적용이 인류의 물질적 운명을 향상시키고 일반 시민들로 하여금 지적으로, 미적으로, 그리고 도덕적으로 발전할 수 있게 하는 최상의 희망을 표상한다는 점을 미국인들에게 설득하는 것이었다. 만일 그런 기획에 하나의 주요한 난관이 있었다면, 이는 과학적 문화와 민주적 문화라는 두 문화를, 비록 동등한 비율로는 아니지만, 결합시키려는 듀이의 주된 정치적 목표에서 기인했다.

근대적 힘에 관한 최초의 이론가였던 베이컨은 듀이에게 중대한 영감을 주었다.[36] 사실상 모든 정치적 이론화 작업에서 듀이는 "탐구 방법의 변화를 통해서 자연의 에너지가 정복될 것이라는 베이컨의 예언자적 비전이 거의 실현되었다"는 점을 공리로 받아들였다.[37] 실로 듀이는 아마도 베이컨이 제시했던 근대적 힘의 개념을 주창한 마지막 위대한 인물 — 그것을 진정으로 신봉한 마지막 인물은 아니겠지만 — 일 것이다. 그는 과학의 체계적인 육성과 그 성과의 기술적 응용에 잠재되어 있는 힘에 관한 논변, 자연을 조직적으로 공략할 대상으로 설정한 논변, "과학의 방법과 기술의 영역에서 추구되는 방법 사이에는 논리적 원칙상 아무런 차이가 없다"는 논변,[38] 탐구 작업을 통제하는 데만이 아니라 사회문제들을 파악하고 해결하는 패러다임으로도 "방법이 우선한다"는 논변, 그리고 과학적 가치의 헤게모니를 강화하는 방향으로 문화를 조성하는 것이 중요하다는 논변 등 베이컨의 논변들을 받아들여 완전하게 구체화시켰다.

그러나 듀이는 근대적 힘에 관한 베이컨식 관점의 마지막 이론가임과 동시에 근대적 힘의 확립된 구조가 지닌 함의를, 국가가 그 구조의 확립을 촉진시키는 역할을 떠맡아야 한다는 관점이 아니라 헌신적인 민주주의자의 관점에서 비판적으로 검토한 최초의 베이컨주의자이기도 했다. 포퍼는 과학의 실천을 정치로부터 보호하는 한편, 과학의 이론을 형식 논리, 즉 일상의 경험과

'상식'으로부터 동떨어진 지적 형태로 표현하고자 했다. 이와 대조적으로, 듀이는 과학을 민주주의의 처분에 맡길 뿐만 아니라, 과학적 방법과 일상적 실천 사이의 지적 친화성, 심지어는 연속성을 강조하는 과학관을 제시했다. 이와 같은 발상은 실천을 이론과 동격으로 끌어올리면서 동시에 지식의 본성에 대한 민주적이며 참여적인 접근을 주장하는 것이었다. "…… 안다는 것은 외부에서 관망하는 구경꾼의 행위가 아니라 자연과 사회의 현장에 관여하는 참여자의 행위다……."[39]

> 알게 된 것what is known[곧 지식의 내용 – 옮긴이]이란 관찰 행위가 필수적인 역할을 하는 작업의 산물로 보아야 한다. 반면에 안다는 것knowing은 최종적으로 알게 된 것에 참여하는 것으로 보아야 한다……. 철학 이론에서 안다는 것이란 실천으로부터 분리된 어떤 것이 아니라 [참여의 실천으로 – 옮긴이] 특별하게 정향된 활동이다.[40]

일상생활에서 얇은 경험에서 시작한다. 흄이나 버크 같은 18세기 저술가들은 편의상 경험을, 그 사회적 형태에 있어서 습관이나 규칙적인 행위 및 관습으로 구체화시켰다. 습관은 다수가 '따르는' 것을 제공했다. 그것이 정치적으로 구현될 때, 습관이란 조심스러운 처신이며 신중함으로 표상되었고, 그런 만큼 정치가의 첫 번째 덕목으로 권장되었다. 신중함은 이른바 권력을 위임받아 재량권 — 관습을 '따를 것'이 요구되는 상황과 그로부터의 일탈이 필요할 때를 판단하는 — 을 갖고 행사하는 소수의 지도자가 갖추어야 할 덕목이었다. 신중함은 정치적으로 경험이 없는 급진주의자들이 쉽게 빠져드는 추상적인, 특히 수학적인 추론 양식에 대한 방벽으로서 옹호되었다.

듀이에게 경험이라는 "근대적 관념"은 "일차적으로 행함의 문제"다.[41] 경험은 일상적인 삶을 구성하는 실제 요소이자 모든 사람에게 해당한다는 의미에서 민주적이며, 경험을 세련되게 다듬는 행위도 포함한다.

만일 삶을 경험하는 존재가 자신이 속한 세계의 활동에 친밀한 참여자라면, 지식은 일종의 참여 양식이고, 그것이 효과가 있는 만큼 가치 있는 것이다. 무관심한 구경꾼의 한가한 견해가 지식일 수는 없다.[42]

따라서 민주주의는 "단순한 정부의 형식 이상의 것이다. 일차적으로 그것은 결합된 삶의 양식이자, 공동의 경험을 통해 소통하는 양식이다."[43]

듀이에게 경험이란 '행함' 또는 행위와 긴밀하게 연관되어 있다. "행위는 문제시되고 있는 상황을 해결하는 수단이다."[44] 전형적으로 그것은 어떤 사건들이 이전에는 습관에 의해 처리되던 상황을 교란시킬 때, 혹은 습관이 거의 또는 전혀 길잡이가 되지 못하는 새로운 상황에 직면했을 때 시작된다. 행함은 변화된 혹은 새로운 상황들에 적응하려는 노력이다. 과거의 경험은 현재의 필요에 의해 측정된다. 그것의 결함은 탐구와 구체적인 제안, 해결책을 제시하려는 행위, 그리고 행태나 상황 가운데 한 쪽을 수정하거나 양자 모두를 수정하려는 노력을 초래한다. 그 과정에서 행위는 새로운 상황과 변화된 행위자를 창조한다. 가치들은 경험된 것과 거기에 대한 반응이 벌이는 상호작용 속에서 자연스럽게 출현한다. 거기서 경험은 좋으냐 나쁘냐로 판단되고 우리는 그것을 지키거나 피하려고 노력을 기울인다.

그리하여 일종의 실험적 성격이 삶 자체에 부가되지만, 이 과정에서 이전에 일어났던 것이 통째로 희생되지는 않는다. "선행하는 행위가 나중 행위의 발생 조건을 준비한다. 산다는 것은 이와 같은 행위의 연관된 연속성이 효과를 발휘하고 있다는 것을 의미한다."[45]

7. 힘에 대한 교육

이처럼 듀이에게 일상적인 삶에서 이루어지는 실험주의와 과학자들의 실험주의 사이에 건널 수 없는 간극 따위는 없었다. 이 점은 듀이가 민주주의의 문화와 근대과학의 문화를 결합하고자 시도할 때에 핵심적인 중요성을 띠게 될 것이었다. 그 결합을 보장할 수 있는 연결 고리를 확립하는 일이야말로 듀이가 교육에 가장 열정을 기울인 이면의 동기가 되었다. 듀이가 중요시했던 종류의 교육은 공적인 포괄성을 지녀야 하고, 그 핵심에는 반(反)엘리트적이고 민주적인 성격을 가지고 있어야 하며, 근대과학과 기술의 힘 아래에서 매일 변화하고 있는 유연한 세계를 지향해야 하는 것이었다. 듀이의 교육 철학 안에서 근대 민주주의는 최초로 근대적 힘과 연결되었다. 근대 산업과 기술 및 과학의 엄청난 힘은 민주화되어 그 혜택이 더욱 평등하게 분배되어야 하는데, 그렇지 않으면 그 힘은 통제할 수 없는 것이 되어 그 혜택이 대부분 소수에게 한정될 것이었다. 정책 결정에 교사들이 참여할 권리를 옹호하면서 듀이가 주장했듯이, "민주주의를 주장한다는 것은, 민주주의를 실행하는 것이 바로 진취적 정신과 구성적 힘을 산출하는 최선의 방식이라는 점을 함축한다. 이익뿐만 아니라 힘 역시 사용과 실천에 의해 얻어지는 것이다."[46]

8. 민주주의의 수단: 교육

우리는 인간이 사회적 동물임을 계속해서 되뇐다. 그럼에도 이 주장의 중요성을 일반적으로 사회성이 가장 분명치 않아 보이는 정치라는 영역에 제한한다. 인간이 지닌 사회성의 중심은 바로 교육에 있다.
_듀이[47]

듀이를 최고 수준의 교육 이론가 가운데 한 사람으로서 플라톤이나 루소와 같은 반열에 놓는 것은 결코 이상한 평가가 아니다.[48] 그의 선배들은 입법자의 역할을 수행하는 과정에서 새로운 교육 체계를 세워 사회를 탈바꿈시키는 꿈을 꾸었을지 모르지만, 듀이는 실제로 미국뿐만 아니라, 제2차 세계대전 이전의 중국과 일본, 그리고 소련의 초창기 시절에 교육의 이론과 실제에 깊은 영향을 미쳤다.[49]

듀이는 공공 교육과 그 교사들이라고 하는 보잘것없는 매개 수단에서 플라톤과 아리스토텔레스 및 루소가 상상 속의 통치자에게 맡겼던 철학의 도구를 발견했다. 한 나라의 공립학교를 주관하고 그 선생들을 준비시키는 원리를 발견함으로서, 철학자는 통치자나 엘리트와 같은 대리인을 통하지 않고 직접 미래의 시민들을 양성할 수 있을 법했다.

> 철학이 소수를 위한 상징적이거나 언어적인 유희 또는 정서적인 도락에 머물러 있어야 하는 것이 아니라면, …… 과거의 경험을 검토할 때든 가치에 관하여 일정한 강령을 제시할 때든 철학은 행위를 통해 효과를 발휘해야 한다. 철학이 바람직하게 여기는 방향으로 사람들의 성향을 변화시키는 데에는 사회운동, 선전, 입법부나 행정부의 조치도 효과적일 수 있지만, 이는 오직 그것들이 교육적인 정도, 다시 말해서 그것들이 정신적·도덕적 태도를 수정하는 정도에 달려 있다. …… 만약 교육을 자연과 동료 인간을 향한 지적이고 감정적인 기본적인 성향을 형성하는 과정으로 생각할 용의가 우리에게 있다면, 철학 자체를 교육에 관한 일반 이론이라고 정의 내릴 수도 있을 것이다.[50]

철학을 교육에 관한 최고의 학문으로 여기는 발상으로부터 듀이가 이끌어 낸 함의들은, 다음과 같이 그가 교육에 부여한 범위에 의해 제시된다.

> …… 성인의 생활과 관련된 모든 제도들은 지속적인 교육을 진전시키는 데 기여한 효과에 따라서 검증된다. 정부·사업·예술·종교 등 모든 사회적 제도들은 인종·성별·계급·경제적 지위와 상관없이 인간 개개인의 역량을 계발하고 해방하려는 …… 의미와 목적

을 가지고 있다. …… 민주주의에는 수많은 의미가 있지만, 만약 거기에 어떤 도덕적인 의미가 있다면 모든 정치제도와 산업 체제가 모든 사회 구성원 각자의 전반적인 성장에 기여하는 정도에 따라서 검증되어야 한다고 결단하는 데 있을 것이다.[51]

이 비전은 정치적 전술을 수반했다. 철학은 "달성할 수 있는 가능성들이 기획되고 추구될 수 있도록 과학의 결론과 사회적·개인적 행위 양식을 연결시키는 연락장교"로서의 역할을 수행해야 했다.[52] 헤겔과 마르크스를 상기시키면서, 교육에 관한 듀이의 정치 이론은 다음과 같이 조언했다.

낡은 질서 속에서 변화를 만들어 내고 있는 좀 더 새로운 과학적·기술적·문화적 힘들 forces을 선택하는 데 있어서 …… 만일 그것들이 좀 더 자유롭게 움직이도록 허용된다면, 그것들이 어느 방향으로 움직일 것이며 어떤 결과를 가져올지 평가해 보라. 그리고 학교를 그것들의 동맹으로 만들기 위해서는 무엇을 할 수 있을 것인가를 살펴보라.[53]

듀이는 정치교육의 이념을 고유한 의미의 교육과 구분될 수 있는 별도의 과제로 인식하지 않았다. 교육은 곧 정치교육을 뜻했다. "전통적인" 교육은 "위로부터 부과되는 것"이었고, 따라서 엘리트를 재생산하기 위해 고안된 것이었다.[54] 민주주의를 위한 교육이 "학생들의 훨씬 능동적인 참여"를 의미한다고 하더라도, 교육학자들이 상투적으로 언급하는 것처럼 교육이 "시민됨"을 위한 준비인 것은 아니라고 듀이는 주장했다.[55] 그렇다고 교육이, 듀이를 비판한 많은 사람들이 종종 불평했던 것처럼 전적으로 "아동 중심적이고" 과거의 위대한 지적 공헌에 무관심한 "자유로운 형식"인 것도 아니었다.[56] 교육이란 경험의 수업이었다. 어린이들은 손을 사용하는 솜씨들을 시도하고, 검증하며, 배움으로써 해결책을 강구하도록 장려되었다. 그들은 어떻게 판단하고, 어떻게 자신의 경험을 수정하며, 어떻게 경험을 공유할지를 배움으로써, 어떻게 배우는지를 배우게 될 것이었다.

9. 민주주의와 경제

시민적·정치적 영역뿐만 아니라 산업에서도 민주주의가 이루어지지 않는 한, 민주주의는 현실이 아니라 명목으로 남아 있을 뿐이다.

_듀이(1886)[57]

처음에 듀이는 '통제'라는 틀을 통해서 과학적이고 기술적으로 조직된 사회의 가능성을 구상했다. 1929년에 그는 "근대의 실험과학은 통제의 예술이다. ...... 통제라는 방식은 미래에, 생산에 시선을 돌린다"고 언급했다.[58] 실험주의는 듀이가 계획과 사회주의를 옹호하는 데 있어 핵심적이었지만, 그는 결코 계획이나 사회주의를 강령적으로 정교화하지는 않았다. 실험주의란 행위 또는 그 자신의 표현에 따르면 "행함", 즉 "사건들의 진행 방향을 바꾸는" 변화를 초래하는 것이라는 듀이의 관념을 구체화한 것으로 보면 가장 잘 이해할 수 있다.[59] 실험적인 탐구의 주요 요소를 듀이는 세 가지로 정리했다. 그 요소들이란 첫째로는 "명시적인 행함, 곧 주위 환경 또는 환경에 대한 우리의 관계에 분명한 변화를 일으키는 것"이며, 둘째로는 어떤 "문제"에 초점을 맞추는 것이고, 셋째로는 "새로운 경험적 상황을 구성하는 것"이다. 이 새로운 경험적 상황 속에서 이제 대상들은 전과 다른 관계를 맺게 되고 그 결과가 알려진다.[60]

이런 관점은 듀이로 하여금 사회정책에 관해 두 갈래의 견해[미국 자본주의에 대한 적개심과 계급 갈등이 아닌 협력에 대한 강조-옮긴이]를 갖도록 이끌었다. 그는 공통의 이익을 위한 과학적 지식의 활용을 가로막는 주된 장애물로 "경제적 체제"를 점점 더 강하게 지목했지만, 경제구조의 개혁을 가져올 수 있는 총괄적인 정책을 제안하거나 그렇게 개혁된 경제구조가 어떤 모습을 띠게 될 것인지에 대한 윤곽을 제시하는 데는 실패했다.[61] "경제적 체제"의 힘이 어떻게 진화하는지는 고사하고 그 본질이나 구조에 관해서 본격적인 분석을 제시하지 못했다는 점도 추가로 지적할 수 있을 것이다. 하지만 명백한 사실은, 그가 미국의 자본주의에 대해 확고한 적개심을 가졌으며, 그것이 미처 날뛰는 개인주의를 표상한다고 믿었다는 점이다. 1930년대의 경제적 침체, 그리고 경제계획과 규제를 어느 정도 도입하려고 시도한 뉴딜 정책의 한가운데서 듀이는 "생산력"이 "사회화되어야" 한다고 촉구했다. 그는 "물질적·기계적 생산력의 조직화"만이 "수많은 개인들이 지닌 문화적 가능성이 엄격한 통제와 그에 따른 억압에 희생되는 것을 구제할 수 있는 유일한 길"이라고 주장했다.62

한편 듀이는 "때로 베일에 가려진 내전으로까지 치닫는 계급 갈등의 존재"를 인정했지만, 계급투쟁을 유용한 분석적 개념으로서 받아들이지 않았다. 그가 보기에는 "협력"이 인류의 역사와 기술에서 일관된 요소였고, 사회 변화를 위해서도 계급투쟁보다 훨씬 중요하고 전도유망한 원천이었다.63 무엇보다 그는 만약 민주주의의 방법이 과학의 방법과 결합된다면, 사회는 평등의 가치를 손상하지 않으면서 계급 갈등과 계급적 당파성을 초월할 수 있으리라고 믿었다. 민주주의란 "포괄적인 사회적 이익"이라고 그는 단언했다.64 폭력이 사회 속에 제도화되고 깊숙이 내장되어 있다는 그의 신념 탓에, 혁명적 폭력에 대한 그의 혐오는 흔들림 없이 강화되었다.

> 현존하는 사회 체계의 절차에는 지성보다는 강제력이, 평상시에는 강압이라는 형태로, 위기 시에는 노골적인 폭력의 형태로 내장되어 있다. 사법 체계는, 형사법 제도에서는 뚜렷하고 민사법 제도에서는 그만큼 눈에 띄지는 않지만, 강압에 기초하고 있다. 전쟁은 국가들 사이의 분쟁을 해결하기 위해 반복적으로 사용된 방법이다.65

스탈린주의 정권의 잔혹한 성격이 분명해짐에 따라, 그는 자신의 입장을 마르크스주의와 차별화하기 위해 더욱 애를 썼다. 경제적 계획의 이념까지 부정하지는 않았지만, 심지어 경제의 사회화를 부인하기도 했던 것이다.66 결국 경제와 민주주의의 미래는 미해결로 남았는데, 아마도 그것은 다음과 같은 함의를 지닌 실험 방법의 채택을 가장 중요시했기 때문이었을 것이다.

> 인간의 가능성 및 이상이 한편으로는 과학의 정신 및 방법과, 다른 한편으로는 경제 체계의 작동과 동맹을 달성한다면, 굳이 낙담할 까닭이 없다.[67]

그러나 아래에서 살펴보겠지만, 그는 마르크스의 분석을 거부하기보다는 경제활동의 사회적 성격에 착안한 마르크스의 발상과 유사하게 과학적 활동의 사회적 성격을 이상화한 자신의 구상을 제시했다.

10. 과학을 둘러싼 경쟁

> 국가는 언제나 재발견되어야 한다.
> _듀이[68]

듀이는 정치적 저술을 집필하는 가운데 근본적인 딜레마에 직면했다. 한편으로 그는 순수한 지식으로서의 과학 그리고 일상생활의 문제를 해결하는 방법들과 근본적으로 단절된 사유 양식을 따르는 과학자들이라는 상을 부정하기 위해 부단히 노력했다. 우리는 "과학이라는 것에 어떤 유별난 신성함이 깃들어 있어서 여타 모든 사회적 관심으로부터 분리되어 있다는 믿음을 단번에 깨끗이" 폐기할 필요가 있다고 그는 주장했다.[69] 과학과 그 실천적 응용을 중심으로 조직된 사회에 대한 그의 비전은 이런 주장에 근간을 두고 있었다. 그런데 그는 발전된 자본주의가 과학으로 하여금 현실로부터 초연해야 한다는 그런 기풍을 포기하도록 만드는 데에 너무나 열성적이라는 점을 깨닫기 시작했다. 과학적 탐구가 기술적인 관심에 의해 조종되고 있었을 뿐만 아니라, 과학과 기술은 공히 자본주의로 통합될 긴급한 위험에 처해 있었다.[70] 1927년에 그는 "경제적"이라는 이념이 공적인 시안에 관한 모든 사고에 너무나 팽배해서 "전체주의적"이라는 단어와 "동일한" 것이 되었다고 서술했다.[71] "…… 경제적 힘은 이제 …… 자신과 부합하지 않는 사회 변화, 현존하는 자신의 이익을 증진하거나 지지하지 않는 모든 사회 변화에 저항하는 조직된 사회제도가 되었다."[72] 좀 더 구체적으로 경제는 사기업에 의해 지배되고, 그 결과 기술이 약속한 대중의 빈곤과 문화적 박탈에 대한 해결책은 "봉쇄되고 굴절되어" 기술이 "그 자신의 고유한 경로"를 따르는 것은 "결코" 허용되지 않았다.[73]

듀이는 뉴딜 정책이 사회적 계획을 단지 미온적으로만 수용한 데 대한 안타까움을 표현하기 시작했으며, 이와 동시에 이탈리아의 파시즘과 독일의 나치즘에 대한 혐오로 말미암아 국가를 추켜올리고 국가권력의 확장 및 팽창을 제창하는 이론들을 거부하게 되었다.[74] 이미 1927년에 그는 "국가란 순수한 신화에 불과하다"라고 선언했는데, 이는 국가가 어떤 초월적인 지위도 갖고 있지 않다는 것을 의미했다. 국가는 인간의 필요에 따라서 자연스럽게 출현했을 뿐이다.[75] 듀이는 국가를 완전히 기각하지는 않았지만, 그것을 마지못해 재개념화하면서 덜 장엄한 모습으로 그려 내고자 했다. 그리하여 국가는 구성원들이 공유하는 이익을 보호하기 위해 공중을 조직한 것이며, 그 실제 조치들은 공무원들이 수행하는 것으로 재개념화되었다. 듀이는 국가의 정확한 형태에 관해서는 크게 개의치 않았고, 다양한 형식을 취할 수 있을 것이라고 말했다. 중요한 것은 기능과 결과에 초점을 맞추는 것이었다.[76]

국가는 과학적 지식을 실천적으로 활용한다는 베이컨의 전략에서 중추적인 요소였다. 만약 국가의 지위가 강등되어야 한다면, 목을 조여들어 오는 자본주의의 압박을 타파하고 과학과 기술에 잠재되어 있는 사회적·경제적 이득을 실현시켜 모두가 누리도록 만들 수 있는 수단은 무엇인가?

듀이의 답변은 두 갈래의 주요한 노선을 따라서 제시되었다. 첫 번째는 과학을 자본에서 분리하여 사회의 진보적인 비전으로 이용하는 것이었다. 이를 위해서는 과학의 성격을 새로이 정의하고 과학의 역할을 단순한 발명이라는 차원을 넘어서 확장시킬 필요가 있었다. 그렇게 재규정되면, 과학은 문제 해결의 모델을 제공할 뿐만 아니라 새로운 문화에서 결정적인 가치를 제공하게 될 것이었다. 실험주의와 민주주의 간에는 어떤 긴장도 없다고 듀이는 주장했다. 즉 실험주의란 "민주주의의 방법 …… 이다."[77] 과학적 가치와 민주주의 — 아래에서 우리가 살펴볼 것처럼 — 가 스며들어간 새로운 문화는 평화적으로 사회를 재편하는 수단이 될 것이었다.

11. 공중의 이념

두 번째 노선이자 좀 더 엄격하게 정치적인 노선은, 진정한 "공중"이 출현해서 스스로의 필요를 실현하기 위해서는 먼저 "기존의 정치적 형태를 부숴야" 한다는 듀이의 주장에서 제기되었다.[78] 그런 목표를 이루기 위해 그는 주권자 인민이라는 종래의 개념을 '공중'이라는 이념으로 대체하는 근본적인 이론적 혁신을 제안했다.

처음에 공중은 일정한 "결과"에 의해 영향을 받아서 그런 결과를 확실하게 보장받으려 하거나 혹은 "불쾌하다고 판명된 것을 …… 제거하려는" 사람들로부터 형성된다.[79] 이 상태의 공중은 자연적 혹은 선先정치적인 것으로 묘사될 수 있을 터인데, 왜냐하면 그런 결과들과 그 결과들이 촉발한 공중은 "직접적"이고 국지적이며, 따라서 일반 사회에 영향을 미치지 않기 때문이다. 광범위한 범위의 공중이 출현하는 것은 바로 "결과에 대한 지각이 개인이든 집단이든 관련 당사자의 직접적인 관심을 넘어서는 중요한 방식으로 투사될 때"다. 이런 공중은 "특별한 정부 기관들"을 지닌 하나의 국가로 조직되는데, 이 기관들은 공중을 이루는 구성원들의 대부분이 거의 모든 경우에 오직 간접적으로만 경험하는 결과들을 다루게 된다.[80] 정치적인 것과 시민적 덕성의 소재에 관한 듀이의 정식화는 바로 이런 공중들이, 심지어 그 구성원들 대부분이 즉각적으로 영향을 받지 않더라도, 사건들에 대응한다는 이념에 기반을 두고 있었다.

여기서 당연히 제기되는 질문은 '대부분의 시민들이 직접 이해하거나 경험할 수 없는 사태들을 다루는 국가의 행동을 시민 전체가 지지하는 것을 어떻게 보장할 수 있는가'였다. 이에 대한 듀이의 답변은 민주주의와 참여적인 시민이었다. "민주주의가 삶의 기본 양식이 되어야 한다"는 것은, "함께하는 삶을 규제하는 가치를 형성하는 데는 모든 성숙한 인간의 참여가 필요하다"는 의미에서 필수적이었다. 듀이는 이것이 "일반적인 사회복지라는 관점에서뿐만 아니라 개인으로서 인간의 완전한 발전의 관점에서도 필수적"이라고 역설했다.[81] 이는 민주주의를 자본주의로부터 이론적으로 분리하고 양자 사이의 적대 관계를 인식하는 작업을 포함하고 있었다.

> 이른바 현존하는 자본주의 체제와 민주주의 사이에 이미 조화가 확립되어 있다는 발상은, 인류 역사가 언제나 발전해 왔다는 억측만큼이나 부조리한 형이상학적 사변에 불과하다.[82]

『공중과 그 문제들』*The Public and Its Problems*에서 듀이가 제시한 민주주의의 설명은 일견 모호하게 보이는데, 그 이유는 제도적 형태들에 대한 고려가 많이 부족하고, 심지어 그것들을 경시하고 있기 때문이다. 그러나 그 책은, '제도적 자유주의'라고 일컬을 수 있는 것과 민주주의를 분리하지는 않았지만, 양자를 구분할 필요성을 부각시켰다. "보통선거권, 빈번한 선거, 다수결, 의회와 내각의 정치에는 어떤 고결함도 없다." 그의 모든 저작에 걸쳐서 듀이는, 많은 관찰자들이 정치적 민주주의를 표현하는 데에 필수 불가결하며 가장 중요한 수단이라고 간주한 제도들에 대해서 비판적인 견해를 유지했다. 위에서 인용한 문장에 바로 뒤이어 듀이는 "이런 것들은" 시급한 필요에 대처하느라 진화한 "장치들"이지 "민주주의의 이념을 증진하는 데 필요한" 선결 요건은 아니라고 기술했다.[83] 민주주의란 이런저런 이론이나 혁명적 운동에 기원을 두고 있지 않다고 그는 주장했다. 오히려 민주주의는 "민주주의의 취지와는 무관한" 일정한 "비정치적 ······ 종교적, 과학적, 경제적 변화들"을 "반영했다."[84]

> 정치적 민주주의는 무수한 상황에 적용하려는 무수한 각각의 노력들이 이루어 낸 최종적인 결과로서 출현했다. 그 노력들 가운데 서로 비슷한 것은 전혀 없지만, 이들은 하나의 공통된 결과로 수렴하는 경향이 있었다.[85]

대중 정부로의 이행은 "일차적으로 인간을 구속하던 관습에 변화를 초래한 기술적 발견과 발명의 산물이지, 이론가들의 교의 덕택은 아니었다."[86]

통상 민주주의의 구현으로 칭송되던 제도들에 대한 듀이의 미지근한 평가는 전형적으로 중앙정부의 제도들이 지닌 가치를 과장했고, 개인주의나 이기심 및 자유 시장의 물신숭배에 기여했던 이론가들, 일차적으로 영국 이론가들에 대한 비판적 검토를 수반했다. 듀이가 다소 장황하게 검토한 저술가에는 로크, 스미스, 벤담, 그리고 제임스 밀James Mill과 존 스튜어트 밀이 포함되었다.[87] 듀이가 보기에 그들은 한편으로 시장에 대한 신봉으로 인해 선출된 기구에 확장된 규제적 권력을 허용하는 것을 꺼려할 수밖에 없었으며 대중적 참여보다는 계몽된 행정을 지지하면서도, 다른 한편으로 투표권, 정당제 및 대의적인 입법부의 자유주의화를 찬양하는 역설을 빚어냈다.

고전적 자유주의에 대한 듀이의 비판은 그 원리들 전체에 대한 전면적 거부라기보다는 강조점의 이동을 의미했는데, 이런 강조점의 이동은 민주주의에 좀 더 높은 지위와 좀 더 근본적인 역할을 부여한 반면, 자유주의를 자본주의로부터 떼어놓는 것을 의미했다. 고전적 자유주의의 정치경제학은 거의 절대적인 사유재산권 개념과 더불어 극단적인 유형의 개인주의 — 이기적이고, 공격적이며, 착취적이고, 엘리트주의적인 — 를 촉진했다. 그 결과 형성된 기업 문화는 대다수 인민의 물질적·정신적 조건을 고양할 수 있는 과학의 민주적 잠재력을 좌절시켰다. 민주주의가 지배하는 문화가 부재한 상태에서 자유주의 정치제도는 "근대적인 경제적 체제"를 좌우하고 정보를 전파하는 수단을 통제하는 자들에게만 응답하기 마련이었다.[88] 이런 사태가 발생하게 된 것은 과학적·기술적·경제적 변화들로 말미암아 "소규모 공동체들이 해체되고" 대신에 "거대한 사회"가 세워진 때문이었다. 미국인들이 비록 "각 지역별 타운 미팅이라는 관행과 그 이념을 …… 물려받았다"고는 하지만, 이제 "우리를 한데 묶어 주는 것은 비정치적인 유대들," 무엇보다도 근대 기술에 의해 제공되는 유대들이다. 이런 힘들forces은 순응과 "엄격히 통제된 행태"를 창출했다.[89] 평균적인 유권자는 사회문제의 수와 규모에 압도당한 채 무관심과 대중 연예라는 오락거리로 침잠했다.[90]

도전해야 할 과제는 과학적·기술적 변화들의 여파로 발생한 몰인격적인 "거대한 사회"를 "위대한 공동체"로 변환시키는 것이었다.[91] 이탈리아·독일·스페인에서 자유주의적 제도들이 붕괴된 정황을 검토하면서, 듀이는 "민주주의가 너무나 정치적이었기 때문에", 다시 말해서 정치인과 의회가 정치 활동을 독점했기 때문에 무너졌다고 기술했다. 민주주의가 "일상생활의 행위 속에서 인민의 뼈와 살의 일부가 되지 못했다"는 것이다.

…… 민주적인 사고와 행위의 습관이 인민의 기질의 일부가 되지 않는 한, 정치적 민주주의는 불안정하다. 그것은 고립되어 서있을 수 없다. 민주주의는 모든 사회적 관계에서 민주적 방법이 관철되는 것을 통해 뒷받침되어야 한다.[92]

그렇다면 듀이는, 전체주의의 위협에 대처한다고 하면서, 민주주의의 총체화라는 위협을 무릅쓰고 있는 것은 아닌가?

12. 거대한 사회와 위대한 공동체

공동체는 에너지의 질서를 의미의 질서로 전환시켜 제공한다. 의미는 협동적 행위에 참여하는 사람들 각각에 의해서 음미되고, 각자와 나머지 모든 사람들과의 관계에서 상호 공유된다.
_듀이[93]

왜냐하면 공동체가 공중이 직면한 문제에 대해 민주적인 해결책을 제공한다는 것은, 근대과학과 기술로 인해 생성된 새로운 여건과 타협한다는 것을 의미했기 때문이다. 듀이는 "너무 많은 공중이 있다"고 불평했다. 이는 "기계의 시대에는 간접적인 결과의 범위가 엄청나게 확장되고, 증식되며, 격화되고, 복잡해져서" 너무나 "몰인격적인" 성격을 가진 "지나치게 커다랗고 복잡한 결합들이 형성되어" 있기 때문에, 그 가운데 어느 것에서도 공중이 자신의 정체를 포착할 수 없다는 의미였다.[94] 당면 과제는 이런 거대한 사회를 변혁하기 위해서 필요한 조건들을 확인하는 것이다. "이런 조건들이 만들어지고 나면, 그것들은 그 자신의 형태를 만들어 낼 것이다."[95]

그런 조건들에 대한 듀이의 정식화는 "공동체적 삶의 분명한 의식은, 그것이 지닌 모든 함의 속에서 민주주의의 이념을 구성한다"는 그의 기본적인 주장으로 이어졌다. 자유주의적 이론가들이 일관성을 마련해 주었던 자유주의와 달리, 민주주의는 보통 시민들이 서로 간에 맺은 결사를 통해 발전시켜 왔던 실천들을 통해서 표현되는 것이었다.[96] 듀이는 영국에서 "빌려 와" 가공한 정치제도이자 미국에 독특한 오랜 전통인 지역적 공동체의 삶으로 주의를 돌렸다. 그런 경험으로부터 "미국의 민주적 정체政體"가 발전했다는 것이다.[97] 듀이는 자신의 공동체 개념의 근거를 협동적 활동에서 찾았는데, 그는 "협동적 활동의 결과는 거기에 참여한 개개인 모두가 좋다고 감사"하며 "모든 사람이 공유하는 좋은 일"이라는 바로 그 이유 때문에 "그 일이 실현된 후" 그것을 유지하려는 강한 욕구가 일어난다고 생각했다.[98]

듀이는 기술과 경제가 과거의 소규모 공동체들을 영구히 파괴해 버렸다는 점에 주목했다. 그의 공동체적 비전은 지역적인 것이라는 이상을 유지했지만, 그것을 집단에 귀착시켰다. "가장 깊고 가장 풍성한 의미에서 공동체는 언제나 대면 접촉에 관한 문제임에 틀림없다. …… 지역적인 것이란 궁극적인 보편성이자 존재하는 것 가운데 완전한 것에 가장 가까운 것이다."[99] 듀이는 공동체가 최선의 경우에도 오직 근접할 수만 있는 이상이라는 점을 인정했지만, 그는 그 핵심적 가치가 거대한 사회를 위대한 공동체로 전환시키기 위해 지표가 되는 관념으로서 공헌하는 데 있을 것이라고 주장했다.

'지역'으로 듀이가 염두에 두고 있었던 것은 집단이나 결사이지, 카운티, 마을, 혹은 타운과 같은 정부의 행정구역이 아니었다.[100] 이 때문에 그는 민주주의가 개인주의와 다원주의를 결합시킨다고 주장할 수 있었다.

개인의 관점에서 보면 [민주주의의 이념은 각자가 속한 집단의 활동을 형성하고 이끌어 감에 있어서 역량에 따라 책임을 분담하고, 집단이 유지하는 가치와 관련해 필요에 따라 참여하는 데 있다. 집단의 관점에서 보면 민주주의의 이념은 공동적인 이익 및 재화와 조화하여 집단 구성원들의 잠재력을 해방시킬 것을 요구한다. 모든 개인은 여러 집단의 구성원이므로, 이런 요구 사항은 서로 다른 집단이 다른 집단과의 관계 속에서 유연하고 충분하게 상호작용하지 않는다면 성취될 수 없다.[101]

13. 민주주의의 모델로서의 과학 공동체

듀이의 구상에서 과학은 "협동적으로 조직된 집단 활동"이었다. 이는 근대 경제를 무수한 개인들의 기여와 희생 및 협력적 행위로 구성된 "사회적" 생산의 체계로 묘사한 마르크스의 입장을 과학의 "집단적 지성"으로 대체한 것에 해당했다.[102] 듀이는 다음과 같이 설명했다.

> 모든 과학 연구자가 의존하고 있는 방법과 결론은 사적 소유물이 아니라 공동 점유물이다. …… 과학 연구자의 공헌은 집단적으로 검증되고, 발전되며, 협력적으로 확증되는 정도에 따라서 지적 사회의 공동 기금의 일부가 된다.[103]

미래 사회에서는 노동이 공동의 과제를 이루며, 노동자들이 자유롭게 거기에 기여한다는 마르크스의 비전과 비슷하게, 듀이는 과학의 '사회화된' 협력적 성격을 자본가의 반사회적인 개인주의와 대조했다. 듀이는 "어떤 과학적 인간이, 자신의 결론이 과학적이라고 말하면서 동시에 그것이 자신의 사적 이익을 추구하라고 부추긴 사적 욕구와 노력의 소산이라고 말하는 경우를 상상해 보라"면서, 그것은 말도 안 되지 않느냐는 식으로 반문했다.[104] 그는 과학이 도덕적인 과업이라고 역설했다.[105] 과학자들은 협력을 실천할 뿐만 아니라, 그들이 발견한 내용을 제출하고 그에 대해 아무런 제약 없는 토론이 벌어지는 공동체를 [자신들의 기반으로—옮긴이] 상정했다.[106] 요컨대 과학은 근대적 힘이 가져온 기적들의 창시자였지만, 그럼에도 불구하고, 시장의 가치 및 실천과는 모순되는 이상을 제시했다.

듀이의 궁극적 이상은 과학적 가치가 문화로 스며들고, 더욱 협동적이고 평등주의적인 목적을 지향하도록 인간의 욕망을 주조하는 사회였다. 이를 위해서는 "과학적 방법 및 과학적 결론이 문화와 온전히 통합되는 그런 종류의 문화가 제도화되어야" 할 것이었다.[107] '문화'는 결코 상부구조에 불과한 것이 아니라, 마르크스의 이론에서 '생산력'이 수행하는 종류의 역할을 듀이의 이론에서 수행했다. 그것은 힘, 즉 장기적으로 인간의 욕망·가치·행태를 변화시키는 수단을 구현했다. 문화는 "정치제도 바깥에서 사람들 사이에 존재하는 관계들, 곧 산업, 의사소통, 과학, 예술 및 종교의 관계들"로 구성되는데, 그 관계들은 "사람들의 일상적인 결합에 영향을 미치고, 따라서 통치와 법치를 통해 표현되는 태도와 습관에 깊은 영향을 미치는" 것이었다.[108]

나치와 스탈린주의자들에 의한 과학의 정치적 통제와 실험의 이용이 널리 알려지기 전에 글을 쓰면서, 듀이는 과학의 실험적 방법과 문제 해결에 초점을 맞춘 접근 방식이 시민 문화와 그 담론을 완전히 변혁하게 될 시대를 내다보았다. 과학은 "흡수되어 …… 진정한 그리고 효과적인 공중이 존재하기 위한 전제 조건인 공통의 이해理解와 철저한 의사소통의 도구"가 될 필요가 있었다.[109]

마르크스의 생산력이 착취와 고통에 연루되어 온 오랜 역사를 갖는 것과는 달리, 과학적 문화는, 듀이가 인정했듯이 설령 과학자들이 전쟁용 무기의 발명에 공헌했다손 치더라도, 그런 역사적인 결탁에 의해 더럽혀지지 않은 것처럼 보였다. 과학적 실천이 지닌 비강압적 성격은 듀이가 구상했던 과학 지향적 사회에서 중요한 위상을 차지했다. 과학적 방법은 새로운 통치governance 양식의 기반을 제공하게 될 터인데, 그 속에서 '실험'은 주로 행위에 대한 종래의 이해를 대체하고 정책과 입법의 불가결한 전제 조건을 형성하게 될 것이었다.

"모든 실험은 주위 환경 또는 환경에 대한 우리의 관계에 분명한 변화를 일으키는 것을 …… 수반한다"고 듀이는 기술했다. "확실성"이란 "통제"의 기반이었고, 통제란 "최종적인 결과와 관련하여 변화의 조건들"을 조절할 수 있다는 것을 의미했다.[110] 그 결과를 어떻게 평가할 것인지에 관하여 듀이는 다음과 같이 대답했다.

> 가치에 관한 판단은 경험된 대상의 조건과 결과에 관한 판단이다. 다시 말해서 우리의 욕망과 애정 및 즐거움의 형성을 규율하는 것에 관한 판단이다.[111]

듀이는 과학 지향적 사회가 불가피하게 전문가에 의한 지배로 귀결될 수밖에 없다는 주장을 거부했지만, 민주적 공중이 새로운 유형의 전문가를 필요로 한다는 점은 인정했다. 전문가의 역할은 제한되어야 하고, 듀이가 "공중 그자체가 지닌 문제"라고 지목했던 것을 해결하는 데 종속되어야 했다. 공중은 토론, 논쟁 및 판단이 향상될 수 있도록 교육을 받아야 했던 것이다. 듀이는 "보는 것은 구경꾼이지만, 듣는 것은 참여자"라고 요약했다.[112] 이것은 결국 전문가들이 "정책을 짜고 집행하는 데" 전념할 것이 아니라, 탐구에 몰두해서 관련된 "사실들"을 발견하고 전달하는 데 주력할 것을 요청했다.[113]

듀이가 구상했던 민주주의에는 과학적 가치들이 배어 있었으며, 이와 유사하게 과학적 가치들에 의해 형성된 문화가 그 터전을 이루게 될 것이었다.[114] 그런 정식화는 실험적인, 지속적으로 변화하는 사회라는 개념과 대면 관계에 호소하는 공동체라는 이상 사이에 존재하는 잠재적인 갈등을 제거하는 것처럼 보였다. 그러나 이는 과학을 공적인 대화의 표준으로 격상시키고 '지역공동체'를 '의사소통'의 '매개물로' 봉사하도록 격하시키는 대가를 치러야만 했다.

과학의 우선성은 듀이의 마지막 주요 저술인 『자유와 문화』*Freedom and Culture*(1939)에서 훨씬 더 강하게 주창되었다. 이 저작은 민주주의를 강력하게 옹호했지만, 동시에 민주주의에 관해 대조적인 두 가지 설명을 정식화했다. 한편으로 그는 지역주의localism라는 민주적 전통이 지닌 지속적인 가치를 찬양하면서 "대면적" 관계들을 보존하는 것이 중요하다는 점을 강조했다. 다른 한편으로 그가 비판적으로 강조하는 바는, 자유와 개인주의라는 민주적 가치들이 자본주의에 흡수되어, 자본주의와 민주주의가 사실상 구분될 수 없을 것 같은 지경에 이르렀다는 점이었다.115 명백히 듀이는 지역주의를 활용하여, 민주주의를 자본주의와 동일시하는 것으로부터 구출하고 민주주의를 자기 이익 추구와 드센 개인주의를 찬양하는 자본주의와 대척점에 서도록 했다. 따라서 민주주의는 본질적으로 '도덕적'인 것으로 천명된다.

> 민주주의는 개인을 위한 자유를 성취할 수 있는 능력이 인간 본성에 있다는 신념에 기초하고 있기 때문에 도덕적이다. 그 자유는 다른 사람에 대한 존중과 배려, 그리고 강압이 아니라 응집력에 바탕을 둔 사회적 안정을 수반한다.116

민주주의의 도덕적 성격에 대한 찬양 — 동일한 효과를 발휘한 듀이의 몇 가지 정식화 가운데 하나인 — 은 결과적으로 민주주의를 탈정치화해서 "인본주의적 문화가 보편적으로 통용되어야 한다는 …… 믿음"을 의미하도록 만들었다.117 듀이는 참여에 관한 몇 가지 일반적인 공식을 내놓았을 뿐, 지역 수준에서든 다른 수준에서든 민주주의를 권력 행사 또는 자치에 대한 참여와 직결시킨 적이 결코 없었다. 민주주의에 관한 그의 정의는 놀라울 정도로 맥 빠진 것이었다. 그는 민주주의가 경험의 소통이라든지, 상호 이익으로 이루어진다든지, 변화에 대한 지속적인 조정의 과정이라는 식으로 기술했다.118 만약 듀이가 미래를 예견할 수 있었더라면, 그가 생각한 민주주의는 대면 접촉이 없이도 친밀한 소통이 가능하게 된 인터넷의 역설에서 성취되었을 법도 하다.

듀이가 단순히 자본주의의 문화에 맞서기 위해서 또는 대중매체가 만든 민주주의의 이미지에 대항하기 위해서 민주주의의 인본주의적 문화를 설정한 것은 아니었다.[119] 듀이는 민주적이고 과학적인 가치가 문화에 스며들어야 한다고 촉구하는 한편, 또한 과학적 가치가 민주주의에 스며들어야 한다고 요구했다. 그 결과 듀이에게서 민주적 가치에 한계를 설정하는 경향이 나타났다. "억견opinion과 논쟁적인 갈등이 판을 치는 것은, 새로운 사실을 조명하고 그렇게 함으로써 믿음들이 합의를 이루는 기반을 구축할 수 있는 탐구 방법이 없기 때문이다."[120] 따라서 민주주의는 토론의 "방법"과 동일시되어 결국 과학으로 동화되는 한편, 과학은 공동체적 용어들을 통해 일관되게 서술됨으로써 자연스럽게 민주적인 것처럼 비치게 된다.[121] 그 결과는 민주적 행위에서 불협화음을 제거하면서 그것을 동질화시키는 것인데, 그렇게 해서 민주주의는 과학자들의 실제 행태 속에 구현된 이상적인 형태로 통합된다.

결국, 실험·방법·문화와 같은 듀이의 가장 중요한 개념들은 힘에 관한 질문을 회피하는 방식들이었다. 그가 구상한 사회는 엄격한 방법에 따른 발견, 실험의 시행, 그리고 결과의 소통에 고착되어 있는 것처럼 보인다. 문제들이 어떻게 포착되고, 결과의 소통을 누가 통제하며, 결과를 누가 평가하느냐는 등의 질문들은 모두 미해결의 상태로 남아 있었다. 궁극적으로 듀이의 대면 접촉에 기반을 둔 민주주의와 실험적 사회 사이에는 아무런 연관이 없다. 듀이는 거대한 사회를 대신하는 위대한 공동체를 꿈꿀 수는 있었지만, 여러 공동체들로 구성된 위대한 사회는 상상하지 못했다.

그러나 더욱 큰 문제는 민주주의와 과학기술적 문화의 융합이 양립할 수 있는 것들의 결혼이 될 수 있을 것이라는 듀이의 가정에 놓여 있다. 사상과 정보가 자유롭게 교환되는 과학 공동체는 민주적인 사회의 한 형태인가, 아니면 근대과학의 개념과 언어는 일반적인 이해력을 너무나 능가하기 때문에 대다수의 시민들은 이해할 수 없는 것인가? 듀이의 설명에 의하면, 기술은 지식의 소통을 가로막는 장벽을 무너뜨리고 행위의 결과를 사회의 곳곳에 전파시킴으로써 자유주의적 정치제도들을 위한 길을 마련해 왔다. 하지만 다른 각도에서 설명하자면, 근대적 시민은 가장 최신의 기술을 진정으로 이해하지 못하면서 다만 받아들이는 데 급급하다 보니, 결국 그것을 이해한 사람들에게 의존하게 되었다고 주장할 수도 있을 것이다.

듀이의 정식화에 담겨 있는 난점은, 부분적으로, 그것이 지닌 과학에 대한 낡은 상에서 비롯되었다. 근대과학은 대학의 소규모 실험실로부터 진화하여 정부의 부처와 기업에 소속하고, 그만큼 조직화된 '거대과학'으로 변모하는 과정에 있었다. 훨씬 더 중대한 결점은, 듀이가 한편으로는 과학 및 기술의 분야와 다른 한편으로는 민주주의 사이에 존재하는 힘의 차이를 간과했다는 점이었다. 과학, 기술 및 기업자본은 본질적으로 민주주의가 침투할 수 없는 영역이고, 따라서 민주주의에 통합될 수 없는 영역이다. 역설적으로 근대 자본은, '소비자주권'과 '투자자 민주주의'에 호소함으로써, 무기력한 민주주의만을 용인하겠다는 점을 시사하는 경계선을 그어 왔다. 과학, 기술, 자본주의 및 국가로 이루어진 복합체에 민주주의를 통합시키는 것은, 민주주의가 대변하는 정치적 요소마저 총체화하는 힘들의 복합체에 적응해서 그 속에 깊숙이 파묻혀 버린다는 것을 의미할 것이다. 반면에 민주주의가 그런 힘들과 동떨어진 상태에서 고려될 때, 그것은 변칙으로 비쳐질 것이다.

14. 과학의 빛바랜 위광aura

'과학 공동체'에 대한 듀이의 이상화는 제2차 세계대전이 끝나자마자 급속히 설득력을 상실했다. 원자폭탄을 개발한 맨해튼 프로젝트가 극명하게 말해 주듯이 과학자들은 전쟁 수행을 위한 동원에 자연스럽게 호응했고, 기업이 주도하는 경제에 과학이 통합되었으며, 기업가로서 활동하는 과학자가 출현했을 뿐만 아니라, 듀이가 생각한 것과는 완전히 다르게 군비축소, 지구온난화, 공해, 생명 복제와 같은 논쟁에서 통상 동등한 자격을 갖춘 과학자들이 대립각을 세우면서 논변을 펼치는 진풍경이 연출되었다. 과학자들이라고 해서 여타 행위자들에 비해 특별히 이익 정치의 영향으로부터 면제된 것처럼 보이지 않게 되었다. 이런 결과는 듀이가 소망했던 바가 이루어진 것이라 할 수 있지만, 아이로니컬하게도 신비로움을 상실한 과학은 소수만 이해할 수 있는 지식이라는 형태로 그 신비로움을 되찾았을 뿐이었다.

듀이는 실험주의를 포용하는 사회가 바로 그 점으로 말미암아 실험주의를 자유주의적 혹은 민주적 목적에 바칠 것이라고 가정했다. 하지만 실상 실험주의는 보수적인 재단과 싱크탱크think tanks에 의해 선별적으로만 포용되고, 반자유주의적인 행정부의 정책과 실천으로 구현되었다. 듀이를 일찍부터 비판한 매우 날카로운 비평가 한 사람이 예견했듯이, 결과적으로 제1차 세계대전을 위해서 동원되었던 권력의 기법에 매료되고 그것에 빠져 버린 새로운 유형의 정치적 인간들이 출현하고 말았다. 본Randolph Bourne*은 다음과 같이 서술했다.

> 전쟁은 실용주의적 성향으로 훈련받은 젊은 세대 지식인들을 출현시켰다. 그들은 사태의 전개에 관한 집행부의 명령을 따를 태세를 매우 잘 갖추고 있지만, 목적을 지성적으로 해석하거나 이상주의적인 초점을 가진 목적을 설정하는 데에는 가련할 정도로 준비가 되어 있지 않았다. …… 워싱턴의 각종 위원회들과 도처에 있는 전쟁 조직들에 휩쓸려 들어간 이 젊은이들은, 듀이라면 마치 교황인 양 축복을 내려줄 것처럼 여기는 성향을 분명

---

* [옮긴이] 본(1886~1918): 미국의 진보주의 정치 평론가. 콜롬비아대학교에서 듀이에게 배운 제자였지만, 제1차 세계대전에 즈음해서 듀이가 민주주의를 전파할 수단으로 전쟁을 옹호하는 데 반대하면서 민주주의를 전파하기 전에 미국이 민주주의를 제대로 시행하고 있는지부터 검토해야 한다고 주장했다. 세계주의와 다문화주의에 영향을 미쳤다.

하게 띠고 있었다. 그들은 정치적 행정에 적용하는 과학적 방법의 비결을 흡수했다. ……
그것은 마치 전쟁과 그들이 서로 만나게 될 날만을 학수고대했던 것 같았다.[122]

여기서 중요한 점은 듀이의 처방대로 세상이 움직이지 않은 점들을 항목
별로 열거하면서 그를 폄하하는 것이 아니라 그의 실패로부터 얻을 수 있는
교훈을 강조하는 것이다. 듀이의 분석과 처방에서 미흡했던 것으로 판명된 지
점들은 민주주의의 조건이 위태로워진 지점들의 정확한 위치를 알려 주기 때
문이다. 그것은 바로 공공 교육, 기업의 힘과 경제적인 것의 지배, 공중이 (통
상 공적인 것에 반대되는 것으로 이해되는 '사적인 것'에 사로잡히는 것이 아니라) 미디
어를 통해 판매되는 순응의 문화에 휩쓸리는 현상이다.

그에게 마땅히 돌아가야 할 존경심을 담은 묘비명이라면 다음과 같은 문
구가 어떨까 싶다.

…… 민주주의의 길은 가기가 어려운 길이다. 그것은 최대 다수의 사람들에게 최대의 책
임 부담을 지우는 길이다.[123]

15. 전체주의와 기술

듀이는 '점진적인 사회공학'의 개념이, 한편으로 전체를 포괄하는 [전체주의
적 - 옮긴이] 체제와 다른 한편으로 자유로운 개인들로 구성된 사회 사이에 근본
적인 차이가 있음을 보여 주는 최선의 척도를 제공한다는 점에 관해 포퍼에게
동의했을 것이다. 그러나 이런 정식화는 전체주의 체계의 중요한 특징 한 가
지, 즉 그런 "노예 세계"에서 기술과 도구적 합리성이 얼마나 중요한 역할을
수행하는지를 은폐하는 경향이 있었다.[124] 이와 같은 지적은 단순히 나치가

과학·의학·경제학으로 하여금 정권에 봉사하도록 강요했다거나, 심지어 그 정권이 '나치의 과학'을 창조해 보려고 시도했다는 정도의 이야기가 아니다. 오히려 근대적 힘의 요소들을 활용하려는 것은 나치 정권이나 반反나치 정권에 공통적인 것이었다. 나치즘은 기술에 바탕을 두고, 실질적으로는 전체주의적이면서도 동시에 대중이 참여하는 것 같은 착각을 불러일으키는 정치를 발전시켰다. 그것은 라디오, 영화, 신문, 그리고 가장 놀랍게도, 대중을 동원해 연출하는 장관壯觀이 지닌 가능성들을 활용했다. 전체주의와 기술은 상호 보완적인 것으로 인식되었고 그렇게 실행되었다. 대중 설득, 세뇌, 통제된 공포 등 전체주의적 체제의 특징들은 오로지 근대의 기술 덕분에 실현 가능했다.[125]

당시에 전체주의의 기법들은 '대중 선전'이라고 묘사되었고, 정부가 후원하는 거짓말로 간단히 치부되었으며, 그런 거짓말은 독재가 타도되면 확연히 시들해질 것이라고 생각되었다. 하지만 그렇게 되기는커녕 전체주의의 기법들은 20세기 후반부의 정치에서 주요한 흐름이 되었는데, 자유민주주의 체제의 정치라고 해서 예외는 아니었다.[126] 차이점이 있다면 자본주의적인 기술이 촉진한 문화가 나치즘에 비해 감추는 것이 적다든지 나치즘처럼 어디에도 호소할 데가 없는 그런 체제는 아니라든지 하는 데 있는 것이 아니라, 나치즘과 달리 고문과 테러가 불필요할 뿐만 아니라 심지어 역효과를 낳는다는 데에 있다. 비록 "선진 민주주의 국가들"이 서구의 외교·경제 정책들의 목표를 추진하는 데 있어서 필수적으로 협력을 구해야 한다고 생각한 몇몇 독재 정권들이 자행하는 고문과 테러를 묵인하거나 적극적으로 지원했다고 하더라도,[127] 국내에서는 소비자를 모델로 하여 시민을 복제하고 ("케이블", "통신망", "링크" 등과 같은) 새로운 형식의 공동체적 '유대'에 소비자를 통합시킴으로써 [소비자들의 - 옮긴이] 상품 '선택'을 통제하는 것처럼 [시민들의 - 옮긴이] 후보자 '선택'을 쉽사리 통제할 수 있었다. 핵심적인 차이는 나치즘이 인구의 지속적인 동원에 의존했던 반면, 선진 자본주의는 단지 시민들을 소비자, 투표 기권자 그리고 불안정한 노동자라는 상태로 만들어 탈동원화하는 것으로 족했다는 점이다.

이와 같이 좀 더 '인도적'이랄 수 있는 정책의 양상이 잉여 인구의 문제에서도 뚜렷하게 나타났다. 나치는 유대인, 슬라브족, 집시, 사회민주주의자, 공산주의자 등을 절멸시키기 전에 그들을 노예 노동자로 '소모시켜 버렸다.' 기술적으로 발전한 사회에서 잉여 인구와 낙후된 기술은, [특정한 부류의 인간이나 기술을 표적으로 한 것은 아니라는 의미에서 - 옮긴이] 무차별적이기는 하지만, 의도적인 결과, 즉 정책의 산물로 나타나게 마련이었다. 잉여 인구란 노동과 노동 비용을 '절약한다'는 논리에 본질적으로 내재해 있다. '감량 경영'downsizing은 고용주가 필요로 하는 노동력의 규모가 줄어든다는 의미일 수 있지만, 그것은 또한 피고용자의 신분이 저하된다는 것을 의미할 수도 있다. 이런 식으로 열등함은 자연에 기인한 것, 즉 '불가항력적인 변화의 힘forces'에 따른 결과로 치부된다. 인종차별이나 빈곤의 세습은 미리 계획된 정책이라기보다는 다만 몰인격적인 '부작용'처럼 보이는 한편, 피해자들에게는 개인적인 요소를 강조하여 동기가 결여되었다고 일컬어진다. 예컨대 그런 결함을 치유하려면 [복지 급여에 장기간 의존하지 않고 보다 신속하게 일터로 나아갈 동기를 부여하기 위해 - 옮긴이] 복지 혜택에도 시간제한을 두어야 한다는 것이다. 이와 유사하게, 미국에서는 과거에 경미한 범죄로 간주되던 비행에 대해 점점 더 가혹한 처벌을 내리고 있음은 물론, 감옥이나 법 집행을 위해 엄청난 예산을 지출하고 있는데, 이런 비용은 경제정책과 아무런 상관이 없고 감옥은 강제 노동 수용소와 닮은 점이 전혀 없다는 식으로 인식되고 있다.[128] 감옥의 민영화가 이대로 계속된다면,* 아마도 궁극적으로는 논리의 순환성[감옥은 경제정책과 무관하다는 견지에서 민영

---

* [옮긴이] 정부와 계약한 사기업이 운영하는 감옥이 2007년 현재, 미국에 264개소로, 99,000명의 재소자를 관리하고 있다.

화가 확대되지만, 지속적인 감옥의 민영화 확대는 결국 감옥이 경제적 논리와 결부되어 있음을 부각시키는 결과를 가져올 것이라는 의미 — 옮긴이]이 받아들여지게 될 것이고, 사형은 이중적 의미를 가진 재담이 될 것이다.*

16. 전체주의 그리고 민주주의에 대한 반동

포퍼의 책은, 전체 인구를 대중적인 비합리주의로 장악한 채 모든 것을 통제하는 국가의 이미지로 전체주의를 형상화함으로써, 나치즘의 죄악을 인간 생활의 총체적인 정치화로 돌리는 주류 이론의 경향이 확립되는 데에 일조했다. 그런 묘사는 이에 대한 반동으로 개인의 권리를 방어하고, 사적 삶을 보호하며, 사회적 프로그램을 위한 과세에 적대적인, 최소주의적 정치관 혹은 정치를 선거에 관련된 것으로 축소시켜 이해하는 발상을 선호하도록 고무했다. 민주주의라는 이념이 직접 공격받지 않고도 데모스가 탈정치화될 수 있다는 것은 이 과정에서 나타난 중대한 발견이었다.

그러나 민주주의라는 것이 조금이라도 의미를 가진다면, 민주주의란 시민들의 공적인 삶, 다시 말해서 공통 관심사에 관한 심의에 참여한다든지, 자유로운 사회의 물질적·정신적 혜택으로부터 배제되는 것에 항의한다든지, 어떤 새로운 형식이나 실천을 고안해 낸다든지 하는 식으로 보통 사람들이 감히 '나

---

* [옮긴이] 사형의 영어 표현 capital punishment는 참수(斬首)에서 비롯된 말로 여기서 capital이란 사람의 머리를 가리킨다. 하지만 감옥을 운영하는 민영화된 기업의 입장에서 보면 재소자를 죽인다는 것은 곧 머리를 자르는 것인 동시에 (자신의 이윤의 원천인) 자본(capital)을 잘라내 버린다는 뜻이 된다.

서는' 것에 관한 것이라는 점이다. 민주주의에 대한 이런 이해는 이제 '자유주의화된' 민주주의, 곧 민주주의를 공통의 행위와 공유된 혜택보다는 사적 자유 및 이익과 동일시하는 관점에 의해 암묵적으로 도전받고 있다. 그런 경향은 민주주의에 내재하는 전체주의적 잠재력을 발견한 학자들에 의해서 강화되었다. 그들은 대중의 의지 또는 집단적 의지를 표현하는 독재자에게서 전체주의 체제의 핵심적 요소를 찾았다. 그런 견해에 따르면, 민주주의는 다수결과 인민의 의지 및 인민주권에 대한 주장과 함께 집단의 의지를 최고의 정치적 가치로 고양한다. 민주주의와 집단의 의지를 연결하는 이런 추정에 입각해서 어떤 학자는 '전체주의적 민주주의'라는 새롭지만 불길한 정권 형태를 창안하고, 거기에다 루소의 '일반의지'와 프랑스혁명의 공포정치에까지 거슬러 올라가는 계보를 부여했다. 민주주의가 전체주의의 정반대에 해당하는 것으로 그려지던 제2차 세계대전이 끝난 다음에, 이제 역설적으로 전체주의는 민주주의의 한 가지 유형으로 묘사되었던 것이다.[129] 당시 전체주의적 민주주의란 집단적 행동에 대한 깊은 의구심을 반영한 비판적 구성물이었다. 그것은 민주주의를 약화시켜 정치적 행위에서 분리하는 한편, 그 대신에 민주주의를 개인의 권리 보호와 경제성장의 촉진과 동일시해야 한다는 이념을 정당화했다.

동시에, 일찍이 파시즘의 근본원리로 낙인찍혔던 엘리트주의가[130] 존중할 만한 자유주의적 이상으로 재발명되어 제시되었으며, 정치 이론가들에 의해 정당화되고 사회과학자 및 정치 과학자에 의해서 경험적으로 증명되었다.[131] 엘리트주의적 경향들은, 무관심하고 정치적으로 무지한 유권자들의 존재 자체가 사실상 [대중—옮긴이] 조작을 요청하는 것이나 다름없다는 사회과학적 이론 구성을 통해 보완되고 정당화되었다.[132] 전후 시대에 특히 미국에서 이른바 '신자유주의'neo-liberalism가 모양을 갖추기 시작했다. 그것은 뉴딜 정책을 노동조합에게 권한을 부여하고 협동조합을 장려하며 기업의 힘이 집중되는 사태에 도전했던 실험적인 민주화의 예봉으로 보기보다는 단순히 사회복지 프로그램에 불과했다고 보는 편협한 생각에 기초했다. 대신에 이 새로운 자유주의의 정치적 경향은 강력한 리더십, 전문 지식이라는 엘리트주의의 기술 관료적 유형에 대한 필요성을 강조하면서, 냉전 이데올로기를 받아들여 군수산업에 기초한 경제를 정당화하고 '국가적' 안전보장의 문제를 '사회적' 안전보장 정책[곧 사회보장제도 - 옮긴이]과 동렬로 놓거나 종종 그것에 비해 우월한 것으로 격상시켰다.

이 새로운 자유주의는 개인의 자유와 헌정적 규범에는 계속해서 충성을 바쳤지만, 권력을 제한하는 것에 대한 강조('헌정적 민주의')와 권력을 확대하는 데 열의를 보이는 것('안전 보장 국가') 사이에서 발생하는 부조화는 개의치 않는 듯이 보였다. 그리고 신자유주의는, 정치적 행위를 일차적으로 '적극적인' 대통령의 리더십과 동일시하여 그것을 위계질서로 구성되고 중앙집권화된 거대한 관료제에 적응시킴으로써, 자신의 정치적 정체성을 시민에 중점을 둔 민주적 원리로부터 점점 더 널리 떨어뜨려 놓았다. 동시에, 대내적으로든 대외적으로든, 국가권력의 팽창을 지향하는 신자유주의의 구상은 반민주적인 유형의 경제조직에 의해서 생성되는 자원에 의존했다. 그 경제조직은 불평등한 보수 체계를 통해서 동기를 부여하며, 위계적인 권위의 원리 — 실물보다 부풀려진 최고 경영자가 힘을 장악하는 것을 강조하는 리더십에 대한 숭배를 지탱하고 있는 — 에 따라 운영되었다.[133] 모든 영역에서 자유주의적 사회는 과장으로 넘치는 비전들이 산출한 불평등에 순응할 것을 받아들이고 있었다. 이런 비전들은 케네디John F. Kennedy의 '뉴프런티어'New Frontiers, 존슨Lyndon Johnson의 '위대한 사회'Great Society를 거쳐 부시George W. Bush의 제국, 곧 '슈퍼파워'에서 그 정점에 이르렀다.

갈수록 증대하는 힘의 집중을 축적하고 합리화하는 이와 같은 정치적·이데올로기적 경향은 그 신화적·이론적인 상응물을 학계에서 유행한 '체계 이론'에서 발견했다. 그 정치적 버전에서 체계 이론은 완전한 정치적 사회, 즉 하나의 통합된 총체의 모델을 제시했는데, 이런 사회는 체계의 내외부에서 발생하는 '투입'과 '산출'에 따라 작동했다. 하나의 체계는 역사와 상관없이 그것이 수행하는 기능들의 관점에서 묘사되었다. 거기서 시민의 고유한 지위, 독특한 정치적 삶의 형태, 공통의 가치를 위한 어휘, 인종주의 또는 불평등에 관한 시사 따위는 전혀 찾아볼 수 없었다. 대신에 국가는 충성이나 애국심 또는 의무감 같은 특수한 유대가 없는 비인격적이고 자기 규제적인 질서로 재개념화되었다. 이것은 일종의 탈정치화의 모델이었으며, 그 자체로 총체성을 지향하는 경향을 반영했다.[134]

17. 민주주의의 부흥?

(1960년대와 1970년대에 일어난) 참여 민주주의와 평등주의의 파도로 인해 어떤 조직에 있는 누군가가 다른 이에게 명령을 내리고 여기에 대해 즉각적인 복종을 확보할 수 있는 가능성은 전적으로 파괴되거나 아니면 심각하게 약화되었다.

_헌팅턴Samuel P. Huntington[135]

신자유주의에 대한 도전은 헌법 비준에 관한 논쟁 이래로 미국의 자유주의자들이 역사적으로 신뢰하지 않았던 경향에서 제기되었다. 그 경향이란 민주적이고, 평등주의적이며, 그 기원에 있어 지역적이며, 참여적인 것이라고 일컬을 수 있었다. 그런 경향의 정치는 기성 정치제도 — 정당과 의회 — 와 관습적인 규범의 외부에서, 그리고 종종 거기에 반대하여 생성되었다. 그것은 대체로 자연발생적으로 펼쳐지는 정치, 브리콜라주*의 정치였다.

그것은 1960년대에, 처음에는 아프리카계 미국인들에 의해 발생한 민권운동, 그리고 나중에는 수많은 대학 캠퍼스에서 조직된 베트남전쟁에 반대한 시위를 통해 폭발했다. 자유주의에 대한 비판은 두 운동에서 공히 중요한 소재였다. 아프리카계 미국인들에게는 인종차별과 폭력에 대해 결단력 있는 조치를 취하지 못하고 망설이는 자유주의 행정부의 우유부단함이 문제였다. 전쟁 비판자들의 경우에는 공산주의 정권들을 대상으로 한 군사적 개입을 지지하고, 제3세계 국가의 혁명적 민중주의를 진압하기 위해 외교적·경제적으로 비밀 작전을 수행하며, 모든 정치적·사회적 문제에 대한 보편적 만병통치약으로 경제의 '발전'이나 '근대화'를 내세우는 자유주의 정책 결정자들의 선호가 문제였다.

그와 같은 운동들이 진행되는 와중에 소수의 수중에 힘이 집중되는 것을 피하면서 지속적인 기반 위에서 참여자들을 확보하는 민주적 정책 결정의 방식을 촉진하기 위한 진지한 노력들이 기울여졌다. 반전운동은 위계적인 형태의 리더십을 거부하는 데 특히 완강했다. 민권운동의 지도자들은 인종차별 정책의 철폐를 강제하고, 헌법적 권리를 보호하며, 고용을 촉진하기 위해 정부의 권력에 호소하는 한편 기술로 인해 제기되는 사회문제들은 대체로 무시하는 등 종래의 자유주의적 의제를 따랐던 반면, 대학 폭동이나 반전운동을 주도하던 집단들의 느슨한 연합체들과 함께 민주적 참여, 공적 항의와 시위, 비폭력 저항 등을 강조하는 새로운 정치의 형식을 고안해 내기도 했다. 아울러 당시에는 충분히 인식되지 못했지만, 정치적인 것의 전통적인 의미를 확장하여 생태학적 문제를 포함시킨 것도 그들이었다. 근대적인 힘의 형식은 인간의 주거지와 자연의 서식지를 파괴하고, 경제 발전을 위해 전통적인 이웃과 노동

---

* [옮긴이] 브리콜라주(bricolage): 손에 닿은 대로 무엇이든 가지고 (기원은 따지지 않고) 창조적으로 활용하는 작업을 가리키는 시각예술 및 문학의 용어. 이론에 기반을 두고 설계에 따라 일을 추진하는 공학과는 대조적으로 시행착오를 통해서 진행하는 방식을 함축한다.

계급 거주 지역들을 희생시키며, 광포한 속도로 자연 자원을 고갈시키고, 산업폐기물과 군사적 쓰레기로 땅과 공기와 물을 오염시킨다고 공격받았다. 아마도 1960년대가 남긴 지속적인 공헌이라면 정치의식의 부활과 환경 의식의 계발일 것이다.

새로운 정치는 19세기의 민중주의자들*과 20세기 초의 진보주의자들**의 반反기업적 전통을 유지하면서도, 다국적기업을 감안하여 그와 같은 비판을 확장시켰다. 그러나 진보주의자들과 달리 새로운 정치는 중앙집권화된 국가의 힘에 대해서 원칙적으로 적대적이었다.[136] 따라서 민주주의와 신자유주의 국가가 양립할 수 있느냐는 문제가 점차 부각될 수밖에 없었다.

그들의 결함과 간헐적으로 나타났던 과도한 부분이 무엇이든, 반전운동과 민권운동 및 환경 운동은 민주적 실천과 평등을 새로운 정치의 시금석으로 삼으려는 진지한 시도를 대표했다. 나치 전체주의가 패퇴한 이후 최초로 공동체와 연대의 가치가 광범위하게 논의되었을 뿐만 아니라, 개인주의와 개인의 권리가 결정적인 원리의 역할을 하던 맥락을 대신해서 이런 가치들이 평등을 위

---

* [옮긴이] 민중주의자(populist): 미국에서 곡물 가격이 폭락한 1873년의 공황 이후 결성된 농민연맹(Farmers' Alliance)이 노동자기사단(Knights of Labor)과 연합하여 1892년에 결성한 민중당(Populist Party) 세력을 가리킨다. 창당 대회 때 채택된 오마하 강령(Omaha Platform)은 중앙은행 폐지, 누진 소득세, 관료제 개혁, 8시간 노동, 철도·전신·전화의 국영화 등을 주장했다. 다수의 주지사와 연방 의원들을 배출했고 1892년 대통령 선거에서는 유권자 투표에서 8.5%를 획득하는 등 상당한 영향을 미쳤으나 그 후로는 쇠퇴했다. 포퓰리즘(populism)은 흔히 인민주의로도 옮겨진다.

** [옮긴이] 여기에서 진보주의란 미국에서 19세기말부터 시작해서 20세기 초에 크게 영향을 미친 정치적 성향을 가리킨다. 당시 진보주의자들은 민주주의, 효율성, 대기업과 독점에 대한 규제, 사회복지, 환경보호 등을 주장했다. 공화당의 시어도어 루스벨트(Theodore Roosevelt)와 태프트(William Howard Taft), 민주당의 윌슨(Thomas Woodrow Wilson)과 프랭클린 루스벨트(Franklin Delano Roosevelt) 등이 이런 성향을 가진 대통령들이다. 진보당(Progressive Party)이란 1901~09년에 대통령을 지낸 시어도어 루스벨트가 1912년에 다시 한번 출마를 시도했다가 공화당 후보 지명을 받지 못하자 탈당해서 만든 정당으로, 진보주의자 전체를 아우른 것은 아니다.

한 새로운 맥락으로서 기여하겠다고 당당하게 고개를 내밀었다.137 이런 사태 전개의 도움을 받아 평등한 권리를 요구하는 여성들의 운동이 매우 효과적으로 전개되었고, 이내 그런 관심들은 주요한 정치적·문화적 세력으로 성장할 수 있었다. 흥미롭게도 민권운동이 다양한 정치적 성향들을 잉태했고, 참호로 둘러싸인 인종주의라고 일컬을 수 있을 정도의 엄청난 장애물에도 불구하고 거의 모든 수준의 정부 직책에 아프리카계 미국인들이 선출되도록 만드는 개가를 올린 데 비해서, 반전운동은 비록 수십 년 동안 정서적으로 영향을 미치면서도 — 예컨대 반핵 운동 등에서 — 지속적인 정치 세력으로 탈바꿈하는 데에는 실패했다. 여기에는 그 운동이 일차적으로 대학 캠퍼스에 기반을 두고 있었다는 점, 곧 교수들이 그들의 정치적 역할을 점차 불편하게 여기게 되고 학생 인구란 언제나 유동적이라는 이유가 적지 않게 작용했을 것이다. 경제가 각박해지고 사회에서 인정이 메말라 가며 교육비가 훨씬 비싸지면서, 유행과 광고 산업은 '반대'마저 진용할 수 있다는 것을 발견했고, 이에 따라 그런 반대는 도발적인 '태도'로 취급되어 시장에 팔려 나가고 이윤으로 전환되었다.

| 제15장 |

자유주의적 정의와 정치적 민주주의

1. 수세적 입장에 처한 자유주의

자유주의적 신념에 기초를 둔, 광범위한 공적 합의가 확립되어 있다는 생각은 자유주의 이론가들을 자기만족에 빠지게 했으며, 사회과학자들과 분석철학자들 사이에서 일반화된 담론적 합의는 이를 확증하는 듯했다. 1960년대에 이르러 자유주의 이론가들이 불의의 일격을 당했다고 느꼈던 것은, 부분적으로, 이런 정황에 기인했다.[1] 자유주의에 대해 매우 비판적인 입장을 취한 비공산주의적인 민주적 좌파의 출현은 자유주의자들에게 이전에는 겪어 보지 못했던 도전을 제기했다. 이런 도전은 여러모로 자유주의자들에게 놀라움을 던져 주었는데, 케네디의 '뉴프런티어'와 존슨의 '위대한 사회'로 대변되던 강력하고 적극적인 국가관에 대한 지속적인 공격은 그중에서도 두드러진 것이었다. [민주적 좌파의 도전 속에서 - 옮긴이] 민주주의는, 좀 더 작은 규모로 적용되는 '적절한 기술'에 대한 강조, 리더십을 따르기보다는 참여의 가능성에 중점

248

을 둔 관점, 군사주의적·제국주의적 국가에 대한 거부라는 측면에서 재조명되고 있었다.

자유주의적 합의에 분열이 일어나기 시작했으며, 이는 1968년 민주당 전당대회의 북새통 속에서 최고조에 이르렀다. [1968년 대통령 선거에서 – 옮긴이] 민주당 후보가 패배한 이후, 1972년에는 '급진주의자들'이 일시적으로 민주당을 장악했다. 당의 외곽으로부터 종래의 선거 정치에 대한 정면 공격이 제기되었을 뿐만 아니라, '운동권 좌파'와 당내 반대 분자들 모두 기업의 힘에 대해 매우 비판적이었는데, 이는 민주주의를 유명무실하게 만들지 않으면서 자본주의와 민주주의가 공존하는 것이 과연 가능하겠는가라는 근본적인 쟁점을 불가피하게 다룰 수밖에 없는 수준에까지 이르렀다. 이리하여 자유주의를 다시금 명확히 밝히는 것이 긴급한 과제로 대두되었다.

이에 대해 현실 정치인들이 민주당 내의 급진적 분파들을 몰아내고 더욱 우경화하는 식으로 반응함에 따라, 자유주의와 민주주의가 동의어라는 가정은 흐트러지기 시작했다. 먼저 새로이 등장한 "신자유주의"가 "우파의 무능"과 "좌파의 전체주의적 경향"을 비판하면서 스스로를 "활력 있는 중도"*에 위치시켰다. 신자유주의의 주요 옹호자 가운데 한 명에 따르면, "20세기 중반의 자유주의는 …… 이처럼 뉴딜 정책에 건 기대, 소련의 실상에 대한 폭로 및 인간에 대해 우리가 갖고 있는 지식의 심화에 의해 근본적으로 재형성되기에 이르

---

* [옮긴이] "활력 있는 중도"(the vital center)는 미국의 역사학자 슐레진저(Arthur Meier Schlesinger Jr.)의 용어로서, 1949년에 그가 저술한 저작의 제목이기도 하다. 슐레진저는 그 저작에서 좌파의 전체주의와 우파의 고전적 자유주의를 동시에 비판하고 그 사이의 '중도정치'를 주창했으며, 뉴딜과 같은 개혁적인 민주주의와 국가에 의해 규제되는 시장경제를 통해 공산주의에 대응할 것을 주장했다. 그는 『활력 있는 중도』의 1998년판의 서문에서 이 용어가 우파적으로 남용되거나 단순한 '중간'으로 이해되는 것에 반대하여 "중도 좌파적인"(a little to the left of center) 의미를 가진다고 강조한 바 있다.

렸다." 이 가운데 마지막 요소인 인간에 대한 지식의 심화는 신학자 니부어 Reinhold Niebuhr가 펼친 인간 본성에 대한 비관적인 견해를 지칭하는 것이었다.[2] 이로부터 얼마 지나지 않아 민주당은 '중도파'라거나 '재정적으로 책임을 지는' 정당을 자처하기 시작했다. 민주당의 중도파들은 사회복지 프로그램에 대한 '대규모 지출'이라는 공약 및 '대기업'에 대한 전통적인 불신에 종지부를 찍을 것을 선언하는 한편, 경찰 및 마약과의 '전쟁'에 대한 지출 확대를 약속했다. 1972년 이후 가시적인 형태의 정치적 좌파 세력이 빠르게 사라짐에 따라, 민주당은 새로운 정체성을 좀 더 쉽사리 형성할 수 있었다. 환경 운동의 부상을 제외하면, 실질적인 세력으로서 민주주의는 걸음마 단계를 벗어나지 못했던 것이다. 도시 빈민층, 아프리카계 미국인, 히스패닉, 노동조합 등 예전 민주당의 지지층 역할을 했던 유권자들은 정교한 수사학과 소소한 양보를 통해 '회유'되었다. 중도주의는 단지 배려하는 표정으로 가장한 기회주의가 되었는데, 20세기의 마지막 10년간에 단지 소수의 전국적 지명도를 가진 정치인들을 제외하고는 어떤 주요 정당도 공공연히 자유주의적인 정치적 정체성을 공언하지 않았다는 사실은 이 점을 분명히 보여 준다. 역설적으로 그리고 불길하게도, 모든 부류의 정당과 정치인들이 '민주주의'에 대한 자신들의 헌신을 공언했던 것이다.

자유주의와 민주주의의 동맹이 1960년대의 여파로 심각한 긴장을 겪는 와중에, 양자가 공히 지닌 취약성과 불충분성이 드러났다. 이로 인해 1980년대에 등장한 새로운 보수주의는 자유주의와 민주주의의 요소들을 선택적으로 결합하여 자유지상주의적 보수주의libertarian conservatism, 포퓰리즘적 보수주의 populist conservatism, 심지어 자칭 혁명적 보수주의revolutionary conservatism와 같은 기막힌 정치적 변종들을 만들어 낼 것이었다. 공식적으로 공언된 이데올로기로서 자유주의는 현실 정치에서 자취를 감추었지만, 학술적 영역에서는 사실상 독점적인 지위를 유지했다.

2. 자유와 평등: 자유주의의 딜레마

민주주의와 자본주의 사이에 어떤 갈등도 없다는 사실을 사회주의자는 도저히 받아들일 수 없다……. _디긴스John Patrick Diggins[3]

20세기 후반에 자유주의 이론가들은, 자유와 평등에 관한 자유주의적 개념 사이에 모순이 있다는 것을 인지하고 이를 해결하는 데 중점을 둔 문제 틀을 만들어 냈다. 자유로운 사회는 모든 시민들이 평등한 권리를 누려야 한다는 점을 요구했다. 이런 권리 가운데 가장 빈번하게 언급된 권리로는 언론, 출판, 집회, 종교, 재산의 자유 그리고 공정한 재판 및 변호인의 도움을 받을 권리 등의 적법한 절차와 관련된 절차적 권리를 들 수 있다. 권리가 이를 행사하기 위한 충분한 기회를 수반해야 하는 것이라면, 자유는 자연히 몇몇 개인들이 다른 사람들보다 더 나은 교육, 더 많은 부, 더 많은 힘을 획득할 수 있게 할 것이다.

따라서 자유는 평등한 권리를 불평등으로 바꾸어 놓는 것을 조장한다. 좀 더 큰 사회적 이득을 적법하게 획득한 자들의 권리를 제한하거나 그런 이득 가운데 일부를 환수하여 이런저런 이유로 자유를 성공적으로 사용하는 데 실패한 사람들에게 효과적으로 이전하지 않는다면, 이런 불평등은 완화되거나 근절될 수 없는 것처럼 보였다. 자유로운 사회에서 '불리한 위치'에 처한다는 것은, 평등한 권리를 갖되 이것을 효과적으로 활용할 능력이 없거나 그렇게 하는 데 실패한 것을 의미했다. 사회가 점점 더 공동체보다 경쟁에 의해 규정되는 상황에서, 타인의 노동과 부에 의존해서 산다는 것은 바로 천시된다는 것을 의미했다. 그 사회의 공적인 수사에서 계급 갈등의 존재가 부인된다고 하더라도, 보수적 정치인들은 계급적인 분노를 활용하여 노동계급과 빈민들 사이를 이간시킬 수 있었다.

이처럼 자유주의는 자유지상주의적 원리와 불평등한 결과 사이에서 이러지도 저러지도 못하는 난처한 상황에 봉착해 있는 것처럼 보였다. 이런 딜레마는 자유주의적 정치 이론에 내재하는 핵심적인 난점을 드러냈다. 그것은 복지를 증진시켜야 한다는 중요한 책임을 떠맡은 행정국가와 자유로운 정치경제를 결합시킴으로써 발생한 사회적·정치적 결과들을 다루려는 시도에서 비롯된다. 사회적·경제적 불평등이 국가의 조치에 의해 치유되거나 완화된다는 것은, 정치적인 것을 대표하는 국가가 그런 기능을 수행할 수 있을 정도로 충분한 자율성을 확보하고 있다고 가정하는 셈이다. 그러나 자유주의적 사회에서 시행되는 자유로운 정치라는 것은, 경제적 힘을 통제하는 자들이 정치적 과정을 통해 기업이나 개인의 이익을 촉진할 수 있는 권한이 있으며 자연히 그렇게 할 것이라는 점을 허용하거나 사실상 당연한 것으로 미리 가정하고 있다.

만약 국가의 역할이 [사적인 이익집단들의—옮긴이] 이해관계보다 상위에 군림해야 한다고 주장한다면, 건국의 아버지이자 완강한 자유주의자인 매디슨은 다음과 같이 응답할 것이다. 갈등을 빚는 이익들 사이에서 "정의가 균형을 맞추어야" 하지만, 여기서 난관은 판단을 내리는 자들 역시 "자신들이 심리하는 사건에서 단지 옹호자나 당사자"일 수밖에 없다고 말이다.[4]

매디슨은 개인의 자기 이익 추구를 시민적 덕성이라는 해독제로 쉽사리 치유할 수 있다는 주장을 거부하고, 정부의 권력을 분할함으로써 다수파가 모든 부서를 장악하는 것을 어렵게 만들고자 했다. 그러나 이런 그의 해결책 역시 문제를 잘못 파악한 것으로 판명되었다. 문제는 다수결의 원리나 소수자의 권리가 아니었다. 쟁점은 수가 아니라 힘과 관련된 것이었다. 예컨대 하나의 거대한 제약 회사는 소수자의 문제가 아니라 힘의 집중이라는 문제를 제기한다.

민중적 다수가 가장 중대한 부정의의 위험을 제기할 것이라는 매디슨의 예측은 검증된 적이 없었다. 견제와 균형의 제도적 구조, 권력분립, 정부의 선출직 부서에 적용된 상이한 선거 주기 등은 일관된 민주적 의지의 형성을 저지하는 데 너무나 효과적인 것으로 입증되었다. 이로 인해 우리는 민중적 다수가 쉽사리 폭정으로 기우는지, 아니면 신뢰할 만한 것인지를 결코 알 수 없게 되었다.

다수의 지배를 의도적으로 좌절시킨 결과로 민주주의에 대한 강조점이 바뀌었다. 이제 민주주의는 실제적인 장애물들로 인해 위축되고 그 의미가 축소되어, 민중적 권력 및 정치적인 것을 보살피는 책임이 아니라, 형식적으로 평등한 권리와 동일시되었다. 시민적 무관심의 팽배를 배경으로, 강력한 기업의 이익과 부유한 개인들이 장악한 반민주적 정치는 정의와 공정성에 가장 중대한 위험을 제기했다.[5] 그 전형적인 결과는 경제적·사회적 불리함이 정치적 불리함으로 이어지는 것이었다. 불평등한 상태에 처한다는 것은 불리한 힘의 위치에 영구히 서게 되는 것이었다. 만약에 자유주의가 민주주의적 사상으로서의 자격을 회복하고자 한다면, 자유주의는 경제적 불평등에 대한 치유책을 제시해야 할 뿐만 아니라, 경쟁적 사회가 힘의 불평등과 이로 인한 이득의 착취를 본질적 속성으로 갖는다는 사실에 정면으로 맞서야 했다.

평상시처럼 약소한 액수로 최저임금을 인상하는 것으로는 가난한 자들의 상대적인 정치적 힘을 거의 증진시키지 못하며, 그들이 정치적 권리를 활용하여 훨씬 부유한 자들과 경쟁할 수 있게 해주지도 못한다. 만약 어떤 자유주의적 정의관이 자유주의 사회의 사회적·경제적 구조에 내장된 힘의 불평등의 원인이나 원천에 도전하고, 진정한 힘의 평등이 주요 제도들에 구현된 모습을 고찰한다면, 그 정의관은 자유주의적 정의관보다는 민주적 정의관에 가깝다고 할 수 있을 것이었다. 그리고 그것은 바로 기업이 지배하는 정치경제에 도전하는 것을 의미할 것이었다. 민주적 정의론은, 이런 기업적 정치경제에 대한 대안으로서 제도, 특히 전통적으로 자유주의자들이 지지한 경제제도를 근본적으로 변경할 수 있는 민주화된 정치경제를 형성해야 할 것이었다.

현재 구축되어 있는 경제적 힘이 [반민주적인 기업적 정치경제에 대한-옮긴이]

민주적 해결 가능성을 통제하거나 크게 제약한다는 자유주의의 첫 번째 딜레마는, 두 번째 딜레마 — 혹은 적어도 하나의 아이러니 — 가 존재하고 있음을 가리킨다. 그것은 자본주의와 결부되어 발생하는 정치적 결과에 자유주의 이론이 대처하려고 노력하면 할수록, 자기 이익의 우선성에 대한 해결책을 찾는 것은 더욱 어려워지고 자본주의사회에서 민주적인 시민 문화를 어떻게 형성할 것인가라는 문제는 더 큰 난관에 봉착한다는 것이다. 자유주의 이론이 기업의 힘과 경쟁할 수 있는 민주화된 정치경제의 수단을 고안해 내기보다 오히려 평등주의적 민주주의에 맞서 정치권력을 보장해 줄 수 있도록 설계된 기제機制를 계속해서 선호하는 만큼 그런 어려움은 더욱 커질 것이었다. 결국 자유주의 이론은, 자본주의에 도전하는 것 그리고 '선의의 무시'benign neglect[설령 선의에서 비롯되었다 하더라도 뾰족한 대안이 없다는 이유로 개선해야 할 현안에 대해 회피나 방관의 자세로 대응하는 것-옮긴이]로 일관함으로써 민주주의를 약화시키는 것 사이에서 양자택일의 기로에 서게 될 것이었다.

이 가운데 첫 번째이자 자유주의자들이 그리 달가워하지 않을 방향은 마르크스 쪽으로 다가가는 것이었다. 그것은 설령 혁명의 불가피성과 프롤레타리아트의 승리라는 마르크스의 구상에 오류가 있다 하더라도, (a) 자본주의에 비판적으로 맞설 필요성을 제기하고 (b) 프롤레타리아트를 대신해서 적절한 보편성을 가진 민주주의, 곧 탈집중화된 실천을 공약하는 민주주의를 내세우는 방향으로 마르크스의 구상이 재규정될 수 있다는 점을 인정하는 것이었다. 마르크스는 자유주의가 심하게 결여했던 것, 곧 자본주의에 대한 비판 이론을 제공해 주었다. 몇몇 자유주의의 옹호자들이 불평했던 것과 달리, 자본주의 비판의 핵심은 모든 개인들이 자기 이익의 명령을 언제나 확고하게 준수한다는 데 있지 않다.[6] 오히려 자본주의 비판의 핵심은 힘의 체계로서의 자본주의가 지닌 정치적 함의, 곧 자본주의는 민주주의에 필요한 시민 문화와 갈등을 빚는 대중적 환상을 조장하는 미디어 문화를 만들어 냄으로써 정치적인 것을 제약한다는 데 있다.

자유주의의 입장에서 좀 더 강력한 유혹은 반反마르크스주의적인 대안에 안주하는 것이었다. 그 대안은 불평등의 구조적 원인을 인정하기는 하지만, 불평등의 결과를 우발적이고 경제 외적인 원인으로 돌려 버리는 것이다. 이런 접근에서 불평등은 구조적이거나 불가피한 것으로 다루어질 수도 있고, 아니면 우발적인 것으로 취급될 수도 있다. 그러나 정치적·경제적 평등과 힘이 얽혀있는 것으로 보든지 아니면 단지 인접하거나 우발적인 것으로 보든지에 상관없이, 불평등이라는 문제는 그대로 남아 있다.

이런 논쟁의 조건은 자유주의 이론가들이 오랫동안 유지해 왔던 정치적인 것과 경제적인 것 간의 역사적인 구분을 반영하고 있다. 비록 정치경제학이라는 이름으로 시작되긴 했지만, 고전 경제학자들의 가르침은 하나의 경제로 이해된 사회, 즉 투자, 노동, 생산, 교환 등 부의 체계적인 생산을 목표로 하는 상호 연과된 활동들로 구성된 세속적인 구조에 관한 것이었다.[7]

마르크스와 엥겔스가『공산당선언』(1848~49)을 저술할 즈음에 이르러, 경제에 대한 경쟁적 해석이 그 모습을 확연히 드러냈다. 다양한 부류의 사회주의자들은 힘의 관계와 사회 계급의 관점에서 경제구조에 대한 분석을 진척시켰으며, 이를 통해 경제적 현상에 관해 본질적으로 정치적인 분석을 수행했다. 비록 그들이 강제성 없는 경제라는 목가적 풍경이 지닌 허구성을 폭로하고 자기 이익의 구성적 역할을 정치적 쟁점으로 끌어들이는 데는 성공했다 하더라도, 그들의 강렬한 자본주의 비판이 사회주의 사회에 대한 전주곡이 되지는 못했다. '공상적 사회주의자들'은 예외에 속했는데, 그들은 협동적 노동과 재산의 공유에 기초한 소규모 공동체를 건설하려는 노력을 통해 힘의 근본적인 축소를 시도했다. 이와 대조적으로 19세기의 마지막 사반세기 이후부터 20세기 전반에 걸쳐서 사회주의정당들은 국가권력을 확장하여 사회주의적 프로그램을 촉진하고자 했다. 이에 대응하여 자유주의적 정책 입안자들은 일부 사회주의적 제안들을 채택하여 통치 과정에 통합했는데, 그들은 이런 조치가 '볼셰비즘'Bolshevism을 조장하려는 것이 아니라 자본주의를 구제하기 위한 것이라고 주장했다. 하지만 사회복지 프로그램은 민주적 권력의 개념을 다시 생각해 보게 하는 자극제로 기능하지 못하고, 오히려 게으른 자들에 대한 동냥이라는 오명을 쓰게 되었다.

그 결과 경제의 정치적 의미를 변화시킬 수 있는 중요한 가능성이 실현되기는커녕, [사회복지 프로그램은-옮긴이] 일종의 관료제적 장치, 행정적 경제의 한 요소가 되고 말았다. 이렇게 하여 일부 실천가들은 금융거래 규제, 계약 이행의 강제, 통화 공급의 조절, 세금과 이자율의 조정, '위험한 계급'에 대한 감시와 같은 제한된 유형의 국가개입으로 시장을 보충하는 것을 선호했다. 이런 처방들은 전문가의 '정책 결정'이라는 새로운 담론 영역으로 이해되었는데, 그것은 민중적 정치와는 격리되어 있었고, 기업 통치corporate governance라는 새롭게 부상하는 관리 양식에 담긴 세계관에 좀 더 가까웠다. 제2차 세계대전 이전에 개혁가들 사이에서 통치 활동을 "행정적 관리"administrative management로 지칭하고 정부 관료제가 경영의 방법을 채택할 것을 촉구하는 것이 표준적인 용법이 된 것은 놀라운 일이 아니었다.[8] 경제학자들에 의한 행정의 정당화는, 마르크스의 주요 논점인 경제적인 것의 우선성과 '통치'governance의 '관리'에의 예속에 이의를 제기하기보다는 이를 확증해 주는 데 기여했다.

3. 롤스와 정치철학의 부활

롤스의 저서는 심대한 영향을 미쳤으며 도덕과 정치철학으로 하여금 스스로를 순전히 — 또는 적어도 일차적으로 — 서술적인 접근으로 이해하는 것을 중지하게 만들었다. 도덕과 정치철학은 이제 공적 문제에 대한 토론과 해결에서 적극적인 역할을 주장할 수 있게 되었다.

_네하마스Alexander Nehamas9

롤스의 『정의론』(1971)이 출간되었을 때, 이 저서는 분석철학을 그 정치적 무관심으로부터 구제한 것으로 환영을 받았고, 20세기의 가장 중요한 정치철학 저작으로 찬사를 받았다.10 분석철학은 의기양양하게 이 저서가 사회적 해악을 다루고, 평등한 권리를 옹호하며, 재화의 재분배에 지침이 되는 원리를 제공해 줄 수 있다는 점을 증명했다. 롤스의 두 번째 주요 저작인 『정치적 자유주의』Political Liberalism(1993)의 제목이 시사하듯이, 그는 정치적인 것에 대한 독특하게 자유주의적인 개념을 발전시키는 과제를 수행할 것이었다. 이런 기획을 추진하게 된 동기는 특정한 전문 용어의 병렬 속에 함축되어 있었다. 즉 그는 자신이 현대의 헌정적 민주주의의 임박한 위기라고 주장했던 것에 대한 자유주의적 해결책을 제시할 것이라고 했던 것이다. 이런 목적과 그 성과는 정치철학의 역할을 확장시키려는 구상에 의해 뒷받침되었다. 이런 구상은 고전적 이론가들의 여하한 작업에도 견줄 수 있을 만큼 야심적인 것이었으며, 정치적인 문제가 영원성의 관점에서sub specie aeternitatis 파악될 수 있다는 확신에 찬 것이었다.

> 헌정적 민주주의에서 [정치철학의] 가장 중요한 목적 가운데 하나는 정의에 대한 정치적 관념을 제시하는 것이다. 이 정치적 정의관은 정치적·사회적 제도들의 정당화에 대한 공유된 공적 기반을 제공해 줄 수 있을 뿐만 아니라 세대와 세대를 이어가는 안정성을 보장하는 데 도움을 줄 수 있어야 한다. …… 그러므로 정치철학은 단순한 정치 게임이 아니다. 그것은 가장 장기적인 관점하에서 공적 문화를 다루고, 사회의 영구적인 역사적·사회적 조건들에 유념하며, 사회의 가장 심층적인 갈등을 중재하고자 한다.11

롤스는 대부분의 고전 철학자들처럼 당대의 군주들에게 국가 통치술을 가르치려 한 것이 아니라, 시민·공무원·법조인들에게 자유주의적 질서의 규범·

실천·전제 조건에 초점을 맞춘 정치철학을 가르치고자 했다. 그 성과를 통해서 롤스는 자유민주주의 ─ 이 혼성물은 전체주의와 더불어 정치적 형식의 유형에 대한 20세기의 주요한 기여를 표상한다 ─ 에 대한 권위 있는 정식화를 만들어 냈다고 할 수 있다.

그의 저술들은 다음과 같은 두 가지의 광범위한 문제를 제기했다. 첫째, 자유주의적 요소와 민주주의적 요소는 어떤 비율로 배합되는가? 둘째, 거기에는 슈퍼파워와 지구적 차원으로 확장하는 초국적 기업과 같은 중요한 힘들이 생략된 것은 아닌가? 만약 그런 힘들이 인정되었더라면, 제국적 허세를 부리는 슈퍼파워의 시민이 된다는 것이 무엇을 의미하는지, 나아가 자유민주주의라는 혼성물을 자유주의적이면서도 민주적이라고 규정하는 것이 무엇을 의미하는지 의문을 제기할 법하지 않은가?[12]

『정의론』이 특정한 역사적·정치적 맥락을 반영하고 있다고 간주하는 것은, 이런 문제들 그리고 『정의론』과 『정치적 자유주의』의 상이한 강조점을 탐구하는 데 도움이 될 것이다. 즉 『정의론』은 뉴딜 정책에서 복지국가 및 규제 국가regulatory state ─ 전문가의 정책과 행정의 결합을 통해 사회문제를 관리할 수 있다는 신념에 기초한 ─ 가 모습을 드러내기 시작한 이후부터, "경제적 파이"가 '빈곤에 대한 전쟁'은 물론 베트남전쟁을 감당하기에 충분했기 때문에 기업의 힘에 대한 규제가 그렇게 절박한 것으로 여겨지지 않던 존슨의 '위대한 사회'에 이르는 기간의 역사적·정치적 맥락을 반영한다. 『정의론』은 경제적 측면에서 자원의 재분배를 강조하는데, 이는 뉴딜 정책과 '위대한 사회'로 이어지는 흐름에서 나타난 복지국가적 전통 ─ 그 속에서 나타난 전쟁 국가warfare state적 성격이 아니라 ─ 을 반영하고 또 그 입장을 취하고 있었던 것이다. 이와 대조적으로 『정치적 자유주의』는 보수주의의 군림과 '문화적 전쟁' 시대의 자유주의를 대변한다. 그것은 중도를 지향하고, 사회경제적·정치적·법적 영역 모두에서 불평등의 심화가 명명백백해지는 상황에 직면해서 정치적·법적 평등을 증진시킴으로써 사회경제적 불평등을 완화하여 균형을 이루려고 노력하지만, [상황에 따라 ─옮긴이] 부분적으로 그런 개입을 철회하거나 심지어 부인하기도 하는 자유주의였다. 만년의 롤스는 민주주의의 가장 절박한 문제가 뿌리 깊은 교의상의 차이를 드러내는 비물질적인 영역에 위치한다고 주장했다. 이 영역은 마르크스라면 이데올로기적인 것이라고, 또 니체라면 문화적인 것이라고 불렀을 법한 영역이었다.

본격적인 논의에 앞서 예비적으로 말하자면, 롤스의 접근은 정의에 관한 담론에서 최근에 일어난 몇몇 변화들을 반영했으며, 그런 변화들은 추상적이고, 기술적이며, 정치적으로 온건한 새로운 종류의 공공 철학을 형성하기 위해, 철학이 고립된 상태에서 벗어나 경제학 및 법 이론과 접촉하려고 얼마나 적극적인 노력을 기울였는지를 보여 주고 있었다. 법학은 철학과 경제 이론의 영향을 점점 더 많이 반영하게 되었다.[13] 역으로 철학자들은 경제학적 공식들과 법학적 추론 방식 ─ 특히 대법원의 판결들에 나타난 ─ 에 끌렸다.[14] 한편 경제학이 금융과 기업의 세계를 사적 이익이 공적 정책으로 굴절되는 정부 관료제의 세계와 연결시켜 주는 일반적인 담론적 고리를 제공해 주게 되었을 때, 경제학자들 역시 공공 정책에 대한 중요한 기여자가 되었다. 경제적 합리성과 관료적 합리성은 빈틈없는 그물망을 형성하게 되었다. 롤스는 이런 사태 전개를 철학적으로 종합한 인물이라 할 수 있다.

4. 경제와 정치경제

진리가 사유 체계의 첫 번째 덕목이듯이, 정의란 사회제도의 첫 번째 덕목이다.
_롤스[15]

『정의론』은 자유와 평등 간의 긴장, 정치적인 것과 경제적인 것의 역사적 구분, 사회를 정초하는 합의를 근본적인 정치적 고려 사항으로 간주하는 태도 등 자유주의적 문제 틀의 주요 요소들을 차용하고 있다.

정의를 모든 사회제도의 첫 번째 덕목으로 설정함으로써, 롤스는 불평등의 문제에 개입하려는 자신의 의도를 명시적으로 밝혔다. 개입의 조건들은 정책과 행정의 요건에 맞추어졌다. 롤스가 정의의 일반적 문제를 경제적 용어로 정식화하는 것은 이에 부합하는 방식이었다.[16] 즉, 롤스는 정의를 "주요 사회제도들이 근본적 권리와 의무를 **배분**하고 사회적 협력으로 발생하는 이득의 **분배를 결정하는 방식**"으로 규정한다.[17] "정의론"은 "합리적 선택이론의 …… 일부"로 선언된다.[18] 그 이론은 유덕한 시민이 아니라, 경제 이론이 흔히 가정하는 합리적이고, 자기 이익을 추구하는 거래자를 그 출발점으로 삼는다. 따라서 시민됨을 규정하는 원칙은 상호성이며, 이는 사회계약에 관한 전통적인 이념에 대한 중대한 수정, 곧 자의적 힘에 대한 정치적 해결책을 포기하고 거래적 관념으로 선회하는 결과를 낳는다.

롤스는 경제정책에 핵심적인 역할을 부여하는데, 이는 매우 중대한 정치적 결과를 초래한다. 행정의 역할은 확대되는 반면, 통치governance는 기술 관료적인 차원에 국한된 것으로 인식되고 고도로 중앙집권화된 자율적인 국가로 축소되어 통상 국가가 규제해야 한다고 생각하는 사회적·경제적 힘들과는 무관해져 버린다.[19] "자유 시장의 제도들은, 경제적 사태의 전반적인 경향을 규제하고 공정한 기회균등에 필수적인 사회적 조건들을 보존하는 것을 목적으로 하는 정치적·법적 제도의 틀에 맞도록 설정되어야 한다."[20]

롤스는 규제 국가의 자율성을 설정하고 사회경제적 불평등을 시정할 권력을 그 국가에 부여하지만, 집중화된 부와 기업의 힘이 지배하는 정치경제를 검토하지는 않는다.[21] 경제적 힘의 구조에 관한 그의 침묵은 단순히 실수로 인해 간과한 것이 아니라 자신의 주장을 정당화하려는 의도적인 표현 방식이었다. 롤스는 불평등이 그런 구조들에 본질적으로 내재해 있지만, 만약 그런 불평등이 "모든 사람의 이득"으로 작용한다면 정당화된다고 생각한다.[22] 그러므로 불평등은 관리되어야 하는 것이지, 근본적으로 도전받아야 할 대상이 아니다. 이는 참여의 가능성을 경시하고 관리된 이익을 선호한다는 것을 의미할 것이었다.[23]

불평등한 자들이 벌이는 정치적 행위보다 행정적 전문 지식에 의존한다는 것은 평등에 관해 어떤 함의를 갖는가?

5. 정의와 불평등

통상적 의미에서 정의란 잘못된 것을 교정하는 것과 관련된다. 그 정치적 의미에서 문제는 잘못이 체계적인가 아니면 단지 우발적인가에 있다. 만약 잘못이 지속적으로 재생산되고 있으며 그 희생자들이 일관되게 동일한 계급에 속한다면, 그 체계의 성격에 대한 면밀한 검토가 순서일 것이다. 그리고 좀 더 정확하게 말해서 정밀한 검토를 수행하기 위해서는 먼저 어떤 체계에 결함이 있는지를 결정해야 할 것이다. 즉 잘못에 대한 책임은 정치적 체계에 있는가, 경제적 체계에 있는가, 국제적 체계에 있는가?

롤스의 정의는 두 가지 기본 원칙에 근거하고 있다. 첫 번째 원칙은 모든 사람에게 평등한 권리와 의무를 부여한다. 두 번째 원칙은, 불평등이란 그것이 "모든 사람에게 이득을 보상해 주는 것으로 귀결되는" 경우에만, 그리고 무엇보다도 "특히 최소 수혜자 계층에게" 이익을 보상하는 경우에만 정의로운 것으로 간주될 수 있다고 규정한다.[24] 여기서 불평등은 일차적으로 권리의 행사를 무효화시키거나 약화시키는 기본적인 인간 자원 및 기회의 불공평한 분배와 동일시된다. 이런 두 번째 원칙이 관철될 경우 불평등은 체계적이라 하더라도 최소 수혜자 계층에게 유익한 것으로 간주되며, 따라서 근본적인 개혁을 요구하는 문제가 아닌 것으로 치부된다. 불평등은 본질적으로 내재해 있지만, 치유될 수 있다는 것이다. 그렇지만 다른 곳에서 롤스는 예견할 수 없는 사회적 출발점 및 개인이 지닌 '천부적인' 재능의 차이에서 기인하는 불행으로 불평등을 규정하며, 이런 차이는 완전하게 통제하는 것이 불가능하고 차라리 제거하는 것이 바람직하다고 언급하기도 한다. 이는 불평등의 원인이 체계 외부에 있음을 시사하는 대목이다. 그러나 그는 불평등의 근원을 계급 구조, 인종이나 젠더에 대한 역사적 편견, 편향된 공공 정책, 또는 잉여 인구를 산출한 기술의 변화에 돌리기를 거부한다. 이에 따라 불평등은 이런 문제보다 천부적 소질의 배분 및 가족 추첨(어떤 가족에서 태어날 것인가라는 우연적 요소—옮긴이)에서 나타난 불운의 결과인 것처럼 보인다. 비록 롤스의 정의가 불리한 계층의 원처지—옮긴이)을 개선시키는 데 초점이 맞추어져 있긴 하지만, 거기에는 정의가 불평등을 제거해야 한다는 어떤 공약도 없다. "무엇보다도" 입법을 통해서는 정의가 치유하고자 하는 불평등을 근본적으로 해소할 수 없는데, 이는 "사회의 제도들이 어떤 출발점을 다른 출발점에 비해 선호하는" 다양한 방식으로부터 불평등이 구조적으로 발생하기 때문이다.[25] 이리하여 불평등은 비합리적이거나 우연적인 순서로, 즉 일종의 '추첨'에 따라 배정된다.[26] 불평등에 대해 보상적 이득을 부여하는 것이 힘의 구조적 불평등에 도전하는 것으로는 보이지 않는다.

설령 롤스가 "유리한 입장에 처한 자들의 높은 기대치"란 오직 "그것이 최소 수혜자 계층의 기대치를 증진시키는 체계의 일환으로 작동하는" 한에서만 정의로운 것이라고 규정했다손 치더라도, 정의의 두 원칙이 동등한 지위를 부여받지 않고 있기 때문에 이 규정은 타협적인 것이다.[27] "모든 사람에게 이득을 보상"하고 "특히 최소 수혜자들에게" 이익을 보상하려는 목적을 성취하기 위해 활용 가능한 대안들의 범위는, "선에 대한 옳음의 우선성"이라는 롤스의 정언적 주장에 의해 처음부터 제한되어 있다. 즉 "평등한 자유의 원칙이 …… 두 번째 정의의 원칙보다 우선한다"는 것이다.[28] "일부 사람들"의 자유의 상실 은, 그것이 단지 "다른 사람들이 누리는 좀 더 큰 선"을 증진시킨다는 이유만 으로는 정당화될 수 없다고 롤스는 주장했다.[29] 롤스의 정식에서 자유는 언론, 결사, 개인적 재산, 양심의 자유와 같은 권리를 포함했다.[30] 그렇지만 어떻게 규제 국가가 고용 수단을 통제하고 의료보장의 범위를 결정하며 환경 보호조 치에 저항하는 자들의 자유를 침범하지 않고 불리한 계층의 처지를 현저하게 개선할 수 있는지 헤아려 본다는 것은 쉬운 일이 아니다.

동시에 롤스는 기업의 영향력에 대항할 수 있는 수단으로서 참여라는 권 리가 지닌 가치에 유독 냉담했다. 그는 [기업의-옮긴이] 의사 결정 과정에 대한 노동자의 참여와 같은 경제적 권리들을 명시적으로 배제했고, 그리하여 경제 적 조직이 시민에게 미치는 결과라는 핵심적인 문제를 회피했다. 경제적 체계 가 일종의 힘의 체계라는 점을 인정하지 않았으며, 또 이런 체계에 대한 민중 적 저항의 수단을 마련하지 못함으로써, 롤스의 비전은 자본주의 체계와 그 정치에 대한 어떤 직접적인 도전도 회피한다.

사회제도의 첫 번째 덕목으로서의 정의와 자유의 우선성으로서의 정의라 는 두 가지 원칙을 함께 고려해 보면, 롤스의 정의가 지닌 특유성이 드러난다. 롤스는 "불평등이 심각한" 사회에서 "부정의"의 원인들이 "절박하고 긴급한 문 제"라는 점을 인정하긴 했지만, 자신이 그 원인들을 규명하지는 않을 것이라 고 명시적으로 언급했다.[31] 이런 부인은 그가 끊임없이 호소하는 "이상적" 이 론과 "비이상적" 이론의 구분에 의해 정당화되었다.

이상적 이론의 영역에는 정의의 원칙들, 현존하는 미국의 헌정적 제도들의 이상적인 형태로 판명된 자유민주주의적인 정치적 헌정 체제, 그리고 외부 세 계와 차단되어 아무도 들어올 수 없고 또 아무도 떠날 수 없는 정치 체계 등이 포함되었다. 이런 점들을 고려해 볼 때, 이상적 이론은 완전하거나 총체적인 구성물, 즉 안정되고 불변적인 것을 다룬다고 할 수 있다. "…… 정의론을 …… [현존하는] 정치 체계에 대한 이론으로 오해해서는 안 된다. 우리는 …… 하나의 이상적인 체제에 관해 서술하고 있다. 이런 체제와 비교함으로써 현실의 제도들을 판단할 이상적인 기준을 규명하고, 그로부터의 이탈을 정당화하기 위해 유지되어야 할 것은 무엇인지를 적시하고자 하는 것이다."32

"비이상적 이론"은 상황 — 이상적인 상황과 구분될 수 있는 정도에 따라 매우 다양한 — 에 맞는 이상적 이론의 적용을 지칭한다.33 전형적으로 비이상적 이론의 적용에는 비이상적인 세계에 대한 광범위한 일반화, 예컨대 "실제 정치적·사회적 삶은 종종 수많은 부정의로 얼룩져 있다"와 같은 일반화가 먼저 요구된다. 보통 이런 일반화는, 부나 권력 및 기회의 불균등이 인정됨에도 불구하고 여기에 대한 개입이 이루어지고 있지 않은 민감한 지점을 알려준다. 그러나 그런 불균등의 처리는 '사회학적 이론'에 일임된다.34

롤스는 외교정책의 문제나 다른 국가의 행위에도, 또 군부의 정치적 역할과 그것이 경제정책에 미치는 효과에도 영향을 받지 않는 "폐쇄된" 체계를 상정하는 데 그치지 않는다.35 정의가 긴박한 문제라는 것을 입증하기 위해서는 정치적인 분석을 수행하는 것이 필수적임에도 불구하고 정치철학이 이를 꺼려한다는 것은, 바로 정치철학이 힘에 대한 일관성 있는 이론을 제공하는 데 실패했기 때문이다. 롤스의 정치적 세계는 온통 규칙, 법, 원리들로 가득 차 있지, "단순한 정치 게임" — 그의 표현을 빌자면 — 은 결코 존재하지 않는다. 특히 두드러진 점은, 하나의 '선진' 경제란 내적으로 힘과 영향력을 발휘하는 구조이면서 동시에 외적으로도 국내뿐만 아니라 외교적·군사적 정책에 영향을 미치는 힘과 영향력의 구조라는 점을 롤스가 이해하지 못했다는 사실이다. 오히려 롤스의 정의는, 경제적 힘과 부의 국내적 집중, 기업의 지구적 확장 및 슈퍼파워로 대변되는 힘의 구조에 의해 전혀 손상되지 않는 [비현실적인-옮긴이]

환경을 선호한다.

요컨대『정의론』은 그것이 치유하고자 하는 해악의 원천들에 대한 비판적 설명을 결여했다. 설령 롤스가 종종 스스로를 사회계약론의 이론적 전통과 동일시했다 하더라도, 그는 초기 계약론의 핵심적인 요소, 곧 기본적인 원리들의 포괄적인 재규정이 긴급하게 요구될 정도로 현재의 정치적 관행에서 잘못된 것이 과연 무엇인가에 관한 분석을 누락시켰다. 대신에 그는 '사회'가 함축하는 방어적인 익명성 속에 경제를 집어넣어 경제의 본질적인 성격을 흐려 버림으로써 힘의 체계를 영속적으로 받아들이도록 한다. '경쟁적 시장'과 '생산수단의 사적 소유'를 포함하는 '경제적 체제'는 사회의 일부이며, 따라서 비정치적이라는 것이다.[36] 롤스는 으레 보상의 불평등을 산출하고, 인구의 대다수에게 분별없는 야만적인 노동을 요구하며, 힘의 위계를 확립하여 부정의를 체계에 본원적인 것으로 만드는 사회적·경제적 제도들을 비판하고 그에 대한 개혁 프로그램을 제공하기는커녕, 경쟁과 사적 소유에 기반을 둔 경제, 즉 체계적으로 불평등을 재생산하는 바로 그 체계를 선택한다.[37] 힘에 관한 담론을 억압하는 것은, 자유주의가 비판 이론의 성격을 상실하고 체계에 대한 정당화 이론으로 전환할 때 나타나는 전형적인 징후다.

롤스의 정의의 첫 번째 원칙은, "각 개인"은 "정의에 입각한 불가침성"을 누리며 "전체로서의 사회복지라는 이유로도 이를 침범할 수 없다"고 규정한다.[38] 이 원칙이 평등을 위한 여하한 급진적인 기획에도 엄청난 장애물로 작용한다는 점은, 롤스가 불평등을 개선하기 위해 참작하고자 하는 고려 사항이 어떤 부류의 것인지를 보여 준다. 롤스에게 불평등 문제를 다뤄야 할 긴급성은, 그것이 정치적 민주주의를 약화시키는가라는 관점이 아니라, 그것이 "협력"의 "체계"이자 "사회적 이득"을 분배하는 기제로 사회를 파악하는 사회관에 어떤 위협을 가하는가라는 관점에서 제기된다.[39] 이리하여 필수적인 협력을 얻기에는 이득이 불충분할 수 있으며, 이 경우 뒤이어 '갈등'이 일어날 수 있다는 점이야말로 위험으로 인식된다. 따라서 정의의 체계는 일차적으로 그것이 "조정, 효율성 및 안정성"에 미치는 영향력에 따라 평가되어야 한다는 것이다.[40]

불평등은 민주주의를 공언하는 정치체가 진정 민주적인지 의문을 제기하는 곪아터진 상처로 인식되기보다는 경제 질서에 대한 잠재적인 위험, 즉 "적절한 희소성의 상태"로 상정된 경제에서 본질적으로 중요한 "조정, 효율성 및 안정성"에 대한 위협으로 간주된다. 생산성은 사회적 개혁에 대한 자유주의적 약속을 그럴싸하게 보이도록 했지만, 다른 한편으로 "고도의 보상"을 특징으로 하는 경제에서 생산성은 또한 불평등을 확고히 한다.[41] 불평등은, 롤스의 자유주의가 그 긍정적 가치를 시인할 수는 없지만, 필요로 하는 원리다. 불평등을 개선할 수 있는 자유주의 사회의 능력이란, 궁극적으로는 그런 불평등을 산출하는 경제 유형에 의존하기 때문이다.

따라서 롤스의 정의는 현대 자유주의가 부닥친 근본적인 곤경을 정확하게 보여 주고 있었다. 그것은 평등한 자유의 헌법적 보장과 역동적인 경제의 **결합**이 번영과 기회의 증진을 그저 약속만 하는 정도에 그치는 것이 아니라 현실화시킬 것처럼 보였지만, 실제로는 오히려 사회적 불평등이 지속되거나 더욱 악화되기 시작했다는 점이었다. 그러나 "최소 수혜자 계층"이라는 롤스의 표현은, 그가 빈곤의 영속성을 정치적인 문제로 생각하지 않았다는 것, 곧 현저하게 불평등한 보상의 차이를 낳는 경쟁적인 경제구조에 내재되어 있는 근본적으로 불평등한 힘의 차등과 분리할 수 없는 문제로 접근하지 않는다는 것을 시사했다. 그 결과 롤스는 국가가 주재하는 자선사업과 같은 방식을 넘어선 해결책을 생각해 낼 수 없었다.[42]

이런 결함은 다른 어느 곳보다도 참여에 관한 그의 논의에서 가장 확연하게 드러난다. 롤스는 스스로 "정치적 자유의 공정한 가치"라 부르는 것이 평가절하되고 있는 사태를 개탄했지만, 자신이 사용하는 경제주의적 용어법에 그런 사태를 설명해 줄 수 있는 원인의 일단이 담겨 있다는 점을 깨닫지 못했다. 자본주의의 문화적 영향력이 지배적인 위상을 점하는 사회에서 정치적 가치의 저평가는 강력한 경제적 이익 계층에게 유리하게 작용한다. '거대한 부를 지닌 악당들'에 대한 민중적 분노가 경제에 대한 정치적 개입으로 전환될 수 있다는 가능성이야말로 그 부류들이 가장 두려워하는 것이다. 그들이 보기에는 정치제도와 관리들이 [불평등을 시정해 줄 것이라는-옮긴이] 확신을 민중들이 갖지 못하는 상태야말로 가장 바람직하다.

몇몇 경우에 롤스는 경제적 불평등이 정치적 민주주의에 심각한 어려움을 제기한다고 불평한다. "정치적 평등과 양립할 수 없을 정도로 벌어진 재산과 부의 분배상의 불균형이 법적 체계에 의해 일반적으로 용인되어 왔다."[43] 자본주의사회에서 "재산과 부는 광범위하게 분배되어야 하며" 민주주의는 "돈의 저주"로부터 자유로워야 한다.[44] "정치권력은 빠르게 축적되고 불평등해진다. …… 경제적·사회적 체계에서의 불공평은 역사적으로 운 좋은 상황에서나 존재했을 법한 어떤 정치적 평등도 쉽게 허물어뜨린다. 보통선거권은 단지 불충분한 균형추에 불과하다……."[45]

롤스는 이런 이상 현상들을 개탄하긴 하지만, 결코 그것들을 이론화하지는 않는다. 대신에 그는 임기응변식의 치유책을 제안한다. "민주적 과정은 심지어 이론상으로조차 가격 이론이 진정한 경쟁적 시장에 귀속시켰던 바람직한 속성들을 가지고 있지 못하기" 때문에, "정당들은 사적인 요구, 즉 공적인 장에서 표출되지 않고 공공선의 관점에 준거하여 공공연히 주장되지도 못하는 그런 요구들과 관련하여 자율적일 필요"가 있다는 것이다.[46] 정당들이 "사적인 경제적 이익으로부터 독립적"일 수 있도록 공적인 지원금 제도가 도입되어야 했다.

그러나 강력한 참여 문화와 정치교육이 수반되지 않는다면, 이렇게 공적 지원금을 받는 정당에 투표한다고 해서 정치가 거의 바뀌지 않을 것이라고 반론을 제기할 수 있다. 사실 롤스는, 참여가 보조금 지금을 정당화할 수 있음에도 불구하고, 참여를 강력히 옹호하는 논변을 주장하지 않는다. 그의 정식에서, 참여는 "시민됨의 이상"으로 정의되지 않으며, 또한 "모든 사람이 정치적 문제에 적극적으로 참여할 것을 요구하는 의무로 규정"되지도 않는다. "잘 통치되는 국가"에서는, 이와 반대로, "오직 소수의 사람들만이 자신들의 시간 가운데 상당 부분을 정치에 할애한다." [정치적인 선 이외에-옮긴이] 다른 많은 형태의 인간적인 선이 존재한다"고 롤스는 냉소적으로 언급한다.[47]

참여에 대한 롤스의 대안은, 그가 희망하던 결과를 산출하기 위한 매디슨적 구조 조작임이 판명된다. 경제적 이론 양식을 정치적 실천에 부과한다는 이런 전략은 정치와 정치제도들이 재분배를 위한 절차와 장치의 형식을 취할 것을 요구하는바, 그 기본적인 가정은 [절차와 장치의-옮긴이] 합리적인 구축이 정의로운 결과를 보장한다는 것이다. 그런 전략의 성공은 경제의 수행 능력에 달려 있는데, 이것은 경제의 건강을 위협할 정도로 불평등을 개선하고자 하는 정책을 허용해서는 안 된다는 것을 의미한다. 그런 전략은 정치에서 나타나는 예측 불허의 변화를 공식적인 제도가 통제할 수 있다는 강한 믿음을 수반한다.

달리 말하면, 롤스의 저서 어느 곳에서도 통치governance 이론, 곧 수백만의 일상적 삶을 지배하고 영향을 미치는 자들에게 요구되는 이론이 존재하지 않는다. 그는 "정치과정"을 "대표자들과 그 선거구민들의 견해가 투입되면, 사회적 결정을 산출해 내는 기계"에 비유한다.[48] 롤스는 절차주의적 정치를 사전에 고안된 의제 속에 담겨 있는 정치이자 그 의제가 부과하는 한계를 전혀 벗어나지 않는 정치로 보며, 이것이야말로 자신이 합리적인 결과로 간주했던 것을 보장할 수 있다고 주장한다. 참여의 정치는 민주적 의사 결정이 가져오는 예측할 수 없는 변화에 구조와 의제가 노출되어 있어서 불안정을 초래하기 십상인데, 절차주의적 정치는 이런 불안정의 위협에 대한 자유주의적인 대안으로 부각된다는 것이다.[49]

불평등을 당연한 것으로 만들어 내는 체계 내에서 불평등을 개선하기 위해, 롤스의 자유주의는 행정의 역할을 확대하기에 이른다. 즉 참여보다는 정책을 평등의 주요 담당자로 삼고, 그것을 민주주의와 자유주의 간의 결정적인 차이로 강조하게 된다. 롤스는 치밀하게 잘 짜인 복지국가가 다섯 가지의 기능적 부서로 구성된 것으로 그려 낸다.[50] '할당 부서'는 독과점 금지 관련 사안을 세금 구조의 시정 및 재산권의 개정과 결합시킨다. '안정화 부서'는 완전 고용 정책을 담당한다. '이전移轉 부서'는 사회적 최저선의 보장을 감독한다. '분배 부서'는 힘의 집중을 방지하기 위해 세금을 조절함으로써 정당한 분배를 보장한다. '교환 부서'는 시장이 공급하는 데 실패한 재화와 서비스에 대해 조치를 취한다.[51] 그리고 행정에 대한 증대하는 의존도가 정치의 구조를 더욱더 규정하면 할수록 자유주의적 정치와 민주주의적 정치의 간극은 점점 더 벌어지고, 정부 행정과 기업 경영 간의 유사성은 점점 더 깊어진다. 동시에 자유주의적 정치는 자유주의적인 자유 개념들이 야기하는 곤경에 처하게 된다. 평등한 권리는, 법원이 해석하는 바에 따라, 자유주의적 경제가 창출하는 힘들의 노리개가 된다. 즉 기업의 이해관계 역시 평등한 언론 및 청원의 권리를 부여받는데, 이를 통해 그들은 정치과정을 장악함으로써 국가가 지닌 민중적 의지의 담당자로서의 면모를 손상시킨다. 이런 상황은 자유주의적 이상에 적합한 무대를 마련한다.

6. "원초적 입장"과 계약론의 전통

롤스는 "원초적 입장"을 가정함으로써 그가 제시하는 정의론의 정당성을 확립하고자 했는데, "원초적 입장"에서는 우선적인 원칙들이 선택될 것이었다. 비록 롤스가 이런 구축 과정을 로크, 루소 및 칸트의 계약 이론들과 분명히 결부시켰다고 하더라도, 거기에는 분명 차이가 존재한다. 예전의 몇몇 이론들이 상정했던 자연 상태에서는 정치적 분쟁들이나 심지어 극심한 혼란의 흔적이 식별될 수 있지만, 이와 대조적으로 롤스의 원초적 입장은 "특정한 정의의 개념을 이끌어 내려는" 이론적 목적을 위해 구축된 일종의 진공 상태를 의미한다.[52]

롤스는 그가 제시하는 정의의 원리들을 받아들일 수 있도록 여러 규정들 및 개인 존재를 치밀하게 설계하며, 이를 통해 이 가상적인 상황을 엄격하게 통제한다. 여기에는 어떤 집단적인 심의도 없다. 그가 상정한 개인들은 원초적 상황에서 일정한 선택을 내리는 인간이지만, 사회에 가입할지 말지 혹은 사회를 어떻게 설립할지 숙고하여 선택을 내리는 인간이 아니라 롤스가 제시한 원칙들을 선정하는 인간이다.[53] 그들은 일정한 원칙들이 이성과 자기 이익에 부합한다는 이유로 그것들을 수용하는 '대표적인 유형의 인간들'이다.

원초적 입장을 전제할 때, 합리적으로 선택한다는 것은 무엇을 의미하며 합리적 선택이 작동할 수 있기 위해서는 어떤 조건들이 필수적인가? 반대로, 어떤 조건들이 롤스적 이성을 전복시키거나 그 효과를 방해할 수 있는가?

"감히 알려고 노력하라!"라고 칸트가 역설한 데서 알 수 있듯이, 칸트와 다른 계몽주의 사상가들은 무지를 이성의 적으로 간주했다. 그렇지만 롤스의 합리성은 이와 다른 좀 더 전문화된 모델(경제주의적 모델 — 옮긴이)을 따르고 있었는데, 그것이 "무지의 베일" 뒤에서 작동해야만 했다. 합리성은 "경제 이론에서 전형적으로 나타나는 것처럼, 주어진 목적을 달성하는 데 가장 효과적인 수단을 취하는 것이라는 협소한 의미로 개념화된다."[54]

사람들로 하여금 다른 어떤 대안보다 자유주의적 정의를 선택하는 것을 확보하기 위해, 이런 유형의 자유주의 이론이 자유주의적 실천 및 정책의 결과들과 관련해 부정하거나 무시해야 하는 것은 무엇인가? 사회적·정치적 불평등과 경제적 안정성 사이의 잠정적인 타협modus vivendi을 확보하기 위해 어떤 논변의 전략이나 비유적 구성물 또는 상상들이 도입되어야 하는가?[55]

첫째, 선택을 내리는 개인들이 감안해야 할 고려 사항들의 수와 종류가 사전에 축소된다. 그리고 나서 정의의 합리적 원칙들이 선택되는 결과를 보장하기 위해, 선택을 내리는 개인들은 사실상 일정한 수준의 무지 상태에 있도록 설계된다. 그는 사회와 자신에 관한 일정한 기본적인 지식을 박탈당한 상태에 있다. 이런 "원초적 입장"에서 우선적인 원칙들이 선택될 때, 일정한 사실과 정보는 의도적으로 차단된다. 계급과 지위 그리고 "자연적 소질과 능력의 분배"와 관련된 위상 역시 보류된다. 선택을 내리는 개인들이 어느 정도의 정보에 근거한 선택을 할 수 있도록 허용되는 것은 "인간 사회의 일반적인 사실들"에 관한 지식이다. 즉 "그들은 정치적 사안과 경제 이론의 원칙들을 이해하며, 사회조직의 기초와 인간 심리의 법칙들을 알고 있다." 그러나 그들은 자신들이 속한 사회가 어느 정도의 "문명의 단계"에 이르렀는지에 관한 지식을 갖고 있지 않다.[56] 만약 자유주의에 충실하게 추론을 하는 개인이 자신의 불평등한 지위 또는 자신이 속한 사회에서 일어난 경제적 불평등·노예제·대량 학살·제국주의적 실상에 관한 역사적 기록을 알게 된다면, 분명히 그는 정의에 대한 원칙적이고 무사 公平한 합리적 결정을 내릴 수 없을 것이다.

의미심장하게도, 롤스는 상상의 출발점을 선택하여 대표적인 유형의 불평등한 사람들에 대한 규정을 만들면서 합리적인 행위자들이 어떻게 그리고 왜 그가 제시하는 정의의 원칙들을 선택하게 되는지를 묘사했지만, 자신들의 사회적 기원 그리고 그 역사를 인식하고 있는 불평등한 자들을 위해서는 어떤 규정도 만들지 않았다. 이것이 단순히 무심결에 빠뜨린 것이 아니라는 점은 기본적인 원칙들이 선택될 때, 불평등에 대한 경험이 배제되어야 한다는 롤스의 규정에서 명백히 드러난다. 어느 누구도 자신의 계급적 지위나 신분 또는 "자연적 소질과 능력의 분배에서 타고난 운명"을 알지 못하도록 되어 있었다.[57]

롤스의 계약은 추상화된 개인들 간의 거래로 나타나는데, 이 추상적인 개인들의 평등은 이들의 사회적 지위와 가계家系상의 배경을 보류함으로써 일시적으로 달성된다. 이런 규정은, "그들 자신의 이익을 증진하는 데 관심을 갖는 자유롭고 합리적인 개인들이 최초의 평등한 입장에서 자신들이 속하게 될 정치체의 근본적인 조건들을 규정하게 될 원칙들"에 대해 결정하는 가운데, 그들로 하여금 개인적인 역사와 동떨어져서 자신들의 "이익"을 숙고하도록 만든다.[58]

이처럼 원초적 입장은 그 순간 이전에는 비슷하지 않았을 존재들에 대해 일정한 동일성을 부과한다. 불평등이 롤스의 "불리한 계층"이라는 범주가 제시하는 것보다 사회학적으로 훨씬 심각한 것이라면, 즉 불평등이 빈곤, 무지, 범죄 및 질병의 악순환에 근거하고 있으며 많은 사람들에게는 일상적인 고통과 절망의 문제라는 사실을 고려한다면, 그런 경험의 보류란 사실상 그것을 깎아내리는 것이다. 추상화된 평등과 냉정한 판별력을 발휘하는 합리성이 인간 행위자에 대한 설득력 있는 설명을 제공한다는 롤스의 생각을 인정하기는 어렵다. 왜냐하면 그가 상정한 행위자들은 역사적 기억과 같은 인간의 본질적인 속성을 박탈당했으며, 단지 최소한의 사회적 의식만을 보유하고 있기 때문이다. 상징적인 차원에서 롤스의 허구적인 이야기는, 특정 집단이 안고 있는 역사적 상흔들이 지닌 현대적인 정치적 의미를 부인하는 것과 마찬가지다. 이 역사적 상흔들은 그 집단의 정체성뿐만 아니라 그들이 생각하는 정치적 합리성의 개념들을 형성하는 데도 기여하기 때문이다. 원초적 입장에서 일시적으로나마 평등을 용인하는 면모가 나타나지만, 이는 양심의 가책을 느끼지 않는 자유주의자들의 떳떳치 못한 흔적을 추적할 수 있는 계기로 이해될 수도 있다.

7. 자유주의와 그 정치적인 것

한 집단의 개인들은 그들 사이에서 무엇이 정의로운 것이고 무엇이 부정의한 것인지를 단번에 그리고 최종적으로 결정해야 한다.

_롤스59

롤스가 자신의 『정의론』을 민주사회와 결부시키긴 했지만, 그의 이론은 정치와 시민의 역할에 대한 개념을 결여하고 있었다. 대신에 그는 불평등을 완화하고 이를 통해 협력과 안정이라는 목적을 촉진할 행정적 수단과 정책적 처방에 초점을 맞추었다. 협력과 안정이라는 목적들은 민주적 정치의 요구들과 무관하거나, 적어도 그런 요구들을 위축시키는 것처럼 보였다. 무엇보다도 그는 정의에 관한 자신의 두 원칙을 민중적 정치의 부침을 넘어 "단번에 그리고 최종적으로" 설정하고자 의도한 것처럼 보였다.

1993년에 출간된 『정치적 자유주의』 및 나중에 이를 보충하여 발표된 논문들을 통해 롤스는 이처럼 간과된 문제들의 일부를 교정하려고 시도하면서, 명백히 자유주의적인 관점이 품고 있는 정치적인 것에 관한 난제를 제기하고 시민의 개념을 제시하는 데 특별한 관심을 기울였다. 이로써 밀John Stuart Mill 이래 처음으로 자유주의는 진정으로 당당한 지적인 힘과 범위를 지닌 이론을 주장할 수 있게 되었다. 그러나 그것은 자유주의의 정치적 운명이 쇠퇴하기 시작한 시기에 출현했다.

『정치적 자유주의』는 『정의론』의 단순한 확장이 아니라 일정 정도 주목할 만한 변화를 보여 주는데, 이런 변화에는 초기의 기획에 관한 몇몇 엄격한 제한조건들이 포함되어 있다. 불평등의 문제들과 더불어 경제와 행정 및 정책에 관한 담론은 사실상 사라지고, 그것들은 정치에 대한 정통적인 신념, 정치 문화의 중요성 및 시민의 역할에 대한 강조로 대체된다. 가장 의미심장한 변화는 사회경제적 불평등보다 서로 다른 교의에 기반을 둔 갈등을 핵심적인 관심 사안으로 삼고 있다는 점이며, 그 문제는『정의론』에서 보이지 않던 절박성을 띠고 강조된다. 그 문제는 "포괄적 교의들"로 대표되는 민주사회의 존재 자체에 대한 위협과 관계된다고 롤스는 주장했다. 포괄적 교의란 "개인들의 행실과 인간관계로부터 사회 전체의 조직은 물론 만민법에 이르는 모든 종류의 주제에 적용되는" 신념 체계로 규정된다.[60]

롤스의 정식에서 특이한 점은 총체적 교의라고 부를 법한 것들의 사례로 종교 — 가장 대표적으로 가톨릭을 들고 있는 데 반해 다른 근본주의적 종교들이나 이슬람교에 관해서는 전혀 언급하지 않는다 — 나 공리주의 및 칸트의 철학을 들고 있다는 데서 나타난다. 포퍼가 비난한 바 있는 헤겔, 마르크스, 플라톤의 철학과 같은 정교한 체계는 무시되거나 좀처럼 언급되지 않는다. 다른 한편, 민주주의와 사회주의도, 그것들이 포괄적 교의로 간주될 때에는, 가차 없이 위험한 것으로 치부된다. 포괄적 교의의 정치적 영향력을 완화시키려는 그의 전략은 정치적인 것과 시민에 관한 자유주의적 개념을 제안하는 것인데, 이런 개념은 "합당한" 포괄적 교의의 신봉자들을 끌어모을 수 있고, 결과적으로 '합당하지 않은 것들'을 고립시킬 수 있다는 것이다. 문제는 그의 해결책이, 정치적 충성의 시험을 강요함으로써 포괄적 교의에 근접하는 한편, 자유주의를 민주적 개념들과 거리를 두게 만드는 것은 아닌가 하는 점이다.

확실히 롤스의 의도는 포괄적 교의를 구성하려는 것이 아니었다. 실제로『정치적 자유주의』는 자신이『정의론』의 주요 이념인 "공정으로서의 정의라는 질서 정연한 사회의 이념"을 일종의 포괄적 교의로 잘못 이해했다고 고백하는 어조로 시작한다.

"완전히 포괄적인 교의"를 "모든 인정된 가치와 덕목을 다소간 분명하게 표현된 하나의 체계 내에 포괄하는" 것으로 그가 정의했다는 점을 감안한다면, 그런 고백은 놀라운 일이다.[61] 오히려『정의론』의 심각한 취약점은 그것이 충분히 포괄적이지 못했다는 것이다. 예를 들어 그것은 정치와 정치권력의 개념을 포함하지 못했다. 롤스는 『정의론』이 "비현실적"이고 실현될 수 없는 것이라고 비판하는 데까지 나아갔는데, 그 이유는 현대 세계의 특징이 "단순히 포괄적인 종교적·철학적·도덕적 교의들의 다원주의"를 이루고 있는 데 있는 것이 아니라 그런 교의들 가운데 많은 것들이 "합당"하지만 "서로 양립할 수 없다"는 데 있다는 점을 인식하지 못했기 때문이라는 것이었다.[62] 『정의론』이 다른 포괄적 교의들로부터 도전을 받게 될 것이라는 의견을 롤스가 개진할 때, 그는 정말로 문제가 되는 것이란 교의의 포괄성 자체가 아니라 [양립할 수 없는 포괄적 교의들이 제기하는—옮긴이] 갈등의 위협이라는 점을 드러내고 있다.

롤스는 교의적 차원에서 나타나는 다원주의의 문제를 "종교와 민주주의 간의 많은 갈등"을 포함하는 "고통스러운 질문"으로 묘사했는데, 그런 갈등이 너무나 심각해서 "합당하지 않은 포괄적 교의들"은 "민주적 제도에 위협"을 제기한다는 것이었다.[63] 하나의 중요한 결과는, 『정의론』이 다른 포괄적 교의들 사이에서 유발시킬 법한 갈등으로 인해 "안정성"이라는 중심적인 목표가 달성될 수 없다는 것이었다.[64] 관용을 종교에 대한 국가의 통제를 제거하는 것으로 이해했던 로크와 달리, 롤스는 관용으로는 불충분하며 국가가 필요로 하는 것에 대해 중요한 점에서는 종교가 순응해야 한다고 주장한다. 이런 문제들을 해결하기 위해 정치적인 것의 개념이 도입된다.

'정치적' 정의관은 포괄적인 철학적 교의에 기초한 정의관과 대립되는 것으로서, 광범위한 범위의 양립할 수 없는 신념들을 각기 신봉하는 자들이 평화롭게 그리고 협력하면서 함께 살 수 있도록 만들 것이며, "헌정적 체제에 대한 정치적 개념화"를 받아들이도록 만들 것이었다.[65] 그 최종적인 결과는, 정신적인 측면에서 볼 때, 공적인 덕을 함양하고 합당함을 교리로 삼는 시민적 종교를 가진 루소적 체제에 좀 더 근접한 것으로 판명될 것이었다.

8. 롤스의 자유주의의 계보

정의와 불평등으로부터 신념 체계가 미치는 정치적 결과로 논의의 초점이 이동한 것은 자유주의의 진화에서 중요한 계기를 표상한다. 『정치적 자유주의』는 매디슨적 관점, 곧 자유로운 정치는 불가피하게 이익집단의 압력을 반영하게 될 것이며 그 해결책은 당국 간의 힘을 서로 상쇄시키는 헌정적 체계를 발전시키는 데 있다는 입장을 부적절한 것으로서 명시적으로 거부한다. 그런 이해 방식은 정치적 개념화라기보다 "잠정적인 타협", 곧 세력 균형이라는 편법에 불과하다고 롤스는 주장한다. 그것은 "올바른 근거들"에 기초한 안정성을 가져오지 못할 것이었다.[66]

매디슨적 관점에 도전할 때, 롤스는 이 관점에 깔려 있는 두 세기에 걸쳐 주류를 이루었던 이해 방식, 곧 이익은 협상이 가능하지만 신념은 경직되기 마련이라는 관점을 문제 삼고 있었다. 롤스의 행위자들은 상충하는 이익의 다원주의를 대표하는 것이 아니라 통약 불가능한 신념 체계의 다원주의를 대표한다. 그리고 매디슨적 자유주의는 이익과 신념의 다원주의가 다수의 지배를 약화시키는 파편화 효과에 의존했던 반면, 롤스는 포괄적 교의의 다원주의를 중화시키기 위해 "정치적으로 능동적인 시민들로 이루어진 …… 실질적인 다수"를 중시했다.[67] 또한 매디슨주의가 개인과 집단의 이익들을 "사회적 목적"으로 유도하기 위해 "잘 짜인 헌정 체계의 설계"에 의존했던 반면, 롤스는 도덕적·종교적·정치적인 포괄적 교의들의 신봉자들이 정치적인 것에 대한 자유주의적 개념에 부합하도록 자신들의 포괄성을 완화할 것을 요구하는 "중첩적 합의"라는 발상을 제안했다.[68]

의미심장하게도, 롤스가 자신의 출발점으로 선택한 자유주의의 정체성과 계보는, 1688년과 1776년 및 1789년의 혁명들 그리고 그 혁명들에서 나타난 사회적 특권 및 정치적 불평등에 대한 투쟁의 전통과는 다른 것이었다. 롤스는 "정치적 자유주의 — 그리고 자유주의 일반 — 의 역사적 기원은 …… 종교 개혁과 그 여파로 16세기와 17세기에 지속되었던 종교적 관용에 대한 오랜 논쟁이다"라고 서술했다.[69] [종교개혁이라는-옮긴이] 롤스가 선택한 출발점과 "타협을 용인하지 않은 초월적 요소"라는 그 유산은 특이하게도 물질적 이익과 분리된 근대성을 산출한다.[70] 사실 롤스는 물질적 이익이 체계적인 이념들과 한데 엮여 있을 수도 있다는 가능성을 결코 받아들이지 않는다. 그는 16세기의 폴리티크*가 제기하는 형식의 질문, 곧 "해결의 전망이 보이지 않는 심원한 교의적 갈등이란 조건하에서 정의롭고 자유로운 사회가 어떻게 가능한가?"라는 질문을 선호한다.[71] 여기에 대해 정치적 자유주의가 해결책으로 제안하는 것은 "합당한 다원주의"인데, 그 통합적인 이상은 관용의 추구, 곧 심각하게 상충하고 있는 교의들 간에 "중첩적 합의"를 이루고자 하는 것이다.

『정치적 자유주의』의 출발점으로 종교개혁을 선택한 것 그리고 종교적인 신념 체계가 예시豫示한 포괄적 교의를 정치적 장으로 끌어들인 결정은 중요한 이론적·정치적 결과를 초래한다.[72]

첫째, 그것들은 자유주의와 종교의 역사적 관계에 대한 문제를 제기한다. 둘째, 그것들은 정치적인 것의 특정한 개념을 소란스럽고 분노에 찬 계급 갈등과 경제적 이익의 경쟁을 '넘어서' 권위 있는 차원으로 격상시키는 것에 대해 주의를 환기시킨다. 16세기와 17세기 통치자들이 더 이상 하나의 획일적인 종교를 효과적으로 부과할 수 없게 되자 다양성에 대한 관용에 의존하게 된

---

* [옮긴이] 폴리티크(politiques)는 프랑스에서 16, 17세기 종교전쟁 기간 동안 프로테스탄트인 위그노와 가톨릭 가운데 온건한 신앙을 믿었던 자들을 가리킨다. 이들은 프랑스를 총체적인 붕괴에서 구제하기 위해 강력한 군주정의 복원을 희구했다. 좀 더 구체적으로 이들은 국가와 종교 사이의 구분을 확립하고, 국가가 외부의 영향력에 휘둘리거나 내부의 분열에 휩싸이는 것에 반대해서 통일된 왕권이 확립되어야 하며, 국가의 안보와 평화에 특권적인 위상이 부여되어야 한다고 생각했다.

반면, 롤스는 그런 관용이 낳은 효과를 상쇄할 수 있는 일정한 정치적 통일성을 옹호한다. 나아가 롤스는 교의상의 차이에 근거한 갈등에 초점을 맞춤으로써, 다시 한번 계급 갈등과 경제적 힘의 구조 및 그것들의 정치적 발현에 직면하는 것을 회피한다. 즉 만약 "합당한 원칙들"이 받아들여진다면, "근본적인 이해관계"를 둘러싼 "갈등이 …… 발생할 필요가 없으며, 설령 발생한다 하더라도 그렇게 강력하게 발생하지 않을 것"이라는 식이다. "이익"에 대한 논쟁적 문제는 "정치적 자유주의"보다는 "정치적 정의"의 영역에 속한다.[73] 롤스는 산업혁명이 아니라 종교개혁을 선택함으로써 물질적 이익에 대한 이데올로기의 초월성을 단언하는 것처럼 보인다.

자유주의와 종교 간의 적대 관계는 근대 자유주의 자체만큼이나 오래된 것이다. 사실상 모든 위대한 근대 자유주의 이론가들 — 홉스, 볼테르François-Marie Arouet Voltire, 벤담, 제퍼슨, 페인, 제임스 밀과 존 스튜어트 밀, 그리고 콩스탕 — 은 종교에 대해 적대적이거나 회의적이었으며, 이들 모두는 종교가 정치적 힘을 행사하는 것을 차단해야 한다고 촉구했다. 근대 초기의 민주적 이념 및 운동의 출현이 종교적 종파주의의 출현과 긴밀하게 연관되어 있었으며, 자발적인 교회 조직과 적극적인 평신도 및 여성을 포함한 모든 사람이 성경의 해석자라는 프로테스탄트적 관념들에 의해 깊은 영향을 받았다는 점을 상기해 보면, 정치에서 "성직자"와 "신비"를 제거하기 위한 투쟁의 중요성은 분명해진다.[74]

좀 더 중요한 것은, 미국에서 대중 종교가 일반 시민들에 대한 강력한 영향력을 계속해서 보유하고 있다는 점이다. 기독교 교회, 유대교 회당 및 이슬람교 사원은 수많은 아프리카계 미국인, 히스패닉, 무슬림 및 유대인의 종교 생활에서 중요한 요소일 뿐만 아니라, 그 교인들을 정치화하고 정치적 사안과 관련하여 그들을 교육하는 데 주된 역할을 수행해 왔다. 미국에서 종교는 압도적으로 민중적 종교로서 존재해 왔다.

하지만 자유주의자들은 습관적으로 종교를 '사적인 것'으로 간주하고, '교회와 국가' 사이를 분리시키는 '장벽'을 고집한다. 그 결과 자유주의는 잠재적인 민주적 요소들을 버리면서, 자유주의와 민주주의 사이의 균열, 곧 정치적 결과들을 수반하는 균열을 심화시켰다. 19세기에 종교적 지도자들과 이념들이 노예제의 폐지, 여성의 참정권, 보통교육과 같은 민주주의의 발전을 촉진시키는 데 강력한 역할을 수행했던 반면, 좀 더 최근에는 조직적인 민중주의적 프로테스탄트 종교의 상당 부분이 우파 급진주의의 성향으로 기울어졌다. 민권운동의 발흥과 그 이후에 걸쳐 흑인 교회가 수행한 놀랄 만한 역할은 이에 대한 주요한 예외다.

자유주의 이론가들 — 그들 대부분은 학자다 — 이 세속화되면서 종교적인 충동이 사라진 것은 아니다. 그것은 정치적인 것에 대한 개념화로 승화되었다. 여기서 정치는 불리한 계층, 무력한 자들, 차별의 희생자들과 같은 버림받은 자들의 주장을 옹호하는 이상화된 이론적 영역으로 정화된다. 정치적인 것은 상실된 종교적인 것의 표지가 된다. 억압되었던 종교적 충동은 정치적인 것의 형식으로 귀환하는데, 이는 경제적인 것의 "현세성"을 배제한 채 교의적 논쟁을 취급하는 방식으로 갈등의 정치를 다루는 것을 말한다.

롤스는 정치적인 것의 성변화*에 착수하면서 종교적 갈등에 대한 실용적 해결을 거부한다. 대신에 그는 포괄적인 교의의 신봉자들도 수용할 의무가 있는 "정치적으로 합당한 것"이라는 이데올로기적 정통 및 시민됨과 관련된 적절한 언어를 제안함으로써 종교적 이설의 난립을 누그러뜨리는 것을 추구한다.[75]

---

* [옮긴이] 성변화(聖變化, transubstantiation): 성체성사(聖體聖事) 때 먹고 마시는 빵과 포도주가 체내로 들어가면 그리스도의 살과 피로 변화한다는 교리다.

9. 자유주의의 합당성

정치적 국가가 완전히 발전한 곳에서, 인간은 생각과 의식에 있어서뿐만 아니라 현실에 있어서도 이중적 삶 ─ 천상의 삶과 지상의 삶 ─ 을 영위한다. 그는 **정치 공동체**에서는 스스로를 **공동체적 존재**로 간주하며 살아가지만, **시민사회**에서는 단순히 **사적 개인**으로 행동하고, 다른 인간들을 단지 수단으로 삼으며, 자기 자신도 한낱 수단의 역할로 전락시키면서, 소외된 힘의 노리개가 되어버린 삶을 영위한다. 시민사회와 관련해서 정치적 국가를 보면, 그것은 천상과 지상의 관계에서 천상이 영적인 만큼이나 영적인 것이다.

_마르크스76

『유대인 문제에 관하여』*The Jewish Question*에서 마르크스는 자본주의가 인민의 삶을 지배하게 될 때 자유주의적 사유에서 나타나는 이중성을 체계적으로 정식화했다. 마르크스가 묘사한 바에 따르면, [정치 공동체와 시민사회라는-옮긴이] 이 두 영역은 여전히 종교적 동기가 짙게 배어 있는 맥락 내에 존재하고 있었다. 종교적인 의식은 세속주의의 확고한 진전으로 말미암아 약화되어 갔지만, 그로부터 연유한 타성적인 사고방식은 무의식적으로 완고하게 남아 자유주의적 양심을 괴롭혔다. 이에 따라 자유주의자들은 종교적 영향력을 매도하고 교회와 국가의 분리를 고집하면서도, 항상 의식적으로 그런 것은 아니지만 내심 위장된 형태로 종교적 범주들을 계속 유지하고자 했다.

이런 타성적 반응의 한 가지 귀결은, 도덕적인 원리와 이타주의가 지배하고 공동선과 시민적 덕성 및 공동체라는 이상이 생동하는 이상화된 정치적 영역을 그려 내는 것이었다. 그것은 바로 형식적 평등과 평등한 권리의 영역이다. 또 다른 영역, 즉 '현실' 세계에서는 경제, 치열한 경쟁, 시장가치, 자기 이익, 그리고 힘과 생활 조건 및 삶의 전망에서의 현저한 불평등이 관계들을 결정한다. 그것은 '당위'가 아니라 '현실'의 영역이다.

마르크스의 주제를 확장해 본다면, 정치적인 것은 잃어버린 순수함에 대한 향수로 나타난다. 정치적인 이상을 회복하거나 이에 근접하기 위해 사람들은 에덴동산과 같은 자연 상태(로크)나 원초적 입장(롤스)을 상상한다. 여기에서 사람들은 죄 많은 물질적·사회적 취득물이나 민족적 역사의 부담이 없는 모습으로 묘사된다. 그들이 유일하게 가진 것은 이성의 재능이다. 이성과 순수함은 인간이 진리를 숙고하고 그것에 도달할 수 있도록 하는 필수적인 선행 조건을 의미한다. 이성이 유일한 지배자인 한, 인류는 이성이 순수하다는 의미에서 순수하다. 인류는 합리주의, 합리화, 국가이성과 같은 후일의 어떤 가식도 띠지 않았다. 순수함이 상실되는 충격적인 순간은, 경제활동에서는 이성이 자기 이익과 결합한다는 것, 곧 가장 고상한 재능이자 인간만의 특징적인 표식이 가장 세속적인 것과 합류한다는 것이 드러나는 때다. 경제는 원죄의 영역을 표상하는바, 인간이 지식의 나무를 따먹게 되자 인류의 눈(이성)은 개명된다(자기 이익). 인간은 이제 자유의지를 갖지만, 그것은 오염되어 있는 것이다. 자기 이익이 인간의 경제적 활동을 시배하는 것은 일종의 배교, 곧 이스라엘 백성이 자신들의 신을 버리고 황금 송아지를 성급하게 숭배했던 순간을 재현한다. 합리성과 자기 이익은 분리할 수 없게 된다. 이것은 개인에게 극심한 부담을 안겨 준다. 개인은 한편으로 "훌륭한 시민"이 되라고 권고를 받으면서도, 다른 한편으로 정치인들에 의해 "당신의 경제 사정에 따라 투표하라"는 요구를 받게 된다. 그리하여 합리적 이기주의자이면서 동시에 시민인 개인은, 아무리 노력해도 자신의 [자기 이익을 좇는-옮긴이] 반사적인 행동과 [훌륭한 시민이 되어야 한다는-옮긴이] 사유 방식을 따로 구분할 수 없게 된다. 그는 정치에 참여할 때, 자기 이익으로 정치를 오염시키는 '보균자'가 된다.

『정의론』에서 롤스는 합리성과 자기 이익 모두를 만족시킬 정의의 원칙을 탐구하면서, 합리성에 대한 도구주의적 이해를 포함시켰고 개인의 자기 이익과 함께 합리성을 동원했다. 그런 정의의 개념은 "자유주의적 민주사회"의 이중적 성격에 부합하는 개인의 이중적 지위를 다루기 위한 노력의 일환으로 구체화되었다. 사회는 정체政體이자 경제로서, 정의이자 이익으로서 나타난다. 개인은 시민적인 존재이자 탐욕적인 존재이며, 이타적이자 자기중심적이다. 그런 긴장들을 어떻게 중재할 것인가? 그에 대한 답변은 합당성을 지닌 이데올로기를 제안하는 것이다. 이런 이데올로기는 그것이 지닌 진리성보다는 그 합당성으로 말미암아 받아들여질 수 있다는 것이다.[77]

이런 답변은 정치철학과 전통적인 철학 간의 명확한 차이를 의도적으로 부각시키고자 하는 정치철학의 야망이 담긴 놀랄 만한 견해로 이어진다. 독립적인 도덕적·물질적 질서 속에서 진리를 찾는 철학의 탐구는 정치적 개념화에 요구되는 일종의 실행 가능하고 공유된 합의의 기초를 제공할 수 없다고 롤스는 선언한다. 전통적 철학은 불가피하게 불일치를 유발하는 데 반해,[78] 이와 대조적으로 현실에 맞추어 생각하는 정치철학의 '초점'은 비판적이라기보다 오히려 실천적이다. 그것은 "합의가 이루어질 수 있는 모종의 근본적인 기반이 발견될 수 있는지 그리고 이런 문제를 해결할 수 있는 상호 수용 가능한 방식이 공적으로 확립될 수 있는지를 검토하는 것"이다.[79] 좀 더 광범위하게, 롤스는 정치철학을 정치철학의 '바로 그' 전통에서 나타난 불일치 — 예를 들어 기본적 권리에 대한 로크적 강조와 정치적 자유 및 정치적 삶의 가치에 대한 루소적 강조 간의 대비에서 나타나는 것과 같은 — 에 대한 위대한 재판관으로 이해한다.[80]

심원한 교의적 차이의 시대에 정치철학이 추구하는 합의의 종류는 『정의론』에 기술된 정의의 두 원칙으로 구체화된다. 만약 우리가 합의에 도달하려 한다면, "공유된 기반"이 필요하다. 그런 목적을 위해 "우리"는 우리의 "확립된 신념"을 "한데 모을" 필요가 있다. 이를 달성하기 위해 사람들은 "일정한 전통 내부로부터 출발한다."

우리의 공적인 정치문화는 주요 제도들과 그에 대한 해석의 역사적 전통을 포함하고 있는데, 우리는 이런 정치문화 자체를 암묵적으로 인정된 기본적인 이념들과 원리들의 공유된 자산으로 간주한다.[81]

그다음 단계는 이런 문화적 재료들을 "하나의 일관된 견해"로 구성하는 "새로운 방법"을 강구하여 상충하는 주장들을 "또 다른 관점에서"에서 조명해 볼 수 있도록 하는 것이다.[82]

그 목적은 단지 전통을 공통된 관점을 이루는 중요한 요소로 전환하는 데 그치는 것이 아니라, 더 나아가 사회의 협력 체계에 적합하도록 구성원들의 성격을 형성하는 데 있다. 롤스의 사회에서 사람들은 "공적 정체성", 곧 그들이 지닌 "비#공적 정체성"과 구분되는 "정치적 자아관"을 지니게 될 것이다. 그런 공적 자아관은 유연한 것이다. 이것은 "합당하고 합리적인 근거"에 따라 "언제든지" 수정될 수 있다. 구성원들은 자신의 종교를 바꾼다고 해서 자신의 정치적 정체성을 상실하지는 않는다. 또한 그런 정치적 정체성이 자신의 '개인적인 일들'이나 사적으로 참여하고 있는 단체에서의 정체성과 동일할 필요도 없다. 그렇지만, 어떤 시민이 예컨대 정치적 정의관보다는 포괄적 교의에 근거를 둔 주장들을 자유롭게 제기할 수 있다 하더라도, 그런 주장들은 "공적인 정의관과 양립할 수 있어야" 한다. 나아가 누군가가 어떤 주장을 제기하면서 거기에 아무리 격렬한 감정을 담고 있다 하더라도, 그 주장의 정의로움을 평가할 때 그런 감정은 고려 대상이 될 수 없다. 시민은 책임감이 있어야 하는데, 이는 자신의 개인적인 "목적들"을 "그 사회 내에서 [개인에게] 부여된 전망과 상황을 감안하여" 합당한 것으로 제한해야 한다는 의미다.[83] (롤스가 제안하는 정치적인 것의 제약 내에서는 시민 불복종을 실천하는 민권운동이 좀처럼 성공할 수 없었을 것이다.)

정치적인 것에 부여된 포괄적인 성격으로 인해 정치철학이 자임하여 떠맡은 재판관의 역할은 광범위한 영역에 이르게 된다. 일종의 도덕적 관념으로 규정되는 정치적 정의관은 "근대 헌정적 민주주의의 기본 구조, 예를 들어 사회의 주요한 정치적·사회적·경제적 제도들"에 적용되도록 그리고 "그런 제도들이 하나의 통일된 사회 협력의 체계 내에서 서로 조화를 이룰 수 있는 방식"으로 "그 윤곽이 형성된다."[84] 순화된 정치문화는 정치적 정의관을 위한 기반, 곧 "모든 시민들이 자신들의 정치적·사회적 제도가 정의로운지를 상호 검토할 수 있는 공적으로 인정된 관점"을 제공한다. 시민들은 "그들의 사회적 지위나 각자에게 좀 더 특별한 이익이 무엇이건 간에" 이런 검토를 수행할 수 있어야 한다.[85]

10. 포괄적 교의의 위협

그러나 구성원들이 서로 상충하는 포괄적 교의들을 신봉하고 있는 사회에서 어떻게 공적인 시민이 창출될 수 있는가? 『정치적 자유주의』에서 롤스는 원초적 입장에 처한 사람들의 계산속에 자기 이익에 대한 고려가 포함되는 것을 다시금 용인하지만, 그가 포괄적 교의를 논하는 대목에 이르면 자기 이익은 사실상 사라져 버린다. 우선적인 관심사는 '합당한 것'을 '합리적인 것'으로부터 구분하는 것이고, 합당한 것을 시민들과 교의들 모두의 으뜸가는 덕목으로 설정하는 것이다. 좀 더 구체적으로 롤스는 합당한 것이 합리적인 것에 비해 공적인 특성을 지니고 있다고 명시한다. 시민들이 합당하다고 할 수 있는 것은 그들이 상호성과 공정성이라는 조건을 받아들일 경우인데, 자유롭고 평등한 사람들로 구성된 사회에서 구성원들이 가지각색의 상충하는 포괄적 교의들을 신봉한다고 하더라도 이런 조건 위에서는 정치적으로 근본적인 것들에 관해 소통할 수 있다는 것이다.[86] 합당한 개인들은, 청교도 집회의 회중會衆

처럼, 협력의 공정한 조건을 받아들일 준비가 되어 있다고 "서로의 앞에서" 기꺼이 증언할 태세가 되어 있다.[87] 합당한 것이란, 공정하게 말해서, 해링턴으로부터 매디슨에 이르는 공화주의 이론가들이 강조했던 이익의 갈등보다는 의견의 불일치라는 망령에 좀 더 시달리던 자유주의 사회의 이데올로기라고 할 수 있다. 합당한 것이라고 공식적으로 선언된 것에 동의하지 않는 자들은 합당하지 않은 자들이라고 일축될 수 있다.

따라서 '합당하지 않은' 포괄적 교의들은, 설령 모종의 전복적인 음모를 꾸미고 있다는 위험이 그 어디서도 확인된 바 없다 하더라도, "민주적 제도에 대한 위협"으로 선언된다. 좀 더 정확히 말해서 합의를 "불가능"하게 하는 원인은 바로 그 교의들의 포괄성에 있다.[88] 심지어 민주적인 포괄적 교의조차 위험을 제기한다.[89] "근대 민주사회"의 특징인 "포괄적인 종교적·철학적·도덕적 교의들의 다원주의"는[90] 안정과 사회적 협력을 위협하는 교의적 차원의 갈등을 발생시킨다는 것이다.[91] 따라서 합의가 핵심적인 정치적 문제이며, 불일치는 주된 악으로 간주된다.

그런 목적을 이루기 위해서 자유주의는 공적 담론에 대한 기준을 확정할 책임을 떠맡는다. 그에 따라 자유주의는 불일치의 원인이 이익의 갈등이 아니라 판단들에 수반되는 '위험들'에서 기인한다는 점을 발견한다. 이런 위험들은 합당한 자들을 괴롭히는 '이성의 부담'을 형성하고 '합당한 것들 간의 불일치'를 초래한다. 그런 위험의 '원천'으로는 각기 다른 증거 및 그것에 부여하는 상대적인 비중의 상충, 해석이 요구되는 모호한 개념들, '총체적인' 인생 경험과 규범적 고려 사항들의 차이, 가치들의 전체 범위에서 일정한 선택을 내려야 할 필요성, 그리고 종종 판단을 내리기 어렵게 만드는 조건들 등이 포함된다. 롤스가 단언한 바에 따르면, 화해할 수 없는 차이들이 있게 마련이므로 토론하는 동안 "이데올로기적 무지"라는 여하한 비난도 퍼부어서는 안 된다는 점이 중요하다.[92]

"적어도 실질적으로 다수를 이루는 정치적으로 능동적인 시민들"이 "지속적이고 안정적인 민주적 체제, 즉 경쟁적인 교의적 선언들과 적대적인 사회계급으로 분열되지 않은 민주적 체제"를 자유롭게 지지할 것이 틀림없다는 것은, "정치사회학과 인간 심리학"에 의해 입증된 "일반적인 사실"이라고 롤스는 주장한다.[93]

일정한 성격의 '정치적 교의'를 제안함으로써 '합당한' 포괄적 교의의 지지자들에게 호소하는 것이야말로 바로 그런 다수를 끌어들이는 길이다. 그 정치적 교의란 포괄적 교의로부터 독립해 있으며, 나아가 '합당한' 포괄적 교의의 지지자들이 받아들일 수 있고 또 이를 통해 그들의 합당함을 증언할 수 있는 교의다. 민주적인 사회를 위한 정치적 교의는, 옳음과 정의에 관한 공적 토론에 참여하는 모든 사람들이 인간의 삶과 그 필요의 충족이 좋은 것이라는 원리를 받아들이고 있으며, 또 이들은 "합리성을 정치적·사회적 조직의 기본 원칙으로서 지지한다"는 점을 전제해야 한다.[94] 만약 어떤 포괄적 교의가 "민주적 체제의 본질적인 사항들을 거부하지 않는다"면, 그 포괄적 교의는 합당성을 입증하게 된다.[95] 어떤 [포괄적 교의의 – 옮긴이] 신자가 몇몇 정치적 사안에 대해 '공적 정당화'를 제공하려고 시도할 때, 그는 자신의 신앙을 칸막이 쳐서 분리해 둘 필요가 있다. 그 사람은 자신이 신봉하는 교의 자체에 호소할 수 없고, 오직 널리 통용되고 있는 정치적인 것의 개념과 부합하는 '합당한' 부분에만 호소할 수 있을 뿐이다.[96] 만약 "합당하지 않거나 비합리적이며, 심지어는 광신적인 포괄적 교의들"이 존재한다면, 이런 교의들은 "사회의 통일성과 정의를 손상시키지 않도록 가두어 놓아야" 한다.[97]

이런 해결책은 합당성이라는 요소를 활용하는 일종의 동어반복에 기초한 전략을 의미하는데, 롤스는 합당한 포괄적 교의들을 기꺼이 받아들이는 신자들이 충분히 있으며 그들에게 이런 요소가 존재한다고 확신한다. 그들은 협력과 상호성을 달성할 수 있는 공정한 조건을 기꺼이 수용하고자 하는 의지를 갖고 있는지 시험받는다. 만약 그들이 그 조건을 기꺼이 받아들인다면, 사회적 안정성을 보장하는 "중첩적 합의"가 존재하게 되는 것이다.

광범위한 범위에 이르는 포괄적인 도덕적 교의에 대한 공약을 담고 있는 『정의론』과 달리, 『정치적 자유주의』에 등장하는 참가자들은 좀 더 협소하고 엄격한 "정치적 정의관"에 서약하게 되는데, 이런 정치적 정의관은 "어떤 방식으로든" 모든 시민들이 신봉하고 있는 다양한 포괄적 교의들과 연결되어 있다는 것이다.[98] 롤스는 그런 정치적 정의관을 "일종의 구성단위module"에 비유하면서, 그것은 "그 정치적 정의관에 의해 규제되고 있는 사회에서 지속적으로 존재하는 가지각색의 합당한 포괄적 교의들과 조화를 이루고 또 그것들에 의해 지지될 수 있다"고 언급한다.[99] "상호 대립적인" 포괄적인 교의들이 "세대를 넘어 끈질기게 존속"해 옴에 따라, 이제 그런 교의의 신봉자들이 "많든 적든 정의로운 헌정적 체제" 속으로 사회화되고 또 그 정치문화를 접해 왔으며, 이를 통해 "합의"를 지향하도록 훈련되어 왔다는 점이 밝혀질 것이다. 공적 이성의 실질적인 내용을 구성하는 정치적 개념들에는 헌법의 전문前文, 기회의 균등, 이상적인 소득과 세금의 분배는 물론 "그 밖에 다른 많은 것"이 포함된다. 공적 이성에서 "본질적인" 점은, 그 "정치적 개념들"이 "완벽"해야 하며 헌정의 본질에 관한 "모든 혹은 거의 모든" 질문에 답변해야 한다는 것이다.[100]

이런 정식화는 롤스가 정치문화에서 발견한 힘의 핵심적인 부분을 담고 있다. 문화는 민중적인 믿음이 일반 의지의 등가물로서 작동하는 방식이 된다. 롤스가 언명한 바에 따르면, 정치권력은 언제나 개인들에게 "부과되는" 강제적인 힘이다. 그것은 "일종의 집합체를 이루고 있는" 평등한 시민들의 힘이다. 헌정적 체제를 구성하고 있는 "일군의 …… 매우 위대한 정치적 가치들"은 "이 가치들과 충돌할 수 있는 다른 모든 가치를 압도할 만큼의 충분한 무게를 정상적으로 지니게 될 것이다." 이런 "매우 위대한 가치들"은 정의의 원칙들, 시민적·정치적 자유의 가치, 경제적 상호성, 공적인 질의를 위한 지침들, "판단이나 추론 및 증거와 같은 근본적인 개념들 …… [그리고] 논쟁의 여지가 없는 과학의 방법과 결론들"로 구성된다.[101] 니체가 미소를 지었을 법하다.

11. 자유주의적 정치문화

어느 누구도 헌정적 체제를 위한 실천적인 정치관이 가톨릭이나 프로테스탄트 신앙, 혹은 어떤 다른 종교적 관점에 대한 헌신의 공유에 기초하여 성립될 수 있다고는 더 이상 생각하지 않지만, 일반적이고 포괄적인 철학적·도덕적 교의들이 이런 역할을 해낼 수 있을 것이라고는 여전히 생각될 수 있기 때문이다.
_롤스[102]

정치문화의 개념이 중요성에 있어서 계약을 대체하는 것처럼 보일지라도, 원초적 계약의 순수함은 보존된다. 정치문화는 논란의 소지가 없고, 모호하지 않으며, 동질적인 영역으로 다루어진다. 정치문화 역시 심의적 시민이 아니라 소비자로 길들여진 유권자를 위해 고안된 산물을 만들어 내는 제작의 영역이라는 암시는 어디서도 찾아볼 수 없다. 문화는 "잠재되어 있는 것", 즉 이미 만들어진 것으로서 시민들이 창조하기보다는 채택하는 것으로 제시된다. 롤스는 "합당한 방식으로 안정을 이룬 민주사회의 정치문화에는 일정한 근본적인 직관적 관념들, 곧 헌정적 체제에 적합한 정치적 정의관을 만들어 낼 수 있게 하는 관념들이 정상적으로 — 적어도 암묵적으로 — 포함되어 있다"는 점을 "사실"로 받아들인다.[103] 문화는 상처와 투쟁, 곧 인간이 과거로부터 물려받은 어두운 시기를 품고 있는, 애매모호한 상징적 의미들로 구성된 유산이 아니다. 롤스는 그가 "민주사회의 공적인 정치문화"라고 부르는 것을 정치적 정의관의 표현으로 이해한다.

> 이런 공적인 정치문화는 공통의 지식인 역사적 문헌과 자료들뿐만 아니라 헌정 체제의
> 정치제도와 이 제도들에 대한 해석 — 사법부의 해석을 포함하여 — 의 공적 전통으로 구
> 성된다.[104]

그는 포괄적 교의가 [문화라는 - 옮긴이] "배경"의 일부이며, "정치적인 것의 문화
가 아니라 사회적인 것의 문화에"에 속한다고 강조한다.

그러나 만약 그런 포괄적 교의들이 "사회적인 것의 문화" 속에 정말로 존재
한다면, 롤스의 주장과는 반대로, 이 교의들의 담지자들은 교조주의자들일 뿐
만 아니라 또한 다양한 인종적·종족문화적ethnic 집단의 일원이자 사회 계급의
구성원일 것이다. 그렇다면 사회는 다교의적multidoctrinal이라기보다 다문화적
이고 사회적으로 계층화된 것으로, 곧 추상적인 신념 체계들이 상충하고 있다
기보다는 상이한 삶의 양식들이 갈등을 빚고 있는 장으로 출현하게 될 것이다.
롤스의 포괄적 교의 개념이 현저한 차이점들을 사실상 침묵시키고 있다는 점
이 인정된다면, 그가 '다원주의'를 자신의 정치관에 도입하기는커녕 시민들의
차이를 '사회적인 것'으로 격하시킴으로써 그들을 정치적으로 동질화하는 데
포괄적인 교의 개념을 이용했다는 점이 분명해진다. 이를 통해 롤스는 어떻게
자본주의사회에서 시민됨에 대한 시민적 개념이 발전할 수 있을까라는 질문
에 대해 비정치적인 충성심의 발동과는 동떨어진 시민됨 및 시민의 개념을 구
성함으로써 가능하다는 답변을 할 수 있게 된다. 근절된 시민의 개념을 보강
하기 위해, 롤스는 일종의 시민적 신앙에 상응하는 개념을 구축한다.

이것은 이상화된 정치적인 것과 물질 지향적인 사회-경제적인 것 사이의
이분법과 조응한다. 이는 교회의 구성원됨 개념이 신자들에게 부과되는 방식
을 연상케 한다. 각 시민은 선의 개념을 추구할 책임이 있다고 롤스는 단언한

다. 그는 시민됨이란 일정한 처신의 양식 또는 시민성을 요구하는 "도덕적" 소명이라고 선언한다. 예를 들어 어떤 시민이 투표를 할 때, 그 시민은 다른 사람들에게 일정한 형식의 강압을 행사하고 있는 것이다. 따라서 그 시민은 특정한 포괄적 교의가 아니라 "명백히 자유주의적인" 성격을 갖는 "공적인 정의관만을" 염두에 두고 있어야 한다.[105]

정치적인 것을 종교적인 위광으로 포장하는 핵심 교의는 "공적 이성"이다. 그것은 "정치적 관계가 어떻게 이해되어야 하는가"를 드러낸다. 마치 청교도적 서약의 방식처럼, 공적 이성은 심원하게 공적이다. 그것은 (이른바) 공중의 이성으로서, 그 주제는 공공선이며, 그 본성과 내용은 공적이다. 그러나 롤스의 설명에서 공적 이성은 시민의 이성이 아니라 일차적으로 공적 관료의 이성인데, 좀 더 구체적으로 판사나 정부 관료 및 후보자들의 담론을 지칭한다. 시민들에 대해 말하자면, 롤스의 시민됨 개념에서 논쟁하거나 지지하는 것 이외에 권력의 행사에 참여하는 활동이나 경험을 찾아보기란 어려운 일이다. 롤스는 어느 곳에서도 지방정부를 시민들의 [정치적 행위가-옮긴이] 가능한 영역으로 언급하지 않는다. 대신에 시민들은 "이상적인 입법자"인 것처럼 상정되는데, 그들의 주요 과제는 공적 이성을 위반하는 정치인들을 "배척하는" 것이다. "그리하여 시민들은 정부 관리들이 공적 이성에 따르도록 그들이 할 수 있는 것을 행함으로써 시민성의 의무를 완수하고 공적 이성의 이념을 지지한다."[106]

루소의 시민 — 루소는 칼빈주의가 득세한 제네바에서 자라났다[107] — 처럼 시민의 이성은 일종의 집합적인 주권을 표상하는데, 그 이성의 행사는 헌법의 제정 및 개정에 영향을 미치는 근본적인 이슈들로 국한된다. 투표를 통해 결정해야 할 헌정적 문제들에는 어떤 종교들이 관용되어야 하고, 누구에게 공정한 기회가 보장되어야 하며, 누가 재산을 소유해야 하는가와 같은 것들이 포함된다. 근본적이지 않은 문제들은 대개 조세 관련 입법, 재산권의 규제, 환경문제 및 예술에 대한 재정 지원 등이다. 교육은 이 두 가지 목록 모두에서 누락되어 있다. "기본적인 필요"를 포함하는 "사회적 최저선"이 헌법상 모든 시민들에게 보장됨에도 불구하고, 공정한 기회와 『정의론』의 그 유명한 "차등의 원칙"은 헌정주의의 근본 원칙들로서의 지위를 갖지 못한다.[108]

동질화를 부과하는 공적 이성의 억압적인 성격은, 그것이 공적 토론의 조건과 양식을 설정하는 데에 있다. 모든 투표자들, 공적인 주장을 펼치는 모든 시민들 및 모든 정치인들은 [공적 이성에－옮긴이] 순응해야 한다. "만약 그렇지 않으면, 공적 담론이 위선적이 될 위험, 즉 시민들이 서로의 앞에서 말하는 바와 실제 투표하는 바가 다를 위험에 처한다." 공적 이성을 행사하기 위한 명시적인 지침들로는 다음과 같은 것들이 있다. 포괄적 교의에 호소해서는 안 되며, 오직 "명백한 진리" — 이는 성서의 가르침을 묘사하기 위해 청교도들이 종종 사용했던 표현이었다 — 와 "증거, 추론 및 이성의 규칙들"에만 호소해야 한다.[109] 시민의 추론은 자신의 사회적 지위나 계급 및 소득에 대한 고려로부터 분리되어야 한다.[110] 공적 이성의 행사를 위한 모델은 "연방 대법원의 이성"인데,[111] 이는 아마도 미국 헌법에서 가장 비민주적이고, 공적인 책임성이 가장 약하며, 그리고 가장 교묘하게 정치화된 제도라 할 수 있다. 나아가 롤스는 일정한 논쟁적인 문제가 "해결"되었을 때, 그 문제는 "공적 의제"로부터 "제거"되고 "사회적 이익에 대한 계산에서 제외"되어야 한다는 점을 제시한다. 그렇게 하지 않으면, 당파적인 이익을 둘러싸고 "사회에 잠재해 있는 심층적인 분열이 영구화된다"는 것이다.[112] 그런 맥락에서, 다수의 지배는 수상쩍게 여겨지며, 헌법을 개정할 [다수의－옮긴이] 힘은 제한된다. 동시에 "도덕 철학과 정치철학의 전통"은 원초적 입장 속에서 선택을 내리는 개인들이 의제를 설정하는 데 있어 권위적인 역할을 부여받는다. "…… 당사자들은 도덕 철학과 정치철학의 전통이 부여한 짧은 목록에 포함된 일정한 정의의 원칙들에 합의해야 한다."[113]

롤스의 자유주의는 민주주의를 일차적으로 "자유롭고 평등한 시민들"의 형식적 원칙으로서 받아들인다. 이는 그가 명시적으로 "시민적 인본주의" —
참여 민주주의를 완곡하게 표현하고 있는 이 말에는 참여 민주주의에 대한 반
대가 함축되어 있다 — 를 비난하고 좀 더 엘리트주의적인 고전적 공화주의를
지지하는 대목에서 드러난다. 시민적 인본주의 또는 참여 민주주의는 일종의
포괄적 교의로서, "인간은 사회적 동물, 심지어 정치적 동물이며, 인간의 핵심
적인 본성은 정치적 삶에 대한 참여가 광범위하고 활발하게 일어나는 민주사
회에서 가장 완전하게 성취된다"는 것을 교의로 삼는다고 비난받는다. 롤스는
참여가 단지 하나의 권리로서가 아니라 "좋은 삶을 이룰 수 있는 특권적인 근
원"으로 치켜세워지고 있다고 비난조로 언급한다.114

　　요컨대 민주주의는 너무 많은 것을 요구하며, 인간 생활의 너무 많은 부분
을 선점하고자 하기 때문에 적절한 이상이 될 수 없다는 것이다. 그런데 정치
적 자유주의 그 자체도 포괄적 교의의 한 형식이 아닌가? 물론 롤스는 그 점을
부인한다. 그런 부인이 정당화될 수도 있겠지만, 그 질문은 롤스의 자유주의
에서 억압적 요소들을 드러내는 데 도움이 된다. 무엇보다도 이런 억압적 요
소들은 사회적 갈등에 대한 반감을 반영하는데, 그 반감은 그가 안정성, 협력
및 통일성을 근본적인 가치들로 격상시키는 것과 조응한다. 롤스의 자유주의
에서 핵심적인 위상을 갖는 정치적 정의관은 "안정적"이어야 하며, 서로 갈등
을 빚고 있는 포괄적이지만 합당한 교의들을 각기 지지하는 사람들의 "충성"
을 끌어들여야 한다. 그들은 "헌정적 체제"의 기본 구조에 그런 충성을 서약한
다. "체제"라는 용어가 지닌 포괄적인 의미는, 그 구조가 "사회의 주요 정치적·
사회적·경제적 제도들 및 그런 제도들이 사회적 협력의 통일된 체계로 조화
를 이루는 방식"을 구성한다는 점에서 강조된다.115 나아가 롤스는 정치적 정
의관이 단지 하나의 틀, 즉 "근대의 헌정적 민주주의의 기본 구조"에 국한되는
것이 아니라 "그 구성원들의 성격과 태도"를 구성한다고 말한다. 롤스는 자신
의 정치적 정의관이 "민주사회의 공적 문화에 잠재해 있는 것으로 보이는 일

정한 근본적인 직관적 관념들"로부터 도출되고 따라서 민주사회의 "기본적 가치들"과 등가적이기 때문에 포괄적인 교의와 다르다고 고집스럽게 주장한다.[116]

이런 정식화에도 불구하고 롤스가 비자유주의자로 부각되지 않는 이유는, [롤스의 자유주의에서—옮긴이] 억압이 문화적 동화라는 익명의 힘을 통해 이루어지기 때문이다. 시간이 흐름에 따라 자유주의적 관념에 의해 조성된 "공적 세계의 근본적인 구조적 특징"은 "시민들의 정치적 성격에 영향"을 미치면서 "충성"과 그에 따른 안정성을 보장할 것이다.[117] 롤스는 "시민들의 사회적 지위나 좀 더 특수한 목적 및 이익 또는 그들의 종교적·철학적·도덕적 관점이 무엇이든, 모든 시민들은 동일한 기반 위에서 정치적 정의에 관련된 질문들을 논의할 수 있다"고 주장한다.[118] 그러나 분명한 사실은, 만약 정치적인 것에 관한 자유주의적 개념이 시민들의 세계관과 반응을 형성하는 것이라면, 그 효능은 시민들의 정치적 역량에만 국한될 수 없고 불가피하게 시민들이 맺고 있는 상이한 관계 속에서 그들의 세계관과 행태에 영향을 미치게 될 것이라는 점이다.[119]

롤스가 정치문화에 관해 강력하고 포괄적인 관점을 주장하려 하면서도 그것이 일종의 포괄적인 교의를 구성한다는 점을 부인하는 데서 이론적인 긴장이 창출된다. 이런 긴장으로 인해 롤스는 몇몇 포괄적인 교의를 불법화하도록 요구할 뿐만 아니라, 시민적 문화를 촉진하기 위해 '합당한' 교의의 지지자들에게 그들의 믿음을 타협하도록 요청한다. 따라서 그는 어떤 자유주의 체제가 아미시파* 아이들의 교육에 대해 "그들이 자립할 수 있음은 물론 사회에 충분

---

* [옮긴이] 아미시파(Amish)는 재세례파가 보수화하면서 등장한 미국의 보수적인 프로테스탄트 교파다. 이 교파는 종교적 이유를 들어 외부 세계로부터 스스로를 격리시키는데, 자동차, 전기, 전화 등 현대 문명을 거부하는 것으로 유명하다. 또한 양심적 병역거부를 실천해 군대에 가지 않고, 공

히 협력하는 구성원"이 되도록 준비시킬 것을 요구하더라도 이는 올바른 것이라고 주장한다. 그들의 "정치적 덕목들"이 계발되어야 한다는 것이다.[120]

현대의 모든 정치사회가 다문화주의, 종족문화적ethnic 다양성, 출입이 자유로운 국경과 같은 사실들과 씨름하고 있는 역사적 순간에 '하나의' 정치문화가 존재할 수 있다는 발상은 비현실적인 것으로 보인다. 또한 그런 발상은 롤스가 호소하는 정치적인 것의 연대적 개념에 위험한 측면이 있음을 보여 준다. 정치적인 것은 "특별한 영역"을 구성하는데, 왜냐하면 첫째로 우리가 "자발적으로 그 영역에 들어가거나 떠날 수 없기" 때문이고, 둘째로 정치권력은 전적으로 주권적 시민의 부담으로 작용하며 "언제나 개인으로서의 시민들에게 정규적으로 부과되는 …… 강압적 힘"이기 때문이다. 물론 일부 시민들은 헌정적 구조 일반이나 구체적인 결정 사항을 거부하기도 하지만 말이다.[121]

포괄적 교의의 억압적 경향에 주목해서라기보다는 갈등에 대한 반감으로 인해, 롤스는 자신들의 포괄적 교의를 굳게 신봉하고 있는 자들이 발생시키는 활력을 정치적인 것에 받아들일 것을 거부한다. 만약 스스로를 방어하도록 강제되지 않는다면, 롤스의 공적 영역은 진부한 담론과 지루한 수사에 지배된 채 손쉽게 무기력해질 수 있다. 다행스럽게도 공유된 가치들은 때때로 공식적인 가치의 해석자가 믿거나 희망하는 것보다 덜 광범위하게 공유되어 있다.[122]

석 연금을 수령하지 않는 등 정부로부터 어떤 도움도 받지 않는다. 어린이들에게도 자신들이 설립한 마을 내 학교에서만 교육을 시키며, 단지 읽고 쓰는 법 등 생활에 필요한 기본 지식만을 가르친다.

12. 자유주의와 통치^{governance}

19세기가 마감될 무렵 베버는 자본가계급이 통치를 맡을 준비가 제대로 되어 있지 않다고 주장했다. 이윤과 자기 이익만을 추구하는 문화로 인해 자본가계급은 무사 공평함을 갖추고, 정치적 계급을 육성할 것을 요구받는 역할에 부적합하다는 것이었다.123 롤스는 베버의 비판을 면밀히 검토하지도 않았지만, 행정적인 통치governance와 구분되는 정치적 통치governance의 문제를 다루는 데 실패함으로써 그런 비판을 확증한 셈이 되었다. 오히려 그는 자기 이익의 동기를 만족시키고 공정성이라는 감수성에 호소하는 규칙 및 원칙에 의존했다. 거대한 힘을 휘두르고 그런 힘의 사용에 책임이 있는 자들에 대비하는 어떤 특별한 규범이나 문화적 규정도 없었다. 사실상 롤스는 자본주의사회가, 그 자체로는, 그 계급적 기원과 이데올로기를 극복할 수 있는 통치 계급을 산출할 수 없을 것이라는 점을 인정하고 있었다.

『정의론』이 출판된 지 얼마 되지 않아, 그런 공백은 채워지기 시작할 것이었다. 부시 대통령(2001~08)의 행정부 내 정부 고위직에서 기업 경영자들은 친숙한 인사가 되었다. 최고 경영자에게 그런 전환은 쉬운 일이었다. 최고 경영자 — 예외적으로 여성 최고 경영자를 포함하여 — 는 힘을 휘두르고, 증대시키며, 경쟁 회사들과 겨루고, 빠르게 변화하는 환경에 적응하며, 거대한 관료적 구조를 장악하는 데 익숙했다. 이들은 위계질서와 복종에 익숙하며, 그 와중에 카리스마적인 공적 인격을 양성하는 데도 능통했던 것이다. 이들의 정치적 자질은 경영자들이 문화적 충격이나 학습 장벽을 겪지도 않은 채 아무런 어려움 없이 이사회실과 전쟁 상황실을 오간다는 데서 증명되었다. 정치적인 것과 기업적인 것이 한데 뒤섞이고 있었고, 이는 새로운 정치적 형식의 출현 — 그리고 오래된 정치적 형식의 쇠락 — 을 예고하고 있었다.

13. 냉전기의 신자유주의

자유주의 이론에 대한 롤스의 기여는 거의 보편적인 찬사를 받았는데, 이는 미국 자유주의의 실제 전개 과정 및 신자유주의로의 변모가 롤스적 정의의 처방과는 매우 거리가 멀다는 사실을 모호하게 만들었다.

1930년대 초반부터 1980년대 초반에 이르는 반세기 동안에 미국 정치는 현저한 변화를 겪었다. 반공주의와 자유주의라는 두 가지 이데올로기가 이 기간을 지배했다. 대학의 경제학자와 사회과학자들은 대부분 확고한 자유주의자이자 동시에 반공주의자였다. 많은 정치 이론가들도 상황은 동일했다. 스트라우스Leo Strauss와 그의 학파 및 친영파인 커크Russell Kirk나 버클리William Buckley와 같은 영향력이 큰 예외가 있었지만, 이들 모두는 보수적이고, 반자유주의적이며, 엘리트주의적이면서 반공주의적이었다.[124]

현재의 관점에서 본다면, 하나의 전체주의가 패배하고 또 다른 전체주의가 해체되는 중간 지점이 미국 자유주의의 절정이었으며 '사회적 양심을 지닌 자유주의'로부터 '신자유주의'로의 이데올로기적 진화의 출발점이었다. 그것은 뉴딜 이데올로기로부터 팽창주의적 이데올로기로의 진화였다. 전자는 사회복지와 시민적 자유 및 약간의 정부 계획과 산업 규제를 강조했다. 그 반면에 후자는 전 세계적으로 미군 기지를 설치하고 독재 체제를 지탱시켜 주는 한편, 다른 나라의 경제와 반공산주의 정당을 소생시키고 미국 상품과 미국 문화를 전파하기 위해 해외 시장을 개척하려는 목적의 재정적 지원을 아끼지 않는 데서 구체적으로 표현되었다.

새로운 자유주의는 국가 중심적인 성격을 유지했지만, 그 국가란 이제 제국적 성격을 띤 국가였다. 새로운 자유주의는 반공주의와 냉전의 긴박한 상황에 따라 반사적인 반응을 보였으며, 그 정치적 입장은 엘리트주의에 조응하고, 그 정치는 기술 관료주의적 관점의 정책과 전문 지식에 순응하는 것이었다.

국경을 넘나들며 힘을 추구하는 체계를 관장하고 냉전과 몇몇 치열한 무력전을 수행하면서, 자유주의적 정치인과 이론가들의 팽창주의적 가정들은 필연적으로 경제와 그 기업적 구조의 팽창주의적 가정들과 결부되고 또 그에 의존하게 되었다. 1930년대의 반反기업적 이데올로기의 정서가 급속히 사라지고 그 흔적조차 거의 찾아 볼 수 없게 된 것은 놀라운 일이 아니었다.[125]

미국의 자유주의 전통에 무슨 일이 일어났는가?

자유주의가 강력하게 부상한 1930년대로부터 1960년대에 이르는 기간 동안에, 자유주의는 미국에서 일관성 있는 이데올로기적 경쟁자를 만나지 못했다. 다시 말해서 생존 가능한 여하한 사회주의도 없었으며, 단지 학문적 보수주의만 있었는데, 이조차 그 부적절함으로 인해 1964년 골드워터Barry Morris Goldwater의 대선 참패에 일조했을 따름이었다. 국내적으로 자유주의에 대한 중요한 이데올로기적·정치적 도전이라고는 전혀 없었기 때문에, 자유주의는 스스로를 규정하고 옹호하며 검증해 볼 수 있는 기회를 갖지 못했다. 좌우 양 측면에서 제기되는 아무런 위협 없이 안전함을 누렸기에, 자유주의는 외부의 '도전'과 위협적인 이데올로기에 대처하기 위해 바깥 세계로 시야를 돌렸다. 자유주의의 정체성은 점차 그런 관심사에 의해 규정되었으며, 힘에 대한 과장된 어휘와 국가 중심적 수사를 포함하게 되었다. 이런 전개 과정은 이른바 역동적이고, 팽창적이며, 근본적으로 사악한 체제들과의 장기적인 범세계적 경쟁을 반영하고 있었다.[126]

그 결과 대략 1940년부터 1990년에 이르는 기간 동안에 출현한 정치적 이미지는 장대한 규모의 악마적 세력의 출몰에 시달려 왔다. 예컨대 과학의 시대에는 생각조차 할 수 없는 인종적·종교적·이데올로기적 순수성을 강조하는 광신도적 교의들, 의도적 정책의 일환으로 수행된 수백만의 학살, '우주의 에너지를 이용한 것'으로 자랑스럽게 선전된 핵폭탄을 포함하여 유례없는 파괴력을 지닌 군사적 무기들, 이에 수반하여 양측 모두에게 상호확증파괴mutually assured destruction, MAD라는 위협을 통해 핵전쟁 '사태'를 피할 것이라고 약속한 군사전략, 그리고 전후 평화가 가져온 새로운 형태의 끝날 것 같지 않은 전쟁, 곧 그 전쟁의 범위가 해외로는 무신론적 공산주의라는 '악의 제국'을 포함할 뿐만 아니라 국내로는 간첩, 반역자, 공산당 동조자, 체제 전복을 기도하는 파괴 활동 분자 및 좌익 비판자들까지 포함하는 '냉전'이 바로 그런 것들이다. 그것은 홉스적 세계의 최신 버전, 즉 '국가 안보'라는 이름 아래 거대한 힘의 집중으로 전환된 공포의 만연이었다.

초창기 뉴딜 정책에 의해 발생된 자유주의에서는 상대할 악마들이 있기야 했지만 그다지 많지 않았다. 실제로 자본가들을 "경제적 왕당파"라고 칭한 루스벨트Franklin Delano Roosevelt의 기묘한 시대착오적 용어는 전혀 반향을 불러일으키지 못했다. 뉴딜 국가는 실용적인 목적을 위해 정책들을 첨가한 것 정도로 일관되게 낮은 차원에서 개념화되었는데, 이는 그 정책들이 이론적 기초도 거의 갖추지 못했고 신화적인 기반도 전혀 갖지 못했다는 것을 의미한다. 이와 대조적으로 전후에는 힘에 관한 어휘가 가히 환상적일 정도로 부풀려져서 넘쳐 났다. 예컨대 사회적 프로그램에 대한 많은 노력들은 "전쟁", 즉 가난, 마약, 범죄, 암에 대한 전쟁이나 심지어 교육에 대한 전쟁으로 묘사되었다. 이런 현상은 윤곽 없는 자유주의의 출현에 일조했다. 신화는 경계에 개의치 않고 팽창적이라는 성격을 갖기 마련인 것이다. 뉴딜 이후 사반세기 동안, 뉴딜의 계승자들은 '위대한 사회'라는 팽창적이고 모든 것을 포함하는 사회적 자유주의와 그 범위가 전 지구와 우주에까지 이르는 '슈퍼파워 미국'을 망설이지 않고 짝지을 수 있었다. 그러나 세계의 정상에 의기양양하게 우뚝 선 초거대 국가의 출현은 시기상조라는 점이 판명되었다.

'위대한 사회'는 베트남전쟁이라는 원격지 전쟁에 의해 허물어지고 붕괴되었다. 그것은 텔레비전 이벤트로 '경험된' 최초의 전쟁이었고, 아무리 거대한 힘일지라도, [현실과 유리된 텔레비전 이벤트처럼-옮긴이] 단절되고 정치적으로 탈맥락화되며 그 기술에 의해 추상화되었을 때, "무력한 거인" — 이는 닉슨Richard Milhous Nixon 대통령의 우려에 찬 표현이었다 — 처럼 허둥대다가 실패할 수도 있음을 상징하게 된 전쟁이었다. 해외에서 패배하고 국내에서 수치를 당하면서 자유주의적 국가는 사회적 정책으로부터 점차 이탈하기 시작했고, 파나마와 그레나다와 같은 국가들에 대항해서 무력을 끌어모으거나 1991년 이라크에 대해 순탄치 못했던 무력행사를 벌이면서 자신의 불안감을 감추려 했다.

주로 자유주의적 행정부들의 후원하에, '뉴딜'과 '페어딜' 및 '위대한 사회'는 '총력전'의 경험 및 제국의 형성과 뒤섞였다. 이 와중에 복지국가는 안보 국가로 그다음에는 제국적 국가로 변모되었는데, 이는 좀 더 커다란 총체성과 궁극적인 신화화를 지향하는 힘의 전환 과정에서 나타난 단계들이었다. 기업 복지가 사회복지를 대신하고 시민이 간헐적으로만 권리를 행사하는 유권자로 대체됨에 따라, 데모스는 꾸준히 주변화되었다.

자유주의 사상은 독일의 나치즘과 이탈리아의 파시즘에 대한 군사적 승리와는 다른 방식으로 공산주의의 붕괴 또는 패배를 해석했다. 일부 자유주의자들은 나치즘과 파시즘이 자유주의적 가치와 현격하게 대비된다는 이유로 예외적인 현상이라고 믿었다. 요컨대 자유주의자들은 자신들의 기본적 믿음들이 본질적으로 올바르고 보편적이라고 확신했기 때문에, 자신들의 기본 원칙들을 재검토할 필요성을 느끼지 않았다. 그리고 '민주주의'가 전체주의를 정복했기 때문에, 그들은 냉전을 위해 민주주의를 동원한 것이 기실 민주주의를 징발해서 미국의 지구적 힘을 정당화하기 시작했던 것은 아닌지 되물어 볼 필요를 느끼지 못했다. 이 지구적 힘은 민주주의 그 자체만큼이나 신화적이 될 것이었다. 슈퍼파워라는 이름은 어떤 이데올로기나 이론이 아니라 연재만화에서 영감을 받은 것이었다. 그렇다고 해서 불합리하기는커녕, 이런 용어의 사용은 의도치 않게 슈퍼파워 민주주의가 형용모순이라는 점을 드러냈다. 또한 그것은 이성과 그 도덕 원칙들이 힘의 양산을 단순히 통제하는 데 그치는 것이 아니라 결정해야 한다는 계몽주의의 이상을 포기한다는 구체적인 의미에서 탈근대적 조건의 시대를 열었다.

자유주의적 국가의 변환은 대통령 선거가 어떤 속성과 위상을 갖는가라는 점에서 입증되었다. 대통령 선거는 한때 공화국의 고위직 가운데 한 명을 선출하는 떠들썩한 민중주의적 축제였다. 그러나 20세기 후반에 이르러 대통령 선거를 둘러싼 정치는 매끄러운 설계와 정교한 협력을 통해 만들어지며, "자유세계의 지도자"에게 성유聖油를 바르고 민주주의를 "자유선거"와 동일시하기 위한 기제가 되었다. 심지어 거의 과반수에 가까운 미국인들은 물론 전 세계인들이 투표하지 않았을 뿐더러 선거 자체도 비용이 많이 들고 자유롭지도 않음에도 말이다. 선거의 사치스런 장관은 데모스 곧 '주권자 인민'을 추켜세우면서도, 엄청난 규모로 소비되고 과시되는 돈의 힘 앞에서 그들이 얼마나 무력한 존재인지를 일깨워 주었다. 게다가 선거는 일시적으로 '열리는' 것이 아니라, 계속 진행되는 것이다. 한 선거가 끝나기도 전에, 다음 선거를 위한 준비가 진행된다.[127]

슈퍼파워 민주주의의 정치적 실상은 지속적으로 관리되는 국민투표, 서민들에게 제공되는 통제된 흥분이다. 즉 선거는 그들의 원형 대경기장Circus Maximus이자 정치적 슈퍼볼이다. 그처럼 낭비적인 과시 속에는 유권자에 대한 경멸이 얄팍하게 가려져 있는데, 이는 점차 선거가 전체주의적인 국민투표와 닮아가고 있다는 많은 지표들 가운데 하나였다. 전체주의적 국민투표와 다른 점이 있다면, 미국에서 일부 정치 광고 — 예컨대 정당의 선전물 — 는 의도적으로 시민들이 투표하지 않도록, 즉 통치하는 사람들을 지지하지 않도록 저지하는 것을 목적으로 삼았다는 것이다. 아마도 탈근대성의 시대에는 무관심과 냉담, 곧 대중적 흥분의 동원보다는 탈동원이 새로운 형식의 총체성의 필수 조건일 것이다.[128]

탈근대적 민주주의의 선거와 전체주의적 선거의 유사성은 간과되어 왔는

데, 정치 평론가와 정치학자들이 전체주의 체제만의 특정한 특징을 선별해 내는 경향은 이런 현상을 조장했다. 국민투표적 민주주의의 출현, 즉 간헐적으로 권리를 행사하는 시민들에 기반을 둔 정치의 출현은, 뉴딜과 '총력전'의 노력에 내재한 연대주의solidarism에 대한 반동일 뿐만 아니라 전체주의 체계들의 연대주의에 대한 반동으로도 이해할 수 있다. 나치즘과 파시즘의 전체주의적 성격에 대한 자유민주주의적 해석에서, 정당과 국가의 상호 결합된 힘은 사회적 삶의 모든 영역을 침투하고 영구적인 전쟁에 기초하여 전체 시민사회를 동원함으로써 총체적 지배를 달성해가는 것으로 묘사되었다. 전체주의는 국가에 지나치게 많은 힘을 부여하고 시민사회를 과도하게 정치화하는 한 쌍의 해악에 대한 좋은 본보기를 보여 준다고 독해되었다.

집중된 권력과 과도한 정치화라는 이 두 가지 양상에는 세 번째 양상(전체주의가 민중적 지지에 기반을 둔다는 것 – 옮긴이)이 드리워져 있는데, 그것은 외관상 절대적인 대비를 이루는 민주주의와 독재 사이에 양사의 차이를 애매모호하게 만드는 특징을 끼워 넣었다. 무솔리니Benito Amilcare Andrea Mussolini는 한때 파시즘을 "전국적으로 기반을 둔 조직적·중앙집권적·권위주의적 민주주의"라고 정의한 바 있다.[129] 이탈리아와 독일의 전체주의 체제는 모두 굳건한 민중적 지지를 얻고 있는 것처럼 보였다.[130] 그 나라들에서 의미심장한 정치적 저항이 오직 전쟁 말기에 와서야 발생했다는 사실은 몇몇 불편한 질문들을 제기했다. 그런 체제들에 대해 공중이 견실한 충성을 보였다는 사실은 전체주의에도 민주적 기반이 존재한다는 것을 의미하는가, 아니면 단지 조작되고 공포에 질린 대중의 존재를 의미하는가? 무솔리니 이전의 이탈리아와 바이마르공화국이 예시하는바, 민주주의 또는 실패한 민주주의는 전체주의라는 독특하게 현대적인 현상의 출현과 공고화를 위한 전제 조건인가? 첫 번째 질문은 근대 민주주의를 두려워해야 할 이유가 있다는 점을, 두 번째 질문은 민주주의를 두려워해야 할 충분한 이유가 있다는 점을 의미했다.

첫 번째 질문은 이론가들이 정치에 적극적으로 관여하는 시민이라는 강력한 관념을 탐구하지 못하도록 만드는 효과를 발휘했는데, 이는 1960년대까지 지속된 금기였다.[131] 비슷하게, 유기적 연대성과 집합적 응집력 — "하나의 민족"ein Volk — 이라는 나치의 가치들은 민족주의나 애국주의와는 상이한 공동체적 가치를 강조하는 정치를 발전시키는 것을 사실상 불가능하게 만들었다. 그런 질문들이 민주주의에 문제가 있다는 점을 의미하는 한, 그것들은 장래 자유주의와 민주주의 간에 발생할 수 있는 긴장을 시사하는 징후였다. 즉 자유주의가 개인주의적이고 엘리트주의적인 또는 능력주의적인 용어들 — "내부 지향적인"inner directed — 로 개념화되고 있었다면, 민주주의는 "고독한 군중"이나 "대중" — 이들은 실제로 형성적 경험을 일과 소비라는 비정치적인 영역에서 얻는 "타자 지향적인"other-directed 유권자로 취급되었다 — 과 같은 경멸적인 취급을 받는 "민중주의적" 용어들을 통해 수동적으로 구성되었다.[132]

정치학자와 사회학자들이 그려 낸 시민의 모습은, 놀랍게도 나치에 의해 연출된 선거 '민주주의'를 뒤집어 놓은 것에 불과했다. 곧 99%의 투표로 정권을 지지하는 열광적 대중이 아니라, 그것의 패러디라고 할 수 있는, 절반이나 투표를 하기 위해 미동도 하지 않는 무관심한 대중이었다. 거의 혼수상태에 빠져 있는 것처럼 넋을 놓고 있는 존재로 유권자를 묘사하는 것은, 결과적으로 민주주의적 정당성을 약화시키는 효과를 초래할 것이었다. 이는 1980년대와 1990년대에 다수를 위한 사회복지 프로그램이 거의 아무런 반대에 부딪히지 않고 삭감된 사실로 표출되었다. 투표 행태에 대한 학문적 연구에서 합리화되는 바에 따르면, 시민의 탈정치화는 민주적인 현상을 의미했는데, 왜냐하면 탈정치화가 시민들 곧 '침묵하는 다수'의 묵시적 동의에 기초하고 있기 때문이라는 것이었다. 따라서 나치의 선전에서 묘사되었던 엘리트와 대중의 역동적인 양극성과 달리, 이것은 엘리트적 리더십을 찬양하고 대중의 수동성에 의존하는 독특한 조합이었다.

이런 엘리트―대중 공식의 양극성은 파시스트적 사고에 내재한 근본적인 구별 방식을 암묵적으로 받아들인 것이었다. 이것이 초래한 한 가지 부작용으로는, 인종주의를 개념적으로 주변화시킴으로써 그 문제 자체를 억압했다는 점을 들 수 있다. 엘리트와 대중의 이원론은 다른 차이들을 위한 의미심장한 공간을 어떤 것도 남겨 놓지 않았다. 인종 문제가 제2차 세계대전 이후 10년 동안 거의 언급되지 않았다는 사실은, 전시에 조성된 무비판적인 태도에서도 얼마간 기인했다. 그 전쟁은 심지어 인종주의와 불평등을 긍정적인 가치로 떠벌렸던 체제들과의 전쟁이었음에도 불구하고 그런 태도가 나타났던 것이다. 민주주의 체제들이 실제로 인종적 평등을 실천했는지 여부는 중요한 문제가 아니었다. 그들이 인종적 불평등을 적극적으로 옹호하지는 않았었다는 점이야말로 중요한 문제다.

마지막으로, 나치즘과 파시즘에 대항한 '이념의 전쟁'에서 민주주의국가들은 자본주의와 자유 시장의 이념에 호소한 적이 거의 없었는데, 아마도 그 이유는 전 세계에서 가장 강력한 공산주의 국가를 동맹국으로 받아들였던 난처한 상황 때문이었거나 혹은 1930년대에 널리 퍼져 있었던 반자본주의 정서를 부채질할 위험을 우려했기 때문이었을 것이다. 그 결과 민주주의의 이념은 형체를 잃게 되고, 다양한 뉴딜 프로그램에 의해 일찍이 제기된 바 있는 사회경제적 문제로부터 결정적으로 단절되는 경향을 보이게 되었다. 사회적 문제들은 정치적 실험을 배제 당한 채 자유주의에 의해 접수되었고, 일차적으로 [정치적 문제가 아닌―옮긴이] 사회적 문제로서 재개념화되었으며, 궁극적으로는 '위대한 사회'로 물화되었다. '위대한 사회'는 사회적인 것과 민주적인 것을 동시에 추구하는 사회라기보다, 모든 사람을 수용하고, '소득을 올릴 수 없는 사람들'에게 소득을 재분배해 줄 수 있을 정도로 충분히 거대하며, 지속적으로 팽창하는 경제를 자랑하는 사회였다. ['위대한 사회'라기보다는―옮긴이] '거대한 포만' The Great Satiety이 슈퍼파워 민주주의라는 모순어법의 국내적 판본이었다.

| 제16장 |

힘과 형식

1. 오래된 정치 형식과 새로운 정치 형식

폐쇄되어 있거나 외부인의 입장을 제한하는 사회적 관계를 조직이라고 일컫는다…….

_베버[1]

여러 세기 동안 대부분의 정치 이론은, 정치적 삶이란 통치governance의 어떤 구조, 즉 정치의 본성을 결정하는 일정한 원리들을 구현하는 '형식' 혹은 근본적 구조constitution를 떠나서는 존재할 수 없다고 가정해 왔다. 따라서 모든 헌정 질서는 자신의 원리에 구현된 집단적 정체성을 의미하는 이름을 부여받았다. 원형에 해당하는 형식은 군주정, 귀족정, 민주정이라는 이름으로 불렸는데, 각각 한 사람, 소수, 다수에 의한 지배를 뜻했다. 개별적인 형식 각각은 나름의 정치제도, 실천 및 시민됨의 개념 등으로 구별되기도 했지만, 형식이라는 관념은 또한 세상 안에 존재하는 특정한 방식을 의미했다. 즉 각 형식에 상응하는 문화적 가치와 실천을 통해서 표현되는 존재의 방식이 또한 형식이었다. 예를 들어 군주제 형식으로 통치되는 사회는 전반적으로 군주적인 가치 — 예컨대 독보적인 탁월함 등 — 를 현시할 것이었다. 그리하여 한 가족이나 가정의 아버지는, 비록 [군주와의 관계에서는-옮긴이] 신민이더라도, 자신의 '영역'을 국왕의 풍모로써 다스리도록 기대될 것이었다. 이처럼 형식은 추상적인 관념이 아니라 널리 퍼져 있는 독특한 삶의 방식을 상징했다.

이론가들이 혼성물 혹은 "혼합적" 헌정을 인지하는 것도 드문 일은 아니었는데, 이는 원형들이나 그 타락한 형식들 — 참주정, 과두정, 중우정 — 로부터 유래한 서로 경합하고 충돌하는 요소들을 결합한 것이었다. 그러나 혼성물이 혼입된 부분들의 결합으로 이루어져 있다고 해서, 그 부분들의 실질적 정체성이 사라진다는 것을 반드시 의미하지는 않았다. 즉 귀족정의 요소가 '혼합' 정부에 포함되었다고 해서 부르주아화되지는 않았으며, 그 역도 마찬가지였다. 혼성물은 힘들의 합성이라기보다는 힘들 간의 '균형'을 지향하는 경향을 보였다. 이런 분류는 20세기에 접어들어서도 유지되었지만, 제1차 세계대전 이후에 군주정과 (출생에 의한 귀족이든 취득에 의한 귀족이든) 귀족정이라는 두 가지 형식은 거의 사라졌고,[2] 아마도 혁명의 과열된 기간 — 예컨대 마오쩌둥毛澤東의 '문화혁명' — 을 제외한다면, 중우정이 하나의 형식으로서 안정성을 확보한 적은 전혀 없었다. 과두정은 부유한 소수에 의한 통치를 가리키게 되었는데, 정치적으로 조직된 자본의 힘을 지칭하기 위한 적절한 명칭일 수는 있어 보이지만, 실제로 그렇게 호명된 경우는 드물었다. 아마도 이는 자본가들이 공개적이고 직접적으로 통치하기를 꺼려했기 때문일 것이다. 아니면 과두정이라는 것이 그보다 약간 더 범위가 넓고 능력주의의 색조를 더 진하게 띠는 엘리트주의로 대체되었고, 엘리트주의가 모멸적인 연상을 불러일으키는 과두정과 결별해서 민주주의의 시대에 근대화된 귀족정을 대변하게 되었기 때문일 수도 있다.

민주주의의 경우를 보면, 20세기 대부분의 기간 동안 민주주의는 대개 "자유"liberal나 "헌정"constitutional과 같은 단어와 결합되어 왔는데, 이는 새롭고 "좋은" 혼성물이 생겨났음을 시사했다. 그 사이에 참주정은 좀 더 부드러운 버전인 전통적 권위주의 또는 좀 더 강경한 버전인 전체주의로 변형되었다.[3] 이처럼 20세기 중반에 이르러 자유민주주의와 전체주의적 독재라는 두 가지 독특한 형식이 발명되었다. 자유민주주의는 의회제 정부의 기원을 연장하면 중세까지 거슬러 올라갈 수 있다며 오랜 족보를 자랑할 수도 있겠지만, 전체주의는 전제정의 극단적인 유형이라기보다는 새로운 종種을 표상했다. 그리고 세 번째 천 년의 벽두에 이르러 아마도 최근에 나온 형식의 변종일 수도 있는 또 하나의 새로운 형식이 나타났다. 슈퍼파워가 바로 그것이다.

심지어 히틀러의 독일과 스탈린Iosif Vissarionovich Stalin의 소련조차 헌법을 가지고 있다고 천명한 바 있었지만, 이론상으로 헌정의 중요성은, 그것이 국가를 사회에서 가장 가공할 권력으로 구성함과 동시에 국가 권위의 행사를 정당화하거나 억제하며 또는 적어도 정규화한다는 데 있었다. 베버는 다음과 같은 유명한 문장을 통해 국가의 본질이 힘이라는 점을 간결하게 강조했다. "……국가란 주어진 영토 안에서 물리력의 정당한 사용을 독점한다고 (성공적으로) 주장하는 인간 공동체." 그는 만일 국가의 권위에 사람들이 복종하기를 바란다면 "정당한 폭력 수단"의 국가 독점은 필수적이라고 언급했다.[4] "국가의 개념은 근대에 들어와서야 비로소 온전하게 발전되었다"고 베버는 덧붙였다.[5]

폭력 그 자체가 더는 국가의 독점물이 아니지만 정당한 폭력은 여전히 국가권력의 독특한 요소로 남아 있다. 그렇다고 하더라도, 베버의 정식화에는 아리스토텔레스가 2천 년 전에 도입했고 마르크스가 다시 강조했던 중요한 — 그리고 지금도 계속되고 있는 — 요인 하나가 누락되어 있었다. 아리스토텔레스의 관찰에 따르면, 모든 헌정은 통치하는 주체politeuma를 하나의 계급이라는 형식으로 담고 있었다.[6] 2천 년이 넘는 기간 동안 통치 집단은 그들의 계급적 이익을 증진하거나 옹호하도록 되어 있다는 것이 공통된 상식이었다. 비록 헌정은 특정한 형식이 구성원 모두의 복지에 이바지한다고 선포할 수도 있겠지만, 모두의 이익을 위한 통치와 특정한 계급에 의한 통치 사이에 일정한 긴장이 내장되어 있는 것은 불가피했다. 전자는 무사 공평함을 의미하는 반면에 후자는 계급적 편향을 의미하기 때문이다.

요점은 단순히 모든 형식에 반드시 당파성의 혐의가 있다는 것이 아니라 모든 형식에 양면성이 내장되어 있다는 것이다. 통치 계급을 자임하고 나서는 계급은 또한 군사적 용맹이라든지, 고도로 세련된 명예 의식이라든지, 아니면 통치 기량과 같이 어떤 돋보이는 덕목을 보유하고 있다고 주장하고 있었다. 하지만 귀족적 오만, 중산계급의 물욕, 민주적 평준화처럼 각 계급은 나름의 악덕도 가지고 있었다. 민주주의 또는 다수에 의한 통치의 미덕은 평등이라고 일컬어졌다. 여러 세기 동안 민주주의를 비판하는 사람들은, 평등의 가치를 어느 정도 인정하면서도, 평등화하려는 민주주의의 충동과 통치에 요구되는 유능함이라는 흔치 않은 덕목은 근본적으로 공존 불가능하다고 주장했다.

형식에 관한 전통적인 이론으로 포용할 수 없는 정치적 사태가 20세기 후반부터 전개되기 시작하여 21세기로 접어든 다음에도 계속되고 있다. 슈퍼파워와 테러리즘이라는 무정형의 형식이 바로 그것이며, 이들은 서로 전쟁 중에 있었다.

2. 슈퍼파워와 테러

그래, 내 기억의 목록에서
하찮고 어리석은 기록들을 모조리 지워 버릴 거야

책에 담긴 모든 말씀들, 모든 형식들, 과거의 모든 곤경들

젊음과 경험이 거기에 복사해 놓은 모든 것을……

_셰익스피어, 『햄릿』(제1막 5장 100행)

…… 지리적인 의미의 신세계가 인간적인 의미의 신세계로 될 수도 있다. 현재의 정황으로는 구세계
와 신세계의 도덕적 갈등이 민주주의를 향한 투쟁의 본질이다.

_듀이[7]

20세기 후반과 21세기 초에 역사에 관심을 가진 몇몇 이론가들은 한때 근
대성을 규정하던 특징적인 요소가 이제 다른 것으로 대체되었다고 확신하면
서, 그와 같은 전환을 '탈산업', '탈근대', '신경제' 또는 심지어 '탈자본주의'라는
명칭으로 부르자고 제안했다. '탈정치'라는 명칭이 제안되지 않는 것은 의미심
장하다. 그렇지만 어쩌면 그 명칭은 일각에서 지난 몇 십 년 동안 가장 중요한
추세라고 주장해 온 현상, 즉 주권국가의 퇴색에 어울리는 것일지도 모른다.
지구 전역을 활동 무대로 삼는 기업의 출현, 문화의 '국제화', 유럽연합, 세계
은행과 같은 국제적 기구들 및 국경에는 그다지 신경을 쓰지 않으면서 활동하
는 비정부 조직들의 성장 등은, 국가가 그 영토 안에서는 주인이라는 근대적
관념에 대한 도전으로 해석되었다.[8] 이런 현상들은 정치적인 것에 대한 관념,
곧 정치라는 영역이 특정한 경계 안에 국한되어 있고 정치를 보살피는 데에는
국가가 일차적으로 책임을 진다는 발상에 의문을 제기하는 것으로 해석될 수
도 있다.

이와 대조적으로 미국과 소련이 막상막하로 겨루던 냉전기에는 국가의 약
화와는 정반대의 현상인 초국가super-state라는 새로운 형식의 출현이 일짜감치
선언되었다. 그것은 자신의 영토에 국한되고 다른 국가들의 영토를 존중할 의
무를 지는 것으로 이해된 근대국가의 개념을 초월하는 것으로 일컬어졌으며,

슈퍼파워라는 새로운 종種의 힘을 대변했다.[9] 처음에는 미국과 소련이 '세계의 두 슈퍼파워'로 선발되었다. 이들은 각각 상대방을 침략자이자 천적이라고 묘사했다. 소련이 보기에 미국은 혁명운동을 억압하기로 작정하고 지구화를 추구하는 자본주의의 대표였고, 미국에게 소련은 비공산주의 정권들을 타도하여 공산주의 정권으로 대체하는 데 몰두하는 범세계적 혁명 음모의 온상으로 비쳤다. 이와 같은 묘사들은 이 경쟁을 국가 간의 경쟁이 아니라 이념적인 세계의 힘들 사이의 경쟁으로 인식하고 있다는 점에서 주목할 필요가 있다.

냉전이 끝나고 소련이 사라진 후에는 미국이 아무도 필적할 수 없는 '세계에 유일하게 남아 있는 슈퍼파워'라는 합의가 이루어졌다. 하지만 슈퍼파워라는 요소가 국가적 정체성의 일부를 이루게 된 지 얼마 지나지 않아, 미국은 경쟁 관계의 다른 슈퍼파워가 아니라 테러리즘, 즉 무정형적이고 계량화할 수도 없으며 분산되어 있는 생소한 힘 ― 무슬림 ― 으로부터 도전을 받았다.

테러리즘은 전례에 없던 유일무이한 현상이라고 선포되었다. 그러나 미국과 유럽의 정치 지도자들이 테러리즘의 성격을 음모적이고 혁명적이며 비밀스럽고 범세계적이라고 규정했을 때, 그들은 과거에 반공주의를 고취할 때 쓰던 범주들로 되돌아간 듯 보였다. 냉전적 반사작용은 미국이라는 슈퍼파워가 반공주의에서 반테러주의로 이행하도록 만들었으며, 새로운 적이 유례없는 특징을 지녔다는 점마저 모호하게 만드는 데 일조했다. 초국가적 테러리즘은 광신자들로 구성된 복잡한 범세계적 연결망을 포함했는데, 그것은 한편으로 슈퍼파워의 제국주의 탓으로 발생한 희생자들에 대한 인간애와 다른 한편으로 살인 수법과 냉혹한 이데올로기 ― 종교적 신앙의 이름 아래 살인 행위를 정당화하는 ― 로 추종자들을 훈련하는 것을 조합한 것이었다. 슈퍼파워는 국가에 기반을 두는 기조를 유지함으로써 폭력을 사용하면서도 정당성을 주장할 수 있었던 반면, 테러리즘은 '순수한' 폭력, 신앙에 의해 정화되는 폭력과 연관되었다.

9·11 직후에는 테러범들의 공격으로 말미암아 '새로운 세계'가 출현했다는 지적이 널리 회자되었다. 새로운 세계란 슈퍼파워인 미국과 테러 집단인 알카에다Al Qaeda라는 상호 대립하는 힘들이 서로에게 적대적으로 의존하는 불안정한 공생 관계로 이해되는 듯이 보였다. 슈퍼파워인 미국은 재구성되어 냉전기 동안에 획득했던 특징들을 능가해서 진화하기 시작했다. 이로 인해 나타난 한 가지 핵심적인 변화는, 기업들이 정당정치나 정부의 정책 결정 및 정부 고위 직책의 임명에 점점 더 크게 관여하게 되었고 그 비중 또한 더 커졌다는 것이었다. 또 다른 중요한 변화는, 정치와 권력의 '기술화'technologization, 곧 기술이 군사적 힘만이 아니라 정치의 실천마저도 지배하게 되었다는 점이다. 여론의 계량화, 텔레비전 광고와 인터넷을 통한 선거운동, 초점 집단들focus groups [시장조사나 여론조사를 위해 각 계층을 대표하도록 뽑은 소수의 사람들로 이루어진 집단-옮긴이]의 창조 등은 정치 조작의 기예를 과학으로 변모시켰다. 세 번째 요소는 슈퍼파워를 지지하는 문화의 출현이었다. 음악과 패션의 영역에서 나타난 대중문화는 더욱 국제적인 취향을 띠게 되었고, 점점 더 젊은이들의 감각을 따라갔으며, 변화를 더욱 환영하고, 새로운 기술이 낳은 커뮤니케이션 및 표현 방식에 열광했다. 네 번째로 슈퍼파워는 뉴딜 정책으로 도입되었던 사회복지 프로그램들을 되돌리는 반혁명을 대변하는 사회적 기반을 공고하게 다지기 시작했다. 새로운 사회적 기반은 노골적으로 불평등 지향적이었고, '이 체계는 부자와 특권층에게 유리하도록 편향되어 있다'는 주장을 모두 '계급 전쟁'을 부추기는 소리라고 일축해 버렸다. 마지막으로 경제적·군사적·기술적 오만과 첨단 문화에도 불구하고 슈퍼파워는 고풍적 성격을 강하게 띤 이데올로기를 양성했다. 그 이데올로기의 가장 두드러진 특색은 종교적인 요소와 애국적인 요소를 아우르는 모종의 근본주의였다. 전자는 일차적으로 보수적이고 근본주의적이며 복음신학적인 프로테스탄티즘으로 이루어져 있었다. 후자는 애국심이 보통 뜻하는 것보다 넓은 의미에서 애국적인 경향을 띠었다. 여기에

는 국민국가에 대한 사실상의 무조건적 충성 ─ 국민적 위기와 전쟁 시에 특히 두드러지는 ─ 뿐만 아니라, 정치적 근본주의의 한 형식, 즉 이상화된 초기 미국에 대한 열렬한 충성이 포함된다. 정치적 근본주의는 신화적인 과거의 회복을 열망한다. 그리고 헌법이 (성경처럼) 문자 그대로 적용되어야 하고, 건국의 아버지들이 가졌던 '애초의 의도'를 다시 포착해서 지침으로 삼아야 한다 ─ 마치 초기 기독교 사도들의 의도에 대해서 그래야 하는 것처럼 ─ 고 촉구한다. 이를 위해서 법률을 '적용'하지만 '해석'하거나 '제정'하지는 않는 재판관들과 대내적 권력이 엄격하게 제한된 정부를 요청한다.

베트남에서 패주한 일 때문에 슈퍼파워의 위신이 일시적으로나마 손상을 입었지만, 슈퍼파워의 동업자로 떠오른 신흥 세력, 즉 기업체들의 영향력의 확대 및 국제적 활동 영역의 확장은 중단되지 않았다. 기업의 역동성은 더욱 활발해진 반면, 정부 구조는 심대한 축소를 겪었다. 정부의 힘은 사실상 기업체의 구조 조정과 비슷한 정도로 폐기되는 것처럼 보였다. 중앙정부는 규모가 작아졌는데, 좀 더 기업적인 풍조를 받아들이기 위한 예비 조치로서 관련된 기능, 부서, 인력들이 제거되었다. 1968년의 선거 이후에 집권한 정권은, 민주당이든 공화당이든 모두 복지 프로그램을 감축하고 정부의 기능 가운데 일부를 민영화하면서 재정적으로 책임감이 있는, '더욱 날씬하고 더욱 날렵한' 연방 정부를 만들었노라고 자랑했다. 동시에 군사비 지출은 대규모 전면전보다는 게릴라 전략에 의존하는 적을 무찌를 수 있도록 고도로 발달된 기술에 기반을 둔 더욱 유연한 군사력을 조성한다는 목표 아래 꾸준히 증가했다.

테러리즘에 대한 전쟁이 2001년에 선포된 후, 슈퍼파워는 제국의 이념을 더욱 공공연하게 받아들였다. 슈퍼파워는 자신과 그 동업자인 기업의 영향력을 확대하려고 노력하고 있는바, 이를 위해 중동과 아프리카에서 선제적 전쟁을 개시하고, 전 세계에 군사기지를 건립하며, 과거 소련의 위성국이던 곳에 재정 원조와 경제 부흥을 대가로 기지를 건설함으로써 소련을 모방했다.[10] 냉전과 제1차 걸프 전쟁(1991) 때에 미국이 여러 동맹국들의 도움에 크게 의존했던 것과 달리, 2003년의 이라크 전쟁에서는 국제연합의 깃발 아래 국제적 노력을 조직하려는 모든 시도들을 아예 처음부터 거절했다.

냉전 시기와 그 직후에 미국은 슈퍼파워로서 자신을 구체화하면서, 국내 사회와 정치 체계의 틀을 새로 짜려는 노력을 별로 기울이지 않았다. 테러리즘에 대한 전쟁이 모든 것을 바꾸어 놓았다. 결과적으로 시민의 지위, 중앙정부의 사찰 권력, 그리고 사회의 계급적 성격에 중대한 변화를 일으키기 위해 테러리즘이 국내 정치용으로 이용된 셈이었다. 시민의 자유, 특히 외국인에 대한 처우에서 심각한 침해가 표준적인 관행이 되고 말았다. 동시에 국가의 동업자인 기업의 힘은 증진되었다. 세율 인하나 세금 환급과 같이 공공연하게 부유한 계급의 편을 드는 경제정책들이 채택되었다. 환경 규정, 그리고 피고용인의 의료보장과 퇴직연금과 같은 책임에서 기업의 부담을 경감해 주는 방향으로 정부 규제의 내용이 새롭게 작성되었다.

가장 의미심장한 것은 적자재정의 역할과 국채의 지위에서 일어난 혁명적인 변화였다. 20세기의 후반부에 공화당은 일관되게 스스로를 국가 채무와 정부 지출을 감축할 것을 결의하는 '재정 적자 반대 강경론자'deficit hawks라고 자임했다. 새로운 천 년이 시작할 즈음에, 집권당으로서 그들은 이전까지의 검소한 정부라는 이상을 완전히 뒤집고 전례가 없는 비율로 적자폭을 키워 나갔다. 더구나 이런 사태는 엄청난 규모의 정부 잉여를 일차적으로 부자들에게 나누어 준 결과로 발생했던 것이다. 과거에 민주당 정부들이 적자재정을 감수할 때, 그것은 가난한 사람과 실업자들에게 혜택을 주기 위한 사회복지 정책과 연관되는 것이 보통이었다. 그러나 이제 적자는 부유한 계급과 대기업들에게 혜택을 주기 위해 사용되었다. 동시에 정부 잉여를 제거해 버림으로써, 결과적으로 그들은 만약 나중에 민주당이 다시 집권하여 다수를 돕는 프로그램을 복구하려고 시도하더라도 정부 잉여를 사용할 수 없도록 막아 버린 셈이었다.

재정 적자의 증가를 공화당 행정부와 스스로 보수를 자임하는 정당이 완강하게 옹호한다는 사실은 슈퍼파워가 대중정당이 제공할 수 있는 일종의 민중적 정당성을 확보했다는 점을 시사했다. 공화당이 보기에 슈퍼파워란 자기들이 과거에 초국가적 기구에 대해 가져왔던 전통적인 적개심을 포기하고 새로운 국제주의를 채택한 결과였을 뿐일 것이다. 공화당은 미국의 국제연맹 가입에 반대할 때부터 제1차 걸프 전쟁(1991) 직전까지 고립주의 노선을 강하게 고수하면서 나라 바깥에서 '모험'을 벌이는 것에 반대했다. 그러나 슈퍼파워가 제국에 걸맞은 활동 무대를 확보하게 되자, 공화당은 자신의 자유로운 행동을 제약할지도 모르는 조약을 거부하는 한편, (대부분의 경우) 독자적으로 선제적 전쟁을 감행할 용의가 있는 정권을 지지했다. 공화당의 고립주의는 포기된 것이 아니라 변화된 상황에 맞추어 탈바꿈했을 뿐이다.

3. 근대적 힘과 탈근대적 힘

베이컨은 …… 근대적 삶의 정신을 일깨운 위대한 선구자다.
_듀이[11]

'탈근대', '탈산업', '탈자본주의'라는 용어들은, 힘의 확장을 목표로 삼은 베이컨적 헌신은 계속 유지되되 힘의 특징과 위치는 변화를 겪었다는 점을 시사한다. 공장과 조립라인이 근대적 힘을 상징하는 물질적 징표였다면, 전자 커뮤니케이션 체계는 탈근대적 힘의 징표가 되었다. 근대적 힘이 거대한 완성품을 수송했다면, 탈근대적 힘은 메시지를 송출한다. 근대적 힘이 재산이라는 구체적으로 만질 수 있는 형식의 힘에 뿌리를 두었다면, 탈근대적 힘은 무형적인 "지적 재산권"을 탐낸다. 근대적 힘은 육중하고, 일정한 장소에 정착되어 있으며, 따라서 국력 및 고정된 국경과 동일시되는 경향이 있었다. 반면에 탈근대적 힘은 민첩하고, 부단히 활동하며, 국경을 무시하고, 금융시장에 둥지를 틀고서 공간적으로 멀리 떨어진 지역으로부터 이득을 뽑아내려는 태세를 갖추고 있다.

근대적 힘에서 탈근대적 힘으로의 변화에서 가장 두드러지는 점은, 이제 국가의 지시적 역할이 종전까지 성격상 주로 경제적인 것으로 인식되던 힘의 형식들에 의해서도 공유된다는 사실이다. "정치경제학"이라는 용어가 갑자기 새로운 의미를 갖게 되었다. 새로운 점은 경제가 핵심적인 중요성을 갖는다는 것이 아니라, 슈퍼파워의 동업자로서 정치적 성격을 갖게 되었다는 것이다.

4. 정치경제학: 새로운 공공 철학

모든 영역에서 경제적인 분석 양식이 확산되고 있다. 정치 대신에 사회 정책, 법적 관계 대신에 경제적 관계, 정치사 대신에 문화사 및 경제사가 들어서고 있다.
_베버[12]

'정치경제학'이라는 이름은 원래 국가 개입의 바람직한 한계를 둘러싼 담론을 서술하기 위해 근대 경제학의 창시자들이 도입한 것이다. 정치경제학의 제안자들은 대부분 국가 역할의 제한을 옹호했는데, 그런 논변을 펼치는 와중에 정치경제학이라면 으레 '정책' 문제, 다시 말해서 국가 개입이 취해야 할 형식과 취하지 말아야 할 형식에 관한 전문가의 의견을 연상하도록 만들었다. 정치경제학자였음에도 불구하고, 그들의 논변은 대체로 정치적인 것과 경제적인 것이 개념상으로만이 아니라 실제로도 분명하게 구분된다고 가정했다. 경제적인 것은 자유, 자발성, 자연적 조화의 양식을 의미했던 반면, 정치적인 것은 힘과 강제력의 방식을 뜻했다.[13] 그러나 후일의 사태 전개, 즉 소규모 생산자들로 구성된 경제가 기업적 구조에 의해 지배되는 경제로 전환됨에 따라 정치적인 맥락에 국한해 힘을 언급하던 관행은 무너졌다. 탈근대성에서 힘의 언어는 경제적·문화적 제도들과 관계들의 분석에 적절할 뿐만 아니라 필수적이다. 이런 제도들과 관계들은 과거 어느 때보다 포괄적이며, 삶의 모든 영역에 널리 퍼져 있고, 사실상 사회의 모든 개인들의 운명에 영향을 미치는 하나의 체계를 형성하기 때문이다.

선진화된 경제는 지극히 반정치적인 영역이라고 할 수 있다. 그 영역 내에서는 엄청난 자원을 동원할 수 있는 힘의 구성체들이 힘과 이득을 노리고 끝없는 경쟁적 투쟁을 벌이는 데 사로잡혀 있고, 자기 이익이 의문의 여지 없는 경쟁의 규칙이며, 그 경쟁에서 이긴 승자에게 돌아가는 국내적 상금도 엄청나지만 국제적인 차원까지 고려하면 여기에 걸려 있는 전체 판돈이 광년에 비견할 만한 단위로나 계산할 수 있을 정도이기 때문이다. 강력한 다국적기업으로 구성된 현대 경제는 16세기 이탈리아에서 서로 끊임없이 전쟁을 벌였던 도시국가들과 매우 닮은꼴을 이루고 있다. 기업 경영자, 자금 투기꾼, 고수익 채권junk bond의 귀재, 기업 합병 전문가 등은 각각 우리 시대의 용병 대장,* 메디치 가문 및 상냥한 교황에 해당한다. 투기꾼들 사이에서 치열한 경쟁을 서술할

---

* [옮긴이] 콘도티에리(condottieri): 용병 대장을 가리키는 콘도티에로(condottiero, 중세 때는 condottiere)의 복수형이다. 13~14세기 베네치아나 피렌체처럼 동방과의 교역을 통해 부를 축적한 북부 이탈리아의 도시국가들은 용병을 고용해서 자체 방위를 꾀했다. 그런 용병대를 콘도타 (condotta, 계약)라 부르고 그 대장을 콘도티에로라고 불렀다. 용병대는 기회가 있다면 고용주를 도리어 협박하거나 공격하기도 했다.

때 사용되는 언어 역시 '독약환',* '토요일 밤의 기습',** '특공대',*** 심지어 '약탈자의 무도회'**** 등 보르자***** 식의 세계를 상기시킨다.

정치경제학은 슈퍼파워의 시대 그리고 기업·국가·경제가 통합되는 시대를 위한 공공 철학으로 등장했다. 정치경제학은 다국적기업, 금융의 지구화, 미디어 재벌의 지배력으로 인한 문화의 봉인, 그리고 세계은행이나 국제통화기금과 같이 압도적으로 경제학자들로 충원된 제도들에 의한 세계경제 ── 특히 '저발전' 지역에 대한 ── 의 통제 등 총체화로 치닫는 사태 전개를 '성장의 동학'에 수반되는 '자연스러운' 부작용 정도로 여기면서 받아들인다. 스스로의 역동성으로 총체화의 방향으로 치달을 수밖에 없는 힘의 체계라는 것이 비록 의심스럽기는 해도 20세기가 이룩한 유일무이한 업적이라고 한다면, 정치경

---

* [옮긴이] 독약환(毒藥丸, poison pills): 사업계와 정치계의 은어로서, 이쪽의 것을 취하러 들어오는 상대방에게 제시하는, 당장은 구미를 맞춰 주는 것 같지만 부정적인 결과를 초래하게 될 제안을 가리킨다.
** [옮긴이] 토요일 밤의 기습(Saturday night special): 휴일 동안에 예상하지 못한 호조건을 제시해서 주식을 매집하는 것과 같이 상대방에게 대책을 세울 시간을 허용하지 않고 불시에 공략하는 기업 탈취 전략이다.
*** [옮긴이] 특공대(raiders): 주식을 비밀리에 매입해 표적 기업의 경영권을 탈취하는 사람을 가리킨다. 폭락 장세를 유도하기 위해 투매와 같은 행위로 주식시장을 교란하는 사람을 가리키기도 한다.
**** [옮긴이] 약탈자의 무도회(Predator's Ball): 투자 금융 회사 드렉셀 번햄 램버트(Drexel Burnham Lambert Inc)에서 1980년대에 정크 본드 판매 전략 수립을 위해 개최하던 연례 회의의 별칭이다.
***** [옮긴이] 보르자(Borgia): 본시 에스파냐 귀족의 혈통으로서(에스파냐어 표기로는 Borja) 이탈리아에 정착한 가문의 이름이다. 15~16세기 이탈리아의 종교 및 정치에서 주로 협잡과 음모 그리고 부패로 인한 악명을 날렸다. 대표적인 인물로는 알폰소(Alfonso de Borgia, 1378~1458, 나중에 교황 칼릭스투스 3세가 됨), 로드리고(Rodrigo Borgia, 1431~1503, 나중에 교황 알렉산데르 6세가 됨, 특히 교황 재위 중에 공공연히 첩과 자식을 거느렸던 인물), 체사레(Cesare Borgia, 1475/6~1507, 로드리고의 아들로 중부 이탈리아 로마냐 지방을 무력으로 짓밟고 스스로 군주가 되었던 인물), 루크레치아(Lucrezia Borgia, 1480~1519, 로드리고의 딸, 예술 애호가이자 궁정 음모의 전문가) 등이 있다.

제학 역시 그 힘의 체계에서 파생된 변종으로 간주될 수 있다.[14] 정치경제학이 총체성을 향한 충동을 보이고 있다는 것은, 경제가 우선시되고 사회의 '진정한' 구성물로 표상되는 데서 명백히 드러난다. 경제가 힘과 부 및 지위와 중요하게 관련된 모든 실천에 대해서 규준을 설정한다. 어쩌면 20세기는 전체주의라는 종種을 소멸시킨 것이 아니라 여러 형식의 전체주의들을 생성시켰는지도 모를 노릇이다.

정치경제학은 사회적 안정을 위협할 수 있는 잠재력을 가지고 있다는 이유로 민주주의를 경계의 눈빛으로 바라본다. 정치경제학이 포용할 수 있는 민주주의는, 베버의 용어로 말하자면, [정치경제학에 의해서-옮긴이] 합리화된 민주주의에 국한된다. 베버는 다음과 같이 '합리주의'의 두 가지 의미를 구분하고 이를 통해 민주주의의 합리화가 지닌 중요성을 조명한바 있다.

> 어떤 체계적인 사상가가 세계에 관한 이미지에 관해서 수행하는 종류의 합리화, 다시 말해서 개념들을 점점 더 정밀하고 추상적으로 다듬어서 현실에 대한 이론적인 지배력을 향상하는 것이 합리주의의 한 가지 의미다. 일정하게 주어진 실천적 목표를 달성하기 위해서 적합한 수단을 점점 더 정밀하게 계산해 나가는 방법을 택하는 것은 합리주의의 또 다른 의미다.

이렇게 구분한 후 베버는 이와 같은 "합리주의의 두 유형은 …… 궁극적으로 …… 서로 분리할 수 없을 정도로 밀착되어 있다"고 결론지었다.[15] 베버의 정식화를 받아들이면, 헤게모니적인 사회과학으로서의 경제 이론은 '이론적인 지배력'을 대변하고, 정부와 기업의 관료제는 도구적 합리성을 표상하는 것이 된다. 그것들은 긴밀한 협력 관계를 맺으면서 정치와 경제의 형식들을 공통되는 원칙과 가치에 부합하도록 통합하는 과정을 촉진한다.

이에 따라 민주주의는 투표권과 발언권의 평등, 자유선거와 공직자의 책임성, 규정에 따르는 입법·사법·행정 과정과 같은 절차적 보장으로 한정된다.

이런 각각의 실천들은 모두 정치적 기예를 담당하는 실천가들에 의해 합리화되어 왔는데, 그 가운데 정치인은 단지 한 부류일 뿐이며 특별히 많은 비용을 쏟아부어야 하는 부류도 아니다. 전술과 전략의 전문가들, 자문과 여론조사 및 연설문 작성의 전문가들, 각종 재단을 대변하는 전문가들 및 싱크탱크들 think tanks이야말로 일상적 정치 기제를 작동시키는 실무자들이다. 이들은 예측 가능하고 조작 가능한 정치의 영역, 다시 말해 권리 행사의 조건을 구성하는 맥락을 조언하고, 관리하며, 해석하고, 창조한다. 정부의 '발표문'에 의존하는 뉴스 매체는 그것을 받아서 소비자에게 전달하고, 소비자는 '정보'를 얻기 위해 그런 뉴스 매체에 의존한다. 시민은 투표자로 움츠러든다. 즉 정기적으로 구애와 경고를 받고 심경의 혼란을 겪지만, 그렇지 않을 때에는 실제 정책 결정에서 동떨어져서 여론 조사자 또는 조작자가 작성해 놓은 각본에 따라 잠시 모습을 드러내는 단역 배우와 같은 역할만이 허용된다.

이와 같은 사태 전개는 '시민적 문화'가 단순히 수정된 것이 아니라 아예 재구성되었음을 보여 준다. 정치에 활동적으로 참여하고, (듀이가 지적했듯이) 그 영향이 즉각적인 일부 사안은 물론 간접적으로 영향을 미치는 다른 사안들도 이해하기 위해 애쓰며, 자신의 참여가 중요하리라고 기대하는 시민이라는 개념 따위는 슈퍼파워에게 필요 없다. 슈퍼파워에게는 제국의 시민이 필요하다. 제국의 시민은 시민의 관심사와 권력자의 관심사 사이에는 거리가 있을 수밖에 없다는 점을 받아들이고, 참여의 의무에서 해방된 것을 반가워하며, 열렬하게 애국적이다. 슈퍼파워의 이상적 시민은 비정치적이지만 소외되어 있지는 않은 존재다.

5. 무너진 공산주의와 붕괴되지 않는 자본주의

[마르크스가 지녔던-옮긴이] 민주주의에 대한 희망은, 처음에는 근대적 힘의 구성체들에 의해 그리고 다음에는 탈근대적 힘의 구성체들에 의해 꺾이고 변질되었다. 하지만 이것은 마르크스가 근대적 힘의 경제가 요구하는 조건들에 내재해 있는 반민주적 경향들을 치명적으로 저평가했다는 점을 증명할 뿐, 그가 근대적 힘의 경제 자체를 잘못 이해했다는 것을 의미하지는 않는다.16 흔쾌히 인정하고 싶지는 않지만, 현대자본주의의 정치 세계는 경제 구성체들이 정치적으로 우월성을 가진다는 마르크스의 통찰력을 입증하고 있는 것처럼 보인다. 자본주의는 마르크스의 '영구 혁명'에 휩쓸려 들어가기는커녕 오히려 혁명마저 '합병'해 버렸고, 그럼으로써 이제 경제적인 것은 '세계를 창조하는' 힘, 모종의 보편성 또는 총체성이라는 마르크스의 예언을 완수하는 역사의 최종 단계를 실현하고 있다.17

공산주의적 유토피아를 그린 마르크스의 비전은 두 가지 정식화에 의존했다. 자본주의가 붕괴하거나 전복되리라는 예견과 프롤레타리아트는 폐허가 된 경제에 직면하기는커녕, 아직 실현되지 않은 생산의 잠재력이 풍부하게 남아 있는, 고도로 발전된 경제를 상속받게 되리라는 가정이 바로 그것이다. 그 예견의 실패는 까다로운 역설을 하나 제기한다. 그의 예언은, [자본주의의 붕괴 혹은 전복이라는 가정은-옮긴이] 공산주의 정권들의 출현에 대해서는 맞았다 할지라도 자본주의 자체에 관해서는 틀렸으며, 아직 실현되지 않은 자본주의의 잠재력에 관한 그의 가정은 타당한 것으로 판명되었다. 따라서 마르크스의 유토피아주의는 역설적으로 '붕괴되지 않는 자본주의'라고 하는 현실 속에서 더욱 가까운 근사치를 찾을 수 있을 것이었다.

마르크스주의와 자본주의가 정체성뿐만 아니라 운명도 맞바꾸게 되는 이런 반전은 20세기의 마지막 십년 무렵부터 나타났다. 고도로 통합된 선진 자본주의사회에서 인간의 삶은 더욱 경제적으로 결정되고, 정치와 대중문화와 교육 및 지적인 삶은 경제가 발하는 요구와 명령에 더욱 복종하게 되었다. 요컨대 이른바 마르크스주의 사회들보다 더욱 '마르크스주의적'이 된 것이다. 붕괴되지 않는 자본주의는, 자본주의에 필수적인 일부 요소들 ― 예컨대 생산과 투자의 사적 소유 ― 을 유지하는 한편, 마르크스가 특별히 공산주의적이라고 여겼던 특징들도 여럿 구현하고 있다. 경제적인 것이 실존의 모든 영역을 다스리는 반면, 통치governance는 대내적으로나 대외적으로나 안정화 기능 및 [위협 요소에 대한-옮긴이] 정치적 봉쇄에 집중되어 있다. 이론과 실천의 통일은 모든 유토피아적 착시 속에서 아이로니컬하게 실현된다. 무너지지 않고 총체화로 향하는 자본주의 속에서 '그 너머'를 볼 수 있는 사람은 아무도 없는 것 같다. 그 결과 어떤 대안이라는 생각 자체가 비합리적인 것으로 비치게 된다.

그 외중에 실패한 공산주의 사회들은 자본주의사회로 진화해서, 자본주의를 표방해 온 사회들보다도 더욱 거침없는 변화를 보였다. 하지만 자유주의적으로 되지도 않았고 민주주의와는 더욱 거리가 멀었다. 무너지기 전에 공산주의 사회들은, 서툴지만 잔혹했던 관료제가 문화적으로나 정치적으로 강제했던 억압을 그 특징으로 했다. 통치governance는 본질적으로 행정과 동일한 것이었다. 행정적 규칙은 자유주의적 정치를 시사하는 것이면 무엇이든 억눌렀고, 자본주의적 이기심을 질식시키면서 그것을 대신할 어떤 동력도 만들어 내지 못했다. 소련과 동유럽의 공산주의 블록이 무너진 후, 시장을 자유화하고 동시에 종전에는 자유롭지 못했던 신민들을 소비자로 전환시키는 가운데 질서를 확립하려는 노력을 중심으로 정치가 이루어졌다. 그러나 이들 신민이 시민으로 바뀌지는 못했다. 관료제적 통치governance가 와해되면서 생긴 빈 공간을 만연한 부패와 깡패들의 폭력이 채우는 일종의 브레히트Bertolt Brecht 식 세계가 펼쳐진 것이다. 여기에서 자유주의 없는 자본주의는 총체성을 이룰 수 있는 능력조차 없는 투기(모험) 자본주의(ad)venture capitalism였다.

6. 정치경제학과 탈근대주의

계속 움직여라, 제자리에 있더라도 결코 움직임을 멈추지 말라.
_들뢰즈Giles Deleuze와 가타리Félix Guattari18

시장 이데올로기는 무수히 많은 독자적 행위자들이 어떤 외부적 권위로부터의 지령 없이 단지 수요와 공급의 '법칙'에 반응하는 정교하지만 분산된 체계를 이상으로 그린다. 이런 시장 이데올로기가 '중심화된 담론' 및 중심화된 힘에 대한 탈근대적 반감을 보완한다는 사실은 무척 흥미로운 일이다. 그 이데올로기적인 차원에서 완벽하게 자유로운 시장은 강제가 없고, 자발적이며, 지배에서 해방되어 오직 결정을 내리는 개인들만 있는 탈중심화된 사회다.19 대부분의 탈근대 이론가들은 — 신식민주의를 비판하기 위한 맥락을 제외하고는20 — 현대의 자본주의적 힘의 구성체에 별로 관심을 보이지 않는데, 이보다 더 중요한 사실은 붕괴되지 않는 자본주의가 탈근대주의와 조화를 이룬다는 점이다. 이런 조화는 인류 — 앞서 나가는 사상가와 가장 성공한 실천가로 대표되는 — 가 미래를 끝없는 혁신, 개인적 경험으로 스며든 체계의 동학, 손바닥 안에 들어온 기술로 좌우되는 세계로 전망할 수 있게 하는 계기로서 자리 잡고 있다. 이런 비전은 일정한 문제점들을 가지고 있다.

탈근대주의의 어휘는 본질주의, 중심화된 담론, 정초주의, 역사적 서사 등에 대해 반감을 표출하고 있는데, 이는 탈근대주의 이론가들이 현대적인 힘의 구성체들이 지닌 기본적 성격을 직시하지 못하게 만들었다. 집중되어 있지만 반응 속도가 빠르고, 기업자본에 정초하고 있어서 본질적으로 경제적이며, 세계적이고, 그리고 시간적 궤적을 통해 그 전개 양상을 가장 잘 이해할 수 있다는 점이야말로 그 힘의 구성체들이 지닌 정확한 특징이기 때문이다. '비판 이론'의 분출과 그런 비판 이론이 보여 주는 반란의 몸짓 및 새로운 이론에 대한 취향 등은 '반대'라기보다는 오히려 '지지'로서 기능하고 있다. 비판 이론은 독창성과 지적 자유의 표현으로 환대를 받지만, 가속화된 변화를 산출하는 데 의존해서 번영을 구가하는 힘의 형식을 정당화하는 데 일조한다. 이런 변화의 속도는 비판 이론이 제기하는 반대 주장이 본격화되기도 전에 그런 반대를 시대에 뒤진 것으로 만들어 버린다. 멈춘다는 것은 상상할 수 없고 감속조차 두려워하는 체계는, 새로움을 숭앙하고 지루함을 두려워하는 탈근대적 감수성에서 그 문화적 보완물을 발전시켜 왔다. 이는 자본주의에 대한 '재갈'로 작용하기는커녕 오히려 자본주의의 율동을 장려하는 것이다.

7. 정치적인 것 그리고 그 담지체擔持體의 부재

마르크스가 남긴 가장 놀라운 주장들 가운데 하나는 노동을 착취당하고 비참함을 겪음으로써 근대적 생산성의 발전을 가능하게 만든 계급이 조만간 거의 소멸되리라는 것이었다. 프롤레타리아트를 만들어 내고 그 정체성을 부여한 역사적 힘forces은, 처음에는 프롤레타리아트로 하여금 생산수단의 소유자에게 의존하도록 했다가 이제는 프롤레타리아트가 사라지도록 음모를 꾸미고 있었다. 다른 식으로 표현하자면, 자본주의를 총체화로 몰아가는 동력은 자신의 활력을 위한 조건으로서 한 계급을 멸절시키고, 심지어 체계의 잠재적인 생산력이 그들 모두를 먹여 살릴 수 있는데도 그 계급 가운데 불운한 구성원들을 갈수록 심한 박탈 상태로 전락시킬 것을 요구한다는 점을 마르크스는 인지했다.

마르크스는 자본주의가 효율성이라는 이름 아래 중간 관리층을 내쫓다 보면 사무직 노동자들이 육체노동자로 바뀌게 되리라고 내다보았지만, 거기에 담긴 함의 전부를 예견하지는 못했다. 즉 자본주의는 종전에 서로 모순 관계라고 간주되었던 두 요소, 즉 근무 기간의 불안정성과 관료제 조직을 결합시키는 전례 없는 형식을 과감하게 고안해 낼 것이었다. 최고 관리자들에게 휘하의 관료제 구조를 정기적으로 감축하고 재편하거나 해체할 수 있는 권한을 부여한 혁신은 비상한 업적이다. 그와 같은 유연성은 한 극단에서 점점 더 기술혁신에 의해 추동되는 경제의 역동적이고 변화하는 성격과 반대편 극단에서 그런 경제를 운영하고 관리하도록 의도된 일상화된 행정이 갖는 틀에 박힌 구조 사이에서 발생하는 긴장을 완화시키는 데 도움을 준다. 기업의 구조가 보여 주는 유연성과는 대조적으로 국가의 관료제는 군더더기들이 자꾸만 쌓여서 팽창하는 것으로 비쳐진다. 이는 특히 가난한 계층에게 도움을 주거나 환경을 보호하는 정책에서 예산을 절감하려는 성향을 가진 '개혁가들'에게 빌미를 제공한다. 지난 세기말에 이런 동력에 고삐를 채워 제어하고자 했던 노력은 실패로 끝났다. 그 유물은 이진까지 공산주의 사회였던 곳에서 벌어지고 있는 자유방임적인 무정부 상태에서, 그리고 한때 미국의 진보적인 국가*가 자랑스럽게 창조했던 규제 기관들이 껍데기로 전락한 가련한 모습에서 찾아볼 수 있을 것이었다.

　고전적인 노동자들의 소멸과 관리자 계급이 정기적으로 감축되는 현상은 상이한 함의를 가진다. 마르크스에게 노동자는 정치적인 것의 담지체라기보다 돈과 편협한 자기 이익이 정치 생활에 깊숙이 배어든 시대에 정치적인 것에 관해 주의를 환기시키는 존재였다. 초기에 노동조합주의가 탄탄하게 버티

---

* [옮긴이] 진보적인 국가: 원문의 표현은 liberal state다. 프랭클린 루스벨트의 뉴딜로 대변되는 수정자본주의, 즉 자유주의 안에서 복지를 수용한 자유주의 좌파 국가를 가리킨다. 자유주의 국가 또는 자유 국가로 옮길 수 있겠지만, 그랬을 때 자유주의 우파와 혼동될 수 있어서 "진보적인"으로 옮긴다.

고 있던 시대의 노동자들은 연대의 이상을 상징했다. 즉 당시 노동자들은 대중이 영웅으로 부각되는 집단행동의 이상, 노동으로 정의되는 공동체의 이상 및 평등한 정의에 기초한 공유된 운명이라는 이념을 대변했다. 마르크스가 정치적인 것과 프롤레타리아트를 결부시킨 핵심적인 취지는, 근대적 산업 및 과학기술의 시대에는 반대가 곧 정치적인 것의 형식이자 그 존재를 보장해 줄 담보물이라는 것이었다. 이때 반대란 단순히 찬성하지 않거나 의견을 달리 한다는 차원을 넘어서 진정으로 정치적인 반대편에 선다는 것을 의미했다. 그 차이는, 이를테면 초기의 급진적 노동조합주의와 후기의 관료적 노동조합주의 사이의 차이라고 할 수 있었다. 그런데 시민을 대신해서 출현한 마르크스식의 후계자인 프롤레타리아트의 소멸이 여러 다문화적 집단들로 시민이 해체되어 버리는 탈근대적 현상과 결합한다는 것은, 현대자본주의 사회의 조건 아래에서는 정치적인 것을 운반할 분명한 담지체가 존재하지 않는 것처럼 보인다는 것을 의미했다.

8. 과학의 탈신비화

지난 세기 동안 거의 내내 흔히 이론은 자연과학에서 가장 강력하고 경외할 만한 형식을 성취했다고 일컬어졌다. 사회과학은 모든 분야에서 예외 없이 포퍼와 듀이가 덧붙여 놓은 유보 조건들을 무시한 채 '경성' 과학*을 이론적

---

* [옮긴이] 경성 과학(hard sciences): 통상 과학성이 확실치 않은 사회과학에 비해 과학으로서 자격이 견실한 자연과학을 가리킨다.

지식의 표본으로 주목했다. 예컨대 한 정치학자는 다음과 같이 단언했다. "정치에 관한 과학을 창조하는 데 관심이 있는 사람이라면 …… 먼저 자신의 관심 분야에서도 활용할 수 있으리라는 희망을 가지고 과학적 방법을 배워야 한다."[21] 과학이 감탄을 자아낸 이유는, 그것의 이론적 일반화에 대한 진리 주장이 객관적으로 증명될 수 있고 검증될 수 있기 때문이었다. 과학 이론의 일반 명제들은 미래의 사건 또는 사태에 관해 예측할 수 있는 기반을 제공했고, 따라서 "강력하다"고 주장할 수 있었다.

사회과학자들은 이런 과학 이론의 힘을 부러워했다. 하지만 처음에 정치과학자들이 보여 준 과학에 대한 이해는 이론을 중시하지 않는 경향을 나타냈다. 이는 자연과학의 성공이 이론적인 창의성보다는 가설을 정식화하고 검증하는 엄격한 경험적 방법 덕분에 일차적으로 가능했다는 이들의 주장에서 확인된다. 그들이 연구의 결과가 어디에 사용될 것인가라는 문제보다 연구의 방법에 초점을 맞췄다는 사실은, 지식의 사회적 사용을 결정하는 권력에 봉사하는 도구적 역할을 받아들였다는 의미로 해석될 수 있었다. 정치과학자들이 '규범적 정치 이론'에 가한 공격은 이런 해석을 뒷받침했다. '규범적 정치 이론'은 정치학의 여러 분야 가운데에서 지식이 어디에 사용되는가에 관해 비판적인 논의를 제기할 가능성이 가장 높았던 것이다.[22]

탈근대주의자들이 문학의 표준적인 정전正典을 공격하기 오래 전에 이미 정치과학자들은 정전으로 인정된 텍스트 — 예를 들어 플라톤의 『국가』나 마키아벨리의 『군주론』— 가 존재하지 않는 것이 진지한, 곧 과학적인 작업을 위한 전제 조건이라고 결론지었다. 그러나 정치과학자들은 탈근대주의자들과는 다른 이유로 정전 텍스트를 부정했다. 탈근대주의자들이 정전 텍스트가 문화적 헤게모니를 둘러싸고 벌어지는 게임에서 전략적인 수단이 되고 있다는 이유로 비판했다면, 과학적 정치학의 주창자인 이들은 정전 텍스트의 '형이상학적' 이론들이 실제 세계에 관한 진실을 드러낼 수 있다는 망상에 기인한 이론적 오류를 범하고 있다는 이유에서 그것을 폐기하고자 했다. 다른 각도에서 볼 때, 비록 그들의 언어와 정치가 1960년대의 급진주의에 전혀 호의적이지 않았지만, 정치과학자들은 "과학"이 해방적인 성격을 갖는 것이라고 인식하면서 자신들이 "저항"에 참여하고 있다고, 나아가 케케묵은 거장들과 곰팡내 나는 텍스트로부터 정치학의 해방을 약속하는 혁명적인 운동을 벌이고 있다고 묘사했다. 어떤 의미에서 행태주의는 우익 마르쿠제*주의였던 것이다.[23]

과학을 지향하는 사회과학들은 대부분 강력하게 실증주의적인 과학에 대한 이해에 사로잡혀 있었다. 그들은 실제로 존재하는 것이란 오로지 사실뿐이며, 과학적 방법을 통해서 경험적으로 참이라고 확인된 명제 또는 가설이야말로 과학적 법칙이라고 믿었다. 논리실증주의의 공식에 따르면, 어떤 명제의 의미는 곧 그 명제를 입증하는 방법과 동일하다.[24] 과학에 관한 이런 발상은 1960년대 과학철학의 발전에 따라서, 특히 쿤Thomas Kuhn 의 『과학혁명의 구조』 The Structure of Scientific Revolutions(1962)에 의해 심각하게 흔들렸다.[25]

쿤은 각 분야에서 어떤 이론을 권위 있는 것으로 받아들일지 또 과학적 진보의 본질은 무엇으로 구성되는지와 같은 문제가 어떤 고려를 통해서 결정되는가, 그리고 '과학 공동체'에서 한 이론을 다른 이론보다 나은 것으로 결정할 때 과학 이외의 어떤 요인들이 작용하는가를 알아내고자 했다.[26] 쿤은 "패러다임paradigm"이라는 개념을 통해서 이른바 권위적인 이론이라는 관념을 확장시켰는데, 어떤 권위적인 이론이란 개인적·제도적 관계는 물론 그 나름의 가

---

* [옮긴이] 마르쿠제(Herbert Marcuse, 1898~1972): 독일의 철학자 사회학자로 나치를 피해 1933년 미국으로 망명한 후 미국에서 활동했다. 프랑크푸르트학파의 일원으로서 비판 이론을 주도했고, 정치적 급진주의의 이론적 원천을 제공했다. 또한 『일차원적 인간』 등을 통해 과학 기술이 인간을 소외시키고 있다는 것을 문명 비판적 차원에서 접근하면서 과학의 이데올로기적 성격을 부각시켰다.

정과 절차 및 가치를 지닌 하위문화로 구성되어 있다는 것이다. 특정 이론이 지배적인 지위를 가진다는 것은, 그 이론이 제도화되어 있다는 것과 분리될 수 없었다. 무엇보다도, 잘 작동하는 이론-패러다임이란 시간·금전·시설·인력의 측면에서 엄청난 투자가 이루어졌음을 표상했다. 따라서 대안적 이론이 가져오는 '객관적인' 이론적 장점보다 기성의 이론으로부터 탈피하기 위한 과학적 노력에 소요되는 물질적·인간적 비용이 더 클 수 있기 때문에, 과학자들 특히 "패러다임 노동자들"은 현상 유지를 선호하게 된다. 이처럼 하나의 이론이란 중대한 사안으로서, 결코 우연히 시도되거나 채택되거나 대체되는 것이 아니다. 기성의 이론으로 설명할 수 없는 "변칙"들이 당혹스러울 정도로 많이 나타날 때에야 비로소 대안적 이론을 주창하는 "혁명적"인 세력이 기성의 패러다임을 축출할 수 있게 된다.

비록 쿤에게 과학이 이룬 업적들을 경시할 의도가 추호도 없었다 하더라도, 『과학혁명의 구조』는 결과적으로 과학적 주상늘이 엄밀하게 객관적인 고려에 따라 판정을 받는다는 믿음을 뒤흔들어 놓았다.[27] 그리하여 과학자들은 정치인이나 사업가들 사이에서 흔히 발견되는 지저분한 관심들에 의해 영향을 받지 않는다는 생각이 동요하게 되었다. 결국 과학은 왕좌에서 내려오게 되었으며, 더불어 객관적이고 무사 공평하며 이데올로기와 상관없는 지식의 모델도 권위를 잃었다. 쿤의 정식화가 영향력과 경제적 자원 및 힘에 관한 통상적인 인간의 관심사로 이루어진 사회적 맥락을 과학에 부여하는 데 기여했다면, 다른 철학자들은 실증주의 숭배의 핵심부를 전복시키고 있었다. 그들은 '사실'의 지위를 문제 삼고, 어떤 이론의 타당성을 검증하기 위해 활용할 수 있는 중립적인 사실이 존재한다는 가정을 부인하며, 이론이 채택되는 이유가 과연 사실에 근거해서 반증될 수 없기 때문인지를 의심했다. 그 가운데 일부는 이론이란 어떤 것에 확연하게 초점을 맞추고 다른 것은 생략한다는 점에서 극도로 선별적이며, 심지어 자의적인 지각 양식과 흡사하다고 주장했다.[28] 나아가 다른 학자들은 과학자들이 '하나의' 방법을 따른다는 점 자체를 의문시했으며, 설령 그렇다 하더라도 과연 그것이 좋은 일인지 의심했다.[29]

쿤의 저서는 듀이가 촉구한 대로 과학에서 성스러움을 걷어 내는 과정이 진행되고 있음을 보여 주었지만, 대부분의 정치과학자와 사회과학자들은 과학이 정치보다 '위에' 있다는 오래된 과학 개념에 매달려 있었다. 역설적으로 그들은 또한 자신들의 정치적 영향력이 과학적 신빙성을 보유하는 데 달려 있다고 믿었다.

9. 합리적 정치과학

유권자와 소비자는 본질적으로 동일한 사람들이다. 예컨대 스미스 씨는 물건을 사기도 하고 투표도 한다. 슈퍼마켓에 있을 때나 투표소에 있을 때나 그는 같은 사람이다.
_툴럭Gordon Tullock[30]

[현대의 합리적 선택이론이 이룩한 모든 업적 가운데] 공통의 패러다임과 연역 구조를 통해서 정치와 경제를 재통합했다는 점보다 더 중요한 것은 없다.
_오르데슉Peter C. Ordeshook[31]

반실증주의적 반란으로부터 실마리를 찾음으로써, 정치과학자들은 행태주의를 격하하고, 이론을 경시하는 행태주의적 관점에 부수적인 역할만을 부여하면서 '이론'을 열렬히 받아들였다. 이런 흐름을 주도한 한 인물에 따르면, 필요한 것은 "새로운 정치과학을 위한 새로운 정치 이론"이었다.[32] 이 경우 이론이란 '게임이론'과 '합리적 선택이론'을 전공하는 경제학자와 수학자들이 만들어 낸 '모델'을 채택하는 것을 의미했다.[33] 이런 이론가들은 추상적 행위자를 이론적 출발점으로 채택했는데, 이 행위자는 모든 여느 행위자와 유사하다고 가정되었다. 자신의 목적을 가장 효과적으로 최대한 달성하도록 이끌어 주리라는 기대 속에서, 그 목적을 위한 어떤 수단을 일관되게 선택할 때, 그 개인은 합리적으로 행동한다고 일컬어진다. 모든 개인들이 합리성에 관한 이와 같은 관념을 똑같이 가지고 있다고 가정하면, 개인들의 선택들은 예측 가능한 패턴 또는 '평형상태'를 형성하게 될 것이다.

> 행위자들이 다른 행위자들의 선택이 주어졌다는 가정하에 가장 이득이 되는 방식으로 선택하고, 연후에 그들이 도달한 결과에서 이탈하는 것을 원하지 않게 될 때, 사회적 평형상태가 이루어진다. 다시 말해서, 주어진 여건 아래에서 이룩할 수 있는 최선의 결과에 도달했기 때문에, 그들은 선택을 달리 내리고 싶지 않게 될 것이었다.[34]

합리적 선택이라는 개념을 받아들임으로써, 정치과학자들은 [자신들의 연구 성과가―옮긴이] 정책 결정자들에게 유용할 뿐만 아니라 이론적이며 과학적이라고 주장하게 되었다.[35] 그러나 이 분야에서 자주 나타나는 추상적이며 고도로 수학적인 공식들은 불가피하게 그런 이론을 어디에 적용할 수 있을지를 문제시하는 회의론자들을 자극할 수밖에 없었다.

합리적 선택이론이 '현실 세계'에 대해 적실성을 가진다고 옹호한 시도로서 영향력이 있는 성과로는 라이커William Riker의 『정치 연합 이론』 *The Theory of Political Coalitions*(1962)을 꼽을 수 있다. 이 저술은 정치과학자의 것이면서도, 매우 추상적인 정치 이론으로 남아 있을 뻔했던 것을 역사적 실례들을 들어가면서 설명하려고 의식적으로 노력했다는 점과 이론이 정치인들에게 실천적인 교훈을 줄 수 있음을 증명하려고 관심을 기울였다는 점에서 특히 주목할 만하다. 라이커는 게임이론을 적용하면서 게임의 기본적인 핵심이 승패를 가르는 것이라는 점을 유지한다. 이에 따라 정치 역시 승패에 관한 것이 된다. 이를 통해 라이커는 '제로섬게임'이라는 관념으로 대변되는 과학적-수학적 구도에 현실 정치를 꿰어 맞출 수 있게 되었다. 곧 참여자들의 "이익"은 "절대적이고 직접적으로 갈등 관계에 있기 때문에 한 참여자의 이득은 그 절대치에 있어서 다른 참여자의 손해와 정확하게 일치한다"는 것이다.[36] 이것은 '공통의 이득'이 무시된다는 점을 의미했다. 라이커에 따르면, '공통의 이득'이 무시됨으로 인해 초점이 협소해지기는 했지만, 이는 이론이 갈등과 승리에 "집중하도록" 만들기 때문에 정당화된다는 것이었다.[37]

라이커는 "확실히 이 시대 또는 어느 다른 시대에서도 인간의 영혼이 이룩한 가장 인상적인 업적"인 자연과학에 충실할 것을 맹세하고, 아울러 과학을 "규범적"이거나 역사적으로 정향된 이론과 구분함으로써 자신의 논변을 전개하기 시작했다. 과학적이라는 것은 "지혜 문학* 보다 높은 수준으로 올라가서 …… 인간의 행태에 관한 진정한 과학을 창조하는 과업에서 경제학 및 심리학의 대열에 동참하는" 것을 의미했다. 이로부터 "서술적 일반 명제에 규범적인 요소를 포함시키는 것은 일반 명제를 과학적으로 부적합하게 만든다"는 결론이 도출되었다.[38]

라이커는 정치과학자들이 규범적 요소의 "침입", 인간 행위에 영향을 미치는 상황의 복잡성, 그리고 행위자들이 종종 내리는 "예상 밖의" 돌출적인 선택이나 "비합리적인" 선택 등 특별한 장애물에 직면한다는 점을 인정했다. 하지만 그는 과학자들이 제공하는 방법을 통해서 이런 복잡성을 극복할 수 있다고 주장했다. 과학자들이 '모델' — 모델이란 실제 세계의 일부로 알려진 것을 "단

---

* [옮긴이] 지혜 문학(wisdom literature)은 격언과 잠언 등으로 인생의 의미와 삶을 살아가는 데 교훈을 주는 성서 문학의 하나다. 『잠언』, 『욥기』, 『전도서』 등이 대표적이다.

순화한 판본"이다 ― 의 활용법을 이미 발견했다는 것이다.[39] 모델은 이론가들이 감당할 수 있을 정도로 정리된 판본의 세계를 대상으로 작업하고, 또 가장 적은 수의 가정들 ― 예컨대 행위자의 수에 관한 가정 또는 세계에 관해 그들이 가지고 있는 정보의 양과 질에 관한 가정 ― 을 사용할 수 있게 하는 데 그 요점이 있었다. 그러나 라이커는 고전적인 게임이론가들이 "행동으로 이어지는 모든 선택이 합리적"이라는 식으로 무차별적인 합리성의 관념을 채택해왔다고 생각했다. 그가 수정한 버전에 따르면, "일부 행태"만이 합리적이고, "어쩌면 적을 수도 있는 그 일부가 경제와 정치의 제도를 구축하고 운용하는 데 결정적이다."[40]

라이커의 주안점은 정당 연합이나 국가 간의 동맹 ― 예컨대 제2차 세계대전의 연합국 ― 과 같은 연합 정책이 결정되는 과정에 맞추어져 있었다. 그는 "일군의 사람들이, 이데올로기나 종래의 우애에는 크게 개의치 않고, 승리를 얻기 위해 공동 행동으로 펼치기로 한데 모여야 하는" 상태를 연합으로 모델화한다. 라이커는 "합리적인 정치적 인간"의 특징을 "정치적 이해관계와 상관없이" 승리를 원하는 사람이라고 규정했는데, 이는 미국과 소련 사이에 핵무기를 둘러싼 대치가 1960년대의 '현실' 세계를 지배했다는 사실을 감안하면 결코 사소한 가정이 아니었다. 합리적인 정치적 인간은 "다른 사람들이 그냥은 하지 않았을 일을 하게끔 만들고 싶어" 하고, 그에게는 그것이 곧 힘의 의미다. 이런 관점에서 볼 때, "비합리적인 정치 행위자"란 "죄책감에 시달리고 수치심에 젖어 있는 사람들"로서 곧 "사실상 패배를 원하는" 자들이다.[41] 그러나 라이커가 패배자들에 대해서는 합리적인 정치적 인간에 대한 자신의 논점을 밀어붙이지 않고, 패배자는 다른 사람들이 그들의 의지에 반하는 행동을 하게 만들고 싶어 하지 않는다고 말했다는 점은 의미심장하다. 이는 일종의 생략으로서, 라이커의 '현실주의적' 정치관, 약자에 대한 경멸 및 [행위자가 가질 수 있는―옮긴이] 동기에 대한 냉소를 드러내고 있다. 더욱 중요한 점은, 정치를 하나의 게임으로 이해하는 이런 발상은 시민을 기껏해야 구경꾼 또는 그저 이리저리 휘둘리거나 그렇지 않으면 스스로 원하지 않았을 일을 하도록 강제 당하는 '타자'other people의 상태로 남겨 둔다는 것이다.

라이커는 다음과 같은 세 개의 '원칙'을 확립하고자 했다. 먼저 승자 연합 winning coalitions은 [승리할 수 있는 최소 규모인–옮긴이] 최소 승자 규모the minimal winning size를 지향하는 경향을 보인다. 다음으로 이 원칙에 따라 작동하는 체계에서 참여자들은 [자신이 참여한 연합이 승자 연합이기를 바라고 승리한 후에 더 큰 몫이 돌아오기를 바라기 때문에–옮긴이] "최소 승자 연합minimal winning coalition을 지향하여 움직여야 하고 실제로도 그렇게 움직인다." 마지막으로 이와 같은 두 개의 원칙에 따라 작동하는 체계들은, "이판사판의 결정, 즉 [참여자의 수를 줄이기 위해–옮긴이] 참여자들을 배제시켜 가는 결정을 내리도록 이끄는 힘forces을 내재하고 있다"는 의미에서 "불안정"하다.42 연합의 결성과 유지로 맺어지는 '정치'는 경제적 범주의 차원으로 다루어진다. 다시 말해 추종자들을 끌어들이고 유지하기 위해 필요한 "이면 보상"side payments의 문제로 취급되는 것이다. 지도자의 "이윤"과 "운전 자본"working capital은 필연적으로 제한되어 있기 때문에, 그는 비용이 너무 높아졌다든지 아니면 이익을 더 이상 거두지 못하는 시점에 관해 끊임없이 결정을 내려야 한다.43

라이커의 이론이 어떤 예측 능력을 가지고 있는지 판단하기 위해 그가 자신의 저서 마지막 장에서 [자신의] 원칙들의 현실적 의미"를 고찰하는 대목을 살펴보기로 하자. "제국에 관한 성찰: 세계정세와 미국의 관계에 대한 에필로그"에서 그는 제2차 세계대전이 끝난 때부터 냉전이 최고조에 달한 1960년대 초까지 국제정치를 분석하고 이에 대한 처방과 비평을 곁들였다.

여기서 라이커가 제시한 일련의 설명에 따르면, 미국이라는 "제국"은 기회를 놓치고, "관리를 잘 못하고", 담력이 없어서 결국 "쇠망"의 위기에 직면하게 되었다는 것이다.44 1945년 이래 미국은 세계의 지배적인 강국이었지만, 그 역할에 걸맞게 행동하기를 스스로 거부했다고 그는 기술했다. 모든 연합이 그렇듯이 제국 역시 "비평형상태"로 말미암아 위협을 받는다. 이런 결과는 전형적으로 동맹국들의 지지를 유지하기 위해 "이면 보상"의 형식으로 힘의 "대가"를 지불하기를 꺼려할 때 발생한다. 이는 이반을 초래해 결국 적을 이롭게 하는 결과로 이어진다. 그러므로 "지상 명제"는 바로 [승자 연합을 유지하여 – 옮긴이] "계속 승리를 거두는 것"이다.[45] 그러나 미국은 "문화적 소심성"과 "묵종" 때문에 "추종자"의 역할을 선호했다. 라이커는 "외부의 적과 싸우는" 대신 국내적 갈등을 부추겼다는 이유로 "평화의 행진 참가자들"*과 "매카시즘"을 공히 격하시켰다.[46] 담력의 부족을 극복하고 "우리[미국 – 옮긴이]의 역할에 적합한 정치적 위상을 형성"하려면, 미국은 지도자의 위상에서 스스로 물러난 탓에 어떤 위험이 초래되었는지를 인식할 필요가 있었다. 예컨대 라틴아메리카에서 미국은 강한 혐오의 대상이다. 만약 미국이 "물러나기"로 마음먹는다면, 그런 유약함은 "멕시코 전쟁"** 이래 확립된 영토적 경계가 다시 흔들리게 되는 사태"를 불러올 수 있었다. 그 밖에 무역이 위축되고, 지적 우위가 사라지며, 동맹국들이 배신하는 등의 우울한 사태들이 뒤따를 가능성도 있었다.[47] 1945년에 미국은 "세계의 지도자로서 위상을 공고히 하고, 어쩌면 전 세계에 하나의 제국적 질서를 부과할 수도 있는 기회"를 가졌다. 하지만 그러기는커녕 미국은 소련이 더욱 강해지도록 허용하고, 중국을 공산주의자들에게 "잃었으며", 영국

---

* [옮긴이] 환경 파괴, 핵무장, 전쟁 등에 반대하고 평화를 호소하는 취지로 행진을 벌인 사례는 여럿이 있다. 그 가운데 가장 현저한 예로는 1986년 3월 1일에 로스앤젤레스를 출발하여 11월 14일에 워싱턴 디시에 도착한 평화 대행진(Great Peace March, GPM)이 있다.
** [옮긴이] 멕시코 전쟁은 미국이 1845년에 텍사스를 병합한 일로 말미암아 미국과 멕시코 사이에 벌어진 전쟁(1846~48)이다. 미국의 일방적인 승리로 끝나 리오그란데 강에서 태평양까지 130만㎢의 영토가 늘어났다. 월린은 본문에서 이 전쟁을 1840년에 있었던 것으로 표기하고 있는데, 이는 착오로 보인다.

이 대영제국을 유지하도록 도와주지 않았다. 그 결과 "평등화의 시대"가 찾아와 비평형상태가 악화되었고, 미국은 소련과 대치하느라 국력을 소진했으며, "책략의 시대"가 도래했다. 이면 보상을 통해 동맹국들을 관리하려고 노력하는 과정에서, 중립국들을 끌어들이는 "대가"가 치솟게 되었고, 이로 인해 미국과 소련은 공히 위협을 받게 되었다. 그렇게 되자 미국 시민들은 대가 지불을 거절하게 되었는데, 그 결과 "민주주의를 포기하든지 아니면 서방 세계의 완패를 감수해야 하는" 상황에 봉착하게 될 것이었다.[48]

전쟁과 핵무기 사용이라는 위협이 고개를 쳐드는 이런 상황에서, 라이커는 미국에게 소련과 협조하여 책략의 시대를 가능한 한 오래 지속시키라고 조언했다. 미국은 유엔을 강화하는 동시에, "대가 관리"를 통해 "비용"을 절감하려고 노력해야 한다. "자유"를 판매하면 이것이 가능하다는 것이다.

> 어쩌면 자유는 이상으로서는 약간 결함이 있는지도 모른다. 왜냐하면 인간의 영혼이 그토록 도구적이며 도덕적으로 공허한 목표를 동경하고 지향하리라고는 상상하기도 어렵기 때문이다. 그렇지만 자유를 전혀 누리지 못하는 사람들에게는 자유가 절대적인 것이 될 수 있다.[49]

라이커의 마지막 조언을 마키아벨리가 들었다면 미소를 지었을지 아니면 얼굴을 붉혔을지 모를 일이다. 그의 조언은, [자유를 판매하지 않는-옮긴이] 소련의 힘은 동맹을 맺는 데 들어가는 비용이 상승함에 따라 스스로 약화될 터이므로, 미국은 소련이 "성장"하도록 허용하는 전략을 취해야 한다는 것이기 때문이다.[50]

10. 정치과학과 기성 정치체제

모든 영역에서 경제적인 분석 양식이 확산되고 있다. 정치 대신에 사회정책, 법적 관계 대신에 경제적
권력관계, 정치사 대신에 문화사 및 경제사가 들어서고 있다.
_베버[51]

　　행태주의와 합리적 선택이론은 공히 정치학의 기존 양식을 실천적인 방식
으로 보충했다. 그리고 민주주의, 다수결, 유권자 공중의 합리적 행태, 공적인
덕을 합리적 행태로 간주하는 이념과 같은 전통적인 관념들을 의문시하는 결
론을 진전시켰다.[52] 행태주의는 정치인들과 정당의 전문가들이 고용하기에
적합한 다양한 종류의 보조 인력을 양성하는 데도 일조했다. 가령 여론조사
연구자, 여론 조사원, 의제 전략가, 미디어 전문가 및 기타 유권자를 조작하는
데 능란한 수완가 등을 들 수 있겠다.[53]

　　행태주의가 고도로 관료화된 정당 조직과 이익집단에 의해 장악된 정치를
재현하는 구조를 제공했다면, 합리적 선택이론은 관료제적 합리성이라는 좀
더 은둔자적인 세계에서 안락한 서식처를 찾았다. 합리적 선택이론은 행태주
의와 마찬가지로 스스로를 과학적으로 중립적인 이론이라고 천명했는데, 그
정치적 중요성은 그것이 주창하는 바에 있는 것이 아니라 정치와 경제를 하나
의 정치경제학으로 통합하는 역할에 있었다. 합리적 선택이론은 정치를 관리
할 수 있도록 만드는 중요한 장치인데, 그런 작업은 경제적인 분석 양식을 통
해 정치를 처리함으로써 수행된다. 이를 통해 시장 지향적인 제도들이 스스로
를 위해 구성한 경제적 합리성의 수사와 논리를 국가 관료제 및 정당 조직들
이 자신을 위해 구축한 합리성과 연계시키는 것이다. 행태주의와 합리적 선택
이론은 공히 정치 엘리트를 위한 담론의 양식이며, 또한 양자 모두 기업체의
조직 문화에 깊은 뿌리를 두고 있다.

예를 들어 행태주의의 계보는 시장조사에까지 거슬러 올라가고, 합리적 선택이론은 경제 이론의 부산물이다. 이와 같은 계보가 유의미한 이유는 행태주의와 합리적 선택이론이 미국의 공공 철학을 실질적으로 형성해 왔기 때문이다. 정치인, 평론가 및 보통 시민들은 모두 여론조사에 나온 언어를 사용하도록, 또 여론조사 기관의 발표를 여론의 등가물로 받아들이도록 배웠다. 공중 그 자체로서의 공중은, 오로지 공중의 여론을 체계적으로 유도해 내는 사람들이 구성한 결과를 통해서만 존재하게 된다. 선거란 주권적인 인민populus의 목소리가 아니라 특정한 방법론에 입각한 과정의 마지막 단계로서 일종의 증명이자 최종적인 결말이다. 합리적 선택이론은 또한 공공 담론을 재주조하는 데에도 기여해 왔다. 지난 반세기 동안 공공 담론은 공적인 정치철학으로부터 정치경제에 대한 공적인 철학이라는 잡종으로 의미심장한 전환 과정을 거쳤는데, 경제 이론의 적용으로서 합리적 선택이론은 이 과정을 지원했다.[54]

요컨대 이론에 대한 일정한 관념이 정치에 대한 학문적 연구의 성격을 규정하기 마련인데, 행태주의와 합리적 선택이론이 지닌 이론관은 현대적 통치 governance 및 정치가 갖는 고도로 관료화된 성격 — 여기에는 기업의 영향력과 국가의 행위가 불가분하게 혼합되어 있다 — 을 반영하고 있다는 것이다. 현대의 시민들은 불안, 두려움, 분노, 초조함 속에서 발작적으로 분출하는 방식 이외에는 여론조사에 포착되지 않은 자아를 표현할 길이 없다. 또 이 시민들은 오직 감정적인 차원에서일지라도 미약하게나마 여전히 민주주의에 애착을 느끼지만, 공급된 정보에 따라 스스로를 형성하기 때문에 점점 더 전자 미디어에 의존하게 된다. 행태주의와 합리적 선택이론은 이런 무정형적이고 어떤 기반도 갖지 못한 시민들을 '통치'하기 위해 분투하고 있는 근대주의적인 정치 — 엘리트주의적이고, 과학을 신봉하며, 경제학자의 방식으로 합리성을 지향하는 정치 — 의 필사적인 노력을 표상한다.

11. 국가의 행로: 복지국가에서 슈퍼파워로

개인의 권리와 국가의 제한적 권력을 강조하는 근대의 자유주의적인 헌정주의는 탈근대적 힘과 확연히 충돌하거나 아니면 적어도 긴장 관계에 있다. 자유주의적 헌정주의는 힘을 수용하고 '신전' 안에 그것을 가둬 두려고 하는 반면, 탈근대적 힘은 과거의 형식들을 박차고 나오려 한다. 전자는 힘의 한계를 강조하지만 후자는 힘에 한계가 없음을 강조한다. 헌정적 원리에 따라 규정된 정부의 힘과 경계 설정에 도전하는 경제적·문화적 힘의 공생은 그 신전에 변화가 일어나고 있음을 시사한다. 힘을 가두어 두는 용기容器는 이제 단지 형식들 가운데 하나가 되었다. 헌정적 힘과 초헌정적 힘이 결합하고 협력하며 공모할 때, 힘은 야훼처럼 신전을 빠져나가 초월적인 지위를 주장하게 된다.

자유주의 정치가 빠진 자유 시장 사회들과는 대조적으로, 자유주의적 자본주의사회들은 체계적인 억압에 의존하지 않고도 정치를 행정으로 대체할 수 있음을 증명함으로써 마르크스의 구상을 완성하는 업적을 달성했다. 이를 위해서 자유주의의 정치경제는 이를테면 "반대의 경제"를 단순히 허용할 뿐만 아니라 그 내용을 관리하면서 지원해 주어야 할 필요가 있었다.[55] 이와 같은 반대의 경제가 지닌 기본적인 특성은 '서로 경쟁하는 이념들을 위한 시장터'라는 발상이 유행한다는 사실에서 가장 잘 대변된다. 반대는, 선별된 비판 의견이라는 의미에서, 신문에 반론란이 마련되듯이 지원을 받는다. 비판은 '도를 넘는' 사람들을 주변화하는 한도 내에서 지원을 받는 것이다. 이는 기성 체제에 관한 시비곡직을 엄격히 따지는 실천이라기보다는 '극단주의'를 배제하는 한 방법이다. 무엇보다도 비판은 하나의 사업 영역으로 다루어진다. 그 영역 안에서 기업과 재단들이 비평가들에게 재정적 지원을 해주고, 비평가들이 내놓는 산물은 이를 다시 비판하는 다른 비평가들을 끌어들여 더 많은 산물을 공급하게 된다. 결국 이런 비평가들에게서 나오는 가장 격조 높은 통찰이라고 해봤자 정책 결정자의 고려에서는 '예', '아니오', '모름'으로 구성되는 여론조사자의 조잡한 범주에 대한 공중의 응답보다도 중요하게 취급되지 못한다.

반대의 경제는 근대 민주주의와 근대 자본주의가 동시에 출현하게 된 역사적 우연으로 말미암아 자본주의가 부담해야 했던 정치적 문제에 대한 해결책이다. 자본주의는 소비자에게 의존하는데, 민주주의적 상상 속에서 소비자는 시민으로 설정되어 있기도 했다. 따라서 자본주의가 감당해야 할 문제는 시민들이 민중주의적 반감으로 타오르는 자의식적인 데모스가 되도록 자극하지 않으면서 소비자를 소외시키지도 않는 길을 찾아야 한다는 점이었다. 해결책은 두 갈래의 문화가 모두 자유로운 선택에 중심을 두고 있는 문화인 것처럼 제시하는 것이었다. 주권적 시민과 주권적 소비자는 공히, 비록 결코 자기들이 직접 만들지는 않았지만, 여러 개의 주어진 선택지 가운데에서 '선택'할 수는 있었다. 그리하여 성변화聖變化와 같은 기적이 이루어졌다. 인민주권이 경제적 무능으로, 그리고 소비자주권은 정치적 무능으로 용해되었던 것이다.

정치경제학이 의기양양하게 성취한 것은 바로 복지의 이론과 실천이었다. 20세기 후반의 자유주의 국가들은, 자본주의와는 결혼을 했지만 민주주의와는 정당화의 근거를 마련하기 위해 그저 동거하는 데 그쳤기 때문에, 일부 계층의 뿌리 깊은 빈곤과 지속적인 실업에 대응해서 복지국가를 발전시켰다.

복지국가란 중요하게는 사회적이고 정치적인 잉여의 정치적 재현이었다. 반면 '새로운 경제'는 단지 일시적인 노동자만을 필요로 했고, 슈퍼파워는 단지 간헐적인 시민만을 필요로 했다. 경제가 잉여를 생산하는 한, 자유주의적 자본주의의 이데올로기는 단순히 쓸모없는 인구를 전문적인 배려의 대상으로 취급함으로써 해결할 수 있었다. 그러나 대규모 공공 지출이 사적 투자에 위험스런 일이라고 선언된 후로는, 복지 역시 삭감되어야 했다. 그리고 그 수혜자들에게는 '언더클래스'underclass라는 낙인, 다시 말해서 '가난한 노동자'와 달리 개인의 자율성이라는 가치를 내면화하지 못하고 힘든 노동도 감내할 수 없는 '복지 사기꾼'이라는 낙인이 찍혔다. 언더클래스는 경제로부터 배제 당한 것이 아니라, 스스로 선택해서 경제 안으로 들어오지 않은 것으로 설명되었다.

'복지 지출'에 반대하는 사람들은, 가난하고 병든 실업자들이 의존적인 상황에 빠진 것은 사실 경제적 지구화나 기술적 변화로 말미암아 임금이 삭감되고 숙련노동자에 대한 수요가 감소했기 때문임에도 불구하고, 이들이 스스로 선택해서 정부에 의존한다는 착각을 조장했다. 부분적으로 '복지'라는 말은[공동체의-옮긴이] 시민적 위기라기보다는 아무 의욕도 없는 도심 빈민가의 흑인 남성과 임신한 십대 흑인의 도덕적 문제로 규정되었다. 이런 '부류들'은 정치적으로 수동적인 경향이 있기 때문에, 주권적 인민의 구성원이 아니라 '정책'의 대상으로, 다시 말해서 관료제적 합리성의 대상으로 다루어질 수 있었다.

이제 인구 가운데에는 사회와 어떤 의미 있는 관련성도 갖지 못한 채 조작 대상으로 전락한 일부가 존재하게 되었다. 이에 따라 1990년대 들어 '새로운 경제'가 전례 없이 팽창하기 시작하고 그에 수반하여 노동력 부족과 임금 상승이 인플레이션을 불러일으켜 경제적 안정을 위협하리라는 우려가 팽배하던 즈음에, 복지 수혜자들을 노동력으로 강제 편입시키려는 복지 개혁안이 다시 고안되었다. 이런 계층의 출현은 시민 가운데 상당수가 법률상으로는 아니더라도 사실상 신민으로 재편성되었음을 의미했다. 아프리카계 미국인과 히스패닉이 잉여 인구의 대부분을 구성한다는 점을 고려하면, 1990년대에 학교와 주거 환경이 인종적으로 분리되는 사태가 재발한 것은 정치적 퇴보의 조짐이라기보다 정치적 관리를 위한 필수조건인 것처럼 비쳐졌다.

뉴딜의 사회보장 국가는 파시즘에 대항하여 동원된 민주주의를 위한 거대한 무기고 역할을 했던 국가로 바뀌었다가, 공산주의에 맞서기 위한 안보 국가를 거쳐서, 전 세계에서 테러리즘을 뿌리 뽑겠다고 맹세한 슈퍼파워로 이어졌다. 엄격해진 복지국가는 이처럼 슈퍼파워로 이행한 국가의 직계 후손이었다. 슈퍼파워 국가의 이면에는 대내적 안보 국가가 있다. 이런 대내적 안보 국가는 범죄자, 복지 사기꾼, 음란물 업자, 마약 복용자, 테러리스트 등을 상대로 사회가 벌이는 '전쟁'을 대변하는 한편, 이 국가는 또한 변화하는 경제와 그 기술 때문에 삶이 망가져 버린 사람들에 대한 하나의 경고로 우뚝 서있다. 일찍이 1960년대의 격동기 직후부터, 공직자 집단과 그 주위의 이론가들은 복지 혜택을 원하는 대중적 압력 때문에 국방과 경제성장에 필요한 자원이 점차 고갈될 것이라고 진단하면서, '대중 민주주의'의 '통치 불가능성'에 대한 경고를 발하기 시작했다.[56] '통치 가능성'이 정부의 전제 조건이 되었으며, 이는 '법과 질서'라는 수사를 통해 표현되었다. 이는 지난 세기의 마지막 20년 동안에 일련의 정책들로 표출되었다. 더욱 엄격하고 더 많은 감옥, 갈수록 증대하고 군대화된 경찰력, 좀 더 혹독하고 형기가 늘어난 감옥 환경, (심지어 미성년자에게도 가해지는) 사형제의 부활, 마약에 대한 '전쟁', 청소년을 더욱 효과적으로 규율하는 도구가 되도록 공공 교육을 개혁하려는 반복적인 노력들 등이야말로 그런 정책들이 요구하는 바였다.[57]

통치 가능성이란 개념이 부각시키는 것은 이미 일어나고 있는 대규모의 반정치적 전환이었다. 여기에는 유순한 인구, 즉 "열심히 일하면서 규칙에 따라 살아가는 사람들"에 대한 갈망이 담겨 있었고, 이는 시민적 이데올로기보다 관리의 필요가 우선시되고 있음을 반영했다. 그 의의는 복지에 관한 논쟁을 훨씬 뛰어넘어 민중적 정부의 이념을 근본적으로 뒤집는 데에 이르렀다. 왜냐하면 그것은 정부가 인간의 필요에 이바지하고 인간의 고난을 경감하기 위한 하나의 도구에서 갈수록 처벌과 통제를 위주로 하는 체계로 변형되는 것을 의미했기 때문이다.

의존적인 계급과 집단에 대해서는 더 많은 사회적 통제가 만들어지고 있었던 반면, 지배적인 집단이 선호하는 이데올로기는 자유지상주의라는 명칭으로 학자들에 의해 이론화되어 우익 자유주의를 위한 환상을 제공했다. 범죄자에 대한 처벌이 점점 더 가혹해지고 감옥에 투옥된 인구가 급증하고 있는 상황에서, 자유지상주의자들은 '자유'를 요구하고 정부 통제로부터의 해방을 요구했다.[58] 이들은 19세기 자유방임주의 경제학과 야경 국가를 연상시키는 수사를 구사했으며, 이에 따라 경제에 대한 정치의 개입은 '시장의 법칙'에 대한 위험한 '간섭'이라고 낙인이 찍혔다. 그러나 자유지상주의에 의미가 있다면, 그것은 과거로 돌아간다는 데 있는 것이 아니라 자본주의의 변화하는 본질을 표상하는 데 있다. 20세기의 후반기에 자유지상주의는, 경제에 대한 국가의 개입이 늘어 가는 추세에 직면한 자본주의의 방어적 입장을 반영했다. 그러나 21세기에 들어와서 자유지상주의는 시장 사회의 팽창적인 성격을 대변하게 되었으며, 또 격렬한 투쟁의 결과로 쟁취되었던 정부 기능들을 선별적으로 '민영화'privatization해 버리려는 움직임이 함축하고 있는 방향 전환을 상징하게 되었다. 자유지상주의는 [공적인 사안이나 정치적 활동에 등을 돌리고 사적인 문제에 몰두하게 하는--옮긴이] 자아의 사사화私事化, privatization인 것이다.

그렇다면 정치적 소명은 어떻게 되었는가? 공적 영역의 실질, 즉 공통된 관심사와 보살핌이라는 내용은 현격하게 축소되고, 정치인들이 힘을 통제하기는커녕 그에 대항하기에도 벅찰 정도로 힘은 비대해져 버렸으며, 정치인들은 오로지 기업의 후원이 있어야 마련될 수 있는 규모의 재정적 자원을 가지고 선거와 입법의 표 대결에 참여하도록 강제되고 있었다. 이런 상황에서 정치인들이 취할 수 있는 길은 둘 중의 하나다. 그것은 이데올로기적인 환상에서 급진적으로 깨어나 지극히 냉소적인 성향을 띠게 된 선거구민 앞에서 타락한 그리고 노골적으로 계급 지향적인 정치를 연기하든지, 아니면 선출된 공직을 포기하고 로비 회사를 차리는 것이다. 대의 정부와 자유주의적 자본주의가 결합하면 필연적으로 부패가 발생하기 마련인데, 이 결합체는 부패에 맞설 수 있는 정치적 소명에 대한 이념을 생성할 능력이 없다.

12. 흔들리는 비전

이런 정치경제가 구현하고 있는 광범위한 합의는 사실 일종의 아이러니라 할 수 있는데, 그것은 고도의 선진사회가 마르크스를 위시한 어떤 사람도 감히 상상할 수 없었을 정도로 강력한 결정론의 현존을 의미한다는 것이다. 정치는 인민주권의 충실한 종복이 될 수 있다는 자신감, 곧 보잘것없는 물질적 향상 이외의 다른 방식으로 광범위한 다수에게 혜택을 줄 수 있는 사회를 형성하기 위한 수단이 될 수 있다는 자신감을 상실했는데, 그처럼 강력한 결정론은 이런 자신감을 상실한 결과로 인해 초래된 형식이기도 하다. 데모스는 경제가 생존을 위한 기본적인 현실이라는 점을 두려움에 떨며 받아들이고 이에 대해 체념하도록 억지로 내몰린다. 경제란 너무나 거대하고, 너무나 민감하며, 그 결과가 너무나 여러 갈래로 파급되어 나타나서, 어떤 집단이나 정당 또는 정치적 행위자들도 감히 그 근본 구조를 변경할 수 없기 때문이다. 오늘날 국가 통치술이라는 드라마의 꼭대기에는 국가 기밀arcanae imperii의 온상인 연방준비은행Federal Reserve Bank[미국의 중앙은행─옮긴이]이 있다. 주주가 된 온 국민들이 숨죽이며 기다리고 있는 사이에, 그 은행의 나이든 예언자가 뒤뚱거리며 걸어 나와 이자율을 0.05퍼센트 높일지, 0.02퍼센트 낮출지, 아니면 변경하지 않고 놔둘지를 공표한다.

새로운 질서로 떠오른 정치경제는 진정으로 정치적인 요소를 수반하지 못하고 있다. 아마 정치적인 요소 따위는 더 이상 필요하지 않은지도 모른다. 기업적 가치가 사회의 공통성에 반하며, 중앙집권화된 기업의 구조가 반민주적인 결과를 빚어내고, 기업의 보상 체계가 반평등주의를 내재하고 있다는 점을 감안한다면, 정치적인 것이란 오히려 이례적인 것이 되고 말았다고 할 수 있다. 이와 관련하여 눈에 띄는 사실은, 미국이 의료보장이나 학생들의 학업 성취 등의 측면에서 여타 산업화된 나라들보다 한참 뒤떨어져 있다는 점이다.

이와 같은 대규모 변화는, 슈퍼파워가 대단히 긴요한 필요를 충족시킬 능력, 나아가 심지어 국가가 역사적으로 수행해 왔던 기능 가운데 전쟁과 관련된 것을 제외한 다른 기능을 유지할 능력조차 결여하고 있음을 반영한다. 대신 공동선의 관리는 [기업에게 - 옮긴이] 양도되고 있다. 즉 의료보장은 대부분 건강 유지 분야의 기업체에 의해 관리되고, 수많은 학교에서 학생들은 '납세자의 반란' 때문에 축소된 학교 예산을 보충하기 위해 상업광고를 시청해야 하는 포로 신세가 되고 말았다.

　새 천 년의 지식인들을 19세기와 20세기 초 이론가들의 상상력과 대조해 보면, 이들은 진정으로 정치적인 형식의 삶을 지원할 수 있는 대안적인 경제 질서를 구상하려는 맘조차 먹지 않는다는 사실이 드러난다. 이는 이론적 상상력의 실패 또는 전통의 고갈, 아니면 두 가지 모두를 표상한다. 제1차 세계대전 이전에 개혁가들은 경제란 선택의 대상이라고 전제했다. 다시 말해서, 다양한 유형의 사회주의로부터 여러 유형의 협동조합적 사회조직이나 사회적으로 책임을 지는 자본주의를 기조로 삼는 다양한 구상에 이르기까지 다수의 대안들이 가능하며, 이런 다양한 대안들에 따라 재조직화될 수 있는 일련의 유연한 관계들이 바로 경제였다. 경제의 가변적 본질에 대한 믿음은 1960년대의 '위대한 사회'와 베트남전쟁의 시대까지 지속되었다. 루스벨트의 뉴딜 정책, 전후 최초로 성립한 영국의 노동당 정부, 그리고 스칸디나비아반도의 여러 국가들에서 시행한 사회복지 체계에 영감을 불어넣은 것도 그런 믿음이었다. 그러나 1970년대를 기점으로, 가변성이라는 관념은 "미세 조정"이나 "중도 수정" 같은 개념들 및 여타 정책 공식들에 자리를 내주고 물러났다. 새로이 들어선 개념이나 정책 공식들이 시사하는 바는, 선진 경제가 고도로 유동적이지만 망가지기도 쉬운 체계이기 때문에, 그 체계를 소유하고 있는 자들의 기대를 교란하지 않게끔 일종의 땜질과 같은 방식으로 관리하는 것이 최선이라는 것이었다.

13. 총체성을 향하여

> ……국가이성에 근거해서 공격적인 전쟁을 일으키지 못하도록 정부의 손을 묶는 것, 그것은 정치에서
> 일어난 새롭고도 불합리한 실험이다.
> _해밀턴[59]

전체주의적 정권은 일인 지배, 일당이 독점하는 정치, 반대 의견의 압살, 고문과 학살이 자행되는 수용소의 일상화와 불가분하게 결합되어 있다고 묘사되어 왔다. 간단히 말해서, 단단하게 통일되어 있고, 폭력과 테러가 속속들이 침투해 있는 물샐 틈 없는 하나의 총체라는 이미지가 부여되어 왔던 것이다. 하지만 '선진' 사회, 곧 관리되는 총체성을 향해 나아가는 사회라는 형식을 평가하기 위해서는, 전체주의 정권에 대한 이런 고정관념을 유보하는 것이 도움이 된다. 일차적으로 이런 이미지는 나치 치하의 참상을 증언하는 자료들로부터 구축되었다. 세부적인 측면에서 이것은 사실이다. 하지만 전체주의, 특히 나치즘의 형식으로 나타난 전체주의에 대한 전반적인 개념은 최근의 역사 연구들에 의해서 중요하게 수정되고 복잡해졌다. 그런 수정은 전체주의가 '왜곡된' 형식에 국한된 것이 아니라 변형 가능하다는 점을 시사한다.

이제 역사가들은 나치의 행위가 비인간적이었다는 점을 축소하지 않으면서도, 그 체제가 하나의 정점으로 수렴되는 완벽한 통일체였다기보다 서로 경쟁하는 파당들, 기회주의적인 파벌들, (예컨대 친위대처럼) 거의 자율적으로 관리되는 중세의 영지와 같은 조직들, 엉망으로 뒤엉킨 권위의 경로들, 극심하게 기워져서 누더기가 되어 버린 다양한 관할권의 경계들 등이 가득한데다가 부패마저 만연한 체제로 묘사한다.[60] 이처럼 전체주의는 일정 수준의 경쟁, 무질서, 경쟁하는 힘의 중심들, 그리고 경쟁적인 충성심 — 예컨대 국방성과 친위대 사이에서 나타난 것과 같은 — 등과 모순되지 않는다. 이는 아예 정치

를 거부했다기보다는 일관된 이데올로기에 의한 정당화 없이 정치를 실천한 사례에 가깝다. 이런 체계가 하나로 묶여서 유지될 수 있었던 비결은, 다른 어떤 요인보다도 결국 그 체계를 무너뜨렸던 요인, 즉 전쟁이었다.

만일 전쟁 대신에 이윤과 착취를 대입하고 '공격성' 대신에 '역동성'을 대입하면, 탈근대적 경제가 전체주의의 한 변종으로 보이기 시작할 것이다. 여기서 '자유경쟁'이란 서로 격렬한 경쟁 관계에 있는 소집단들이 군림하는 상황을 호도하는 가면일 뿐이며, 그들의 경쟁 관계란 방식만 다를 뿐 팽창성이나 공격성에서 나치나 파시스트에 전혀 뒤지지 않는다. 또한 환경, 지역의 경제와 문화, 공공서비스의 전통, 민주적 열망 등을 파괴하고 부패시킨다는 점에서도 그러하다.

20세기의 전체주의는 사회로 하여금 끊임없이 준비 태세를 갖추게 하고, 인구를 상시적으로 동원하도록 했다는 점에서 두드러졌다. 그것은 또한 평범한 시민들이 강간이나 살인과 같은 가장 잔인한 행위에 열렬히 가담하도록 했다는 점에서도 두드러졌다.[61] 경제가 지배하는 오늘날의 정치체에서는 엄격한 획일성이나 거친 파시즘의 형식이 아니라 패션주의, 즉 기술, 시장에 내다 팔 수 있는 기량, 생산과정, 조직 구조, 전략 등에서 부단히 일어나는 불가피한 변화에 대한 순응이라는 형식으로 상시적인 탈동원이 이루어진다. 단순한 동원 대신에 지속적인 유동성이 자리 잡는다.[62] 주요 신문의 제1면 머리기사가 "기술의 칙령, 적응하지 않으면 밀려 난다"는 제목으로 시작되어 "기술의 변화에 고삐를 채우면 경제의 성장 역량을 손상시킬지도 모르는 위험부담을 안게 될 것이다"는 결론으로 마무리되는 실정에서, 이것이 '생활권'* 의 경제적 버

---

* [옮긴이] 생활권(Lebensraum)이란 범게르만 민족의 통합을 위해서는 거기에 알맞은 지리적 공간(생활권)이 필요하다는 명분으로 침략을 정당화했던 나치의 이데올로기다.

전이 아니라면 달리 무엇이겠는가?[63]

　이 모든 사태는 테러와의 전쟁 선포가 제공하는 일종의 영구운동perpetuum mobile에 의하여 한층 더 심각해졌다.

　서구의 핵심 가치들을 실천한 모범이며, 예술, 과학, 학문 탐구, 산업 기술을 선도한 사회라고 널리 인지된 사회 내에서, 바로 그 사회에 대항하여 나치의 전체주의는 발생했다. 바이마르공화국이 아우슈비츠로 변모한 1920년대에서 1945년까지의 악몽 같은 진화 과정은 수백만의 생명을 앗아간 끔찍한 군사적 패전을 겪고 나서야 마침내 중단될 수 있었다. 그러나 전체주의 체계를 정복하기 위해 연합국들이 동원한 경이적인 노력들은 '불에는 맞불로 대적한다'는 방식으로 이루어졌는데, 이것은 이른바 '자유세계' 안에 존재하던 일정한 경향들을 악화시키고 말았다. 예컨대 인종주의, 군사주의, [시대에 뒤떨어진 ─옮긴이] 이데올로기적이고 종교적인 격세유전과 공존하는 고도의 기술, 인간을 대상으로 한 의학적 실험, 정부의 거짓말 등이 바로 그것이다. '자유세계'가 지구화된 경제로 바뀌고, 민주주의를 향한 '마지막 남은 최선의 희망'마저 거대 국가mega-State 속으로 흡수된 시대에, 규범적인 것은 양면적인 것처럼 즉, 자유로우면서도 또한 위협적인 것처럼 보인다.

| 제17장 |

탈근대적 민주주의

가상의 것인가 아니면 탈주적인 것인가?

근대적인 사유는 일반적으로 유희적 성격을 갖는데, 이는 그 속에서 거의 모든 의견이 일시적으로나마 근거를 얻을 수 있다는 것을 의미한다. 뮐러Adam Müller와 슐레겔Friedrich Schlegel은 근대적 사유의 이런 성격을 최고 수준으로 보여 준다는 점에서 징후적 인물들이다. 뮐러와 슐레겔 같은 최고의 지식인들은 모든 것을 아우르고 모든 것을 파괴하는 이런 열광적 분위기 속에서 참신하고 매혹적인 의견들을 위한 새롭고도 독창적인 기회들을 항상 발견할 수 있었다. 실제적인 것이나 역사적인 것은 물론 정치적 이념조차 이런 열광적 분위기로부터 전혀 안전하지 않았던 것이다.

_아렌트[1]

1. 탈근대적 문화와 탈근대적 힘

마르크스는 삶의 물질적 조건들과 그런 조건들에 기반을 둔 휘의 관계가 내파될 것이며, 따라서 혁명적인 변화가 불가피하다고 추정했다. 그러나 탈근대 이론가가 바라보는 세계는 [일국적 경제가 아닌-옮긴이] 국제경제, 초국적인 관료적 조직들 및 다국적 자본주의의 세계이며, 이런 혁명적인 변화를 이루어 낸 것은 바로 기업의 힘이다. 이런 상황 속에서 정치 이론가들은 점차 문화에 이끌리고 있는데, 이는 문화를 힘의 새로운 구조들과 조우할 수 있는 장소로 보기 때문이다.

문화와 경제 사이의 선택은 문화가 경제보다 원초적이라고 주장하면서 문화의 상부구조적 지위를 거부하든지 아니면 문화의 파생적인 지위를 받아들이는 선택을 수반할 것이었다. 어떤 경우든 문화는 전체를 아우르는 포괄적인 에토스로 취급될 수 있었는데, 그 속에서 정치를 포함한 삶의 모든 측면들은 철저하게 현대적인 형식, 곧 '변화'로서 경험된다. 이론적인 삶에 대한 탈근대적 버전은 사유를 강조하기보다는 유희적인 것을 선호한다. 즉 [사유하는 것보다―옮긴이] 삶을 영위하는 것이나 행위하는 것, 변화를 끝없는 새로움으로 전환시키면서 이용하는 것, 변화의 산출이야말로 모든 운동의 근원*primum mobile*이라고 생각하는 것, 사실상 혁명을 지속적인 불안정이라는 영구적인 조건으로 동화시키며, 그렇게 함으로써 혁명에서 위협을 제거하는 것, 덧없는 것, 배후에 어떤 근본적인 실재성도 놓여 있지 않는 표면적인 것으로 혁명을 새롭게 다시 제시하는 것 등을 선호한다.[2] 하지만 이처럼 참조할 수 있는 안정적인 배경이 부재하다면, 어떻게 끝없는 변화라는 것을 참으로 사유할 수 있겠는가?

일각에서는 문화에 대한 급진적인 해석이야말로 변화하는 세계를 변혁할 수 있는 수단이라는 믿음하에 문화 정치로의 이동을 부추기고 있다.[3] 그러나 이 경우 난점은, 소비라는 형식을 지닌 현대의 대중문화가 과학적·기술적·산업적 변화들에 뒤처지기는커녕, 오히려 그런 변화들과 동일한 리듬을 공유할 뿐더러 어쩌면 심지어 그런 변화들을 배가시켜 왔을 수도 있다는 점이다. 이런 사태 전개는 의미심장한 변동을 의미했다. 18세기 중반 이전에 문화는 주로 전통, 관습, 습관과 같은 불변의 것과 결부되었다. 흄과 버크는 정치적 사유에서 하나의 경향, 곧 행위 규범이 사전에 확립되고 무의식적으로 수용되어 확고한 기반을 갖추지 않는다면, 안정적인 사회가 지속된다는 것은 상상조차 할 수 없다는 사고방식을 대표했다. 사회적 안정을 위해서는 일종의 완만한

348

반응 체계가 필요하다는 것이었다.

이로부터 두 세기가 지나자 문화는 빠르고, 변화무쌍하며, 무엇보다도 사전에 계획되고, 제조된 것, 혹은 완곡하게 표현해서 구성된 것처럼 보이기 시작했다. 탈근대적인 의식 체계에서 보면, 문화는 상부구조 이상의 의미를 갖는다. 문화는 바로 세계 자체다. 왜냐하면 정치적·사회적·지적·예술적·도덕적인 것을 포괄하여 우리의 세계를 구성하는 모든 것이 문화에 의해 매개되며, 문화적으로 구성된 감정, 믿음, 상징 및 관행을 통해 우리에게 알려지고 또 우리와 연결될 뿐만 아니라, 문화적으로 구성된 언어를 통해 전파되기 때문이다. 언어 밖에는 아무것도 없으며 모든 것은 언어 안에 있다. 하이데거는 이를 다음과 같은 멋있는 문장으로 표현한 바 있다. "언어는 존재의 집이다. 인간은 이 존재의 집안에서 살아간다."[4]

요컨대 마르크스에게 물질적인 생산수단이 그러했듯이, 탈근대주의자들에게 언어는 기본적이고도 보편적인 현실, 곧 존재로부터 떨어질 수 없으며 존재의 가능성을 규정하는 로고스를 의미한다. 우리는 니체의 다음과 같은 말을 잊지 말아야 한다. "결국 '무언가' 새로운 것을 창조하기 위해서는 새로운 이름, 평가, 가능성을 창조하는 것으로 충분하다."[5] 마르크스에게 물질적인 현실은 원칙적으로 객관적이고 명백한 것이어서 과학적으로 접근 가능한 것이었다. 그는 "경제적 생산 조건의 물질적 변화는 …… 자연과학적으로 엄밀하게 밝혀낼 수 있다"고 단언했다.[6] 탈근대주의자, 특히 해체주의적 기법을 구사하는 이들에게 언어는 그런 종류의 현실이 아니다. 그것은 종종 사용자를 배반하고, 그들에게 덫을 놓거나 혹은 사용자가 의도하지 않았던 의미를 산출한다. 처음에 플라톤을 기만함으로써 그 후에 모두 철학자들을 호도하도록 특별히 고안한 일종의 바이러스를 데카르트René Descartes의 악마가 언어 속에 은닉해 놓기라도 한 것처럼 말이다.[7] 물론 어떻게 철학이 언어로 인해 길을 잃어버렸는지를, 언어를 통해서 폭로하는 자 역시 철학자다.

2. 변형된 니체적 비관주의

마르크스는 노동자들에게 말을 걸고, 그들을 조직하고 교육하며, 노동자가 힘을 가질 것을 요구하면서 이론이라는 선물을 노동자에게 안겨 주었다. 그가 보기에, 이론가*theoros*와 데모스 사이에는 본래적인 적대감이라고는 전혀 존재하지 않았다. 이는 마르크스가 이론을 통속화했다거나 노동자들에게 영합했기 때문이 아니라, 그의 관점에서 이론이란 노동자가 체현하고 있는 오류를 바로잡는 것이기 때문이었다.

그렇다면 언어로 구성된 세계에서 이론은 어디에 있고, 이론가에게는 무슨 일이 일어났는가? 무궁무진하게 풍부하지만, 동시에 불가피하고 끝없이 참이 아니라고 비난을 받을 법한(푸코가 그렇게 표현할 법한) 그런 세계는 누구에게 이득이 되는가? 그리고 언어적 기만으로 점철된 이 신뢰할 수 없는 세계에도 프롤레타리아트와 그 전위에 상당하는 것이 존재하는가? 아니면 그 관계란 해방자와 피해방자 사이의 관계가 아니라, 언어적으로 이득을 누리는 자와 불이익을 당하는 자 사이의 관계, 곧 영원히 불평등할 수밖에 없는 적대 관계인가? 니체는 여기에 대한 하나의 답변을 예시暸示하고 있었다. 『차라투스트라는 이렇게 말했다』*Thus Spake Zarathustra*에서 주인공 — 그는 가상의 니체다 — 은 다시 한번 고독 속으로, 즉 그가 자신을 위해 고안해 낸 세계로 도피한다.

> 여기에서, 모든 존재를 구성하는 말들과 그 말들을 담아 두고 있는 궤짝들이 나를 향해 활짝 열린다. 즉 여기에서 모든 존재는 말이 되기를 원하고, 모든 의미는 나에게서 말로 표현되는 법을 배우기를 원한다.[8]

자신이 상상한 세계에서 차라투스트라를 괴롭히는 위험은 교만한 지배계급이나 폭군으로 인해 발생하는 것이 아니라 이제 투명하고 쉽사리 다가갈 수 있게 된 문화로부터 온다. 드물게 일어났고 가까스로 얻을 수 있었던 정신의 승리를 다수가 누릴 수 있게 된 것이다.

> 저들 사이에서는 모든 것이 이야기되고, 모든 것이 누설되고 있다. 또한 한때 심원한 영혼의 비의 또는 비밀이라고 불렸던 것도 오늘날에는 거리의 나팔수나 다른 경박한 인간들의 차지가 되고 말았다.[9]

니체의 관점에서 다수는 어디에나 존재한다. "힘이 존재하는 곳에서는 수가 주인이 된다. 왜냐하면 수가 더 큰 힘을 갖기 때문이다."[10] 그러나 데모스가 자신이 지닌 힘을 알아차리지 못한다면 어찌할 것인가? 21세기의 조건하에서 만약 그들이 지배하고자 한다면, 그들은 먼저 수동적으로 문화를 소비하기보다 문화를 지배해야 할 것이었다. 하지만 만약 그들이 피지배자라면, 누가 지배자인가? [지배에 대한 비판적 인식이 증가된-옮긴이] 민주적 감수성의 시대에 "인민"[이 지배자-옮긴이]라고 말하는 것은 지각없는 처사처럼 보인다. 따라서 '지배자는 제각기 모두이자 어느 누구도 아닌 바로 체계'라는 푸코적인 답변이 선호된다.

　탈근대적 담론이 지배의 문제를 다룰 때 두드러진 측면은, 대체로 그 담론이 '자유주의' 혹은 '헌정적 민주주의'라고 자처하는 사회를 겨냥해서 비판을 가하고 있다는 점이다. 힘의 새로운 본성을 발견한 탈근대주의는, 예전에는 가장 냉혹한 폭군들을 묘사할 때나 쓰던 극단적인 용어들을 활용함으로써 상처에 대한 민감한 감수성, 즉 억압에 저항해야 한다는 감정을 고무한다. 과거에 가장 끔찍한 정권에 대해 사용되었던 ('집단 수용소', '학살', '식민화' 등과 같은) 관계나 범주가 지배를 비난하기 위해 상투적으로 사용되지만, 그런 어법에서 과거의 전체주의 체제들을 언급하거나 그것과 비교하는 과정은 좀처럼 나타나지 않는다. 달리 표현하자면, 미국의 낙관주의에 의해 니체의 비관주의와 서구 문명의 전면적인 쇠락에 관한 그의 확신이 달콤한 것으로 변모해 버렸기 때문에 이런 과장된 언어가 가능하게 되었던 것이다. 니체의 가르침을 따르는 이들 가운데 상당수는, 중요한 것은 최종 단계에 도달해 장래가 없는 서구 문명이 아니라 아직도 새롭고 흥미진진한 또 다른 미개척지라는 확고한 믿음을 가지고 미국의 낙관주의를 표현해 왔다. 그렇기 때문에 그 '체계'[자유주의 혹은 헌정적 민주주의 사회 – 옮긴이]에 대한 가장 신랄한 비난은 절망으로부터가 아니라, [미국의 낙관주의에 근거하여 – 옮긴이] 자유주의적 사회의 본성은 궁극적으로 좋은 것이라는 신실용주의적 믿음으로부터 제기된다.

3. 소우주로서의 자아

사람들은 철학자들에 대한 나의 요구, 즉 그들이 스스로를 선과 악을 **넘어서** 위치시켜야 한다는 요구를 알고 있다. …… 도덕이란 단지 일정한 현상에 대한 하나의 해석, 좀 더 정확하게 말해서 **잘못된** 해석에 불과하다. …… 그러나 **기호학적** 차원에서 도덕은 헤아릴 수 없는 가치가 있다. 즉 도덕은 적어도 식견 있는 사람에게 문화나 내면세계의 가장 소중한 현실들 — 이전에는 그 자체를 "이해할 만큼" 충분히 알지 못했던 — 을 드러내 준다. 도덕은 단지 기호-언어이자 징후학일 뿐이다…….
_니체[11]

니체의 파국주의적 비전은, "'모든 것은 영원한 것이다'라는 통찰"을 바탕으로 '강력한 자들'이 어떤 식으로든 출현하여 의미를 상실한 세계에 새로운 위계질서를 부과할 것이라고 상정했다. 그러나 사태는 다르게 전개되었다. 물론 니체가 강력한 자들이 『차라투스트라』를 읽음으로써 세계를 명료하게 보게 될 것이라고 주장한 적은 결코 없지만, [그의 비전과 달리 강력한 자가 아니라-

옮긴이 문학이나 문화 연구자들과 지식인들이 활약하는 시대가 온 것이다. 이는 세계가 의미를 상실하기는커녕, 다양한 의미들의 제조가 일종의 호황을 누리는 산업이 되어 버린 세계가 도래했기 때문이다. 바로 이런 이유로 인해서 마르크스가 물질적인 영역에서 자본주의의 파멸을 가져올 것이라고 생각했던 과잉생산은, 오히려 문화적 영역에서 두드러지게 되었다. 좀 더 고상한 학계에서뿐만 아니라 대중문화의 영역에서 혹은 이른바 부유한 자들이 누리는 고급문화라는 중간 영역에서, 탈근대적 기술들에 의해, 쉴 새 없이 대량으로 과잉의 의미가 생산된다. 문화적 과잉생산은 과잉 소비와 만난다. 마르크스에게 잉여 생산은 실업, 과소소비, 그리고 궁극적으로는 폭동을 의미했다. 하지만 탈근대성의 문화적 과잉생산은 문화적·교육적 격차를 확대하고, 지나치게 단순화된 정치 담론을 모든 수준에 유포했으며, 수동성을 초래했다.

탈근대주의는 무엇에 대한 이데올로기적 보완물인가? 탈근대주의는 근대주의의 범주들이 가하는 속박으로부터 자유로워지는 것을 쌍수를 들고 환영한다. 정치 이론의 측면에서 근대주의를 가장 잘 표현하는 것은 자유주의화된 민주주의, 정치적 권위에 대한 헌정적 제약, 그리고 개인을 안정적이고 책임감 있으며 계약상의 약속에 구속된 존재로 간주하는 발상 등이다. 이와 대조적으로 탈근대주의가 조장하는 것은 "안정화되지 않은 채 끊임없이 일어나는 실천적인 변화의 유희"를 즐기며, "쉴 새 없이 일어나는 제도상의 변동을 그 자체의 목적으로" 흔쾌히 받아들이는 것이다.[12] 안정적이고, 규칙을 잘 지키며, 자기중심적인 자아라는 기존의 관념은 자아를 새롭게 발명하고 재창조할 자유를 위해 거부된다. 충성심은 단지 우발적인 "연대감"일 뿐이며,[13] 동맹은 더 이상 원하지 않을 때는 언제든 없어져도 무방한 일시적인 관계일 따름이다. 이런 발상이 두드러지게 민주적인 것처럼 보일 수도 있다. 하지만 그것은 또한 정치적인 시민됨을 경시하고 문화적 표현주의cultural expressiveness에 좀 더 관심을 두는 방향으로 진행된 민주주의에 대한 이해의 변화를 반영하는 것일 수도 있다. 이런 탈근대적 자아는 일종의 소우주로서, 조약이나 동맹 및 군비 축소와 같은 제약들을 참아 내지 못하는 슈퍼파워라는 정치적 대우주의 축소판이다. 아마도 그 이유는 탈근대적 자아와 슈퍼파워 양자 모두 스스로를 정당화할 수 있는 정체성을 아직도 모색하고 있는 중이기 때문일 것이다.

4. 원심적인 것과 구심적인 것

······ 사실상 우리가 알고 있는 완전히 발전한 민주주의국가들은 모두 자본주의적인 정치경제와 결부되어 있고, 사실상 이 모든 국가들은 20세기의 산물이다.

_루시마이어Dietrich Rueschemeyer, 에블린 스티븐스Evelyne Stephens, 존 스티븐스John D. Stephens14

······ 사실상 누구나 때때로 알아챌 정도로 너무나 명약관화하고, 나아가 만약 골똘히 집중해서 생각해 보면 정치에 대한 우리의 이해는 물론, 나아가 우리의 정치적 신념의 많은 것을 비교적 확실히 뒤집어 버릴 무언가가 있다. 그것은 바로 정치와 정부에 관한 대중적 무지의 만연이다.

_프리드먼Jeffrey Friedman15

나는 그에게 "왜 묘사하려 하는가"라고 물었다. "거기에는 묘사할 것이라고는 아무것도 없지 않은가, 남아 있는 것이라고는 거의 아무것도 없지 않은가."

_블랑쇼Maurice Blanchot16

아리스토텔레스는 민주주의를 "왜곡된" 헌정 체제에 포함시키면서 "가난하거나 충분한 재산을 가지지 못한 자들이 지배자"가 되는 평등의 체제라고 못마땅하게 묘사했다.17 그러나 세 번째 천 년을 맞은 정치적 세계에서 가장 두드러진 사실 가운데 하나는 민주주의에 거의 보편적인 찬사가 바쳐진다는 점이다. 민주주의는 정당성의 주된 척도로서, 국제적인 친선 관계를 맺고자 하는 새로운 국가들이 따라야 하는 표준으로서, 선제공격을 위해 전쟁을 일으킬 수 있는 정당화 요건으로서, 그리고 어디에서든 억압적인 체계로부터의 해방을 쟁취하기 위해 투쟁하는 인민들이 희구하는 자연적인 열망으로서 언급된다. 이처럼 초역사적이고 보편적인 가치라는 위상이 민주주의에 부여되었다. 비록 자칭 민주주의 체제 가운데 가난한 자들의 지배를 대변한다고 공언하는 체제는, 설령 있다고 하더라도, 소수에 불과하겠지만 말이다.

매우 드문 예외가 있기는 했지만, 오랜 세기에 걸쳐 정치 이론가들은 민주주의를 가장 소란스럽고 불안정한 정치적 형식이라고 비난했다. 그러나 세 번째 천 년에 들어와서는, 안정성을 이루고 시장경제를 유지하는 데 민주주의가 필수 불가결하다는 생각이 광범위하게 받아들여지고 있다.[18] 민주주의가 최초로 출현한 지 무려 2,500여 년이 지난 후에야 민주주의의 보편성이 환기되고, 이제는 슈퍼파워가 그것을 주창하고 심지어 해외로 유포시키려 한다는 점은, 일견 민주주의가 지닌 활력을 증명하는 것처럼 보인다. 다른 한편 플라톤에 따르면, 실패한 민주주의는 대중적 지지에 기초한 선동적인 유형의 참주정이 들어서는 전제 조건을 제공한다. 플라톤의 체제 변화론에 따르면, 민주주의가 참주정, 곧 자의적 의지의 체제로 타락할 때에도 민주주의가 사라져 버리는 것은 아니다. 오히려 민주주의는 참주정을 구성하는 한 요소로 포섭된다.[19] 좀 더 현대적인 용어로 이 점을 다시 말하면, 대중적 지지는 새롭게 형성된 자의적 의지의 체제, 곧 슈퍼파워를 위한 필수 조건 — 충분조건은 아니라 하더라도 — 이자 '이상적인' 요소를 제공한다.

민주주의에 부여된 이런 수사적 위상과는 반대로, 현실에서는 원심적인 것과 구심적인 것으로 묘사될 수 있는 두 가지 정치적 경향이 극단적으로 대립하고 있다. 원심적인 것은 민주주의를 두려워하는데, 이는 민주주의가 "인민"이라는 획일적인 이상을 위해 의미심장한 차이들을 억압하고 동질화한다고 보기 때문이다. 반면 구심적인 것은 민주주의를 그 허약함 때문에 경멸하지만, 동시에 그것이 지닌 호소력을 부러워한다. 두 경향은 모두 사회가 민주화를 경험해 왔다고 전제하고 이런 민주화의 경험을 활용하려 하지만, 그 활용의 방식은 상이하다.

원심적인 것은 인문학자, 정치학자, 사회학자 등이 구사하는 특정한 개념들 — 예컨대 "차이", "정체성", "분리주의", "다문화주의" 등 — 로 대변된다. 그 정치적 표현은 원심적인 경향을 띤 다원주의라는 형식을 취해 왔는데, 그 것은 포괄적인 공통성을 도외시하여 파편화를 지향하고, 일종의 특수주의적 의제라 할 수 있는 인종, 계급, 젠더, 종족문화성ethnicity, 성적 취향과 같은 차이들에 대한 강조를 수반하며, 종종 부자와 빈자, 게이와 레즈비언, 유리천장 glass ceiling[눈에 보이지 않는 위계적 장벽 – 옮긴이]과 최저임금과 같은 상당수의 내적 분열을 은폐하는 배타성의 요소를 함축하고 있다. 이런 탈근대적 판본의 다원주의가 근대 자유주의와 자본주의에 의해 형성된 정치사회에 익숙한 다원주의에 덧붙여질 때, 그 결과는 다양한 정도의 자율성을 요구하는 분리주의적 집단으로부터 종래의 정치과정을 통해 특수한 의제를 달성하는 데 초점을 두고 있는 진부하고 낡은 이익집단까지를 아우를 정도로 엄청난 범위에 이른다.

원심주의자들과 그들의 이데올로기들은, 정치적인 것에 대한 가장 전통적인 개념화는 물론, 몇몇 근대적이고 민주적인 개념화마저 뒤집어 버리는 고조된 자의식과 감수성을 반영한다. 그들은 다른 원심주의자들과 동맹을 맺을 수 있지만, 이 경우에도 평등과 공통성이라는 좀 더 광범위한 가치는 기껏해야 전략적인 편의 — 이를테면, 무지개 연합rainbow coalition — 에 따라 추구되는 데 그치는 경향을 보인다. 그들에게는 비슷한 생각을 가진 개인들을 끌어들이되 자기 집단을 다른 집단들로부터 차별화해야 한다는 과제가 다양성 가운데에 있는 일반성을 추구하는 것보다 우선한다.

원심주의는 시민됨에 대한 기존의 명백한 개념화들 — "우리는 여기에서 살거나 태어났기 때문에 공통의 의무를 지닌 구성원들이다" — 이 종언되었음을, 그리고 '구성원되지 않기'dismembership에 기반을 둔 개념화에 의해 그것이 희석되었음을 가리키는 것일 수 있다. 구성원됨의 의미가 어떤 사람이 소속하기를 — 다시 구성원이 되기를re-member — 원하는 집단(들)을 선택하는 것, 그리고 그가 관계를 끊고 구성원이 되지 않으려는 집단(들)을 표시하는 것으로 실추되고 있기 때문이다. 이는 민주적 구성원됨의 핵심 개념이었던 시민됨이, 일종의 잔여 범주로서 그것이 제공하는 권리와 보호라는 측면에서만 유용한 범주가 되었다는 것을 의미한다. 다시 말해서 이제 시민됨은, 다양한 차이에도 불구하고 사회가 응집력을 가질 수 있게 하고 또 어떤 개별적인 집단이나 집단들의 동맹체가 가진 능력만으로는 처리할 수 없는 문제들에 대처할 수 있게 하는 적극적인 통합력이라기보다, 유보 조건이 첨부된 채 간헐적으로만 그 역할을 발휘하는 범주로 축소된 것이다. 원심주의가 민주주의를 소생시킬 수 있을지는 열린 질문으로 남아 있다.

5. 구심적 힘

기업의[법인의]corporate: 정치체나 기업 또는 사람들이 모여 만든 단체에 관련된 혹은 그것들에 속한.
_옥스퍼드 영어 사전

현실직으로 날근대적 통치governance는 구심주의의 주요 대표자인 거대 기업이 지닌 힘을 확증하고 있다. 원심적 집단들이 종종 방어적인 전략에 그 에너지를 소진하는 것과는 반대로, 기업의 힘은 경제적 힘뿐만 아니라 정치적 힘의 집중을 공격적으로 촉진하려는 역동성 — 경영권 장악, 합병, 인수 등 —

에 의해 추동된다. 기업의 정치는 중앙집권적 국가에서 나타나는 '규모의 정치경제'를 선호하는데, 왜냐하면 중앙집권적 국가가 정치적 목적에 할당된 기업의 자원을 가장 효과적으로 사용할 수 있게 만들기 때문이다. 하나의 큰 국가를 다루고 통제하는 것은 50개의 작은 주를 다루고 통제하는 것보다 좀 더 비용 효과가 높다. 이는 지구적 차원의 정치에도 해당된다. 다수의 주권국가들을 상대로 로비 활동을 벌여야 하는 엄청난 과업과 대비해 보면, 다루기 편한 하나의 슈퍼파워가 다국적기업들의 이해관계에 부합하는 매우 효과적인 수단인 것이다.

원심주의와 구심주의라는 두 가지 경향은 정치적으로 대등하지 않은 것과 마찬가지로 힘의 차원에서도 더 이상 대등하지 않다. 만약 민주적 가능성이 남아 있다면 그것이 무엇이건 원심력에 달려 있다. 그러나 원심주의의 정치적 전망은 더 많은 문제를 안고 있다. 왜냐하면 국가에 대한 원심주의의 비판적인 태도에도 불구하고, 주요 원심적 집단들은 대부분 — 어쩌면 전부 다 — 정부로부터 원조와 보호를 기대하고, 법원으로부터 구제를 받으려 애쓰기 때문이다. 이는 정치문화, 곧 연방 정부 및 많은 주 정부를 에워싸고 있으며, 나아가 점점 더 기업의 문화와 구분할 수 없게 되어 가는 정치문화에 일정 정도 적응하는 것을 요구하기 마련이다.

6. 기업의 정치적 진화

그렇다면 "세계에서 가장 오래된 민주주의"가 보여 주고 있는 본성, 그것의 힘 및 그것이 세계에서 존재하는 방식을 묘사하는 데 있어 "세계에서 가장 오래되고 가장 지속적인 성문헌법"이라는 이름보다 더 적합한 이름은 과연 무엇이겠는가? 일견 이런 체제가 상이한 제도적 형식들, 곧 자본주의 및 시장의 제도적 형식들과 너무나 혼합되어 있어서, 이것들의 영향력을 인정하고 이들을 하나의 통합된 이름으로 고찰하지 않고서는 더 이상 이 체제가 취하는 형식을 명료하게 묘사할 수 없을 것 같다. 그 결과적인 형식은 일종의 혼성이다. 그리고 이와 같은 혼성의 형식에 조응하여 정치적 주체는 누구인가라든가 지배계급이 갖춰야 할 특수한 덕목 — 예컨대 최고 경영자나 전문적인 정치인의 덕목 — 은 무엇으로 구성되는가에 대한 새로운 개념화의 문제가 제기된다. 새로운 지배계급의 출현은 자본주의의 정치적 연륜과 더불어 기업의 새로운 열망을 반영한다. 그 열망은 단순히 정치적 영향력을 행사하는 데 그치지 않고 정치적인 것을 흡수하고, '통합하여' 변형하고자 하며, 동시에 암묵적으로 공통성이라는 이상을 배척하고자 한다. 기업의 간부들에게 "제국의 최고 경영자"라는 용어를 적용하는 사례는 이제 드문 일이 아니다.

가장 강력한 형태의 기업은 이제 더 이상 시상점유율이나 이윤율과 같은 경제적인 기준에만 의거해서 묘사될 수 없다. 경제적인 것의 의미는 지금껏 이윤 추구의 '외부'에 있는 것으로 간주되었던 착취의 대상까지 포함하도록 확장되어 왔다. 경제적 범주를 통해 분석될 수 있는 활동의 체계였던 자본주의는, 정치적인 특징과 새로운 헌정적 혼합 체제의 특성을 받아들이되 민주적 내용은 결여한 체계로 스스로를 변모시켜 왔다. 기술적으로 발전된 사회에 의해 창조된 새로운 경제는, 참여, 포괄성 및 대중의 역량 강화mass empowerment 라는 민주적 가치에 대한 등가물로서 각각 대중 소비, 노동인구, 그리고 '소비 자주권'이나 '주식 보유자의 민주주의'를 제공한다. 그런 승화는 커뮤니케이션 기술의 혁명에 의해 변화된 세계에서 볼 수 있는 '가상적인' 존재 방식과 부합한다. 컴퓨터, 비디오, 인터넷과 같은 전자 기술들은, 한편으로 개인의 자유와 힘이라는 환상과 다른 한편으로 개인을 일종의 단단한 번데기 — 여기에서 탈출하는 것은 사리에 맞지 않는 것처럼 보이는 — 속에 가두어 버리는 현상의 결합을 전형적으로 보여 준다.

자본주의의 변화는 사회 내에 존재하는 최고의 힘이라는 위상을 점했던 국가의 권위를 약화시켰다. '지구화'란 해외로의 지속적인 정치의 팽창과 함께 본국에서 일어나는 정치의 위축, 곧 오직 돈의 압력만이 정치적 접근 기회를 획득할 수 있을 정도로 정치에 진입할 수 있는 지점들이 협소화되는 현상을 듣기 좋게 표현한 말이다. 공적 힘의 사사화가 지속되고 국가의 권위가 감소함에 따라, 국가의 경계에는 구멍이 숭숭 뚫려서 값싼 노동의 물결을 받아들이게 된다. 비록 국가가 점점 더 지구화되는 경제에서도 쉽게 무시할 수 없는 역할을 계속 수행하고 있기는 하지만, 다국적기업들이 휘두르는 힘은 국가로 하여금 다국적기업들의 협력과 묵인을 필수 불가결한 것으로 받아들이도록 만들었다. 기업이 지닌 힘의 협력은 이제 국내 정책이나 해외 정책은 물론 군사 정책의 필수적인 요소다. 경쟁과 경합이 국가와 기업 사이에는 덜 일어나지만, 경쟁하는 기업들 사이에서는 국가에 대해 좀 더 큰 영향력을 발휘하기 위해 다투거나 국가로부터 좀 더 많은 보조금을 타내기 위해 더 많이 발생한다.[20]

국가와 기업은 동반자 관계를 맺게 되었을 뿐만 아니라, 그 과정에서 각각은 역사적으로 상대방의 것으로 간주되었던 기능들을 모방하기 시작했다. 예전에는 전투기 제작에만 종사했지만 이제는 공적 자금의 지원을 받아 복지 프로그램을 운영하는 록히드Lockheed와 같은 기업의 '힘'은 어떻게 묘사해야 할까? 록히드가 지닌 종래의 경제적 힘은 록히드로 하여금 복지 프로그램의 운영을 위한 접촉과 계약을 성사시키는 데 필요한 유인을 정치인들에게 제공하는 것을 가능케 했겠지만, 그로부터 힘과 권위의 새로운 조합이 출현했다. 기업들은 행형 제도를 관리하고 의료보장 제도를 운용하는 데 광범위하게 관여하고 있으며, 초등교육 체계를 운영하고, 대학을 설립하며, 학술 연구자들과 공동 연구를 수행하는 등 공적·사적 교육의 모든 수준에서 중요한 역할을 떠맡아 왔다(이에 조응하여 기업의 핵심부는 군사적 함의를 지닌 "본부"headquarters라는 이름 대신 "캠퍼스"라는 이름을 쓰기 시작했다).

사태가 이처럼 전개되면서 이전에는 수혜자의 이득을 위해 수행되었던 공적 서비스가 이윤의 대상이 되어 버렸다. 이와 동시에 정부의 관행 역시 기업의 방식을 모방하게 되었다. 경영이나 효율성과 같은 개념은 물론이고 심지어 수익성이라는 개념까지 채택하게 된 것이다.[21] 공적인 것과 사적인 것이라는 두 개의 구분되는 '영역들'이라는 이상은, 공적 기능들이 사사화되고 사적인 운영 방식이 '공공화'됨에 따라 뒤죽박죽으로 뒤섞여 버렸다. 이와 유사하게, 정치적인 것과 '사회적인 것' 또는 정치적인 것과 '경제적인 것'이라는 전통적인 구분은 폐기되어 버렸다. 경제적인 것이 정치적인 것과 결합하여 형성된 혼성물이 모든 영역에서 공통분모를 이루고 있기 때문이다.

그런 혼성물은 다중적 형식으로 나타난다. 기업 경제 내에서 일어나는 활동과 상호작용 — 경쟁, 투자 전략, 강탈power-grabs, 시장 지배 등 — 을 묘사할 때는 그 혼성물을 '정치경제'로 요약할 수 있다. 또 종래에는 정치적 세계 내에서 벌어졌던 행위와 관계 — 기업 보조금, 세금 혜택, 반反노동정책, 기업의 선거 자금 기부, 로비스트 등 — 를 묘사할 때는 그 혼성물을 '경제적 정체'economic polity로 표현할 수 있으며, 절정에 도달해서 지구적 헤게모니를 행사하는 경우를 묘사할 때는 '슈퍼파워'로 지칭할 수 있다. 이로 인해 나타나는 하나의 결과는, 내적 정치와 관련해서는 시민적 덕이 경제적 합리성으로 재규정되는 한편, 외적으로는 시민적 덕이 제국과는 관련 없는 것으로 나타난다는 점이다.[22] 민주주의 이론에서 핵심적인 행위자인 시민은 경제적 인간homo economicus과 융합되고, 이런 체제의 기본 구조와 마찬가지로, 일종의 혼성물이 되어 버린다 ("당신의 경제 사정에 따라 투표하라"). 정부에 대한 대중적인 불신이 증가함에 따라, 기업은 자신을 민주주의의 잔존 계승자로 묘사함으로써 혼성 과정을 촉진시키려 한다. 경제와 정체政體, polity 사이의 구분을 흐리는 것은 정치적 선택을 소비자의 선택으로, 정치적 행동을 경제적 행태로 동화시키는 것을 용이하게 만든다. 자기 이익, 경쟁력, 위계질서의 인정, 불평등, 제국주의와의 공모 등이 유덕한 시민homo imperatoris의 관념을 이루는 요소로 받아들여진다.23

재정적 측면이 정치를 어느 정도로 규정하게 되었는가 하는 점은 경제적 정체政體를 상징적으로 보여 주는 사태라 할 수 있다. 수백만 달러에 달하는 기업의 돈이 입법 과정과 선거 캠페인에 체계적으로 쏟아져 들어온다. 이런 현상을 언론의 자유와 관련해 비호하거나, 정치인이나 정책에 대한 통제가 아니라 정치에 대한 '접근 기회'를 구매하려는 시도로 표리부동하게 묘사하는 노력들이 횡행하고 있지만, 정작 문제는 공적인 기만이 아니라, 듀이의 기대와 달리, 현재의 공중이 보여 주는 철저한 무력함이다. 즉 지금의 공중은 불평등한 경제적 힘이 부패시켜 놓은 상황에 대항할 수 있는 효과적인 공적 행위자로 스스로를 재구성하지 못하고 있는 것이다. 이런 방식이 정상적인 것이 되어 버린다는 것은, 설령 부패가 광범위하게 인지된다고 하더라도 그것을 제거하기 위해 정치적 의지를 모으기란 사실상 불가능한 상황이 도래함을 의미한다. 이와 같은 혼성 구조의 정치에서 돈은 투표권에 대한 자연적 계승자이며, 나아가 경제적 힘이 '정체'polity의 본성을 변화시켰다는 증거다. 국가 행위자들은 자국의 시민보다 기업의 힘에 좀 더 의존하게 되었다. 심지어 시민군도 과거의 일이 되어 버려서, 기업 기술에 의해 개발된 최신의 무기를 능수능란하게 사용하는 전문가들로 대체되었다. 군대는 기업 경제 — 방위 계약, 무기 조달, 퇴역 장성의 기업 간부로의 취업 등 — 와 그 문화로 흡수된 것이다.

마르크스와 듀이는 사회와 그 구성원들의 삶이 과학과 기술에 근거한 합리적인 조직화 및 생산에 대한 과학과 기술의 적용에 기반을 둔 시기가 도래할 것을 꿈꾸었다. 이와 같은 사회에 대한 비정치적 비전은 이제 실현되는 와중에 있다. 마르크스와 듀이가 마음속에 그렸던 평등주의적 조건이나 개인을 위해 좀 더 적은 노동시간과 좀 더 많은 여가 시간이 부여되는 형태와는 거리가 멀지라도 말이다.

7. 제국과 제국의 시민

　민주주의에 제국을 부과한 것, 대의 정부의 부패, 쇠락하는 시민의 지위, 세계에서 미국의 힘이 갖는 헤게모니적 위상 등 이런 모든 표지는 시민, 민주주의, 국가, 그리고 힘에 대한 전통적인 범주를 시급히 재정식화할 필요가 있다는 점을 시사한다.

　베트남전쟁 기간 동안 제국의 대통령이 지닌 힘에 관해서는 활기찬 논쟁이 뒤따랐지만,[24] 그런 논쟁에 뒤이어 제기되어야 할 당연한 질문 — 제국의 시민은 어찌 되었는가? — 에는 아느 누구도 관심을 두시 않는 것처럼 보였다. 이는 민주주의가 탈진 상태에 빠졌다는 증거라고 할 수 있다. 제국의 공간적인 범역範域 및 '세계의 유일한 슈퍼파워'에서 일어나는 힘의 집중과 비교해 볼 때, 시민은 왜소해져서 독립적인 집합적 행위자로서의 시민은 거의 사라져 버렸다는 것이 바로 이 질문에 대한 답변이다. 대통령직의 힘과 책임은 슈퍼파워의 성장과 보조를 맞춰 온 반면, 시민의 힘과 책임은 슈퍼파워가 성장하는 만큼 줄어들었다. 이 점은 중요한 선거가 다가올 때가 되면 가장 분명하게 나타난다. 여론 조사원들의 도움을 받는 미디어는 아무런 도전도 받지 않은 채 사람을 멍하게 만드는 질문들에 조건반사적으로 응답하게 만드는 파블로프식 민주주의Pavlovian democracy — "여론조사 결과는 유권자의 60%가 대통령이 직무를 잘 수행하고 있다고 믿는다는 것을 보여 준다" — 나, 서로 알고, 어울리며, 협력하는 것이 아닌 추상적인 시민의 범주들 — '30세 이상'이라든가 '연간 5만 달러 이상의 소득을 올리는 여성들' — 로 파편화된 민주주의를 구축해 나가는 것이다.

2001년 9월 11일에 일어났던 끔찍한 사건의 여파 속에서 부시 대통령은 제국의 시민이 처한 상황을 일별할 수 있는 기회를 제공했다. 전쟁을 선포하면서, 부시 대통령은 시민들에게 희생을 치를 대비를 해야 한다고 권고하지 않았다. 오히려 그는 시민들에게 [평소처럼-옮긴이] 소비하라고, "단결하되, [평소와 같이-옮긴이] 돈을 쓰고, 비행기도 타라"고 권했다. '시민을 관여시키지 않는다'라는 시나리오가 베트남전쟁과 제1차 걸프 전쟁 기간 동안 처음으로 작성된 바 있는데, 이와 동일한 시나리오에 따라서, 광범위한 시민 대다수는 테러와의 전쟁을 수행하는 동안에도 계속 "정상적으로" 살아가라는 권고를 받았다.[25] 더욱 불길한 사실은, 행정부가 미국인들에게 시민은 국가의 정보원이 되어야 한다고, 즉 이웃이나 직장 동료 혹은 일반 대중 가운데 수상한 점이 있으면 무엇이든 주의해서 살펴보고 유관 기관에 신고하라고 촉구했다는 점이다.

슈퍼파워와 제국의 특이성은 어떤 공식적인 헌법도 그 구조와 권위를 사전에 규정하고 제한하지 않는다는 데 있다.[26] 그 힘은 헌정주의가 정당성을 부여하는 제도 바깥에 있는 것으로 간주되고, 따라서 헌정주의가 부과하는 제한들로부터 면제된다. 프로이트적인 용어로 말하면, 슈퍼파워의 에고는 이드 ─ 기본적인 충동의 힘 ─ 에 의해 추동될 뿐, 약한 슈퍼에고 ─ 규범이나 양심 ─ 로부터 오직 미약한 제약을 받는 데 그친다고 묘사될 수도 있다. 슈퍼파워는 그 동맹 세력들을 무신경하게 무시하면서 자신의 에고를 과시하고, 조약에 규정된 의무가 자신을 구속한다고 생각되면 그런 의무의 준수를 포기해 버리며, 국제적 합의나 여러 국제기구 및 국제재판소가 자신의 무소불위한 행위의 자유, 곧 주권에 제한을 가하면 그런 합의를 체결하거나 국제기구에 가입하는 것을 거부하고, 자신이 위험하다고 간주하는 어떤 나라에도 침공하거나 전쟁을 벌일 권리를 가지고 있다고 주장한다.

슈퍼파워의 역동성은 과거의 제국들이 보여 준 역동성보다 훨씬 더 강력한데, 이는 지구화하는 자본주의의 역동성과 결합되어 있기 때문이다. 19세기 말과 20세기 초의 유럽의 제국들 역시 자본주의와 긴밀히 연결되어 있었고 또 그것에 반응하는 것이긴 했지만, 당시 자본주의의 유형과 제2차 세계대전 이후 자본주의가 보여 준 폭발적인 확장은 비교가 되지 않는다. 이와 유사하게, '테러와의 전쟁'이라는 발상을 통해 슈퍼파워와 지구화하는 자본은 어떤 경계도 알려지지 않은 영역, 힘과 부富의 개발을 위한 문자 그대로 한계가 없는 잠재력의 영역에 대한 권리를 주장했다.[27] 나치즘과 파시즘으로 대표되는 유형의 전체주의가 문화적 뿌리를 깊게 내리지 못했던 자유주의적인 정치적 실천을 억압함으로써 그 힘을 강화했던 반면, 슈퍼파워는 2세기 이상 확립되어 있던 자유주의와 민주주의로부터 총체성을 향한 충동을 이끌어 내고 있다. 그것은 뒤집어진 나치즘, 즉 '전도된 전체주의'다. 전도된 전체주의 역시 총체성을 열망하는 체계이기는 하지만, [나치즘과 달리-옮긴이] "지배 인종"Herrenvolk이 아니라 비용 효과라는 이데올로기에 의해, 그리고 '관념적인 것'이 아니라 '물질적인 것'에 의해 추동된다. 전도된 전체주의는 비효율적인 노예노동에 의존했던 나치 체계를 복제하지 않고도 노동자를 착취할 수 있고 또 그렇게 할 것이다.

미국의 슈퍼파워를 전도된 전체주의 체제로 묘사하는 것에 대한 명백한 반론이, 미국에서는 나치 체제에서 활용되었던 고문, 강제수용소 및 여타 테러 수단들에 해당하는 것들을 찾아볼 수 없다는 논점에 근거해서 제기될 수 있다. 그러나 대부분의 경우 나치의 테러는 인구 전체에 적용되지 않았다는 점을 상기하는 것이 중요하다. 오히려 나치의 테러가 지닌 목적은 막연한 공포 분위기와 고문의 소문들을 유포시킴으로써 대중에 대한 관리와 조작을 용이하게 만드는 것이었다. 나치는 일종의 동원 가능한 사회, 즉 끝없는 전쟁, 팽창 및 희생을 받아들일 준비가 되어 있는 사회를 원했던 것이다.

아프리카계 미국인의 노예화와 그것이 남겨 놓은 유산으로서 인종주의, 일상적인 굴욕, 비하가 지속되고 있다는 사실은, 슈퍼파워에서 나치의 테러와

학살에 대한 등가물을 찾아볼 수 없다는 주장을 수정할 것을 요구한다. 이처럼 지속되고 있는 인종주의는 전도된 전체주의에서 어떤 위상을 차지하는가?

미국의 인종주의가 보여 주는 두드러진 특징은 인종주의를 둘러싼 양가성이다. 우파 성향의 토크쇼를 제외한다면, 인종주의는 공적 수사에서 회피되고, 대부분의 정치인들에 의해 비난을 받으며, 법원의 결정, 헌법 조항 및 성문법에 의해 공식적으로 금지되고 있다. 인종주의는 평등과 공정성이라는 민주적 가치에 의해 비난받지만, 동시에 차별적인 고용 관행, 인종적으로 분리된 이웃, 형편없는 교육 시설, 그리고 의료보장 제도에서 여전히 존속하고 있다. 한편으로 차별 시정 조치, 공공 주택의 보조, 헤드 스타트Head Start* 와 같은 적극적인 진보적 정책이 실시되지만, 다른 한편으로 인종적 평등이라는 공식적인 규범과 인종적 불평등이라는 현실 사이의 간극을 좁히는 데는 시종일관 성공을 거두지 못하는 상황이 병존하고 있는 것이다. 이와 같은 지속적인 모호성은 체계 내에서 긍정적으로 기능한다. 그것은 [체계의 입장에서 보면-옮긴이] 희망과 절망 간의 유용한 긴장을 제공하는데, 이로 인해 인종주의의 대상이 된 사람들은 이 체계가 인종주의에 대응할 수 있다는 믿음과 인종주의라는 문제를 결코 근절할 수 없을 것이라는 절망 사이를 계속해서 오가게 된다. 슈퍼파워의 관점에서 보면, 그 결과는 민권운동처럼 간헐적으로 발생하는 공격적인 저항이다. 하지만 이런 저항은 약간의 양보로도 진정될 수 있고, 예상할 수 있는 것처럼 수동성의 상태로 되돌아갈 것이다. 이후 대중들이 그런 작은 양보의 실상을 깨닫게 되면, 그들은 언제나 닿지 않는 곳에 남아 있는 평등이 자신들을 조롱한다고 느끼면서 끝내 폭동을 일으키게 될 수도 있다. 그러나 그조차

---

* [옮긴이] 저소득층의 아동이 중상류층 아동들과 동등한 학교생활을 할 수 있도록 지원해 주는 미국의 교육 프로그램. 1965년부터 시행되었으며 교육은 물론 의료, 정신 건강, 영양 등 다방면에 걸친 포괄적 서비스를 제공한다.

나중에 또 다른 공식적인 연구의 대상이 된다. 정치적 행위는, 그것이 완전히 실패하지 않은 경우에도, 오직 임시방편적인 성과만을 달성할 수 있는 것처럼 보인다. 그런 임시방편적인 성과는 깊숙이 배태되어 있는 부정의를 다루기에는 한심할 정도로 역부족이다. 행위는 인종주의의 또 다른 희생자가 된다.

　나치즘과 전도된 전체주의를 구분하는 결정적인 요소는, 나치즘이 시민들을 동원하는 체제라면, 전도된 전체주의는 이전에 있었던 민주화의 경험에 겉치레의 찬사를 보내면서 시민들을 탈정치화한다는 점이다. 나치가 대중에게 집합적인 힘에 대한 의식과 자신감, 또는 '기쁨을 통해 느끼는 힘'*Kraft durch Freude*을 부여하려고 노력했던 반면, 전도된 전체주의 체제는 나약함의 느낌, 곧 민주적 신뢰의 부식, 정치적 무관심, 자아의 사사화에서 정점에 이르는 집단적인 무력감을 촉진시킨다. 나치가 불평불만 없이 지배자를 지지하고 잘 관리된 국민투표에서 열광적으로 '찬성표'를 던지는 지속적으로 동원되는 사회를 원했다면, 전도된 전체주의의 엘리트는 좀처럼 투표에 나서지 않는 **정치적으로 탈동원된** 사회를 원한다. 그 형태는 2001년 9월 11일의 끔찍한 사건 직후 부시 대통령에 의해 윤곽이 드러났다. 그는 테러에 대해서는 '전쟁'을 선포했지만, 민주적인 지도자가 전시에 통상 행하는 일을 수행하는 것은 거부했다. 일반적으로 전시에 대통령은 시민들을 동원하고, 다가올 희생에 대해 경고하며, 모든 사람들이 공동의 노력을 기울이도록 결집할 것을 촉구하기 마련이다. 하지만 2003년 이라크에 대한 선제공격적 전쟁을 감행하기 전까지의 군사적 준비 기간 동안, 부시 행정부는 국민을 통합하고 국민의 신뢰를 고무하려 하기는커녕, 정확히 그 반대 방향으로 나아갔다. 오히려 공포와 불신의 분위기를 일반화시키려 했던 것이다. 황색경보나 오렌지색 경보들이 불시에 내려졌고, 새롭게 밝혀진 테러 조직에 관한 주기적인 공표와 의심스러운 인물의 체포가 잇달았으며, 중동으로부터 온 이방인들을 골라내어 심문하고, 많은 경우 추방했다. 또 관타나모만에 악마의 섬으로 널리 알려진 수용소를 만들었는데,

이곳에서 아프가니스탄 전쟁에서 잡혀온 포로들은 가차 없는 심문을 받았다. 이 모든 일을 통해 관리들은 고문의 장점에 갑작스럽게 매료되었다. 정부에 의해 통제되고, 여러 단계의 경계경보로 점철된 공포 분위기가 공식적으로 승인된 소비자 쾌락주의와 나란히 존재했다는 사실이 역설적인 것처럼 보이지만, 이런 현실은 불안에 떠는 신민이 시민을 대체했다는 점을 말해 준다.

기업의 힘은 그런 공포 분위기의 조성과 탈정치화에 기여했다. 심지어 9·11 사태 이전에도 기업들은 무자비한 감량 경영downsizing을 실시했고, 기업의 전직 노동자에 대한 연금과 의료 혜택을 취소하거나 축소했으며, 사회보장제도를 민영화하고, 여전히 형편없는 의료 혜택 — 특히 가난한 사람들이 이용하기에는 — 조차 축소하려는 캠페인을 벌려 왔다. 그리고 정부는 기업에 대한 보조금과 혜택만을 남겨 놓은 채 그 복지 기능을 벗어 버리는 한편, 경찰 기능은 확대하고 있었다.

가장 의미심장한 전도는 바로 조직된 자본주의와 체제의 관계에서 일어났다. 독일의 '대기업'은 궁극적으로 국가의 통제에 종속되었다. 그러나 미국에서 기업은 기성 정계, 상류 계층에 퍼져 있는 이데올로기, 정책 형성, 그리고 주요 정당들의 위원회에서 지배적인 힘을 행사해 왔다. 생활권Lebensraum에 대한 요구에서 전형적으로 드러나는 나치 이데올로기가 제국Reich을 추구하는 요구의 배후에 있었던 추동력이었던 반면, 전도된 전체주의는 과학과 기술을 자본주의 경제로 통합함으로써 이용할 수 있게 된 끝없이 팽창하려는 힘에 의해 작동되었다.

총체화를 지향하는 20세기의 모든 체제들은 공격적이고, 이데올로기적으로 추동되면서도 대중적 지지를 받는 정당을 그 기반으로 삼았다. 이와 관련하여 미국은 정당 체계의 근본적인 변화를 경험했다. 미국 정당 체계에 관한 기본적인 가정은, 이른바 미국의 정당 체계에서 정당들은 이데올로기적인 성향을 갖지 않는 대부분의 유권자로부터 멀어지게 될 것이라는 두려움으로 인해 극단적인 이데올로기를 표출하는 것을 꺼리며, 따라서 이데올로기적 성향이 강한 정당은 으레 선거에서 패배하게 된다는 것이다. 미국의 양대 정당 가운데 하나인 공화당은 바로 이런 가정을 뒤집었다. 1964년 골드워터Barry Goldwater의 선거 캠페인에서 시작해서 레이건 대통령의 재임 기간(1980-88) 동안 탄력을 얻은 공화당원들은 미국 역사에서 독특한 현상으로 진화했다. 즉 열광적으로 교조적이고, 열성적이며, 무자비하고, 기회주의적으로 대중에 영합하며, 친기업적인 주요 정당이 다수 대중의 지지를 얻는 데 성공을 거두는 — 때로 미심쩍은 방법을 사용하기도 했지만 — 전례에 없던 현상이 나타난 것이다. 공화당이 좀 더 단호하고 편협한 이데올로기적 성장을 보임에 따라, 민주당은 공화당원들이 유권자들을 보수화하고 그렇게 함으로써 새로운 천 년의 정치를 위한 이데올로기적 매개변수를 새로이 설정하는 데 성공했다는 점을 인정했다. 민주당의 지도부는 이데올로기의 종언이라는 이데올로기를 받아들이면서 종래 자신들을 시지해 온 비판적이고 개혁 지향적인 유권자들을 거의 포기해 버렸다. 민주당의 지도자들은 중도주의라는 이름을 내걸고, 우선은 우파에게 호소하고 그다음으로 좌파의 관심을 촉구하며, 이 와중에도 항상 기업의 기부자에게 손을 내미는 기회주의적 정치를 추구했다. 소수파였을 때 공화당은 비판을 가하고 성실하게 대안을 제시하는 야당의 역할을 수행하는 데 매진했지만, 이와 달리 민주당원들은 비판을 가하는 데 있어서나 대안을 제시하는 데 있어서나 모두 무능한 면모를 보여 주었다. 권력에 대한 견제 체계로서의 양당 체계가 약화되었다는 사실은, 권력을 제한하거나 균형을 맞추도록 의도된 제도들이 전반적으로 약화되었다는 징후였다.

8. 슈퍼파워와 전도된 전체주의

아마도 전도된 전체주의의 구조에서 가장 중요한 요소는 그것이 나치즘의 선전 조직에 맞먹는 등가물을 가지고 있다는 점일 것이다. 민주주의가 번영하려면, 그 시민들이 교육을 받아야 할 뿐만 아니라 지식과 의견의 다양한 원천에 접근할 수 있는 기회를 가져야 한다는 것이 2세기 이상 지속된 하나의 공통된 의견이었다. 그런데 시민교육은 최근 수십 년 동안 극적인 전환을 겪었다. 즉 개인적인 잠재력을 실현하는 수단이라는 듀이식의 교육관으로부터 국가적으로 '표준화된 테스트'에 따라 수행 능력을 입증하는 학생들로 구성된 국민을 지향하는 구상으로 변모했던 것이다. 동시에 거대한 '연구 대학들'은 기업의 이익과 결합했고, 기업으로부터 충분한 재정을 지원받는 싱크탱크들think tanks 및 보수적 재단으로 대변되는 선전 기제들과 맞물리게 되었다. 결과적으로 비판적이고 독립적인 지성은 멸종의 위기에 처해 있는 것 같다. 나치당의 언론 통제에 비추어볼 때, 미국에서 벌어지고 있는 가장 불길한 사태 전개는 신문과 미디어 일반에서 반체제적인 목소리가 사실상 사라졌다는 점이다. 신문, 라디오, 텔레비전 방송국의 소유권이 상대적으로 소수의 수중에 집중됨으로써 문화와 의견이 거의 완전하게 동질화되는 사태가 초래되었다. 이처럼 동질화된 문화와 의견은 하찮은 경우가 대부분이고, 그렇지 않은 경우에도 진부하거나 요란한 정도로 보수적인 양상을 띤다. 미디어 소유권의 집중으로 나타난 궁극적인 결과는 시민 정신을 일종의 밀폐된 돔에 가두어 버린 것이다.

9. 슈퍼파워의 한계?

슈퍼파워와 그 계보학의 정수는 재선된 부시 행정부가 테러와의 전쟁을 선포했을 때 백일하에 드러났다. 부시 행정부는 "우리는 그것이 어디에 있든 지 간에 [테러와] 싸울 작정입니다"라고 경고했다. 일종의 혼성된 힘이자 제국 으로서 슈퍼파워는 국가의 정체성이 뚜렷이 구분되는 영토에 근거를 두고 그에 제한된다는 관념에 도전했다. 테러는, 기존의 국가들에 의해 지원을 받고는 있지만, 일반적으로는 모든 곳에 존재하고 특수하게는 어디에도 존재하지 않는다. 슈퍼파워가 민주주의를 희화화한다면, 테러는 혁명적 저항을 기괴하 게 풍자한 것이다.

가능한 헌정적 형식에 관한 아리스토텔레스의 분류가 탈근대 시대에 어떻게 적용될 수 있을지에 대해 슈퍼파워 혹은 전도된 전체주의가 기여하는 바가 있다고 가정할 경우, 우리는 아리스토텔레스가 그 모든 형식에 대해 제기했던 두 가지 질문을 슈퍼파워에 대해서도 던질 수 있게 된다. 첫째, 하나의 형식에 변화를 야기하는 것은 무엇인가? 다시 말해서, 지배자의 어떤 행동이 그 형식 의 정체성을 변화시킬 정도로 강력한 저항을 불러일으키는 사태를 초래하는 가? 둘째, 지배적인 체계의 변화를 강제할 수 있는 힘의 대조적인 양식은 무엇 인가?

아리스토텔레스에 따르면, 대개의 경우 저항은 지배 집단이 자신의 독특한 덕을 과도하게 밀어붙일 때 일어난다. 따라서 귀족정의 지배층이 고귀한 출생 을 증명할 수 없는 사람은 그 어떤 공직에도 임명될 수 없다는 법령을 제정하 거나, 보통의 중간계급 재산 소유자의 체제 ─ 아리스토텔레스의 "정체"政體 ─ 가 자신들만의 기준을 내세워 오직 보통의 재산 소유자만이 공직에 임명될 자 격이 있다는 법률을 제정하는 경우 [저항이 일어나게 된다 - 옮긴이].

그렇다면, [슈퍼파워라는 - 옮긴이] 혼성 체제의 지배 집단으로 하여금 과도하게 밀어 붙이게 하는 '덕'은 과연 무엇인가? 그 체제의 덕^{virtù}은 그 역동성, 곧 끊임없는 확장성에 있다. 정치경제적 형식이라는 측면에서 볼 때, 이 혼성 체제의 덕은 좀 더 커다란 보상과 더욱 확장된 착취의 기회를 약속하는 혁신에 대한 맹렬한 충동이다. 그 충동에서 놀랄 만한 점은, 가능한 것의 한계를 계속해서 확장해 가는 능력이다. 즉 이런 충동은 한계라는 관념을 일종의 자극, 곧 새로운 '도전'의 대상으로 만들어 버린다. 이 혼성 체제의 국가 형식인 슈퍼파워는 기술적 혁신과 점증하는 생산성을 통합하며, 이를 통해 포착하기 어려운 테러리스트, 새로운 시장, 새로운 에너지의 원천을 찾아 전 세계에 힘을 투사하면서 한계들에 거세게 반발한다.

만일 이런 경제적 정체가 슈퍼파워에 내재된 총체성을 지향하고 그 왜곡된 형태인 전체주의에 갈수록 근접하고자 하는 충동을 표현하고 있다면, 긴급한 질문은 '대항 패러다임을 발전시키기 위한 정치적 장소를 명확히 할 수 있는 대항력 ― 그것이 체제의 변화를 일으킬 정도로 충분히 강력한 것은 아닐지라도 ― 이 과연 존재하는가'라는 것이다.

10. 정치적 기회의 땅

언젠가 듀이는 '평등이 광범위하게 칭송되지만 실천적으로는 무의미할 때 평등은 위험해진다'고 언급한바 있다. 일찍이 토크빌도 민주주의에 관해 이와 유사한 지적을 했다. 그는 만일 민주주의가 일반 시민의 에너지를 정치적으로 끌어들이는 참여적 형식들을 계발하는 데 실패한다면, 정치적 포퓰리즘은 천편일률, 분노, 맹목적인 애국주의로 특징지어지는 문화적 포퓰리즘과 그가 "민주적 전제"라고 명명했던 반^反정치적 형식으로 전화될 것이라고 언급했던 것이다. 토크빌은 미국의 민주주의가 좋은 의미로 비어 있는 데서 시작되었다는 점을 강조했다. 그 당시 서유럽 사회와 달리, 미국에는 완고하게 자리 잡은 어떤 봉건적 영향력도 없었고, 태생적인 계급적 특권을 지지하는 체계도 없었으며, 집요하고 현저한 어떤 사회적 불평등도 없었다.

하나의 정치적 형식이 다른 형식으로 진화하는 정치적 순환에 대한 고전적인 통념과는 대조적으로, 미국의 민주주의는, 그 국가적 신화에 따르면, 스스로 설립된 것이며 파생적인 것이라기보다는 자생적인 것이었다. 덜 신화적으로 말하자면, 사실 미국은 풍부한 경제적 기회와 광대한 천연자원을 지닌 사회였다. 만약 사회적 평등과 정치적 민주주의에 대한 실험이 미국이라는 이상적인 조건 아래에서 실패한다면, 어떻게 다른 곳에서 성공하리라고 희망할 수 있겠는가?

그러나 그 실험의 성공 여부는, 미국의 독특함이 경제적 기회의 땅이라는 데에만 있는 것이 아니라 더 중요하게는 실천을 통해 개인이 민주주의자로 성장할 수 있는 정치적 기회의 땅이라는 점에 있다는 토크빌적 관점을 인식하는 데 달려 있었다. 미국의 초기 정치 이론가들은, 미국인들이 '천부적인' 자연권을 '부여 받았다'고 묘사하려는 열망 속에서, 인간이 사회를 이루기 이전에 이미 일종의 원형적인 시민권proto-citizenship을 보유하고 있다는 신화를 키워 냈다. 그들의 주장이 함의하는 바에 따르면, 시민이 된다는 것이란 단지 사회 상태 이전의 지위를 확정하는 것에 불과했다. 이와 대조적으로, 토크빌은 민주적 시민권을 전혀 다른 방식으로 인식해야 한다고 주장했다. 토크빌에 따르면, 민주적 시민권이란 단순히 선행하는 지위나 '자연적인' 지위가 아니며, 심지어 사회가 이루어진 후에 법에 의해 창출된 것도 아니었다. 오히려 민주적 시민권의 본질은 [민주적 시민으로 되어 가는―옮긴이] 생성의 과정에 있었다.

토크빌은 미국의 역사에서 언제 불평등이 다시 창궐하여 평등을 향한 강력한 경향을 반전시키게 될지 자신은 예측할 수 없다고 고백했다. 그러나 세 번째 천 년에 접어들면서 사회과학자들은, 미국에서 경제적·문화적·교육적·정치적 불평등이 꾸준히 확대되고 있고, 여론조사 결과는 의회와 같은 대의제도들이 공중의 신뢰를 상실했다는 점을 말해 주고 있으며, 정당은 대중적 의지를 형성하기에는 너무 허약한 도구가 되어 버렸다는 점을 규명해 왔다. 소규모의 침략 전쟁 — 파나마 전쟁, 그라나다 전쟁, 아프가니스탄 전쟁, 이라크 전쟁 등 — 이 대중적 호응을 얻었다는 사실은, 불길하게도 민주주의가 공허한 수사로 변질되고 있다는 것을 시사했다. 애국심과 통일감을 희미하게나마 환기시켰던 그런 전쟁들은 잠깐 동안이나마 공통의 정치적 정체성을 상기시키는 것으로 받아들여졌던 것이다.

11. 자본과 민주주의

만약 개인 사무실에서 이루어지는 비육체노동이 정부 사무실에서 이루어지는 비육체노동과는 조금이라도 다른 것이라고 우리 지식인들이 생각한다면, 이는 그야말로 어리석은 일이다. 그 둘은 기본적으로 동일하다. 사회학적으로 말하면, 근대국가란 공장과 마찬가지로 하나의 '기업'Betrieb이다. 이는 정확하게 근대국가의 역사적 특이성이다. …… 합리적으로 확립된 법과 규정에 따라 판결을 내리고 관리하는 관료제 국가를 지향하는 '진보'는, 오늘날에는 근대적인 자본주의의 발전과 매우 밀접하게 결부되어 있다.

_베버[28]

새로운 천 년이 시작될 무렵에 기업화된 국가의 정치와 민주적 정치에 대한 약속 사이의 대립이 최고조에 이르렀지만, 그럼에도 불구하고 광범위한 공적 위기의식은 전혀 나타나지 않았다. 어쩌면 위기가 없다는 것이 위기일 수도 있고(그람시Antonio Gramsci), 아니면 절박감이 부재한 것처럼 보이는 이유가 아마도 위기를 잘못된 곳에서 찾으려 했기 때문일 수도 있다.

근본적인 문제는 자본주의와 민주주의가 양립 가능한 노선을 따라 진화하고 이 와중에 서로를 강화할 것이라는 원초적인 가정, 또는 달리 표현해서, 노동자가 접하게 되는 문화가 시민의 문화와 일치할 것이라는 가정에 있었다. 그런 가정은 자본주의가 산업가나 투자자의 사유재산이 아니라 가족농家族農과 중소 사업가로 대표되는 개인적인 사유재산과 동일시되는 경우에만 지속될 수 있었다. 근본적으로 불평등한 보상을 분배하는 거대 재벌에 의해 지배되는 힘의 체계로서의 자본주의가 출현하면서, 자본주의의 반민주적 문화가 점차 좀 더 명확하게 드러났다. 마르크스는 단지 절반만 옳았다. 자본주의는 노동자 자체를 기형으로 만들었을 뿐만 아니라 시민으로서의 노동자도 불구화시켰다. 그 구조, 이데올로기 및 인간관계라는 측면에서 자본주의는 민주적 시민됨에 부합하지 않는 인간, 즉 이기적이고, 착취적이며, 경쟁적이고, 불평등한 결과를 얻기 위해 분투하며, 하향적 유동성을 두려워하는 인간을 양산하고 있었다. 이웃은 경쟁 상대이거나 유용하게 이용할 수 있는 대상일 뿐이었다. 자본이 점차 세계를 에워싸고, 정치적인 것에 기반을 둔 주장은 점점 더 시대착오적인 것이 됨에 따라, 자본은 '실재적인 것', 곧 '진정한 세계'를 가늠하는 표준이 되었다. 바로 그런 척도에 의해서, 공동선의 담지체이자 공동선의 증진을 위해 강력한 평등주의의 요소와 협력 및 무사 공평함을 요청했던 민주주의는 허위의 것, 즉 현실에 의해 반증된 것으로 나타났다.

분명히 현재의 조건에서 민주주의는 낡은 골동품처럼 박제화된 채 살아남을 수 있을지 모르지만, 이는 오직 자본의 필요에 이바지함으로써만 그럴 수 있을 것이다. 민주주의가 겪게 될 조건의 본질은 슈퍼파워를 지탱하는 이데올로기적 신조로 급속하게 부상한 두 가지 선거 공학적 슬로건에 잘 압축되어 있었다. 그것은 정부가 바로 적이라는 슬로건 — "정부가 더는 국민들의 등골을 빼먹지 못하게 하라" — 과 세금, 특히 부자들에게 매겨지는 세금은 '계급 전쟁'을 선포하는 것이며 따라서 최소한으로 축소되어야 한다는 슬로건 ― "그건 당신의 돈이야, 당신이 지켜야 돼" ― 이다. 두 번째 슬로건은 의료보장, 환경보호, 공공 교육과 같은 '민중주의적' 사업을 위해 세금이 사용되는 것을 방해했다. 따라서 이런 '민주주의'에서 인민은 민중적인 필요를 충족해 주고 고충을 해소해 주는 도구로 '자신들의' 정부를 이용하는 것을 스스로 거부할 것이었다. 정치적으로 새로운 헌정 구조가 암암리에 비준되었는데, 이는 거세된 '주권적 인민', 즉 힘을 발휘할 수단을 거부당한 독특한 인민을 확립했다.

이런 변화에 관련된 핵심적인 질문은 바로 '누가 그런 변화 과정을 정의하고 통제할 것인가, 그리고 누가 그 변화에 맞서 앞장서서 싸울 것인가?'라는 것이다. 과학기술의 발전으로 인해 지속적이고 가차 없는 변화를 도입하는 힘이 탈근대적 사회의 독특한 표식이자 그 사회를 조직하는 초점으로 이용될 수 있게 되었다. 이 점은 또한 엘리트들이 정책 결정을 독점하고 자신들을 옹호하는 문화를 촉진할 수 있는 자신들의 증빙 자격을 확립하는 원리로 간주될 수 있다. 몇몇 논자들이 지적했던 것처럼, 근대적 변화에 체현된 힘들이 세계 속에 진입할 때는 반드시 작업, 놀이, 개인적·사회적 관계들, 믿음, 주거지 등 기존의 삶의 형식들을 교란하거나 끝내 파괴해 버린다.[29] 그러나 중대한 변화를 정의하고, 지도하며, 그 변화에 재정 지원을 하고, 그 덕택에 번영을 구가하는 사람들은 좀처럼 그런 변화가 주는 충격 앞에 망연자실하거나 자신의 삶이 엉망이 되어 버리는 경험을 겪지 않으며, 그런 망가진 결과가 대대로 이어지지도 않는다.

12. 궁지에 몰린 민주주의

내가 재앙이라고 부르는 것은, 일정한 한계 내에서 궁극적인 것이 유지되고 있는 그런 사태가 아니라 재앙 속에서 궁극적인 것마저 날아가 버리는 사태다.

_블랑쇼30

민주주의에서 그 골자를 제거하는 것이 문제가 되는 이유는, 민주주의가 시민들의 평등한 권리, 통치의 실천 및 통제에 대한 시민들의 참여를 넘어선 그 이상을 의미했기 때문이다. 여기에는 '누가 정치를 장악하며, 누가 시민의 삶을 보살필 책임이 있는가'라는 질문뿐만 아니라 정치적인 것의 의미와 실질의 문제가 관련된다. 고전적인 설명 및 근대 초기의 설명에 따르면, 편향되어 있고 배타적인 체제로 공인된 귀족정, 과두정, 군주정과는 대조적으로 민주주의는 정치적 사회라는 관념에 고유한 힘, 이득, 위험, 희생이 평등하게 공유되어야 한다는 믿음을 표상했다. 이것은 공통성, 공적인 것*res publica*, 공적 소유물과 같은 뜻을 갖는 정치적인 것의 개념과 부합했다. 이런 관념은 공통성을 보살피는 것에 '대한 책임'[이는 '누가 정치를 지배하며, 누가 시민의 삶을 보살필 책임이 있는가'라는 질문과 연결된다-옮긴이]이라기보다 공통성을 보살피기 '위한 책임'[이는 정치적인 것의 실질적인 의미와 연결된다-옮긴이]을 함축했다. 시민들의 역할은 바로 민주적인 시민적 삶의 가치와 실천을 돌보고 방어하는 것이었다.31 17세기 영국의 수평파는 다음과 같이 충고한 바 있다. "우리가 잘 알고 있듯이, 우리는 이 세상에서의 고난에서 벗어나기 위해 언제나 허덕여야 한다는 엄청난 불행"을 겪고 있고, 그로 인해 "오직 우리 자신만 고려하고 오로지 우리 자신의 안락함만을 우선시하려는 유혹"에 시달리고 있지만, 그럼에도 불구하고 우리는 "우리 자신만큼이나 다른 사람에게도 동등한 중요성을 갖는 공통의 행복을 증진시키기 위해 노력을 기울여야 할" 의무를 지니고 있다.32 이와 대조적으로 20세기의 한 경제학자는, 투표라는 그다지 부담스럽지 않은 행위를 분석하면서도 다음과 같이 경고한 바 있다. 합리적 선택이라는 견지에서 볼 때, 개인 투표자들에게 투표의 기대 이익은 적으며 따라서 "투표 행위에 비용이 조금이라도 든다면 이는 참여율을 하락시켜 정치 체계의 붕괴를 야기할 수 있다"는 것이다.[33]

비록 대안적인 정치적 형식을 옹호하는 사람들이 그들의 체계 역시 모두의 이익을 위한 통치라는 정치적 통치political governance의 개념을 받아들인다고 주장했다 하더라도, 곧 민주주의의 핵심적 주장을 암묵적으로 인정했다고 하더라도, 통상 그들은 공동선을 달성하기 위해서는 인간들 사이에서 나타나는 재능의 '자연적' 불평등을 반영하는 힘과 관직의 분배가 필요하다고 주장했다. 그런 주장의 효과는, 평등과 정치적인 것 사이를 갈라놓으면서, 민주주의를 전도시키는 것이었다. 이로써 시민적 삶을 보살피기 위한 책임은, 비록 모두의 지지를 받아야겠지만, 소수에게 달려 있게 되었다. 한 저명한 정치과학자의 공식에 따르면, 문제는 "왜 시민들이 흥미를 갖지 못하고, 관심도 없으며, 능동적이지 않은가를 설명하는 것이 아니라, 왜 소수의 시민들만이 그런가를 설명하는 것"이었다.[34]

고대의 민주주의는 근대의 민주주의가 표방하는 것처럼 '포괄적인' 것은 아니었다. 여성, 미성년자, 노예 및 거류 외국인은, 민주주의란 오직 문화적으로 동질적이며 기본적인 정치적 경험을 어느 정도 갖추고 있는 시민들로 구성된 작은 규모의 국가에서만 가능하다는 근거하에 배제되었다. 예외적인 기량과 개인적인 덕을 지배 집단에게 요구되는 능력으로 간주하는 체계들과는 대조적으로, 민주주의의 근본적인 가정은 제도적인 실천과 과정이 평균적인 시민들이 습득하거나 가질 수 있는 정도의 기량에 맞추어져 있어야 한다는 것이었다.[35] 오늘날 대부분의 근대 민주주의 사회가 좀 더 확장된 '포괄성'을 자랑하고 있지만, 이 사회들 역시 통치governance란 대다수의 시민들이 본래 결여하고 있는 기량을 필요로 한다는 민주주의에 대한 고대 비판자들의 관점을 따르고 있다. 이처럼 일정한 엘리트주의가 민주주의에 접목되어 있는 것이다. 엘리트주의는 늘 그렇듯이 능력주의적 관점에서 옹호되곤 하지만, 오늘날의 엘리트주의는 관리주의적·과학적·기술 관료적 가치들을 실제로 더 반영하고 있다. 이런 식의 이해는 그런 가치들과 결부된 기량을 가지고 있거나 구매할 수 있는 사람들의 정치적 힘을 증진하지만, 대다수가 가지고 있는 정치적 결점들을 '투표자의 무관심'이나 무지로 낙인찍는다. 따라서 대다수가 삶을 영위하는 노동의 세계는 통치의 경험이나 요건과는 무관한 것처럼 보이는 반면, 기업적 삶의 상층부에서 얻은 경험들은 회전문을 통해 정부의 고위직에 들어갈 수 있는 자격 조건으로서의 역할을 한다.

13. 탈대의적 정치

민주주의의 동조자들이 민주주의에 대한 고전적인 개념 및 근대 초기의 개념이 부적절한 것이라고 시인했던 이론적 투항의 순간은, 민주주의의 가장 열렬한 옹호자 가운데 한 명인 페인Thomas Paine에게서 대표적으로 발견된다. 페인은 『인간의 권리』 *The Rights of Man*(1791~92)에서 "최초의 단순한 민주주의는 …… 원리적인 이유에서가 아니라 그 형식의 불편함으로 인해 확장하는 것이 불가능하다. …… 단순한 민주주의는 이차적인 수단의 도움 없이 스스로를 통치하는 사회였나"고 서술했다. 그럼에도 불구하고, 페인은 계속해서 민주주의가 "거대한 규모의 정부가 출범할 수 있는 진정한 자료를 제공한다"고 주장했다. 그가 제시한 해법은 "민주주의와 대의제를 접목시켜 …… 모든 다양한 이익 그리고 영토와 인구 전체를 포함하고 연합할 수 있는 정부 체계에 도달

하는 것"이었다.[36]

대의제와 '접목되어' 무한대로 확장 가능한 민주주의라는 발상은, 만약 군주정과 귀족정이 가지고 있는 '사악한' 이해관계가 공화주의적 헌정에 의해 배제된다면, 이해관계의 다양성이나 인구의 증가 및 영토의 확장에도 불구하고 대의제가 민주주의를 왜곡시키지 않을 것이라는 가정에 기초하고 있었다. [연방주의 및 현명한 소수자의 정치를 옹호했던 – 옮긴이] 해밀턴은 "국민적 힘의 흐름은 모든 정당한 권위의 진정한 원천", 곧 인민으로부터 "직접 흘러나와야 한다"고 말하면서 새로운 공화국을 위해 제안된 헌법이 얼마나 민주적 성격을 갖고 있는지에 관해 회의적이었던 사람들을 안심시키려 했다. 민주주의의 근본 원리에 대한 이런 노골적인 승인을 놓고 대개의 경우 이것이 해밀턴의 솔직하지 못한 면모를 보여 준다고 의심할 법하다. 그러나 여기에는 좀 더 많은 것이 관련되어 있었다. 다시 말해서, 과연 대의제가 민주주의를 대체해 버리는 것이 아니라 민주주의와 '접목'될 수 있을 것인가라는 질문뿐만 아니라 어떤 식으로든 대의제가 일그러져서 제한 정부라는 이상을 달성하기는커녕 민주주의의 왜곡으로 귀결되는 것은 아닌가라는 질문이 바로 그것이다. 실마리는 위에서 인용한 해밀턴의 구절 앞의 문장에 있다. "미국이라는 제국의 기본 구조는 인민의 동의라는 단단한 기반에 기초해야 한다."[37]

인민의 통치popular government를 광범위한 영토에 대한 효과적인 — 그리고 종종 지나치게 강력한 — 지배와 결합하기를 열망하던 아테네와 로마의 실패한 경험을 고려해 보았더라면, 인민주권과 '제국'을 '접목'하려는 시도는 중지되었을지도 모른다. 멀리 떨어져 있는 영역에까지 힘을 투사하려는 시도는 힘을 그 원천으로부터 분리시키는 효과를 가져왔다. 그런 위험은 대의제 정부에 의해 방지되는 것이 아니라 오히려 조장된다. 대의제 정부의 옹호자들은 대의제 정부가 다양한 이해관계의 확산을 돕는다고 주장하는데, 그것은 정확히 말해서 대의제 정부가 다수를 형성하는 데 따르는 어려움을 증대시키고, 따라서 사실상 '주권적 인민'을 파편화시킨다는 것을 의미한다. 이와 동시에 대의제 정부는 정부와 조직되지 않은 시민들 사이의 연결을 약화시키는데, 이로 인해 입법 및 정책 형성의 과정은 조직된 이익집단들에 취약해진다. 정의상, 이런 이익집단들은 시민에게 책임을 지는 것이 아니라 그들의 고용주에 대해 책임을 진다. 역설적으로, 조직된 이익집단의 압력에 개방되어 있을수록, 사실상 책임을 추적할 수 없게 되기 때문에, 정치는 점점 더 불투명해지고 심지어 불가사의해 보이는 지경에 빠진다. 이런 정치적 문제가 발생하는 시기는 부패된 형태가 정상적인 것이 되었을 때, 즉 부패가 체계를 작동시키는 데 순기능적일 정도로 만연해 있으며 동시에 그 체계가 스스로 개혁하는 것이 불가능할 정도로 깊게 내장되어 있을 때다.

부패란 그것이 영향을 미치고 있는 체계에 아무런 책임도 지지 않으면서 원하는 결과를 달성하려는 힘으로 정의 내릴 수도 있을 것이다. 부패는 대의제 정부의 심장부에서 힘의 작용 체계를 망가뜨린다. 대표자는 유권자들의 관심을 대표하고 증진하기는커녕 강력한 이익집단의 관심을 증진하고 보호하며, 그 대가로 선거운동 자금 및 여타 형태의 뇌물을 받는다. 로비스트들이 의회의 사무실을 쓰면서 하원 의원과 상원 의원을 위해 법안을 작성해 준다고 알려질 정도로 그들은 입법 과정에 통합되어 있다. 로비스트가 의회의 의원석에 다른 의원들과 함께 자유롭게 섞여 앉을 수 있도록 허용하자는 발의는 그야말로 간신히 저지되었다. 로비스트들의 힘, 그리고 선거 캠페인의 조직화, 선거 및 (싱크 탱크나 사적인 재단 등에 의한) 정책 형성, 나아가 (언론 재벌이나 여론조사 기관들에 의한) 여론의 형성 등은 모두 궁극적으로 오직 기업과 몇몇 개인들만이 조달할 수 있는 돈과 자원의 거대한 집중에 의존한다.

14. 탈주적 민주주의*

탈주하는fugitive: 홀연히 나타났다 사라지는. …… 위험, 적, 정의 혹은 소유자로부터 도망치는 사람.
…… 이리저리 옮겨 다니는 사람.
_옥스퍼드 영어 사전

    미국의 정치적 수사와 대중매체에서 민주주의가 계속해서 호명되고 있다
는 사실은, 민주주의의 활력을 입증하는 것이 아니라 민주주의를 약화시켜 왔
던 바로 그 힘의 구성체들을 정당화하는 신화를 뒷받침하는 데에도 민주주의
가 유용하다는 점을 입증한다. 민주주의의 현실적인 허약함은 정면 공격을 받
은 결과가 아니라 '민주주의란 관리될 수 있는 것이고, 필요하다면 무시될 수
도 있다'는 판단에 따른 결과다. 이런 판단에 근거한 전략들은 반민주적인 만

---

* [옮긴이] 이 절에서 잘 설명되고 있듯이, 월린은 'fugitive democracy'라는 개념을 통해 민주주의
를 안정된 제도로 사고하는 기존의 통념에 반대하여 민주주의의 일시성, 즉흥성을 강조하며, 그것
이 총체성에 저항하는 활력을 제공할 수 있다는 자신의 주장을 전개하고 있다. 이런 개념화를 위해
월린은, '간헐적으로 나타났다 사라지는' 또는 '의식적으로 위험이나 적을 피해 도주하는'이라는 두
가지 의미를 담고 있는 'fugitive'라는 단어를 양의적으로 활용한다. 따라서 'fugitive democracy'는
단순히 민주주의의 간헐적인 출몰만을 가리키는 것이 아니라 "현실에 이의를 제기하고 새로운 가
능성을 드러내는 행위"라는 적극적인 지향도 담고 있는 것이다. 옮긴이들은 이런 의미를 담기 위해
'명멸하는', '출몰하는', '탈주하는' 등의 번역어 가운데 어떤 것을 택할지 고민했다. 이 가운데 '명멸
하는'과 '출몰하는'은 민주주의의 일시성을 드러낼 수 있지만 월린이 놓치고 싶어 하지 않는 적극적
인 계기로서의 성격이 잘 드러나지 않은 반면, 후자의 측면을 담고 있는 '탈주하는'의 경우 포스트
모더니즘에 가까운 뉘앙스를 전해 주지 않을까 하는 우려를 가졌다. 들뢰즈와 가타리의 저술에 나
오는 'fuite'가 (지속적인 논쟁거리로 남아 있기는 하지만) 대개 '탈주'로 옮겨지는 가운데, '탈주'라
는 용어는 포스트모더니즘적 경향을 가리키는 대명사처럼 받아들여지고 있고, 게다가 월린은 포스
트모더니즘에 대해 비판적인 입장을 분명히 하고 있기 때문이다. 그럼에도 불구하고 '탈주하는'으
로 옮기게 된 것은, 많은 비평가들이 'fugitive democracy'라는 전망을 제시하면서 월린이 과도하
게 탈주적 계기를 강조했고 결과적으로 자신이 비판했던 포스트모더니즘에 합류한다고 비판을 가
하고 있다는 점을 고려한 데서 연유한다.

큼이나 반대의제적이다. 그런 전략들은 전형적으로 효율성, 균형 예산, 정치적 안정에 대한 경제의 필요, 통치 가능한 시민에 대한 정부의 필요, '신속 대응'에 대한 군부의 필요 등과 같은 경제적이고 관리주의적인 용어로 표현된다.38

민주주의의 쇠락을 절감하면서, 정부에 대한 시민 일반의 불신은 꾸준히 증가해 왔다. 모든 민주적 원리 가운데 가장 근본적인 원리, 곧 시민과 정부가 밀접하게 연결되어 있어야 한다는 원리의 약화는 국가로부터 시민의 소외와 이탈을 조장했다. 근대의 혁명들은 국가가 민주화될 것이고, 인민에게 의탁하게 될 것이며, 인민의 희망과 염원을 이루기 위한 도구가 될 것이라고 약속했지만 말이다. 따라서 우리는 다음과 같은 역설에 봉착한다. 즉 민주주의가 미국 체계의 정치적 정체성으로 널리 선포되었지만, 데모스는 그렇게 주장하는 미국 체계의 형식에 점점 더 환멸을 느끼고 있다는 것이다. 국가로부터의 이탈은 시민들이 그런 국가를 탈민주적일 뿐만 아니라 탈내의적이라고 여긴다는 표식들 가운데 하나다.

민주주의에 대한 슈퍼파워의 주장은 명백히 위선적인 것이지만, 그렇다 하더라도 그런 판단은 비판적이며 실질적인 민주주의론을 전제해야 한다. 민주주의론은 슈퍼파워의 주장이 갖는 천박함을 폭로하고, 어떤 유형의 실천이 민주적인 실천으로 간주될 수 있는지를 확인하며, 실제 사례들을 지시할 수 있는 민주주의의 개념을 묘사하거나 규정할 수 있어야 한다. 무엇보다도 민주주의론은 현대 세계에서 민주주의가 헤게모니적인 것이 아니라 사면초가에 몰려 있으며, 민주주의가 통제할 수 없는 구조들에 영구히 대립하여 존재한다는 점을 인식해야 한다. [이런 구조 아래에서-옮긴이] 다수결의 원리, 즉 민주주의의 힘의 원리는 허구적인 것이다. 다수란 돈, 조직, 미디어에 의해 조작된 인위적인 산물이기 때문이다.

[이런 민주주의론을 정립하기 위한-옮긴이] 출발점으로서 민주주의를 '하나의'

적절한 혹은 안정적인 형식으로 간주하는 고전적이고 근대적인 개념을 거부할 필요가 있다. [민주주의를 안정된 형식으로 만들고자 하는—옮긴이] 그런 종류의 제도화는, 일정한 과정 속에 가두어 민주적 정치를 길들이면서 민주주의를 하나의 체계로 환원하는 효과를 지니고 있다. 그 형식과 상관없이 근대적 체제는 경제의 진흥, 법의 집행, 군비 확충, 조세 징수, 통신 체계의 보호 및 통제 등과 같은 기능을 지속적으로 유지할 필요에 의해 조형된다. 그것은 민주주의보다는 행정을 위한 고안물이다. 민주주의가 성문헌법에 규정되는 것과 같은 안정된 형식으로 모양을 갖추게 될 때, 그것은 정착되며 또한 예측 가능하게 된다. 하지만 그렇게 되면 민주주의는 조작의 대상이 되어 버린다. 즉 관리되고 통제되는 주기적인 선거, 만들어지고 회유되며 호도되고 그러고 나서 조사되는 여론, 얼마나 많은 민주주의가 허용되어야 하는가를 지시하는 사법 체계의 재료가 되어 버리는 것이다.

민주주의는 안정적인 체계라기보다는 잠시 나타났다가 사라지는 일시적인 현상이다. 우리는 민주주의를 변화무쌍하고 무정형적인 것으로 생각할 수도 있을 터인데, 이는 위험을 무릅쓰고 자신들이 가진 작은 힘을 모으는 것 이외에는 부당한 것을 바로잡을 수단을 가지고 있지 않은 사람들의 입장에서 제기되는 고충에 호응하는 넓은 범위의 가능한 형식들 및 그 변형을 포함한다. 나는 다른 글에서 민주주의가 불가피하게 간헐적으로만 나타난다는 성격을 갖는다는 점을 강조하기 위해 그것을 "탈주적 민주주의"라고 불렀다.[39] 민주주의가 탈주의 성격을 갖는다는 점은 아리스토텔레스가 강조했던 민주주의에 관한 다음과 같은 사실과 직접적으로 관련된다. 아리스토텔레스가 보기에, 민주주의의 정치란 일을 해야만 하는 사람들, 그들의 이해를 증진시켜 줄 대리인을 고용할 수 없는 사람들, 단순한 투표와 구분되는 참여가 그들에게는 부득이하게 희생을 요구하는 일이 되는 사람들이 만들어 낸 창조물이었던 것이다. 대의제 정부가 이런 문제들을 해결할 것이라고 생각되었지만, 우리가 살

퍼본 것처럼, 그것은 능동적인 데모스를 이익집단의 전문화된 대표로 대체해 버렸고, 데모스를 이질적인 이해관계로 분열시킴으로써 집합적 행위의 가능성을 뭉개 버렸다. 그러나 그것은 존재하지도 않는 문제에 대한 해법이었다. 대의제 정부는 민주주의란 정부의 형식이고 그 안에서 인민이 통치한다고 가정했지만, 그런 가정은 잘못된 것이었다. 이는 그 가정이 한편으로 '인민'을 [정부가 생기기 – 옮긴이] 이전부터 존재하는 지속적인 실체로 제시했기 때문이며 — 링컨Abraham Lincoln의 "인민의, 인민에 의한, 인민을 위한 정부"처럼 — , 다른 한편으로 다스릴 수 있는 권위와 힘을 인민이 열망한다고 상정했기 때문이다.

기껏해야 그야말로 드문 경우에만 민주정이 '다스렸기' 때문에, 고대로부터 근대까지의 정치 이론가들은 민주주의를 전체 사회에 대해 가능한 헌정적 형식으로 취급함으로써 범주 착오를 범해 왔다. 아마 민주주의는 일차적으로 정치사회를 다스리거나 지배하는 것에 관한 것이 아니었을 텐데, 이는 아리스토텔레스가 민주주의를 여가 시간이 없는, 가난한 계급의 지배로 규정했을 때 지적했던 바로 그 이유 때문이다. 대다수의 인류는 언제나 경제적 생존이란 문제에 사로잡혀 있었던 것이다. 반면 전근대 시대에 귀족들 및 부유한 부르주아지는 그들의 경제적 형편으로 말미암아 정사政事와 군사軍事에 헌신할 시간을 가질 수 있었다. 그리고 근대에 와서 부유한 사람들은 자신들을 위해 통치해 줄 정치적 대리인들을 구매하고 육성했다. 민주주의는 언제나 기진맥진한 채로 압도당해 왔을 뿐이다.

그러나 민주주의로는 통치할 시민들을 모을 수 없고, 그 시민들은 서로 만날 여가조차 없을 것이라는 이 추론은, 동일한 이유로, 민주주의가 전체 사회에 대한 전통적인 의미의 통치와는 거리가 멀다는 점을 가리킨다. 곧 진지한 정치적 대안이 되기 위해서는 근대적 통치governance가 수반하는 모든 것과 더불어 어떤 지속적인 기반 위에서 전체 사회를 통치할 능력을 입증해야 하는데 민주주의는 이런 요건을 충족시킬 수 없다는 것이다. 진정한 질문은 민주주의가 전통적인 의미에서의 통치를 수행할 수 있느냐가 아니라, 왜 민주주의가 그렇게 하길 바라는가라는 것이다. 이런 의미에서 통치한다는 것은, 사실상 구조적으로 위계적이고 엘리트주의적이며, 탈주적이기보다는 영구적인 관료적 제도들에 맞추어 인원을 배치하는 것을 의미하기 때문이다. 간단히 말해서 전통적인 의미에서의 통치는 반민주적이다.

대안은 민주주의자들이 일원화된 정체政體를 통제하기 위해 애써야 한다는 것도 아니고, '하나의' 영구적인 형식을 찾아 헤매는 데 있는 것도 아니다. 하나의 대안은 민주주의를 다수의 필요와 열망에 관한 기초적인 정치로 재개념화하는 것이다.[40] 서구 역사를 통틀어, 군주정, 귀족정 및 공화정하에서 다수는 노동자, 농민, 군인, 납세자로서 착취당하고 배제되어 왔다. 보통 사람들의 존재 방식은 생계와 필요에 너무나 사로잡혀 있어서 그들이 받는 대우에 저항하기에는 너무 불충분한 자원만을 다수에게 남겨 놓았다.

따라서 아마도 민주주의는 하나의 형식이나 헌정이라기보다는 형식들에 관한 것이어야 할 것이다. 그리고 민주주의는 제도화된 과정이 아니라, 순간의 경험이며, 고생고생해서라도 남부럽지 않은 삶을 영위하는 것이 주된 관심사 ─ 시간과 에너지를 요구한다는 점에서 ─ 인 사람들이 절실하게 느끼는 고충이나 필요에 대한 반응의 결정체로 인식되어야 한다. 민주주의가 나타나는 그 순간은 단순한 일시적인 시간의 관점에서가 아니라 현실에 이의를 제기하고 새로운 가능성을 드러내는 행위의 관점에서 이해되어야 한다.

그러므로 경제적 조직의 지배적인 양식이 부과하는 정치적 한계를 감안한다면, 민주주의가 동원할 수 있는 힘의 종류와 양은 오직 작은 규모일 뿐이다. 민주적 정치의 힘은 지역 정부와 지역적 통제하에 있는 제도들 ─ 학교, 지역 의료 기관, 경찰과 소방서, 휴양 시설, 문화시설들, 재산세 등 ─ 사이에 분산되어 있는 조그만 장소들의 다양성multiplicity에, 그리고 자신들의 필요를 충족시키기 위해 당장의 임시적인 형식을 고안해 내는 평범한 사람들의 독창성에 달려 있다.[41] 다양성은 반ᵗ총체성의 정치다. 즉 다양성은 작은 정치, 작은 기획, 작은 사업, 많은 즉흥성이며, 따라서 국가와 거대 기업의 중앙집권화에 대한 절대 반대를 함축한다. 동시에 다양성은 미국인들의 시민됨의 역사적인 성격과 그것이 지닌 핵심적인 함의에도 부합한다. 부상하는 슈퍼파워 속에서 시민됨은 시민적 존재의 본질적인 양식은 말할 것도 없고, 민주주의적 다양성의 일부도 아니게 되었기 때문이다.

미국인은 단지 하나의 국민nation을 이루는 시민일 뿐만 아니라, 이웃, 지역, 카운티, 그리고 주를 구성하는 시민이기도 하다. 이런 실체들은 연방 헌법보다도 오랜 제도적 기원과 참여적 전통을 가지고 있다. 그것들은 민주주의를 영속화하는 데 근본적인 역할을 수행한다. 그것들은 데모스의 목적을 달성하고 그런 목적들을 법과 정책으로 전환시키는 수단들을 제공할 뿐만 아니라, 일반 시민들이 정치적이 되는 실천과 그 가치를 배우는 "민주주의의 학교"(토크빌)이기도 하다. 역사적으로, 그리고 프랑스와 같은 국가와는 대조적으로, 미국에서 국가에 대한 저항은 대도시의 중심부로부터가 아니라 지역, 주, 지방으로부터 비롯되었다.[42] 지역주의가 전국적인 차원에서는 풀타임 행위자가 되기에 충분한 여가 시간을 갖지 못한 일반 시민이 지역적인 차원에서는 마술을 부린 것처럼 그런 시간을 갖게 되는 것을 의미하는 것은 아니다. 민주주의가 탈주적인 성격을 갖는다는 것이, 억눌린 혁명의 열정이 엄청난 파괴를 감행할 기회를 기다리고 있다는 것을 의미하는 것도 아니다. 데모스의 물질적 조건을 감안하면, 민주주의의 실태는 불가피하게 단속적인 일화처럼 그리고 그때그때의 상황에 따라 모습을 드러내는 것일 수밖에 없다. 시민이 된다는 것은 공통의 과제에 참여하기 위해, 곧 그런 과제를 규정하는 심의에 참여하고 그에 따르는 책임을 질 수 있기 위해 최선을 다하는 것을 수반한다. 존재의 양식으로서 시민됨은 일상적인 활동, 책임 및 관계의 주기적이고 반복적인 변화 속에서 살아가는 것이다.

민주주의의 가능성은 전통적인 지역주의와 탈근대적인 원심주의를 결합하는 데 달려 있다. 그런 과제는 실로 어마어마한 것인데, 무엇보다 지역주의가 전형적으로 '반근대적인 원심주의자들'이 자리 잡고 있는 장소이기 때문이다. 이런 반근대적인 원심주의자들 — 큐클럭스클랜KKK, Ku Klux Klan, 남녀 민병대원, 신新나치, 기독교 근본주의자들, 공공 도서관 및 학교 도서관에 대한 자칭 검열관들, '최초의 헌법' 지지자들 등 — 은 차이를 중시하는 대부분의 탈근대적 담론에서 환영받지 못하고 있다. 이처럼 시대에 뒤진 것들을 지지하는 자들이 지닌 정치적 가치는 진리의 담지자로서가 아니라 선동가로서다. 그들의 열렬한 헌신은, 공중으로 하여금 자신들이 믿는 바와 집합적인 전통을 구성하는 혼합된 유산을 인식하도록 자극하면서, 공중의 자의식을 이끌어 낼 수 있다. 그로 인해 발생하는 논쟁들은 반反총체성이라는 대의와 그 활력에 핵심적인 역할을 담당한다.

이것은 민주주의를 제도화된 부정 혹은 "보편화된 포기"로 정의하려는 것이 아니다.[43] 중요한 것은 '이의 제기'라는 식상한 쟁점이 아니라, 상시적인 반대라는 민주주의의 위상 그리고 정치적 경험을 지속적으로 재창출하는 것이 민주주의에 대해 갖는 중요성이다. 현재 진행 중인 반대는 이른바 선진사회, 현대의 기업 및 슈퍼파워 국가의 지배적인 제도들의 특징을 이루고 있는 본질적으로 반민주적인 구조와 규범에 의해 규정된다. 그것들의 정치는 국가 기밀arcana imperii에 기반을 둔 전근대적 정치와 놀랄 정도로 유사하다. 그것들은 고도의 기밀하에 운용되고 이에 따라 단지 소수만이 힘과 책임의 행사에 대해 실제 경험을 갖게 된다. 경제적 정체政體는 그 시민들에게 정치 자체에 대한 직접적 경험과 힘에 대한 책임을 결여하도록 만든다. 그러나 바로 그것이야말로 지역주의라는 정치적 생태학이 특유하게 가지고 있는 '재생 가능한 자원'이다. 기업과 그 공모자인 탈근대국가와 달리, 지역주의는 직접적인 정치적 경험을 산출할 수 있고 계속해서 쇄신할 수 있는 것이다.

이런저런 측면에서 민주주의는 가장 강력한 사회제도들의 결정체와 충돌한다. 그 주요 제도들이 소득, 지위 및 힘의 구분과 차등을 통상적으로 산출하도록 구조화되어 있고, 그 기술적 혁신들이 훨씬 더 급속하고 단호하게 과거와 현재를 분리하는 역할을 하는 사회에서, 민주주의는 공동선의 가치를 육성하려는 시도를 의미한다. 따라서 민주주의는 이전 세대들에 의해 가능해진 사회적 협력과 성취의 혜택을 좀 더 광범위한 시민들에게 확장하기 위해 끊임없이 투쟁하는 것이다. 그 목적은 평등이라는 이름으로 [하향-옮긴이] 평준화를 단행하거나 마음속에 [어떤 바람직한 과거에 대한-옮긴이] 향수를 간직하게 만드는 것이 아니다. 오히려 그 목적은, 일반 시민들의 일상생활에 긴밀하게 영향을 미치는 조건들과 결정들에 대한 통제력을 일정 정도 획득함으로써 심각하면서도 치유할 수 있는 고충을 경감해 주는 것, 그리고 교육적·문화적 경험에 대한 접근 및 건강한 삶을 영위할 수 있는 조건들을 정상적으로 기대할 수 있도록 함으로써 포괄성의 범위를 평등한 시민적 권리의 향유 이상으로 확장시키는 것이다.

데모스는 시민 일반일 뿐만 아니라 일상적인 문화적 전통의 전달자라는 의미도 갖는데, 이는 아테네인들이 가졌던 민주주의에 대한 좁은 의미의 정치적 개념으로는 결코 파악되지 않았던 역할이었다. 정치 이론가들은 대개 문화적 가치와 통치 관행의 지속성을 보존하는 역할이 자연적으로 엘리트 — 군주, 귀족, 사제, 학자, 그리고 나중에는 계몽된 부르주아지 — 에게 속한다고 상정해 왔다. 그러나 17세기 이래 엘리트는 의식적으로 불연속성의 담지자가 되었다. 처음에는 근대화론자로서, 다음에는 탈근대화론자로서 훨씬 더 격렬하게 불연속성의 담지자가 되었던 것이다. 진보는 엘리트들에 의해 결정되고 비엘리트들이 그 고통을 감당하는 것이었지만, 정치적 연속성은 불연속성이 수반하는 혼란에 맞서 가장 큰 타격을 받는 사람들의 선택으로 나타난다. 경제적·과학적·기술적 진보와 분리할 수 없는 것처럼 보이는 문화적·규범적·심리적 상실은 좀처럼 선거의 핵심적인 사안이 되지 못했고, 하물며 광범위한 공적 심의와 선택에 있어서 중요한 요소도 아니었다.

이는 중대한 정치적 문제인데, 왜냐하면 변화는 탈근대사회의 본질이지만 변화의 형태에 관한 결정은 정부와 기업 및 (그보다는 좀 약하지만) 학계의 엘리트에 의해 선점되었기 때문이다. 탈근대적 변화는 주로 기술적 혁신과 발전의 문제이며 이런 것들은 점점 더 난해하게 표현되고 있기 때문에, 전문 과학자들과 행정 관리자들은 이를 상대적으로 용이하게 전유해 왔다. 만약 기술적 혁신을 마르크스가 "영구 혁명"이라고 불렀던 것의 후기 근대적 형태 혹은 탈근대적 형태라는 식으로 좀 더 정확하게 묘사하지 않고 단순히 '변화'로만 간주한다면, 이런 사태 전개의 중요성은 모호해져 버린다.

인간의 삶의 조건들, 형태들, 그리고 전망들을 지속적으로 변화시켜 왔던 혁명은 압도적으로 위로부터의 혁명이었다. 엘리트에 의해 선동되고 영속화되었던 영구 혁명은 내가 '기업주의적corporatist 국가라는 혼성물'이라고 불렀던 것에 재현되어 있다. 그 핵심 요소는 총체성을 지향하는 한결같은 충동, 그러나 그런 충동이 수반하는 혼란에 의해 주기적으로 가로막히기 때문에 결코 정점에 도달하지 못하는 충동이다. 기업주의적 국가의 진전과 그것이 수반하는 영구 혁명은 제2권의 결론에서 언급했던 조건들을 더 이상 쓸모없는 것으로 만들었다. 거기에서 나는 핵심 쟁점이 공동체와 권위를 조화시키는 것이라고 이야기했다. 하지만 그 이후 탈근대적 회의론은 권위라는 관념에 구멍을 내버렸으며, 다중적 정체성에 도취되어 있는 탈근대적 개인주의는 공동체라는 관념을 너무나 편협한 것으로 받아들이게 되었고, 그 결과 공동체의 지지자들은 [전통적인 미국적 결사체를 상징하는-옮긴이] 볼링 리그를 잃어버린 활력의 기념비로서 칭송하게끔 만들었다. 회의론은 지속적인 변화에 대한 자연적인 보완물이 되어 버린 한편, 개인주의는 미리 준비된 메뉴에 따라 선택 가능한 제품들을 '맞춤 제작'해서 소비자들을 끌어들이는 기술적 창의성에 의해 쉽게 충족되어 버린다.

이 시점에서 핵심적인 도전은 조화를 이루어 가는 데 있는 것이 아니라 부조화를 조성하는 데 있다. 즉 어떻게 민주주의가 총체성에 정당성을 제공할 것인가가 아니라 어떻게 하면 불협화음을 일으키는 민주주의를 육성할 수 있을 것인가에 있다. 이는 현대판 니체주의자들의 현란하지만 공허한 방식의 불협화음이 아니라 일상적인 것에 뿌리를 내리고 있기 때문에 한계들의 가치를 확인시켜 주는 불협화음이다. 파시즘의 시대에 그람시는 핵심적인 과제가 "[이탈리아 – 옮긴이] 민족의 시민적 의식"을 불러일으키는 것이라고 여겼다.[44] 슈퍼파워의 시대에 그 과제는 사회의 시민적 양심을 육성하는 것이다.

옮기고 나서

이 책은 미국의 저명한 정치사상가인 셸던 월린(Sheldon S. Wolin)의 대표적인 저작인 『정치와 비전: 서구 정치사상사에서의 지속과 혁신』(*Politics and Vision: Continuity and Innovation in Western Political Theory*)(1960년 초판, 2004년 증보판) 가운데 새롭게 추가된 제11장 "근대적 힘에서 탈근대적 힘으로"부터 제17장 "탈근대적 민주주의: 가상의 것인가 아니면 탈주적인 것인가?"까지를 강정인·김용찬·박동천·이지윤·장동진·홍태영이 함께 『정치와 비전 3』(이하 '제3권')이라는 제목으로 우리말로 옮긴 것이다. 2007년 12월경에 강정인·공진성·이지윤이 함께 영문본의 제1장부터 제6장까지를 『정치와 비전 1』(이하 '제1권')이라는 제목으로 번역·출간했다. 이어서 2009년 7월 말경에 강정인·이지윤이 함께 영문본의 제7장부터 제10장까지를 『정치와 비전 2』(이하 '제2권')이라는 제목으로 번역·출간했다. 제3권은 모두 여섯 명의 학자가 우리말 옮긴이로 참여했지만, 이들을 대신해 강정인이 '후기'를 작성했다. 이 책의 저자인 월린의 생애와 저술 및 정치사상에 관해서는 이미 제1권에서 어느 정도 소개했기 때문에, 여기서는 옮긴이로서 독자들의 편의와 이해를 돕기 위해 제3권의 개요와 (제3권을 중심으로 한) 저작 전체에 대한 학문적 평가를 간략히 서술하고, 이어서 이 책의 번역·출판 과정에 대한 연혁과 감사의 글을 기록으로 남기고자 한다.

1

『정치와 비전』 제3권을 출간함으로써 오랜 시간을 끌어온 번역 작업을 마침내 마무리 짓게 되었다. 이 책에 번역·수록된 제11장~제17장은 월린이 2004년에 출간한 증보판 『정치와 비전』에 새롭게 추가된 것이다. 초판이 1960년에 간행된 것을 상기하면 초판이 나온 지 44년이 지나 동일한 저자가 일곱 개 장을 추가해 증보판을 펴낸 것이다. 새롭게 추가된 장들에서 저자는 미국의 현대 정치사상가(또는 정치 이론가)로서 지난 40여 년 동안 스스로 목격하고 겪은 정치적 변화와 경험을 비판적으로 성찰하면서 서구 정치사상사의 관점에서 정치와 '정치적인 것'에 대한 이론화 작업을 지속적으로 수행하고 있다.

월린은 "증보판 서문"에서 1960년에 출간된 초판과 2004년에 출간된 증보판 사이에 나타난 변화와 일관성에 대해 스스로 이렇게 말하고 있다.

[초판과 증보판의 대조를 통해 – 옮긴이] 독자는 저자 자신의 이해와 정치적 신념의 진화에 주목할 수 있을 것이다. 그런 이해와 신념은 자유주의에서 민주주의로의 여정旅程으로 요약될 수 있을 법하다. 초판의 부제는 40년 전의 세계관을 매우 잘 요약하고 있는데, 그 부제에서 정치와 이론의 매개변수는 '지속'과 '혁신'으로 설정되었다. 근대의 기업에 초점을 맞춘 제10장을 제외하고, 이전의 장들은 현재를 분석하기보다는 과거를 해석하는 데 일차적인 관심을 두고 있었다. 이제 새롭게 추가된 장들은 그런 해석을 부정하기보다는 그런 해석들을 현대의 정치 세계에 직접 적용하려는 시도의 일환이다. 증보판과 초판을 일관하는 기본적인 신념은 만약 우리가 우리 시대의 정치에 제대로 대처하고자 한다면 과거 이론에 대한 비판적인 지식이 우리의 사유를 예리하게 하고 우리의 감수성을 키우는 데 비할 바 없이 도움이 될 수 있다는 것이다(제3권 증보판 서문, 14쪽).

그런데 증보판은 20세기 후반 이른바 '자유세계'의 지도국이자 패권국으로 미국의 자유민주주의 체제가 전체주의 체제와의 두 차례 대결에서 — 한 번은 나치 독일 등을 상대로 한 제2차 세계대전이라는 단기적인 전면전에서, 다른 한 번은 소련 등 공산 진영을 상대로 한 장기적인 냉전에서 — 승리를 거두기는 했지만, 그 과정에서 겪게 된 부정적 변화를 아래와 같은 예리한 질문을 새롭게 던지면서 추적·분석하고 있다.

> 자유민주주의가, 인간사에서 가장 고도로 권력이 집중된 것으로 널리 인지된 체제에 맞서, 거의 반세기 동안 준동원 상태에서 '총체적 전쟁'을 수행하면서도, 그 자체가 심대한 변화, 심지어 체제 변화를 겪지 않는다는 것이 대체 가능한 일인가?(제3권 증보판 서문, 15쪽)

이와 같은 새로운 문제의식에 따라 월린은 한때 '역사의 종언'이라는 유행어에 나타난 것과 같은 의기양양한 승자의 관점이 아니라, ('적과 싸우면서 적을 닮아 간다'는 유명한 말이 상기시키는 것처럼) 자신들이 패배시킨 적을 전도된 닮은꼴 방식으로 재현하고 있다는 '전도된 전체주의'라는 새로운 개념을 통해, 슈퍼파워 미국의 '타락한' 자유민주주의 체제를 비판적이고 비관적인 관점에서 날카롭게 파헤치고 있다.* 이런 변화는 실로 놀라운 역사의 아이러니라 하지 않을 수 없다. 이른바 '역사의 종언' 명제는 자유민주주의 체제가 그 체제를 직접적으로 위협하는 전체주의 체제와의 반세기에 걸친 필사적인 대결에서 최종적으로 승리를 거두고 그 '체제를 보존'함으로써 자유민주주의를 생존 가능한 유일한 역사적 대안으로 정립하는 데 성공했다고 선언한다. 그러나 최종

---

* 이 주제와 관련해서는 월린이 2008년 프린스턴대학교 출판부를 통해 출간한 『민주주의 주식회사: 관리되는 민주주의와 전도된 전체주의의 유령』(*Democracy, Inc.: Managed Democracy and the Specter of Inverted Totalitarianism*[『이것을 민주주의라고 말할 수 있을까?』, 우석영 옮김, 후마니타스, 2013])이라는 저작을 참고할 것을 강력히 추천한다. 이 책에서 월린은 『정치와 비전』(증보판)에서 사용했던 중요한 개념들 — '전도된 전체주의', '민주주의의 타락', '슈퍼파워', '제국' 등 — 을 적용하여 부시 행정부에 이르기까지 현대 미국 정치의 실상을 신랄하게 비판하고 있다.

적으로 승리한 그 자유민주주의 체제가 (그나마 예전에 자랑스럽게 생각하던) 자신의 긍정적인 모습이 아니라 자신이 혐오했던 적의 모습을 전도된 방식으로 구현하고 있고, 더욱이 대부분의 미국 시민들이 이를 자각조차 못하고 있다면, 그 승리는 무의미해지고 심지어 자기 패배적self-defeating이라 할 수 있기 때문이다. 바로 이 지점에서 정치사상가로서 월린의 절박한 위기의식이 최고조에 달하고 있다.

월린은 나치즘과 전도된 전체주의를 아래와 같이 대비한다.

> 나치즘과 전도된 전체주의를 구분하는 결정적인 요소는, 나치즘이 시민들을 동원하는 체제라면, 전도된 전체주의는 이전에 있었던 민주화의 경험에 겉치레의 찬사를 보내면서 시민들을 탈정치화한다는 점이다. 나치가 대중에게 집합적인 힘에 대한 의식과 자신감, 또는 '기쁨을 통해 느끼는 힘'Kraft durch Freude을 부여하려고 노력했던 반면, 전도된 전체주의 체제는 나약함의 느낌, 곧 민주적 신뢰의 부식, 정치적 무관심, 자아의 사사화에서 정점에 이르는 집단적인 무력감을 촉진시킨다. 나치가 불평불만 없이 지배자를 지지하고 잘 관리된 국민투표에서 열광적으로 '찬성표'를 던지는 지속적으로 동원되는 사회를 원했다면, 전도된 전체주의의 엘리트는 좀처럼 투표에 나서지 않는 정치적으로 탈동원된 사회를 원한다(제3권 제17장, 367쪽).

물론 두 차례에 걸친 전체주의 체제와의 대결만이 자유민주주의의 이런 변질과 타락을 초래한 것은 아니다. 그것은 근대 이후 서구에서 전개된 과학적·경제적·정치적 혁명들이 역사상 유례없는 근대적 힘의 구조를 지속적으로 발전시키고 완성함으로써 도달한 결말이기도 하다. 다시 말해, 일찍이 베이컨Francis Bacon이 제시한 비전에 따리 20세기 말까지 간단없이 진행되어 온 과학 기술의 눈부신 발전과 혁신, 자본주의의 최대 비판자인 마르크스가 (그의 예언과 달리 '붕괴되지 않은') 자본주의사회에서 발견한 "자유롭고, 방해받지 않으며, 진보적이고, 보편적인 생산력의 발전," 그리고 "과학적·경제적·정치적 혁명들에 의해 형성된 근대적 힘의 구조를 통합시킨 행정적 관료제"에 의해 이미 예비되었던 잠재력을 최종적으로 현실화한 것이기도 하다.

이런 관점에서 월린은 전체주의를 나치즘 등에 국한시켜 '근대성의 일탈'로 보는 종래의 해석에 반대하며, 오히려 그것을 '근대적 힘'의 '총체적 표현'으로 규정한다.

> 전체주의는 다음과 같은 변증법적 대립물들의 체제라고 규정할 수 있다. 즉 전체주의는 사회의 모든 측면을 통제하는 초거대 조직화가 "체계의 부재"와 결합된 체제이며, '외래의' 요소들을 지배하려 할 뿐 흡수하려고 하지는 않는 팽창주의적 체제이고, 엘리트주의와 국민투표적 민주주의가 공존하는 체제이며, 계산된 억압으로 체계의 혼란을 통제하는 체제이고, 현재는 승리의 개가를 울리지만 희생과 투쟁의 암울한 미래를 약속할 뿐인 체제다. 이런 시각에서 볼 때 전체주의는 결코 독일에 국한된 현상이 아니라, 근대적 힘의 잠재력에 의해 촉진된 총체성에 대한 독특하게 근대적인 일련의 열망을 대변하는 현상이다(제3권 제13장, 135쪽).

이런 논리의 연장선상에서 월린은 이른바 전체주의 체제와 투쟁했던 미국 정치에서 "전체화하는 권력 …… 을 지향하는 일정한 경향"을 발견하고 이를 '전도된 전체주의'라고 명명한다. 월린의 '전도된 전체주의' 개념은 제3권 "증보판 서문"에서 밝힌 것처럼 "상호 대조적인 그러나 반드시 대립적이지 않은 두 가지 경향의 특이한 조합을 강조하기" 위해 고안된 개념이다. 여기서 첫 번째 경향은 "제2차 세계대전 이후 많은 서유럽 국가들에서는 물론 미국에서도" 목격된 "시민들을 단속하고, 처벌하고, 측정하고, 지시하고, 그들에게 영향을 미치는 정부 능력의 증대"를 지칭한다. 두 번째 경향은 "인종, 젠더, 종족 또는 성적 취향에 근거한 차별적인 관행을 폐지"하고자 했던 전향적인 자유민주적 개혁이 가져온 시민들의 권력 강화라는 긍정적인 효과의 배후에 놓여 있는 이면적 효과, 곧 궁극적으로 민주적인 "반대 진영을 분열시키고 파편화"시켜, 정부 권력의 증대를 저지하고 민주주의를 강화할 수 있는 "효과적인 다수의 형성"을 무력화시키고, 그 결과 분할통치를 가능케 한 복합적이고 역설적인 경향을 지칭한다(제3권 증보판 서문, 16쪽; 제1권으로 보면 15-16쪽 지칭).

월린은 근대적 힘의 구조를 절정에 이르도록 완성시킨 미국이 20세기 후반 이후, 특히 9·11 테러 이후 "공산주의에 맞서기 위한 안보 국가를 거쳐서, 전 세계에서 테러리즘을 뿌리 뽑겠다고 맹세한 슈퍼파워"로 전환했다고 주장하면서, 슈퍼파워를 근대 권력에서 탈근대 권력으로의 (한편으로는 연속적이고 다른 한편으로는 단절적인) 복합적 진화 양상과 연관시킨다.

> 탈근대적 총체성은 '좋은 총체성, 곧 전체 인구를 경직되게 강제하지 않는 방향으로 고도로 집중된 힘을 발휘하는 '슈퍼파워'일 수 있다. 그러나 강제하지 않는 대신 슈퍼파워는 일정한 무질서와 만연한 범죄에 대한 광범위하게 공유된 두려움, 부패, 전복의 위험, 극단적인 개인주의, 도덕적 경직성에 대비되는 도덕적 해이 등에 의존해 번창할 수도 있다. 슈퍼파워는 반대 세력을 박해하기보다는 영향력을 약화시키거나 주변화시키든지, [나치처럼-옮긴이] 돌격대를 투입하기보다는 언론의 독점을 조장함으로써 공적인 영역을 평정할 수도 있다. 그 지도자들은 신화적인 임무를 완수하기 위해서가 아니라 단순히 돈을 벌고 권력을 휘두르기 위해 사회에 군림할 수도 있다. 또한 슈퍼파워는 외국의 영토를 점령하기 위해서가 아니라 새로운 시장과 자원을 확보하기 위해서 국경을 넘어 힘을 투사할 수도 있다. 이런 체제는 [구성원들을-옮긴이] 차별하거나 심지어 억압할 수도 있겠지만, 그렇다고 해서 [그들을-옮긴이] 핍박하지는 않을 것이다(제3권 제13장, 136-7쪽).

월린은 이런 슈퍼파워의 특징을 니체 사상에 내재한 "양극적인 대립물인 전체주의와 탈근대주의라는 전망"의 조합으로 파악한다. 탈근대 권력은 경직된 관료제에서 군살을 제거하고, 많은 권한을 하급 단위에 이양하거나 민영화하며, 권력 행사에서 좀 더 많은 유연성을 확보하고 그 효율성을 증대시키고자 한다. 또한 탈근대 국가에서 "권력의 강제성 ─ 곧 폭력이라는 전통적 위협

─ 은 추상적인, 비물질적인 권력에 의해 무색"해지며, 권력은 한편으로는 중앙 집중화된 통제와 통합된 팽창, 다른 한편으로는 "경제적·정치적·사회적·문화적 분산"이라는 "집중과 해체"의 복합적 양상을 통해 발휘된다. 월린은 니체로부터 영향을 받았다고 주장하는 탈근대주의, 해체주의, 신실용주의 등 다양한 탈근대 이론에서 "붕괴되지 않는 자본주의"와 "탈근대주의"가 절묘하게 조화를 이룬다는 점에 주목한다. 탈근대주의적 "'비판 이론'의 분출과 그런 비판 이론이 보여 주는 반란의 몸짓 및 새로운 이론에 대한 취향" 등은 진정한 의미에서 자본주의에 대한 "'반대'라기보다는 오히려 '지지'로서 기능하고 있다"는 것이다.

월린은, 레이건 대통령의 재임 기간 동안 탄력을 받은 미국 공화당을 주목할 만한 예로 거론하면서, "총체화를 지향하는 20세기의 모든 체제들은 공격적이고, 이데올로기적으로 추동되면서도 대중적 지지를 받는 정당을 그 기반"으로 삼았는데, 전도된 전체주의를 구현하고 있는 슈퍼파워 미국 역시 그런 방향으로 진화하고 있다고 주장한다. 그에 따르면 "열광적으로 교조적이고, 열성적이며, 무자비하고, 기회주의적으로 대중에 영합하며, 친기업적인 주요 정당이 다수 대중의 지지를 얻는 데 성공"을 거두는 전례 없는 현상이 미국 정치에 출현했다는 것이다. 이와 동시에 "신문, 라디오, 텔레비전 방송국의 소유권이 상대적으로 소수의 수중에 집중됨으로써 문화와 의견이 거의 완전하게 동질화되는 사태가 초래"되는 것은 물론 "신문과 미디어 일반에서 반체제적인 목소리가 사실상 사라졌다"고 개탄한다. 다른 한편 미국이라는 안보 국가가 힘의 집중을 통해 제국이자 슈퍼파워로 진화하는 동안, 제국의 시민은 왜소해져서 사실상 일종의 신민의 지위로 추락했다고 언급한다.

월린이 진단한 이런 정치적 위기는 미국 현대 정치 이론의 '병든 상태'를 통해서도 그 징후를 드러내고 있다. 월린이 보기에 (자본주의 경제 질서에 내재해 있는 힘의 관계를 은폐하는) 정치경제학은 말할 것도 없고, 미국 정치학계를 풍미해 온 행태주의 정치학, 합리적 선택이론 등 이른바 '합리적 정치과학' 역시 단지 이 병든 상태를 확인시켜 주는 증상에 불과하다. 나아가 월린은 이념적으로 '민주주의'를 공언하고 정당화하는 미국 자유주의 정치철학이, 근대적 힘의 구조에 내장된 나아가 전체주의와의 대결 과정에서 반작용적으로 더욱 가속화되기도 하는 전체주의화 경향에 충분히 맞서서 대항하지 못한 무력함에도 주목하고 있다. 물론 월린은 1930년대 대공황기부터 1960년대에 이르는 기간 동안 자유주의가 자본주의의 폐해를 시정하고 사회복지 제도를 도입하는 등 어느 정도 긍정적인 역할을 수행해 왔다는 점을 인정한다. 그러나 냉전이 진행되면서 점차 자유주의의 이런 "사회민주주의적 측면"은 약화되고 "민주적 이상과 자유주의 간의 결속이 희석"되었다고 지적한다. 제3권에서 그는 이 점을 부각시키기 위해 "지난 세기에 고전으로 공인된 두 개의 저작, 칼 포퍼의 『열린사회와 그 적들』*The Open Society and Its Enemies*(1943)과 존 롤스의 『정의론』*A Theory of Justice*(1971)을 분석하면서, 두 저작이 "권력의 공유와 적극적인 시민이라는 민주적 이상을 상대적으로 무시함으로써 자유주의와 민주주의 사이의 분열"을 조성하고, 그 결과 "정치적 실질"을 축소시켰다고 언급한다. 그 과정에서 두 저작이 "단순히 권력의 체계로서뿐만 아니라 전체화하는 경향을 가진 체계로서 자본주의의 정치적 중요성을 제대로 포착하는 데 실패했다"는 점을 통렬하게 비판하고 있다.

　이처럼 월린은 미국 자유주의의 정치 이론과 그 정치적 실천의 실패에 낙담한 나머지 현대의 자유주의로부터 민주주의에 대한 기대를 접은 것 같다. 그렇기 때문에, 앞의 인용문에서 언급한 것처럼, 초판이 나온 후 지난 40년 동안 자신의 사상적 진화 과정을 "자유주의에서 민주주의로의 여정旅程"으로 요약한 것으로 보인다. 이에 따라 월린은 "증보판 서문"의 말미에서 이 책의 집필에 담긴 자신이 희망이 "새로운 세대의 정치 이론가들에게 정치적인 것의 재정의와 민주정치의 재활성화라는 끝없는 작업에 매진하도록 고무하는 것"

이라고 밝히고 있다. 따라서 독자들은 월린이 제시하는 '정치적인 것'과 '민주주의'가 무엇인지에 각별한 주의를 기울이면서 이 책을 읽을 필요가 있다. 다만 옮긴이는 독자들의 이해를 돕기 위해 이에 대한 월린의 주요 구절을 인용·소개하고자 한다.

무엇보다도 월린이 주장하는 민주주의와 정치적인 것은 사실상 동의어인 것으로 판명된다.

> 민주주의는 정치적 사회라는 관념에 고유한 힘, 이득, 위험, 희생이 평등하게 공유되어야 한다는 믿음을 표상했다. 이것은 공통성, 공적인 것res publica, 공적 소유물과 같은 뜻을 갖는 정치적인 것의 개념과 부합했다(제3권 제17장, 377쪽).

나아가 월린은 현대 미국 정치에서 자신이 제기하는 민주주의론이 당면한 사명을 이렇게 규정한다.

> 민주주의론은 슈퍼파워의 주장이 갖는 천박함을 폭로하고, 어떤 유형의 실천이 민주적인 실천으로 간주될 수 있는지를 확인하며, 실제 사례들을 지시할 수 있는 민주주의의 개념을 묘사하거나 규정할 수 있어야 한다. 무엇보다도 민주주의론은 현대 세계에서 민주주의가 헤게모니적인 것이 아니라 사면초가에 몰려 있으며, 민주주의가 통제할 수 없는 구조들에 영구히 대립하여 존재한다는 점을 인식해야 한다. [이런 구조 아래에서─옮긴이] 다수결의 원리, 즉 민주주의의 힘의 원리는 허구적인 것이다(제3권 제17장, 383쪽).

총체화하는 힘의 구조에 포위되어 있는 민주주의의 이런 현대적 곤경을 직시하면서 월린은 책의 말미에서 안정적인 통치 구조나 힘의 형식으로 민주주의를 개념화하는 전통적인 접근법을 아래와 같은 논거를 들어 거부한다.

> [민주주의를 안정된 형식으로 만들고자 하는─옮긴이] 그런 종류의 제도화는, 일정한 과정 속에 가두어 민주적 정치를 길들이면서 민주주의를 하나의 체계로 환원하는 효과를 지

니고 있다. 그 형식과 상관없이 근대적 체제는 경제의 진흥, 법의 집행, 군비 확충, 조세 징수, 통신 체계의 보호 및 통제 등과 같은 기능을 지속적으로 유지할 필요에 의해 조형된다. 그것은 민주주의보다는 행정을 위한 고안물이다. 민주주의가 성문헌법에 규정되는 것과 같은 안정된 형식으로 모양을 갖추게 될 때, 그것은 정착되며 또한 예측 가능하게 된다. 하지만 그렇게 되면 민주주의는 조작의 대상이 되어 버린다. 즉 관리되고 통제되는 주기적인 선거, 만들어지고 회유되며 호도되고 그리고 나서 조사되는 여론, 얼마나 많은 민주주의가 허용되어야 하는가를 지시하는 사법 체계의 재료가 되어 버리는 것이다(제3권 제17장, 384쪽).

따라서 월린에게 민주주의를 하나의 안정된 형식 또는 고정된 틀로 정형화하는 것은 "사실상 구조적으로 위계적이고 엘리트주의적이며, 탈주적이기보다는 영구적인 관료적 제도들에 맞추어 인원을 배치하는 것을 의미하기 때문"에 궁극적으로 "반민주적"이다.

이에 대한 대안으로 월린은 '탈주적 민주주의'라는 새로운 개념을 제시하는데, 그것은 혁명의 민중주의적 계기populist moment에 출현하는 일회적·우발적이고episodic 간헐적인occasional or rare 모습을 띠고 있다.

민주주의는 안정적인 체계라기보다는 잠시 나타났다가 사라지는 일시적인 현상이다. 우리는 민주주의를 변화무쌍하고 무정형적인 것으로 생각할 수도 있을 터인데, 이는 위험을 무릅쓰고 자신들이 가진 작은 힘을 모으는 것 이외에는 부당한 것을 바로잡을 수단을 가지고 있지 않은 사람들의 입장에서 제기되는 고충에 호응하는 넓은 범위의 가능한 형식들 및 그 변형을 포함한다. 나는 다른 글에서 민주주의가 불가피하게 간헐적으로만 나타난다는 성격을 갖는다는 점을 강조하기 위해 그것을 "탈주적인 민주주의"라고 불렀다(제3권 제17장, 384쪽).

그렇다면 탈주적 민주주의는 구체적으로 어떻게 발현되어야 하는가? 이에 대한 월린의 답변은 이렇다.

…… 경제적 조직의 지배적인 양식이 부과하는 정치적 한계를 감안한다면, 민주주의가 동원할 수 있는 힘의 종류와 양은 오직 작은 규모일 뿐이다. 민주적 정치의 힘은 지역 정부와 지역적 통제하에 있는 제도들 — 학교, 지역 의료 기관, 경찰과 소방서, 휴양 시설, 문화시설들, 재산세 등 — 사이에 분산되어 있는 조그만 장소들의 다양성multiplicity에, 그리고 자신들의 필요를 충족시키기 위해 당장의 임시적인 형식을 고안해 내는 평범한 사람들의 독창성에 달려 있다. 다양성은 반反총체성의 정치다. 즉 다양성은 작은 정치, 작은 기획, 작은 사업, 많은 즉흥성이며, 따라서 국가와 거대 기업의 중앙집권화에 대한 절대 반대를 함축한다(제3권 제17장, 386-7쪽).

2

영문으로 750쪽에 달하는 방대한 저서를 완독·번역하면서 탈주적 민주주의에 대한 이런 서술에 접하게 되는 순간, '탈주적 민주주의'에 담긴 '탈주적 비전'에 대해 담대한 활력과 비옥한 상상력에 고무되기보다는 오히려 오늘날의 민주주의에 대한 암울한 묘사에 좀 더 사로잡히게 되는 게 옮긴이의 씁쓸하고 솔직한 심정이다. 월린이 보기에 현대 미국의 자유주의적 민주주의는 자본주의적 정치경제, 근대적 힘의 완성체로서의 거대 국가, 탈근대적 전제정치, 전도된 전체주의 그리고 이 모든 것을 총체적으로 집대성해서 구현하고 있는 슈퍼파워에게 무참하게 패배당하고 있다. 이와 관련해, 월린은 슈퍼파워에 대항하는 대안적 민주주의를 구상함에 있어서 총체적인 비전이나 구조로 무장한 민주주의가 과거에 초래한 폐해를 익히 알고 있기 때문에, 역사적으로 인민이 풀뿌리 차원에서 시도해 온 다양한 정치 참여의 형태에 주목하고, 이런 참여 민주주의가 지닌 탈주적 계기를 강조하고자 한 것으로 보인다.

그렇다 하더라도 민주주의의 사이트site를 지역 정부와 지역적 통제하에 있는 제도들로 지나치게 국한시키는 것 — 심지어 산업민주주의나 자주 관리 평의회와 같은 노동자 민주주의마저 배제하면서 — 은, 민주주의를 1830년대 토크빌Alexis de Tocqueville이 미국 민주주의를 목격하면서 감명 깊게 묘사한 타운회의 등의 지방자치 수준으로, 1960년대 미국의 뉴레프트 등 급진 운동이 주장한 소규모 단위의 참여 민주주의라는 비전으로 후퇴시키고 있다는 인상을 주기에 충분하다. 또한 월린의 탈주적 민주주의에 대한 비전은 그가 그토록 혐오했던 탈근대 비판 이론들이 제시한 원심적이고 파편화된 대안에 합류하는 것은 아닌가라는 의심을 불러일으킨다. 월린이 주장하는 탈주적 민주주의가 그가 비판하는 탈근대 이론들이 제출하는 저항처럼 단순히 기성 체제에 대한 분산적이고 고립적인 "반란의 몸짓" — 기실 "반대"가 아니라 "지지"에 불과한 — 에 그치지 않고 총체적인 힘의 구조에 가시적이고 실효적인 충격을 가하기 위해서는 지역과 이슈(작은 고충들) 중심의 작은 민주주의들을 민주적이고 민중적인 연합과 연대를 통해 한데 엮어 내야 할 터다. 그러나 적어도 『정치와 비전』에는 이런 고민과 구상이 제대로 드러나지 않고 있다.

기존의 정치경제학자나 정치철학자에 대한 월린의 비판도, 우호적인 일부 논평가들도 지적하는 것처럼 대안의 구체성이라는 관점에서 보면, 그 자신이 제기했던 비판에서 자유롭지 못하다. 예컨대 롤스의 정의론이 자유주의적 정의론이지 민주주의적 정의론이 아니라면, 그 스스로 거기에 대응하는 민주주의적 정의론을 제기했어야 하는데 그렇지 못하고 있다. 정치경제학자들이 자본주의 경제 질서에 내재한 힘의 관계를 은폐함으로써 반민주적 경제적 정체政體를 지속시키는 데 기여하고 있다면, 월린 스스로 자신이 생각하는 민주적인 경제적 정체에 대한 대안적 구상의 일단을 어느 정도 체계적으로 제시했어야 했다. 요컨대 월린은 미국 정치 현실에 대한 자신의 비판적 진단만큼 설득력 있는 대안을 제시하지 못하고 있다.

이제 이 책의 번역을 최종적으로 마무리한 시점에서 옮긴이에게 떠오르는 학문적 소회를 술회하면서 이 장을 마감하고자 한다. 2004년에 『정치와 비전』의 증보판을 간행함으로써 월린은 그가 서양 정치사상사를 개관하면서 형상화했던 영웅적 사상가an epic theorist의 반열에 (20세기의) 한나 아렌트 및 존 롤스와 함께 합류하는 데 '일단은' 성공한 것으로 보인다. 많은 위대한 사상가들처럼 월린 역시 제국과 슈퍼파워 시대 미국 민주주의의 타락에 대한 신랄한 묘사를 통해 당대의 정치적 위기를 탁월한 솜씨로 진단하고 형상화하는 데 일정한 성과를 거둔 것으로 판단되기 때문이다. 다만 '탈주적 민주주의' 등 그가 제시한 처방이 당장은 실효성이 약한 대안일지라도 장차 '지속 가능한 대안'으로 서양 정치사상사라는 '담론의 전통'에 안치될 수 있는지에 대해서는 일말의 의문이 따른다. 이에 대한 궁극적인 평가는 이제 자연적 수명이 얼마 남지 않은 월린이 추가적으로 내놓을 후속 저작의 내용, 월린 저작의 맥락을 구성하고 또 구성할 현실 정치 세계의 향방, 마지막으로 월린의 저작을 둘러싸고 형성될 담론의 지형에 따라 좌우될 것이다.

　　마지막으로 지난 30여 년 동안 서구 정치사상을 '한국화'하기 위해 고심해 온 옮긴이에게는 다음과 같은 추가적인 질문이 제기된다. 슈퍼파워이자 제국으로서 전대미문의 힘의 구조를 완성시킨 미국에서의 민주주의의 위상과 이제 막 자유민주주의의 문턱에 들어서서 자유민주주의의 기본적 역량마저도 아직 완성시키지 못한 상태에 처해 있는 주변부 남한에서의 신생 민주주의의 위상을 비교할 때, 월린의 저작은 남한의 민주주의에 어떤 의미를 가질 것인가? 월린이 진단한 미국의 '타락한 민주주의'는 세계의 다른 국가들은 물론 남한의 민주주의에 어떤 영향을 미칠 것인가?

3

『정치와 비전 3』의 번역 과정에 대해 기술하려고 보니 기억이 아득하다. 오래전에(?) 시작해서 시일이 흐르다 보니 이제는 현재의 사실이 아니라 역사적 사실이 되어 버린 것 같다. 그렇지만 제3권의 번역을 기획하고 주관한 저로서는 까마득한 기억과 남겨진 이메일 기록 등을 뒤져서 이 책의 번역과 출판 과정을 기록으로 남겨 놓아야 할 책임감을 느낀다.

제3권의 번역에는 이전과 달리 여러 연구자들이 참가했다. 번역 분담 내역을 제시하면 아래와 같다.

박동천 | 제11장 "근대적 힘에서 탈근대적 힘으로"
　　　　제14장 "자유주의 그리고 합리주의의 정치"
　　　　제16장 "힘과 형식"
홍태영 | 제12장 "마르크스: 프롤레타리아트 정치경제학자의 이론가인가, 붕괴되지 않는
　　　　　자본주의의 이론가인가?"
김용찬 | 제13장 "니체: 시대를 앞서 간 전체주의자, 탈근대인"
장동진 | 제15장 "자유주의적 정의와 정치적 민주주의"
강정인·이지윤 | 제17장 "탈근대적 민주주의: 가상의 것인가 아니면 탈주적인 것인가?"

번역을 주관한 저로서는 네 분의 연구자들이 학문적으로 주목할 만한 성과로 인정되지 않음은 물론 물질적으로도 흡족한 보상이 따르지 않는 이 번역 작업에 흔쾌히 참여해 주신 데 대해 깊이 감사드린다. 더욱이 번역 작업에 소요되는 많은 시간 — 또한 그것이 갖는 기회비용적 의미 — 을 고려한다면, 개별 연구자들의 노고에 감사를 넘어 그저 송구스러울 뿐이다.

개별 번역자들의 분담과 기여도를 살펴보면, 자신의 전공 분야를 초월해서 다양한 주제를 섭렵하면서 가장 많은 세 개의 장을 맡아서 번역해 준 박동천

교수의 기여가 가장 크다. 그다음에 홍태영, 김용찬, 장동진 교수들은 자신들의 전공과 관련된 장에 대해 제가 개별적으로 부탁을 드렸는데, 아마 개인적으로 적잖은 부담을 느꼈겠지만 저와의 개별적인 학문적 우의와 한국의 독자들을 위해서 선선히 응해 준 것으로 생각된다. 호혜성의 원칙에 따라 저는 이분들에게 인간적이자 학문적인 빚을 지고 있으며, 기회가 오면 기꺼이 갚아야 할 것이다.

번역 과정과 관련해 난감한 사실은 개별 연구자들에게 언제 번역을 부탁했는지, 또 번역 초고가 언제 제게 도달했는지 기억이 감감하다는 사실이다. 이메일을 뒤져 본 결과 박동천 교수의 번역 초고가 2008년 4월 초 뉴질랜드에서 도착했고, 김용찬·홍태영 교수의 초고가 2009년 1월 말에 도착했으며, 장동진 교수의 초고는 언제 도착했는지 확인이 되지 않지만, 대체로 1월 말을 전후로 한 것 같다. 그리고 박동천 교수를 제외한 세 연구자에게 2008년 늦여름 또는 초가을에 번역을 요청한 것으로 추정된다. 다만 박동천 교수와 다른 세 분들에게 동시에 요청한 것인지, 아니면 세 분에게 이미 번역을 요청하기로 예정해 놓았지만 아직 요청하지 않은 상태에서 별도로 박동천 교수에게 먼저 말을 꺼내 번역을 부탁한 것인지는 확실하지 않다.

이제 와서 이 사태의 정확한 진상은 중요하지 않을 법도 하다. 다만 두 가지 특기할 점이 있다. 먼저 월린의 『정치와 비전 2』가 출간된 것이 2009년 7월 하순경이라는 점을 고려한다면 『정치와 비전 3』에 대한 번역의 위촉은 물론 번역 초고의 완성 역시 제2권이 출간되기 전에 상당히 이른 시기에 이루어졌다는 사실이다. 둘째로 박동천 교수의 원고가 최초로 도달한 시기인 2008년 4월 또는 세 분의 번역 원고가 도착한 2009년 1월 말 가운데 어느 시점을 기점으로 하든, 번역 초고가 도달한 지 4년 내지 5년이 훨씬 지난 후에야 제3권의 출간이 비로소 이루어졌다는 사실이다. (물론 그 사이에 이지윤과 저의 수정과 보완 작업 역시 지체되어 2011년 5월초에야 비로소 개별 번역자들에게 수정한 원고를 회람시킨 적이 있기는 하다.) 이 점에 대해 번역 원고를 보내 놓고 아무런 독촉도 없이 묵묵히 기다려 주신 네 분의 번역자들에게 감사와 사과의 말씀을 드리지 않을 수 없다. 이렇게 지연된 데에는 전체적인 수정과 보완을 맡은 저의 책임이 크다. 그러나 네 분이 보여 준 무언의 인내심이, 만족스럽지는 않지만 그나마 이 정도 상태의 번역본을 낼 수 있게 하는 데 기여한 점도 있을 것이다.

전체적인 수정과 보완 과정에 대해 말씀드린다면, 개별 역자들이 번역 원고를 제게 넘겨준 후, 서강대학교 정치외교학과 박사과정생인 이지윤과 제가 전체적으로 번역상의 실수나 오류를 바로잡고 형식과 문체 및 용어의 통일을 기하고자 노력했다. 이 과정에서 번역상이 오류를 바로잡거나 또는 불명확한 사건이나 용어 등을 분명히 하고 또 필요한 역주를 달기 위해서, 인터넷은 물론 여러 가지 자료를 검색하거나 찾아보기 위해 이지윤이 쏟은 노력에 대해서는 실로 무슨 말로 감사의 표현을 해야 할지 모를 지경이다. 다행히 2011년에 한국연구재단이 지원하는 한국사회과학연구지원사업SSK에 신청한 과제가 선정되어 그에게 연구 보조원 수당을 지급할 수 있게 된 점을 약간의 위안으로 삼을 뿐이다. 그 외에도 미국의 대학교에서 박사 학위 논문을 준비하는 이충훈과 서강대학교 박사과정의 김현아 역시 제3권의 원고 검토 과정에 참여하여 많은 도움을 주었다. 마지막으로 후마니타스 출판사의 편집진 역시 우리가 보낸 초고를 전문가의 입장이자 독자의 입장에서 자체 세미나를 통해 꼼꼼히 검토하면서 편집과 번역상의 조언을 해주었다. 그분들의 노고는 출판사이자 동료의 입장에서 도움을 준 것으로 기억되어야 할 것이다.

또한 2011년 5월 초에 개별 번역자들에게 저와 이지윤이 수정한 일차 검토 원고를 회람시켰을 때, 박동천 교수는 자신이 본래 보낸 초고의 문체와 구문에 현저한 변화가 있었고, 그에 따라 마음이 내키지 않은 부분이 상당히 발견되었지만, 전체의 대의(?)를 위해 자신의 입장을 양보했다. 번역에 참가한 분들이 모두 훌륭하게 번역을 해주셨지만, 박동천 교수의 번역 실력과 솜씨에 대해서는 서양 정치사상 연구자들 가운데서는 타의 추종을 불허한다는 것이 저의 판단이고 이 점은 박동천 교수가 맡은 제3권의 번역 부분에서도 여실히 입증되었다. 게다가 학자로서 자신이 생각하는 바를 담아내는 문체와 구문 등은 양보하기 어려운 요소인데, 그럼에도 불구하고 용단을 내려 양보해 주신 그분에게 송구스런 마음과 함께 감사하는 마음을 금할 수 없다.

돌이켜 보니, 2005년 가을부터 『정치와 비전』의 번역에 본격적으로 착수하여 제1권을 2007년 12월 중순에, 후속편인 제2권을 2009년 7월 말경에, 이제 최종본인 제3권을 2013년 8월에 출간하게 되었으니, 전체 번역과 출간에 장장 8년이 소요된 셈이 되었다. 번역을 시작할 때부터 여러모로 능력이 부족한 저는 망설이면서 시작했고, 이 책의 번역을 위해 투입될 시간과 노력을 생각하고 또 이를 위해 부득이 희생하게 될 저 자신의 학문적 연구와 사생활을 예상하면서, 한숨을 쉬기도 했다. 다만 번역이 예상과 예정보다 지연됨으로써 번역에 따른 시간과 노력이 8년에 걸쳐 장기적으로 분산·흡수되어 결과적으로 경감된 면도 있을 것이다. 그러나 그보다는 공역자로 참가하여 번역된 책의 질을 높여 주고 제가 감당해야 할 부담을 덜어 준 장동진, 박동천, 김용찬, 홍태영, 공진성 교수의 도움과 협조에 감사해야 할 것이다. 또한 『정치와 비전』의 제1권부터 제3권까지 저의 분신이자 동료로서 8년의 마라톤을 함께 완주해 준 박사과정의 이지윤에게 깊이 감사드린다. 아울러 이로 인해 박사 학위 논문의 완성이 지체된 이지윤에게 무한책임 의식을 느끼지 않을 수 없다. 그리고 서강대학교에 부임한 제가 1993년 『마키아벨리의 이해』라는 번역서를 출간할 때부터 2013년에 번역·완간된 『정치와 비전』 전 3권에 이르기까지 연구실에 찾아가 문의할 때마다 저보다 더 바쁜 일정에도 불구하고 싫은 기색 없이 한결같이 영어 해석의 막힌 부분을 시원스럽게 뚫어 주면서 도와주신 서강대학교 명예교수인 영문학과 안선재 교수에게 지난 20년 동안의 조언과 우의에 머리 숙여 감사드린다. 벽안의 영국인이지만 한국인으로 귀화한 안선재 교수는 한국 전통문화는 물론 한국 음식에도 조예가 깊어서 저를 부끄럽게 만든 적이 한두 번이 아니다. 마지막으로 이 책의 번역을 기획하고 추진해 온 후마니타스 출판사 여러분께도 감사드린다. 그분들이 결단과 지원이 없었더라면, 아마 『정치와 비전』의 한국어판은 오랫동안 빛을 보지 못했을 것이다.

언제나 그렇듯이, 오랫동안 심혈을 기울여 온 작업을 마무리하는 순간은 지금껏 사랑을 바쳐 온 연인에게 서글픈 작별을 고하는 것처럼 발걸음을 떼지 못해 망설이는 '아쉬움'의 순간이기도 하고, 미지의 새로운 모험을 찾아 발걸음을 옮기는 용사처럼 가슴이 두근거리는 '설레임'의 순간이기도 하다. 완료되어 더 이상 돌아갈 수 없는 과거는 때로 악몽 같은 순간도 머금고 있었지만 이제는 아름다운 추억으로 화해 유혹의 손짓을 하고, 새로운 모험이 기다리고 있는 미래는 두려움에 맞서 발걸음을 재촉할 수 있는 담대한 기백을 요구한다.

2013년 8월
서강대학교 다산관 연구실에서
옮긴이들을 대신하여 강정인

주석

증보판 서문

1 "The Love Song of J. Alfred Prufrock," in *The Complete Poems and Plays* (New York: Harcourt, Brace, 1930), p. 4.

2 '이념형'이라는 개념은 베버와 매우 밀접하게 연관되어 있다. 베버는 이념형이라는 개념의 가치가 우리에게 "역사적 현상이 이론적으로 구축된 유형에 수렴하는 정도를 결정하는 것"을 가능하게 하는 데 있다고 서술했다. 이념형이란 일정한 유형의 "합리적 일관성"을 온전히 정교화한다는 특별한 의미에서 "이념적"이다. 이념형은 결코 완전하게 구현되지 않지만, 그것은 "역사적으로 중요한 방식"으로 수렴될 수 있다. "Religious Rejections of the World and Their Directions," in *From Max Weber: Essays in Sociology*, ed. and trans. H. H. Gerth and C. Wright Mills (New York: Oxford University Press, 1946), pp. 323, 324.

3 Ibid., pp. 323-324. 강조는 원저자의 것임.

4 다음을 보라. Alex Callinicos, *Against the Third Way* (Oxford: Polity Press, 2001). 캘리니코스는 지구화가 미합중국의 정치적 권력을 증대시키려는 미국의 야심에 의해 주로 추진되는 것으로 본다. 다음의 책은 유용한 논문들을 담고 있다. *Social Democracy in Neoliberal Times: The Left and Economic Policy since 1980*, ed. Andrew Glyn (Oxford: Oxford University Press, 2001).

5 이 글을 쓰는 현재, 연방 정부에 인터넷과 모든 이메일 통신을 감시할 수 있는 권력을 부여하기 위해 의회에 제출된 법안이 일시적으로 유보되었다. "Proposal Offers Surveillance Rules for Internet," *New York Times*, July 18, 2000, sec. A, p. 1.; Anthony Lewis, "A Constitutional Challenge for Britain," ibid., July 22, 2000, sec. A, p. 27.

6 사실상 외교 문제에 대한 국가의 독점이라는 원칙에는 영국의 동인도회사와 허드슨 베이 사(Hudson Bay Company)[북아메리카 캐나다 지역의 식민지 경영을 담당했던 영국 회사 ─ 옮긴이]의 예에서 입증된 것처럼 역사적으로 수많은 예외가 있었다.

7 이것은 부시(George W. Bush) 행정부의 두드러진 특징이 되었는데, 2003년 미국 정부가 사담 후세인 정권에 대한 선제공격으로 시작한 전쟁에 뒤이어 추진한 이라크 전후 복구 계획에서 대기업들이 담당한 역할에서 그 완성된 표현을 볼 수 있다.

제11장 | 근대적 힘에서 탈근대적 힘으로

1 Richard Waswo, *Language and Meaning in the Renaissance* (Princeton: Princeton University Press, 1987), pp. x-xi.

2 다른 각도에서 홉스를 근대성의 선구자로 보는 평가로는 다음의 저작들을 참조하라. Hans Blumenberg, *The Legitimacy of the Modern Age*, trans, Robert M. Wallace (Cambridge: MIT Press, 1983), pp. 218 ff.; Leo Strauss, *Political Philosophy: Six Essays*, ed. Hilail Gildin (Indianapolis: Bobbs-Merrill, 1975), pp. 48 ff. 블루멘베르크(Hans Blumenberg)와 스트라우스(Leo Strauss)에 관한 조심스러운 논평으로는 N. J. Rengger, *Political Theory, Modernity and Postmodernity* (Oxford: Blackwell, 1995), 55쪽 이하를 보라.

3 Hobbes, *Leviathan*, ed. Oakeshott, chap. 46, pp. 435-436.

4 *The Presocratic Philosophers*, ed. G. S. Kirk and J. E. Raven (Cambridge: Cambridge University Press, 1960), frag. 199, p. 188.

5 "The Great Instauration," in *Works of Francis Bacon* (1870), ed. James Spedding, Robert Leslie Ellis, and Douglas Denon Heath (New York: Garrett Press, 1968), 4:32.

6 Aristotle, *On Philosophy.* 또한 Werner Jaeger, *Aristotle: Fundamentals of the History of His Development*, 2nd ed. (Oxford: Oxford University Press, 1948), 124-166쪽과 426-461쪽도 참고하라.

7 Frederick B. Artz, *The Mind of the Middle Ages* (New York: Knopf, 1954), 11쪽에서 재인용.

8 베이컨에 관해서는 풍부한 연구 문헌이 있다. Brian Vickers, ed., *Essential Articles for the Study of Francis Bacon* (Hamden, Conn., Archon, 1968); Paoli Rossi, *Francis Bacon: From Magic to Science*, trans. Sacha Rabinovitch (London: Routledge, 1968); Antonio Pérez-Ramos, *Francis Bacon's Idea of Science and the Makers' Knowledge Tradition* (Oxford: Clarendon Press, 1988); Lisa Jardine, *Francis Bacon: Discovery and the Art of Discourse* (Cambridge: Cambridge University Press, 1974) 등을 보라. 스트라우스의 시각에서 베이컨의 우화들을 집중적으로 살펴본 통찰력 있는 연구로는 Lawrence Lampert, *Nietzsche and Modern Times: A Study of Bacon, Descartes, and Nietzsche* (New Haven: Yale University Press, 1993)이 있다.

9 "*Novum Organon*," in *Selected Writings of Francis Bacon*, ed. Hugh G. Dick (New York: Modern Library, 1955), p. 499 (aphorism 81).

10 Steven Shapin and Simon Schaffer, *Leviathan and the Air-Pump: Hobbes, Boyle, and the Experimental Life* (Princeton: Princeton University Press, 1985), 129쪽에서 재인용.

11 "*Novum Organon*," p. 526 (aphorism 115).

12 Ibid., p. 499 (aphorism 81).

13 "The Great Instauration," in *Works*, 4:29. 다음과 같은 듀이(John Dewey)의 언급과 비교해 보라. "그런데 발견으로 가는 길은 오직 하나, 자연의 비밀 안으로 침투해 들어가는 탐구뿐이다. 과학적 원리와 법칙들은 …… 은폐되어 있기 때문에, 능동적이고 정교한 탐구의 기법을 통해 자연으로부터 캐내지 않으면 안 된다. …… 능동적인 실험은 겉으로 보이는 자연의 사실들을 익숙하게 드러나는 모습과는 다른 형태로 억지로 변형시키지 않을 수가 없다. 그리하여 능동적 실험은, 마치 원치 않는 증인에게 고문을 가해서 감추고 있던 것을 실토하도록 강제하듯이, 자연으로 하여금 자신에 관한 진실을 말하게끔 만드는 것이다." John Dewey, *Reconstruction in Philosophy* (1920) (New York: Mentor Book, 1950), p. 48.

14 Stephen L. Collins, *From Divine Cosmos to Sovereign State* (Oxford: Oxford University Press, 1989)는 이와 관련해서 시사하는 바가 크다.

15 Fulton H. Anderson, *The Philosophy of Francis Bacon* (Chicago: University of Chicago Press, 1948), 161쪽에서 재인용.

16 *Leviathan*, chap. 10, p. 150 (맥퍼슨 편집본).

17 Hobbes, *Elements of Law*, 1.1.9.

18 Dewey, *Reconstruction in Philosophy*, p. 46.

19 Thomas Jefferson, *Notes on Virginia*, ed. William Peden (Chapel Hill: University of North Carolina Press, 1955), p. 161.

20 『과거와 미래』(*Past and Present*)라는 잡지에 기고되었던 여러 편의 의미심장한 논문들이 *The Intellectual Revolution of the Seventeenth Century*, ed. Charles Webster (London: Routledge, 1974)에 수록되어 있다. 아울러 Margaret C. Jacob and James R. Jacob, *The Origins of Anglo-American Radicalism* (Atlantic Highlands, N. J.: Humanities Press, 1991)도 참고하라.

21 Roger Hahn, *The Anatomy of a Scientific Institution: The Paris Academy of Sciences, 1666-1803* (Berkeley and Los Angeles: University of California Press, 1971), pp. 183, 185.

22 Ibid., pp. 252, 282-283. 아울러 Keith Michael Baker, *Condorcet: From Natural Philosophy to Social Mathematics* (Chicago: University of Chicago Press, 1975)도 참고하라.

23 Alexis de Tocqueville, *Oeuvres complètes*, ed. J.-P. Mayer et al. (Paris: Gallimard, 1952-), vol. 2, pt. 1, pp. 242-243. 관료제의 역할에 관해서는 Marc Raeff, *The Well-Ordered Police State: Social and Institutional Change through Law in the Germanies and Russia, 1600-1800* (New Haven: Yale University Press, 1983)을 보라.

24 The Federalist No. 4, p. 20 (Jay); No. 62, p. 422 (Madison), in The Federalist, ed. Jacob E. Cooke (Middletown, Conn.: Wesleyan University Press, 1961). 다음과 같은 제이(John Jay)의 표현은 여기에 길게 인용할 가치가 있다. "[열세 개로 분리되어 있던 식민지 시대의 정부와

대조적으로] 단일 정부는 여러 부분과 구성원들을 화합시키고, 동화시키며, 보호할 수 있다. 그리고 정부의 선견지명과 대비책에서 비롯하는 이득을 각 부분과 구성원에게까지 연장할 수 있다. 조약을 체결할 때에도 단일 정부는 전체의 이익, 그리고 전체의 이익과 연관된 한에서 개별적인 이익을 염두에 둘 것이다. 어떤 특정 부분을 방위하는 데에도 전체가 보유한 자원과 힘을 사용할 수 있을 것이고, 어떤 개별적인 주정부 또는 몇 개의 주정부가 연합한 형태의 정부가 상호협조나 통일된 체계가 없는 상태에서 방위하는 것보다 더 쉽고 용이하게 그런 작업을 수행할 수 있을 것이다. 민병대를 통일된 기율 체계 아래 편제할 수 있을 것이고, 총사령관[즉, 대통령]에게로 이어지는 적절한 명령 계통 안에 장교들을 배치함으로써 그들 모두를 이를테면 하나의 군단으로 통합하고 그 효율성 또한 높일 수 있을 것이다……." No. 4, pp. 20-21.

25 *The Federalist*, No. 33, p. 204.

26 이에 관한 중요한 연구로는 James M. Blythe, *Ideal Government and the Mixed Constitution in the Middle Ages* (Princeton: Princeton University Press, 1992)가 있다.

27 Johann Gottlob von Justi, *Die Grundfeste zu der Machtund Glückseligkeit der Staaten* (1760-1761). Pasquale Pasquino, "Theatrum politicum: The Genealogy of Capital — Police and the State of Prosperity," in *The Foucault Effect: Studies in Governmentality*, ed. Graham Burchell, Colin Gordon, and Peter Miller (Chicago: University of Chicago Press, 1991), 115쪽에서 재인용.

28 *The Foucault Effect*에 수록된 고든(Colin Gordon)의 논문과 버첼(Graham Burchell)의 논문은 이 주제에 관한 의미심장한 논의를 포함하고 있다.

제12장 | 마르크스: 프롤레타리아트 정치경제학의 이론가인가, 붕괴되지 않는 자본주의의 이론가인가?

1 버틀러(Judith Butler)와 스콧(Joan W. Scott)이 편집한 *Feminists Theorize the Political* (New York: Routledge, 1992)이 '페미니스트가 정치적인 것을 이론화하다'라는 제목에 함축된 약속을 일관되게 완수하지는 못했지만, 맥클루어(Kirstie McClure), 호니그(Bonnie Honig) 및 무페(Chantal Mouffe)의 글들은 예외다.

2 Marx and Engels, *Manifesto of the Communist Party*, in *Birth of the Communist Manifesto*, ed. Dirk J. Struik (New York: International Publishers, 1971), pp. 91, 92, 94. 『공산당선언』에 대한 모든 인용은 이 편집본에 의거한다.

3 이 기간 동안 자본이 지속적으로 노동조합을 파괴하려는 활동을 펼치거나 노동에 의한 조직화 노력을 무산시키기 위한 시도를 감행했다는 것 역시 사실이다. 자본은 종종 정부와 법원이 이런

활동을 지원하도록 만드는 데 성공했다.

4 *Grundrisse*, ed. and trans. Martin Nicolaus (London: Penguin, 1973), pp. 409-410.

5 Ibid., pp. 540, 542.

6 제이(Martin Jay)는 *Marxism and Totality: The Adventures of a Concept from Lukacs to Habermas* (Berkeley and Los Angeles: University of California Press, 1984)에서 총체성에 대한 관념을 추적했다.

7 "Theses on Feuerbach," in *Marx: Early Writings*, trans. Rodney Livingstone and Gregory Benton (Harmondsworth: Penguin, 1975), theses 2 and 11, pp. 422, 423.

8 여기에는 마키아벨리와 같은 예외도 있다.

9 Marx and Engels, *Manifesto of the Communist Party*, p. 109. 믿을 만하고 공정한 전기로는 맥렐란(David McLellan)의 *Karl Marx: His Life and Thought* (London: Macmillan, 1973)가 있다. 예전의 저작이지만 여전히 유용한 것으로는 다음을 참조하라. Boris Nicolaievsky and Otto Maenchen-Helfen, *Karl Marx: Man and Fighter*, rev. ed., trans. Gwenda David and Eric Mosbacher (London: Penguin, 1973). 호의적이지는 않지만 변함없이 흥미로운 저작으로는 빌린(Isaiah Berlin)의 *Karl Marx: His Life and Environment* (London: Oxford University Press, 1948)를 보라.

10 Marx and Engels, *German Ideology*, p. 84.

11 Karl Marx, "Economic and Philosophical Manuscripts," in *Early Writings*, trans. Tom Bottomore (New York: McGraw Hill, 1963), p. 63.

12 Letter to Arnold Ruge, March 13, 1843, in Karl Marx and Friedrich Engels, *Collected Works* (New York: International Publishers, 1975), 1:400.

13 주의 깊고 균형 잡힌 설명으로는 맥렐란(David McLellan)의 *The Young Hegelians and Karl Marx* (Praeger, 1969)를 보라. 아울러 터커(Robert Tucker)의 *Philosophy and Myth in Karl Marx* (Cambridge: Cambridge University Press, 1961), 특히 제1부와 제2부를 참조하라. 포이에르바흐에 관한 세밀한 연구로는 워토프스키(Marx W. Wartofsky)의 *Feuerbach* (Cambridge: Cambridge University Press, 1977)를 보라. 또한 카멘카(Eugene Kamenka)의 *The Philosophy of Ludwig Feuerbach* (London: Routeledge, 1970)와 맥렐란의 *The Young Hegelians and Karl Marx*, 85쪽 이하도 유용하다.

14 "비판은 …… 외과용 메스가 아니라 무기다. 그 대상은 적이며, 반박하기 위한 것이 아니라 적을 파괴하기 위한 것이다. …… 철학이 프롤레타리아트에게서 그 물질적 무기를 발견했듯이, 프롤레타리아트는 철학에서 자신의 정신적 무기를 발견했다." Marx, "A Contribution to the Critique of Hegel's 'Philosophy of Right': Introduction," in *Critique of Hegel's "Philosophy of Right"*, ed. Joseph O'Malley (Cambridge: Cambridge University Press, 1970), pp. 133, 142.

15 헤겔이 『자본』에서 다시 원용되는 것 역시 이런 사례에 해당한다. *Capital*, trans. Ben Fowkes (Harmondsworth: Penguin, 1976), 1:102-103, 149, 269; 3:101, 139, 752-753, 914. 마르크스의 『정치경제학 비판 요강』(*Grundrisse*)에 대한 헤겔의 영향을 시사적으로 분석한 것으로는 『요강』을 편집 및 번역한 니콜라우스(Martin Nicolaus)의 "서문" 26쪽 이하를 보라.

16 이 부분에서 나는 디키(Laurence Dickey)의 탁월한 연구서인 *Hegel: Religion, Economics, and the Politics of Sprit, 1770-1807* (Cambridge: Cambridge University Press, 1987), 특히 제3부에 빚지고 있다.

17 스미스와 그 "입법자"에 대한 훌륭한 논의로는 다음을 보라. Donald Winch, *Adam Smith's Politics: An Essay in Historiographic Revision* (Cambridge: Cambridge University Press, 1978), pp. 12-13, 159-173.

18 스튜어트의 *Principles of Political Oeconomy* (1767), in Dickey, *Hegel*, 198-199쪽에서 재인용.

19 G. W. F. Hegel, *Natural Law*, trans. T. M. Knox (Philadelphia: University of Pennsylvania Press, 1975), pp. 123, 102-103. 아울러 디키의 유용한 논의로는 *Hegel*, 215-218쪽을 보라.

20 *Hegel's Philosophy of Right*, trans. T. M. Knox (Oxford: Clarendon Press, 1942), par. 291, p. 190.

21 주의 깊은 설명으로는 맥렐란의 *The Young Hegelians and Karl Marx*를 보라. 또한 같은 저자의 *Marx before Marxism* (New York: Harper & Row, 1970)도 유용하다. 카버(Terrell Carver)가 편집한 *Karl Marx: Texts on Method* (Oxford: Blackwell, 1975)는 마르크스의 후기 저작에 집중하고 있다.

22 "Critical Notes on 'The King of Prussia and Social Reform,'" in *Writings of the Young Marx on Philosophy and Society*, ed. Lloyd D. Easton and Kurt H. Guddat (Garden City, N. Y.; Doubleday, 1967), p. 350.

23 "Critique of Hegel's 'Philosophy of Right,'" pp. 117, 118.

24 "…… 'The King of Prussia'……," p. 349.

25 "On the Jewish Question," in *Early Writings*, trans. Bottomore, pp. 28, 29.

26 Letter to Arnold Ruge, September 1843, trans. Easton and Guddat, p. 213.

27 "Critique of Hegel's 'Philosophy of Right,'" pp. 72, 73. 이와 함께 마르크스의 다른 초기 성식들이 지닌 정치적 힘의를 발전시키려는 두 가지의 흥미로운 시도가 최근에 있었다. Nancy Schwartz, "Distinction between Private and Public Life: Marx on the *politikon zoon*," *Political Theory* 7 (1979): 245-266; Paul Thomas, "Alien Politics: Marxian Perspective on Citizenship and Democracy," in *After Marx*, ed. Terence Ball and James Farr (Cambridge: Cambridge University Press, 1984), pp. 124-140.

28 "Critique of Hegel's 'Philosophy of Right,'" pp. 80-81.

29 Ibid., p. 80.

30 "⋯⋯ 'The King of Prussia' ⋯⋯," p. 349.

31 "On the Jewish Question," in *Early Writings*, trans. Bottomore, pp. 24-26.

32 "⋯⋯ 'The King of Prussia' ⋯⋯," p. 356.

33 "Critique of Hegel's 'Philosophy of Right,'" pp. 29-30.

34 Ibid., p. 30.

35 "On The Jewish Questions," in *Early Writings*, trans. Bottomore, pp. 14, 15.

36 Michael Evans, *Karl Marx* (London; Allen & Unwin, 1975), 120쪽을 보라.

37 "A Contribution to the Critique of Hegel's 'Philosophy of Right': Introduction," pp. 137-138, 142. 이하에서 이 저작은 *CCHPR, Int.*로 인용하겠다.

38 Ibid., p. 138.

39 Ibid., pp. 136, 137.

40 Ibid., p. 137.

41 Ibid., pp. 141-142.

42 Ibid., p. 142.

43 마르크스와 엥겔스는 『공산당선언』의 한 대목에서 "비판적-유토피아적 사회주의와 공산주의"가 프롤레타리아트를 "가장 고통받는 계급"으로 보고 "우선적으로" 보살피려 한다는 이유로 비판한 바 있다. 동일한 비판이 마르크스에게도 적용될 수 있다. *Birth of the Communist Manifesto*, p. 121.

44 루터와 종교개혁에 대한 마르크스의 언급으로는 *CCHPR, Int.*, 138쪽을 보라. 이 대목에 나타난 "종교적" 요소들에 관해서는 다양한 학술적 해석들이 제기되었는데, 이런 해석들을 간결하게 다룬 글로는 맥렐란의 *Marx before Marxism*, 155-156쪽을 참고하라.

45 *CCHPR, Int.*, p. 140.

46 "On The Jewish Questions," in *Early Writings*, trans. Bottomore, p. 31. '고유한 힘'(*forces propres*)이라는 마르크스의 용어는 루소의 『사회계약론』(*Contract social*)으로부터 가져온 것이었다. Julius L. Löwenstein, *Marx against Marxism*, trans. Harry Drost (London: Routledge, 1980), p. 51.

47 『수고』(*Manuscripts*)는 마르크스의 생전에는 미출간인 상태로 남아 있었다. 『수고』의 정확한 텍스트는 1932년에야 비로소 간행되었다.

48 "Economic and Philosophical Manuscripts," in *Early Writings*, trans. Bottomore, pp. 69, 85.

49 *Two Treatises of Government*, ed. Peter Laslett (New York: Mentor, 1965), 2. 18, 199.

50 "Economic and Philosophical Manuscripts," in *Early Writings*, trans. Bottomore, p. 147.

51 마르크스는 자신이 사려 깊고 심지어 무사 공평하다고 생각한 경제학자들과 자본주의 체제의 천박한 옹호론자라고 간주한 경제학자들을 세심하게 구별했다. 예를 들어 *Capital*, trans. Ben Fowkes (Harmondsworth: Penguin, 1976), 1:760 각주 53에 나오는 밀(J. S. Mill)에 대한 그의 논평을 보라. 마르크스와 고전 정치경제학자들에 대한 유익한 자료로는 믹(Ronald L. Meek)의 *Smith, Marx and After* (London: Chapman and Hall, 1977)를 참조하라.

52 "Economic and Philosophical Manuscripts," in *Early Writings*, trans. Bottomore, pp. 71, 76.

53 "Economic and Philosophical Manuscripts," in *Writings of the Young Marx*, trans. Easton and Guddat, pp. 289, 291, 296.

54 "Economic and Philosophical Manuscripts," in *Early Writings*, trans. Bottomore, p. 158.

55 Ibid., p. 128.

56 "Economic and Philosophical Manuscripts," in *Writings of the Young Marx*, trans. Easton and Guddat, p. 293.

57 Ibid., p. 295.

58 Ibid., p. 314. 마르크스는 "세 번째 초고"[1932년에 출간된 『수고』는 세 개의 초고로 이루어져 있다 – 옮긴이]에서 공산주의의 단계들을 개관했는데, 그 단계는 모든 사적 소유의 형태들을 파괴하는 "조야한 공산주의"에서 시작한다. 두 번째 단계는 "정치적" — 민주적이든 전제적이든 간에 — 일 수도 있고 국가를 철폐할 수도 있지만, 아직 "사적 소유에 의해 감염된" 채로 남아 있다. 종국적으로 마르크스는 자신의 공산주의 형태를 "이제까지의 발전에서 기인한 총체적인 부(富) 내부에서 인간이 자기 자신으로 복귀하여, 자신을 사회적 인간, 곧 인간적 인간으로 다시 자각하는 것"으로 파악했다. Ibid., p. 304. 이에 대한 유용한 요약으로는 맥렐란의 *Marx before Marxism*, 180쪽 이하를 보라.

59 "Economic and Philosophical Manuscripts," in *Writings of the Young Marx*, trans. Easton and Guddat, pp. 271-272.

60 "Economic and Philosophical Manuscripts," in *Early Writings*, trans. Bottomore, pp. 159-162.

61 Ibid., pp. 160, 161, 162.

62 Ibid., p. 157.

63 Ibid., pp. 163, 164.

64 *German Ideology*, p. 83.

65 "Inaugural Address of the International Workingmen's Association," in *The First International and After*, trans. David Fernbach (Harmondsworth: Penguin, 1974), p. 79.

66 1864년 무렵 마르크스는 이미 『정치경제학 비판을 위하여』(*Contribution to the Critique of Political Economy*, 1859), 『정치경제학 비판 요강』(1857-1858), 『잉여가치 학설사』(*Theories of Surplus Value*, 1862-1863)를 저술했고, 『자본』은 1867년에 나올 것이었다.

67 "Inaugural Address," in *The First International and After*, trans. Fernbach, p. 80.

68 Marx and Engels, *German Ideology*, pp. 84-89.

69 Ibid., p. 38.

70 Marx, *Capital*, trans. David Fernbach (New York: Random House, 1981), 3:1018.

71 Marx, *Capital*, ed. Friedrich Engels, trans. Samuel Moore and Edward Aveling, 3 vols. (New York: International Publishers, 1967), vol. 1, preface to the first German edition, p. 10.

72 "Letter to Annenkov," in *Poverty of Philosophy*, ed. C. P. Dutt and V. Chattopadhaya (New York: International Publishers, n. d.), p. 152.

73 Marx, *Capital*, trans. Fowkes, 1:273.

74 Marx and Engels, *German Ideology*, pp. 37, 31, 39.

75 Karl Marx, "A Contribution to the Critique of Political Economy," in *Selected Works*, ed. V. Adoratsky, 2 vols. (New York: International Publishers, n. d.), 1:356.

76 Marx, *Capital*, trans. Fowkes, 1:270, 271.

77 Marx, *Grundrisse*, p. 516.

78 Marx, *Capital*, trans. Fowkes, 1:173.

79 Marx and Engels, *German Ideology*, p. 60.

80 Karl Marx, *Capital*, ed. Engels, 1:79.

81 Marx, *Capital*, trans. Fernbach, 3:927.

82 Marx, "A Contribution to the Critique of Political Economy," pp. 356-357. 또한 마르크스가 1846년 안넨코프(Pavel Vasilyevich Annenkov)에게 보낸 편지를 보라. *Selected Correspondence* (Moscow: Foreign Languages Publishing House, n. d.), pp. 40-41. "족쇄"라는 마르크스의 개념에 대한 가장 훌륭한 분석은 코헨(G. A. Cohen)의 *Karl Marx's Theory of History: A Defence*, exp. ed. (Princeton: Princeton University Press, 2000), 177-179쪽과 326-340쪽에서 볼 수 있다. 또한 밀러(Richard W. Miller)의 *Analyzing Marx: Morality, Power and*

History (Princeton: Princeton University Press, 1984), 제5장도 참고하라.

83 Marx and Engels, *German Ideology*, p. 37.

84 Marx and Engels, *Manifesto of the Communist Party*, pp. 94, 95.

85 Marx, *Capital*, trans. Fowkes, 1:187.

86 Marx and Engels, *German Ideology*, p. 87.

87 *Capital*, trans. Fowkes, 1:876.

88 Hannah Arednt, *On Revolution* (New York: Viking, 1963) and *On Violence* (New York: Harcourt, 1969).

89 *Capital*, trans. Fowkes, 1:916.

90 *Grundrisse*, p. 769.

91 *German Ideology*, p. 94.

92 Marx, *Capital*, trans. Fowkes, 1: 928.

93 아마도 마르크스가 "원시적 축적"을 묘사하고 있는 장들은 경제적 변화에서 폭력이 수행하는 역할에 대한 가장 생생한 묘사일 것이다. *Capital*, vol. 1, pt. 8, 제26-28장을 보라.

94 *Manifesto of the Communist Party*, p. 98.

95 Marx, *Capital*, trans. Fowkes, 1:444.

96 Karl Marx and Friedrich Engels, *The Holy Family*, in *Collected Works*, 4:131.

97 Raymond Aron, *Main Currents in Sociological Thought*, trans. Richard Howard and Helen Weaver, 2 vols. (Garden City, N. Y.: Doubleday, 1968), 1:216.

98 Hannah Arendt, *The Human Condition* (Chicago: University of Chicago Press, 1958), p. 12. 아렌트가 마르크스에 대한 자신의 비판과 완고한 반마르크스주의자들의 비판을 주의 깊게 구별하려고 했다는 점은 주목할 필요가 있다. 이에 대해서는 같은 책, 79쪽을 보라. 이 점은 *The Origins of Totalitarianism* (New York: Harcourt Brace, 1951), 249쪽에서 아렌트가 일반적인 차원에서 마르크스에 대해 우호적으로 언급하고, 또 마르크스에 의존해서 논의를 전개하고 있는 것과 맥락을 같이 한다. *On Violence*, 12쪽 이하 여러 곳에서 아렌트는 폭력에 대한 사르트르(Jean Paul Sartre)의 찬양을 비판하기 위해 [폭력에 관한 사르트르와 마르크스의 견해 차이를 강조하면서 - 옮긴이] 마르크스를 끌어들이기도 한다. 아울러 *Between Past and Future: Six Exercises in Political Thought* (New York: Viking, 1961), 17-18쪽에 나온 그녀의 논평도 참고하라.

99 Arendt, *Between Past and Future*, p. 23.

100 Arendt, *The Human Condition*, p. 42 n. 35. *The Origins of Totalitarianism*에서 아렌트는 자신의 주장을 뒷받침하기 위해 마르크스를 자주 인용하고 있는데, 이 책 34쪽에서 그녀는 "마르크스가 정치적 문제를 전적으로 무시했다"고 언급했다. 그리고 이 점을 마르크스가 성년 이 된 후 대부분의 기간을 정치평론가로서 근근이 생계를 이어가던 인물이었다는 점과 연관시 켰다.

101 Marx, *Grundrisse*, p. 488.

102 Ibid.

103 "On The Jewish Questions," in *Early Writings*, trans. Bottomore, p. 30.

104 마르크스는 결코 '협동'이 자발적인 행동과 같은 의미를 갖는다고 생각하지 않는다.

105 Marx, "Economic and Philosophical Manuscripts," in *Early Writings*, trans. Livingstone and Benton, p. 348.

106 Marx and Engels, *German Ideology*, p. 45.

107 마르크스가 이 문장을 직접 인용하고 있다. *Theories of Surplus Value*, trans. Emile Burns, 3 vols. (London: Lawrence & Wishart, 1969), 1:353을 보라.

108 Marx, *The Holy Family*, p. 45.

109 Adam Smith, *Lectures on Justice, Police, Revenue, and Arms*, ed. E. Cannan (Oxford: Oxford University Press, 1896), p. 8.

110 마르크스는 근대 정치적 자유주의의 선구자들 — "하나의 추상적인 화폐-상업 관계"에 의해 지배되는 부르주아사회에 이론적 형태를 부여한 홉스와 로크와 같은 인물들 — 과 정치경제 학 사이의 관계를 상세히 분석했다. 마르크스는 정치경제학이 자유주의 정치 이론의 과학이 라고 평가했으며, 벤담(Jeremy Bentham)에게서 그 절정을 찾았다. *German Ideology*, 449-453쪽을 보라.

111 마르크스는 노동과 사적 소유의 기원을 논하면서 로크를 폭넓게 인용하고 있다. *Theories of Surplus Value*, 1:365-367.

112 Locke, *Two Treatises of Government* 2.128, 27.

113 Marx, *Grundrisse*, p. 472.

114 Locke, *Two Treatises of Government* 2.27. 아렌트는 "노동"과 "작업" 사이의 정교한 구분을 제시한바 있다. 아렌트에 따르면, "노동"은 삶의 유지에 뿌리를 두며, 그렇기 때문에 필연성에 의해 추동되는 특성을 갖는다. 또한 노동의 생산물은 일시적일 뿐이며, 그 리듬은 순환적·반 복적이다. 반면 "작업"은 공적 영역을 위한 항구적인 대상의 창조이며, 그것은 곧 자유를 의미 한다. *Human Condition*, 96-101쪽 및 118쪽 이하와 136쪽 이하를 보라. 이 문제와 관련된 유용한 논의로는 캐노번(Margaret Canovan)의 *Hannah Arendt: A Reinterpretation of Her*

Political Thought (Cambridge: Cambridge University Press, 1992), 특히 122-130쪽을 참조하라.

115 Locke, *Two Treatises of Government* 2.6.

116 Ibid. 2.96.

117 21세기 초반에 미국의 힘을 옹호하는 사람들 사이에서 "민주적인 선거"가 사회적 불안을 초래하고 이른바 파탄국가(破綻國家)를 유발한다는 주장이 공통된 주제였다는 점은 의미심장하다. 이런 사고방식의 주요 원천은 헌팅턴(Samuel Phillips Huntington)이다. 이런 주장을 담고 있는 최근의 사례로는 자카리아(Fareed Zakaria)의 *The Future of Freedom: Illiberal Democracy at Home and Abroad* (New York: Norton, 2003)을 보라. 자카리아는 자유주의가 민주주의를 억제하고 있는 좋은 체계의 본보기로 미국을 들고 있지만, 아이로니컬하게도 2000년 미국 대선은 민주주의적 선거의 영향력을 훼손시키는 것으로 귀결되었다대선거인단이 대통령을 선출하는 미국의 대통령 선거는 민주주의적 참여 과잉을 억제하려는 자유주의적 의도를 담고 있는 제도로서, 일반 유권자의 의사와 선거인단의 선거 결과가 상충할 가능성을 안고 있다. 실제로 2000년 미국 대선에서 공화당의 부시(George W. Bush)는 총 득표수에서 민주당의 고어(Al Gore)에게 뒤졌지만 선거인단 득표에서 이겨서 대통령으로 당선되었다. 그리고 월린은 부시 행정부에서 전도된 전체주의, 슈퍼파워가 전면화된 것으로 파악한다.-옮긴이].

118 경제적 관계들을 묘사하기 위해 마르크스가 자주 사용하는 정치적 유비에 대해서는 다음을 보라. *Wage Labor and Capital*, in Marx and Engels, *Collected Works*, 9:215, 221, 222; *Grundrisse*, pp. 693-694; *Capital*, trans. Fowkes, vol. 1. pt. 2, chap. 6. passim; pt. 2, chap. 13, pp. 443, 474-476, 482-483.

119 초기 단계의 경제적 체계에 대한 마르크스의 설명은 *Grundrisse* 471쪽 이하에서 볼 수 있다. 아울러 Karl Marx, *Pre-capitalist Formations*, trans. Jack Cohen (London: Lawrence & Wishart, 1964)에 붙인 홉스봄(Eric Hobsbawm)의 훌륭한 서문도 참고하라.

120 *Grundrisse*. pp. 293, 284. "현실에서 [노동자들이] 자본가에 돈을 받고 파는 것은 그들의 노동력(labor power)이다." *Wage Labour and Capital*, in Marx and Engels, *Collected Works*, 9:202. "힘"(power)이라는 단어는 1891년 판에서부터 사용되기 시작했다.

121 *Capital*, trans. Fowkes, 1:152.

122 *Grundrisse*, pp. 246-249.

123 *Capital*, trans. Fowkes, 1:272.

124 *Grundrisse*, p. 822.

125 *Two Treatises* 2.147, 157-168에서 "연합적 권력"과 왕의 대권에 대한 로크의 논의를 상기해 보라.

126 Marx, *Grundrisse*, p. 464.

127 Marx, *Capital*, 1:482. "*geistige Potenzen*"을 폭스(Ben Fowkes)는 "지적 잠재력"(intellectual potentialities)으로 번역했지만, 나는 "정신적 힘"(spiritual powers)으로 번역했다. "지적 잠재력"은 부르주아 경제학자들이 경제에 부여하고 있는 신비적이고 신화적인 특성을 묘사하고 있는 마르크스의 노력 속에 내재한 아이러니를 포착하지 못하기 때문이다.

128 *Capital*, trans. Fowkes. 1:326.

129 Ibid., pp. 274-277.

130 Ibid., p. 344.

131 "…… 'The King of Prussia' ……," p. 357.

132 Marx and Engels, *Manifesto of the Communist Party*, p. 112.

133 Marx, *Capital*, trans. Fowkes, 1:929.

134 Karl Marx and Friedrich Engels, *German Ideology*, ed. S. Ryazanskaya (London: Lawrence & Wishart, 1965), p. 84.

135 *German Ideology*, p. 85.

136 Marx, "The Civil War in France," in Karl Marx and Friedrich Engels, *Writings on the Paris Commune*, ed. Hal Draper (New York: Monthly Review Press, 1971), p. 72.

137 이 점에 대한 주된 논의는 마르크스와 엥겔스가 자본주의에 의해 암시된 생산적 가능성의 "전유"가 어떤 성격을 갖는지를 논하는 대목에서 나타난다. 자본은 이런 가능성들을 "보편적 교류"를 필요로 하는 "일종의 총체성으로" 발전시켜 왔기 때문에, 전유 역시 이와 동일한 성격을 가져야만 한다. 이것은 "생산의 물질적 수단에 조응하는 개인적 역량의 발전"을 의미할 것이었다. 이렇게 논의를 전개한 후에 마르크스와 엥겔스는 "모든 자기 활동으로부터 완전히 배제되어 있는 …… 오늘날의 프롤레타리아트만이" 자본에 의해 암시된 그 가능성을 완전하게 개발하는 데 필요한 제한받지 않는 자기 활동을 성취할 수 있다고 단언했다. 이는 "대중"이 "하나의 단일한 생산수단"에 복속되어 있던 자본의 체계를 혁명이 전복시킬 것이기 때문이었다. 프롤레타리아트에 의한 전유는 "일단의 생산수단은 각 개인들에게, 동시에 소유는 모든 개인들에게 포섭되는" 체계로 인도할 것이다. *German Ideology*, pp. 83-84.

138 Marx, *Grundrisse*, p. 277.

139 Ibid., p. 278.

140 Ibid., p. 704.

141 Marx and Engels, *German Ideology*, p. 84.

142 Marx, *Capital*, trans. Fowkes, 1:548.

143 Ibid.

144 Ibid., pp. 481, 482, 484.

145 Marx, *The Poverty of Philosophy*, p. 119.

146 Marx, *Grundrisse*, p. 700.

147 Marx and Engels, *German Ideology*, p. 84.

148 Ibid., p. 86.

149 Marx, "Inaugural Address," in *The First International and After*, trans. Fernbach, p. 81.

150 *Manifesto of the Communist Party*, p. 103.

151 헌트(Richard N. Hunt)는 *The Political Ideas of Marx and Engels* (Pittsburgh: University of Pittsburgh Press, 1974), 1:198에서 이 점을 강조했다. 헌트는 마르크스와 엥겔스가 "여하한 전문적인 지도자들이나 관리자들이 없이 조직되는 일종의 참여 민주주의"를 선호했다고 주장한다(p. xiii).

152 *Manifesto of the Communist Party*, p. 99.

153 Marx, *Grundrisse*. p. 587.

154 *Capital*, trans. Fowkes, preface to first German edition, 1:90-91.

155 Ibid., p. 580.

156 *Capital*, trans. Fernbach, 3:352-353.

157 "Speech at the Anniversary of the People's Paper," in *Selected Works*, 2:428.

158 *Capital*, trans. Fowkes, 1:781 ff. "자본주의적 생산의 추동력은 마치 사회의 절대적인 소비 능력만이 그 한계를 설정할 수 있는 것처럼 생산력을 발전시키려는 데 반해, 대중은 빈곤과 제한된 소비 능력에 처해 있다는 데에서 모든 현실적인 위기들의 궁극적인 원인을 언제나 찾을 수 있다." *Capital*, trans. Fernbach, 3:615.

159 *Capital*, trans. Fowkes, 1:799.

160 *Grundrisse*, p. 750.

161 *Capital*, trans. Moore and Aveling, 1:764.

162 *Capital*, trans. Fowkes, 1:929.

163 *Capital*, ed. Engels, 3:851.

164 *Capital*, trans. Fernbach, 3:511, 512. 혁명 이후에도 관리자의 권위가 필요하다는 것을 강력히 옹호한 글로는 엥겔스의 "On Authority"를 보라. 이 글은 *Marx and Engels: Basic Writings on Politics and Philosophy*, ed. Lewis, S. Feuer (Garden City, N. Y.: Doubleday, 1959), 481-485쪽에 수록되어 있어서 편리하게 찾아볼 수 있다.

165 "자본이 문명화시킨 측면 가운데 하나는, 자본이 노예제나 농노제 등 이전의 형식 아래에서 잉여노동이 강요된 경우에 비해 사회적 관계의 측면에서나 좀 더 높은 차원의 새로운 구성체를 위한 요소들의 창조라는 측면에서 훨씬 더 유리한 조건과 방식에 따라 이런 잉여노동을 강요한다는 점이다. 따라서 한편으로 자본은 사회의 어느 한 부분을 사라지게 만들면서, 사회의 다른 부분이 사회적 발전 및 그에 따른 물질적·지적 이득을 강제하고 독점하는 단계로 이끈다. 다른 한편으로 자본이 창조하는 물질적 수단과 관계들의 중핵은, 더 높은 단계의 사회적 형식이 실현될 경우, 잉여노동이 전체적인 물질적 노동시간의 대폭적인 감소와 결합하는 것을 가능케 한다." *Capital*, trans. Fernbach, 3:958.

166 Marx and Engels, *German Ideology*, p. 46.

167 "다른 모든 곳에서처럼, 여기서도 우리는 한편으로 사회적 생산과정의 발전에 따른 생산성의 증대와, 다른 한편으로 자본가들이 이런 발전을 이용함으로써 발생하는 생산성의 증대를 구별해야 한다." Marx, *Capital*, trans. Fowkes, 1:547.

168 *Grundrisse*, p. 540. 코널리(William Connolly)는 마르크스 — 그리고 헤겔 — 가 제시하는 해법이 환원할 수 없는 "타자성"을 희생시키면서 포괄성을 확장한다고 비판한다. *Political Theory and Modernity* (Oxford: Blackwell, 1988) 특히 132-133쪽을 보라.

169 *Grundrisse*, pp. 611, 612.

170 Ibid., p. 409.

171 Ibid., p. 159.

172 *German Ideology*, p. 83.

173 *The Holy Family*, p. 52.

174 *Grundrisse*, p. 705.

175 *CCHPRR, Int.*, p.142.

176 *Grundrisse*, pp. 705, 706, 708.

177 *Capital*, trans. Fowkes, 1:754.

178 Ibid., p. 929.

179 "Meaning of the Central Authority, September 15, 1850," in Marx and Engels, *Collected Works*, 10:626, 628.

180 *Manifesto of the Communist Party*, p. 111.

181 Ibid., p. 112.

182 "Class Struggles in France," in *Selected Works*, 2:211.

183 Ibid., p. 204.

184 Ibid., p. 203.

185 Ibid., pp. 192, 193, 196.

186 Ibid., pp. 200-201.

187 Ibid., pp. 219, 295 ff.

188 "The Eighteenth Brumaire of Louis Napoleon," in *Selected Works*, 2:315.

189 Ibid., p. 362.

190 "Class Struggles in France," p. 289.

191 "The Eighteenth Brumaire," p. 412.

192 Ibid., p. 422.

193 이 점은 맥렐란의 *Karl Marx: His Life and Thought*, 246쪽에서 지적된 바 있다.

194 "The Civil War in France," p. 97.

195 "Letter of June 12, 1871, to E. S. Beesly," in *Writings on the Paris Commune*, p. 224.

196 여기서 나는 퓌레(François Furet)가 쓴 *Revolutionary France, 1770-1880*, trans. Antonia Nevill (Oxford: Blackwell, 1988), 500-506쪽의 설명을 따랐다. 마르크스의 "Civil War in France"에 대한 논의들은 아비네리(Shlomo Avineri)의 *The Social and Political Thought of Karl Marx* (Cambridge: Cambridge University Press, 1968), 239쪽 이하와 에반스(Michael Evans)의 *Karl Marx*, 151-157쪽에서 찾을 수 있다. Karl Marx, *Selected Works*, 제2권 452쪽 이하에 실린 엥겔스의 1891년판 서문에는 흥미로운 설명이 있다. 엥겔스는 "이 독재가 어떤 모습인지 알고 싶은가? 파리코뮌을 보라. 그것이 바로 프롤레타리아 독재였다"(460쪽)라고 단언하면서 결론짓고 있다.

197 아비네리는 *The Civil War in France*를 사실에 대한 기술이라기보다 "사상의 투영"으로 평가했는데, 나의 설명은 여기에서 영감을 받았다. Avineri, *The Social and Political Thought of Karl Marx*, pp. 240 ff.

198 *Writings on the Paris Commune*, p. 74.

199 Ibid., p. 72

200 Ibid., p. 152.

201 Ibid., p. 150.

202 "The Civil War in France," p. 81.

203 *Writings on the Paris Commune*, p. 74.

204 Ibid., p. 77.

205 Evans, *Karl Marx*, 153쪽에서 재인용. 에반스는 마르크스가 중앙 집중화를 강조하면서 탈집
중화를 옹호했기 때문에 일관되지 못하다는 주장을 반박하면서 마르크스를 옹호한다. 153-
154쪽을 보라.

206 여기에는 전술적인 요인도 강하게 들어 있었다. 마르크스의 인터내셔널보다 코뮌에서 훨씬
더 큰 영향력을 발휘했던 프루동주의자들은 탈집중화를 강력히 주장하는 자들이었기 때문이
다. 프루동에 대한 마르크스의 비판은 *The Poverty of Philosophy*에 담겨 있다.

207 "The Civil War in France," pp. 74-75.

208 "Critique of Hegel's 'Philosophy of Right,'" p. 32.

209 "The Civil War in France," pp. 72, 73, 76.

210 Ibid., pp. 74-77. 마르크스는 나중에 "코뮌의 대다수가 결코 사회주의자들이 아니었으며, 그
럴 수도 없었다"고 인정했다. Letter to F. Domela-Nieuwenhuis, February 22, 1881, in
Writings on the Paris Commune, p. 233.

211 "The Civil War in France," p. 76.

212 20세기에 이런 견해의 주요한 주창자는 슈미트(Carl Schmitt)였다. 그의 다음 저작을 보라.
The Concept of the Political, trans. George Schwab (New Brunswick, N. J.: Rutgers
University Press, 1976), pp. 25 ff.

213 Marx and Engels, *Manifesto of the Communist Party*, p. 90.

214 "The June Revolution," in Marx and Engels, *Collected Works*, 7:149.

215 Marx, "Letter to F. Bolte," November 23, 1871, in Marx and Engels, *Selected Correspond-
ence*, p. 328.

216 Ibid., pp. 328, 329. 에반스는 마르크스가 정치적 관여를 통한 노동자들의 교육이 가진 중요
성을 지속적으로 강조했다고 지적한다. *Karl Marx*, pp. 119, 130, 134.

217 *The Poverty of Philosophy*, p. 147. 이 판본은 인용문 가운데 "more" 앞에 "no"를 빠뜨리고
있는데, 이것은 분명 실수대즉, 이 판본의 경우 인용문의 첫 문장이 "정치권력이란 정확히 말
해 시민사회에 존재하는 적대 관계의 공식적 표현이기 때문에 엄격한 의미에서 이른바 정치
권력은 더 많이 존재할 것이다"로 되어 있다는 것이다-옮긴이].

218 "Statism and Anarchy," in *Bakunin on Anarchy*, ed. and trans. Sam Dolgoff (New York:
Random House, 1971), p. 328.

219 이 가운데 어느 것도 마르크스 생존 당시에는 출간되지 않았다. 바쿠닌에 대한 비판은 바쿠닌
의 *Statism and Anarchy*에서 발췌한 부분에 마르크스의 비판을 군데군데 삽입하는 방식으로
이루어져 있다. *Critique of the Gotha Program*은 독일사회민주당이 창긴되는 1875년 고타

통합 당대회에서 발표될 강령에 대한 일련의 방주(旁註)였다.

220 "Conspectus of Bakunin's *Statism and Anarchy*," in *The First International and After*, trans. Fernbach, pp. 333-336.

221 Ibid., pp. 333, 335-336.

222 Ibid., pp. 336-337.

223 Ibid., p. 337.

224 "Critique of the Gotha Program," in Marx and Engels, *Selected Works*, 2:564, 566, 563.

225 Rubel, *Karl Marx, Essai de biographie intellectuelle*, p. 435.

226 *Capital*, trans. Fernbach, 3:358.

227 *Grundrisse*, p. 749. 마르크스가 미래를 위한 자본주의의 준비에 대해 가장 포괄적으로 서술한 글로는 *Grundrisse*, 541-542쪽과 543쪽을 보라.

228 *Capital*, trans. Fernbach, 3:1012.

제13장 | 니체: 시대를 앞서 간 전체주의자, 탈근대인

1 Friedrich Nietzsche, *Thus Spake Zarathustra*, trans. R. J. Hollingdale (Baltimore: Penguin, 1961, 1969), pt. 1, sec. 5, p. 45.

2 이런 사태 전개의 이정표는 19세기 말에 이르러 학문의 한 분야로 정치학이 등장했다는 사실이었다. 정치학의 창시자들은 행정의 중요성을 강조하면서도 동시에 정치 이론을 국가 이념사와 관련된 무한한 활동으로 간주했다. 행정에 대한 관심에 대해서는 왈도(Dwight Waldo)의 *The Administrative State* (New York: Ronald Press, 1948)를 참조하라. 아울러 비판적인 연구로는 리치(David Ricci)의 *The Tragedy of Political Science: Politics, Scholarship, and Democracy* (New Haven: Yale University Press, 1984)를 보라.

3 나는 *Tocqueville: Between Two Worlds* (Princeton: Princeton University Press, 2001)에서 미국 문화에 대한 토크빌의 견해를 논했다. 프랑스혁명의 시대에 이루어진 이념의 선파는 면밀하게 연구되어 왔다. 이와 관련해서 단턴(Robert Darnton)의 *The Great Cat Massacre and Other Episodes in French Cultural History* (New York: Basic Books, 1984)를 참조하라. 이 저작의 성격을 비판적으로 분석한 연구로는 샤르티에(Roger Chartier)의 *Cultural History: Between Practices and Representations*, trans. Lydia G. Cochrane (Ithaca: Cornell University Press, 1988), 95쪽 이하를 보라.

4 Friedrich Nietzsche, *The Gay Science*, trans. Walter Kaufmann (New York: Random House, 1974), bk. 1, sec. 4, p. 79.

5 Nietzsche, *The Gay Science*, bk. 1, sec. 1, p. 73.

6 *The Anti-Christ*, trans. J. Hollingdale (Baltimore: Penguin, 1968), foreword, p. 114.

7 니체 철학의 수용과 해석 그리고 활용에 대한 훌륭한 연구로는 벨러(Ernest Behler)의 "Nietzsche in the Twentieth Century," in *The Cambridge Companion to Nietzsche* (Cambridge: Cambridge University Press, 1996), 281-322쪽을 보라. 아울러 같은 책에 실린 슈리프트(Alan D. Schrift)의 "Nietzsche's French Legacy," 323-355쪽도 참고하라.

8 Martin Heidegger, *Nietzsche* (1961), trans. David Farrell Krell, 4 vols. (San Francisco: Harper & Row, 1979); Hannah Arendt, *The Life of the Mind*, 2 vols. (New York: Harcourt Brace and Jovanovich, 1958). 특히 이 책 158쪽 이하에서 아렌트는 니체의 저작을 "사고 실험"으로 읽어야 한다고 주장한다. 그러나 이런 이해는 니체 저작이 지닌 의도적인 파괴적 성격을 설명하지 못한다. 예를 들어 *The Anti-Christ*, 16-17절, 126-128쪽을 보라. Michel Foucault, *Language, Counter-Memory, Practice*, ed. Donald F. Bouchard (Ithaca: Cornell University Press, 1977), 139-164쪽을 참조하라.

9 다음의 저작을 참고하라. Jean-François Lyotard and Jean-Loup Thébaud, *Just Gaming*, trans. Wlad Godzich (Minneapolis: University of Minnesota Press,1985), pp. 105-108; Jean-François Lyotard, *The Postmodern Condition: A Report on Knowledge* (Minneapolis: University of Minnesota Press, 1984), p. xii; Richard Rorty, *Philosophy and the Mirror of Nature* (Princeton: Princeton University Press, 1979), pp. 369-370; 그리고 로티(Richard Rorty)의 *Consequences of Pragmatism: Essays 1972-1980* (Minneapolis: University of Minnesota Press, 1982)에 나오는 수많은 참고 문헌; Leo Strauss, "Note on the Plan of Nietzsche's 'Beyond Good and Evil,'" in *Studies in Platonic Political Philosophy* (Chicago: University of Chicago Press, 1983), pp. 174-191; "The Three Waves of Modernity," in *Political Philosophy: Six Essays*, ed. Hilail Gildin (Indianapolis: Bobbs-Merrill, 1974), pp. 81-98. 스트라우스가 니체에게서 얼마나 영향을 받았는지를 포함해서, 스트라우스에 관한 논의로는 다음의 저작을 참고하라. Shadia B. Drury, *The Political Ideas of Leo Strauss* (New York: St. Martin's Press, 1988); *History of Political Philosophy*, ed. Leo Strauss and Joseph Cropsey (Chicago: Rand McNally, 1963), 724-745쪽에 수록된 단하우저(Werner Dannhauser)의 니체에 대한 논문; Francis Fukuyama, *The End of History and the Last Man* (New York: Avon, 1992), pp. 188-190, 304 ff. 아울러 드 만(Paul de Man)의 *Allegories of Reading: Figural Language in Rousseau, Nietzsche, Rilke and Proust* (New Haven: Yale University Press, 1979), 15쪽과 82쪽 이하도 참고하라. 정신분석학적 통찰을 이용한 시사적인 연구로는 클로소프스키(Pierre Klossowski)의 *Nietzsche and the Vicious Circle*, trans. Daniel W. Smith (Chicago: University of Chicago Press, 1997)을 보라. 클로소프스키는 니체의 사고, 특히 '영원한 회귀'라는 개념의 뿌리는 결국 광기로 귀결

된 병에서 찾을 수 있다고 주장한다. 니체에 대해 호의적인 심리학적 연구로는 파크스(Graham Parkes)의 *Composing the Soul: Reaches of Nietzsche's Psychology* (Chicago: University of Chicago Press, 1994)를 보라.

10 Zeev Sternhell, *Neither Left nor Right: Fascist Ideology in France* (Berkeley and Los Angeles: University of California Press, 1986)와 *The Birth of Fascist Ideology: From Cultural Rebellion to Political Revolution*, trans. David Maisel (Princeton: Princeton University Press, 1994).

11 Heidegger, *Nietzsche*, 1:47-48.

12 "…… 오직 위대한 사고만이 행적이나 대의에 위대함을 부여할 수 있다." *Beyond Good and Evil*, trans. Walter Kaufmann (New York: Vintage, 1966), pt. 8, sec. 241, p. 175. Arendt, *The Human Condition* (Chicago: University of Chicago Press, 1958), pp. 25-26. 아렌트의 *Eichmann in Jerusalem*은 왜소한 인간의 힘이라는 니체의 주요 주제를 적용한 예로 볼 수 있다.

13 *Beyond Good and Evil*, pt. 5. sec. 195, p. 108.

14 하이데거(Martin Heidegger)가 나치 정권에 협력했다는 폭로에 대한 로티의 반응에서 기억상실의 행위는 일종의 예술적 형식의 지위에까지 도달했다. 로티에 따르면, "우리"에게 필요한 것은 하이데거에 관한 "또 다른 이야기를 하는 것"이다. 나치를 단순한 "흉악범"으로 묘사하면서, 로티는 이미 "또 다른 이야기"를 시작했던 것이다. 최근 몇몇 학자들이 니체의 반유대주의적 비판이 반유대주의적이라는 것을 인정하기를 집요하게 거부하는 것은, 기억상실의 고전적인 사례라 할 수 있다. 이를 인정하는 경우에도, 이들은 통상 니체의 반게르만주의적 언급들을 지적함으로써 반유대주의적 비판을 상쇄하려는 전술을 구사한다. 니체가 유대인들에 대해 긍정적인 언급을 한 것도 사실 — 이는 게르만인들에 대해서도 마찬가지였다 — 이지만, 그것이 니체가 "거세된 자들"이라든지 "기생충 같은 자들"이라고 묘사하면서 "보잘것없는 유대인들"에게 비난을 퍼부었다는 점을 지울 수는 없다. *The Will to Power*, trans. Walter Kaufmann and R. J. Hollingdale (New York: Random House, 1967), no. 204, pp. 120-121. 전후에 이루어진 니체에 대한 사면은 카우프만(Walter Kaufmann)의 *Nietzsche: Philosopher, Psychologist, Antichrist* (New York: Meridian, 1956), 246-265쪽에 의해 시작되었다고 할 수 있다. 최근의 사례로는 골롬(Jacob Golomb)의 "How to De-Nazify Nietzsche's Philosophical Anthropology?" in *Nietzsche, Godfather of Fascism?*, ed. Jacob Golomb and Robert S. Wistrich (Princeton: Princeton University Press, 2002), 19-46쪽을 보라.

15 *Ecce Homo*, trans. Walter Kaufmann (New York: Vintage 1969), p. 299.

16 Rohan d'O. Butler, *The Roots of National Socialism, 1783-1933* (London: Faber and Faber, 1941).

17 Kaufmann, *Nietzsche: Philosopher, Psychologist, Antichrist.*

18 "마르크스를 제외한다면, 지성사에서 니체의 지적 모험에 필적할 사람은 없다. 우리는 그에게

자행된 잘못을 시정하려는 노력을 결코 멈춰서는 안 된다." Albert Camus, *The Rebel: An Essay on Man in Revolt*, trans. Anthony Bower (New York: Knopf, 1956), p. 75.

19 George H. Sabine, *A History of Political Theory*, rev. ed. (New York: Holt, 1950), p. 868. 세바인(George H. Sabine)의 최종 평가는 모호하다. 니체와 파시즘을 직접 결부시키는 입장으로는 다음의 연구를 보라. Werner Dannhauser, "Nietzsche," in *History of Political Philosophy*, ed. Leo Strauss and Joseph Cropsey (Chicago: Rand McNally, 1963), pp. 743-744.

20 '이념형'은 베버(Max Weber)의 개념이다. 이에 관해서는 다음의 저작을 참고하라. "Objectivity in Social Science and Social Policy," in *The Methodology of the Social Sciences*, trans. E. A. Shils and H. N. Finch (New York: Free Press, 1949), p. 92; *The Theory of Social and Economic Organization*, trans. A. R. Henderson and Talcott Parsons (New York: Oxford University Press, 1947), p. 110.

21 "체계의 부재"라는 표현은 훼네(Heinz Höhne)의 *The Order of the Death's Head* (Harmondsworth: Penguin, 2000), 409쪽에 인용된 마사이력(Jan Masayrk)의 스탈린(Iosif Vissarionovich Stalin)에 대한 평가를 따온 것이다. 훼네는 330쪽과 409쪽에서 다음과 같이 기술한다. "국가사회주의의 체계는 본질적으로 구조적이지 못하며 모순적이었다. …… 대다수의 역사가들이 제3국의 통치 체계를 일정 정도의 계획, 조직, 체계 …… 일정 정도의 정연한 질서를 지닌 것으로 이해해 왔지만, 사실 히틀러의 독일을 지배한 자들에게 이런 것들은 완전히 낯선 것이었다."

22 Ibid., 259쪽에서 재인용.

23 *The Gay Science*, bk. 3, sec. 109, p. 168.

24 나는 다음의 두 논문에서 '이론의 내적 정치'라는 개념을 제시했다. "Max Weber: Legitimation, Method, and the Politics of Theory," *Political Theory* 9, no. 3 (1981): 401-424; "On Reading Marx Politically," *Nomos* 26 (1983): 79-112.

25 니체를 정치 이론가로 파악하려는 최근의 연구로는 다음을 보라. Tracy Strong, "Nietzsche's Political Misappropriation," in *The Cambridge Companion to Nietzsche*, pp. 119-147; 그리고 같은 필자의 선행 연구인 "Nietzsche and Politics," in *Nietzsche: A Collection of Critical Essays*, ed. Robert C. Solomon (Notre Dame: University of Notre Dame Press, 1980), pp. 258-292; Leslie Paul Thiele, *Friedrich Nietzsche and the Politics of the Soul* (Princeton: Princeton University Press, 1990); Bernard Yack, *The Longing for Total Revolution: Philosophical Sources of Social Discontent from Rousseau to Marx to Nietzsche* (Princeton: Princeton University Press, 1986), ch. 8. 야크(Bernard Yack)는 니체가 "인간에 대한 사랑"에 의해 추동되었다고 보면서 그의 초기 저작, 특히 *The Birth of Tragedy*를 강조한다. 아울러 뢰비트(Karl Löwith)의 *From Hegel to Nietzsche: The Revolution in Nineteenth-Century Thought* (1941), trans. David E. Green (New York: Holt Reinhart and Winston, 1964), 192-193쪽과 260-262쪽에 실린 간명한 평가도 참조하라. 니체의 허무주의(nihilism)에 대해서는, 특히 로젠(Stanley Rosen)의 *Nihilism: A Philosophical Essay* (New Haven: Yale University

Press, 1969)를 참조하라.

26 *Ecce Homo*, sec. 3, p. 225 (강조는 원저자의 것임).

27 *Beyond Good and Evil*, pt. 2, sec. 43, p. 53.

28 Ibid., pt. 7, sec. 229, p. 158.

29 *The Gay Science*, preface to second edition, pp. 34-35.

30 Ibid., bk. 3, sec. 121, p. 177.

31 Ibid., sec. 116, pp. 174-175.

32 "누군가 지배할 때, 거기에는 대중이 있다. 그리고 우리가 대중을 발견하는 곳에서, 우리는 또한 노예화되려는 욕구를 발견한다. 인간이 노예화된 곳에는 소수의 개인들만이 있으며, 그들은 무리의 본능 및 양심과 대립한다. Ibid., sec. 149, pp. 195-196.

33 Ibid., bk. 4, sec. 335, pp. 263-266. 나는 이 절에 대한 카우프만의 해석을 빌려 왔다. 카우프만의 책, 266쪽 각주 67을 보라.

34 Ibid., bk. 3, sec. 111, p. 171.

35 *The Will to Power*, bk. 3, secs. 534, 535, p. 290.

36 Ibid., secs. 521, 522, p. 283. 윌리엄스(Bernard Williams)는 *Truth and Truthfulness* (Princeton: Princeton University Press, 2002), 13쪽에서 니체가 이 문제에 대한 자신의 입장을 바꾸었다고 주장했다. 이런 주장은 니체의 사고에 이르는 하나의 '길'이 있으며, 그것이 니체에 대한 해석을 지배해야 한다는 함의를 담고 있다. 하지만 나는 이런 주장에 대해 회의적이며, 다만 니체가 일정한 구체적인 입장들을 주장했고, 여러 시점에서 그 입장들이 조금씩 변했지만 완전히 포기하지는 않았다고 주장하는 바다.

37 *The Gay Science*, bk. 4, sec. 335, p. 266.

38 Ibid., bk. 1, sec. 4, p. 79.

39 *The Will to Power*, bk. 4, sec. 898, p. 478.

40 Ibid., sec. 988, p. 516.

41 인용된 구절은 카우프만이 번역한 *The Will to Power*의 제2권, 제304-306절, 170-171쪽에 들어 있다. 강조는 원저자의 것이다.

42 Ibid., bk. 2, sec. 304, p. 170.

43 Ibid., p. 171; sec. 306, p. 171.

44 Ibid., sec. 304, p. 171.

45 Ibid., p. 170.

46 Ibid., pp. 170, 171.

47 Ibid., p. 171. 윌리엄스는 *Truth and Truthfulness*, 13-18쪽에서 *Anti-Christ*에 나오는 여러 구절들을 지적하면서 이와 다른 해석을 제시하고 있다. 여기서 니체는 "…… 그 길에 이르는 한 걸음 한 걸음마다 진리와 싸워야 한다"고 열정적으로 주장했다는 것이다.

48 *The Will to Power*, bk. 1, sec. 120, p. 74.

49 *The Gay Science*, bk. 5, sec. 349, pp. 291-292.

50 *The Will to Power*, no. 462, p. 255. 들뢰즈(Gilles Deleuze)는 *Nietzsche and Philosophy* (1962), trans. Hugh Tomlinson (New York: Columbia University Press, 1983), 5-7쪽에서 권력(power)을 "힘"(forces)의 영역으로 다룸으로써 니체가 의도했던 개념의 일반적 적용 가능성을 유지하지만, 그 대신 권력에 대한 정치적 이해를 희생시키고 있다.

51 *Human, All Too Human*, trans. R. J. Hollingdale (Cambridge: Cambridge University Press, 1986), sec. 450, p. 165; sec. 451, p. 165.

52 Ibid., sec. 457, p. 167.

53 Ibid., sec. 442, pp. 162-163. 아울러 제481절, 178쪽도 보라.

54 Ibid., sec. 438, p. 161; sec. 465, p. 169. 고대 그리스에 대한 니체의 찬사가 폴리스에까지 확장되지는 않았다. 이는 폴리스가 너무 정치적이기 때문에 반(反)문화적일 수밖에 없다는 그의 반(反)정치적 신념과 부합하는 것이었다. Ibid., sec. 474, p. 174.

55 Ibid., sec. 472, pp. 170-171.

56 *Thus Spake Zarathustra*, pt. 2 ("Of the Rabble"), p. 121.

57 Ibid., pt. 3 ("Of Old and New Law-Tables"), sec. 7, p. 218.

58 *The Gay Science*, bk. 4, sec. 283, pp. 228-229.

59 *Beyond Good and Evil*, pt. 9, sec. 257, pp. 201-202.

60 *Ecce Homo*, "Why I Am a Destiny," sec. 1, p. 327. 니체가 사용한 언어의 폭력적인 성격은 제4-6절, 328-331쪽에서 잘 나타나고 있다.

61 *Thus Spake Zarathustra*, "Of the Three Evil Things," p. 205.

62 의사는 "타락한" 형태의 인간 생명체를 죽여야 하고, "재생산할 권리, 태어날 권리, 살 권리를 …… 결정해야 한다"는 니체의 장광설을 참조하라. *Twilight of the Idols*, trans. R. J. Hollingdale (Baltimore: Penguin, 1968), sec. 36, p. 88.

63 베르히테스가덴(Berchtesgaden)[독일 남동부 바이에른 주(州) 알프스 산맥에 있는 도시로서 히틀러의 처소였다. - 옮긴이]과 실스 마리아(Sils Maria)[스위스 알프스 산맥의 고지대로서 니체의 마지막 요양지였다. - 옮긴이] 사이의 기이한 유사성에 주목하라. 니체의 "Aftersong," "From

High Mountains," in *Beyond Good and Evil*, 24쪽 이하를 참조하라. 아울러 *Ecce Homo*, "Why I Am So Wise," 제8절, 234쪽과 *The Gay Science*, 제2권 제59절, 123쪽을 참조하라. 또한 데리다(Jacques Derrida)의 "The Question of Style," *The New Nietzsche: Contemporary Styles of Interpretation*, ed. David B. Allison (New York: Delta, 1977), 176-189쪽을 보라.

64 *Beyond Good and Evil*, pt. 2, sec. 30, p. 42.

65 Ibid., pt. 9, sec. 258, p. 202.

66 *Gay Science*에서 산업 문화에 관한 공격으로는 제1권 제40절, 107쪽을, 일신교에 관해서는 제3권 143절, 191-192쪽을, 대중에 관해서는 제149절 195-196쪽을, 가난한 자에 관해서는 제206절, 208쪽을 보라.

67 나치즘에 정통한 한 학자는 "급진적이지만 본질적으로 부정적인 동학이 나치 운동의 사회적 통합 기반을 형성했지만, 그 동학은 파괴로 귀결될 수밖에 없었다"고 언급한바 있다. Ian Kershaw, *The Nazi Dictatorship* (London: Edward Arnold, 2000), p. 31.

68 *The Anti-Christ*, sec. 2, p. 116.

69 Ibid., sec. 6, p. 117. 아울러 *The Gay Science*, 제4권 제288절, 231쪽을 참조하라.

70 *The Gay Science*, bk. 4, sec. 285, p. 230.

71 이와 관련해서 '인민이 안정되고 믿을 만한 권력의 형태이므로 권력의 기반을 인민에게 두라'는 마키아벨리의 유명한 조언과 대조해 보라.

72 니체가 다윈에 대해 매우 비판적이었다는 점은 말할 필요조차 없다.

73 *The Gay Science*, preface to second edition, sec. 4, p. 38. 로브그리예(Alain Robbe-Grillet)의 다음과 같은 언급과 비교해 보라. "오늘날 우리를 발자크(Honore de Balzac), 지드(Andre Gide), 라파에트 부인(Madame de La Fayette)으로부터 분리시키는, 그것도 이번에는 근본적으로 분리시키는 새로운 요소가 존재한다. 그것은 바로 '깊이'를 지닌 오래된 신화의 빈곤이다. …… 사물의 표면은 [한편으로 그 핵심을 가리고 있지만 — 옮긴이] 사물의 핵심으로 우리를 인도하는 가면, 형이상학이라는 궁극적인 '피안'에 이르게 하는 전주곡으로 기능했던 감정이기를 멈추었다." Alain Robbe-Grillet, *Snapshots and Towards a New Novel*, trans. Barbara Wright (London: Calder and Boyars, 1965), pp. 56-57.

74 *The Gay Science*, bk. 1, sec. 4, p. 79.

75 *Twilight of the Idols*. sec. 102, p. 48; *Beyond Good and Evil*, no. 118.

76 *Twilight of the Idols*. sec. 34, pp. 86-87.

77 *The Anti-Christ*, sec. 17, p. 127.

78 "나는 지금까지의 모든 위대한 철학이 무엇이었는지를 점점 더 분명하게 알게 되었다. 즉 그것은 그 철학의 저자가 말하는 개인적인 고백이자 일종의 비자발적이고 무의식적인 상태에서 쓰

인 회고록인 것이다." *Beyond Good and Evil*, pt. 1, sec. 6.

79 *Ecce Homo*, p. 275.

80 하이데거는 "예술의 시적 성격"에 대해서 "존재의 한가운데에서 예술은 개방된 영역을 열어젖히고, 그 개방성 속에서 모든 것은 비일상적인 것이 된다. …… 지금까지 존재한 모든 일상적인 것이 비존재가 된다"고 논한 바 있다. 이와 같은 하이데거의 논의에는 이런 주제들이 흥미롭게 반영되어 있다. *Poetry, Language, and Thought*, trans. Albert Hofstadter (New York: Harper & Row, 1971), p. 72.

81 *The Birth of Tragedy from the Spirit of Music*, trans. Clifton Fadiman, in *The Philosophy of Nietzsche* (New York: Random House, n. d.), sec. 202, p. 116. 파괴와 전쟁이라는 주제에 대해서는 다음을 참조하라. "Of War and Warriors," *Thus Spake Zarathustra*, pt. 1, pp. 73-75. "군사 국가의 유지는 최고의 인간 유형, 곧 강한 인간이라는 유형과 관련된 위대한 전통을 세우거나 유지하는 모든 수단들 가운데 최후의 수단이다. 그리고 민족주의나 보호관세와 같이 국가들 사이에 적대감과 서열상의 차이를 영속시키는 모든 개념들은 이런 관점에서 용인되는 것처럼 보인다." *The Will to Power*, bk. 3, sec. 729, p. 386.

82 *Ecce Homo*, pp. 234, 235. (*Thus Spake Zarathustra*에서 니체가 재인용함).

83 히틀러는 유대인에 대해 자신이 얻은 최초의 커다란 깨달음을 서술하면서, 그것을 문화와 연결시키고 유대인들이 그 외래성과 냄새를 통해 어떻게 문화를 오염시켰는가를 자세히 설명했다. *Mein Kampf*, trans. Ralph Manheim (Boston: Houghton Mifflin, 1971), pp. 56-60, 62-63. 아울러 놀테(Ernst Nolte)의 *Three Faces of Fascism*, trans. Leila Vennewitz (New York: Holt, 1966), 316쪽도 참조하라.

84 히틀러는 소련 침공을 "절멸 전쟁"이라고 명명했다. Kershaw, *The Nazi Dictatorship*, 100쪽에서 재인용.

85 독일군이 일반 민간인과 유대인의 대량 학살에 개입했다는 것은 이제 의심의 여지가 없는 사실로 정립되었고, 이로써 깨끗한 폭력(독일 국방군)과 더러운 폭력(나치 친위대)이 구분된다는 신화는 깨졌다. 몸젠(Hans Mommsen)의 *From Weimar to Auschwitz: Essays in German History*, trans. Philip O'Connor (Cambridge: Polity Press, 1991), 182쪽과 225쪽을 보라. 아울러 브라우닝(Christopher R. Browning)의 *Ordinary Men: Police Battalion 101 and the Final Solution in Poland* (New York: Harper, 1992)도 참조하라.

86 이와 관련해서 와이스코그로드(Edith Wyschogrod)가 *Spirit in Ashes: Hegel, Heidegger, and Man-Made Mass Death* (New Haven: Yale University Press, 1985)에서 제기하는 사려 깊은 논의를 참조하라. 나이먼(Susan Neiman)은 *Evil in Modern Thought: An Alternative History of Philosophy* (Princeton: Princeton University Press, 2002)에서 악의 문제가 세계의 구조에 대한 이해 가능성과 그 구조가 지닌 선의에 관한 근본적인 문제를 지속적으로 제기하기 때문에, 이제 그것이 철학의 새로운 출발점을 구성해야 한다고 주장한다.

87 *Thus Spake Zarathustra*, pt. 2, ("The Rabble"), p. 122.

88 *The Case of Wagner*, trans. Walter Kaufmann (New York: Random House, 1967), preface, p. 155.

89 *Ecce Homo*, p. 326. "나는 이전의 다른 어떤 인간보다도 영고성쇠(榮枯盛衰)의 징후에 대해 예민한 후각을 갖고 있다……." Ibid., p. 222. 아울러 233쪽도 참조하라.

90 *Beyond Good and Evil*, pt. 9, sec. 257, p. 201.

91 Ibid., pt. 9, sec. 259, p. 203.

92 *Twilight of the Idols*, foreword, p. 21. 1990년대에 미국의 보수적인 학자들은 의식적으로 1960년대의 '급진주의자들'에 대한 '문화 전쟁'을 벌였다.

93 나치즘을 허무주의(nihilism)의 혁명으로 파악하는 견해는 나치 정권에 반대했던 독일의 보수주의자 라우슈닝(Hermann Rauschning)이 집필한 *The Revolution against Nihilism* (New York, 1939)에 의해 대중화되었다. 허무주의(nihilism)는 또한 나치즘을 볼셰비키 혁명가들 및 소비에트 독재 체제와 구분하기 위해 사용되는 범주이기도 하다.

94 Gerald L. Bruns, *Maurice Blanchot: The Refusal of Philosophy* (Baltimore: Johns Hopkins University Press, 1997), p. xv.

95 *Human, All Too Human*, sec. 463. p. 169.

96 *The Gay Science*, bk. 4, sec. 301, pp. 241-242.

97 Ibid., sec. 238, p. 228. 또한 *Ecce Homo*, 276-277쪽도 참조하라.

98 *Thus Spake Zarathustra*, "Of Old and New Law-Tables," pt. 4, p. 225. 하이데거가 예술을 "작업"이라고 선언함으로써 작업과 예술의 구분에 관한 논의를 회피하는 방식에 주목하라. 그러나 다음과 같은 언급에서 드러나듯이 그것은 작업과 예술의 대비를 재확립하기 위한 예비 단계일 뿐이다. "작업이 점점 더 외로이 …… 홀로 서게 될수록, 그리고 인간과의 모든 유대를 분명하게 단절하면 할수록, 그런 작업의 진의는 더욱더 단순하게 드러나며, 그럴수록 본질적으로 비상한 진의는 표면으로 부상하고 오랫동안 익숙했던 진의는 추락한다." *Poetry, Language, and Thought*, pp. 65-66.

99 *The Will to Power*, bk. 1, sec. 5, p. 10; sec. 7, pp. 10-11.

100 Ibid., sec. 12A, p. 12.

101 Ibid., sec. 12, p. 12.

102 Ibid., sec. 55, pp. 36-37.

103 Ibid., p. 37.

104 *Beyond Good and Evil*, pt. 2, sec. 30, p. 43.

105 *The Birth of Tragedy*, sec. 5, p. 197.

106 *Twilight of the Idols*, secs. 8-9, p. 72.

107 *Beyond Good and Evil*, sec. 211, p. 136.

108 *The Gay Science*, 제4권 제319절, 253-254쪽에 나오는 이성에 관한 언급을 참조하라.

109 "독일 문화가 쇠퇴하게 된 원인은 무엇인가? '고등교육'은 이제 더 이상 특권이 아니다. '문화'의 민주주의가 그것을 '보편적'이고 평범한 것으로 만들었다." *Twilight of the Idols*, sec. 5, p. 64.

110 Löwith, *From Hegel to Nietzsche*, 260쪽에서 재인용.

111 *Twilight of the Idols*, sec. 4, pp. 62-63.

112 유럽의 민주화에 대한 니체의 불만에 대해서는 다음을 보라. *Beyond Good and Evil*, pt. 8, sec. 242, p. 176.

113 "구별의 파토스"는 "등급"과 "극단"의 가치를 지칭하는 중요한 개념이다. 그것은 평등과 상반되는 가치를 대변한다. *Twilight of the Idols*, sec. 37, p. 91.

114 이와 연관된 것으로는 고대 그리스 연극에서의 합창이 데모스의 정치의식이 성장한 것을 표현하고 있다고 해석하는 고전학자들에 대한 니체의 분노에 찬 공격을 들 수 있다. 니체는 그 합창이 정치적인 것이 아니라 "종교적인 것"이라고 주장했다. 마치 정치적인 것과 종교적인 것이 그토록 간명하게 구분될 수 있기라도 한 것처럼 말이다. *The Birth of Tragedy*, sec. 7, pp. 203-204.

115 *The Will to Power*, bk. 1, sec. 55, p. 37.

116 *The Birth of Tragedy*, 제20절, 122쪽을 보라. 니체는 "새로운 철학자들" 또는 "자유로운 정신들"과 "평등주의자들"을 대비시킨다. 평등주의자들이란 "민주적 취향과 그런 취향을 담고 있는 '근대적 이념'에 매여 있는 글쟁이 노예들"이다. 이들이 전력을 다해서 추구하는 것은 안전하고, 위험이라고는 없으며, 안락하고, 모든 이에게 좀 더 편안한 삶을 보장하는, 무리들을 위해 푸른 목초지에 펼쳐진 보편적인 행복이다. 그들이 가장 자주 애창하는 두 가지 노래이자 교의는 '권리의 평등'과 '모든 고통받는 자에 대한 동정'이다. 그들은 고통 자체를 철폐해야 하는 것으로 받아들인다." *Beyond Good and Evil*, pt. 2, sec. 44, p. 54.

117 *The Gay Science*, bk. 2, sec. 76, p. 131.

118 *The Will to Power*, bk. 4, sec. 864, p. 461; sec. 866, p. 464; sec. 894, p. 476. 니체의 반유대주의는 바로 이런 맥락에서 검토되어야 한다. 카우프만과 다른 학자들은 니체가 떳떳치 못한 정치인들과 정치 평론가들이 유포한 반유대주의적 교의를 경멸했다는 점을 정확하게 강조해 왔다. 나는 니체의 이런 태도를 속류 반유대주의에 대한 혐오라고 규정하고자 한다. 그러나 지금까지 간과되어 온 것은 기독교도, 사회주의자, 또는 민주주의자와 달리 '유대인은 나름대로 가치 있는 적대자다'라고 평가하는 니체의 독특한 반유대주의다. "유대인들이 결백함 그

자체로 전면에 대두되면, 위험은 더 커진다. [니체가 유대인의 문서라고 간주한] 신약성서를 읽을 때, 우리는 약간의 분별, 불신, 적의를 즉각적으로 활용할 수 있도록 언제나 손안에 쥐고 있어야 한다."

"심지어 문화라고는 그 냄새도 맡지 못한 채, 기율도 없고, 지식도 갖지 못했으며, 가령 정신적인 사안에서 양심과 같은 그런 것이 있으리라고는 생각조차 하지 않도록 양육된 ······ 가장 비천한 기원을 지닌 사람들, 이들이 바로 유대인들이다. 그들은 모든 미신적인 억측과 무지 그 자체로부터 이득과 유혹의 수단을 만들어 내는 본능적인 능력을 가지고 있다." *The Will to Power*, 제2권 제199절, 117쪽. 아울러 제2권 제197절, 116쪽도 보라.

119 Ibid., bk. 4, sec. 490, p. 270.

120 Ibid., bk. 2, sec. 185, p. 111.

121 Ibid., bk. 4, sec. 859, p. 458.

122 *Ecce Homo*, "Why I Am a Destiny," sec. 1, p. 327.

123 *The Will to Power*, bk. 2, sec. 464, pp. 255-256. 아울러 272쪽과 273쪽의 nos. 493과 498 도 보라.

124 "정신은 얼마나 많은 진리를 감당하고, 얼마나 많은 진리에 감히 도전할 수 있을까? 나에게는 바로 이 점이 점점 더 가치의 진정한 척도가 되었다." *Ecce Homo*, preface, sec. 3, p. 218.

125 Ibid., sec. 3, p. 7 (강조는 원저자의 것).

126 *The Will to Power*, bk. 1, sec. 2, p. 9 (강조는 원저자의 것).

127 Ibid., bk. 2, sec. 461, p. 253.

128 Ibid., bk. 1, sec. 3, p. 9 (강조는 원저자의 것).

129 Ibid., sec. 55, p. 37.

130 Ibid., p. 35.

131 Ibid., pp. 37, 38.

132 Ibid., sec. 65, p. 43.

133 *Ecce Homo*, "Why I Am a Destiny," sec. 1, p. 326.

134 *The Birth of Tragedy*, pp. 265-266.

135 *The Will to Power*, bk. 3, sec. 636. pp. 339, 340.

136 *Ecce Homo*에서 니체는 자신의 저작들을 검토하면서 각각을 자기 현시(顯示)와 권력에의 의지가 드러난 사례로 다루고 있다.

137 *The Will to Power*, bk. 2, sec. 259, pp. 149, 150.

138 니체는 자신이 다양한 관점을 획득하고 음미할 수 있는 특별한 재능이 있는데, 이는 한편으로 자신의 "조상"이 독일인일 뿐만 아니라 "폴란드의 귀족"이기 때문이며, 다른 한편으로 절망적인 질병과 왕성한 건강이라는 양 극단을 개인적으로 경험했기 때문이라고 주장했다. "이제 나는 관점들을 전도시킬 수 있는 법을, 그 비결을 알게 되었다. 아마도 이것이 오직 나만이 '가치에 대한 재평가'가 가능한 첫 번째 이유일 것이다." *Ecce Homo*, pp. 225, 223.

139 *The Will to Power*, bk. 4, sec. 900, 901, p. 479.

140 *Thus Spake Zarathustra*, pt. 1 ("Of the Bestowing Virtue"), p. 103. 강조된 구절은 니체가 *Zarathustra*를 재인용하여 *Ecce Homo*의 서문(220쪽)에 다시 기술했던 것이다.

141 *The Will to Power*, bk. 2, sec. 304, p. 170.

142 Ibid., sec. 417, p. 224.

143 *The Case of Wagner*, p. 156. 이론가들이 주장하는 이른바 "모든 것을 꿰뚫어 보는 시각"의 사용, 곧 "시각주의"에 대한 최근의 몇몇 비판적 논의는 무비판적으로 니체를 시각주의의 반대자로 간주한다. 그러나 니체의 *Zarathustra*에 정통한 사람이라면 그런 주장을 하지는 않았을 것이다. 니체에게서 '시각주의'의 혐의를 면제시키는 사례로는 다음 저작에 실린 편집자의 글을 보라. David Michael Levin, ed., *Modernity and Hegemony of Vision* (Berkeley and Los Angeles, University of California Press, 1993), p. 4.

144 니체는 자신이 겪은 "영감의 경험"에 대해 쓰면서, "나에게 '그것은 내 경험이기도 하오'라고 말해 줄 수 있는 사람을 찾으려면 수천 년을 거슬러 올라가야 한다는 것을 믿어 의심치 않는다"고 선언했다. 이는 *Ecce Homo*, 제3절, 301쪽에서 제시된 계시에 대한 확장된 논의에 바탕을 둔 주장이었다.

145 Ibid., preface, sec. 1, p. 217.

146 Ibid., "Thus Spoke Zarathustra," sec. 6, p. 304.

147 *The Birth of Tragedy*, sec. 9. 니체의 신화의 이용이라는 주제에 대해서 나는 다음의 연구를 지침으로 삼았다. Allen Megill, *Prophets of Extremity: Nietzsche, Heidegger, Foucault, Derrida* (Berkeley and Los Angeles: University of California Press, 1958), pp. 65 ff.

148 *The Birth of Tragedy*, sec. 15, p. 94. 독일의 헬레니즘에 대해서는 버틀러(E. M. Butler)의 *The Tyranny of Greece over Germany* (Cambridge, 1935)를 참조하라.

149 *The Birth of Tragedy*, sec. 8, p. 61.

150 Ibid., sec. 1, p. 37.

151 Ibid., sec. 7, p. 59.

152 Ibid., sec. 9, p. 226.

153 *The Will to Power*, sec. 852, p. 450.

154 *The Birth of Tragedy*, sec. 5, p. 197.

155 니체가 남성적인 '아리안족'의 프로메테우스 신화와 '여성적'인 '셈족'의 인간 타락의 신화를 대비시킨 것에 주목하라. Ibid., sec. 9, pp. 226-227.

156 *Nicomachean Ethics* 9.7.1177b1-34.

157 이와 관련하여 다음을 보라. *On the Genealogy of Morals*, trans. Walter Kaufmann (New York: Random House, 1969), essay 1, sec. 10, p. 36; sec. 11, p. 42; essay 3, sec. 14, pp. 121-124. *Ecce Homo*, pp. 229-230.

158 *The Gay Science*, bk. 5, sec. 362, p. 318.

159 물론 이후 실제로 나치에 찬동하는 의견을 표명했던 하이데거나 드 만(Paul de Man)과 같은 중요한 탈근대주의자들은 로티나 제임슨(Fredric Jameson)처럼 탈근대주의에 동조하는 이론가의 교묘한 노력 덕분에 간신히 이런 부담에서 벗어날 수 있었다. 제임슨이 제시한 변명으로는 *Postmodernism* (Durham: Duke University Press, 1991), 256-259쪽을 보라. 제임슨은 드 만의 친(親)나치적 태도를 "직장"을 잃지 않으려는 한 젊은이의 기도로 이해되어야 한다고 설명한다.

160 *Twilight of the Idols*, sec. 38, p. 92. "…… 이런 판단 — 평화가 전쟁보다 더 가치 있는 것이다 — 은 반(反)생물학적인 것이며, 그 자체로 삶의 퇴락이 가져온 결과다. 삶은 전쟁의 결과이며, 사회는 그 자체로 전쟁의 수단이기 때문이다." *The Will to Power*, no 53, p. 33.

161 "…… 다르게 보는 것 ……, 다르게 보기를 원하는 것은 미래의 '객관성'을 이루기 위해 지성이 수행하는 결코 적지 않은 훈련이자 준비 과정이다. 여기서 객관성은 '사심 없는 사유' — 이는 터무니없는 모순이다 — 가 아니라, 자신이 생각하는 찬반양론을 통제하고 그것들을 잘 조절함으로써 지식을 얻는 다양한 관점 및 감성적 해석을 활용하는 방법을 알게 되는 것을 의미한다. …… 거기에는 오직 관점주의적으로 보는 것만이, 관점주의적 '앎'만이 있을 뿐이다. 그리고 우리가 하나의 사물에 대해 더 많은 감성이 말하도록 허락할수록, 이 사물에 대한 우리의 '개념', 우리의 '객관성'은 더욱더 완벽해질 것이다." *Genealogy of Morals*, essay 3, sec. 12, p. 119. 니체의 관점주의를 우호적으로 다룬 연구로는 *The Cambridge Companion to Nietzsche*에 수록된 샤흐트(Richard Schacht)와 솔로몬(Robert C. Solomon)의 논문들을 보라. 좀 더 미묘한 차이를 보여 주는 연구로는 네헤마스(Alexander Nehemas)의 *Nietzsche: Life as Literature* (Cambridge: Harvard University Press, 1985)를 보라.

162 "원인, 결과, 상대성, 제약, 수, 법칙, 자유, 동기, 목적 등을 고안해 낸 것은 바로 우리 자신이다. 그리고 이런 상징의 세계가 마치 '그 자체로' 존재하는 것처럼 사물에 투사하고 그것과 혼합시켰을 때, 우리는 지금까지 항상 그랬던 것처럼 다시 한번 신화적으로 행동하는 것이 된다. '자유롭지 않은 의지'라는 것은 신화다. 실제 삶에서 그것은 단지 강한 의지와 약한 의지의 문제일 뿐이다." *Beyond Good and Evil*, "On the Prejudices of Philosophers," sec. 21, p. 29.

163 *The Birth of Tragedy*, secs. 1, 2, pp. 173-174.

164 Ibid., sec. 7, pp. 208, 210.

165 Ibid., sec. 9, pp. 225, 226.

166 Ibid., pp. 226-228.

167 Ibid., sec. 8, p. 213.

168 Ibid., sec. 11, pp. 235-236, 238.

169 *The Will to Power*, bk. 1, sec. 56, p. 39.

170 Ibid., bk. 4, sec. 898, p. 478.

171 *Twilight of the Idols*, sec. 48, p. 102. 여기에서 니체는 관념론과 프랑스혁명 당시의 폭도들을 뭉뚱그려 취급해 버린다.

172 *Thus Spoke Zarathustra*, pt 1, sec. 3, p. 46. 나는 니체의 '최후의 인간'과 대중적 인간의 완성을 동일시한다.

173 *The Will to Power*, bk. 4, sec. 866, pp. 463-464 (강조는 원저자의 것임).

174 *Thus Spake Zarathustra*, "Of the Three Evil Things," sec. 2, p. 208.

175 *The Will to Power*, no. 998, p. 519.

176 *Human, All Too Human*, sec. 473, pp. 173-174.

177 Ibid., sec. 472, pp. 170-171.

178 Ibid., pp. 171-172.

179 Ibid., p. 172.

180 Ibid.

181 *The Gay Science*, bk. 2, sec. 60, p. 123.

182 Kershaw, *The Nazi Dictatorship*, 112쪽에서 재인용.

제14장 | 자유주의 그리고 합리주의의 정치

1 "Reason or Revolution?," in Theodor Adorno et al., *The Positivist Dispute in German Sociology*, trans. Glyn Adey and David Frisby (New York: Harper, 1976), p. 292.

2 다른 곳에서 포퍼가 히틀러를 언급하기는 하지만, 간단히 일축해 버린다. 스탈린은 더욱 비판적으로 다루어진다. "The History of Our Time: An Optimist's View," in *Conjectures and*

Refutations: The Growth of Scientific Knowledge, 2nd ed. (London: Routledge, 1965), 366-367쪽을 보라.

3 *The Open Society and Its Enemies*, 2 vols. (London: Routledge, 1945), 1:165, 171, 175, 176.

4 플라톤에 관한 포퍼의 논의에서 두드러진 점은, 플라톤 이후 아테네 민주주의가 맞게 되는 역사적 운명까지 연장해서 분석했다는 점이다. 그런 방식의 논변은 학자들 사이에서 분석철학이 득세한 이후로는 사실상 사라졌다. *The Open Society*, 제1권 제10장을 보라.

5 *The Open Society*, 1:3, 4. 계획주의에 관한 포퍼의 논변은 주로 하이에크(Friedrich von Hayek)의 *The Road to Serfdom*에서 자극을 받은 것이었다. 포퍼는 감사의 말에서 하이에크에게 "깊은 빚을 졌다"고 진술했다.

6 나치 이데올로기가 신비적이고, 감정적이며, 종족주의적인 — 피와 땅(*Blut und Boden*) — 요소들을 체현하고 있었다는 주장은 당시 논평가들 사이에서 익숙한 것이었다.

7 *The Open Society*, 1:147, 2:222, 229.

8 "Public Opinion and Liberal Principles," in *Conjectures and Refutations*, p. 350.

9 "Utopia and Violence," in *Conjectures and Refutations*, pp. 358-360. "유토피아적 방법"은 "폭력을 조성하기 마련"인데, 그 이유는 경쟁적인 유토피아를 제시하는 이들이 나타나 비판을 가할 때, 원래의 유토피아주의자들은 그 비판자들을 "자기편으로 끌어들이거나 아니면 박살내지 않을 수 없기" 때문이다. 여기서 포퍼가 유토피아주의자와 그것을 비판하는 유토피아주의자가 역사적으로 누구를 가리키는지 이름을 밝히지는 않지만, 스탈린과 트로츠키(Leon Trotskii) 사이의 경쟁을 염두에 두고 있었을 법하다.

10 *The Open Society*, 2:224.

11 『열린사회와 그 적들』의 특이한 점 가운데 하나는 소련에 대해 상대적으로 온화하게 언급하고 있다는 점이다. 소련에서 벌어졌던 강제적인 집산화와 이른바 "반역자들"을 처단했던 1930년대의 숙청이 잘 알려져 있었는데도, 포퍼는 이를 전혀 언급하지 않았다. 아마도 히틀러를 패퇴시키는 데 필수 불가결했던 소련의 기여에 대한 경의 때문이었는지도 모르겠다.

12 이와 관련해서 우튼(Barbara Wooton)의 *Freedom under Planning* (1945), 그리고 파이너(Herman Finer)의 *The Road to Reaction* (1945)을 보라.

13 계획주의에 대한 좀 더 온건한 비판으로는 폴라니(Michael Polanyi)의 *The Logic of Liberty: Reflections and Rejoinders* (London: Routledge & Kegan Paul, 1951), 특히 제8장을 보라.

14 *The Open Society*, 1:210 (강조는 원저자의 것임).

15 "Prediction and Prophecy in the Social Sciences," in *Conjectures and Refutations*, pp. 336-338. 포퍼의 논변은 *The Poverty of Historicism* (London, 1957)에서도 일관되게 지속되고 있다.

16 "Prediction and Prophecy in Social Sciences," in *Conjectures and Refutations*, pp. 342-343 (강조는 원저자의 것임).

17 Ibid., p. 344.

18 *The Open Society*, 2:116-120.

19 Ibid., 120-121.

20 Ibid., 121-122, 151.

21 Ibid., 213-217, 225. 흥미롭게도 포퍼는 과학적 방법에 관한 저술들에서 자신이 전개했던 반증 가능성이라는 발상에서 이탈해서, 『열린사회와 그 적들』에서는 전형적인 입증주의적인 설명 방식에 의존하고 있다(220쪽).

22 Ibid., 1:17.

23 Ibid., p. 19.

24 Ibid., p. 107 (강조는 원저자의 것임).

25 이상하게도 포퍼는 과학적 지식이 점진적으로 축적되는 과정을 통해 성장한다는 입장을 선호 하지 않았다. 오히려 과학적 지식은 근본적으로 새로운 이론이 출현한 결과로 성장한다는 것이 었다.

26 "Public Opinion and Liberal Principles," in *Conjectures and Refutations*, pp. 349, 352, 354.

27 *The Open Society*, 2:210. 인용된 구절은 원래 이탤릭체로 강조되어 있던 것이다.

28 "Reason or Revolution?," p. 291.

29 반증의 개념은 『열린사회와 그 적들』, 제2권, 247-249쪽에서 논의되고 있다. 아울러 "Truth, Rationality, and the Growth of Knowledge," in *Conjectures and Refutations*, 228쪽 이하와 240쪽 이하도 참조하라. 이 문제에 관한 포퍼의 상세한 논의로는 *The Logic of Scientific Discovery* (New York: Basic Books, 1959), 특히 제4장 — 독일어로는 1934년에 처음 출간되었다 — 을 참고하라.

30 "Reason or Revolution?," pp. 291, 292. 여기서 포퍼는 쿤(Thomas Kuhn)이 *The Structure of Scientific Revolutions* (1962)에서 사용한 용어들을 명백히 차용하고 있다. 포퍼의 논문은 1970년에 나왔던 것이다. 포퍼 자신도 그 전에 역사 감각을 결여하고 있다고 비판받은 적이 있 다. 회프너(Kurt Hübner)는 *Critique of Scientific Reason* (1978), trans. Paul R. Dixon, Jr., and Hollis M. Dixon (Chicago: University of Chicago Press, 1983), 51-69쪽에서 과학 이론 이 형성되는 과정에서 비과학적 요소들 — 예컨대 케플러(Johannes Kepler)의 신비주의 — 이 기여하는 측면에 포퍼가 충분한 주의를 기울이지 못했다고 주장했다. 전통에 대한 포퍼의 찬사 로는 "Public Opinion and Liberal Principles," in *Conjectures and Refutations*, 351쪽을 보라.

31 *The Open Society*, 2:216-220.

32 *Liberalism and Social Action* (New York: Capricorn, 1935), pp. 72,73.

33 듀이에 관해서는 방대한 연구 문헌이 있다. 내가 특별히 유용하다고 생각하는 문헌은 다음과 같다. 래쉬(Christopher Lasch)의 *The New Radicalism in America, 1889-1963* (New York: Knopf, 1965)과 *The True and Only Heaven: Progress and Its Critics* (New York: Norton, 1991)는 듀이에 대해 매우 비판적이다. 좀 더 우호적인 해석으로는 웨스트브룩(Robert Westbrook) 의 *John Dewey and American Democracy* (Ithaca: Cornell University Press, 1991)가 있다. 비판적이지만 내용을 깊이 음미하는 연구로는 화이트(Morton White)의 *Social Thought in America: The Revolt against Formalism* (Boston: Beacon Press, 1957)을 보라. 라이언(Alan Ryan)의 *John Dewey and the High Tide of American Liberalism* (New York: Norton, 1995)은 수다스럽고 산만하다. 이 책의 주된 기여라면, 설득력은 떨어지지만, 듀이를 영국의 저술가들과 연결하면서 콜(G. D. H. Cole)의 길드사회주의(guild socialism)가 듀이에게 의미심장한 영향을 미쳤다고 주장한 것이다. 위에서 언급한 래쉬와 함께 블레이크(Casey Blake)의 *Beloved Community* (Chapel Hill: University of North Carolina Press, 1990)의 덕택으로 본 (Randolph Bourne)은 이제 듀이를 비판한 당대의 주요 인물로 공인되고 있다. 나중 세대에서 사용한 용어로 말하자면 듀이는 일종의 "활동가"로서 그 역할이 두드러졌다는 점에 주목할 필요가 있다. 그는 미국시민자유연합(American Civil Liberties Union), 미국대학교수협회 (American Association of University Professors), 교원 노조 등을 비롯해서 많은 기관들의 설립과 진흥에 주된 역할을 담당했다. 스탈린이 트로츠키에게 씌운 반역 혐의의 무고함을 밝혀주기 위해 조직된 매우 공개적인 위원회에서 듀이는 비상한 역할을 수행하기도 했다. 자세한 내용은 마틴(Jay Martin)의 *The Education of John Dewey: A Biography* (New York: Columbia University Press, 2002), 407-423쪽을 보라.

34 예를 들어, *The Philosophy of John Dewey*, ed. Paul Schilpp (Evanston, Ill.: Northwestern University Press, 1939)에 수록된 버트런드 러셀(Bertrand Russell)의 논문과 그에 대한 듀이의 반론을 보라.

35 *Freedom and Culture* (New York: Putnam, 1939), p. 148.

36 예를 들어 듀이의 *Reconstruction in Philosophy* (1920) (New York: Mentor, 1950), 46-52쪽을 보라.

37 *Liberalism and Social Action*, p. 73.

38 *The Quest for Certainty: A Study of the Relation of Knowledge and Action* (1929) (New York: Putnam, 1960), p. 84.

39 Ibid., p. 196. 이론과 실천 — 또는 행위 — 에 관해서는 같은 책, 4-6, 67-70, 192-193쪽, 그리고 특히 281쪽을 보라.

40 Ibid., p. 204.

41 *Reconstruction in Philosophy*, p. 82.

42 *Democracy and Education* (New York: Macmillan, 1916), p. 393. "내가 제기하려는 질문은 우리가 왜 전제적이고 가혹한 체제보다 민주적이며 인간적인 체제를 선호하느냐는 것이다. …… 나는 묻고 싶다. …… 궁극적으로 민주적인 사회질서가 비민주적이며 반민주적인 방식의 사회생활보다 더 많은 사람들이 접근하여 누릴 수 있는 더욱 양질의 인간 경험을 촉진하리라는 믿음으로 귀결되지 않는 어떤 이유를 찾을 수 있겠는가?" *Experience and Education* (1938), in *The Philosophy of John Dewey*, ed. Joseph Ratner (New York: Random House, 1939), p. 663.

43 *Democracy and Education*, p. 101.

44 *Quest for Certainty*, p. 244.

45 Ibid., p. 224.

46 "Democracy in the Schools," *School and Society*, April 3, 1937, in *The Philosophy of John Dewey*, p. 719.

47 *Reconstruction in Philosophy*, pp. 146-147.

48 듀이는 플라톤과 루소를 자신의 선구자로 인정했고, 특히 플라톤을 칭송했다. *Democracy and Education*, 102쪽 이하를 보라.

49 듀이의 교육 활동과 그것이 외국에 미친 영향은 마틴(Jay Martin)의 *The Education of John Dewey*, 199쪽 이하, 310쪽 이하, 406, 439쪽 이하에 서술되어 있다.

50 *Democracy and Education*, pp. 383-384.

51 *Reconstruction in Philosophy*, p. 147.

52 *Quest for Certainty*, p. 311. 1908년에 출판된 한 논문에서 듀이는, 교육을 재건할 때 그 지적인 내용을 규정하는 과제는 "자연과 인간 및 사회에 관한 현대적 관념에 대해 어느 정도 호기심을 가지고 있으면서 사회 변화가 흘러갈 방향을 가장 잘 예측할 수 있는 사람들에게 특히 맡겨져야 한다"고 선언했다. *The Philosophy of John Dewey*, p. 705. 자신이 철학자에게 맡기려는 역할이 종전에는 프로테스탄트 성직자들에 의해 수행되어 왔다는 점을 듀이가 의식하고 있었다는 사실도 주목할 가치가 있다. "과학과 민주주의의 정신적 내용"에 대한 듀이의 언급은 종교를 계승한다는 의미를 암시하고 있다. Ibid., p. 715.

53 *The Social Frontier*, 1937년 5월호에 실린 듀이의 기고문. *The Philosophy of John Dewey*, 694쪽에서 재인용. 같은 기고문에서 듀이는 어떤 "사회 세력들"이 통제력을 행사하는가, 그리고 학교는 어떤 세력들과 손을 잡아야 하는가라는 질문을 던졌다. 그러면서 자기가 "[정치적] 당파에 대해 말하고 있는 것"이 아니라 "사회 세력과 사회운동"에 대해 논하고 있다는 점을 조심스럽게 주지시켰다. Ibid., p. 695. 이런 표현 방식이라면 마르크스주의자의 귀에도 거슬리게 들리지는 않았을 것이다. 하지만 그보다 일 년 전 같은 잡지에 실린 글에서 듀이는 계급투쟁의 전술을 교육과 사회적 행동에 접근하는 올바른 길로 간주하는 것을 노골적으로 거부했다. 그는

민주주의가 계급적 이익보다 "포괄적인 사회적 이익"을 대표하고, 또 그 때문에 "교육적 행동"을 위해서 적절한 "준거의 틀"이 될 수 있다는 이유로 민주주의를 옹호했던 것이다. From *The Social Frontier*, May 1936, in *The Philosophy of John Dewey*, pp. 698-702.

54 *The Philosophy of John Dewey*, pp. 655, 688-689.

55 From *Experience and Education*, in *The Philosophy of John Dewey*, p. 656.

56 듀이는 모든 것을 허용하는 방식의 교육을 옹호한 적이 없다고 부인했다. *The Philosophy of John Dewey*, pp. 623-624, 659. 또한 그는 전통적인 과목들이 우선되어야 한다는 발상을 거부했을 뿐, 그것들을 다 버려야 한다는 의도도 없다고 주장했다. 같은 책, 626-627, 660, 667쪽을 보라.

57 "The Rise of Great Industries," speech to the Political Science Association, Martin, *The Education of John Dewey*, 109쪽에서 재인용.

58 *Quest for Certainty*, p. 100.

59 Ibid.

60 Ibid., pp. 86-87.

61 조세 개혁에서부터 공공사업과 아동 노동에 이르는 구체적인 조치들에 관해 듀이가 자신의 입장을 공개적으로 천명했다는 점을 주목하는 것은 중요하다. Martin, *The Education of John Dewey*, pp. 384-385.

62 *Liberalism and Social Action*, pp. 88, 90.

63 Ibid., pp. 80, 81.

64 "Educators and the Class Struggle," May 1936, in *The Philosophy of John Dewey*, p. 696.

65 *Liberalism and Social Action*, p. 63.

66 *The Social Frontier*, 1936년 5월호에 실린 듀이의 기고문, "Educators and the Class Struggle"과 *Liberalism and Social Action*, 76쪽 이하를 보라.

67 *Freedom and Culture*, p. 168. 포퍼처럼 듀이도 사회적 병폐들을 부분적으로 처리하는 정책을 선호했다. Ibid., pp. 169-170.

68 Martin, *The Education of John Dewey*, 389쪽에서 재인용.

69 *Freedom and Culture*, p. 153.

70 Ibid., p. 131.

71 *The Public and Its Problems: An Essay in Political Inquiry* (1927) (New York: Holt, 1946), pp. viii-ix.

72 "Authority and Social Change" (1936), *The Philosophy of John Dewey*, 352쪽에 재수록.

73 *The Public and Its Problems*, p. 108.

74 Ibid., pp. 68-74.

75 Ibid., p. vi. 국가, 특히 헤겔적인 유형의 국가에 대한 듀이의 반감은, 제1차 세계대전 즈음에 국가가 장엄하게 모든 권력을 장악하는 "독일식" 국가 이념을 그가 공격했을 때부터 표출되었다.

76 Ibid., pp. 33, 67-72.

77 John Dewey and James H. Tufts, *Ethics*, rev. ed. (New York: Holt, 1932), p. 364.

78 *The Public and its Problems*, p. 31.

79 Ibid., p. 34.

80 Ibid., p. 39.

81 "Democracy and Educational Administration" (1937), in *The Philosophy of John Dewey*, p. 400.

82 *Freedom and Culture*, p. 72.

83 *The Public and Its Problems*, pp. 144-145.

84 Ibid., pp. 84, 85.

85 Ibid., p. 84. 이 구절을 해석하는 최선의 길은, 듀이가 이를테면 영국 의회 또는 보통법이 봉건적인 형식과 내용으로부터 넓은 의미에서 민주적 성격을 좀 더 많이 가지는 방향으로 진화한 것으로 생각했다고 추정하는 것이다.

86 Ibid., p. 144.

87 Ibid., pp. 87-94; *Liberalism and Social Action*, pp. 11-20, 28-43. 듀이는 벤담의 적극적이고 강한 역할을 인정했다. 여타 영국의 저술가 가운데에서는 공리주의의 "원자론적 개인주의"를 수정해서 좀 더 "유기체적인" 사회관이 형성되는 데 기여했다는 점에서 그린(Thomas Hill Green)을 지목했다. *Liberalism and Social Action*, 23-26쪽을 보라. 기업이 지닌 힘에 우호적인 문화가 확립된 과정에 관한 유익한 설명으로는 준즈(Olivier Zunz)의 *Making America Corporate* (Chicago: University of Chicago Press, 1990)를 보라. 준즈의 설명은 중간 관리자층에 초점을 맞추고 있다. "진보주의의 핵심은 관료제적 수단을 통해서 자신의 운명을 개척하려는 새로운 중간계급의 야심"이라고 한 역사학자 위브(Robert Wiebe)의 논평은 음미해 볼 만하다. Zunz, 9쪽에서 재인용.

88 *The Public and Its Problems*, p. 108. 아울러 107쪽도 보라.

89 Ibid., pp. 113, 114, 115.

90 Ibid., pp. 132, 136, 138-139.

91 Ibid., pp. 126-127, 142.

92 "Democracy in the Schools," in *The Philosophy of John Dewey*, pp. 720-721.

93 *The Public and Its Problems*, p. 153.

94 Ibid., p. 126.

95 Ibid., p. 147.

96 *Freedom and Culture*, 116쪽과 159쪽에서 듀이는 제퍼슨의 정치사상, 특히 타운 공동체에 대한 강조에 경의를 표함으로써 민주주의 "이론"의 중요성을 인정했다.

97 *The Public and Its Problems*, pp. 111, 113.

98 Ibid., p. 149.

99 Ibid., pp. 211, 215.

100 스스로 명시했듯이, 듀이는 미국의 지방자치에 관해서 토크빌의 설명보다는 제퍼슨의 설명에 영향을 받았던 것으로 보인다.

101 *The Public and Its Problems*, p. 147.

102 "Authority and Social Change," in *The Philosophy of John Dewey*, p. 357.

103 Ibid., p. 359.

104 Ibid.

105 *Freedom and Culture*, pp. 153-154.

106 Ibid.

107 Ibid., p. 142.

108 Ibid., p. 6.

109 *The Public and Its Problems*, p. 174.

110 *The Quest for Certainty*, p. 128.

111 Ibid., p. 265.

112 *The Public and Its Problems*, p. 219.

113 Ibid., pp. 208, 209.

114 *Freedom and Culture*, pp. 142-148, 151, 168.

115 Ibid., p. 163.

116 Ibid., p. 162.

117 Ibid., p. 124.

118 *Democracy and Education*, pp. 100, 101, 115.

119 미디어에 대한 듀이의 논평은 *Freedom and Culture*, 148-149쪽을 보라.

120 Ibid., p. 116.

121 Ibid., p. 128.

122 Randolph Bourne, "Twilight of Idols," in *The Radical Will: Randolph Bourne, Selected Writings 1911-1918*, ed. Olaf Hansen (New York: Urizen, 1977), p. 342. 이 논문은 1917년 10월에 출판된 것이다.

123 *Freedom and Culture*, p. 129.

124 한 가지 주목할 만한 예외는 호르크하이머(Max Horkheimer)와 아도르노(Theodor Adorno)가 집필한 *Dialectic of Enlightenment*, trans. John Cumming (London: Allen Lane, 1973)에 나오는 분석이다. 이 책은 1944년에 처음 출판되었다. 또 하나의 예외로는 멈포드(Lewis Mumford)를 들 수 있다. 그의 *Technics and Civilization*은 1934년에 나왔고 *The Transformations of Man*은 1956년에 출판되었다. 멈포드에 관한 논의로는 블레이크(Casey Blake)의 사려 깊은 연구인 *Beloved Community* (Chapel Hill: University of North Carolina Press, 1990), 220-228쪽을 보라.

125 나치즘의 선구자들이 가졌던 기술에 대한 우호적인 관점을 다룬 연구로는 허트(Jeffrey Hert)의 *Reactionary Modernism: Technology, Culture, and Politics in Weimar and the Third Reich* (Cambridge: Cambridge University Press, 1984)를 보라.

126 선전의 힘은 오웰(George Orwell)의 『1984』에서 다루어지는 주제 가운데 하나다. *Reflections on America, 1984*, ed. Robert Mulvihill (Athens and London: University of Georgia Press, 1986), 98-113쪽에 수록된 내 논문 "Counter-Enlightenment"를 참고하라.

127 고문은 그것이 법으로 금지되지 않은 나라에서나 자행되는 방법이었지만, 부시 행정부는 테러리즘에 대한 전쟁을 벌이면서 알카에다(Al Qaeda)의 테러리스트로 의심되는 혐의자들에게 고문을 가했다.

128 감옥에서 강제 노동을 부과할 수 있음에도 불구하고, 일을 시키지 않는다는 것이야말로 가장 놀라운 특징이다. 이는 수감자들의 잉여적 성격을 다시 한번 상기시키는 대목이다. 이와 같은 비인간화는, 수감자의 수가 넘쳐 감방이 부족하게 된 주 정부들이 다른 주의 빈 감옥을 이용하기 위해 수감자들을 이감(移監)시키고 돈을 지불하는 최근 정책을 통해서 한층 악화되었다. 동시에, 복지법과 감옥 체계가 덜 엄격하기 때문에 신종 "초약탈적 인간"을 양산하고 있다고 경고하는 학계의 개혁가들은, 마치 유대인들이 초자연적인 권능을 가지고 있는 것처럼 묘사했던 나치의 왜곡을 의도치 않게 흉내 내는 셈이다. 특히 딜룰리오 2세(John DiIulio Jr.)의 논

문들을 보라.

129 이런 경향을 대변하는 가장 영향력 있는 책은 탈몬(Jacob Talmon)의 *The Rise of Totalitarian Democracy* (Boston: Beacon Press, 1952)와 같은 저자의 *Political Messianism* (New York: Praeger, 1960)이다. 아울러 아렌트의 *The Origins of Totalitarianism* (New York: Harcourt, Brace, 1951), 특히 301-375쪽을 보라.

130 이런 정황의 배경에 관해서는 다음을 보라. Walter Struve, *Elites against Democracy: Leadership Ideals in Bourgeois Political Thought in Germany, 1890-1933* (Princeton: Princeton University press, 1973); George L. Mosse, *The Crisis of German Ideology: Intellectual Origins of the Third Reich* (New York: Grossett & Dunlap, 1964), pp. 61-62, 133-134, 151-152, 275-276. 다음의 고전적인 해설도 여전히 유용하다. Franz Neumann, *Behemoth: The Structure and Practice of National Socialism* (New York: Oxford University Press, 1942), pp. 365 ff.; Barrington Moore, Jr., *Social Origins of Dictatorship and Democracy: Lord and Peasant in the Making of the Modern World* (Boston: Beacon Press, 1967).

131 달(Robert Dahl)의 *Who Governs? Democracy and Power in an American City* (New Haven: Yale University Press, 1961)와 *Preface to Democratic Theory* (Chicago: University of Chicago Press, 1956)를 보라. 이 시기에 사회학자들 사이에서는 미헬스(Robert Michels), 베버, 오스트로고르스키(Georg Ostrogorsky)와 같은 저자들에 대한 관심이 강하게 부활되었다. 이들의 저술은 모두 강한 엘리트주의적 성향과 이에 상응하는 반민주적인 논점을 담고 있다.

132 Harold D. Lasswell and Abraham Kaplan, *Power and Society: A Framework for Political Inquiry* (New Haven: Yale University press, 1950), 250쪽 이하를 보라. 커다란 영향을 미친 저서 *Who Governs?*에서 달은 엘리트라는 발상을 거부하고 대신에 "정치적 계층"이라는 개념을 제시했다. "정치적 계층"은 "명확하게 규정된 계급 이익을 가지고 있는 동질적 계급"이 아니라고 그는 주장했다(91쪽). 달은 "정치적 계층"과 "비정치적 계층"을 대조했다. 전자는 "정치에 높은 관심을 갖는" 반면, 후자에게는 "머나먼 얘기"일 뿐이다. 정치적 계층의 구성원들은 "꽤나 타산적"이며, "비교적 합리적인 정치적 존재"인 경향이 있다. 비정치적 계층의 구성원들은 "눈에 띄게 덜 타산적이고", 또한 "관성, 습관, 검토되지 않은 충성심, 개인적 애착, 감정, 일시적 충동에 더욱 강한 영향을 받는다." 정치적 계층의 구성원들이 지닌 "정치적 믿음들"은 "비교적 높은 일관성과 내적 정합성을 유지하고" 있지만, 비정치적 계층의 경우에는 "정치적 정향들이 신민하고, 단편적이며, 이네올로기석이지 않다." 정치적 계층은 정치적으로 활동적이지만, 비정치적 계층은 심지어 투표에 참여하는 경우도 드물다. 따라서 "정치적 계층이 정부의 정책에 대해 꾸준하고, 직접적이며, 적극적인 영향력을 크게 행사하고, 일부 개인들의 경우 실제로 굉장한 영향력을 보유한다"는 사실은 놀라운 일이 아니다. 반면에 비정치적 계층은 "정책에 미치는 직접적이거나 적극적인 영향력이 훨씬 적다"(90-91쪽).

133 이와 같은 기업계의 경향이 1840년대부터 1920년대까지 발전한 배경에 관해서는 챈들러 2세

(Alfred D. Chandler, Jr.)의 *The Visible Hand: The Managerial Revolution in American Business* (Cambridge: harvard University Press, 1977)를 보라.

134 예컨대 다음을 보라. David Easton, *The Political System: An Inquiry into the State of Political Science* (New York: Knopf, 1963), especially pp. 92-100, 291-295; Karl W. Deutsch, *The Nerves of Government: Models of Political Communication and Control* (Glencoe, Ill.: Free Press, 1963).

135 Samuel Huntington, *American Politics: The Promise of Disharmony* (Cambridge: harvard University press, Belknap Press, 1981), p. 219.

136 예를 들어 다음을 보라. Lawrence Goodwyn, *The Populist Moment in America* (New York: Oxford University Press, 1976); Richard Hofstadter, *The Age of Reform: From Bryan to FDR* (New York: Knopf, 1955), especially pp. 173 ff.; Christopher Lasch, *The True and Only heaven: Progress and Its Critics* (New York: Norton, 1991), chap. 8; Jeffrey Lustig, *Corporate Liberalism* (Berkeley and Los Angeles: University of California Press, 1982); James P. Young, *Reconsidering American Liberalism* (Boulder, Colo.: Westview press, 1996), chap. 10; Eldon J. Eisenach, *The Lost Promise of Progressivism* (Lawrence: University Press of Kansas, 1994); Daniel T. Rodgers, *Contested Truths* (New York: Basic Books, 1987), pp. 176-186.

137 1960년대를 주도했던 세대에게는 강한 개인주의의 풍조가 있었고, 그 때문에 종종 반정치적인 방향으로 선회가 일어났다. 이는 다음의 저작에 요약되어 있다. Sheldon S. Wolin and John Schaar, *The Berkeley Rebellion and Beyond: Essays on Politics and Education in the Technological Society* (New York: New York Review of Books and Random House, 1970). 1960년대의 "좌파적" 정치에 비판적인 사회과학 분야의 문헌이 상당수 존재했다. 예컨대 핵에너지 반대자들이 "전통적 가치"를 무너뜨린다고 서술하는 경우를 들 수 있다. Stanley Rothman and Robert Lichter, "Elite Ideology and Risk Perception in Nuclear Energy Policy," *American Political Science Review* 81, no. 1 (1987): 383-404.

제15장 | 자유주의적 정의와 정치적 민주주의

1 이에 대해서는 다음을 보라. Seymour Martin Lipset, *Political Man: The Social Basis of Politics* (Garden City, N. Y.: Anchor Books, 1960); Daniel Bell, *The End of Ideology: On the Exhaustion of Political Ideas in the Fifties*, rev. ed. (New York: Free Press, 1962); Robert A. Dahl, *A Preface to Democratic Theory* (Chicago: University of Chicago Press, 1956), pp. 75-77.

2 Arthur M. Schlesinger, Jr., *The Vital Center*, 2nd ed. (Boston: Houghton Mifflin, 1962), pp. xxiv, xxiii. 영(James P. Young)의 *Reconsidering American Liberalism*, 181-186쪽에 있는 유익한 논의를 참고하라. 래쉬(Christopher Lasch)의 *The True and Only Heaven*, 369쪽 이하에는 니부어에 대한 훌륭한 비판적 논의가 있다.

3 "A Secular Faith," *New York Times Book Review*, April 9, 2001. 이 글은 번바움(Norman Birnbaum)의 *After Progress: American Social Reform and European Socialism in the Twentieth Century* (New York: Oxford University Press, 2001)에 대한 서평이다.

4 *The Federalist*, ed. Jacob Cooke (Middletown, Conn.: Wesleyan University Press, 1961), No. 10, pp. 59, 60.

5 돈의 역할은 2003년에 한 백만장자가 캘리포니아의 선출직 주지사의 소환 투표 발의를 재정적으로 후원해서 성공시킨 사례에서 극적으로 입증되었다.

6 *Beyond Self-Interest*, ed. Jane Mansbridge (Chicago: University of Chicago Press, 1990)의 몇몇 기고자들과 특히 편집자는 자유주의의 비판자들이 말도 안 되는 논변에 매달리고 있다고 비판한 바 있다. 즉 자유주의의 비판자들은 자유주의를 비판할 때 '자유주의의 옹호자들은 자기 이익이라는 동기가 인간을 무조건적으로 지배한다고 믿는다'는 논변을 펼치는데, 이는 이치에 맞지 않는 논변이라는 것이다.

7 윈치(Donald Winch)의 *Adam Smith's Politics: An Essay in Historiographic Revision* (Cambridge: Cambridge University Press, 1978)은 스미스가 정치와 정치의 중요성에 대한 깊은 숙고에 바탕을 둔 견해를 가지고 있었다는 주장을 정립하고자 한다. 윈치는 정치와 경제의 구분 문제는 다루지 않았다.

8 예를 들어, *Report of the President's Commission on Administrative Management* (1937)를 보라. 또한 왈도(Dwight Waldo)의 *The Administrative State*, 특히 제6장과 제10장도 참고하라.

9 "Trends in Recent American Philosophy," *Daedalus* 126, no. 1 (1997): 217. 롤스에 대한 열렬한 반응의 예로는 다음을 보라. *Reading Rawls: Critical Studies of "A Theory of Justice*," ed. Norman Daniels (New York: Basic Books, n. d.), pp. xii-xvi.

10 유럽의 정치 이론가들에게 미친 롤스의 영향에 대한 평가로는 라보르드(Cécile Laborde)가 편집을 맡은 *European Journal of Political Theory* 1, no. 2 (October 2002) 특별호인 "Rawls in Europe"을 참조하라.

11 "The Idea of an Overlapping Consensus," in *Collected Papers*, ed. Samuel Freeman (Cambridge: Harvard University Press, 1999), pp. 421, 448.

12 롤스가 이런 질문들을 직접 제기하지 않은 것에 대해서, 그는 다음과 같은 주장을 통해 자신을 정당화할지도 모른다. 자신의 작업은 철학적 기획인데, 그 목적은 '이상적인 이론'의 원칙을 개발하는 것이지 실제 정치사회에 대한 분석을 제시하려는 것이 아니라고 주장할 수도 있다는 것

이다. 이런 관점이 옹호될 수도 있겠지만, 실제 과정상에서는 꿋꿋이 지켜지지 않고 타협을 이루고 만다. 롤스가 끊임없이 실제 세계에 대해 언급하고 있을 뿐만 아니라, 그의 '이상'이 현대 미국 정치제도와 이데올로기로부터 중요한 요소들을 받아들이고 있음을 부인할 수 없기 때문이다. 간단히 말해서, 그의 작업이 자신의 목적에 부합한다고 한다면, 그는 현실적인 것을 이상적인 것과 혼합시키고 있는 셈이다. 그런 방법은 그 자체로 반드시 부당한 것이라고 할 수는 없지만, 롤스가 현실 세계의 어떤 요소를 생략했거나 부적절하게 어떤 요소에 가중치를 두지는 않았는가라는 질문에 불가피하게 부딪힐 수밖에 없다. 나아가 롤스가 행한 혼합이 심각하게 타협적인 형태로 이루어지게 만든 그런 생략에 유의미한 패턴이 존재하지는 않는가라는 질문도 남게 된다.

13 Richard A. Posner, *Economic Analysis of Law*, 2nd ed. (Boston: Little, Brown, 1977). 포스너(Richard A. Posner)에 대한 비판적인 논의로는 드워킨(Ronald Dworkin)의 *A Matter of Principle* (Cambridge: Harvard University Press, 1985), 237쪽 이하를 보라.

14 법적 이론과 철학의 결합에 관해서는 드워킨의 *Taking Rights Seriously* (Cambridge: Harvard University Press, 1978) 그리고 *Law's Empire* (Cambridge: Harvard University Press, 1986)를 참조하라. 정치철학자가 경제 이론을 활용하는 것에 대해서는 스캔론(Thomas Michael Scanlon)의 저작을 참고하라.

15 *A Theory of Justice* (Cambridge: Harvard University Press, 1971), p. 3.

16 롤스가 경제학적 모델을 활용하고 있는 것에 대한 유익하고 날카로운 논의로는 월프(Robert Paul Wolff)의 *Understanding Rawls: A Reconstruction and Critique of "A Theory of Justice"* (Princeton: Princeton University Press, 1977)를 보라.

17 *A Theory*, P. 7 (강조는 인용자의 것임).

18 Ibid., p. 16.

19 Ibid. 아울러 17쪽도 참고하라.

20 Ibid., p. 73.

21 국가의 자율성에 대한 신자유주의적 옹호에 대해서는 노드링거(Eric A. Nordlinger)의 *On the Autonomy of the Democratic State* (Cambridge: Harvard University Press, 1981)를 보라. 기든스(Anthony Giddens)는 행정을 "조직화의 정치적 측면"과 동일시한다. *The Nation-State and Violence* (Berkeley and Los Angeles: University of California Press, 1985), pp. 19-20.

22 *A Theory*, p. 62.

23 공동체주의적이고 참여적 관점에서 제기된 롤스에 대한 가장 탁월한 정치적 비판으로는 샌들(Michael J. Sandel)의 *Liberalism and the Limits of Justice: America in Search of a Public Philosophy* (Cambridge: Cambridge University Press, 1982)를 보라. 샌들은 또한 미국에서의 경제 이론과 정치 이론의 역사적 관계에 대해서도 매우 중요한 연구를 수행한 바 있다. 그의

Democracy's Discontents (Cambridge: Harvard University Press, 1996)를 보라.

24 *A Theory*, pp. 14-15. 자유주의적 권리론의 배경에 대해서는 샤피로(Ian Shapiro)의 *The Evolution of Rights in Liberal Theory* (Cambridge: Cambridge University Press, 1986)를 참고하라.

25 *A Theory*, p. 7.

26 Ibid., p. 8.

27 Ibid., p. 75. 롤스가 지나가는 말로 부유하고 권력을 가진 계층에게 유리한 정책이 혜택받지 못하는 계층에게 일정한 이득을 줌에도 불구하고 정당화될 수 없다고 생각하기는 어렵다고 한 것은 주목할 가치가 있다. 이것은 바로 '낙수효과'(trickle-down) 경제학[국가의 경제 시스템을 통해 부유층에서 서민층으로 부가 흘러내려간다는 이론 – 옮긴이]이 주장하는 바와 정확하게 일치한다.

28 Ibid., p. 244.

29 Ibid., pp. 3-4. 롤스는 '자유의 우선성'에 한 가지 유보 조건을 부과하고 있다. 물질적 복지가 불충분한 수준에 있을 경우에는 자유의 우선성이라는 원칙이 양보될 수도 있다는 것이다.

30 소유권이 때때로 열거되기도 하지만, 일관성 있게 열거되고 있지는 않다.

31 *A Theory*, p. 7.

32 Ibid., p. 227.

33 이상적 이론과 비이상적 이론의 구분은 주로 같은 책, 351-355, 363, 391쪽에서 논의되고 있다.

34 *Political Liberalism* (New York: Columbia University Press, 1993), p. 285.

35 *A Theory*, p. 8.

36 Ibid., p. 7.

37 기묘하게도, 마치 앞에서 언급했던 마르크스주의와 자본주의의 수렴이라는 명제를 입증이라도 하려는 것처럼, 롤스는 자신의 이론적 원칙들이 마르크스주의적 원칙에 기초한 경제에도 적용 가능하다는 의견을 개진한다. Ibid., p. 258.

38 Ibid., p. 3.

39 Ibid., pp. 11, 15.

40 Ibid., p. 6.

41 Ibid.

42 이것은 아마도 거대한 담배 회사의 이름을 따서 "필립모리스 원칙"(the Philip Morris principle)이라 부를 수도 있을 것 같다. 이 회사는 1990년대의 세간을 떠들썩하게 만든 폭로 사건이 있은

후, 회사의 이미지를 '암 유발 생산자'로부터 '자비로운 기부자', '예술의 후원자'로의 이미지 변신을 추구했다.

43 *A Theory*, p. 226.

44 Ibid., p. 225; "The Idea of Public Reason Revisited," in *Collected Papers*, p. 580.

45 *A Theory*, pp. 225, 226.

46 Ibid., p. 226. 물론 강력한 이익집단들이 자신들이 장악하고 있는 매체를 통해 공개적으로 그리고 공공연히 자신의 입장을 주장하는 것은 혼한 일이다.

47 Ibid., pp. 227, 228.

48 Ibid., p. 196.

49 절차주의적 접근에 대한 가장 탁월한 비판적인 논의로는 샌들의 *Democracy's Discontents*, 제 1부를 보라.

50 "…… 정부는 사립학교를 보조하거나 아니면 공립학교 체계를 확립함으로써 유사한 재능과 동기를 지닌 사람들이 교육과 문화의 평등한 기회를 보장받을 수 있도록 노력해야 한다. 또한 경제 활동과 자유로운 직업 선택에 있어서 기회의 균등을 강화하고 보장해야 한다. 이런 목표는 기업과 사적 결사체의 활동을 단속하고, 좀 더 바람직한 상태가 이루어지는 것을 저해하는 독점적인 제한과 장애물의 형성을 방지함으로써 달성될 수 있다. 마지막으로, 정부는 질병과 고용에 대한 보장을 위해 가족 수당과 특별지원금을 지급하거나, 차등적인 소득 보조 — 이른바 역(逆)소득세[저소득자에게 정부가 지급하는 보조금 - 옮긴이] — 와 같은 좀 더 체계적인 장치를 통해서 사회적 최저선을 보장한다." *A Theory*, p. 275.

51 Ibid., pp. 275-284.

52 Ibid., p. 12. 조직된 사회에서도 자연 상태의 혼적을 찾아보는 것이 여전히 가능하다는 홉스의 언급을 상기하라. *Leviathan* (Oakeshott edition), Chap. 13, pp. 82-83.

53 *A Theory*, pp. 8, 11-12.

54 Ibid., p. 14.

55 어쩌면 이런 나의 의문들은 불공정한 것으로 치부될 수 있을지도 모르겠다. 왜냐하면 롤스가 자신의 작업을 현실적인 실천과의 조응 여부로 판단해서는 안 되는 일종의 "이상적인 이론"으로 묘사하기 때문이다. 그러나 내가 보기에 이런 입장은 다음의 두 가지 논점과 모순되는 것처럼 여겨진다. 먼저 롤스가 분석철학이 '현실적인 문제들'을 다룰 수 있음을 입증해 왔다는 널리 알려진 주장과 맞지 않는다. 그 뿐만 아니라 『정의론』이 미국의 정치적·헌법적 관행들에 대한 통상적인 설명과 매우 유사하며, 후속작인 『정치적 자유주의』에서는 그런 유사성이 사실상 동일성으로까지 발전하고 있다는 점과도 부합하지 않는다.

56 *A Theory*, pp. 137, 12. 롤스는 정치적 문제, 경제학 이론, 사회조직, 심리학의 '법칙' 등에 대한

'표준적' 설명이 있다고 믿고 있음이 분명하다.

57 Ibid., p. 12.

58 Ibid., p. 11.

59 Ibid., p. 12.

60 *Political Liberalism*, p. 13.

61 Ibid. 공리주의, 칸트, 가톨릭주의, 사회주의에 대한 언급과 포괄적 교의의 불일치의 문제에 관한 언급을 제외하면, 롤스는 포괄적 교의가 왜 심각한 위협을 제기하는지에 대해서 매우 소략한 분석만을 제시할 뿐이다.

62 Ibid., p. xvi. 좀 더 상세한 자기비판으로는 롤스의 "Justice as Fairness: Political Not Metaphysical," in *Collected Papers*, 388-398쪽, 각주 2를 보라.

63 "The Idea of Public Reason Revisited," in *Collected Papers*, pp. 611, 614.

64 *Political Liberalism*, pp. xvi, xvii.

65 Ibid., pp. xvi-xvii, xviii, xix.

66 "The Idea of Public Reason Revisited," in *Collected Papers*, pp. 588-589.

67 "The Domain of the Political and Overlapping Consensus," in *Collected Papers*, pp. 475, 479.

68 "The Idea of an Overlapping Consensus," in *Collected Papers*, p. 422 and n. 1.

69 *Political Liberalism*, p. xxiv (맞줄표 내의 삽입 어구는 원저자의 것임).

70 Ibid., pp. xxvi, xxvii.

71 Ibid., p. xxviii.

72 롤스가 자신의 논변에서 종교가 얼마나 중요한지를 인정한 글로는 "The *Commonweal* Interview with John Rawls," in *Collected Papers*, 616-622쪽을 보라.

73 "The Idea of Public Reason Revisited," in *Collected Papers*, pp. 612, 613.

74 19세기 전반 미국에서 이런 이념들이 정착한 과정에 대해서는 해치(Nathan Hatch)의 *The Democratization of American Christianity* (New Haven: Yale University Press, 1989)를 참조하라.

75 "The Idea of Public Reason Revisited," in *Collected Papers*, pp. 588-589, 574.

76 "On the Jewish Question," trans. Clemens Dutt, in Marx and Engels, *Collected Works*, 3:158.

77 "Justice as Fairness: Political Not Metaphysical," in *Collected Papers*, p. 393.

78 Ibid., p. 395.

79 Ibid., p. 391.

80 Ibid., pp. 391-392.

81 Ibid., pp. 389, 393.

82 Ibid., p. 393.

83 Ibid., pp. 404-408.

84 Ibid., p. 389.

85 Ibid., p. 393.

86 롤스는 순전히 자기 이익만을 추구하는 합리적 행위자는 "정신병적" 존재이며, 심지어 합리적 행위자라고 해도, 만약 그가 공정한 협력 '그 자체'에 가담할 의향이 없거나 평등한 사람들이 승인할 법한 조건으로 참여하려 하지 않는다면, 그런 자는 도덕적 책임감을 결여한 존재라고 언급한다. *Political Liberalism*, pp. 48, 53-54.

87 Ibid., p. 53.

88 "The Idea of Public Reason Revisited," in *Collected Papers*, pp. 611, 614, 573.

89 "The Priority of Right and Ideas of the Good," in *Collected Papers*, pp. 469-470.

90 *Political Liberalism*, p. xvi.

91 Ibid., pp. xv-xvi.

92 "The Domain of the Political and Overlapping Consensus," in *Collected Papers*, pp. 476-478.

93 Ibid., p. 475.

94 "The Priority of Right and Ideas of the Good," in *Collected Papers*, p. 452.

95 이런 주장이 1940년대 말과 1950년대에 미국 공산당을 불법화하기 위해 제기된 비난들을 반영하고 있다는 점에 주목하라. 공산주의자는 혁명을 주창하고 따라서 헌정적 정부에 대한 충성심을 갖지 않게 마련이라는 것이다.

96 "The Idea of Public Reason Revisited," in *Collected Papers*, pp. 589-590, 594.

97 *Political Liberalism*, pp. xvi-xvii.

98 Ibid., pp. xvi-xvii, xix, 12.

99 Ibid., p. 12.

100 "The Idea of Public Reason Revisited," in *Collected Papers*, pp. 584-585.

101 "The Domain of the Political and Overlapping Consensus," in *Collected Papers*, pp. 484-485.

102 "The Idea of an Overlapping Consensus," in *Collected Papers*, p. 426.

103 "The Domain of the Political and Overlapping Consensus," in *Collected Papers*, p. 475.

104 *Political Liberalism*, pp. 13-14, 15.

105 Ibid., pp. 215-218. "일단 그런 [합당한] 교의들이 정의의 헌법 자체에 순응하게 된다면," 공적 이성의 이념이 그 교의들 자체로부터 나오게 될 것이다(218쪽).

106 "The Idea of Public Reason Revisited," in *Collected Papers*, pp. 875-877.

107 투표는 그것이 공공선을 지지할 때에야 비로소 정당화될 수 있다는 명제를 뒷받침하기 위해 특별히 루소를 언급하고 있다는 점에 주목하라. *Political Liberalism*, p. 219.

108 Ibid., pp. 212-214, 228, 230.

109 Ibid., p. 225. 다른 곳에서 롤스는, 정당화란 "오직 현재 용인되는 일반적 믿음, 상식적 의미에서 발견되는 추론의 형식, 그리고 논쟁의 여지가 없는 과학의 방법과 결론에만 호소하는 것"이라고 단언한다(224쪽).

110 "The Idea of Public Reason Revisited," in *Collected Papers*, p. 607.

111 *Political Liberalism*, 231쪽과 231-240쪽에 있는 논의를 보라.

112 "The Idea of an Overlapping Consensus," in *Collected Papers*, pp. 435-442.

113 *Political Liberalism*, 233-234쪽에는 다수결의 원리, 239쪽에는 개헌권, 그리고 305쪽에는 도덕철학과 정치철학의 전통이 서술되어 있다.

114 "The Priority of Right and Ideas of the Good," in *Collected Papers*, p. 469.

115 "The Domain of the Political and Overlapping Consensus," in *Collected Papers*, pp. 479, 480. 롤스는 자신의 자유주의 역시 포괄적 교의라는 지적뿐만 아니라 심지어 부분적 의미에서 포괄적 교의라는 지적조차 부정한다. 이에 대해서는 480-481쪽을 보라.

116 "The Idea of an Overlapping Consensus," in *Collected Papers*, pp. 423, 428. 아울러 424-427쪽도 참조하라.

117 Ibid., p. 444.

118 Ibid., p. 426.

119 롤스 자신이 이 점을 십분 인정하고 있는 것처럼 보인다. 그래서 자신의 관심사는 "정치의 주요 제도들이 중첩적 합의의 지지를 획득할 수 있도록 정치적인 것이라는 특별한 영역을 구체

화하는 것"이라고 말한다. "The Domain of the Political and Overlapping Consensus," in *Collected Papers*, p. 483.

120 "The Priority of Right and Ideas of the Good," in *Collected Papers*, pp. 464-465.

121 "The Domain of the Political and Overlapping Consensus," in *Collected Papers*, p. 482.

122 이와 관련된 최근의 사례는 캔자스 주에서 일어났던 '창조론 논쟁'이었다. 캔자스 주에서는 지구상에 있는 생명의 근원에 관한 성서의 가르침을 강력히 신봉하고 있는 강경한 기독교 단체가 자신들의 대표를 주(州)교육위원회에 다수 선출시키는 데 성공했다. 이후 이 교육위원회는 학교 교과과정을 수정하여 '창조론에 입각한' 설명을 도입하고, 다윈의 이론을 대안적 설명의 지위로 강등시켰다. 다윈주의자들이 단결하여 그다음 교육위원회 선거에서 다수를 차지하자 논란은 지속되었다. 다시 한번 해당 교과과정이 수정되었던 것이다. 혹자는 이 두 가지 포괄적 교의 간의 갈등이 광범위한 토론을 유발시켜 양측으로 하여금 자신의 입장을 공표하도록 강제했고, 이 과정에서 논쟁에 관심을 가지는 식견 있는 공중을 창출했으며, 비록 최종적인 해결책은 아닐지라도 민주적인 해결을 가져왔다고 말할 수도 있을 것이다. 이 사건의 흥미로운 측면 가운데 하나는, 창조론자들 가운데 수준 높은 과학자들이 몇몇 포함되어 있었는데, 이들이 진화론자들로 하여금 진화론의 사실적 근거를 방어하도록 밀어붙였다는 점이다.

123 "Economic Policy and the National Interest in Imperial Germany," in *Max Weber: Selections in Translation*, ed. W. G. Runciman, trans. Eric Mathews (Cambridge: Cambridge University Press, 1978), 263-268쪽을 참조하라.

124 미국에서의 보수주의 사상을 개괄한 연구로는 다음을 보라. Peter Steinfels, *The Neo-Conservatives: The Men Who Are Changing American Politics* (New York: Simon & Schuster, 1979); Young, *Reconsidering American Liberalism*, pp. 244 ff. 맨스필드 2세 (Harvey Mansfield, Jr.)는 스트라우스적 관점에서 강력한 대통령직을 열정적으로 옹호하고 있다. 맨스필드 2세의 *Taming the Prince: The Ambivalence of Modern Executive Power* (Glencoe, Ill.: Free Press, 1989)와 *America's Constitutional Soul* (Baltimore: Johns Hopkins University Press, 1991)을 보라. 그 이전의 영향력 있는 저술로는 커크(Russell Kirk)의 *The Conservative Mind* (Chicago: Gateway, 1954)와 헌팅턴(Samuel Huntington)의 "Conservatism as an Ideology," *American Political Science Review* 45 (June 1957), 454쪽 이하를 참조하라.

125 반기업적 이데올로기의 고전적 표현은 1940년 임시국가경제위원회(the Temporary National Economic Committee)의 보고서들에 잘 나타나 있다. 이에 관한 선구적 연구로는 다음을 보라. Adolf A. Berle, Jr., and Gardiner C. Means, *The Modern Corporation and Private Property* (New York: Macmillan, 1932). 이 분야의 문헌들 일부에 대한 개관과 최근의 논의로는 허먼(Edward S. Herman)의 *Corporate Control, Corporate Power* (Cambridge: Cambridge University Press, 1981)를 보라.

126 '문명들'의 지속이 외부의 위협에 대처할 수 있는 능력에 달려 있다는 토인비(Arnold Toynbee)

의 유명한 공식 — "도전과 응전" — 이 제2차 세계대전의 종전 직후 수년 동안 널리 읽혀지고 성찰되었다. 이는 특히 투쟁이 정신적 차원에서 묘사되었기 때문이었다. 토인비의 *A Study of History*를 참조하라.

127 민주주의를 '자유선거'와 결부시키는 것을 세계적으로 적용하게 된 것은, 미국이 1970년대 초에 중앙아메리카와 라틴아메리카의 선거가 '민주적'이라는 것을 증명하기 위해 참관자를 파견하는 관행을 시작하면서부터였다.

128 2000년 8월에 있었던 미국의 주요 정당들의 전당대회 기간에, 한 주요 텔레비전 방송사는 월요일 저녁에 전당대회를 방송하는 선례를 깨고, 그 대신 정기 시즌 출범 전의 프로 미식축구 경기를 방영했다.

129 Ernst Nolte, *Three Faces of Fascism*, trans. Leila Venniwitz (New York: Holt, Rinehart & Winston, 1966), 7쪽에서 재인용.

130 나치 체제하에서 독일인들이 벌였던 저항에 대한 최근의 역사적 연구에 대한 개관과 평가로는 커쇼(Ian Kershaw)의 *The Nazi Dictatorship*, 제8장을 참조하라. 평범한 독일인들이 일상생활에서 표출했던 저항의 정도와 양태를 조사한 연구는 상당히 많다.

131 이에 대한 사례로는 다음을 참조하라. Bernard Berelson et al., *Voting: A Study of Opinion Formation in a Presidential Campaign* (Chicago: University of Chicago Press, 1954); Lipset, *Political Man*; Gabriel Almond and Sidney Verba, *The Civic Culture: Political Attitudes and Democracy in Five Nations* (Boston: Little, Brown, 1963).

132 이런 용어들은 다음의 영향력 있는 연구로부터 취한 것이다. David Riesman, Nathan Glazer, and Reuel Denney, *The Lonely Crowd* (New Haven: Yale University Press, 1950).

제16장 | 힘과 형식

1 Max Weber, *Economy and Society: An Outline of Interpretive Sociology*, ed. Guenther Roth and Claus Wittich, 3 vols. (New York: Bedminster Press, 1968), 1:48.

2 그러나 메이어(Arno J. Mayer)의 *The Persistence of the Old Regime: Europe to the Great War* (New York: Pantheon, 1981)를 보라. 메이어는 1914년 이전에 부르주아지의 승리가 완결되었다는 통설적인 견해에 도전하면서, "봉건적" 요소의 영향력 또는 심지어 지배가 지속되고 있음을 보여 주었다.

3 이와 관련해서는 다음을 보라. Roger Boesche, *Theories of Tyranny: From Plato to Arendt* (University Park: Pennsylvania State University Press, 1996); Alan Bullock, *Hitler: A Study in Tyranny* (New York: Harper, 1952); Karl Dietrich Bracher, *The German Dictatorship*,

trans. Jean Steinberg (New York: Praeger, 1970); Robert C. Tucker, ed., *Stalinism: Essays in Historical Interpretation* (New York: Norton, 1977).

4 "Politics as a Vocation," in *From Max Weber: Essays in Sociology*, ed. H. H. Gerth and C. Wright Mills (New York: Oxford University Press, 1946), p. 78 (강조와 괄호는 원저자의 것임).

5 Weber, *Economy and Society*, 1:56.

6 *Politics*, 3. 6. 1278b 10-15.

7 *Freedom and Culture* (New York: Putnam, 1939), p. 174.

8 이에 대해서는 코널리(William E. Connolly)의 *Appearance and Reality in Politics* (Cambridge: Cambridge University Press, 1981), 특히 제5장과 제6장, 그리고 *Political Theory and Modernity* (New York: Blackwell, 1988), 116-136쪽을 보라. 국가의 중요성을 옹호한 연구로는 굿윈(Jeff Goodwin)의 *No Other Way: State and Revolutionary Movements* (Cambridge: Cambridge University Press, 2001)를 보라. 아울러 스카치폴(Theda Skocpol)의 *States and Social Revolutions* (Cambridge: Cambridge University Press, 1979)도 참고하라. '국가'라는 용어를 '정부'(government) 또는 '통치'(governance)라는 용어로 대체하려는 경향이 나타나고 있다. 이런 용어들을 사용하면, 더 많은 수의 행위자를 포함해서 결과를 분석할 수 있다는 이유 때문이다. 이와 관련해서는 피에르(Jon Pierre)가 편집한 *Debating Governance: Authority, Steering, and Democracy* (Oxford: Oxford University Press, 2000)를 보라. 탈근대적이고 여성주의적 시각에서 권력을 다룬 흥미로운 논의로는 다음의 저작을 보라. Thomas E. Wartenberg, ed., *Rethinking Power* (Albany: State University of New York Press, 1992). 이들보다 앞선 저작인 다음 두 권의 책도 유익할 것이다. Steven Lukes, *Power: A Radical View* (London: Macmillan, 1974); Dennis H. Wrong, *Power: Its Forms, Bases, and Uses* (New York: Harper, 1979).

9 슈퍼파워를 "거대 국가"(mega-state)로 정식화한 이전 사례로는 내가 쓴 "Democracy without the Citizen," *The Presence of the Past: Essays on the State and the Constitution* (Baltimore: Johns Hopkins University Press, 1989), 180-191쪽을 보라.

10 이라크를 상대로 벌인 2003년의 예방전쟁에서 미국은 폴란드, 불가리아, 헝가리, 체코슬로바키아 등으로부터 도움을 받았다. 그 대가로 미국은 그 나라들에 영구 기지를 건설하기로 약속했다.

11 *Reconstruction in Philosophy*, p. 46.

12 Lawrence A. Scaff, *Fleeing the Iron Cage: Culture, Politics, and Modernity in the Thought of Max Weber* (Berkeley and Los Angeles: University of California press, 1989), 28-29쪽에서 재인용.

13 피히테(Johann Gottlieb Fichte)는 *Closed Commercial State* (1800)에서 국가가 경제정책을 결정하는 지배적인 요소라는 매우 색다른 발상을 전개했다. 리스트(Friedrich List)는 1840년에

*National System of Political Economy*를 내놓으면서 정치경제학을 "국민의 이념과 본성으로부터 발원해서, 해당 국민이 세계의 현재 상태 및 다른 국민들과의 특별한 관계 속에서 그 경제적 여건을 어떻게 유지하고 향상시킬 것인지를 가르치는 것"이라고 정의했다. *Das Nationale System des Politischen Oekonomie*, 5th ed. (Jena: Fischer, 1929), p. 208. 폿지(Gianfranco Poggi)는 경제적 힘과 정치권력 사이의 관계를 *Forms of Power* (Cambridge: Blackwell, 2001), 123-125쪽에서 조명한 바 있다.

14 "틈새"(niche)나 "공간"과 같은 단어들이 유행한다거나 틀에 박히지 않은 기업가들을 추켜세우는 현상은 총체화에 대한 반작용 가운데 하나다. "가상현실"이란 실로 이 시대에 어울리는 아편이다.

15 "The Social Psychology of the World Religions," in *From Max Weber*, p. 293.

16 그런 경향을 보여 주는 생생한 증거로는 제2차 세계대전 중에 이른바 "민주주의국가"들이 시행한 통제를 들 수 있다. 노동 가운데 일부는 "필수적"이라고 분류되었지만, 대부분의 노동은 "필수적이지 않은" 것으로 분류되어 징집되어야만 했다. 과학자, 관료, 기업 경영자, 기타 기술 관료직 종사자들은 면제를 받았다. 이런 규제들이 비합리적임을 지적하려는 것은 아니다. 오히려 그 반대가 맞다는 것은 너무나 명백하다. 그러나 여기에 작용한 논리는 민주주의의 논리가 아니라 근대 권력의 논리다.

17 Francis Fukuyama, *The End of History and the Last Man* (New York: Free Press, 1992). 복락과 비참이 혼재 — 역사에서 반드시 생소한 것은 아니다 — 할 것으로 미래를 바라본 묵시록적 견해로는 카플란(Robert D. Kaplan)의 *The Coming Anarchy: Shattering the Dreams of the Post Cold War* (New York: Vintage, 2000)를 보라.

18 Gilles Deleuze and Félix Guattari, *A Thousand Plateaus: Capitalism and Schizophrenia*, trans. Brian Massumi (Minneapolis: University of Minnesota Press, 1987), p. 159.

19 Friedrich A. Hayek, *Individualism and Economic Order* (Chicago: University of Chicago Press, 1948), pp. 77-118; Ludwig von Mises, *Bureaucracy* (New Haven: Yale University Press, 1944), pp. 20-39; Ludwig von Mises, *Human Action: A Treatise on Economics* (New Haven: Yale University Press, 1949), chap. 15; Milton Friedman, *Capitalism and Freedom* (Chicago: University of Chicago Press, 1962), pp. 7-36. 탈근대주의와 시장에 관한 예리한 관찰로는 바우만(Zygmunt Bauman)의 *Intimations of Modernity* (London: Routledge, 1992), 51-52쪽과 101쪽을 보라.

20 제임슨(Frederic Jameson)의 *Postmodernism, or, The Cultural Logic of Late Capitalism* (Durham: Duke University Press, 1991)에는 정교한 마르크스주의적 관점에서 탈근대주의의 미학적·문화적 측면을 고찰한 유익한 논의가 나온다. 탈근대주의적 경제 분석이 희귀하다는 내 주장에 대한 예외로는 보드리야르(Jean Baudrillard)의 *The Mirror of Production*, trans. Mark Poster (St. Louis: Telos Press, 1975)가 있다. 보드리야르는 마르크스의 몇몇 기본 범주를 정치경제학과 이른바 그 형이상학으로부터 "해방"시켜 보려고 시도했다.

21 William Riker, *The Theory of Political Coalitions* (New Haven: Yale University Press, 1962), p. 7. 라이커(William Riker)는 나중에 미국정치학회의 회장이 되었다.

22 행태주의자들이 내세운 강력한 "혁명적" 주장이라는 것이 기실 그 여파가 별로 크지 않았다고 보는 한편, 정치 "과학"을 비판한 사람들이 외국으로부터 받은 영향을 추적한 최근의 분석으로는 건넬(John G. Gunnell)의 *The Descent of Political Theory: The Genealogy of an American Vocation* (Chicago: University of Chicago Press, 1993)을 보라.

23 오일라우(Heinz Eulau)의 *The Behavioral Persuasion in Politics* (New York: Random House, 1963)와 이스턴(David Easton)의 *The Political System: An Inquiry into the State of Political Science* (New York: Knopf, 1963)를 마르쿠제(Herbert J. Marcuse)의 *An Essay on Liberation* (Boston: Beacon, 1969)과 비교해 보라.

24 가장 큰 영향을 미친 판본 가운데 하나로는 에이어(Alfred Jules Ayer)의 *Language, Truth, and Logic* (London, 1936)이 있다. 아울러 에이어가 편집한 *Logical Positivism* (Glencoe, Ill: Free Press, 1959)에 나오는 참고문헌 목록을 보라.

25 쿤의 저서에 덧붙여 다음의 영향력 있는 연구도 참고하라. Norwood R. Hanson, *Patterns of Discovery* (Cambridge: Cambridge University Press, 1958); Paul K. Feyerabend, "How to Be a Good Empiricist," in *Philosophy of Science: The Delaware Seminar*, vol. 2, ed. Bernard Baumrin (New York: Wiley, 1963), pp. 3-39.

26 쿤의 저서에 관한 다양한 논의로는 다음을 보라. *Criticism and the Growth of Knowledge*, ed. Imre Lakatos and Alan Musgrave (Cambridge: Cambridge University Press, 1970). 정치 이론 및 정치과학의 맥락에서 쿤의 주장을 활용한 시도로는 내 논문인 "Paradigms and Political Theories," in *Politics and Experience: Essays Presented to Michael Oakeshott*, ed. Preston King and B. C. Parekh (Cambridge: Cambridge University Press, 1968), 125-152쪽을 보라.

27 쿤의 명제가 특히 포퍼주의자를 비롯한 다른 철학자와 역사가들에게 비판을 받긴 했지만, 정치 이론가나 사회 이론가 일부에게는 받아들여졌다. 쿤을 비판한 예로는 라카토스(Imre Lakatos)와 머스그레이브(Alan Musgrave)의 *Criticism and the Growth of Knowledge*와 문츠(Peter Munz)의 *Our Knowledge of the Growth of Knowledge* (London: Routledge & Kegan Paul, 1985), 특히 제3장과 제4장을 보라.

28 핸슨(Norwood R. Hanson)의 *Patterns of Discovery*에 더해서, 호킨스(David Hawkins)의 *The Language of Nature: An Essay in the Philosophy of Science* (Garden City, N. Y.: Doubleday, 1967)를 보라.

29 Paul K. Feyerabend, *Against Method* (London: Verso, 1988). 아울러 쿤에 대한 파이어아벤트(Paul K. Feyerabend)의 비판으로는 "Consolations for the Specialist," in Lakatos and Musgrave, *Criticism and the Growth of Knowledge*, 197-230쪽을 보라.

30 Gorden Tullock, *The Vote Motive* (London: Institute for Economic Affairs, 1976), p. 5.

31 Peter C. Ordeshook, "The Development of Contemporary Political Theory," in *Political Economy: Institutions, Competition, and Representation*, ed. William A. Barnett, Melvin J. Hinich, and Norman J. Schofield (Cambridge: Cambridge University Press, 1993), p. 76. Donald P. Green and Ian Shapiro, *Pathologies of Rational Choice Theory: A Critique of Applications in Political Science* (New Haven: Yale University Press, 1994), 1쪽에서 재인용.

32 Riker, *The Theory of Political Coalitions*, p. ix.

33 게임이론에 대한 고전적인 정식화로는 다음을 보라. John von Neumann and Oskar Morgenstern, *Theory of Games and Economic Behavior*, 2nd ed. (Princeton: Princeton University Press, 1947). 게임이론의 표준적인 개설서로는 다음을 보라. R. Duncan Luce and Howard Raiffa, *Games and Decisions: Introduction and Critical Survey* (New York: Wiley, 1957).

34 William Riker, "Political Science and Rational Choice," in *Perspectives on Positive Political Economy*, ed. James E. Alt and Kenneth A. Shepsle (Cambridge: Cambridge University Press, 1990), p. 177. Green and Shapiro, *Pathologies of Rational Choice*, 25쪽에서 재인용. 합리적 선택이론에 관한 나의 설명은 그린(Donald P. Green)과 샤피로(Ian Shapiro)의 책, 특히 14-30쪽에서 빌려 왔다.

35 Riker, *The Theory of Political Coalitions*, p. viii. 정치과학자와 정치 이론가가 협력해 합리적 선택이론을 비판한 사례로는 Green and Shapiro, *Pathologies of Rational Choice Theory*를 보라. 이들이 제기한 비판의 요지는 합리적 선택이론가들이 개발한 이론이라는 것이 경험적으로 불충분하기 때문에, '이론'에 대한 행태주의의 의심을 지속시키는 기묘한 결과를 낳았다는 것이다. 그러나 그린과 샤피로는 이런 비판이 어떤 정치적 함의를 가지는지에 관해서는 침묵했다.

36 *The Theory of Political Coalitions*, p. 15.

37 Ibid., pp. 29-31. 라이커는 이와 다른 종류의 게임, 즉 상호 이익을 허용하는 "넌-제로섬게임" (non-zero sum game)도 언급하지만, 명백히 논외로 치부한다(30-31쪽).

38 Ibid., pp. 3, viii, 5.

39 Ibid., pp. 4-9.

40 Ibid., pp. 19, 20.

41 Ibid., pp. 21, 22.

42 Ibid., p. 211.

43 라이커는 몇몇 실제 역사적 일화들을 들어서 자신의 모델을 예증했다. 예컨대 유명한 1824년 대통령 선거의 사례가 그 가운데 하나로, 선거인단 투표에서 당선에 필요한 절대 과반수 득표

자가 나오지 않자 하원에서 복잡다단한 책략들이 사용된바 있다. 하지만 이런 책략들을 재구성해 만든 라이커의 주장이 아무리 그럴듯하더라도, 사후적 재구성은 결코 과학적 예측이 될 수 없다는 사실은 변하지 않는다.

44 *The Theory of Political Coalitions*, p. 216. 정치적 "쇠망"이라는 관념은 큰 영향력을 발휘한 토인비의 *A Study of History*(1934-1961)로 말미암아 1950년대에 굉장히 자주 사용되었다. 라이커도 토인비를 언급하고 있다(6, 213, 216쪽).

45 *The Theory of Political Coalitions*, p. 214. "이면 보상"에 관해서는 108쪽 이하를, 그리고 '비평형상태'에 대해서는 188쪽 이하를 보라.

46 Ibid., pp. 216, 218, 219.

47 Ibid., pp. 219-222.

48 Ibid., pp. 223-234.

49 Ibid., pp. 238-241.

50 Ibid., p. 242.

51 Scaff, *Fleeing the Iron Cage*, 28-29쪽에서 재인용.

52 민중주의적 민주주의에 대한 라이커의 비판으로는 *Liberalism against Populism* (San Francisco: Freeman, 1982)을 보라.

53 행태주의적 과학이 정부의 정책결정자들에게 제공하는 이득에 관한 대표적인 진술로는 미국 국립과학학회(National Academy of Sciences)의 추천사를 보라. *The Behavioral Sciences and the Federal Government* (Washington, D. C., 1968).

54 전미공영라디오(National Public Radio)[공공 모금을 통해 운영되는 미국의 비영리 방송사다. ─옮긴이]에서도 표제 기사 바로 다음에 증권시장의 시황을 포함한 기업계 소식을 전하고 있다.

55 이를 위해서 반드시 준수되어야 할 규칙을 일목요연하게 정식화한 저술로는 구트만(Amy Gutmann)과 톰슨(Dennis Thompson)의 *Democracy and Disagreement* (Cambridge: Harvard University Press, 1996)를 보라.

56 특히 군대식 생활의 가치에 대한 찬가에서부터 시작해서 삼각위원회(the Trilateral Commission) [삼각위원회는 미국과 유럽 및 일본 사이의 협력을 증진하기 위해 1973년에 록펠러(David Rockefeller)가 주도하여 만든 민간단체다. ─옮긴이]에 제출한 보고서에서 정점에 이르는 정치과학자 헌팅턴의 저술들을 보라. Michael J. Crozier, Samuel P. Huntington, and Joji Watanuki, *The Crisis of Democracy: Report on the Governability of Democracies to the Trilateral Commission* (New York: New York University Press, 1975), pp. 59-118. 같은 부류의 글로서 사회복지를 다룬 것으로는 머레이(Charles Murray)의 *Losing Ground* (New York: Basic Books, 1984)를 보라.

57 *A Nation at Risk: Report of the National Commission on Excellence in Education* (1983). 이 보고서에 대한 비판적인 견해로는 내 논문인 "Elitism and the Rage against Postmodernity," in *Presence of the Past*, 47-65쪽을 보라.

58 노직(Robert Nozick)의 영향력 있는 책, *Anarchy, State, and Utopia* (New York: Basic Books, 1974)를 보라. 노직에 관한 논의로는 다음 저작을 보라. Jeffrey Paul, ed., *Reading Nozick* (Totowa, N. J.: Rowman & Littlefield, 1981).

59 *The Federalist*, ed. Cooke, No. 34, p. 211.

60 Hans Mommsen, *From Weimar to Auschwitz: Essays in German History*, trans. Philip O'Connor (Cambridge: Polity Press, 1991), chaps, 7, 8, 10; Heinz Höhne, *The Order of the Death's Head: The Story of Hitler's SS* (Harmondsworth: Penguin, 1969), passim.

61 Robert Gellately, *Backing Hitler: Consent and Coercion in Nazi Germany* (Oxford: Oxford University Press, 2001); Browning, *Ordinary Men*. 더욱 논쟁적인 책으로는 골드하겐(Daniel Goldhagen)의 *Hitler's Willing Executioners: Ordinary Germans and the Holocaust* (New York, Knopf, 1996)를 보라.

62 과거의 용례에서 "유동성"(mobility)이란 군중(mob) 또는 인민(populace)과 동의어였다. 오늘날 "군중"(mob)은 갱 조직과 동의어다[영어 단어 mob은 어원상으로 mobile의 축약형이고, mobile은 기본적으로 이동하는 것을 가리켰는데, 용례에 따라서는 "이동하는 평민", 즉 정치가 없거나 쉽게 격동되는 사람들이라는 뜻으로 민중을 가리키는 라틴어 mobile vulgus를 줄여서 부르는 의미도 있었다. 현대 영어에서 mob은 때때로 갱 조직을 뜻하는 속어적 의미가 있다 - 옮긴이].

63 Peter Passell, *New York Times*, July 25, 1996, p. 1 (business sec.).

제17장 | 탈근대적 민주주의: 가상의 것인가 아니면 탈주적인 것인가?

1 *The Origins of Totalitarianism*, p. 167.

2 이와 관련해서 마르크스주의나 비판 이론과 같은 '거대 서사'(grand narratives)에 대한 리오타르의 공격을 참조하라. 그는 이런 거대 서사들이 "탈근대적 지식의 필수적인 양식과 어긋난다"고 공격한다. *The Post-Modern Condition: A Report on Knowledge*, trans. Geoff Bennington and Brian Massumi (Minneapolis: University of Minnesota Press, 1984), pp. 13-14.

3 이런 이해는 "좌파" 비평가에게만 국한되지 않는다. 보수주의자들은 자유주의를 제거할 목적으로 "문화 전쟁"을 열광적으로 선언해 왔다. 나의 글인 "The Destructive Sixties and Postmodern Conservatism," in *Rediscovering the Sixties*, ed. Stephen Macedo (New York: Norton,

1997), 129-156쪽을 보라.

4 "Letter on Humanism," in *Martin Heidegger: Basic Writings*, ed. David Farrell Krell (New York: Harper & Row, 1977), p. 193. 니체에 따르면, 언어란 "모든 현실에 대한 적절한 표현"이다. Megill, *Prophets of Extremity*, 95쪽에서 재인용.

5 *The Gay Science*, sec. 58 (p. 122).

6 *A Contribution to the Critique of Political Economy*, trans. S. S. Ryazanskaya, ed. Maurice Dobb (New York: International Publishers, 1970), p. 21.

7 Jacques Derrida, "Plato's Pharmacy," in *Dissemination*, ed. Barbara Johnson (Chicago: University of Chicago Press, 1981), 65쪽 이하를 보라. 자유주의적인 정치경제학자들의 가치 논의에 들어 있는 신비화에 대한 마르크스의 논평과 비교해 보라.

8 *Thus Spake Zarathustra*, p. 203.

9 Ibid., p. 204.

10 Ibid., p. 206.

11 *Twilight of the Idols*, sec. 1, p. 55.

12 Reiner Schurmann, *Heidegger on Being and Acting: From Principles to Anarchy*, trans. C.-M. Gros (Bloomington: Indiana University Press, 1987), p. 18. Geoffrey Hawthorn and Camilla Lund, "Private and Public in Late Modern Democracy," in *The Politics of Postmodernity*, ed. James Good and Irving Velody (Cambridge: Cambridge University Press, 1998), 43쪽에서 재인용. 이 점에 관해 나는 이 저자들의 표현을 빌려 왔다.

13 Richard Rorty, *Contingency, Irony, and Solidarity* (Cambridge: Cambridge University Press, 1989)를 참조하라.

14 Dietrich Rueschemeyer, Evelyne Stephens, and John D. Stephens, *Capitalist Development and Democracy* (Chicago: University of Chicago Press, 1992), p. 2.

15 "Introduction: Public Ignorance and Democratic Theory," *Critical Review* 12, no. 4 (1998): 397.

16 Bruns, *Maurice Blanchot: The Refusal of Philosophy*, 74쪽에서 재인용.

17 *Politics* 3.8.1279b19-20.

18 소란스러운 민주주의라는 유령은 삼각위원회(the Trilateral Commission)의 보고서에서 다시 등장했다. 중국에 대한 미국의 외교정책은 개인의 자유와 민주주의를 분리할 수 있는 것으로 취급해 왔다. 미국은 예컨대 컬럼비아와 같은 몇몇 나라에 대해 '암살단' — 전형적으로 국가와 강력한 연계를 맺고 있는 — 의 암살 활동이 횡행함에도 불구하고 '자유로운 선거'라는 자격을 갖추고 있다고 선포했지만, 중국에 대해서는 중국이 민주적인 정치제도를 도입해야 한다고 굳

이 주장하지 않은 채 개인적 권리를 옹호하라고 중국 정부를 압박했던 것이다.

19 *Republic* 562a-569c.

20 *Democracy: The Unfinished Journey, 508 BC to AD 1993*, ed. John Dunn (Oxford: Oxford University Press, 1992)라는 제목을 달고 있는 논문 모음집의 매우 조심스런 "결론"에서, 편집자인 던(John Dunn)은 오늘날 민주주의가 현대자본주의와 국가를 위해 "안전하게" 정착되었다고 결론을 내린다. "헌정적인 대의제 민주주의"는 "뚜렷한 억제 없이" 근대국가를 받아들이면서, "그런 국가가 다루기 힘든 현실에 부과될 수 있는 가장 문명화되고 정치적으로 공정한 형식으로서 스스로를 제시한다"(pp. 250, 255).

21 『뉴욕 타임스』는 미국중앙정보국(CIA)이 실리콘 밸리에 자체적인 벤처 사업을 벌이는 것을 고려하고 있다고 보도했다.

22 사회보장과 퇴직연금 및 건강 복지 계획을 개별적인 "투자 계좌"로 전환하거나 보충하고, 이를 통해 시민을 "스스로를 보살피는" 투자자로 전환시키고자 하는 다양한 제안들을 생각해 보라.

23 이는 사회 이론가와 정치 이론가들 사이에서 통용되는 '합리적 선택' 이론들에서 예견되어 왔다. 일찍이 다운스(Anthony Downs)는 *An Economic Theory of Democracy* (Harper & Row: New York, 1957)에서 이를 다음과 같이 확인한 바 있다. "우리의 주요 명제는 민주정치에서의 정당들이 이윤을 추구하는 경제에서 활동하는 기업들과 유사하다는 것이다"(Ibid., p. 295). 좀 더 최근에 제기된 논변은 다음과 같다. 투표자로서의 데모스는 공적 정책의 문제에 관해 대체로 무지하지만, 소비자로서는 그 혹은 그녀가 좋아하는 것이 무엇인지를 알고 있다. 따라서 해법은 정부의 활동을 제한하는 것이고, 그렇게 함으로써 유권자 앞에 제기되는 공적 사안의 범위를 줄이고, 동시에 (합리적인) 사적 선택의 범위를 늘리는 것이다. Friedman, "Introduction: Public Ignorance and Democratic Theory," 397-411쪽을 보라.

24 Arthur M. Schlesinger, Jr., *The Imperial Presidency* (Boston: Houghton Mifflin, 1973).

25 좀 더 확장된 논의로는 내 글인 "Brave New World," in the on-line journal *Theory and Event*, January 30, 2002를 참조하라.

26 아리스토텔레스는 가능한 정치적 형식의 목록에 "제국"을 넣지 않았지만, 아테네와 스파르타와 같은 몇 가지 사례들을 언급한 바 있다. 제국을 낮게 평가하는 아리스토텔레스의 견해에 대해서는 *Politics* 7.2.1324b1-1325a5를 보라. 홉스, 로크, 루소와 같은 근대 이론가들도 제국에 대해 언급하지는 않았다. 아마도 가장 중요한 근대적 비판은 몽테스키외의 *Considérations sur les causes de la grandeur des Romains et de leur décadence* (1734)에서 제기되었던 것 같다.

27 아프가니스탄 전쟁의 두드러진 측면들 가운데 하나는 미국의 군부가 '비정규' 전쟁에 연루되는 것을 처음에는 꺼렸다는 점이다. 이와 유사하게, 2002년 동안 이라크 침공 제안을 둘러싸고 벌어졌던 혼란스러운 논쟁에서도 군부는 테러리즘과 테러를 일삼는 정권에 대한 전쟁이라는 논리 — 일반적으로 인정되는 전쟁에 대한 이해 방식을 무리하게 적용시킨 — 를 관철시키는 데 있어서 처음에는 조심스러운 모습을 보여 주었다.

28 Weber, *Economy and Society*, 3:1394.

29 Raymond Williams, *The country and the City* (London: Chatto & Windus, 1973), 특히 9장과 10장. Eugene Genovese, *The Southern Tradition: The Achievement and Limitations of an American Conservatism* (Cambridge: Harvard University Press, 1994). 제노비즈(Eugene Genovese)가 보여 준 사상적 진화는 흥미로운데, 그는 남부 노예제 문화에 대한 마르크스주의적 분석가에서 보수적인 남부 가치의 옹호자로 변모했다.

30 *The Writing of the Disaster*, trans. Ann Smock (Lincoln: University of Nebraska Press, 1986), cited by the translator, p. xvi.

31 내 논문인 "Tending and Intending a Constitution," in *Presence of the Past*, 82-99쪽을 참조하라.

32 William Walwyn, or possibly John Lilburne, in *The Levellers in the English Revolutions*, ed. G. E. Aylmer, (Ithaca: Cornell University Press, 1975), pp. 152, 151.

33 Downs, *Economic Theory of Democracy*, p. 267.

34 Robert A. Dahl, *Who Governs?* (New Haven: Yale University Press, 1961), p. 279 (강조는 원저자의 것임).

35 이 점을 유권자들이 정치를 잘 알지는 못한다고 하더라도 일상적인 삶의 경험에 기초하여 합리적인 선택을 할 수 있다는 최근의 여론조사 연구자의 공식과 비교해 보라. 이것에 관해서는 Samuel Popkin, *The Reasoning Voter* (Chicago: University of Chicago Press, 1991)를 참조하라.

36 *Rights of Man*, pt. 2, chap. 3, in *The Complete Writings of Thomas Paine*, ed. Philip S. Foner (New York: Citadel Press, 1945), 1:371.

37 *The Federalist*, ed. Cooke, No. 23, p. 146 (강조는 해밀턴의 것임). 해밀턴의 입장에 대한 상술로는 나의 논문 "Collective Identity and Constitutional Power," in *The Constitution and Regulation of society*, ed. Gary C. Bryner and Dennis L. Thompson (Provo, Utah: Brigham Young University, 1988), 93-122쪽과 123-128쪽에 실린 이 논문에 대한 논평을 참조하라.

38 이 점에 관한 구체적인 예증으로는 윌다브스키(Aaron Wildavsky)의 "The Secret of Safety Lies in Danger," in *The Constitution and Regulation of Society*, 43-61쪽과 63-65쪽에 실린 나의 논평 및 그의 답변을 보라. 또한 Samuel Huntington, "The Democratic Distemper," in *The American Commonwealth* (New York: Basic Books, 1976), 9-38쪽도 참고하라.

39 "Fugitive Democracy," in *Democracy and Difference: Contesting the Boundaries of the Political*, ed. Seyla Benhabib (Princeton: Princeton University Press, 1996), pp. 31-45.

40 Cf. Robert Dahl: "democracy is the best possible state." *Democracy and Its Critics* (New

Haven: Yale University Press, 1989), p. 49.

41 민중의 이런 독창성은, 미국혁명 기간 동안의 통신위원회(the Committees of Correspondence)나 1848년 혁명 직전 프랑스에서 발전된 노동자와 장인의 결사체와 같이, 특히 혁명적인 시기에 현저하게 나타났다. 1871년 파리코뮌 시기에 나타난 그런 자발적인 즉흥성은 마르크스에게 깊은 인상을 남겼는데, 우리가 지적했던 것처럼, 이후 마르크스는 혁명과 혁명 이후의 체제 재구성에 관한 자신의 사유를 수정하게 되었다. 유사한 현상은 *On Revolution* (New York: Viking, 1963), 235쪽 이하에서 나타나듯이 아렌트에게 영감을 주었으며, 1960년대 버클리에서 일어난 학생운동과 1968년 혁명 시기 파리에서 생생하게 나타났다. 이 점에 관해서는 Sheldon S. Wolin and John H. Schaar, *The Berkeley Rebellion and Beyond: Essays on Politics and Education in the Technological Society* (New York: New York Review of Books and Random House, 1970)을 보라.

42 2003년 미국의 이라크 침공 이전에, 100여개 이상의 시의회가 그런 행동 방침에 반대하는 결의안을 통과시켰다. 그런 결의안과 미국 각지의 도시에서 일어난 수십만 명의 대중 시위에도 불구하고, 전국적인 정당들이나 의회는 침략을 지지한다는 성명 이외에 아무런 응답도 하지 않았다.

43 *Universal Abandon*, ed. Andrew Ross (Minneapolis: University of Minnesota Press, 2001)에 나오는 편집자의 서문을 보라.

44 Quintin Hoare and Geoffrey Nowell Smith, eds. and trans., *Selections from the Prison Notebooks of Antonio Gramsci* (New York: International Publishers, 1971), p. 35.

찾아보기